혼자서 따라하기 쉬운 모든 업무 11

원천징수

부가가치세

종합소득세

법인세

세법개론

실무설명서

손원준 지음

하면 할수록 어려운 세금 실무
마음은 급한데, 빨리 배울 방법은 없고
가장 기초를 튼튼히 하는 것이 가장 빠른 길입니다.

사장님과 세무대리인, 경리실무자에게 그 길을 안내해 주는 책
책에 없는 내용은 네이버 카페 경리쉼터를 통해 습득

K.G.B
지식만들기
이론과 실무가 만나 새로운 지식을 창조하는 곳

CONTENTS

머리말..

이제 세상은 AI 시대에 접어들고 있다.
이과와 문과의 장벽은 무너지고 문이과 통합을 통해 우리나라도 새로운 혁명의 시대에 창조적인 인재를 양성하기 위해 부단히 노력하고 있다.
그리고 대학에서도 경학학과 등 재무관련 학과에만 인원이 몰리고 각종 자격증 시험에서도 재무관련 자격증이 인기를 끄는 이유도 사회가 재무에 밝은 인재를 요구하는 시대 현상의 반영이다.
회사의 관점에서 보면 경영지원부서 또는 경리부서가 이와 같은 재무업무를 담당하고 있다.
그러나 현재 기업의 재무 담당자에게는 종전과 달리 단순 재무활동의 기록이나 현금 관리가 아닌 회사의 재무상태과 경영성과를 정확히 파악하고 이를 효율적으로 운영할 수 있는 전문인재를 필요로 하고 있다. 따라서 개개인은 남보다 더 유능한 재무인재가 되기 위해서 정확한 업무지식의 습득과 회사의 현재 재무상황을 정확히 파악할 줄 아는 눈이 필요하다.
또한, 그 중심에는 세금이라는 중요한 요소가 있다. 세테크를 어떻게 하느냐에 따라 기업의 운명이 좌우될 만큼 우리나라뿐만 아니라 전 세계적으로 세금은 경영성과에 막대한 영향을 미치고 있다.
따라서 본서에서는 기업이 납부해야 하는 세금과 문제점 그리고 이를 효율적으로 해결할 수 있는 방법을 제시하는 내용으로 구성했다. 단순히 이론적인 세법개론을 넘어 실무 중심의 세법개론으로 세법규정과 함께 해당 규정이 실무상 어떻게 적용되고 있는지 실무사례를 통해 설명했다.

- **제1장 창업 세금과 세법 개론 : 창업 과정에서 고려해야 할 세금과 사업하면서 내야 하는 세금 전반에 대한 지식을 전달한다.**
- **제2장 경비지출과 법정증빙관리 : 일상 업무에서 가장 많이 접하고 절세를 위해 반드시 챙겨야 할 법에서 인정하는 증빙에 대한 명쾌한 설명을 제공한다.**
- **제3장 합법적으로 세금 안 내는 부가세 신고 실무 : 누구나 손쉽게 부가가치세 신고를 할 수 있는 방법을 알려준다.**
- **제4장 급여 세금 원천징수와 종합소득세 : 매달 발생하는 원천징수 업무와 개인사업자의 종합소득세 신고에 대해서 알려주는 장이다.**
- **제5장 계정과목별 법인세 신고 실무 : 각종 주요 지출의 계정과목별 한도액 계산과 세무조정 및 법인세 신고방법을 설명한다.**
- **제6장 국세청 세무조사 대처전략 : 세무조사에 걸리기 쉬운 경우와 반드시 걸리는 지출사례 및 세무조사를 받을 대 대처전략에 대해서 가르쳐 준다.**

오랜 시간 원고작업으로 인해 많은 시간을 같이해주지 못한 사랑하는 아내와 두 딸 예영, 예서에게 사랑한다는 말을 전하고 싶다.

손원준 올림

CONTENTS

CONTENTS

제1장 | 창업세금과 세법개론

CONTENTS

CONTENTS

CONTENTS

CONTENTS

CONTENTS

CONTENTS

제3장 | 합법적으로 세금 안 내는 부가가치세 신고 실무

CONTENTS

CONTENTS

CONTENTS

CONTENTS

CONTENTS

CONTENTS

제4장 | 급여세금 원천징수와 종합소득세

CONTENTS

CONTENTS

CONTENTS

CONTENTS

CONTENTS

CONTENTS

CONTENTS

CONTENTS

26. 퇴직소득의 원천징수 / 445

CONTENTS

CONTENTS

CONTENTS

CONTENTS

제5장 | 계정과목별 법인세 신고실무

01. 법인세란 어떤 세금인가? / 486

02. 세무조정과 소득처분 / 492

CONTENTS

CONTENTS

CONTENTS

CONTENTS

10. 감가상각비의 비용처리와 세법상 비용인정 한도 / 604

CONTENTS

CONTENTS

CONTENTS

CONTENTS

제6장 | 국세청 세무조사 대처전략

01. 세무조사와 세무조사의 종류 / 694

CONTENTS

CONTENTS

CONTENTS

CONTENTS

CONTENTS

세금신고 때 상식적으로 알고 있어야 할 내용

내가 아닌 남의 시선으로 바라 봐라

항상 탈세행위를 할 때는 내 중심이 아니라 제3자와 거래시 상식적인 기준으로 바라봐라.

세법 원칙에 어긋난 신고를 할 때 이거 걸릴까요? 하고 물어보는 질문이 가끔 있다.

누가 걸린다. 안 걸린다. 확답을 줄 수 있을까?

반대로 내가 세법에 어긋난 신고를 했는데, 세무공무원 여러분! 잡아낼 것인가요? 안 잡아내실 건가요?

이것도 아무도 모른다.

그런데 한가지 요즘 전산망의 발달로 이 업계에서 밥을 벌어 먹고사는 사람은 국세청이 못 잡는 것이 아니라 안 잡는 것이라는 말을 많이 한다.

그만큼 국세청 전산망이 사업자에 대한 많은 정보를 가지고 있다는 이야기이다.

위 질문에 대한 답은 본인이 가장 잘 알고 있다. 걸릴지 안 걸릴지 걱정되면 그와 같은 행동을 할 때 내 거래가 아니고, 나도 모르는 제3자의 거래라고 생각하고 그 거래를 봤을 때

남에게 이자 안 받고 돈을 빌려주는 행위

출근하지도 않는 직원에게 급여를 매달 통장에 넣어주는 것

이게 정상적인 행위가 아니지 않는가?

국세청 직원이 세무조사 나와 물어볼 때 남이지만 그냥 불쌍해서 이자 안 받고 돈 빌려주고, 출근 안 해도 급여 줬어요. 하면 믿을까?

이런 상식적인 생각에 답이 있다.

예를 들어 본사가 계열사에 돈을 빌려줄 때 이자를 낮게 하거나 안 받는 경우 또는 임대하면서 보증금도 안 받고 싸게 임대하는 경우를 생각해 보자.

모르는 사람에게 그런 혜택을 줄까?

국세청 홈택스는 내 세금을 책임지지 않는다.

세금 신고를 할 때 내가 가지고 있는 자료랑 국세청 홈택스 자료랑 다를 때 가장 고민을 많이 한다. 어느 것을 기준으로 할지

원칙은 국세 신고의 책임은 사업주에게 있고 단지 국세청은 신고하는데 편리하게 참고 자료만 줄 뿐이다. 만일 국세청 자료가 무조건 정확하다면 그냥 국세청에서 납부고지서 보내고 납부하라고 하면 되

지 왜 일일이 신고하라고 할까?

세법에서는 세금 신고를 부과고지 방법과 신고납부제도 2가지를 운영하고 있다. 부과고지는 국세청에서 다 계산해서 고지서를 보내고 특별한 이상이 없으면 부과된 대로 납부만 하는 것이다. 반면 신고납부는 내가 책임지고 모든 세금을 계산해 자진해서 신고하는 제도이다. 따라서 신고를 틀리게 하면 그에 대한 책임으로 가산세 제도가 있는 것이다.

결정의 기준은 홈택스가 아니라 내가 평소에 차곡차곡 모아둔 내 자료가 우선이다.

4대 보험과 국세청 신고자료는 일치해야 한다.

국세청 신고자료와 4대 보험은 서로 전산망을 공유하므로 그 신고내역은 일치해야 한다. 틀리면 한쪽이 틀리게 한 것이므로 4대 보험료를 추징당하거나 세금을 추징당하게 된다.

법인이 무조건 세금에서 유리하지는 않다.

사업주는 흔히 법인이 무조건 세금에서 유리한 줄 생각하는데, 그렇지 않다.

그냥 단순히 소득세율과 법인세율만 따지면 당연히 법인이 유리하다.

그런데 여기에는 한 가지 함정이 있다.

개인사업자의 경우 근로소득세 납부 등 별도의 세금 부담 없이 종합소득세 납부로 모든 납세의무가 끝나지만, 법인의 경우 법인세를 납부한 후 대표이사가 회삿돈을 가져가면 대표이사 개인은 근로소득세를 내야 하고 이익배당을 받으면 배당소득세를 추가로 내야 한다. 물론 절세를 통해 줄일 수는 있지만, 절대적으로 법인이 개인사업자보다 세금이 유리하지만은 않다는 것이다.

세금을 내가 낸 돈이 없으면 국가에서 보태서 돌려주지 않는다.

사업자나 근로자가 가장 많이 착각하는 것이 세금 계산 때 비용 차감하고 소득공제, 세액공제 등 모든 조세 혜택을 적용해 마이너스가 나오면 마이너스 금액만큼 환급받는다고 생각하는 사람이 의외로 많다.

하지만 국세청은 절대 마이너스 금액을 다 환급해주지 않는다. 환급해 주는 한도는 사업주가 납부한 세금이나 개인이 납부한 세금을 한도까지만 환급해 준다는 것이다.

예를 들어 계산상으로는 마이너스가 100이 생겨 100을 받을 수 있을 것 같지만 실제로 해당 세금에 대해 총납부한 세금이 50이라면 50만 환급을 해준다. 즉, 회사가 납부한 50에 국가가 국가 돈 50을 더해서 100을 환급해 주지는 않는다는 점이다. 모든 세법이 이 원칙을 따른다.

따라서 갑자기 세금 계산을 하는데, 각종 공제가 적용되지 않고 0이 되는 현상도 이와 같은 이유에서다.
또한, 연말정산 때 이미 납부한 세금을 전액 환급받을 것 같으면 굳이 고생해서 더 공제받을 자료를 제출하지 않거나 수집하지 않아도 된다는 말이 이 이유에서다.

CHAPTER Ⅰ

창업세금과 세법개론

01 개인회사 세무와 법인회사 세무의 차이

사업자는 크게 자영업 즉 개인회사와 법인의 형태로 나누어 볼 수 있다.

그리고 대다수 창업자는 자영업과 법인의 구분을 명확히 알고 처음부터 어떤 형태로 사업을 시작하겠다. 결정하는 것이 아니라 우선 업종만을 정한 채 절차나 금전적인 고려를 해서 자영업으로 먼저 시작한 후 회사의 규모가 커지면 법인으로 전환하는 경우가 많다. 즉 자영업의 경우 소규모 자본으로 쉽게 시작할 수 있고 설립 절차도 비교적 간단해서 선호하는 경향이 많다.

그러나 창업 후 성공하려면 더욱 철저한 준비절차가 필요하므로 사업 시작 단계부터 자영업과 법인의 장단점을 알고 본인이 하고자 하는 업종이나 규모에 맞는 형태의 회사설립이 필요하다.

	개인기업	법인기업
장점	• 설립등기가 필요 없고 사업자등록만으로 사업 개시가 가능하므로 기업설립이 쉽다.	• 대표자는 회사 운영에 대해 일정한 책임을 지며, 주주는 회사에 본인이 납입한 금액까지만 책임을 진다.

	개인기업	법인기업
장점	• 기업이윤 전부를 기업주가 혼자 가질 수 있다. • 창업자금이 비교적 적게 소요되어 돈이 없어도 쉽게 창업할 수 있다. • 일정 규모 이상으로는 성장하지 않는 중소 규모의 사업에 안정적이고 적합하다. • 사장 마음대로 운영할 수 있으므로 기업 활동이 자유롭고, 신속한 계획수립, 계획 변경 등이 쉽다. • 개인회사는 인적 조직체로서 제조 방법, 자금 운용상의 비밀 유지가 가능하다.	• 사업양도 시에는 주식을 양도하면 되므로 주식양도에 대해서 원칙적으로 낮은 세율의 양도소득세가 부과된다. 또한 주식을 상장 후에 양도하면 세금이 없다. • 일정 규모 이상으로 성장 가능한 유망사업의 경우에 적합하다. • 주식회사는 신주발행 및 회사채 발행 등을 통해 다수 인으로부터 자본조달이 쉽다. • 대외 공신력과 신용도가 높으므로 영업 수행과 관공서, 금융기관 등과의 거래에 있어서도 유리하다.
단점	• 대표자는 채무자에 대해서 빚을 갚을 때까지 계속 책임을 진다. • 대표자가 바뀌는 경우는 폐업하고, 신규로 사업자등록을 해야 하므로 기업의 계속성이 단절된다. • 사업양도 시에는 양도된 영업권 또는 부동산에 대해서 높은 양도소득세가 부과된다.	• 설립 절차가 복잡하고 일정 규모 이상의 자본금이 있어야 설립할 수 있다. • 대표자가 기업자금을 개인용도로 사용하면 회사는 대표자로부터 이자를 받아야 하는 등 세제상의 불이익이 있다.

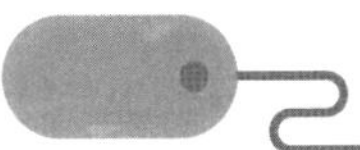

창업절차와 설립비용

개인사업자로 창업할 경우는 설립 절차가 비교적 쉽고 비용이 적게 들어 사업 규모나 자본이 적은 사업을 하기에 적합하고, 법인기업은 법원에 설립등기를 해야 하는 등 절차가 다소 까다롭고 자본금과 등록세 · 채권 매입비용 등의 설립비용이 필요하다.

자금의 조달과 이익의 분배

개인사업자는 창업자 한 사람의 자본과 노동력으로 만들어진 기업이므로 자본조달에 한계가 있어 대규모 자금이 소요되는 사업에는 무리가 있다.

그러나 사업자금이나 사업에서 발생한 이익을 사용하는 데는 제약을 받지 않는다. 예를 들어 사업자금을 사업주 개인의 부동산 투자에 사용하든 자신의 사업에 재투자하든, 혹은 영업에서 발생한 이익을 생활비로 쓰든 전혀 간섭받지 않는다.

반면, 법인기업은 주주를 통해서 자금을 조달하므로 대자본 형성이 가능하나, 법인은 주주와 별개로 독자적인 경제주체이므로 일단 자본금으로 들어간 돈과 기업경영에서 발생한 이익은 적법절차를 통해서만 인출 할 수 있다. 즉, 주주총회에서 배당결의를 한 후 배당이라는 절차로만 인출이 가능하고, 주주가 법인의 돈을 가져다 쓰려면 적정한 이자를 낸 후 빌려야 한다.

가장·위장납입 하면 가지급금으로 처리된다.

회사의 설립 시 법인자본금 규정 중 5천만 원 규정은 폐지되어 금액의 제한이 없어졌다(주식회사의 경우 최소 1주 × 주당 100원 = 100원으로도 설립 가능).

따라서 자기 집을 법인설립 본점으로 하면 보증금도, 사무실 설비 · 인테리어도 불필요하므로 아무런 자본금이 소요되지 않는다.
기존의 개인 소규모 가게나 사무실을 법인으로 바꾸는 경우는 보증금 2천만 원 + 사무용 비품 500만 원 + 설비 인테리어 1,000만 원 = 3천 500만 원이면 법인설립이 가능하다. 설립자본금을 3,500만 원으로 회계처리 한다.
(차변) 예금 3,500 (대변) 자본금 3,500
가장 납입하면 법인에 예금 · 현금이 없는 경우이므로
① 원칙적으로 공금 횡령이고 민 · 형사상으로 책임이 있으며, 처벌이 원칙이다.
② (차변) 가지급금(전도금) 3,500 (대변) 자본금 3,500
으로 기재되므로 가지급금 인정이자를 계산하여 대표자의 소득으로 보며, 법인세와 소득세 등도 추가로 내야 한다. 따라서 건설 도급한도, 납품 자격 등을 위해 불입 자본금 등기요건이 꼭 필요한 경우가 아니면, 가장 납입한 후 가지급금 등으로 하지 말고, 법인설립자본금을 가장 최소금액으로 불입한 후, 나중에 영업실적으로부터 급여 등을 받아서 자본금을 증자 불입하면 된다.

사업의 책임과 신인도

개인사업자는 경영상 발생하는 모든 문제와 부채, 그리고 손실위험을 전적으로 사업주 혼자서 책임을 져야 한다. 따라서 만약 사업에 실패해서 은행 부채와 세금 등을 다 해결하지 못하고 다른 기업체에 취직해서 월급을 받는 경우, 그 월급에 대해서도 압류를 당할 수 있다.
법인기업의 경우 주주는 출자한 지분의 한도 내에서만 책임을 지므로 기업이 도산할 때 피해를 최소화할 수 있다.
대외신용도 면에서, 개인기업의 신인도는 사업자 개인의 신용과 재력에 따라 평가받으므로 법인기업보다는 현실적으로 낮다고 보아야 한다.

개인회사와 법인의 과세체계와 세율

1. 법인과 개인의 세율 차이

개인기업의 종합소득세율은 6%에서 45%까지 초과 누진세율로 되어 있고, 법인기업의 세율은 9%, 19%, 21%, 24%로 되어있다.

그러므로 세율 측면만 본다면, 과세표준이 2,100만 원 미만인 경우는 개인회사가 유리하고 2,100만 원을 초과하는 경우는 법인기업이 유리하다.

2. 법인과 개인의 과세체계 차이

개인기업의 소득에 대해서는 종합소득세가 과세된다. 사업주 본인에 대한 급여는 비용으로 인정되지 않으며, 유가증권처분이익에 대해서는 과세를 하지 않는다.

법인기업의 소득에 대해서는 법인세가 과세된다. 법인의 대표이사는 법인과는 별개의 고용인이므로 대표이사에 대한 급여는 법인의 비용으로 처리할 수 있다.

그러나 유가증권처분이익에 대해서도 법인세가 과세된다.

내 용	개인기업	법인기업
근거세법	소득세법	법인세법
과세기간	매년 1월 1일부터 12월 31일까지	정관에 정하는 회계기간
과세소득	총수입금액 - 필요경비	익금의 총액 - 손금의 총액

내 용	개인기업	법인기업
과세범위	특정소득에 대해서는 종합과세를 하지 않고 원천징수만으로 분리과세	분리과세가 인정되지 않음
이중과세 여부	하나의 원천소득에 대해 이중과세가 되지 않음	법인에게 법인세 과세 후, 주주의 배당에 대해 소득세 과세
세율구조	세율 : 6%~45%로 누진적용 지방소득세 : 소득세의 10%	세율 : 9%, 19%, 21%, 24% 지방소득세 : 법인세의 10%
납세지	개인기업의 주소지	법인 등기부등본상의 본점/주사무소
기장의무	수입금액에 따라 간편장부의무자, 복식부기의무자로 구분	수입금액과 관계없이 복식부기의무자
외부감사 제도	적용되지 않음	적용

개인사업자와 법인의 세무처리 차이

내 용	개인기업	법인기업
고정자산 처분손익	간편장부대상자 : 처분이익은 총수입금액불산입, 처분손실은 필요경비불산입 복식부가의무자 : 사업용 유형자산을 양도함으로써 발생하는 소득(토지 · 건축물의 양도소득으로서 양도소득세 과세대상에 해당하는 경우는 제외한다)은 사업소득으로 과세	양도가액을 익금, 장부가액을 손금으로 한다. 따라서 처분이익은 익금, 처분손실은 손금산입

<table>
<tr><th>내 용</th><th>개인기업</th><th>법인기업</th></tr>
<tr><td>대손충당금 설정대상 채권</td><td>사업 관련 채권만 설정 대상 채권 : 미수금 및 대여금 제외</td><td>매출채권 + 미수금 + 대여금 + 기업회계기준상 대손충당금 설정 대상 채권</td></tr>
<tr><td>생산설비의 폐기손실</td><td>폐기손실 필요경비불산입</td><td>손금산입액 =
장부가액 − 1,000원</td></tr>
<tr><td>생산설비의 처분손실</td><td>처분손실 필요경비산입 가능</td><td>1,000원을 손금산입</td></tr>
<tr><td>퇴직급여충당금</td><td>대표자나 사업에 종사하지 않는 가족은 퇴직급여충당금 설정 대상이 아니다. 따라서 퇴직급여충당금 한도액 계산 시 총급여액과 퇴직급여 추계액에서 대표자와 사업에 종사하지 않는 가족에 대한 것은 제외한다.</td><td>대표자도 퇴직급여충당금 설정 대상이다.</td></tr>
<tr><td colspan="3">퇴직급여충당금과 퇴직연금충당금 한도액 계산상 퇴직급여추계액을 법인세법에서는 max[① 일시퇴직기준 퇴직급여추계액, ② 보험수리적 기준 등 퇴직급여추계액]으로 하고 있으나 소득세법에서는 일시퇴직기준 퇴직급여추계액으로 계산한다.</td></tr>
<tr><td>일시상각충당금</td><td>설정 대상 : 국고보조금과 보험차익
결산조정만 인정한다.</td><td>설정 대상 : 공사부담금 · 국고보조금 등 · 보험차익, 물적분할 · 현물출자 · 교환 등으로 인한 자산양도차익
결산조정은 물론 신고조정에 의한 손금산입도 인정한다.</td></tr>
<tr><td>대표자 인건비</td><td>출자금의 인출에 불과하므로 비용으로 인정되지 않는다.</td><td>법인의 대표이사는 고용관계에 의해서 근로를 제공하므로 그 대가인 임원 보수와 상여금을 비용처리가 가능하다.</td></tr>
</table>

내 용	개인기업	법인기업
부가가치세	예정신고기간에는 관할세무서에서 고지한 금액에 따라 납부만 하면 되며, 확정신고 · 납부 의무가 있다.	예정신고 · 납부 및 확정신고 · 납부의무 모두가 있다(영세법인 제외).

회계처리와 4대 보험 차이

내 용	개인기업	법인기업
사장의 연말정산	사장은 사업주로서 연말정산의 대상이 아닌 종합소득세 신고 대상이다.	대표이사는 근로자의 범위에 포함이 되므로 연말정산대상이다.
4대 보험 적용	사장은 근로자의 범위에 포함이 되지 않으므로 별도로 사업장 가입을 안 하는 경우 지역가입자로 가입이 된다. 희망 시 고용보험도 가입할 수 있다.	대표이사도 근로자의 범위에 포함되므로 자동으로 사업장 가입자가 된다. 단, 고용보험은 가입 대상이 아니다.
전표발행 시 계정과목 사용 및 회계처리상의 차이	전표 사용 시 계정과목의 사용은 법인과 개인이 동일하나 몇 가지 계정과목 처리상의 차이가 있는데, 법인은 자본의 경우 자본금계정을 사용하나 개인의 경우 출자금 계정을 사용한다. 또한, 법인의 대표이사 등이 회삿돈을 개인적 용도로 사용하는 경우 급여 처리 후 원천징수를 하거나 대여금(가지급금) 처리 후 일정 이자를 받지만, 개인회사 사장의 경우 종합소득세 납부 등 개인과 관련된 비용의 지출 시에는 인출금 계정을 사용하며, 세무상 제재는 없다.	
개인사업자로 할까? 법인으로 할까?	개인회사로 할지, 법인기업으로 할지는 창업하려는 개개인의 사정에 따라 결정할 수밖에 없다. 그래도 어느 유형으로 할 것인지 확신이 서지 않으면 일단은 창업하기가 비교적 쉽고, 비용도 적게 드는 개인회사로 먼저 시작하고, 나중에 사업 규모가 커지면 그때 법인으로 전환	

내 용	개인기업	법인기업
	하는 방법을 고려해 보는 것이 좋을 것이다. 그러나 전반적으로 세금 측면만 고려한다면 우리나라 세법 구조상 개인보다는 법인이 유리한 것이 사실이다.	

세법상 사업자 분류기준은 법률과 다릅니다.

1. 사업 형태에 따른 구분

사업자 유형은 사업 형태에 따라 개인사업자와 법인사업자가 있다.

구 분	내 용
개인사업자	개인사업자란 회사를 설립하는데 상법상 별도의 절차가 필요하지 않아, 그 설립 절차가 간편하고 휴·폐업이 비교적 간단하며, 부가가치세와 소득세 납세의무가 있는 사업자를 말한다.
법인사업자	법인사업자란 법인 설립등기를 함으로써 법인격을 취득한 법인뿐만 아니라 국세기본법의 규정에 따라 법인으로 보는 법인격 없는 단체 등도 포함되며, 부가가치세와 법인세 등 납세의무가 있는 사업자를 말한다.

2. 과세유형에 따른 구분

개인사업자는 부가가치세의 과세여부에 따라 과세사업자와 면세사업자로 구분된다. 다만, 과세와 면세 겸업사업자인 경우에는 사업자등록증이 과세사업자로 발급된다.

구 분	내 용
과세사업자	과세사업자는 부가가치세 과세대상 재화 또는 용역을 공급하는 사업자로서 부가가치세 납세의무가 있는 사업자를 말한다. 이는 사업 규모에 따라 일반과세자와 간이과세자로 구분이 된다.
면세사업자	면세사업자는 부가가치세가 면제되는 재화 또는 용역을 공급하는 사업자로서 부가가치세 납세의무가 없는 사업자를 말한다.

부가가치세 면세사업자라도 소득세 납세의무까지 면제되는 것은 아니며, 종합소득세는 신고 · 납부를 해야 한다. 또한, 면세사업자가 과세 재화를 파는 경우는 과세사업자로 전환해 부가가치세를 신고 · 납부 해야 한다.

구 분	과세사업자		면 세 사업자
	일반과세자	간이과세자	
관련 세법	부가가치세법	부가가치세법	소득세법, 법인세법
납부세액의 계산	매출세액 − 매입세액	(매출액(부가가치세 포함액) × 업종별 부가가치율 × 10%) − 공제세액 = 납부세액 ※ 공제세액 = 매입액(공급대가) × 0.5%	없음
비고	법인, 개인	개인	법인, 개인

? 개인회사 사장과 법인 대표이사의 식대 비용처리 차이

개인회사 사장의 식대 지출액은 복리후생비가 아닌 자본의 인출금으로 처리하는 반면, 법인의 대표이사 식대 지출액은 복리후생비로 처리할 수 있다.

구 분	세무 처리
개인사업자 사장 식비	인출금으로 처리하고, 비용인정이 안 된다.
법인의 대표이사 식비	복리후생비 처리 후 업무와 관련 있으면 비용인정된다.

02 사업자등록증 신청 방법

사업자등록 시 준비해야 할 서류

사업자는 사업을 개시한 날로부터 20일 이내에 사업자등록을 신청해야 한다. 이때 구비서류는 다음과 같다.

* 사업자등록신청서 1부
* 사업허가증·등록증 또는 신고필증 사본 1부(허가 · 등록 · 신고사업인 경우)
* 사업허가신청서 사본이나 사업계획서(사업 개시 전 등록 시)
* 임대차 계약서 사본 1부(사업장 임차 시)
* 공동사업인 경우 공동사업 사실을 증명할 수 있는 서류(동업계약서 등)
* 도면 1부(상가건물 임대차보호법이 적용되는 건물 임차 시)
* 법인 : 법인 등기부등본, 정관 및 주주명부 추가 구비
* 신청인에 따른 추가 구비사항

  본인 직접 신청 시 : 본인 신분증 · 도장

  (세무)대리인 신청 시 : 사업자 신분증 · 도장 및 대리인 신분증

고유번호 신청의 경우 다음의 방법으로 신청한다.

* 「개인사업자용 사업자등록신청서」 서식으로 신청
* 허가 · 등록 관련 서류, 장소를 임차한 경우 임대차계약서 사본 등 첨부

사업자등록 시 간이과세 적용기준

연간매출 예상액이 1억 400만 원 미만인 개인사업자를 말한다. 다만, 간이과세 배제기준에 해당하는 경우와 일반과세가 적용되는 사업장을 보유한 상태에서 사업장을 추가하는 경우는 일반과세를 적용한다. 간이과세 배제기준은 종목 기준, 부동산 임대업 기준, 과세유흥장소 기준, 지역 기준이 있으며, 자세한 사항은 국세청 누리집(www.nts.go.kr) 참조(홈페이지 초기화면 일반검색란에 "간이과세 배제기준" 으로 검색)

사업자등록 미등록 시 불이익

사업자등록을 하지 않으면 공급가액의 1%(간이과세자는 0.5%)를 미등록가산세로 납부한다. 또한 매입세액이 불공제 된다.

사업자등록번호 식별방법

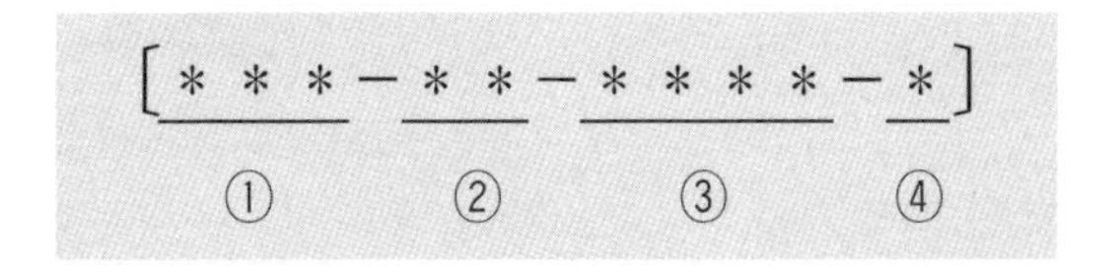

① 최초 사업자등록번호 부여 관서 코드

② 가) 개인 과세사업자 : 01~79

나) 법인 : 성격별 구분코드번호(과세 · 면세 사업 동일)

📝 영리법인 본점 - 81, 86, 87

📝 영리법인 지점 - 85

📝 비영리법인 본·지점(법인으로 보는 법인격 없는 사단 · 재단 기타 단체 포함) - 82

📝 국가, 지방자치단체, 지방자치단체조합 - 83

📝 외국법인 본·지점 및 연락사무소 - 84

다) 개인 면세사업자 - 90~99

라) 아파트 관리사무소 등 - 80(국세기본법 제13조에 의하여 법인으로 보는 단체 이외의 자로서 원천징수 한 소득세를 납부할 의무가 있는 자, 영유아보육법에 따라 설치된 어린이집 등)

마) 소득세법 제1조 제3항에 해당하는 법인이 아닌 종교단체 - 89

③ 일련번호(4자리) - 과세, 면세, 법인사업자별 등록순으로 사용 가능한 번호 부여

? 홈택스에서 사업자등록 신청 가능

사업자등록은 세무서 방문 없이 국세청 홈택스에서도 편리하게 신청할 수 있다.
홈택스에서 하는 것이 편리하고 쉽기는 하지만 직접 작성이 어려운 부분이 있을 수 있으니 시간적 여유가 있으면 세무서를 직접 방문해 민원실 직원분 도움을 받아 가며 신청하는 것을 추천한다.
홈택스를 통한 사업자등록 신청 방법은 네이버 등 검색사이트에서 검색하면 자세히 설명해 주고 있으므로 이를 활용하면 많은 도움이 된다.
신청 전에 먼저 앞서 언급한 서류를 준비해 두어야 파일 업로드 시 문제가 발생하지 않는다.

1. 사업장 소재지는 사업장을 임차했을 경우 임대차계약서상 소재지를 입력하고, 집에서 하는 경우 집 주소를 입력한다.

2. 개인사업자 기준으로 사업자 유형이 일반과세자, 간이과세자, 면세사업자 중 하나인 경우 주업종 코드를 꼭 입력해 주어야 한다. 우측에 있는 '업종 입력/수정' 버튼을 클릭해 시작하는 사업에 맞는 업종 코드를 찾아서 입력한다.
3. 개업일자를 입력한다. 실질적으로 사업을 영위하기 시작한 날짜를 적어준다.
4. 사업자 유형란에서 일반과세자인지, 간이과세자인지, 면세사업자인지, 그 외의 사업자인지를 선택한다. 부가가치세법상 면세 재화 또는 용역을 공급하는 사업자라면 면세사업자로 등록해야 한다. 일반과세자이면서 면세를 일부만 공급하는 경우는 일반과세자로 신고해야 하며, 면세 재화 · 용역을 100% 공급할 때만 면세사업자이다.
5. 마지막으로 제출 필요한 서류를 업로드하면 된다. 제출 서류는 위에 세무서 방문 신청 시 필요한 서류와 같다. 그런데 홈택스 신청 시 사업자등록신청서는 화면으로 작성했고, 공인인증서로 로그인 후 작성했으니, 신분증과 사업자등록신청서는 올리지 않아도 된다.

03 사장님이 꼭 챙겨야 할 세금 신고

원천세

사장님이 직원에게 월급을 줄 때 세금을 미리 대신 징수해 납부하는 제도다. 매달 10일까지 이전 달에 대한 원천세를 신고하고 납부한다. 직전연도 상시 고용 인원 20명 이하인 소규모 사업장은 관할 세무서장에게 신청 후 승인을 받아 원천징수액을 6개월에 한 번 납부하는 반기 신고도 가능하다.

부가가치세

부가가치세는 매출세액에서 매입세액을 뺀 금액만큼 납부하는 세금이다. 면세사업자가 아닌 경우 상품이나 서비스를 판매하면 그 금액의 10%만큼 매출세액으로 징수되고, 매입 세금계산서 상의 세액(매입액의 10%)은 공제받는다. 일반사업자는 6개월을 과세기간으로, 간이과세자는 1년을 과세기간으로 해 신고납부 한다.

종합소득세

사업소득과 더불어 다른 소득(이자, 배당, 근로, 연금, 기타소득)이 있다면 모두 합해 다음 해 5월 1일부터 31일에 한 번 신고한다. 성실신고 사업자라면 6월에 신고한다.

종합소득세는 기장에 의해서 신고할 수도 있고 기장을 안 한 경우 추계에 의해서 신고도 가능하다.

참고로 과세물품 10만 원을 판매하면서 1만 원의 부가가치세를 상대방에게서 받은 경우 10만 원은 사업소득이 되는 것이고 1만 원은 부가가치세 매출세액이 되는 것이다.

간이지급명세서

원천징수 대상 사업소득을 지급했거나 일용근로자가 아닌 상용근로자에게 근로소득을 지급했다면 간이지급명세서를 제출해야 한다. 사업소득과 일용근로자는 매달 말일 근로소득은 반기별로 1년에 2번 제출한다.

원천징수 대상 사업소득에 대한 간이지급명세서는 매달, 상용근로자에 대한 근로소득 간이지급명세서는 1~6월 지급분은 7월 31일까지, 7~12월 지급분은 다음 해 1월 31일까지 제출한다.

일용직 근로자에게 지급하는 근로소득에 대해서는 매달 일용근로소득지급명세서를 제출한다.

제출기한까지 내지 않거나 기재된 금액 등 지급 내역이 사실과 다를 경우 가산세를 내야 하니 꼼꼼히 잘 챙겨야 한다.

근로내용확인신고

일용직을 고용했다면 근로한 날을 기준으로 다음 달 15일까지 일용직에 대한 근로내용확인신고를 한다. 신고하지 않으면 과태료를 내야 하고 근로내용확인신고를 한 일용근로자는 일용근로소득지급명세서의 제출을 안 할 수 있다.

04 사업자가 스스로 내야 하는 세금의 종류와 납부기간

사업자는 크게 개인사업자(자영업자)와 법인사업자로 구분이 되고 대다수 세금은 일치하나, 약간의 차이가 있으므로 개인사업자와 법인사업자가 내야 하는 세금의 종류를 나누어 살펴보면 다음과 같다.

법인사업자가 내야 하는 세금

세금의 종류	신고구분	신고 · 납부기한	신고대상 기간
법인세	확정신고	3월 31일	1월 1일~12월 31일
	중간예납	8월 31일	1월 1일~6월 30일
부가가치세	예정신고	4월 25일(1기) 10월 25일(2기)	1월 1일~3월 31일(1기) 7월 1일~9월 30일(2기)
	확정신고	7월 25일(1기) 다음 해 1월 25일(2기)	4월 1일~6월 30일(1기) 10월 1일~12월 31일(2기)
원천세	종 업 원 비사업자	지급 월 또는 반기(7월 10일, 1월 10일)의 다음 달 10일	매월 또는 반기(1월~6월 또는 7월~12월)

주 법인세 확정신고 시에는 중간예납 시 납부한 세금을 차감한 후 납부한다.

주 사업자등록이 없는 비사업자에 대한 비용지출 시 사업소득은 3.3%를 차감한 후 지급하고, 기타소득은 8.8%를 차감한 후 지급한다.

개인사업자가 내야 하는 세금

세금의 종류	신고구분	신고 · 납부기한	신고대상 기간
소득세 (종합소득세)	확정신고	5월 31일	1월 1일~12월 31일
	중간예납	11월 30일	1월 1일~6월 30일
부가가치세	확정신고	7월 25일(1기) 다음 해 1월 25일(2기)	1월 1일~6월 30일(1기) 7월 1일~12월 31일(2기)
원천세	종 업 원	지급월 또는 반기(7월 10일, 1월 10일)의 다음 달 10일	매월 또는 반기(1월~6월 또는 7월~12월)
	비사업자		
사업장현황신고(면세사업자)		다음 해 2월 10일	1월 1일~12월 31일

주 소득세 확정신고 시에는 중간예납 시 납부한 세금을 차감한 후 납부한다.

주 개인사업자(직전 과세기간 공급가액이 1억 5천만 원 미만인 영세법인 포함)는 부가가치세 예정신고 · 납부를 안 하는 대신 세무서에서 알려주는 예정 고지세액을 납부하고, 확정신고 시 예정 고지 납부액을 차감한 후 납부한다.

주 사업자등록이 없는 비사업자에 대한 비용지출 시 사업소득은 3.3%를 차감한 후 지급하고, 기타소득은 8.8%를 차감한 후 지급한다.

부가가치세

상품(재화) 등을 판매하거나 서비스(용역)를 제공하면 부가가치세를 내야 한다.

그러나 다음과 같이 생활필수품을 판매하거나 의료 · 교육 관련 용역을 제공하는 데 대해서는 부가가치세가 면제된다.

- 곡물, 과실, 채소, 육류, 생선 등 가공되지 않은 식료품의 판매

- 연탄 · 무연탄, 복권의 판매
- 병 · 의원 등 의료 · 보건 용역업

다만, 국민건강보험법에 따라 요양급여의 대상에서 제외되는 쌍꺼풀 수술, 코 성형수술, 유방확대 · 축소술, 지방흡입술, 주름살제거술의 진료용역은 과세된다.

안면윤곽술, 치아 성형(치아미백, 라미네이트와 잇몸 성형술을 말함) 등 성형수술(성형수술로 인한 후유증 치료, 선천성 기형의 재건수술과 종양 제거에 따른 재건 수술은 면세)과 악안면 교정술(치아교정치료가 선행되는 악 안면 교정술은 면세)과 색소모반 · 주근깨 · 흑색점 · 기미치료술, 여드름 치료술, 제모술, 탈모치료술, 모발이식술, 문신술 및 문신 제거술, 피어싱, 지방 융해술, 피부 재생술, 피부미백술, 항노화치료술 및 모공축소술의 진료용역은 2014년 2월 1일 이후 제공하는 용역부터 과세 적용

- 허가 또는 인가 등을 받은 학원, 강습소, 교습소 등 교육용역업
- 도서, 신문, 잡지(광고 제외)

개별소비세

다음과 같은 사업을 하는 경우 부가가치세 이외에 개별소비세와 개별소비세 납부에 따른 교육세, 농어촌특별세도 내야 한다.

- 골프장, 카지노, 투전기 사업장, 경마장, 경륜장, 경정장의 경영자(장외 발매소 포함)
- 카바레, 나이트클럽, 요정, 디스코 클럽 등 과세유흥장소의 경영자

- 보석 및 귀금속류 제조 · 수입 · 판매자(1개당 200만원 초과분)
- 고급가구, 고급사진기, 고급시계, 고급모피 등, 고급 융단, 고급 가방, 승용자동차, 석유류, 발전용 유연탄, 에너지 다소비 품목인 에어컨, 냉장고, 드럼세탁기, TV를 제조해서 반출 또는 수입, 담배
- 투전기 · 오락용 사행 기구 등, 수렵용 총포류, 녹용, 로얄제리, 방향용 화장품을 제조하여 반출 또는 수입

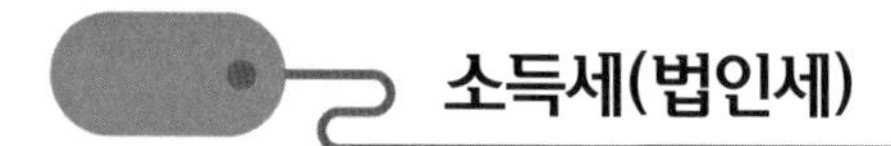

소득세(법인세)

사업자는 연간 소득에 대해서 소득세(법인세)를 신고 · 납부 해야 한다.

근로소득세 원천징수

사업자가 종업원을 채용해서 월급을 줄 때는 근로소득세를 원천징수해서 납부한다.

구 분	신고 및 납부의무자	신고 및 납부 기한		신고 및 납부 내용
부 가 가치세	개인사업자 (일반과세자)	1기 확정	7.1~7.25	1.1~6.30의 사업실적
		2기 확정	1.1~1.25	7.1~12.31의 사업실적
		원칙적으로는 예정신고 의무가 없으나 사업 부진으로 사업실적이 직전 기의 1/3에 미달하는 경우와 조기환급 발생자는 예정신고를 할 수 있다.		

구 분	신고 및 납부의무자	신고 및 납부 기한		신고 및 납부 내용
부 가 가치세	간이과세자	1.1~1.25		1.1~12.31의 사업실적
		예정부과 (원칙)	7.1~7.25	전기 납부세액의 1/2
		예정신고 (예외)	7.1~7.25	4,800~1억 400만원 간이과세자 중 세금계산서 발행 내역이 있는 경우
법인세	법인사업자	확정신고	사업연도 종료일로부터 3개월 이내	회계기간의 각 사업연도 금액
		중간예납	반기의 2개월 이내	반기의 사업연도 금액
종 합 소득자	개인사업자	확정신고	다음 해 5.1~5.31 (성실신고자는 6.30까지)	1.1~12.31의 연간 소득금액
		중간예납	11. 15 고지 11. 30 납부	반기의 사업연도 금액
개 별 소비세	과세유흥장소	다음 달 말일까지		1개월의 유흥 음식 요금
	투전기 설치소			1개월의 입장 인원
	귀금속상			1개월의 판매 금액
	가구제조업 등			1개월의 제조장 반출가액

구 분	신고 및 납부의무자	신고 및 납부 기한		신고 및 납부 내용
원천징수 이행상황 신고서	원천징수를 한 사업자(개인, 법인)	일반사업자	다음 달 10일	매월 원천징수 한 세액
		반기사업자	7.10, 1.10	
사업장현황 신고	부가가치세가 면제되는 개인사업자	다음 달 1.1~2.10		1.1~12.31의 면세수입금액
지방 소득세	법인사업자 및 개인사업자	법인세 분	회계기간의 4개월 이내(연결법인은 5개월 이내)	0.09%~2.4% 초과누진세율 적용
		개인 소득세 분	다음 해 5월	0.6%~4.5% 초과누진세율 적용
주민세	지방자치단체에 주소를 둔 개인 및 사업소를 둔 법인	종업원분	급여를 지급한 달의 다음 달 10일까지	종업원에게 지급한 급여총액의 0.5% 면세점 : 최근 1년간 해당 사업소 급여총액의 월평균 금액이 1억 8,000만 원 이하인 경우
		사업소분	(과세기준일 : 매년 7월 1일, 신고 · 납부기간 : 8.1 ~ 8.31)	사업장 면적이 330m^2 초과하는 경우 사업장 연면적 1m^2당 250원(공용면적 포함)

05 내가 직접 세금관리를 해야 하나? 기장을 맡겨야 하나?

세무사에게 의뢰할 때는 일의 범위를 명확히

세금과 회계 이것은 기업경영에 있어서 필수적이다. 그래서 모든 기업에 경리부가 있는 것이 아닐까?

경영자가 경리체계를 잘 알고 있어서 스스로 모든 경리업무를 처리할 수 있다면 문제가 없겠지만, 그렇지 않을 경우는 회계사나 세무사에게 일을 의뢰하는 것이 무난하다.

경리업무에 대해 잘 알고 있다 하더라도 결산이나 세무신고는 복잡하므로 이것만을 회계사나 세무사에게 맡기거나, 법인설립, 법인전환 등 업무의 발생 빈도가 적은 경우는 이를 회계사나 세무사에게 맡기는 경우가 많다.

그러나 모든 일을 남에게 맡길 경우에도 기본적으로 어느 단계에서 어느 단계까지의 일을 맡길 것인가를 확실히 정해둘 필요가 있다.

예를 들어 회사의 경리업무는 거의 다음 여섯 가지 일로 구분할 수 있는데, 그중에서 ❷번 항목부터는 세무사에게 의뢰할 수 있고 ❺번과 ❻번 항목만을 의뢰할 수도 있다. 그러나 대다수의 기장대행은 ❷번부터 신고 대행은 ❺번부터 맡기는 것이 일반적이다.

❶ 전표의 발행과 수령

❷ 전표 및 계정의 분류

❸ 보조장부의 정리

❹ 법정지출증빙의 정리

❺ 결산과 결산서의 작성

❻ 신고 서류의 작성

그러나 위에서 말한 바와 같이 일을 남에게 맡기면 그만이지만 그 일을 자신이 아는 것이 매우 중요한 일이다.

비용은 얼마나 들고 누구에게 의뢰할 것인가

세무사에게 의뢰할 경우 그 요금은 세무사나 일의 성격에 따라 다른데, ❶번부터 ❹번 항목까지를 스스로 처리하고 나머지만을 세무사에게 의뢰한다면 스스로 사업 내용을 파악할 수 있을 뿐 아니라 세무사에게 지불할 비용도 절반으로 줄일 수 있을 것이다. 결산서와 신고서 작성에 대한 처리 비용은 세무 조정료라고 해서 사업연도마다 별도의 금액을 지불해야 한다.

세무사에게 업무를 의뢰한다.

경리업무를 맡기기 전에 반드시 체크해야 할 사항을 정리하면 다음과 같다.

❶ 전표 등 이미 결정된 내용은 신속하게 제공한다.

❷ 계약서, 주문서, 영수증 등의 증빙서류는 잊지 말고 확보한다.

❸ 매일 경영에 필요한 자료를 적절히 제공받는다.

❹ 자금순환표의 작성에 대한 자료를 제공받는다.

❺ 경영 상태나 문제점 등에 대해 조언을 듣는다.

❻ 절세에 대해 상담한다.

최초 기장 시	기장 이전 시
❶ 사업자등록증 사본 1부 ❷ 부가가치세 · 근로소득세 신고서 철 ❸ 매입 · 매출 증빙 세금계산서, 계산서, 신용카드 매출 · 매입전표, 현금영수증, 수출입 면장, 기타 증빙 등 ❹ 경비영수증, 예금통장 사본, 어음기입장 사본 ❺ 급여 증빙 : 급여대장, 지급영수증, 직원 주민등록등본, 보험철 ❻ 임대차 계약서 사본 ❼ 자산 명세서(건물, 기계장치, 비품, 차량운반구, 공구 등)	❶ 최초 기장 시 준비 서류(좌측) ❷ 전년도 조정계산서 및 부속서류 ❸ 전년도 결산서 ❹ 전년도 장부 원장 ❺ 전년도 데이터 Back-Up 자료(USB 또는 파일)

06 세금납부를 면제해 주는 경우

세법상 과세표준이나 세액이 일정 기준 이하가 되면 소액부징수나 과세최저한, 면세점이라고 하여 세금 납부 의무를 면제해준다.

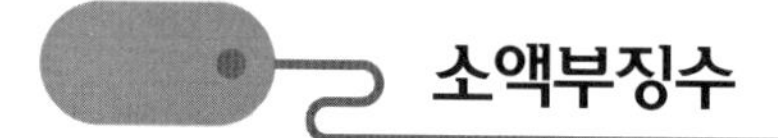

소액부징수

소액부징수란 징수할 세액이 어느 일정 금액에 미달할 때는 이를 징수하지 않는 경우를 말한다.

소액부징수에 해당하는 경우는 다음과 같다.

구분	소액부징수
국세기본법	고지할 국세(인지세 제외), 체납처분비를 합친 금액이 1만 원 미만일 때에는 그 금액은 없는 것으로 본다.
법인세	법인세법상 이자소득 금액과 증권투자신탁수익의 분배금액에 대한 원천징수 세액이 1천원 미만일 경우에는 당해 법인세를 징수하지 않는다. 중간예납 세액이 50만 원 미만
소득세	* 중간예납 세액이 50만 원 미만 * 원천징수 소득세 (이자, 사업소득 제외) 1천원 미만일 때

구분	소액부징수
부가가치세	예정신고기간에 징수해야 할 금액이 50만원 미만인 경우
지방세	지방소득세(특별징수분 제외)의 세액이 2천원 미만인 때 재산세 및 지방소득세의 세액이 고지서 1매당 2천원 미만인 경우

과세최저한

과세최저한이란 일정 한도까지의 과세표준에 대해 과세를 하지 않는 것으로, 소액부징수와의 차이점은 다음과 같다.

❶ 과세최저한은 과세표준의 일정 한도를 정해서 그 한도 이하인 과세표준에 대해서는 면세하고, 그 한도 초과인 과세표준에 대해서는 과세하는 것을 말한다.

❷ 소액부징수란 과세표준이 아닌 납부세액에 대해서 적용하는 것으로, 그 납부세액이 기준에 미달할 때는 징수를 하지 않는 것을 말한다.

구분	과세최저한
취득세	취득가액이 50만 원 이하일 경우 취득세를 부과하지 않는다(등록면허세는 부과). 단, 1년 이내 인접 토지 또는 건축물 취득 시 합산해서 적용한다.
기타 지방세	※ 종업원분 주민세 : 민간기업의 육아휴직 활성화를 위해 육아휴직을 한 종업원이 그 육아휴직 기간 동안 받는 급여와 6개월 이상 계속하여 육아휴직을 한 종업원이 복직 후 1년 동안 받는 급여에 대해 과세표준(종업원 총 급여액)에서 제외하고, 주민세 종업원분을 부과하지 않는 기준이 되는 해당 사업소 종업원의 월평균 급여액 360만 원 이하 ※ 사업소 분 주민세 : 사업소의 연 면적이 330제곱미터 이하인 경우

면세점

면세점이란 일정한 금액이나 가격 또는 수량 이하의 과세물건에 대하여 과세를 하지 않는 것을 말한다.

구분	면세점
취득세	과세표준이 50만원 미만인 경우
부가가치세	간이과세자 과세기간 공급가액이 4,800만원 미만인 경우
기타	* 기타소득이 매건 5만원 이하인 경우 * 승마투표권 등의 환급금이 10만 원이하인 경우 * 슬롯머신 등의 당첨금 건별로 500만원 미만인 경우

07 세금 신고 때 왜 증빙을 올리는 칸이 없지

세금 신고 시 증빙은 다 제출하는 것이 아니다.

세금신고 때 증빙을 올려야 하는데, 이상하게 증빙을 한장 한장 올리는 란이 보이지 않아요? 어디다 올려야 하나요?

단순하지만 가장 많이 물어보는 질문 중의 하나라고 한다.

사업을 처음 시작하는 분이나 초보분들이 가장 헷갈리는 것 중의 하나가 증빙을 제출해야 하니? 내가 의무적으로 소명해야 하나?

이것을 전문용어로 입증책임의 문제라고 한다.

결론은 증빙은 일일이 한 장 한 장 그 내역을 일일이 작성해서 제출하는 것이 아니라 모든 내역을 신고서에 집계해서 작성 후 제출하는 개념이라고 보면 된다. 즉 한 장 한 장 제출하는 것도 그것을 입증하기 위해 신고서에 일일이 거래내역을 기록하는 것도 아니라고 보면 된다.

그런데 왜 증빙 등이 필요하냐 하면 입증책임 때문이다. 예를 들어 세무조사 시 국세청에서 우리가 국세청 자료를 분석한 결과 당신은 이 항목에 대해서 세금계산서 등 증빙도 없는데 매입세액공제도 받고 비용처리해서 종합소득세(법인세)도 적게 냈는데 입증(소명)하라고 하면 소명자료가 필요하잖아요?

그럴 때 증빙이 필요하다.

그리고 법인은 법인카드를 사용하고 개인은 사업용 카드를 사용하라고 하는 이유는 각 지출내역이 국세청에 자동으로 기록되어 기본적으로 경비인정받기 쉽고 나중에 소명의 번거로움이 줄어들기 때문이다.

그렇다고 무조건 인정을 해주는 것은 아니다. 예를 들어 사업용 카드를 사용해 마트에서 세제를 사고 두부 콩나물을 산다면 이건 누가 봐도 가정용 지출이므로 이런 것은 인정을 안 해준다. 다만, 컴퓨터 책상 등은 가정용으로 사용하는 경우도 있지만 반대로 사무용으로도 사용하는 경우가 있으므로 사업자가 가정용이 아니라 사업용이다. 라고 주장하면 세무서는 그게 아니라 가정용이라고 판단된다고 다툼이 발생하면 그 입증을 납세자에게 지우지 못하고 세무서가 해야 하며 세무서도 그 입증이 쉽지 않아 비용으로 인정해 줄 가능성이 크다는 것이지 100% 그렇게 한다는 것은 아니다.

CHAPTER Ⅱ

경비지출과 법정증빙관리

01 거래증빙은 3종 세트가 한 세트이다

최초 거래 시 장부는 거래명세서에서부터 출발한다.

그리고 돈을 받거나 어음을 받거나 상대방에게 거래대금을 받을 경우는 세금계산서나 신용카드매출전표, (지출증빙용)현금영수증 등 법에서 정한 법정지출증빙을 발행해 준다.

물론 거래명세서는 법정지출증빙이 아닌 상호 거래 사실을 증명해주는 거래증빙에 해당한다.

그리고 이와 같은 모든 거래는 회계상 전표를 발행해서 장부기입을 시작한다.

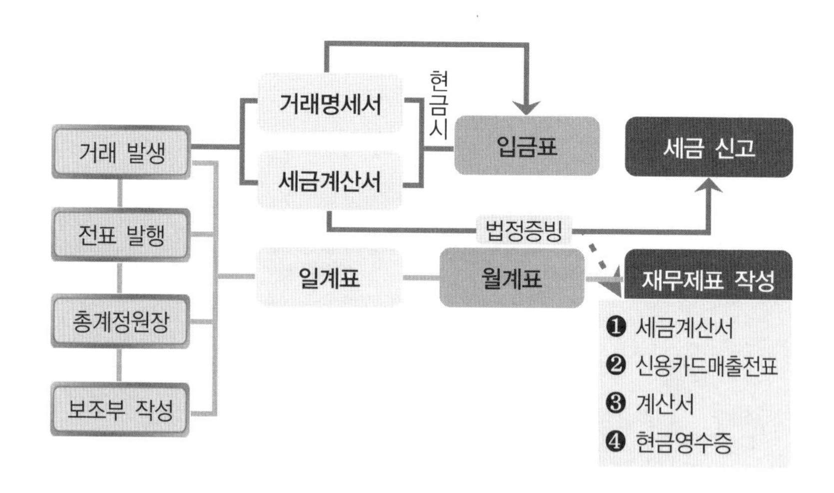

예를 들어 대형슈퍼를 하는 사업자가 판매용 과자를 10만 원어치 구입하는 경우 대리점 관계자가 과자를 진열한 후 슈퍼 사장님에게 거래명세서를 건넨다.

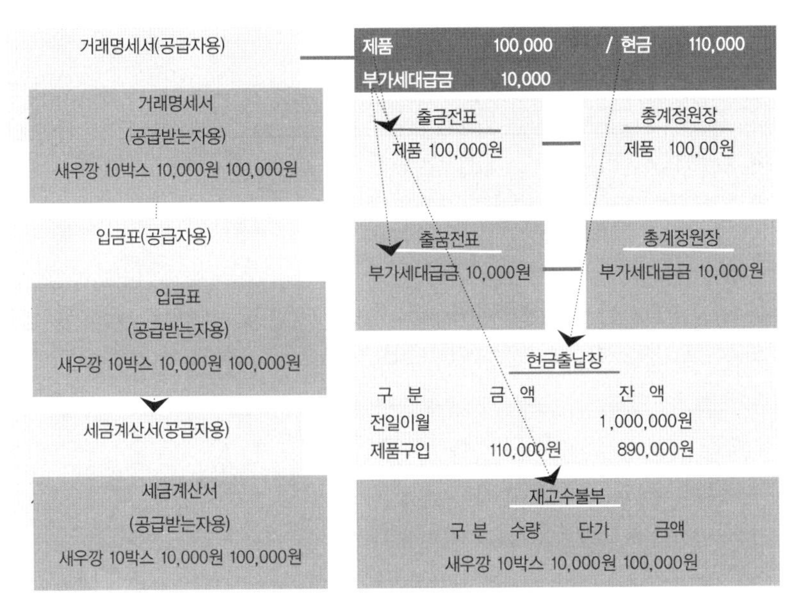

위의 거래에서 프로그램을 사용하는 경우 출금전표가 아닌 매입매출전표를 사용한다.

거래처에 송금하기 전 꼭 확인해 볼 사항

❶ 매입 상대방의 사업자등록증 사본을 받자
❷ 매입 상대방의 예금통장 사본을 받자
❸ 사업자등록증 사본과 예금계좌의 명의인이 일치하는지 확인하자
❹ 홈택스(www.hometax.go.kr)에서 사업자 유형을 확인하자
❺ 일반과세자(과세물품 구입)라면 송금하고 세금계산서(면세는 계산서)를 꼭 받자
❻ 수표나 어음 사본을 반드시 보관한다.

1. **입출금 증빙(종이)**

❶ 날짜별로 정리한다.

❷ 표지에 경리 일보나 전표(분개장)를 철한다.

❸ 당사가 발행한 입금 영수증과 함께 철한다.

❹ 월 단위로 묶어 보관한다.

2. **거래명세서(종이)**

❶ 매입과 매출 거래명세서는 별도로 정리한다.

❷ 날짜별로 정리한다.

❸ 월 단위로 표지를 해서 보관한다.

3. **세금계산서**

❶ 종이 세금계산서는 월별로 집계표를 만들어 전면에 함께 철한다. 반면 전자세금계산서는 홈택스에서 관리가 되므로 별도로 출력해서 보관하지 않아도 된다.
분기마다 부가가치세 신고 시 작성하는 매입 · 매출 세금계산서합계표로 대신할 수도 있다.

❷ 반복적으로 발생하는 거래처는 집계표에 거래처별로 미리 기장해두고 세금계산서의 수취유무를 사전에 관리함으로써 누락되는 일이 없도록 한다.

02 세금 절세의 시작은 법정지출증빙에서부터...

세금을 계산할 때 관련 지출이 많을수록 내야 할 세금은 줄어든다. 따라서 지출을 증명할 수 있는 증빙서류를 잘 챙기는 것이 절세의 기본이다. 특히 건당 3만 원 초과 기업업무추진비 및 기타 일반경비를 지출할 때는 아래에서 설명하는 법정지출증빙을 반드시 받아야 한다. 흔히 대표자의 경우 결재한 신용카드매출전표를 받은 후 찢어 버리는 경우가 있는데 절대 피해야 할 일이다.

구 분	기준금액	법정지출증빙으로 인정되는 증빙
❶ 기업업무추진비	3만원~	❶ 금융기관과의 거래 : 송금명세서 등 관련 영수증 ❷ 원천징수 대상 거래 : 원천징수영수증 ❸ 간이과세자와의 거래 : 신용카드매출전표, 현금영수증 ❹ 사업자가 아닌 개인과의 거래 : 계약서, 송금명세서 등 거래 사실을 소명할 수 있는 증빙 ❺ ❶~❹를 제외한 비용지출 : 전자세금계산서, (전자)계산서, 신용카드매출전표, 현금영수증
❷ 거래처 경조사비	20만원~	
❸ ❶과 ❷를 제외한 지출비용	3만원~	

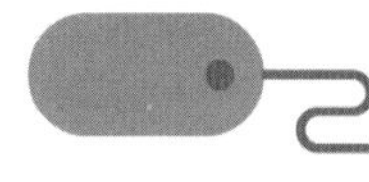

법정지출증빙규정이 적용되는 사업자와 거래

증빙 규정이 적용되는 사업자는 다음과 같다.

증빙 규정이 적용되는 사업자
* 영리법인 또는 비영리법인의 수익사업 관련 지출로서 * 업무와 관련해 * 자산의 취득이나 비용의 지출 시 : 재화나 용역을 제공받고 회사의 돈이 나가는 경우에만 적용하고, 들어오는 돈에 대해서는 적용하지 않는다. * 일정 금액을 초과하는 지출이면서 : 3만 원 초과, 경조사비는 20만 원 초과 * 증빙 예외 규정에 해당하지 않는 거래이다.

1. 지출한 비용을 받는 상대방이 영리행위인지 비영리 행위인지를 판단한다.

증빙은 원칙적으로 영리 목적에 해당하는 경우에만 적용되고, 비영리 목적에는 신경을 쓰지 않아도 된다. 따라서 영리법인에만 적용이 되고, 비영리법인은 수익사업을 제외하고는 적용이 되지 않는다.

그리고 법인은 영리 목적의 모든 법인이 적용 대상이나 개인은 신규사업자나, 단순경비율 적용 대상, 직전 연도 수입금액이 4,800만 원 이하인 사업자는 적용 대상이 되지 않는다.

여기서 4,800만 원이란 부가가치세를 포함한 금액을 말한다.

구 분			증빙적용
비영리	수익사업 부분만 적용 대상		미적용
영 리	법인		적용
	개인	❶ 신규사업자 ❷ 단순경비율 적용대상자 ❸ 직전 연도 수입금액 4,800만 원 이하	미적용
		❶, ❷, ❸ 이외의 개인사업자	적용

주 부가가치세법상 간이과세자는 원칙적으로 적용 대상이며, 신용카드가맹점일 때는 반드시 신용카드매출전표를 받아야 한다. 단, 읍 · 면 지역의 간이과세자로 신용카드가맹점이 아닌 경우 증빙을 받지 않아도 되는 예외 사항이다.

2. 증빙규정은 업무 관련 지출에 한해 적용한다.

증빙규정은 업무 관련 지출에만 적용되며, 업무와 관련되지 않는 지출은 원칙적으로 비용 자체가 인정되지 않으므로 증빙규정이 적용되지 않는다.

예를 들어 개인사업자가 개인의 집과 관련한 가사 관련 지출이나, 대표이사가 가사 관련 비용 등 개인의 사생활과 관련한 지출은 적용 대상이 되지 않는다.

3. 증빙규정은 돈의 지출 시에만 적용된다.

증빙규정은 돈의 지출 시에만 적용되는 것으로, 돈이 들어오는 수입과 관련해서는 적용되지 않는다. 즉 증빙 규정이 적용되는 경우는 자산의 취득과 비용의 지출 시(물품이나 서비스를 구입하고 비용을 지출하는 경우)이다.

자산의 취득 시에는 법정지출증빙 수취 이외에 계약서 등으로 증빙을 대체할 수도 있으나, 비용의 지출 시에는 반드시 법정지출증빙을 받아야 한다.

그리고 비용 중 인건비와 관련해서는 법정지출증빙을 대신해서 원천징수영수증이 법정지출증빙의 역할을 한다. 또한, 비용의 지출 시에도 해당 비용의 성격에 따라 법정지출증빙을 받아야 하는 한도금액을 정하고 있으므로 이것도 구분해서 알아두어야 한다.

구 분		증빙 종류
자산취득	❶ 금융자산 : 현금, 예금, 수표·어음, 유가증권(국·공채, 상품권) 등 ❷ 매출채권 : 외상매출금·받을어음·부도어음 ❸ 자금의 선지급 : 선급금·선급비용	증빙관리규정의 적용 대상이 아니다. 단, 상품권을 구입 시, 대상이 아니나 동 구입한 상품권을 사용하는 시점에 증빙을 받아야 한다.
	토지, 건물 등 부동산, 보증금	매매계약서, 송금명세서 등 소명 자료
	재고자산 구입, 차량운반구나 기계장치 구입 등	세금계산서 등 법정지출증빙
인적용역	근로소득	근로소득 원천징수영수증
	퇴직소득	퇴직소득 원천징수영수증
	자유직업소득	사업소득 원천징수영수증
	전문적 인적용역, 사업 사회서비스업	공급자는 면세계산서를 발급하거나 소득지급 자가 작성·발급한 원천징수영수증을 제출하면 작성·발급으로 본다.

구 분				증빙 종류
	기타소득			일반 원천징수영수증, 일반 지급명세서 3장(기타소득이라 표시)
비용지출	물품 또는 서비스(재화 또는 용역)의 구입			세금계산서 등 법정지출증빙
	경비지출	인건비		원천징수영수증
		기업업무추진비	3만 1원~	세금계산서 등 법정지출증빙
			~3만원	법정지출증빙 이외에 간이영수증도 가능
		경조사비	거래처 : ~20만원	청첩장 등
			거래처 : 20만원~	세금계산서 등 법정지출증빙
			임직원 : 사규상의 금액	청첩장 등
		인건비, 기업업무추진비, 경조사비를 제외한 일반비용	3만 1원~	세금계산서 등 법정지출증빙
			~3만원	법정지출증빙 이외에 간이영수증도 가능

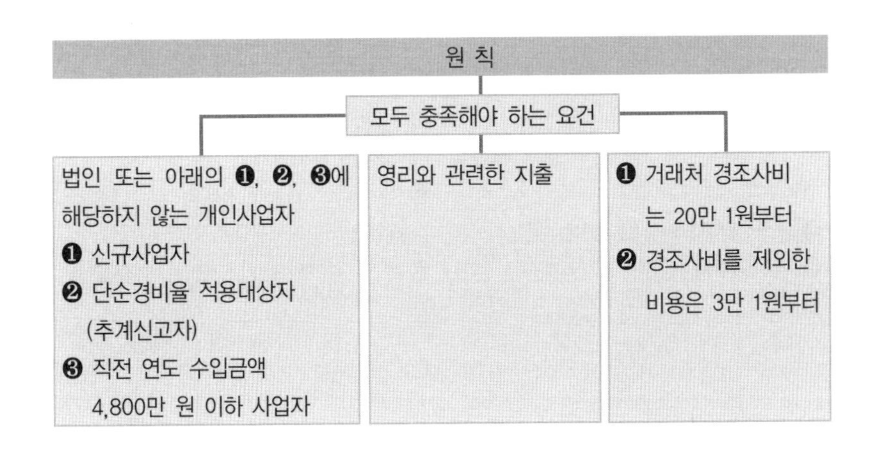

법정지출증빙 규정 미적용사업자

❶ 개인사업자 중 단순경비율 신고 사업자
❷ 개인사업자 중 직전년도 수입금액이 4,800만 원을 넘지 않는 사업자

법정지출증빙 수취의 원칙

지출금액에 따라 인정되는 법정지출증빙 ❶ 경조사비 : 20만 1원~ ❷ 기업업무추진비 : 3만 1원~ ❸ ❶과 ❷을 제외한 비용 3만 1원~	지출금액에 따라 인정되는 법정지출증빙 ❶ 경조사비 : 20만 원까지 ❷ 기업업무추진비 : 3만 원까지 ❸ ❶과 ❷을 제외한 비용 3만 원까지
❶ (전자)세금계산서 ❷ (전자)계산서 ❸ 신용카드매출전표 ❹ 현금영수증 ❺ 직불카드 ❻ 외국에서 발행된 신용카드 등 단, 신용카드 월별 이용대금명세서를 보관하고 있으면 인정된다. ❼ 국세청장이 (전자)세금계산서 대용으로 인정한 지로용지 ❽ 원천징수 하는 인건비의 경우 원천징수영수증 ❾ 20만 원까지의 경조사비는 청첩장 등 ❿ 간이영수증, 금전등록기영수증은 불인정	❶ (전자)세금계산서 ❷ (전자)계산서 ❸ 신용카드매출전표 ❹ 현금영수증 ❺ 직불카드 ❻ 외국에서 발행된 신용카드 등 단, 신용카드 월별 이용대금명세서를 보관하고 있으면 인정된다. ❼ 3만 원 이하의 거래는 간이영수증 등 ❽ 국세청장이 (전자)세금계산서 대용으로 인정한 지로용지 ❾ 원천징수 하는 인건비의 경우 원천징수영수증 ❿ 20만 원까지의 경조사비는 청첩장 등

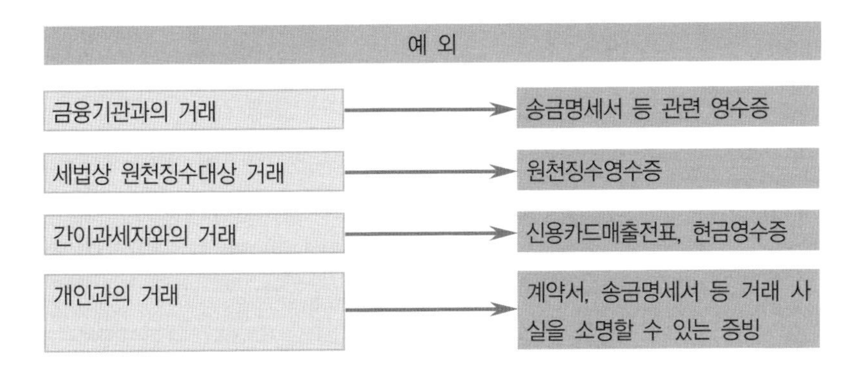

법정지출증빙을 안 받아도 문제가 없는 경우

다음에 해당하는 거래에 대해서는 법정지출증빙을 받지 않아도 세제상 불이익이 없다.

❶ 다음에 해당하는 사업자와의 거래

가. 비영리법인(수익사업과 관련된 부분은 제외함)

나. 국가 · 지방자치단체

다. 금융보험업 영위법인(금융 · 보험용역을 제공하는 경우에 한함)

라. 국내사업장이 없는 외국법인 및 비거주자

마. 읍 · 면 지역 소재 4,800만 원 미만 간이과세자. 단, 간이과세자 중 비록 읍 · 면 지역에 소재하는 경우에도 신용카드가맹점으로 등록되어 있을 때는 동 간이과세자로부터 신용카드매출전표를 법정지출증빙으로 반드시 받아야 한다.

연 매출 4,800만 원~1억 400만 원 간이과세자는 세금계산서를 발행할 수 있다.

구 분		법정지출증빙
4,800만 원 미만	신용카드가맹점인 경우	신용카드매출전표를 받아야 한다.
	신용카드가맹점이 아닌 경우	신용카드매출전표를 받지 않아도 된다.
4,800만 원~1억 400만원 간이과세자		세금계산서 및 신용카드매출전표, 현금영수증 등 일반과세자와 동일하게 발행이 가능하다.

바. 농 · 어민으로부터 재화 또는 용역을 공급받은 경우

농민으로부터 직원 명절선물로 사과를 구입하는 경우 지출 사실을 입증할 수 있는 영수증만 받거나 송금하는 경우 증빙이 된다.

농민으로부터 직접 구입하는 경우 법정지출증빙

농민으로부터 농산물을 직접 구입하는 사업자의 경우 농민이 사업자가 아니라서 법정지출증빙(세금계산서, 계산서, 신용카드매출전표, 현금영수증)을 받을 수 없으므로 거래 사실을 확인할 수 있는 증빙서류(주민등록번호가 기재된 일반영수증 또는 송금명세서)를 갖춰 사업자의 비용으로 처리하면 된다.
그리고 소득세 또는 법인세 신고 시 경비 등의 송금명세서를 제출하면 된다.

❷ 공급받은 재화 또는 용역의 건당 거래금액(부가가치세 포함)이 3만원(기업업무추진비는 3만 원, 경조사비는 20만원)까지

❸ 원천징수대상 사업소득자로부터 용역을 공급받는 경우(원천징수한 것에 한함)

상대방이 사업자등록이 되어있는 사업자인 경우 세금계산서를 받아

야 하나, 세금계산서 대신 3.3% 원천징수 후 원천징수영수증을 증빙으로 보관해도 동 원천징수영수증을 법정지출증빙으로 본다.

❹ 부가가치세법상 재화의 공급으로 보지 않는 사업의 양도에 의해서 재화를 공급받은 경우

❺ 방송법에 의한 위성방송 · 종합유선방송 · 중계유선방송 용역을 공급받은 경우

스카이라이프 등 방송 사업자로부터 방송 용역을 제공받는 경우 동 지로영수증을 받아서 보관하면 법정지출증빙이 된다.

❻ 전기통신사업자로부터 전화세가 과세되는 용역을 공급받은 경우

전화료를 납부하는 경우 전화요금 청구서를 보관하면 동 청구서가 법정지출증빙이 되는 데 반드시 세금계산서와 같은 필수적 기재사항이 기재되어 있어야 한다. 즉 당사의 상호와 사업자등록번호가 청구서에 기재되어 있어야 한다.

❼ 국외에서 재화 또는 용역을 공급받은 경우(세관장이 세금계산서 또는 계산서를 발급한 경우를 제외함)

❽ 공매 · 경매 · 수용에 의해서 재화를 공급받은 경우

❾ 토지 또는 주택을 구입하는 경우

❿ 주택임대업자(법인 제외함)로부터 주택임대용역을 공급받은 경우

⓫ 택시운송용역을 제공받은 경우

⓬ 건물(토지와 함께 거래 시 당해 토지를 포함하며, 주택을 제외함)을 구입하는 경우(매매계약서 사본을 과세표준신고서에 첨부해서 납세지 관할 세무서장에게 제출하는 경우에 한함)

사옥이나 업무용 토지를 구입하는 경우 매매계약서를 보관하면 동

매매계약서가 법정지출증빙이 된다.

⑬ 금융 · 보험용역을 제공받은 경우

⑭ 전산발매통합관리시스템에 가입한 사업자로부터 입장권 · 승차권 · 승선권을 구입해서 용역을 제공받은 경우

⑮ 항공기의 항행용역을 제공받은 경우

⑯ 부동산임대용역을 제공받은 경우로서 부동산 간주임대료에 대한 부가가치세액을 임차인이 부담하는 경우

⑰ 재화 또는 용역공급 계약에 의해서 확정된 대가의 지급 지연으로 인해서 연체이자를 지급하는 경우(위약금, 손해배상금 등)

⑱ 한국철도공사법에 의한 한국철도공사로부터 철도의 여객운송용역을 공급받는 경우

⑲ 유료도로법에 따른 유료도로를 이용하고 통행료를 지급하는 경우

? 건물을 빌리거나 사면서 중개수수료 지급하는 경우 법정지출증빙

부동산을 중개하는 중개사 사무실은 과세자료 노출을 꺼려 일반적으로 세금계산서 등 법정지출증빙을 발행하지 않으려고 한다.
이 경우 일반과세자인 경우 반드시 세금계산서를 받아야 손쉽게 비용으로 인정받을 수 있으나 만일 받지 못하는 경우 2%의 가산세를 부담해야 한다.
그러나 공인중개사의 경우 간이과세자가 많으며, 중개사가 간이과세자인 경우는 중개수수료에 대해서 법정지출증빙을 받지 않아도 되나 금융기관을 통해서 대금을 지급하고 경비 등의 송금명세서를 납세지 관할 세무서장에게 제출해야 불이익이 없다. 또한 중개업소에 대해 현금영수증 발행을 의무화하고 있으므로, 현금영수증 발행을 요청해서 받는 것도 하나의 지혜라고 볼 수 있다.

구 분		중개업자가 발행가능 한 증빙
간이과세자	4,800만 원 미만	현금영수증, 신용카드매출전표
	1억 400만 원 미만	현금영수증, 신용카드매출전표, 세금계산서 수취
일반과세자		현금영수증, 신용카드매출전표, 세금계산서 수취
중개업자에게 지급하는 중개수수료는 지출 증빙 특례 대상에 해당하므로 금융기관을 통해 송금하고 송금 사실을 기재한 경비 등의 송금명세서를 작성해서 제출하면 비용인정이 되고, 2%의 가산세도 부과되지 않는다.		

법정지출증빙 대신 송금명세서로 대체가능한 지출

❶ 4,800만 원 미만 간이과세자로부터 부동산임대용역 · 운송용역 및 재활용 폐자원 등을 공급받는 경우(운수업을 영위하는 자가 제공하는 택시운송용역 제외)

❷ 임가공용역을 제공받은 경우(법인과의 거래를 제외한다)

❸ 항공법에 의한 상업서류 송달용역을 제공받는 경우

❹ 부동산중개업법에 의한 중개업자에게 수수료를 지급하는 경우

❺ 복권 사업자가 복권을 판매하는 자에게 수수료를 지급하는 경우

법정지출증빙을 받지 못한 경우 불이익

구 분		처리방법
기업업무추진비	3만 원(경조사비는 20만 원) 초과 기업업무추진비에 대해서 법정지출증빙을 받지 않은 경우	기업업무추진비는 아예 비용으로 인정이 안 되므로 증빙불비가산세도 납부하지 않는다.
기업업무추진비 이외의 일반비용	3만 원 초과 일반비용에 대해서 법정지출증빙을 받지 않은 경우	증빙불비가산세라고 해서 거래금액의 2%를 법인세(또는 종합소득세) 신고 시 납부해야 한다. 단, 가산세 부담 후 기타 간이영수증, 송금명세서, 계좌이체내역서 등으로 지출사실을 소명 시 비용으로는 인정된다.

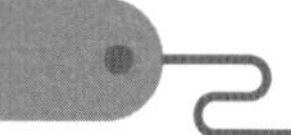

법정지출증빙의 종류

- (전자)세금계산서
- (전자)계산서
- 신용카드매출전표
- 현금영수증

이상의 증빙을 통상적으로 법정지출증빙이라고 하고,
이외에 간이영수증은 건당 3만 원 이하 지출 시에만 법정지출증빙으로 인정된다.

사업자가 건당 3만 원 초과 기업업무추진비 및 일반경비를 지출할 경우 법정지출증빙을 받아야 하며, 그 외의 경우에는 일반영수증을 받아도 된다.

1. (전자)세금계산서

일반적으로 가장 신뢰성 있는 증빙으로 모든 세무상 증빙을 (전자)세금계산서로 명칭이 통용된다고 보아도 과언이 아니다. 이는 공급가액에 부가가치세가 별도로 붙어 표기되는 형식으로 구매자가 판매자에게 (전자)세금계산서를 받기 위해서는 구입 가격에 부가가치세를 별도로 부담해야 한다. 따라서 구매자가 부가가치세를 별도 부담하지도 않으면서 (전자)세금계산서를 발행해 달라고 판매자에게 요구하는 것은 억지다.

(전자)세금계산서는 과세물품에 대해 발행하며, 간이과세자나 면세사업자는 (전자)세금계산서를 발행하지 못한다. 물론 영세율에 대해서는 세율을 0%로 해서 (전자)세금계산서를 발행한다.

전자세금계산서의 발행

전자세금계산서의 발행 시기는 현행 종이 세금계산서의 발행 시기와 동일하게 재화 또는 용역의 공급 시기에 발행하는 것이다.

구 분	거래일(1월 1일~1월 31일)의 월합계 세금계산서의 경우			
	작성일자	발행가능 기한	전송기한	신고기한
종이세금계산서	1월 31일	2월 10일	다음 날	4월 25일
전자세금계산서	1월 31일	2월 10일	다음 날	4월 25일

❶ 홈택스(http://www.hometax.go.kr) 사이트에 접속한다.

❷ 국세납부를 클릭한다.

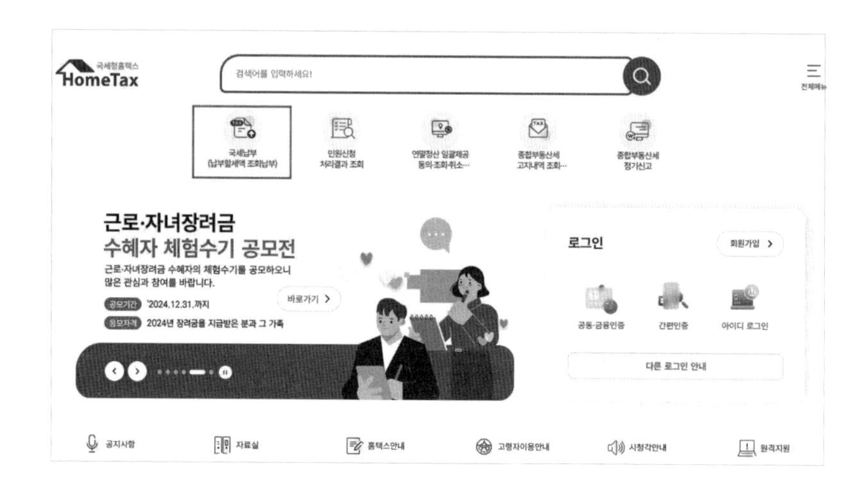

❸ 계산서·영수증·카드 > 전자(세금)계산서 건별 발급 클릭

참고로 밑에 "수정발급"은 발급을 했는데, 날짜가 틀리거나 금액이 틀린 경우 사용하는 메뉴이다.

❹ 사업자등록 내역을 입력하고, 이메일을 입력한다.

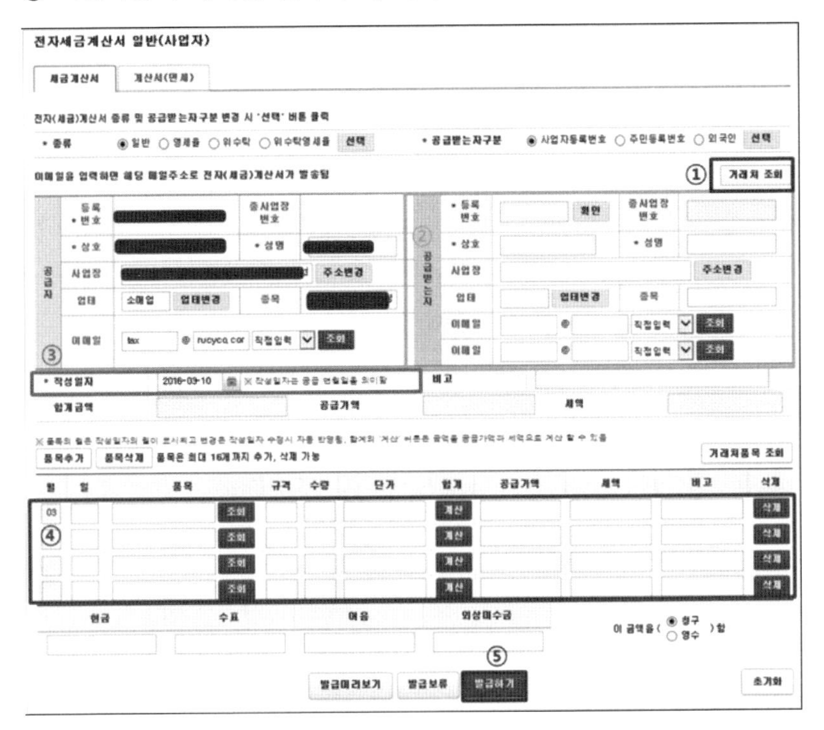

① 발행할 거래처를 입력한다.

② 거래처입력이 되지 않는 경우 공급받는 자 항목에 공란 없이 입력한다.

③ 작성일자는 공급일자를 기준으로 입력한다.

④ 월일, 품목, 공급가액을 입력한다.

⑤ 발급하기를 클릭한다.

전자세금계산서의 전송

전자세금계산서 발행일(교부일자)의 다음날까지 전송해야 한다.

수정 전자세금계산서의 발행

수기 세금계산서 제도에서는 수정 사유가 발생한 경우 수정세금계산서를 발행해야 하나, 대부분 관행적으로 발행된 세금계산서를 폐기하고 수정 사항을 반영해서 세금계산서를 재발행했다.

그러나 전자세금계산서의 경우에는 이미 발행된 세금계산서가 전송되었으므로, 당초 세금계산서를 취소 또는 수정 사항을 반영한 별도의 수정세금계산서를 발행해야 한다.

- **당초 공급한 재화가 환입된 경우(1장 발급)**

재화가 환입된 날을 작성일자로 기재하고, 비고란에 당초 세금계산서 작성일자를 부기한 후 부의 표시(-)를 해서 발급한다.

- **계약의 해제인 경우(1장 발급)**

계약이 해제된 때에 그 작성일자는 계약 해제 일을 기재한 후 부의 표시(-)를 해서 발급한다.

- **일부 계약의 해지 등에 따라 공급가액에 추가 또는 차감되는 금액이 발생한 경우(1장 발급)**

증감 사유가 발생한 날을 작성일자로 기재하고, 추가되는 금액은 정(+)의 세금계산서를 발급하고, 차감되는 금액은 부(-)의 표시를 해서 발급한다.

- **내국신용장 등이 발급된 경우(2장 발급)**

공급시기가 속하는 과세기간 종료 후 20일 이내에 내국신용장 등이 개설된 경우, 당초 세금계산서 작성일자를 기재하고 비고란에 내국신용장 개설일 등을 부기하되, 당초에 발급한 세금계산서 내용대로 세금계산서를 부의 표시(-)를 해서 발급하고, 추가해서 영세율 세금계산서를 발급한다.

- **필요적 기재 사항 등이 착오로 잘못 기재된 경우(2장 발급)**

세무서장이 경정해서 통지하기 전까지 수정세금계산서를 작성하되, 당초에 발급한 세금계산서 내용대로 부(-)의 세금계산서를 발급하고, 수정해서 발급하는 세금계산서는 정(+)의 세금계산서를 발급한다.

- **착오에 의한 이중 발급(1장 발급)**

착오로 이중으로 발급한 경우 당초에 발급한 세금계산서의 내용대로 부(-)의 표시를 해서 발급한다.

전자세금계산서의 발행 취소 방법

전자세금계산서를 발급한 경우 취소할 수 없고 수정세금계산서를 발급해야 한다. 수정세금계산서 발급 사유는 환입이나 계약의 해제, 착오에 의한 이중 발급 등 8가지 경우에 발행할 수 있다.
환입이나 계약의 해제로 세금계산서를 수정하는 경우는 동 이유를 기재하고 환입된 날 또는 계약이 해제된 날에 수정세금계산서를 발행하면 되고 가산세는 없다.
계약의 해제나 환입 등이 아닌 경우 임의로 세금계산서를 취소할 수는 없다.

수정세금계산서와 마이너스 세금계산서의 차이

세금계산서는 재화와 공급시기에 발급하는 것으로 당초 작성한 세금계산서의 수정사유가 발생하면 임의로 삭제나 취소될 수 없으며, 그에 따른 수정세금계산서를 발급해야 한다. 수정 세금계산서를 발행하는 것이 원칙이나 수정세금계산서 대신 신규 마이너스로 세금계산서를 발행한다고 해서 크게 문제가 되진 않는다.
다만 수정세금계산서를 발급하지 않고 별도의 (-)세금계산서를 작성하면 거래처별 합계금액은 문제가 없으나, 수정세금계산서가 아닌 별도의 마이너스 세금계산서로 발급 시 당초의 거래와는 별개의 거래로 인식되어 거래에 대해 소명해야 할 상황이 발생할 수 있으며, 과세기간을 달리하는 때에는 가산세 대상이 될 수도 있다.

일반적으로 **가장 신뢰성 있는 증빙**

모든 세무상 증빙은 세금계산서로 명칭 통용

세금계산서 합계(청구, 영수)금액

공급가액(가격) + **부가가치세(공급가액의 10%)**

- **과세사업자**가 발행
- **영세율**에 대해서는 **세율을 0%**로 해서 세금계산서 발행
- **법인**과 직전연도 과세분과 면세분 공급가액의 합계액이 **8,000만원 이상인 개인사업자**는 세금계산서 발행 시 반드시 **전자세금계산서**를 발행

⇨ 직전 연도 **과세분과 면세분 공급가액의 합계액이** 8,000만원 이하인 **개인사업자**는 수기로 작성한 종이 세금계산서를 발행해도 됨

VS

"양식의 형식은 동일"

전자세금계산서	종이 세금계산서
인터넷으로 작성해 이를 국세청과 상대방에게 전자적 방법으로 전송하는 것	직접 손으로 작성해 이를 국세청과 상대방에게 직접 또는 우편으로 제출하는 것

 **세금계산서 필수 기재사항** 

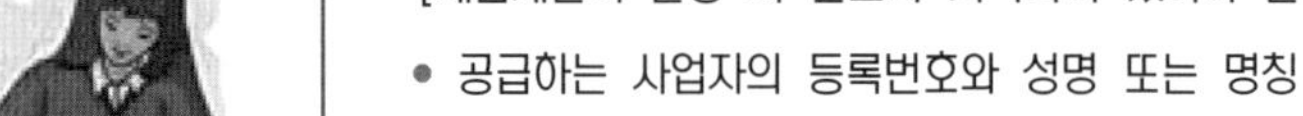

[세금계산서 발행 시 반드시 기록되어 있어야 할 사항]

- 공급하는 사업자의 등록번호와 성명 또는 명칭
- 공급받는 자의 등록번호
- 공급가액과 부가가치세
- 작성연월일(발행 일자를 말하며, 부가가치세법상 공급시기, 거래시기를 말한다)

❶ 홈택스(http://www.hometax.go.kr) 사이트에 접속한다.

❷ 국세납부 > 계산서 · 영수증 · 카드를 클릭한다.

❸ 전자(세금)계산서 발급 > 전자(세금)계산서 수정발급 클릭

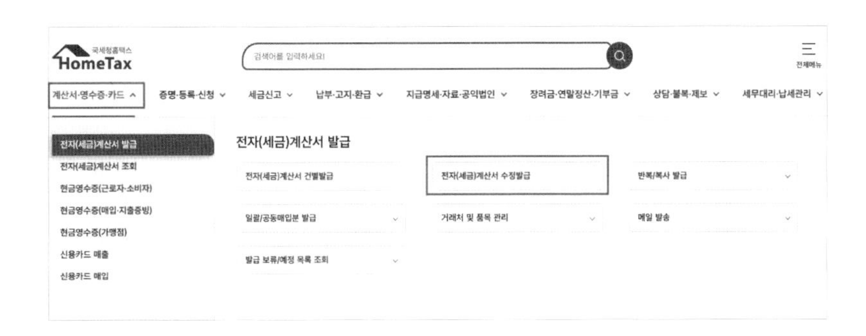

❹ 수정세금계산서 발급 방법을 클릭한다.

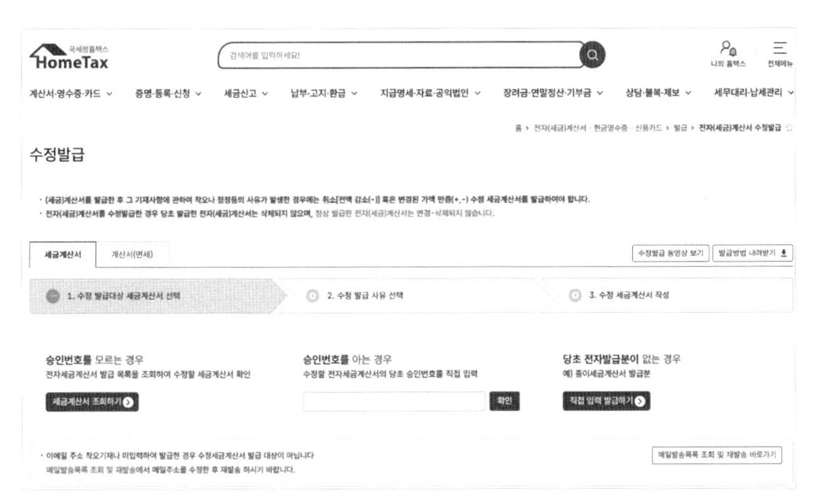

❺ 수정 사유를 선택한다.

❻ 수정세금계산서를 작성한다.

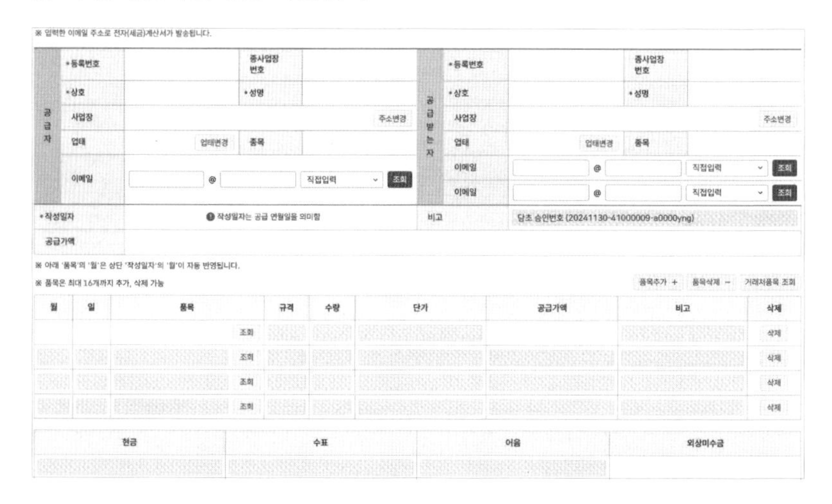

전자세금계산서 발급사유별 업무처리 요령

1. 세금계산서를 정상적으로 발급한 이후 수정 사유 발생으로 인한 수정세금계산서 발행

당초 세금계산서를 발급할 때는 착오 없이 정상적으로 세금계산서를 발급한 경우이므로 세금계산서가 적법하게 발행된 것이기 때문에 당초 세금계산서를 수정하는 것이 아니고, 수정 사유가 발생한 때로 하여 수정하게 된다. 따라서 작성일자도 수정 사유 발생일을 작성일자로 하고, 수정 사유가 발생한 과세기간에 해당 수정세금계산서를 포함해서 부가가치세 신고를 하면 된다. 즉 부가가치세 수정신고를 할 필요가 없다.

2. 착오로 필요적 기재 사항이 잘못 적히거나 이중 발급된 경우

이 경우는 처음 세금계산서를 발급할 때부터 착오 등으로 잘못 발행한 세금계산서이기 때문에 당초 세금계산서를 수정해야 한다.
따라서 작성일자도 당초 세금계산서 작성일자가 되고, 과거 부가가치세 신고가 잘못되었다면 수정신고도 해야 한다.
수정세금계산서 발급에 따른 세금계산서 합계표 가산세는 없으나, 당초 신고를 할 때 과소신고가 된 경우에는 과소신고 불성실가산세 10%와 납부불성실가산세가 각각 부과된다.
매입거래처 또한 수정세금계산서로 해서 신고내용이 변동되었으므로 당초 신고내용을 수정해야 한다.
매입거래처에서는 매입세액공제를 덜 받은 경우, 경정청구를 진행해야 하며, 별도로 가산세는 부과되지 않는다.

구 분	작성 및 발급 방법				수정신고 유무	발급기한
	발행 매수	방법	작성 연월일	비고란		
재화의 환입	1부	환입금액에 대해서 (-)세금계산서 발행	환입된 날	당초 세금계산서 작성일자	수정신고 안함(수정한 과세기간에 포함해서 신고	환입된 날 다음달 10일
계약의 해제	1부	(-)세금계산서 발행	계약 해제일	당초 세금계산서 작성일자	수정신고 안함	계약해제일 다음 달 10일
공급가액 변동	1부	증감되는 부분에 대해서 (+) 또는 (-)발행	변동사유 발생일	당초 세금계산서 작성일자	수정신고 안함	변동 사유 발생일 다음 달 10일

구 분	작성 및 발급 방법				수정신고 유무	발급기한
	발행 매수	방법	작성 연월일	비고란		
내국신용장 사후개설	2부	(-)세금계산서 발행 및 영세율 세금계산서 발행	당초 세금계산서 작성일자	내국신용장 개설일자	수정신고 안함	내국신용장 개설일 다음 달 10일
기재사항 착오 및 정정, 오류 등	2부	(-)세금계산서 발행 및 정확한 세금계산서 발행	당초 세금계산서 작성일자	-	당초의 부가가치세 신고에 영향 있는 경우 수정신고	인식 한 날 다음 달 10일
착오에 의한 이중발행	1부	(-)세금계산서 발행	당초 세금계산서 작성일자	-	당초의 부가가치세 신고에 영향 있는 경우 수정신고	인식 한 날 다음 달 10일

2. (전자)계산서

계산서는 면세 물품에 대해 발행하는 것으로 공급가액만 표기되고 부가가치세는 별도로 표기되지 않는다. 따라서 면세 물품을 구매하는 경우는 부가가치세를 별도로 부담하지 않으며, 따라서 세금계산서의 발행을 요구해도 발행해 주지 않는다.

참고로 과세사업자라고 해도 면세 물품을 판매하는 경우 계산서를 발행할 수 있다.

사업자 구분		판매물품	발행가능 한 증빙
과세 사업자	일반 과세자	과세물품	세금계산서, 신용카드매출전표, 현금영수증
		면세물품	계산서, 신용카드매출전표, 현금영수증
	간이 과세자	4,800만원 미만	신용카드매출전표, 현금영수증
		1억 400만원 미만	(세금)계산서, 신용카드매출전표, 현금영수증
면세사업자		과세물품	우선 과세사업자로 전환한 후 세금계산서, 신용카드매출전표, 현금영수증
		면세물품	계산서, 신용카드매출전표, 현금영수증

(전자)계산서

- **면세사업자**가 발행
- **공급가액만 표기**되고 **부가가치세는 별도로 표기되지 않음**
- **전자계산서 의무 발급 사업자**

❶ 법인사업자

❷ 개인사업자 중 면세 사업을 겸업하는 사업자

❸ 직전년도 과세기간의 총 수입금액이 8,000만원 이상인 개인사업자

(전자)세금계산서와 (전자)계산서의 발행구분법

(전자)세금계산서와 (전자)계산서의 발행 구분은 재화나 용역 자체가 과세인지 면세인지로 판단하는 것이지, 판매나 구입하는 재화가 면세사업자가 공급하는 경우 (전자)계산서를 발행하고, 과세사업자가 공급하는 경우 (전자)세금계산서를 발행하는 것은 아니다. 즉 물품에 따라 구분되는 것이지 사업자 유형에 따라 무조건 결정되는 것은 아니다.

3. 신용카드매출전표(또는 현금영수증)

신용카드매출전표는 재화 또는 용역을 공급받은 대가를 신용카드나 체크카드로 결제하고 발급받는 영수증을 말한다.

그러므로 과세자료로도 쓰이며, 세금계산서나 현금영수증처럼 법정지출증빙에 해당한다.

신용카드매출전표는 소득이 있는 개인사업자나 개인에게 절세에 도움을 준다.

개인사업자의 경우 부가가치세나 종합소득세의 경비로 인정될 수도 있으며, 회사원의 경우 연말정산 시 소득공제 항목 중 하나이다.

그러므로 습관적으로 발급받는 신용카드매출전표도 발급자의 상호, 사업자등록 번호, 공급가액, 부가가치세 등이 제대로 표기되었는지 바로바로 확인하는 습관이 필요하다.

개인사업자의 신용카드매출전표는 사업용 계좌와도 관련이 크다.

사업용 계좌는 복식부기의무자가 필수적으로 등록해야 하는데, 보통 대표자 개인의 통장을 등록하는 경우가 많다.

그러나 간편장부대상자라고 하더라도 사업 시작과 함께 사업용 계좌를 등록하는 것이 좋다.

그 이유는 사업용 계좌를 이용한 신용카드 · 체크카드를 이용하는 것이 보다 비용으로 인정받기 쉽고, 사업적인 관리를 하기에도 편리하기 때문이다. 반면, 종업원의 신용카드매출전표는 사업과 관련된 지출임이 확인이 되어야만 법정지출증빙으로 인정받는다.

반대로 말하면, 사업과 관련된 지출을 증명하지 못하거나 증명을 해도 세무서에서 인정하지 않으면 경비로서 인정되지 못할 수도 있으니, 주의가 필요하다.

(전자)세금계산서와 신용카드매출전표는 동격이다.

공급가액과 부가가치세가 구분된 전표의 경우 세금계산서와 동격으로 보면 된다. 즉, 법적으로 세금계산서와 같아서, 해당 전표로 부가가치세 매입세액공제를 받을 수 있다. 물론 개인 신용카드와 지출증빙용 현금영수증도 동일하다.

구 분	해 설
신용카드매출전표 또는 현금영수증으로 매입세액공제를 받을 수 있는 경우	과세물품 또는 서비스를 제공받고 받은 신용카드매출전표 및 지출증빙용 현금영수증
신용카드매출전표 또는 현금영수증으로 매입세액공제를 받을 수 없는 경우	❶ 면세 물품 또는 서비스를 제공받고 받은 신용카드매출전표 ❷ 4,800만 원 미만 간이과세자로부터 물품 또는 서비스를 제공받고 받은 신용카드매출전표 ❸ 기업업무추진비, 비업무용소형승용차의 구입 및 유지 등 매입세액불공제 대상 신용카드매출전표 ❹ 업무용 지출 중 종업원 및 가족을 제외한 타인 명의 신용카드매출전표 ❺ 외국에서 발행된 신용카드매출전표

신용카드매출전표의 부가가치세 신고를 신용카드 매출일 기준으로 할지 접수일 기준으로 할지?

신용카드 매출이 12월 31일 발생한 경우 부가가치세법상 공급시기는 재화의 경우 인도일, 용역의 경우 역무가 제공되는 때를 기준으로 하고 있다. 따라서 신용카드 결제일 또는 접수일 등과는 관계없이 고객에게 재화를 인도하는 때에 매출을 인식하고 부가가치세를 신고하면 될 것이다.

? 신용카드매출전표를 분실한 경우

신용카드매출전표는 조금만 신경 써서 철해두지 않으면 분실하는 경우가 많으며, 경리담당자는 분실 시 상당히 당황하게 된다. 이때 당황하지 말고 월별이용명세서를 증빙으로 보관하면 된다. 즉, 신용카드사로부터 수령하는 신용카드 월별이용명세서만으로도 법정지출증빙으로 충분하니 동 명세서로 법정지출증빙을 대체하면 된다. 또한 해당 내역이 홈택스로 조회되면 문제가 없다.

? 신용카드매출전표가 세금계산서가 되기 위한 요건

아래의 ❶, ❷, ❸요건을 충족하고 ❹에 해당하는 경우가 아니어야 한다.

❶ 업무와 관련한 지출이어야 한다.

❷ 당해 사업자 명의의 신용카드 또는 소속 임원 및 종업원 명의의 신용카드를 사용하여 지급하고 공급자로부터 신용카드매출전표를 발급받은 경우

❸ 공급가액과 부가가치세가 구분표시 되어있어야 한다.

❹ ❶, ❷, ❸의 요건을 갖추어도 다음에 해당하면 매입세액공제가 불가능하다.

가. 사업자등록 전 매입세액

나. 기업업무추진비 관련 매입세액

다. 면세물품의 구입세액과 4,800만원 미만 간이과세자로부터 구입한 물품과 용역

라. 비업무용소형승용차의 구입과 유지비용

일반적으로 운수업 등 차량을 가지고 사업을 하는 업종이 아닌 경우 모든 승용차가 여기에 해당한다고 보면 된다.

주 위의 신용카드매출전표 적용에 대해서는 지출증빙용 현금영수증도 동일하게 적용이 되는 것이다

? 현금영수증의 여러 가지 특징

법정지출증빙 중 하나인 현금영수증은 몇 가지 특징이 있다.

첫째, 소득공제용 현금영수증과 지출증빙용 현금영수증으로 나누어진다.

전자는 직장인들의 연말정산 시 소득공제로 도움을 주며, 후자는 사업자의 경비로 인정되어 절세 혜택을 가져다준다.

사업과 관련된 물건을 구입하고 임직원의 소득공제용으로 발급받은 경우는 사업과 관련된 지출임을 증명하면 비용으로 인정이 되지만, 그 임직원은 연말정산 시 해당 비용만큼 스스로 차감해야 하는 번거로움이 있으니 유의해야 한다.
둘째, 3만 원 초과 기업업무추진비에 대한 현금영수증 수취는 경비로 인정된다.
개인 사업자 및 법인사업자의 3만 원 초과 기업업무추진비는 법정지출증빙을 발급받아야 비용이 인정되는데, 현금영수증도 마찬가지로 지출증빙으로 인정이 된다.
법인의 경우 법인 명의의 현금영수증만 인정이 되므로 개인 명의나 직원의 현금영수증 수취 분은 주의해야 한다.
셋째, 매입세액공제가 가능하다.
다른 정규 증빙과 마찬가지로 부가가치세 신고 시 매입세액공제가 가능하다.
넷째, 소득공제용과 지출 증빙용 상호 간 용도 변경이 가능하다.
상품을 사고 지출 증빙용 현금영수증을 발급받았어야 했는데, 소득공제용으로 잘못 발급받은 경우는 지출 증빙용으로 변경이 가능하다. 단, 부가가치세 확정신고 기한까지는 변경해야 하며, 홈택스 사업자 아이디로 로그인해야 변경할 수 있다.
반대로 지출 증빙용을 소득공제용으로 바꿀 때는 홈택스 개인 아이디로 로그인해야 변경할 수 있다. 업무용 지출을 하고 받은 현금영수증을 경비로 처리하지 않았다고 연말정산 시 소득공제를 받을 수 있는 것은 아니다.

4. 지로영수증과 각종 청구서

지로영수증 또는 각종 청구서를 받아 세금계산서로 활용하기 위해서는 다음의 4가지 필수적 기재 사항이 기재되어 있는지 반드시 확인해야 한다. 만일 4가지 사항이 모두 기재되어 있는 경우 이는 세금계산서와 동일한 것이며, 이 중 하나라도 기재가 누락되어 있는 경우에는 일반영수증과 같다고 보면 된다.

❶ 공급하는 자의 사업자등록번호와 성명 또는 명칭

❷ 공급받는 자의 사업자등록번호

❸ 공급가액과 부가가치세액

❹ 작성연월일

예를 들어 전화 등이 회사 명의로 돼 있지 않고 개인 명의로 되어있는 경우 ❶, ❸, ❹는 모두 기재되어 있으나 ❷가 개인으로 돼 있어 4가지 요건을 충족하지 못해 부가가치세를 그냥 손해 보는 것이다. 따라서 이를 사전에 방지하기 위해서는 반드시 모든 사항을 회사 명의로 변경해 두어 ❷의 사항이 지로용지에 표기가 되도록 해야 한다. 부가가치세 신고 방법은 지로용지 = 세금계산서이므로 그냥 세금계산서로 생각하면 된다. 따라서 신고서상의 매입세액에 기재하고 매입처별세금계산서합계표에 기재해서 신고하면 된다.

5. 간이영수증

간이영수증은 문방구에서 파는 간이영수증 또는 영수증이라고 써진 용지를 말하며, 슈퍼나 음식점에서 영수증을 대신해서 사용하는 금전등록기영수증 등도 간이영수증에 포함된다.

간이영수증은 법정지출증빙이 될 수도 있고 안 될 수도 있다. 즉 지출금액에 따라 일반비용과 경조사비를 제외한 기업업무추진비는 3만 원(경조사비 20만 원)까지 지출시 법정지출증빙이 되나 동 금액을 초과하는 경우는 법정지출증빙이 되지 못한다. 따라서 굳이 간이영수증의 한도를 정한다면, 거래 건당 3만 원까지이다.

구 분	간이영수증 증빙 인정
3만 원까지	법정지출증빙이 된다.
3만 1원부터	법정지출증빙이 되지 않는다.

6. 원천징수영수증

근로를 제공한 직원이나 일용근로자에게 급여를 지급하거나 상대방에게 인적용역을 제공받은 경우 사업소득이나 기타소득 등 대가를 지급하게 되는데 이때 원천징수 후 원천징수영수증을 보관하면 이것이 법정지출증빙이 된다.

구 분	법정지출증빙으로 매입세액공제가 되는 경우
신용카드매출전표 현금영수증 직불카드 영수증, 결제대행업체의 신용카드매출전표, 선불카드 영수증	❶ 일반과세사업자가 발행한 경우이다(공급사업자가 법인이면 세금계산서를 발행하는 것이 원칙이다). ❷ 세금계산서 발행이 원칙적으로 제외되는 업종(목욕, 이발, 미용업, 여객운송업, 입장권을 발행하여 영위하는 사업)이 발행하지 않았어야 한다. ❸ 부가가치세액이 별도로 구분 기재 되어야 한다. ❹ 신용카드 매출전표 수령명세서, 현금영수증 수령명세서 등을 부가가치세 신고 시 제출해야 한다. ❺ 신용카드 매출전표, 현금영수증을 5년간 보관해야 한다.
세금계산서와 전자세금계산서	과세사업 관련 업무상 구입·지출 등은 법정지출증빙으로 매입세액공제가 가능하다.
수입세금계산서	❶ 해외로부터의 재화 수입 : 세관장이 작성, 발급 ❷ 국내 수입 회사가 매입세액공제를 적용받는다.

구 분	법정지출증빙으로 매입세액공제가 되는 경우
지로용지	세금계산서의 필요적 기재 사항이 기재되어 있고, 국세청장에게 신고한 후 발급(주로 전력, 전화, 가스 등 공익성 지출임)
계산서 해당액	매입세액공제가 안 된다.
일반영수증, 금전등록기 영수증	매입세액공제가 안 된다. 3만원 초과 지출 시 법정지출증빙으로 인정받지 못한다.

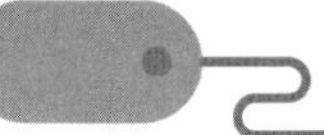

법정지출증빙의 사용기준

일반경비

기준 건당 거래금액이 3만 원 초과 시 법정지출증빙 수취
(임직원 개인카드도 가능)

위반 시 비용으로 인정받는 대신 법정지출증빙 미수취 금액의 2%를 가산세로 부담

기업업무추진비

기준 건당 접대 금액이 3만 원 초과 시 법정지출증빙 수취 : 반드시 법인카드(법인사업자) 또는 대표자 개인카드(개인사업자)만 사용해야 한다.

위반 시 지출금액 자체를 비용으로 인정받지 못하는 대신 가산세는 없다.

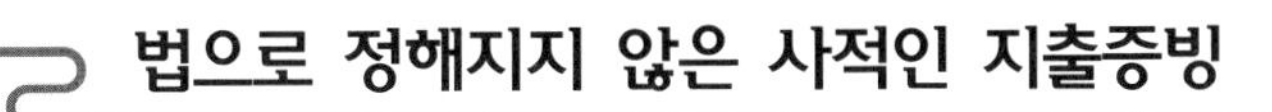

법으로 정해지지 않은 사적인 지출증빙

세금계산서와 계산서, 신용카드매출전표 및 현금영수증 또는 영수증을 제외한 거래명세서나 입금표는 거래증빙이라고 해서 판매처와 구매처가 서로 물건을 주고받고 돈을 지불했다는 외부거래 사실을 증명해주는 증빙일 뿐이지, 세법에서는 이를 법정지출증빙으로 인정해주지 않는다. 또한, 회사마다 지출 시 지출청구 및 지출 사실을 증명하기 위해 회사 자체적으로 지출결의서를 작성해서 사용하는 경우가 많은데, 이 또한 내부 지출증빙일 뿐 법적으로 인정해주는 법정지출증빙이 아니다.

구 분	내 용
지출결의서	지출 사실을 증명하기 위해서 회사 자체적으로 만들어 사용하는 내부 거래증빙이다.
거래명세서	거래명세서는 판매자가 구매자에게 구매 물품을 이상 없이 제공했다는 사실을 증명하는 외부거래 증빙이다.

거래상대방에 따라 비용을 지출할 때 받아야 하는 법정지출증빙

1. 일반과세자와의 거래

거래상대방이 일반과세자인 경우는 원칙적으로 세금계산서를 수취해야 하며, 부가가치세 신고 시 매입처별세금계산서합계표를 제출해야 한다.

2. 미등록사업자와의 거래

거래상대방이 미등록사업자인 경우는 법정지출증빙을 받기가 불가능하므로 가급적

피하는 것이 바람직하나 불가피한 경우 거래증빙특례규정(거래금액이 3만원 미만이거나 소득세 원천징수를 한 경우 등)을 적용받지 아니한 경우 증빙불비가산세(2%)가 적용될 수 있다.

3. 간이과세자와의 거래

거래상대방이 연 매출 4,800만원 미만 간이과세자인 경우는 부가가치세가 과세되는 거래에 대해서 세금계산서를 발급할 수 없으므로, 거래증빙수취특례규정에 해당하지 않는 거래에 대해서는 신용카드로 거래하여 신용카드매출전표를 받아야 한다. 단 4,800만원~1억 400만원 미만 간이과세자는 세금계산서 발급 가능 간이과세자이므로 문제가 없다.

4. 면세사업자와의 거래

거래상대방이 면세사업자인 경우는 계산서를 발급할 수 있으므로 면세사업자와의 거래 시에는 증빙수취특례 규정을 적용받지 않는 한 반드시 계산서를 발급받아야 한다.

5. 개인과의 거래

개인으로부터 재화나 용역을 공급받는 경우는 법정지출증빙의 수취의무가 없다. 다만, 소득금액 계산상 필요경비나 손금으로 인정받기 위해서는 그 지출 사실을 입증해야 하므로 개인의 인적 사항(성명, 핸드폰 번호, 주민등록번호, 주소 등)과 금액 및 공급내역 등이 기재된 일반영수증을 받아야 하며, 개인에게 지급하는 금액이 원천징수 대상 소득이라면 원천징수영수증이 법정지출증빙이 된다.

03 신용카드로 결제할 때는 반드시 법인카드를 사용해라

신용카드매출전표는 물건이나 서비스를 제공받고 결제를 신용카드로 하면서 대금의 수불 사실을 입증하기 위해서 상호 주고받는 신용카드영수증이다. 또한, 신용카드 결제 시 일반적으로 매출전표 상으로 공급가액과 부가가치세가 별도로 표기가 되는데, 결제 시 세금계산서와 달리 부가가치세를 추가로 부담하지 않는 것이 일반적이며, 구입가격의 100/110은 공급가액이 10/110은 부가가치세가 되므로 부가가치세 신고 시 신고서상에 공급가액을 총액으로 적고 총액에 대한 10%를 부가가치세로 적는 실수를 하면 안 된다.

신용카드매출전표에 공급가액(금액)만 표기되고 부가가치세가 별도로 표기되지 않는 경우가 있는데 이는 면세 물품을 구입하는 경우나 상대방이 간이과세자의 경우 발행되는 신용카드매출전표로 부가가치세 신고 시 매입세액공제를 받을 수 없는 것이다. 간혹 4,800만 원 미만 간이과세자가 발행한 신용카드매출전표인데 공급가액(금액)과 부가가치세가 구분표시 된 경우가 있다. 그러나 이는 간이과세자가 단말기 설정이나 조작실수 등으로 잘못 발행한 것이므로 매입세액공제를 받으면 안 된다. 확실한 처리 방법은 발행자의 사업자등록 내역을 국세청에서 조회한 후 처리하는 것이다.

- 세금계산서와 달리 부가가치세를 추가로 부담하지 않음
- 구입가격의 100/110은 공급가액이 10/110은 부가가치세

"법인은 기업업무추진비 지출시 반드시 법인카드를 사용해야 한다."

"연 매출 4,800만 원 미만 간이과세자, 면세사업자 신용카드매출전표는 부가가치세가 별도로 구분 표시되지 않으며, 매입세액공제도 받을 수 없다."

"부가가치세 신고 시 신고서상에 공급가액을 총액으로 적고 총액에 대한 10%를 부가가치세로 적는 실수 주의"

"신용카드매출전표 자체가 세금계산서와 동일하므로 별도로 세금계산서를 받지 않아도 매입세액공제가 가능하다."

신용카드매출전표를 받아도 매입세액불공제 되는 사업자

다음의 일반과세자로부터 신용카드매출전표를 받은 경우는 매입세액공제가 안 된다.

- 미용, 목욕 및 유사서비스업

- 여객운송업(전세버스 제외)
- 입장권 발행사업자
- 의료법에 따른 의사, 치과의사, 한의사, 조산사 또는 간호사가 제공하는 용역 중 요양급여의 대상에서 제외되는 쌍꺼풀수술, 코 성형수술, 유방확대 · 축소술, 지방흡인술, 주름살제거술의 진료용역을 공급하는 사업, 수의사가 제공하는 동물의 진료용역(부가가치세가 과세되는 수의사의 동물 진료용역)
- 교육용역 중 부가가치세가 과세 되는 무도학원, 자동차운전학원

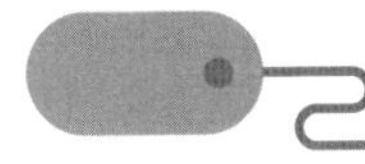

신용카드매출전표를 받아도 매입세액불공제 되는 거래

다음의 경우에는 부가가치세가 구분 기재 된 신용카드 매출전표를 받아도 매입세액공제를 받을 수 없다.

- 비영업용 소형승용차 관련 매입세액(유대 등)
- 기업업무추진비 관련 매입세액
- 사업과 관련 없는 매입세액(가사용 매입 등)을 신용카드 매출전표 등으로 받은 경우
- 연 매출 4,800만 원 미만 간이과세자 · 면세사업자로부터 신용카드 매출전표 등을 받은 경우
- 타인(종업원 및 가족 제외) 명의 신용카드를 사용한 경우
- 외국에서 발행된 신용카드

현금영수증

소득공제용 현금영수증	급여를 받는 근로소득자가 연말정산 시 소득공제를 받기 위한 현금영수증
지출증빙용 현금영수증	회사의 비용처리를 위해 발급받는 현금영수증(신용카드매출전표와 동격, 매입세액공제 가능)

물품 구입
- 휴대폰
- 신용카드
- 기타 현금영수증 관련 카드

현금영수증
- 기업업무추진비 : 3만 1원부터
- 일반비용 : 3만 1원부터

"금전등록기 영수증이나 일정한 형식에 따라 발급받는 간이영수증은 현금영수증에 포함되지 않음"

(지출증빙용) 현금영수증 = 신용카드매출전표

혜택은 동일

구분	증빙 인정 여부	매입세액공제 여부
기업업무추진비	법인은 법인카드만 인정 개인회사는 개인카드도 인정 단 사업용 신용카드를 등록하고 사업용 계좌와 결제계좌를 연결	매입세액불공제
일반비용	법인카드, 개인카드 모두 인정. 단, 사장의 개인카드는 사업용 신용카드로 등록하고 사업용 계좌와 결제계좌를 연결	매입세액공제. 개인카드 지출 분에 대해서는 회사경비로 처리하고, 개인은 연말정산 시 신용카드 소득공제를 받을 수 없다.

<u>사업자가 국세청장에게 **별도의 세금계산서 서식(지로 영수증)을 신고**하면 세금계산서 대용 서식으로 사용 가능</u>

지로영수증 필수기재 사항

[지로영수증 발행 시 반드시 기록되어 있어야 할 사항]

- 공급하는 사업자의 등록번호와 성명 또는 명칭
- 공급받는 자의 등록번호
- 공급가액과 부가가치세
- 작성 연월일(발행 일자를 말하며, 부가가치세법상 공급 시기, 거래 시기를 말한다.)

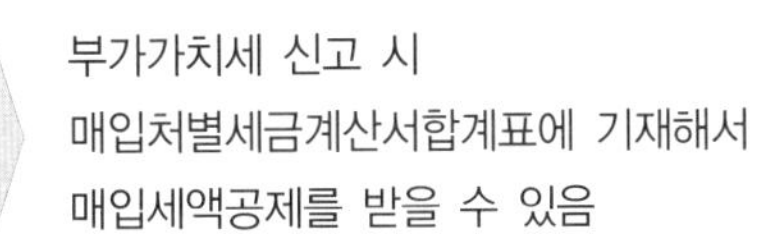

현금영수증은 지출증빙용으로 발급받아라

지출증빙용 현금영수증 ○

사업과 관련한 지출을 하면서 현금을 지급하는 경우 현금영수증은 지출 증빙용으로 받아야 한다. 흔히 현금영수증은 소득공제용으로 발급해 주므로 발급 전에 반드시 지출 증빙용으로 발급해달라고 말하고, 혹시 소득공제용 현금영수증을 받은 때에는 지출 증빙용으로 전환하면 매입세액공제가 가능해서 세 부담을 줄일 수 있다(다만, 매입세액불공제 대상은 제외).

전환 방법은 현금영수증 홈페이지(www.hometax.go.kr)의 「현금영수증 용도 변경 화면」 에서 전환이 가능하다. 따라서 사업자는 소득공제용 현금영수증을 지출 증빙용으로 전환함으로써 매입세액공제도 받고 깨끗이 업무도 종결할 필요가 있다.

신용카드매출전표나 현금영수증을 받아도 매입세액공제는 가능하다.

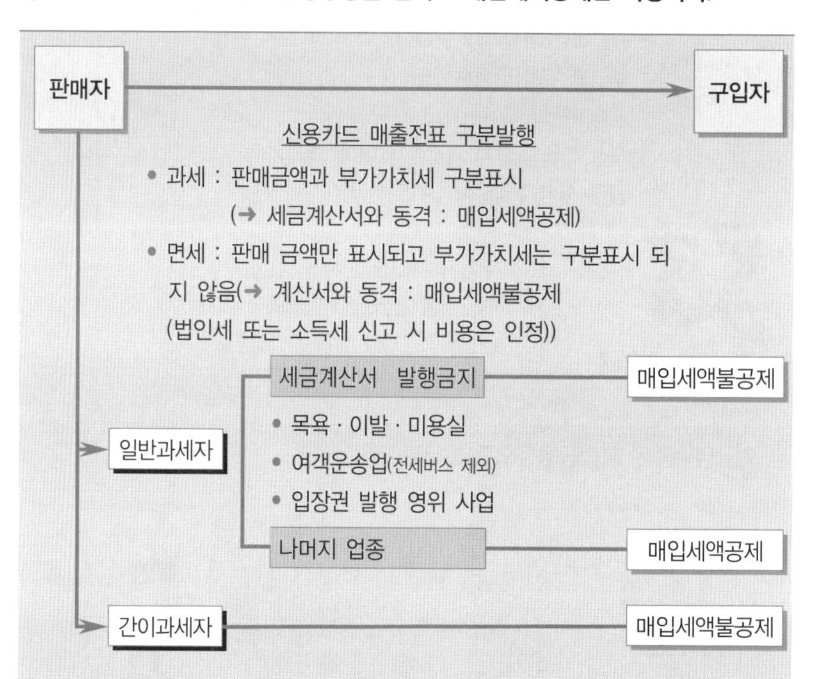

세법에서는 일반과세자 및 연 매출 4,800만원~1억 400만 원 미만 간이과세자가 재화 또는 용역을 공급받고 부가가치 세액이 별도로 구분가능한 신용카드매출전표나 현금영수증을 발급받은 때에는 그 부가가치 세액은 공제할 수 있는 매입세액으로 본다(단, 신용카드 매출전표 등 수령명세서를 제출하고, 신용카드 매출전표 등을 보관해야 함). 다만, 일반사업자가 신용카드 매출전표나 현금영수증 등을 발급하였다면 거래상대방이 세금계산서를 요구하더라도 다시 그 발급 금액에 대해 세금계산서를 발급할 수 없다.

직원 개인카드도 법정지출증빙으로 인정받을 수 있나요?

법정지출증빙은 세금계산서, 계산서, 신용카드매출전표, 현금영수증, 일정 요건의 지로용지, 원천징수영수증 6가지가 원칙적으로 가능하다고 앞서 설명하였다. 이 중 신용카드매출전표와 현금영수증은 현재 사업자만 받을 수 있는 증빙이 아니라 개인 신용카드나 개인 휴대폰 번호 등으로 개인도 발급받을 수 있는 법정지출증빙이다.
따라서 상당수 임직원은 회사업무와 관련한 비용을 지출하고 개인 신용카드를 사용하거나 소득공제용 현금영수증을 받아서 경비처리를 하는 실정이다.
그러나 세법상으로는 20만 원 초과 경조사비 및 3만 원 1원 초과 기업업무추진비에 대해서는 개인카드와 개인 소득공제용 현금영수증을 법정지출증빙으로 인정해주지 않고 있다. 반면 일반비용 지출에 대해서는 개인 신용카드 매출전표도 업무 관련성만 입증되면 법정지출증빙으로 인정해주고 있다. 물론 해당 개인은 지출증빙으로 인정받은 경우 연말정산 시 소득공제를 못 받는다.

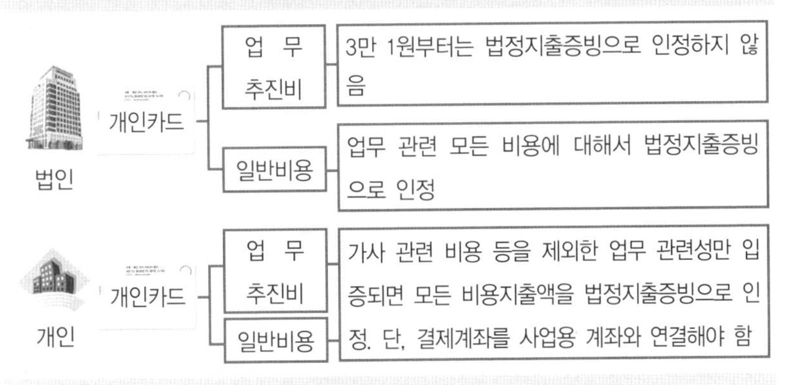

1. 법인카드와 개인카드 사용 시 비용인정을 받을 수 있는 지출 범위

현재 우리나라 기업의 대다수는 법인 형태가 많고, 법인카드의 사용을 권장하고 있어서 실무자들은 법인카드만이 법정지출증빙이 가능한 카드로 오해하는 경우가 많다. 그러면 개인회사나 신설법인 등 일부 법인의 경우 비용을 지출하고 개인카드 결제 후 받는 신용카드매출전표는 모두 법정지출증빙의 효력을 발휘하지 못하는 것일까?
회사에서 회식하고 급하게 물품을 구입하거나 영세한 법인의 경우 법인카드 한도액 초과로 인해서 어쩔 수 없이 사장이나 직원의 개인카드를 사용하는 경우가 실무상으로 너무나 많이 발생한다. 이에 대해서 세무상 규정을 통해서 개인카드와 법인카드 모두 법정지출증빙으로 인정받는 경우와 법인카드만 법정지출증빙으로 인정받는 경우를 표를 통해서 살펴보면 다음과 같다.

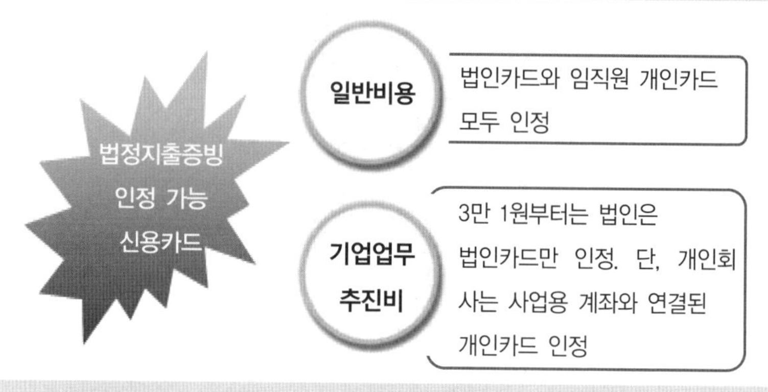

2. 개인사업자의 개인 신용카드 사용 시 유의 사항

개인회사는 신용카드를 대표자 개인 명의 카드와 종업원이 개인 명의 카드를 이용해 업무용으로 사용할 수 있을 것이다.

그러나 여기서 유의할 사항은 개인사업자의 경우 일정 금액 이상의 수입금액이 발생하는 경우 사업용 계좌의 사용을 의무화하고 있고, 사업용 계좌는 일반적으로 대표자 개인의 통장을 이용하는 경우가 많으므로, 사장의 신용카드는 반드시 결제계좌를 사업용 계좌를 이용해야 더욱 쉽게 비용인정이 가능하다. 반면 종업원의 신용카드는 업무와 관련해서 지출한 것으로 확인되는 신용카드 매출전표는 법정지출증빙으로 인정한다. 만약 이러한 법정지출증빙을 받지 않은 경우 일반적인 거래금액의 2%를 가산세로 납부해야 하며, 기업업무추진비의 경우 한도와 관계없이 필요경비에 산입할 수 없다.

개인카드 지출 분에 대해서 회사경비 처리 시, 개인은 연말정산을 할 때 신용카드 소득공제를 받을 수 없다는 원칙이 있지만 이의 구분이 쉽지 않아 잘 지켜지고 있지 않으므로 실무적으로는 법인카드를 반드시 사용하는 것이 좋다.

3. 개인 신용카드매출전표도 매입세액공제가 가능

업무와 관련해서 개인 신용카드를 사용한 경우 동 신용카드매출전표는 세금계산서 기능을 하므로 매입세액공제가 가능하다. 단, 면세사업자의 신용카드매출전표와 같이 부가가치세가 별도로 표기되지 않는 신용카드매출전표는 매입세액공제를 받지 못한다.

구분			증빙서류
개인신용카드	일반경비		다른 증빙에 의해 업무용으로 사용한 것이 확인되는 경우 전액 비용인정 된다. 특히 개인사업자는 가사비용(개인용도) 지출액을 업무용 지출로 처리하는 편법을 사용하면 안 된다.
	기업업무추진비	3만 원 까지(경조사비는 20만 원)	영수증 등 증빙수취 시 비용인정
		3만 1원부터	반드시 법인카드를 사용해야 비용이 인정된다. 개인카드 사용 시 비용은 불인정 되고 가산세도 없다. 단, 개인사업자의 경우 원천적으로 법인카드가 없으므로 개인카드를 사용해도 비용인정이 되나 결제계좌를 사업용 계좌와 연결해 두어야 한다.
	비용 인정받은 개인카드 사용분		비용으로 인정받은 개인카드 사용분은 연말정산 시 신용카드 소득공제 대상에서 차감한다.
법인신용카드	업무 관련 지출 비용	기업업무추진비	기업업무추진비 손금 인정 범위 내에서만 비용인정
		일반비용	전액 비용인정
	법인카드 개인 사용분		비용인정이 안 된다. 비용으로 인정받기 위해서는 사용한 임직원의 급여로 보아 근로소득세를 신고 · 납부 해야 한다.

구분	처리 방법
부가가치세 매입세액공제	공급자의 공급가액과 세액 구분, 공급받는 자의 사업자등록번호를 기재해서 발급받았으면 부가가치세 신고 시 매입세액공제가 가능하다. 단, 면세 구입 및 연 매출 4,800만 원 미만 간이과세자로부터 받은 신용카드매출전표, 매입세액불공제 대상 지출은 매입세액공제가 불가능하다.

신용카드를 사용한 기업거래의 과세

구분	법인카드(사업주 카드)	개인카드 직원 카드
회사의 일반 지출거래액의 지출증빙서류 인정 문제	사용이 원칙, 건당 3만 원 초과의 일반 지출에 대해 신용카드매출전표 없으면 2% 가산세 부담	사용 가능, 법인직원의 자기 개인카드, 가족카드 가능, 건당 3만 원 초과에 신용카드전표 없으면 2% 가산세 부담
회사 관련 기업 업무추진비지출	사용이 원칙, 3만 원 초과에 대해 법인카드 사용 안 하면 손금불인정, 건당 3만 원이하는 손금불산입 문제는 없다.	사용 불가, 건당 3만 원 초과 기업업무추진비를 개인신용카드로 지출한 경우 손금불인정 (3만 원 이하는 개인카드 문제없음)
일반구매 지출액의 매입세액공제 적용 여부 : 매출세액(-)매입세액	매입세액공제가 적용됨(공급받는 자와 부가가치세액 별도 기재) ➡ 공급받는 법인 명칭이나 상호가 실제 구매자와 일치하므로	법인의 지출에 대해 법인 상호가 아닌 개인, 직원명의 신용카드를 사용한 경우 해당 지출이 법인의 업무와 직·간접 관련된 것임이 입증되면 매입세액공제 가능함

구분	법인카드(사업주 카드)	개인카드 직원 카드
개인 근로소득에서의 소득공제	법인 개인 사업주의 기업업무추진비, 일반비용으로 반영한 금액은 손금산입. 개인카드는 사용억제, 법인카드를 법인의 일반비용으로 인정	직원의 근로소득에서 공제(법인의 일반지출 기업업무추진비 등으로 사용 청구된 금액은 제외함)

임직원의 거래 대가를 법인이 대신 지급하는 경우의 지출증빙

임직원의 거래 대가를 법인이 대신 지급하는 경우 법정지출증빙을 받지 않아도 된다. 법인의 임직원이 거래의 주체로서 지급해야 할 물품 구입 대금을 법인이 대신 지급하고 이를 급여로 보아 원천징수 하는 경우 원천징수영수증을 법정지출증빙으로 보관하면 되며, 법인이 직접 사업자와 사업상의 거래를 한 것이 아니므로 법정지출증빙 수취 대상에 해당하지 않아 대금 지급영수증을 받을 수 있는 것이다.

04 간이영수증은 얼마까지 증빙으로 인정되나요?

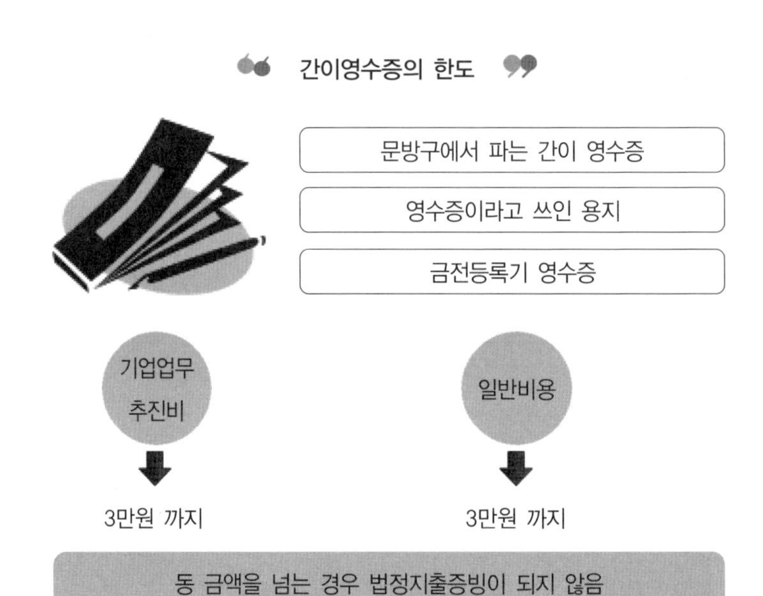

05 거래명세서나 입금표도 법정지출증빙으로 인정되나요?

회사에서 외부와 거래를 하다 보면 가장 많이 접하는 서류가 입금표와 거래명세서, 세금계산서이다.

예를 들어 제품을 판매하고 제품을 납품하는 경우 판매처는 거래명세서를 구입자에게 주고 돈을 받을 때 돈을 받았다는 것을 증명하기 위해서 입금표를 발행해 준다.

거래명세서는 쌍방 간에 거래가 있었고 납품을 완료한 사실을 서로가 증명하는 서류이며, 그 대가의 수수 여부를 증명하는 서류가 입금표이다. 즉, 거래명세서와 입금표는 거래와 관련한 거래증빙이며, 비용의 지출 사실을 객관적으로 증명하는 세무상 증빙은 되지 못한다.

회사 간 거래에 있어서 물론 거래명세서와 입금표가 중요한 증명서류는 되지만(법률분쟁 시) 세법적으로 반드시 갖추어야 할 증빙으로 인정해 주지 않으므로 세금계산서나 신용카드매출전표 및 계산서 중 하나를 법정지출증빙으로 별도로 받아야 한다.

만일 거래한 후 거래명세서나 입금표를 받았어도 세금계산서를 받지 않았으면 비용으로 인정받지 못할 수도 있는데, 그 금액의 기준이 3

만 원 초과 금액이며, 동 금액 이하의 지출이라도 최소한 영수증은 받아야 세무상 손해를 보지 않는다.

- 물건의 납품 후 거래명세서의 발행 및 수취
- 물건 대금의 수불시 입금표 수불
- 거래명세서나 입금표의 수불과 별도로 반드시 세금계산서 수불

구분			내 용
내부거래증빙	내부지출증빙	지출결의서	지출사실을 증명하기 위해서 회사 자체적으로 만들어 사용하는 내부거래증빙이다.
	외부지출증빙	거래명세서	거래명세서는 판매자가 구매자에게 구매 물품을 이상 없이 제공했다는 사실을 증명하는 외부거래 증빙이다.
		입금표	입금표는 판매자와 구매자 또는 기타의 원인으로 인해서 대금의 수불이 정확히 이루어졌다는 사실을 증명하는 돈을 받은 증표이다.
법정 지출증빙		3만 1원부터	세금계산서와 계산서, 신용카드매출전표(기업업무추진비는 법인카드만 인정) 및 현금영수증
		3만 원까지	세금계산서와 계산서, 신용카드매출전표, 현금영수증 및 간이영수증과 금전등록기영수증

다만, 거래명세서와 입금표 그리고 지출결의서 등이 별도 법정지출증빙을 갖추지 않아도 비용으로 인정되는 사례가 있는데 예를 들어 살펴보면 다음과 같다.

구분	계좌이체 등으로 증빙이 가능한 경우
건물(부속 토지 포함) 구입 시	계약서 사본과 대금 지급 사실 입증서류(입금표) 등 제출
회비, 제세공과금, 노동조합비 등	계좌이체 내역, 법인의 사규 규정
사업자가 아닌 자로부터의 구입	계약서, 거래명세서 등 제반 증빙서류 및 대금 지급 내역(계좌이체 내역 또는 통장 사본)
농어민으로부터 재화 · 용역을 직접 공급받은 경우	계좌이체 내역, 영수증, 거래명세서 등
토지 또는 주택 구입, 주택임대용역(법인제외) 공급받은 경우	계좌이체 내역, 입금표, 거래명세서 등
계약서에 의한 판매장려금 지급	판매장려금 지출명세서
위약금 등 지급	영수증, 계좌이체 내역, 거래명세서 등
전산 발매 통합관리시스템 운영사업자의 입장권 · 승차권 · 승선권	입장권 · 승차권 · 승선권, 영수증, 거래명세서 등
국가 · 지자체 · 비영리법인과의 거래	계좌이체 내역, 영수증 등
간주임대료에 대한 부가가치세 부담	계좌이체 내역

거래명세서

1. 거래명세서는 법적으로 정해진 양식이 있나?

거래명세서는 거래가 발생한 내역을 판매자와 구매자가 확인하고, 상호 이의가 없음을 확인하는 서류로서 재화의 수량, 단가, 거래 시기 등이 기록되는 것이기 때문에 내부적으로는 중요하게 보관해야 하는 서류 중의 하나지만 법정지출증빙은 아니다.
이는 물품의 납품 시 판매자면 누구나 발행을 하는 양식으로 법적으로 정해진 것은 아니나 발행 후 한 장은 판매자가 한 장은 구매자가 보관한다.

2. 거래명세서에도 인감은 꼭 찍혀 있어야 하나?

거래명세서를 주고받을 때 간략히 한다고 인감이 찍혀 있지 않은 경우가 종종 있는데 이는 나중에 분쟁의 소지가 있으므로 꼭 찍혀 있는 것이 정확하다.
하지만 거래명세서에는 법인인감보다는 사용인감이라고 인감도장은 아닌 법인 도장을 찍는다. 이렇게 필요적 기재 사항 등이 정확히 기재되어 있는 것이 나중에 혹시라도 조사받을 때 유리하다.
특히 인수자 등은 꼭 기재되어 있는 것이 좋다. 요즘은 대충 써서 주고받는 경우가 있는데 정확히 하는 것이 좋다.

3. 거래명세서를 관리하는 방법을 가르쳐 주세요

거래명세서를 전표와 같이 보관할 필요는 없다. 사실 거래가 끝나고 나면 거래명세서는 별 필요가 없으나 반품 등의 문제가 있을 때나 거래관계로 인해서 쌍방 간에 분쟁 발생 시, 세무조사가 나올 때 필요할 때가 있다.
거래상대방이나 본사에 세무조사가 나왔을 때 실제 거래인지 아닌지를 증명하기 위해 거래 내역을 요구할 때가 있다.

세금계산서에는 목록이 다 안 나오고 거의 다 ○○○외 이렇게 나오니까 믿지 않는 경우가 많으므로 세부내역을 대라고 하는 경우 거래명세서를 제출하면 된다. 반면, 회사 내부적으로는 잘못된 전표 발행이 있을 때는 거래명세서를 통해서 해당 거래 내역을 확인할 수 있다는 장점이 있다. 거래명세서는 전표의 보관 방법과 같이 거래명세서끼리 일정 기간 단위로 묶어서 보관하면 된다.

지출결의서

지출결의서는 업무 간소화를 위해서 전표를 발행하지 않고 지출에 관한 내용 및 증빙서류만을 보관하기 위해서 작성하는 것이다.

매출 대금 회수 및 금액이 큰 중요 지출에 대해서는 사장 또는 업무 총괄자가 집행 및 관리하고, 사무실의 일반경비 지출에 대해서 경리담당자가 관리하는 것이 실무상 일반적인 데, 경리담당자가 관리자에게 결재받기 위해서 지출결의서를 작성하고 각종 경비지출 후 그 뒷면에 영수증 등을 첨부해서 보관한다. 즉, 지출결의서는 직원이 많고 적음을 떠나 경비처리를 할 때 담당자 임의가 아닌 부서장이나 사장의 허락을 받는 행위의 일종이다. 물론 회사에서 꼭 작성 · 보관해야 하는 의무는 없지만, 업무가 진행되다 보면 상사와 종업원 간 지출 행위를 놓고 책임 여부를 가르는 일이 종종 발생한다. 그럴 경우 상사의 지출결의서에 찍힌 도장은 큰 역할을 하기도 한다.

결국, 회사에서 의무적으로 지출결의서를 작성할 필요는 없으나 회사 자체적인 내부 관리 목적으로 활용하는 것이라면 잘 활용하는 것도 좋은 방법이다.

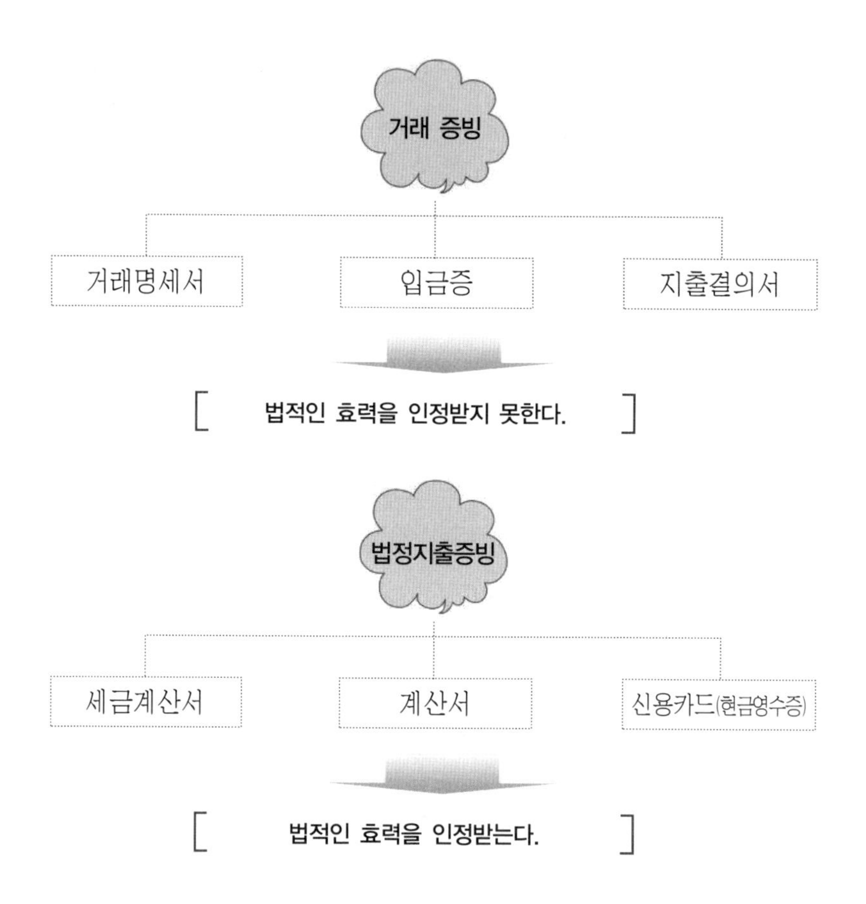

06 거래대금 지급은 반드시 통장 거래를 이용하세요.

사업자가 거래 사실을 입증할 때 가장 객관적이고 확실한 방법은 금융자료를 제시하는 것이다. 법인사업자의 경우 반드시 법인통장으로 거래하는 것을 생활화해야 하고 개인사업자의 경우 사업용 계좌를 통해 거래하는 것을 생활화해야 한다. 만일 과거의 거래가 위장(세금계산서를 잘못발행 함) · 가공거래(실물거래 없이 세금계산서만을 발행함) 판정을 받고 사업자가 실지 거래 사실을 입증하지 못한다면 세금을 추징당할 수 있는데, 이때 실지 거래 사실을 입증할 수 있는 핵심 증빙서류가 바로 통장 거래이다.

상대방에게 송금할 때는 송금에 앞서

❶ 사업자등록증 사본(또는 신분증 사본)
❷ 통장 사본
❸ 법인인감증명서(개인의 경우 개인 인감증명서)
❹ 세금계산서
❺ 예금계좌확인서(회사 자체 양식)

등을 반드시 챙긴 후 계좌이체를 하는 것이 좋다.

통장이란?

법인사업자의 경우에는 법인통장을 말하며, 개인사업자의 경우에는 사업용 계좌를 말한다. 물론 법인사업자가 대표이사 통장으로 거래하거나 개인사업자가 개인 계좌를 통해 거래한다면 실제 거래 사실 입증에 도움이 될 수 있으나 과세 관청에서 개인적 거래로 오해를 할 수 있어서 법인통장이나 사업용 계좌의 사용을 적극적으로 권장한다.

사업용 계좌란?

복식부기 의무자인 개인사업자는 가사용 통장과 구분해서 사업용 계좌를 개설해야 한다.

1. 사업용 계좌의 개설 기한

복식부기 의무자에 해당하는 사업자는 해당 과세기간 개시일로부터 5개월 이내에 사업용 계좌를 사업장 관할 세무서장에게 신고해야 한다.

사업 개시와 동시에 복식부기 의무자가 되는 사업자(전문 직종)는 사업개시일로부터 5개월 이내에 신고해야 한다. 사업용 계좌를 변경하거나 추가할 경우는 종합소득세 확정신고 시까지 신고하면 된다.

2. 사업용 계좌 사용 대상 거래

개인사업자가 재화나 용역을 제공하거나 받을 때 사업용 계좌를 통해 대금을 지급해야 하며, 인건비나 임차료 등을 지급할 때도 사업용 계좌를 통해야 한다. 다만, 신용불량자나 불법체류자 등에게 임금을 지급할 때는 사업용 계좌의 사용이 불가하므로 제외된다.

3. 사업용 계좌 미개설 시의 불이익

- 인건비와 임차료는 사업용 계좌에서 지출하지 않을 시 비용으로 인정받지 못할 가능성이 있으며, 가산세가 부과된다.
- 사업용 계좌를 과세기간 개시일로부터 5개월 이내 신고하지 않는 경우 가산세가 부과된다.

07 접대유형별 지출증빙의 사례와 구비 요령

기업업무추진비는 업무와 관련해서 지출된 비용이므로 이에 대한 입증을 증빙으로 비치하지 않으면 안 된다. 따라서 접대유형별 지출증빙을 예시하면 다음과 같다.

구 분	지출증빙 비치
음식 · 숙박 제공과 증빙 없는 부대비용	❶ 음식 · 숙박업소가 발행한 세금계산서, 신용카드매출전표, 금전등록기 계산서, 기타 거래 사실이 인정되는 영수증 ❷ 사용자를 기재하고 해당 부서의 장이 확인한 지출 전표 또는 지출결의서 ❸ 봉사료 · 팁 · 교통비 등 증빙을 받을 수 없는 접대부대비용의 경우는 사회통념상 인정되는 적정 범위 내의 금액으로서 비용의 사용자와 계산 내역을 명시한 지출 전표
물품기증과 사례금의 경우	❶ 물품구입 세금계산서 등(구입 물품에 한함) ❷ 물품의 사용부서별 내역을 기재한 지출 전표 및 사용부서 책임자의 물품 인수증 ❸ 사례금(금품 지급)의 경우 업무와 관련해서 지출한 사실을 기재한 지출결의서 ❹ 수령자의 주소 및 성명이 기재된 수령증(기타소득세 원천징수 및 지급명세서 제출)

구 분	지출증빙 비치
기밀비나 경조사비의 경우	❶ 정관 · 사규 또는 주주총회 · 사원총회나 이사회의 결의로 정한 지급 기준 ➜ 지급 기준은 당해 기밀비가 업무와 관련해서 사용되는 것이 입증될 수 있는 정도(예 : 신규 계약의 체결, 거래선 확보 또는 유지, 업무와 관련의 개연성이 있는 정도)의 사용 목적과 사용인별로 지급할 수 있는 한도액이 정해진 것으로 한다. ❷ 기밀비 사용자의 수령증 ❸ 경조사비의 경우 사회통념상 인정되는 범위 내의 금액으로서 지급부서의 장이 서명한 지출 전표 ❹ 기밀비는 기업업무추진비 일종이나 투명 지출 증빙이 없으므로 손금불산입
매출할인 · 장려금 등 임의지출	❶ 지급받은 자의 영수증, 송금 관련 서류 ❷ 지급금액의 계산 근거가 명시된 지출 전표
금융기관 등의 계약 · 수금비 등	❶ 기밀비 해당 금액을 제외하며, 사례금은 포함 ❷ 지출 형태(음식 접대 · 물품기증 · 금품사례)에 따른 거래증빙 ❸ 지출 원인과 지출자를 명시한 지출 전표

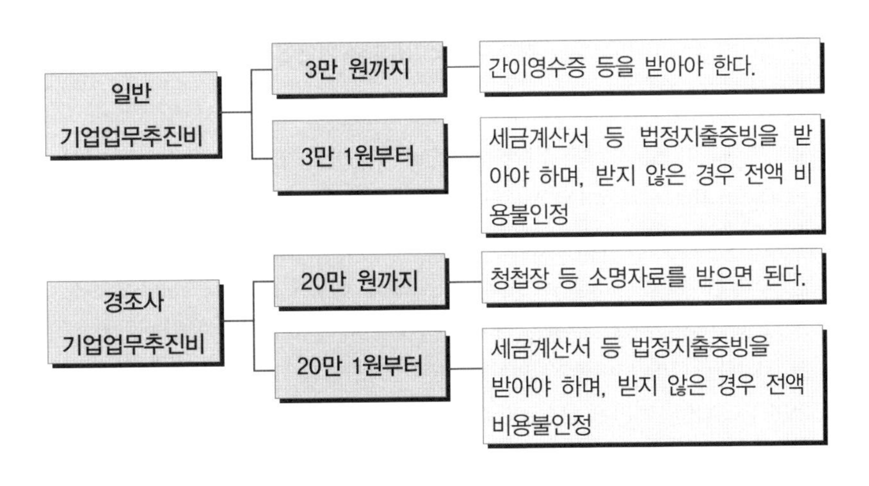

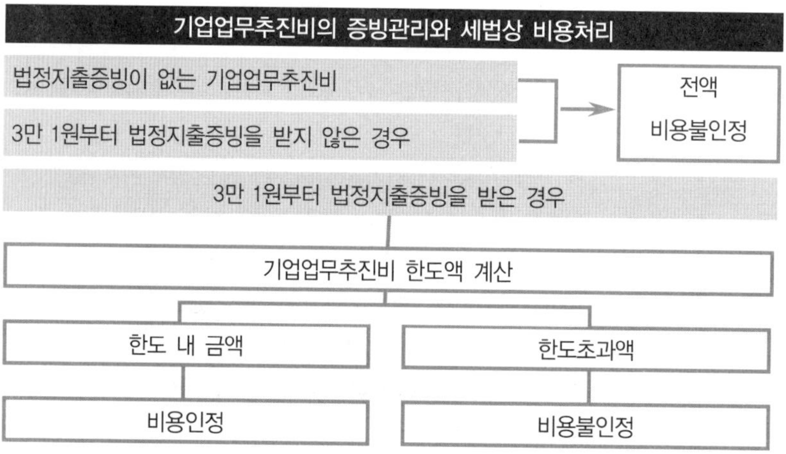

기업업무추진비의 증빙관리와 세법상 비용처리

구분	처리
법정지출증빙이 없는 기업업무추진비 / 3만 1원부터 법정지출증빙을 받지 않은 경우	전액 비용불인정
3만 1원부터 법정지출증빙을 받은 경우 → 기업업무추진비 한도액 계산 → 한도 내 금액	비용인정
3만 1원부터 법정지출증빙을 받은 경우 → 기업업무추진비 한도액 계산 → 한도초과액	비용불인정

구 분		세무상 처리
법정지출증빙이 없는 기업업무추진비		손금불산입(비용불인정)
3만 1원부터 법정지출증빙을 받지 않은 경우		
일반 기업업무추진비 한도 계산	법정지출증빙을 받고 지출한 금액 중 기업업무추진비 한도 내 금액	손금인정(비용인정)
	한도 초과액	손금불산입(비용불인정)

? 회사에 손님이 방문하는 경우 음료수 비용은 기업업무추진비로 보아 증빙처리를 해야 하는지?

회사에 손님이 방문하는 경우 음료수나 담배, 주차비도 기업업무추진비로 처리해야 하는지 아니면 복리후생비로 처리해도 되는지, 애매한 사항이다.
일반적으로 회사가 직원을 위해 사내에서 제공하는 커피, 차, 음료수 등의 구입비용은 복리후생비로 처리하는 것이며, 또한 회사를 방문한 고객이나 거래처와의 상담 및 협의 등을 위해 제공되는 커피 및 음료수, 차, 담배 등도 복리후생비 계정으로 처리하는 것이다. 따라서 3만원을 기준으로 법정지출증빙의 수취 여부를 결정하면 된다(법인 22601-1518, 1989.4.25.).

회사에 방문한 고객이나 거래처 주차비는 기업업무추진비로 보아 증빙처리를 해야 하는지?

방문 고객 등을 위해 회사에서 주차권을 구입해서 지급 시 주차권 구입에 대한 세금계산서를 발급받은 경우 불특정다수인을 대상으로 한 비용으로 접대성이 없는 비용으로 보아 매입세액공제가 가능하다. 다만, 특정인을 위한 접대성 또는 업무와 상관없이 사용되거나 비영업용 소형 승용차를 위해 사용되는 경우는 매입세액불공제가 된다.

거래처 손님에게 제공하는 주차 비용의 증빙

사업자가 자기의 고객을 위해서 임차해서 사용하는 주차장의 임차료에 관련된 매입세액은 매출세액에서 공제되는 것이다. 다만, 사업자가 회사업무용으로 사용하는 비영업용소형승용차를 주차하는 주차장 임대료와 관련된 매입세액은 매출세액에서 공제하지 아니하는 것임(서면 3팀-2219, 2006. 09. 21).

영업사원이나 거래처의 대리운전비용은 증빙을 무엇으로 처리하는지?

영업사원들이 거래처 접대를 하면서 대리운전을 이용하는 경우가 종종 발생한다. 이 경우 처리 방법을 살펴보면 다음과 같다.

1. 영업사원의 대리운전 비용

일반적으로 회사 직원이 업무상 차량을 이용하면서 발생하는 교통비, 즉 이동거리에 따른 유류비와 통행료 등은 관련 증빙을 회사에 제출함으로써 실비로 정산을 받게 된다. 이러한 실비변상적인 급여는 근로소득세가 비과세되고 회사도 비용으로 인정을 받는다. 또한, 자가운전보조금을 지급받는 경우 비과세 20만원 한도 규정에 따라 20만원 한도 내에 대리비용이 포함되면 비과세되고, 넘는 경우는 해당 직원에게서 근로소득세를 원천징수 해야 한다. 단 시외의 경우에는 20만 원 한도 규정이 적용되지 않는다. 반면 자가운전보조금을 지급받지 않는 경우에는 대리비용 영수증을 통해서 비용으로 인정을 받으면 된다.

구분		처리방법
자가운전보조금 20만 원을 받은 경우	시내	자가운전보조금 비과세 한도인 20만 원에 포함해서 비과세 판단
	시외	자가운전보조금 비과세 한도인 20만 원은 비과세되고 시외비용은 법정지출증빙 첨부 후 비용인정
자가운전보조금을 받지 않는 경우		세금계산서 등 법정지출증빙 첨부 후 회사 비용처리

2. 거래처 대리운전 비용

영업상 상대거래처 임직원 접대 후 귀가 시에 대리운전을 이용한 것은 사적비용에 해당되어 비용으로 인정되지 않고 당해 영업사원에 대해서 급여로 본다. 따라서 이 경우에는 비용인정이 안 되고 해당 직원은 근로소득세를 부담하는 등 이중으로 불이익을 받을 수 있으므로 처음부터 해당 직원의 급여로 처리 후 근로소득세만 추가 납부하는 것이 유리하다. 또한, 이 경우에는 법정지출증빙을 수취할 필요가 없으며, 만일 세금계산서 등 법정지출증빙을 수취해도 업무무관지출로 인해서 부가가치세매입세액공제는 받을 수 없는 것이다. 반면 영업상 상대거래처 직원 접대 후 대리운전비용을 부담한 경우에는 원칙적으로 기업업무추진비로 처리한다. 그리고 이에 대해서는 3만원까지는 영수증을 3만 1원부터는 세금계산서나 법인카드명세서를 첨부해야 한다. 그렇지 않을 경우 비용으로 인정을 받을 수 없다.

그러나 현실적으로 이것이 어려운 경우 편법적이지만 대리운전 비용이 소액이므로 공 영수증을 구해서 적절히 비용처리를 하거나 직원의 대리운전 비용으로 해서 복리후생비 처리 후 동 금액에 대해서 근로소득세를 원천징수 해서 문제를 해결하는 방법이 있을 수 있다. 참고로 접대목적의 대리운전 비용도 세금계산서 등 법정지출증빙을 받아도 매입세액공제를 받을 수 없다.

구 분	업무처리	매입세액공제 여부
접대 후 본인의 대리운전비용	급여 또는 복리후생비 처리	매입세액공제
접대 후 거래처의 대리운전비용	기업업무추진비처리 후 세금계산서 등 법정지출증빙 수취 및 비용처리	매입세액불공제

08 사무실 임차료, 중개수수료의 지출증빙의 사례와 구비 요령

회사가 건물을 임차하는 경우는 직원의 사택용으로 사용하기 위한 주택의 임차와 사무실로 사용하기 위한 상가 임차로 나누어 볼 수 있다. 각각의 경우 임차료라는 비용의 지출이 이루어지므로 법에서 정한 지출 증빙을 받아서 보관해야 한다.

<table>
<tr><th>구분</th><th>법정지출증빙</th></tr>
<tr><td>주택 임차</td><td>법정지출증빙 수취 대상에서 제외되나 계약서 등은 보관해야 한다.</td></tr>
<tr><td>사무실 등 주택 외 임대</td><td>
<table>
<tr><th>구분</th><th>증빙관리</th></tr>
<tr><td>임차료</td><td>세금계산서 수취</td></tr>
<tr><td>수도료</td><td>계산서 수취</td></tr>
<tr><td>전기료 · 가스료 · 주차료 등</td><td>임차인 부담분에 대해서 세금계산서 수취</td></tr>
<tr><td colspan="2">전기료 · 가스료 · 주차료 · 수도료 등을 명세서에 구분 징수하지 않고 임차료에 포함해서 징수하는 경우는 전체금액에 대해서 세금계산서 수취</td></tr>
</table>
</td></tr>
</table>

<table>
<tr><th>구분</th><th>법정지출증빙</th></tr>
<tr><td>간이과세자로부터 주택 외 임대</td><td>송금명세서 제출(연 매출 4,800만 원 미만), 세금계산서 수취(연 매출 1억 400만 원 미만)</td></tr>
<tr><td>금융리스 및 차량리스</td><td>영수증 수취(지로 입금)</td></tr>
<tr><td>운용리스</td><td>계산서 수취</td></tr>
<tr><td>중개수수료</td><td>세금계산서 수취 또는 송금명세서 제출
<table>
<tr><th>구분</th><th>법정지출증빙</th></tr>
<tr><td>일반과세자</td><td>세금계산서나 신용카드매출전표</td></tr>
<tr><td>간이과세자</td><td>송금명세서 제출(연 매출 4,800만 원 미만), 세금계산서 수취(연 매출 1억 400만 원 미만)</td></tr>
<tr><td>비사업자</td><td>비용인정을 받을 수 없음</td></tr>
</table></td></tr>
</table>

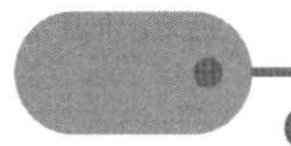

사택 등 주택임대용역을 제공받는 경우

사택 등 주택임대용역을 제공받는 경우는 특례 규정에 따라 법정지출증빙의 수취 대상이 아니며, 경비 등의 송금명세서 제출 대상도 아니므로 지급 사실을 입증할 수 있는 영수증 등을 수취 · 보관하면 된다.

간이과세자에게 사무실을 빌려 쓰는 경우

사무실을 빌려서 사용하는 경우 전세로 사용하는 경우는 보증금이,

월세의 경우 임대료라고 해서 매달 일정액을 건물주에게 지급한다. 그러나 문제가 되는 것은 임대료가 아닌 증빙의 문제인데, 건물주가 일반과세자이면 그냥 세금계산서를 받으면 되나 간이과세자(4,800만 원 미만)라고 세금계산서를 안 주는 경우를 우리는 흔히 볼 수 있다. 간이과세자로부터 부동산임대용역을 공급받은 경우 그 거래 금액을 금융기관을 통해서 지급하고 과세표준확정신고서에 그 송금명세서를 첨부해서 관할세무서에 제출한 경우는 동 송금명세서가 법정지출증빙이 되어 비용으로 인정도 되고 증빙불비가산세를 적용하지 않는다. 따라서 그 거래금액을 금융기관을 통하지 않고 단순히 영수증만 받고 지급한 경우에는 비용인정은 되나 증빙불비가산세를 별도로 낸다.

구 분		증빙 처리
보증금		전세든 월세든 보증금은 계약서를 증빙으로 보관한다.
월 세	일반과세자	세금계산서를 증빙으로 받아서 보관한다.
	간이과세자	송금명세서 제출(4,800만 원 미만), 세금계산서 수취(1억 400만 원 미만)

송금명세서는 법인세(또는 소득세) 신고 시 법인세 신고서에 송금 사실을 기재한 경비 등의 송금명세서(법정 서식임)를 첨부해서 관할세무서에 제출하면 증빙불비가산세가 적용되지 않는다.

법정지출증빙을 받지 않아도 되는 임대료

다음의 경우에는 세금계산서 등 법정지출증빙을 받지 않아도 된다.

❶ 주택임대의 경우

주택의 임대업을 영위하는 자(법인을 제외한다)로부터 주택임대용역을 공급받은 경우는 법정지출증빙을 받지 않아도 된다. 한편, 회사 사택 중 아파트 유지관리비를 회사가 부담하는 경우는 아파트 관리사무소는 수익사업이 없는 비영리단체이므로 아파트 관리사무소의 관리비 납부고지서를 증빙으로 하면 된다. 단, 법인으로부터 주택임대용역을 공급받거나, 주택이 아닌 상가 등의 임대용역은 반드시 계산서, 세금계산서, 신용카드매출전표 등의 세법상 법정지출증빙을 받아야 한다.

❷ 간주임대료의 경우

부동산임대용역을 제공받은 경우로서 간주임대료를 임차인이 부담하는 경우 법정지출증빙을 받지 않아도 된다.

❸ 송금명세서를 제출하는 경우

간이과세자로부터 주택을 제외한 부동산 임대용역을 제공받은 경우에는 금융기관을 통해서 지급한 송금 사실을 기재한 송금명세서를 법인세 과세표준신고서에 첨부해서 납세지 관할 세무서장에게 제출해야 한다.

사무실 관리비의 경우

1. 관리비 지급 시 증빙

일반과세자인 부동산 임대사업자가 해당 부동산을 타인(임차인)에게 사용하게 하고 그 대가를 받는 경우는 관리비도 세금계산서를 발행하도록 하고 있으므로 동 관리비에 대해서는 세금계산서 등 법정지출증빙을 받아야 한다. 즉, 건물주가 부가가치세가 과세되는 부동산 임대료와 당해 부동산을 관리해 주는 대가로 받는 관리비를 구분하지 않고 받는 경우는 전체 금액에 대해서 세금계산서를 받아야 하며, 보험료 · 수도료 및 공공요금 등을 별도로 구분 · 징수해서 건물주가 납입을 대행하는 경우는 임차인이 부담한 전기료·가스료 등 과세 대상에 대해서는 임대인 명의로 세금계산서를, 면세되는 수도료 등에 대해서는 계산서를 발행받아야 한다.

구분	증빙처리
부가가치세를 부담하는 전기료·가스료	세금계산서를 증빙으로 받아서 보관한다.
부가가치세를 부담하지 않는 수도료	계산서를 증빙으로 받아서 보관한다.

2. 고객의 주차료 대납액

사업자가 자기의 고객을 위해서 임차해서 사용하는 주차장의 임차료에 대해서는 세금계산서를 발급받아야 하며, 이때 부담한 매입세액은 매출세액에서 공제된다.

3. 오피스텔 경비용역

오피스텔에 제공되는 경비용역의 경우라도 업무용 오피스텔의 경우 부가가치세가 과세되는 것으로 보므로 세금계산서를 발급받아 증빙으로 보관해야 한다.

4. 사무실 청소용역

사무실 청소용역과 관련해서 용역업체에 대행시키는 경우 동 업체로부터 세금계산서 등 법정지출증빙을 받아야 하며, 아줌마를 고용해서 사용하는 경우 앞서 설명한 바와 같이 일용근로자에 해당하므로 원천징수 후 원천징수영수증을 증빙으로 보관하면 된다.

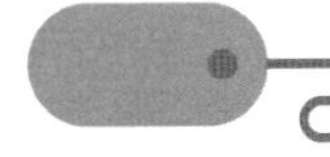

중개수수료를 지급하는 경우

부동산중개업법에 의한 중개업자에게 중개수수료를 지급하는 경우 법인세 과세표준 신고 시 송금명세서를 첨부해서 제출하면 증빙불비 가산세 적용 대상에서 제외된다.
참고로 거래상대방이 비사업자이면, 세금계산서를 받기가 불가능하므로 인적용역 소득으로 3.3% 원천징수 후 지급하면 어느 정도 해결된다.

구분	증빙처리
일반과세자	세금계산서를 증빙으로 받아서 보관한다.
간이과세자	은행에서 송금하고 송금영수증을 보관한다.

09 인건비와 출장비, 용역비 지출증빙의 사례와 구비요령

임직원에게 지급하는 급여, 퇴직금 등 인건비

임직원의 급여, 퇴직금 등은 법정지출증빙의 수취대상이 아니다. 즉, 상대방으로부터 용역을 제공받고 지급하는 인건비의 경우 상대방이 사업자가 아닌 경우에는 세금계산서 등 법정지출증빙을 받지 않아도 되나 반드시 원천징수 후 원천징수영수증을 보관해야 비용으로 인정받을 수 있다. 즉, 인적용역에 대한 법정지출증빙은 원천징수영수증인 것이다.

그리고 급여 등에 대한 내부증빙으로는 급여대장, 급여영수증, 무통장입금증, 계좌이체확인서, 세무서에 제출한 원천징수이행상황신고서, 원천징수영수증(지급명세서), 연말정산 서류 등을 갖추어 놓으면 된다.

여기에는 급여 및 제수당, 상여금 등과 식대보조금, 자가운전보조금, 학비보조금, 경조사비 지원금 등의 복리후생비로서 근로소득의 범위에 속하는 항목들과 퇴직금 원천징수 대상 소득 등 모든 인건비를 포함한다.

구분	증빙처리
외부 인적용역	세금계산서 등 법정지출증빙 또는 원천징수영수증
급여, 퇴직금 등 인적용역 제공에 대한 대가	근로소득원천징수영수증, 퇴직소득원천징수영수증 등 원천징수영수증 및 무통장입금 등 내부관리 장부
상대방이 사업자가 아닌 경우	원천징수 후 원천징수영수증 및 송금명세서

일용근로자에 대한 급여

3개월 이상(건설업은 1년) 고용되어 있지 않으면서 일급, 시간급 또는 일의 성과에 따라 지급하는 일용근로자에 대한 급여도 법정지출증빙을 받지 않아도 된다.

그러나 이들에 대한 법정지출증빙으로 원천징수영수증(지급명세서)을 보관해야 하며, 내부증빙으로는 일용근로자임금대장, 급여영수증, 무통장입금증, 원천징수이행상황신고서 등 사실관계를 입증할 수 있는 증빙서류를 갖추어서 놓으면 된다.

구분	증빙처리
법정지출증빙	원천징수영수증(지급명세서)
내부관리증빙	일용근로자 임금대장, 급여영수증, 무통장입금증, 원천징수이행상황신고서

급여성격의 인건비를 지출하는 경우 법정지출증빙

1. 상용근로자의 급여지급 시 원천징수에 대한 법정지출증빙

상용근로자의 급여를 지급하면서 원천징수 하는 경우, 지출증빙서류의 수취 및 보관 규정이 적용되지 않으므로 원천징수영수증이 법정지출증빙이 된다.

2. 일용노무비 급여 지급 시 원천징수에 대한 법정지출증빙

일용노무비 지급과 관련해서 비치 · 보존해야 하는 증빙서류는 일용노무자의 인적 사항(성명, 주민등록번호, 주소), 근로제공일(시간급인 경우는 근로시간 포함), 지급 금액 등 근로 제공내용 및 지급 사실을 확인할 수 있는 것이어야 하며, 노무비 지급대장 등에 성명과 수령인의 날인만 되어있고 주민등록번호와 주소가 없어 일용노무자의 인적 사항을 확인할 수 없는 경우에는 정당한 지출증빙으로 볼 수 없다.

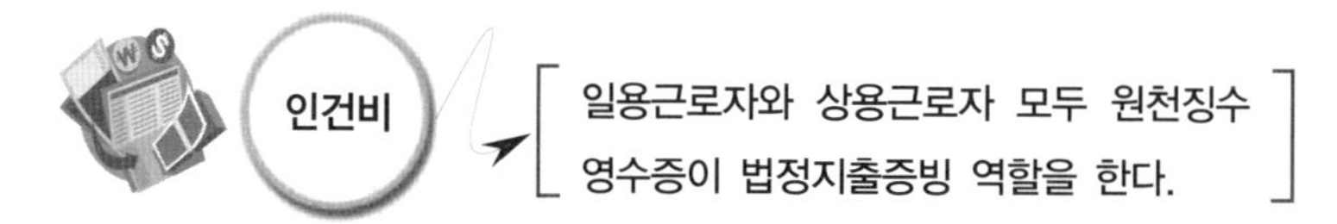

임직원에 대한 복리후생비

복리후생비는 크게 회사 내부에서 지출하는 항목 중 복리후생비로 지출하나 세무상 급여항목에 속하는 식대보조금, 자가운전보조금, 학비보조금, 경조사비 지원금 등이 있는가 하면, 음료수 및 차 구입비, 회식비 등과 같이 그 귀속이 내부 임직원이 아닌 외부 판매자에게 지출하는 복리후생비가 있다.

이 경우 내부 임직원에게 귀속되는 복리후생비의 경우 급여대장, 영수증, 무통장입금증, 계좌이체확인서, 세무서에 제출한 원천징수이행상황신고서, 원천징수영수증(지급명세서), 연말정산 서류 등을 증빙으로 첨부하면 되나 그 귀속이 외부의 판매업자에 속하는 경우는 외부업자로부터 법정지출증빙을 받아야 한다.

구분	증빙처리
내부 임직원	원천징수영수증 등 급여신고내역
외부업자로부터 구입	3만 1원부터 세금계산서 등 법정지출증빙

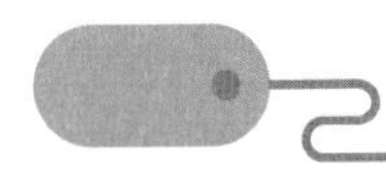

임직원에게 지급하는 출장비

임원이나 사용인의 국내 출장 및 국외 출장과 관련해서 지급하는 여비는 당해 법인의 업무수행 상 통상 필요하다고 인정되는 금액만 비용으로 인정하며, 초과하는 부분은 당해 임원 또는 사용인의 급여로 처리한다. 따라서 법인의 업무수행 상 필요하다고 인정되는 범위에서 지급규정, 사규 등의 합리적 기준에 의해 계산을 하고 거래 증빙과 객관적인 자료에 의해 지급 사실을 입증해야 한다. 다만, 종전에는 사회통념상 부득이하다고 인정되는 범위 내의 비용과 당해 법인의 사규 등 내부통제기능을 고려해서 인정되는 범위 내의 지급은 영수증 없이도 지출결의서 등으로 출장비 처리가 가능했으나 최근에는 대다수 증빙 수취가 쉬우므로, 될 수 있으면 증빙을 첨부한다.

그러나 지방출장, 해외출장의 경우에 위로금을 지급하거나 친족 등을 동반하는 때에 그 동반자의 여비를 법인이 부담하는 경우는 동 부담금액은 그 임원 또는 사용인에 대한 급여로 처리한다.

<table>
<tr><th>구분</th><th>증빙처리</th></tr>
<tr><td>시내교통비</td><td>임직원의 시내 및 당일 출장에 따른 인근지역의 교통비로서 택시요금, 버스요금 또는 일시 주차료는 지출결의서 등으로 충분하며, 법정지출증빙은 필요 없다.
그러나 더욱 확실히 증빙처리를 하기 위해서는 될 수 있는 한 지출영수증을 첨부하며, 회사 자체적으로 교통카드를 구입해 출장 시 동 교통카드를 사용하는 것도 하나의 방법이다.</td></tr>
<tr><td>국내출장비</td><td>국내출장비는 통상 숙박비, 교통비, 식대, 잡비 등으로 구성된다. 이는 일반적으로 회사의 출장비 지급규정에 따라 정액으로 지급되며, 지출결의서 등에 출장비 수령인만 받아두는 것이 실무적으로 많다.
법인이 업무와 관련해서 출장하는 사용인에게 지급한 교통비, 숙박비, 식대 등이 당해 법인의 여비지급규정 및 객관적인 거래증빙에 의해서 법인에게 귀속시키는 것이 정당함이 입증된 경우는 소득금액 계산상 비용으로 인정하는 것이나, 이 경우 당해 사용인이 지출한 경비 중 사업자로부터 거래 건당 3만 원 초과의 재화 또는 용역을 공급받고 그 대가를 지급한 금액에 대해서 법정지출증빙을 수취하지 않은 경우는 증빙불비가산세가 적용된다.</td></tr>
<tr><td>해외출장비</td><td>
<table>
<tr><th>구분</th><th>증빙서류</th></tr>
<tr><td>항공요금</td><td>영수증</td></tr>
<tr><td>현지 숙박비</td><td>현지 호텔의 영수증(형식에는 제한 없을 것임)</td></tr>
<tr><td>현지 음식비</td><td>현지 음식점의 영수증</td></tr>
<tr><td rowspan="2">여행사의 대행수수료</td><td>세금계산서 등 법정지출증빙 수취</td></tr>
<tr><td>여행사가 비자 발급 대행수수료를 공과금 등과 구분하지 않고 영수하는 때에는 전체금액에 대해서 세금계산서를 발행해야 하는 것이나, 비자 발급 시 지급하는 공과금 등과 비자 발급 대행수수</td></tr>
</table>
</td></tr>
</table>

<table>
<tr><th>구분</th><th>증빙처리</th></tr>
<tr><td></td><td><table><tr><th>구분</th><th>증빙서류</th></tr><tr><td></td><td>료를 별도로 구분 징수해서 납입을 대행하는 경우는 당해 공과금 등은 법정지출증빙 수취대상에 해당하지 않으나 발급 대행 수수료는 법정지출증빙을 수취해야 한다.</td></tr></table></td></tr>
<tr><td>렌트카 비용</td><td>렌트카를 이용하는 경우는 세금계산서나 신용카드매출전표 등 법정지출증빙을 받아야 한다.</td></tr>
<tr><td>고속도로 통행료</td><td>고속도로 통행료는 3만 원이 넘는 경우라도 법정지출증빙이 아닌 일반 간이영수증을 받아도 법적으로 인정해준다.</td></tr>
<tr><td>거래처 직원을 동행하고 업무상 출장 시(고용관계없는 자에게 교통비 지급 시)</td><td>회사 업무상 거래처를 동반하고 가는 경우 항공권 등 모든 증빙을 당사 명의로 받고 여행사에 의뢰하는 경우 수수료 등 세금계산서 수취 분을 당사의 명의로 받아야 한다. 또한, 사례금조로 거래처 직원에게 일정액을 지급하는 경우 기타소득으로 원천징수 후 원천징수영수증을 증빙으로 보관해야 한다.</td></tr>
<tr><td>유료주차장 이용 시</td><td>유료주차장 이용 대가를 지급하는 경우 건당 3만 1원부터는 세금계산서를 받아야 하나, 국가 및 지자체가 직접 운영하는 주차장의 경우 법정지출증빙을 받지 않아도 증빙불비가산세를 부담하지 않는다. 또한, 간이사업자와의 거래 시에는 영수증의 수취도 가능하나 건당 3만 원까지만 지출해야 한다.</td></tr>
</table>

해외 출장 경비를 지출한 경우 법정지출증빙

사업자가 그 사업과 관련해서 발생한 지출은 사업자의 소득계산 시 비용처리가 가능한 것으로, 해외 출장 시 지급한 비용 또한 사업과 관련된 비용은 경비처리가 가능하다.

해외 출장 시 지출한 항공료의 경우는 지출증빙서류 수취 대상에서 제외되는 것이며, 해외에서 지출한 비용에 대해서는 법정지출증빙인 세금계산서나 계산서, 신용카드 및 현금영수증의 수취 의무가 면제되어 이를 받지 않더라도 별도로 지출증빙 가산세 대상에 해당하지 않는다. 다만, 이 경우에도 법인의 업무와 관련이 있어 비용으로 인정받기 위해서는 거래 사실을 확인할 수 있는 객관적인 증빙서류를 보관해야 하는 것으로 법인의 업무수행 상 통상 필요하다고 인정되는 범위 내의 비용으로 사용처별로 거래증빙과 객관적인 자료를 구비하고, 증빙서류 구비가 불가능한 경우에는 회사 내부결의서나 보고서 등에 따라 객관적으로 그 지출이 입증되어야 비용으로 인정받을 수 있다.
참고로 해외에서 신용카드로 결제한 내역은 부가가치세 신고 시 매입세액공제는 되지 않는다는 점에 유의하기를 바란다.

외주 용역비의 법정지출증빙

외주 부분 외주 용역비는 법정지출증빙을 받아야 한다.
그러나 개인사업자로부터 부가가치세가 면제되는 인적용역을 제공받고 지급액의 3.3%(소득세 3%, 지방소득세 0.3%)를 원천징수 한 경우에는 법정지출증빙을 받지 않고 원천징수영수증을 증빙으로 처리하면 된다. 따라서 이 경우에는 지출증빙으로 영수증, 무통장입금증, 계좌 이체확인서와 세무서에 제출한 원천징수이행상황신고서 및 원천징수영수증(지급명세서) 등을 갖추어 놓으면 될 것이다.
부가가치세가 면제되는 인적용역에 해당하는 거래로는 소득세법상 사업소득에 속하는 방문판매원의 판매수당, 전문 외부 강사 초청료 등이 있다.

가정주부 및 청소대행 아줌마의 법정지출증빙

가정주부 등으로부터 가내부업 적인 용역을 제공받는 경우 일용근로자에 해당하므로 대가를 지급하는 경우는 법정지출증빙을 받지 않아도 된다. 따라서 이 경우에는 원천징수영수증, 무통장입금증, 계좌 이체영수증, 일용직 임금대장, 세무서에 제출한 원천징수이행상황신고서 등 증빙서류를 갖추어서 놓으면 될 것이다.

? 직원 개인 명의 핸드폰 요금의 증빙은?

종업원의 핸드폰 사용료를 회사가 지급하는 경우는 원칙적으로 근로소득에 해당한다. 다만, 업무 용도로 사용한 부분이 있는 경우에는 회사가 정한 규정에 따라 사회 통념상 업무수행에 필요하다고 인정되는 부분은 근로소득으로 과세하지 않는다. 따라서 통신비 보조금은 통신비 지급 규정에 의해 지급해야 하며, 통신비 보조금에 대한 해당 직원 핸드폰 납부영수증이나 자동이체 영수증 등을 증빙으로 첨부해두어야 한다.

그러나 업무와 관련해서 발생한 핸드폰 비용 영수증을 제시하고 지급받는 대신 전 직원에 대해 월정액으로 지급하는 금액의 경우 개인별 근로소득이 되며, 이때 통신비는 실비변상적 급여에 해당하지 않으므로 근로소득세가 과세 된다.

핸드폰 보조금과 관련해 문제가 되는 것은 개인 명의 핸드폰 요금인데, 회사 명의로 되어있으면 세무 당국이 탈세 수단으로 이용됐다고 판단되지 않으면 크게 문제가 되지 않고, 탈세에 이용했다는 소명의 책임도 과세당국에 있으나, 개인명의의 핸드폰 요금 지원은 약간 문제가 있다.

따라서 최고의 방법은 법인 명의로 핸드폰을 구입해서 사용하는 것이고, 개인 명의로 핸드폰을 사용하는 경우는 업무용과 개인용도를 구분해서 기재해야 하는데 이는 현실적으로 불가능하므로 사규 등에 전 직원을 대상으로 수당형식으로 지불하는 것보다는 사규 등에 특정 대상 범위를 정해두고 해당하는 사람에, 한해서 지급하는 방법이 차선책이라고 할 수 있다. 참고로 법인업무용 핸드폰 사용요금도 부가가치세 매입세액공제 대상이 된다는 점에 유의해야 한다.

핸드폰 사용료를 지원하는 방법은 다음의 세 가지가 있을 수 있으며, 이에 세무상 처리 방법도 다음과 같다.

핸드폰 보조금의 처리방법		세무상 처리방법	
지급방법	예 시	직원	회사
핸드폰 사용 여부, 업무의 활용 여부 등에 상관없이 전임직원에게 매월 일정액씩 지원	매달 전임직원에게 수당 등의 명목으로 일정액 지급	해당 직원의 근로소득으로 보아 근로소득세를 신고 · 납부해야 한다.	비용인정. 단, 근로소득세를 신고 · 납부를 하지 않은 경우 비용불인정
핸드폰 사용 여부, 업무의 활용 여부 등에 따라 정산을 받을 수 있도록 규정을 만들어 지급한다.	영업부 직원, 팀장급, 임원에 한해서만 지급	해당 직원의 근로소득에는 해당하나 비과세근로소득으로 보아 근로소득세는 신고 · 납부하지 않는다.	비용인정
핸드폰의 실제 사용내역에 따라 업무용과 사적인 용도를 구분해서 정확하게 해당 월에 실제 업무용으로 사용한 내용만 영수증을 첨부해서 실비정산	임직원의 핸드폰 사용료 청구내역을 전부 받아서 업무 사용 부분을 형광펜으로 칠해서 합계를 내서 지출증빙으로 첨부하고 지급	해당 직원의 근로소득에도 해당하지 않고 근로소득세도 신고 · 납부하지 않는다.	비용인정

10 개인적 지출 비용을 회사경비로 처리한 경우

개인사업자의 경우 마트에서 본인의 집 즉, 가사와 관련한 물품이나 서비스를 제공받고 신용카드매출전표나 현금영수증을 지출증빙용으로 제공받아 비용처리를 하거나, 소액의 경우 간이영수증으로 회사비용 처리를 해버리는 경우가 다반사이다.

또한, 법인의 경우 대표이사나 임원 등 법인카드를 소지할 수 있는 권한을 가진 사람이 법인카드를 이용해 회사업무와 관련 없는 개인 골프 비용 등 개인적 지출을 하고, 비용처리를 한다.

개인사업자는 사업에서 발생한 소득을 가사 경비로 사용하면 원칙적으로 업무와 관련 없는 지출로 보아 회사 비용으로 인정을 못 받고, 개인이 사업을 위해 투자한 돈을 개인 본인이 다시 회수해 가는 것으로 본다. 따라서 회사가 원칙을 어기고 비용처리를 한 경우에는 당장은 걸리지 않을 수 있으나, 세무조사 등으로 적발 시 추가 세금을 내야 할 뿐만 아니라 무거운 가산세도 별도로 부담해야 한다. 반면, 법인의 경우 법인의 소득을 얻기 위해 지출한 업무와 관련한 비용이 아니므로 비용으로 인정받지 못할 뿐만 아니라 이와 관련해서 받은 세금계산서도 매입세액공제를 받지 못한다. 만약 기업주가 개인적으로 쓴 비용을 법인의 비용으로 변칙처리 한 경우 법인이 기업주에게 부당하게 지원한 것으로 보아 법인의 비용으로 인정하지 않고, 법인세가 과세(징벌적 가산세 40%) 되며, 기업주는 상여금 또는 배당금을 받은 것으로 보아 소득세를 추가로 부담하게 되어 변칙처리 금액보다 더 많은 세금을 부담하게 됨은 물론, 기업자금의 횡령으로 처벌을 받을 수도 있다.

구분	개인적 지출비용	매입세액공제
개인사업자	비용불인정(본인 돈을 가져간 것으로 봄)	매입세액불공제
법인	비용불인정 + 상여 또는 배당으로 보아 근로소득세 또는 배당소득세 과세	매입세액불공제

회삿돈을 개인적으로 지출하고 증빙을 미첨부한 경우

❶ 법인회사 사장님의 개인적인 회삿돈 사용액은 사장님에 대한 급여로 처리 후 원천징수를 한다. 물론 개인적인 회삿돈 사용액을 나중에 돌려주는 경우 회사가 대표이사에게 빌려준 것으로 보아 원금뿐만 아니라 적정 이자도 함께 받아야 하는 것이 원칙이다. 만일 실질적으로 받는 이자가 가중평균이자율과 당좌대월이자율 중 법인이 선택한 방법보다 적은 경우는 동 차액에 대해서 손금불산입으로 법인세를 추가 부담하게 될 뿐만 아니라 사장 개인적인 급여로 보아 소득세도 추가 부담하게 된다.

❷ 사장님 개인적인 법인카드 사용액은 회사의 비용으로 인정받을 수 없을 뿐만 아니라 부가가치세 신고 시 매입세액도 공제받을 수 없다. 우선 들키지 않을 것이라고 비용으로 처리하는 경우 발각 시 세금을 추징당하고 가산세의 부담도 생긴다.

❸ 개인회사 사장님이 임의로 가지고 가는 회삿돈은 인출금 계정으로 처리하며, 법인과는 달리 커다란 제재는 없다.

11 간이과세자나 개인과 거래 시 증빙관리 이 점에 유의하라!

간이과세자와 거래할 때 증빙관리 유의사항

흔히 음식점에서 식사를 제공받고 증빙을 요구하는 경우 식당이 간이과세자라는 이유로 3만 원 초과 지출액에 대해서 세금계산서 등 법정지출증빙을 받지 못해서 고민하는 경우가 많다.

그래서 흔히 3만 원 초과액에 대하여 3만 원 미만의 금액으로 나누어 간이영수증을 발행하는 때도 많은데, 이는 국세청에서 적발 시 한 건의 거래로 보므로 결국 가산세 부담으로 다가올 수 있으므로 유의해야 할 사항이다.

연 매출 4,800만 원 미만 간이과세자와의 거래 시 읍·면 지역 이외의 지역에 위치하느냐 아니면 읍·면 지역에 소재하느냐에 따라 증빙규정이 달라진다.

읍·면 지역에 소재하고 신용카드가맹점이 아닌 경우에는 간이과세자로부터는 세금계산서, 신용카드매출전표 등 법정지출증빙을 받지 않아도 되며, 간이영수증 및 송금영수증을 보관하면 된다.

반면 읍·면 지역에 소재하고 신용카드가맹점인 경우는 신용카드매출전표를 받을 수 있으므로 반드시 신용카드매출전표를 받아야 증빙불비가산세 2%의 부담이 없다. 즉 신용카드가맹점으로써 신용카드매출전표를 받을 수 있음에도 받지 않은 때에는 증빙불비가산세 2%를 부담해야 한다. 결과적으로 모든 결제를 신용카드로 하는 것이 가장 안전한 방법이다.

반면 연 매출 4,800만 원~1억 400만 원 미만 간이과세자는 일반과세자와 동일하게 세금계산서를 발행할 수 있으므로 반드시 세금계산서 등 법정지출증빙을 받아야 한다.

<table>
<tr><th colspan="3">구 분</th><th>3만 원까지</th><th>3만 1원부터</th><th>법정지출증빙을 받지 않은 경우</th></tr>
<tr><td rowspan="3">연 매출 4,800만 원 미만 간이과세자</td><td colspan="2">읍 · 면 지역 이외에 소재하는 경우</td><td>간이영수증 및 송금영수증</td><td>세금계산서 등 법정지출증빙</td><td>증빙불비가산세 2%</td></tr>
<tr><td rowspan="2">읍 · 면 지역에 소재</td><td>신용카드가맹점인 경우</td><td>간이영수증 및 송금영수증</td><td>신용카드매출전표</td><td>증빙불비가산세 2%</td></tr>
<tr><td>신용카드가맹점이 아닌 경우</td><td>간이영수증 및 송금영수증</td><td>간이영수증 및 송금영수증</td><td>가산세 없음</td></tr>
<tr><td colspan="3">연 매출 4,800만 원~1억 400만 원</td><td>간이영수증 및 송금영수증</td><td>세금계산서 등 법정지출증빙</td><td>증빙불비가산세 2%</td></tr>
</table>

간이과세자와 거래 시 유의 사항

간이과세자와 거래 시 반드시 신용카드로 결제하는 것이 좋으며, 상대방이

❶ 간이과세자이면서

❷ 읍 · 면 이외의 지역에 위치하고

❸ 신용카드가맹점이 아닌 경우에는 건당 3만 원 이하 거래만 하는 것이 좋다.
만일 3만 원을 초과하는 경우
❶ 부동산임대용역, 중개수수료, 운송용역 등(증빙 특례규정)을 제공받는 경우 송금명세서를 제출하면 되나,
❷ 다른 거래의 경우 법정지출증빙을 받지 못하면 2%의 가산세를 부담한다.

건물주(임대사업자)가 간이과세자인 경우 증빙처리 방법

사무실을 임차해서 사용하는데 건물주가 연 매출 4,800만 원 미만 간이과세자라고 하면서 세금계산서를 발행해주지 않는 경우를 흔히 볼 수 있다.
세법상 부동산 임대용역을 제공받고 임차료(관리비 포함)를 지급하는 경우는 세금계산서 등 법정지출증빙을 받아야 한다.
그러나 부동산 임대인이 부가가치세법상 간이과세자라고 세금계산서를 발행해주지 않으면 고민에 빠질 수밖에 없다.
세법에서는 간이과세자로부터 임대용역을 제공받는 경우 법정지출증빙 특례규정을 두어 그 임차료를 금융기관을 통해서 지급하고, 법인세(또는 소득세) 신고 시 신고서에 송금 사실을 기재한 경비 등의 송금명세서를 첨부해 관할세무서에 제출하면 증빙불비가산세가 적용되지 않고 비용으로 인정받을 수 있다. 반면 원거리 직원을 위해 사택 등 주택임대용역을 제공받는 경우에는 특례규정에 따라 법정지출증빙을 받지 않아도 될 뿐만 아니라, 경비 등의 송금명세서 제출 대상도 아니므로 지급사실을 입증할 수 있는 계약서, 영수증 등을 받아서 보관하면 된다.

구 분		증빙서류
보증금		전세든 월세든 보증금은 계약서를 증빙으로 보관한다.
월 세	일반과세자	세금계산서를 증빙으로 받아서 보관한다.
	간이과세자	은행에서 송금하고 송금영수증을 보관한다.
중 개 수수료	일반과세자	세금계산서를 증빙으로 받아서 보관한다.
	간이과세자	은행에서 송금하고 송금영수증을 보관한다.

연 매출 4,800만 원~1억 400만 원인 간이과세자는 일반과세자와 동일하게 업무처리를 한다.

개인과 거래할 때 증빙 관리 유의 사항

개인과 거래하는 경우 증빙 처리를 위해서는 다음과 같이 처리한다.

❶ 거래대금은 온라인 계좌이체를 통해 지급해야 한다. 이 조건이 부합되지 않으면 증빙불비에 따른 가산세를 부담해야 한다.

❷ 경비 등의 송금명세서를 작성하여 법인세 신고를 할 때 제출하면 증빙불비에 따른 가산세를 면할 수 있으며, 손금 인정이 가능하다.

그리고 해당 거래에 대해서 업무 무관 거래로 소명 요청을 대비해 내부 보관용으로 거래명세서를 만들어 보관해 놓는 것이 좋다. 거래명세서는 공급자의 서명을 받아두는 것이 좋다.

또한 혹시 그 지출 사실을 입증해야 하는 사태가 발생할 수 있으므로 개인의 인적 사항(성명, 주민등록번호, 주소 등 특정인을 확정할 수 있는 증빙)과 금액, 공급내역 등이 기재된 일반 영수증을 받아두면 더욱 확실한 증빙이 된다.

구 분	법정지출증빙	법정지출증빙을 받지 않은 경우
개인인 경우	계약서 및 송금영수증	증빙불비가산세 없음
사업성을 갖춘 사업자인 경우	세금계산서 등 법정지출증빙	증빙불비가산세 2%

12 법정지출증빙을 받지 못한 경우 비용인정이 안 되나요?

3만 1원을 지출하고 세금계산서 등 법정지출증빙을 받지 못한 경우 지출한 비용이 일반비용이냐 기업업무추진비냐에 따라 처리방법이 달라진다. 즉 일반비용의 경우 다른 증빙으로 업무상 지출임이 밝혀지는 경우 거래금액의 2%를 증빙불비가산세로 내는 대신 비용으로는 인정된다.

그러나 기업업무추진비의 경우 법정지출증빙을 받지 못한 경우 업무용 지출이라는 것이 밝혀져도 비용 자체는 인정받지 못하나, 증빙불비가산세 2%는 납부하지 않아도 된다. 여기서 비용인정이 안 되는 금액은 3만 원까지는 비용인정 되고, 넘는 금액만 안 되는 것이 아니라 전체 금액이 안 되는 것이다.

예를 들어 기업업무추진비 10만 원을 지출하고 법정지출증빙을 받지 못한 경우 3만 원은 비용인정, 7만 원은 비용불인정이 아니라 10만 원 전체가 비용불인정 되는 것이다.

참고로 일반비용이든 기업업무추진비이든 비용을 지출하고 동 비용 지출에 대한 소명자료가 없는 경우 비용 자체가 불인정 될 뿐만 아니라 대표자 상여로 처분되어 근로소득세를 추가로 부담해야 하는 사태가 벌어질 수 있으므로 최소한 지출 사실을 소명할 수 있는 증빙을 갖추어 두어야 한다.

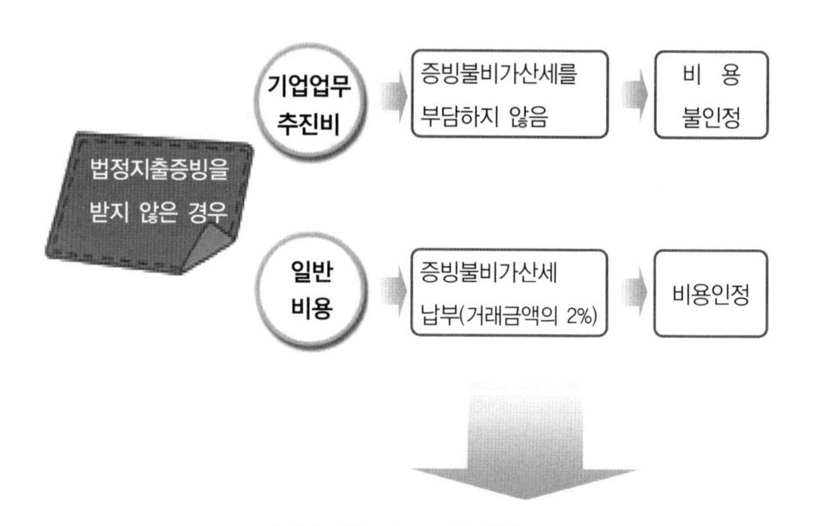

기업업무추진비 10만 원을 지출하고 법정지출증빙을 받지 못한 경우 3만 원은 비용인정, 7만 원은 비용불인정이 아니라 10만 원 전체가 비용불인정 되는 것이다.

13 세금 신고를 위해 반드시 챙겨야 하는 증빙과 장부

세금 신고를 위해 챙겨야 할 증빙

주요활동	종류	증빙활동
매　　출	현금매출(예) 위탁매출, 할부매출, 신용카드매출, 외화매출 등	통장과 대사
	외상 매출	매출거래처별 원장과 대사
	받을어음	어음대장과 대사, 할인 여부 확인
	선수금	거래처원장(중간지급조건부 등 세금계산서 발행 유의 사항 체크)
	매출 차감계정 확인	매출환입, 매출에누리, 거래할인, 수량할인, 매출할인 사항 체크
	영업외수익	판매장려금 확인
접　　대	기업업무추진비	법인카드 사용 내역 확인
매　　입	현금매입 (예)위탁구입, 할부구입, 신용카드 구입, 외화구입(수입)	현금일보 및 지출장 구비 통장 지급내역 확인(이체확인서)
	외상매입	매입처별 원장과 대사
	지급어음	어음장과 대사

주요활동	종류	증빙활동
매 입	선급금	거래처별 원장 대사
	재고자산	재고수불부 대사 (주로 자재부에서 행함)
고정자산 구 입	비품구입	세금계산서 등 법정지출증빙 및 지출결의서 대사
	유형자산	
	무형자산	산업재산권 등 양수도 계약서
	미지급금	거래처원장
	미수금	유형자산 처분 후 미수금 관리 대장
기타활동	자본적 지출	세금계산서 및 계약서 확인
	사업상 증여, 개인적 공급	재고자산 등의 대체 확인
	비영업용소형승용차 구입	매입세액불공제 확인

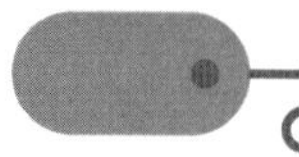

세금신고를 위해 챙겨야 할 장부

주요 활동	종류	증빙활동
지출관리	관리비	소액현금 제도 확인, 3만 원 초과 법인카드사용 (개인 신용카드사용) 급여, 복리후생비, 소모품비, 임차료 지출결의서
	판매비	출장비, 여비교통비, 광고비 지출결의서 출장비와 여비교통비는 지급규정에 의해 복명서를 작성한 후 지출 정산
	세금 납부 활동	법인세 관리, 부가가치세대급금과 예수금 관리

주요활동	종류	증빙활동
지 출 관 리	선급비용, 미지급 비용	거래처별 원장으로 관리
	일일 현금관리	현금예산관리, 현금출납장과 자금관리표 작성
재 무 활 동	재무활동(사채발행, 증자, 차입)	각 활동별 계약서 및 법무 서류 작성
매 출 관 리	소매 매출	현금매출장, 신용카드매출명세서, 현금영수증명세서
	세금계산서 매출	세금계산서 철
	계산서 매출	계산서 철
매 입 관 리	소매매입	간이영수증, 현금영수증
	세금계산서	세금계산서 철(증거 서류 같이 준비)
	계산서	계산서철(증거 서류 같이 준비)
원 천 징 수	근로소득세	근로소득세 철 및 4대 보험 관리대장
	기타소득 등	기타소득, 사업소득에 대한 원천징수 철

14 지출사항별 법정지출증빙

상품권을 구입하는 경우 법정지출증빙

사업자가 상품권 발행회사(또는 유통회사) 등으로부터 상품권을 구입하는 경우 그 상품권 판매행위 자체는 세금계산서나 계산서 발급대상이 아니므로 법정지출증빙의 수취대상이 아니나, 동 상품권을 이용해서 물품을 구입할 때는 법정지출증빙을 받아야 한다.

그리고 상품권의 경우 구입해서 직접 사용하는 경우보다는 실무상 상대방에게 선물로 주는 경우가 많으며, 상품권을 주면서 상대방에게 증빙을 발행해 달라고 하기가 곤란한 경우가 많다.

이와 같은 문제를 해결하기 위해서 상품권 구입 시에는 신용카드로 구입하고 동 매출전표를 증빙으로 보관해야 한다.

기부금, 협회비, 위약금, 손해배상금, 판매장려금

기부금, 협회비, 위약금, 손해배상금, 판매장려금 등은 그 지급 사유가 물품 또는 용역의 공급대가가 아니므로 법정지출증빙의 수취대상이 아니다. 따라서 지급 사실을 입증할 수 있는 영수증 등을 수취·보관하면 된다.

그러나 실무상 위약금이나 손해배상금 등을 지급할 때 세금계산서를 별도로 받는 경우가 많으며, 이 경우 부가가치세 공제는 가능하리라 본다.

보증금, 예치금의 법정지출증빙

계약보증금, 이행보증금, 하자보증금, 예치금 등의 지급은 물품 또는 용역의 공급대가가 아니므로 법정지출증빙의 수취대상이 아니다. 따라서 지급 사실을 입증할 수 있는 영수증을 수취 · 보관하면 된다.

인터넷, PC통신 및 TV홈쇼핑, 우편송달

인터넷 쇼핑몰이나 PC통신, TV홈쇼핑을 통해서 물품 또는 용역을 공급받거나 우편 판매를 통해서 물품을 구입하는 경우에는 경비 등 송금명세서의 제출에 의한 지출증빙 수취 특례규정이 적용된다.

따라서 이 경우에는 그 대금을 금융기관을 통해서 지급하고 경비 등의 송금명세서를 관할 세무서장에게 제출하면 증빙불비가산세가 적용되지 않는다. 물론 이 경우에도 세금계산서나 계산서를 발급받거나 신용카드로 대금을 결제하는 경우는 신용카드매출전표를 수취하면 된다.

이자비용, 보험료, 신용카드가맹점수수료, 리스료

금융기관으로부터 금융보험용역을 제공받고 그 대가로 할인료, 보험료, 신용카드가맹점 수수료, 리스료 등을 지급하는 경우는 대금 지급방법에 불과하고 법정지출증빙의 수취대상에서 제외된다.

따라서 이 경우에는 당해 금융기관에서 발행하는 영수증 또는 계좌이체확인서, 지급통장 사본 등 지급 사실을 확인할 수 있는 증빙서류를 수취 · 보관하면 된다.

그러나 금융보험업자와 거래라고 해도 금융보험용역 외의 금융보험업자로부터 중고 자동차를 구입하거나 부동산을 취득하는 경우 또는 부동산 임차료나 주차료 등을 지급하는 경우는 법정지출증빙의 수취대상이다.

방송용역, 전화요금, 제세공과금

방송용역과 전기통신역무에 해당하는 전화요금이나 정부 또는 지방자치단체에 납부하는 제세공과금과 각종 수수료 및 부담금, 시설이용료 등의 공과금은 대금 지급 방법과 관계없이 법정지출증빙의 수취대상이 아니다.

따라서 이 경우에는 사실관계를 입증할 수 있는 청구서, 고지서, 납부서, 영수증 등을 갖추어서 놓으면 된다.

전기요금, 가스요금, 전용선 사용료, 정보이용료

사무실을 임대해서 사용하다 보면 관리비 청구 시 관리비 명세에 관리비와 별도 항목으로 전기료와 수도료가 청구되는 것을 볼 수 있다. 이는 수도료, 전기료 등의 공공요금은 관리비와 구분해서 받을 때는 임대인의 부가가치세가 과세 되지 않으나, 구분하지 않고 일괄적으로 받을 때는 부가가치세가 과세 된다. 따라서 구분해서 징수하는 것이 유리하기 때문이다. 전기요금에 대한 세금계산서는 공동 청구 · 납부의 경우 전력 공급회사로부터 세금계산서를 발행한 날짜와 동일한 날짜에 임차인이 실제 사용한 금액별로 각각 나누어 임대인이 세금계산서를 발행해 주어야 한다. 이렇게 발행하는 세금계산서 금액은 임대인의 소득세 계산 시 수입금액에서는 제외되며, 임차인은 부가가치세 신고 시 매입세액공제를 받을 수 있다.

구 분	증빙서류
수도광열비가 개별적으로 각각 고지가 되는 경우	전기료, 수도료, 가스료 청구서를 증빙으로 보관하면 된다.
수도광열비가 건물주 명의로 통합고지가 되는 경우	건물주로부터 세금계산서 등 법정지출증빙을 받아서 보관하면 된다.
전기요금	전기요금은 과세대상이므로 세금계산서를 법정지출증빙으로 받으면 된다.
가스요금	가스요금은 과세대상이므로 세금계산서를 법정지출증빙으로 받으면 된다.

구 분	증빙서류
수도요금	수도요금은 면세대상이므로 계산서를 법정지출증빙으로 받으면 된다.

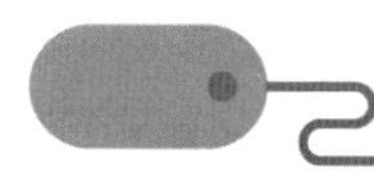

택시요금, 항공기요금, 입장권, 승차권, 승선권

택시요금과 항공기 요금 및 국세청장이 고시한 전산 발매 통합시스템에 가입한 사업자로부터 용역을 제공받거나 입장권 등을 구입하는 경우는 법정지출증빙 수취 대상이 아니다. 따라서 이 경우에는 당해 영수증, 티켓 등을 받아서 보관하면 된다.

운반비를 지급하는 경우 증빙처리

운반용역을 제공받은 경우에는 세금계산서를 받아야 하나, 간이과세자로부터 운송용역을 공급받은 경우는 금융기관을 통해서 대금을 송금하고 법인세 과세표준신고 시 경비 등 송금명세서를 제출한 경우는 법정지출증빙 수취 대상에서 제외된다.
그러나 수수료 또는 계약에 따라 화물운송에 관한 책임을 지고 탁송자로부터 수령자에게 화물을 운송하는 화물운송대행용역(퀵서비스, 택배, 사무실 이전과 관련한 이삿짐센터)은 법정지출증빙을 받아야 한다.

구 분	증빙서류
간이과세자와 거래 시	금융기관을 통해서 대금을 송금하고 법인세 과세표준신고 시 경비 등 송금명세서를 제출한다.
일반과세자와 거래 시	세금계산서 등 법정지출증빙을 받아야 한다.

연 매출 4,800만 원~1억 400만 원인 간이과세자는 일반과세자와 동일하게 업무처리를 한다.

? 주유 포인트를 이용해 결제하였을 때 증빙은?

회사 직원이 회사소유 차량에 주유 후 그 대금을 개인카드에 적립되었던 포인트를 사용하고 포인트 사용이라는 문구가 기재되어 있는 영수증을 회사에 제출한 후 주유대금으로 포인트 결제금액을 포함해서 지급한 금액은 회사 차량이 법인의 업무를 위해서 사용된다면 법인의 비용으로 인정되는 것이다.

15 업무용 승용차의 한도 규정이 적용되는 차량의 종류와 비용

업무용 승용차 관련 비용 중 업무용 사용금액에 해당하지 않는 금액은 손금불산입한다. 여기서 적용 대상이 되는 차량은 개별소비세 부과대상 승용차로써 감가상각비, 임차료, 유류비, 보험료, 수리비, 자동차세, 통행료, 금융리스 부채에 대한 이자비용 등 승용차의 취득 및 유지 관련 비용의 지출이다. 단, 운수업, 자동차판매업, 자동차임대업, 운전학원업 등에서 영업용으로 사용하는 승용차는 제외된다.

구 분	개인	법인
해당 차량	개별소비세를 내는 차량 * 업무용 승용차 * 리스 차량, 렌트 차량 포함	개별소비세를 내는 차량 * 업무용 승용차 * 리스 차량, 렌트 차량 포함
제외 차량	* 경차, 승합차, 화물차 * 운수업(여객, 물류), 자동차판매업, 자동차임대업, 리스회사 차량, 운전학원을 하는 사업자가 사업에 직접 사용하는 승용차	* 경차, 승합차, 화물차 * 운수업(여객, 물류), 자동차판매업, 자동차임대업, 리스회사 차량, 운전학원을 하는 사업자가 사업에 직접 사용하는 승용차

구 분	개인	법인
인정되는 비용	※ 리스료, 렌트료 ※ 감가상각비, 임차료 (운용 리스료) ➜ 한도 규정이 있다. ※ 유류비, 보험료, 수리비, 자동차세, 통행료 및 금융리스 부채에 대한 이자비용 ➜ 승용차를 취득 · 유지 · 관리하기 위해 지출된 비용	※ 리스료, 렌트료 ※ 감가상각비, 임차료 (운용 리스료) ➜ 한도 규정이 있다. ※ 유류비, 보험료, 수리비, 자동차세, 통행료 및 금융리스 부채에 대한 이자비용 ➜ 승용차를 취득 · 유지 · 관리하기 위해 지출된 비용

업무용 사용에 해당 하는 경우

세법에서 말하는 업무용이란 거래처 및 대리점 방문, 회의 참석, 고객미팅, 판촉 활동, 출근 및 퇴근 등을 말한다.

적용 대상 차량과 적용 제외 (승용)차량

1. 적용 대상 차량

적용 대상 차량은 개별소비세 부과대상 승용차로써 9인승 이하인 일반적인 승용차, SUV, RV, CUV 차량이 적용 대상 차량에 포함된다. 이 경우 해당 차량이 회사소유(개인소유) 및 리스차량, 렌트차량의 경우에도 동일하게 적용된다.

2. 적용 제외 차량

부가가치세 공제 대상 차량인 경차, 9인승 이상 승합차, 버스, 트럭 등 화물차는 업무용 승용차의 한도 규정과 상관없이 전액 경비처리가 가능하다.

또한, 일반적인 승용차라고 해도 운수업(여객, 물류), 자동차판매업, 자동차임대업(렌트카업), 리스회사 차량, 운전학원을 하는 사업자, 경비업법에 의한 기계 경비업무를 하는 경비업에 직접 사용하는 승용차 및 한국표준산업분류표상 장례식장 및 장의 관련 서비스업을 영위하는 법인이 소유하거나 임차한 운구용 승용차는 모두 비용처리가 가능하다.

부가가치세 매입세액

앞에서 설명한 적용 제외 차량은 부가가치세법상 매입세액공제가 가능한 차량이므로 취득 및 유지와 관련된 비용은 매입세액공제가 가능하며, 적용 대상 차량은 부가가치세법상 매입세액공제가 불가능한 차량이므로 취득 및 유지와 관련된 비용은 매입세액공제가 불가능하다.

결과적으로 일반회사에서 업무용으로 사용하는 일반 승용차는 매입세액이 불공제될 뿐 아니라 동시에 일정 요건을 충족하는 일정 한도 내의 비용에 대해서만 비용으로 인정받을 수 있다.

CHAPTER Ⅲ

합법적으로 세금 안 내는 부가가치세 신고실무

01 100만 원을 팔면 부가가치세는 얼마를 내나?

부가가치세는 상품(재화)의 거래나 서비스(용역)의 제공과정에서 얻어지는 부가가치(이윤)에 대해서 과세하는 세금이며, 사업자가 납부하는 부가가치세는 매출세액에서 매입세액을 차감해서 계산한다.

일반과세자 부가가치세 = 매출세액 - 매입세액

간이과세자 부가가치세 = (매출액 × 업종별 부가가치율 × 10%) - (매입금액(공급대가) × 0.5%)

부가가치세는 물건값에 포함되어 있으므로 실지로는 최종소비자가 부담하는 것이다. 이렇게 최종소비자가 부담한 부가가치세를 사업자가 세무서에 납부하는 것이다.

예를 들어 50만 원인 상품을 부가가치세 5만 원을 포함해 55만 원에 구입해서 부가가치세 포함 110만 원에 판매한다면 구입 시 부가가치세 5만 원을 상대방에게 주고, 판매 시 소비자에게 10만 원을 받아 10만 원과 5만 원의 차이인 5만 원을 납부한다.

결국 5만 원은 판매 시 소비자에게 받은 10만 원 중 구입 시 지불한 5만 원을 차감한 금액을 납부하는 결과가 된다.

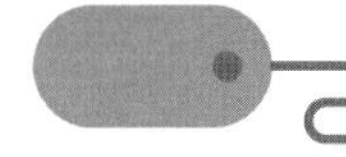

일반과세자의 부가가치세 신고 · 납부

부가가치세는 6개월을 과세기간으로 해서 신고 및 납부를 하게 되며, 각 과세기간을 다시 3개월로 나누어 중간에 예정신고기간을 두고 있다.

과세기간	과세대상기간		신고납부기간	신고대상자
제1기 1월 1일~6월 30일	예정신고	1.1.~3. 31.	4.1.~4. 25.	법인사업자
	확정신고	1.1.~6. 30.	7.1.~7. 25.	법인 및 개인사업자
제2기 7월 1일~12월 31일	예정신고	7.1.~9. 30.	10.1.~10. 25.	법인사업자
	확정신고	7.1.~12. 31.	다음 해 1.1.~1. 25.	법인 및 개인사업자

주 직전 과세기간 공급가액이 1억 5천만 원 미만인 영세법인은 부가가치세 예정신고 · 납부를 안 하는 대신 세무서에서 알려주는 예정고지액을 납부한다.

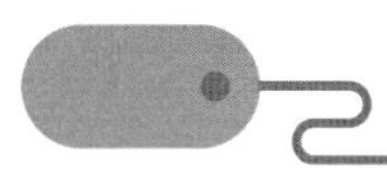

간이과세자는 1년에 1회 신고 · 납부

과세대상기간	신고 · 납부기간
1월 1일~12월 31일	다음 해 1월 1일~1월 25일

주 연 매출 4,800~1억 400만 원 미만 간이과세자는 세금계산서를 발행한 경우 7월 25일 예정신고를 한다.

주 연 매출 4,800만 원 미만 간이과세자 납부의무가 면제된다.

02 부가가치세가 과세되는 경우

부가가치세 과세대상은 다음의 3가지가 된다.

❶ 재화의 공급(사업자 공급분에 한함)

❷ 용역의 공급(사업자 공급분에 한함)

❸ 재화의 수입(사업자 여부 불문)

국내에서 공급되는 재화 및 용역의 공급은 사업자의 경우에만 과세대상이 되나 재화 수입의 경우 사업자 유무를 불문하고 과세대상이 된다. 또한, 수입의 경우에는 재화만 과세대상이고, 용역의 수입은 과세대상이 되지 않는다. 용역의 경우는 수입의 개념이 있을 수 없기 때문이다. 예를 들면 건설, 숙박 등 용역의 경우 국내에서 적용되는 것이지 수입 즉, 통관되는 재화가 아니기 때문이다.

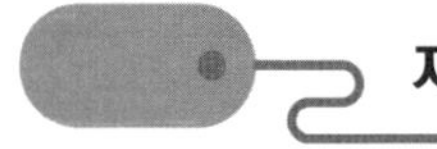

재화의 공급(물품 판매) 시 부가가치세

부가가치세가 과세되는 재화의 공급이란 계약상 또는 법률상 모든 원인에 따라 재화를 인도 또는 양도하는 것이다.

<table>
<tr><th>구 분</th><th colspan="2">내 용</th></tr>
<tr><td>실질공급</td><td colspan="2">일반적으로 부가가치세가 과세되는 물품을 판매하는 것으로 모든 과세 대상 재화는 원칙적으로 실질적 공급에 해당한다.</td></tr>
<tr><td rowspan="7">간주공급</td><td colspan="2">간주공급은 실질적으로 외부의 소비자에게 재화를 판매한 것은 아니지만 외부에 소비자에게 판매한 것과 동일하게 간주해서 부가가치세를 과세하는 것이다.</td></tr>
<tr><td rowspan="3">자가공급</td><td>자가공급</td></tr>
<tr><td>비영업용 소형승용차 관련 재화(매입세액불공제 분 제외)</td></tr>
<tr><td>판매 목적 타 사업장 반출(총괄납부 사업자와 사업자 단위 신고 · 납부 사업자 제외)</td></tr>
<tr><td colspan="2">개인적 공급(매입세액불공제 분, 작업복, 작업모, 작업화, 직장체육비, 직장 연예비 제외)</td></tr>
<tr><td colspan="2">사업상 증여(매입세액불공제 분, 부수재화인 증정품 · 견본품 · 광고선전물 제외)</td></tr>
<tr><td colspan="2">폐업 시 잔존재화</td></tr>
</table>

1. 재화의 개념

재화란 재산적 가치가 있는 유체물과 무체물을 말한다.

재산적 가치가 있는 것만 과세대상이 되므로 재산적 가치가 없는 것은 과세대상이 되지 않는다.

구 분	내 용
유체물	상품 · 제품 · 원료 · 기계 · 건물과 기타 모든 유형적 물건. 수표 · 어음 등 화폐대용증권은 재화로 보지 않는다.

구 분	내 용
무체물	동력 · 열과 기타 관리할 수 있는 자연력 및 권리 등으로서 재산적 가치가 있는 유체물 이외의 모든 것을 말한다.

주 화폐대용증권

화폐 · 수표 · 어음 등의 화폐대용증권, 주식 또는 사채 등의 유가증권은 소비의 대상이 되지 않으므로 이를 재화로 보지 않는다.

주 권리 등의 양도는 재화의 공급에 해당하지만, 권리 등의 대여는 용역의 공급에 해당한다.

2. 재화의 실질 공급

실질 공급이란 다음과 같이 대가를 받고 재화를 인도 · 양도하는 것을 말한다.

❶ 매매계약 : 현금판매 · 외상판매 · 할부판매 · 장기할부판매 · 조건부 및 기한부 판매 · 위탁판매 기타 매매계약에 의해 재화를 인도 또는 양도하는 것

❷ 가공계약 : 자기가 주요 자재의 전부 또는 일부를 부담하고 상대방으로부터 인도받은 재화에 공작을 가해서 새로운 재화를 만드는 가공계약에 의해 재화를 인도하는 것

상대방으로부터 인도받은 재화에 자재 등을 전혀 부담하지 않고, 단순 가공만 하는 것은 재화의 공급이 아니라 용역의 공급으로 본다.

❸ 교환계약 : 재화의 인도 대가로써 다른 재화를 인도받거나 용역을 제공받는 교환계약에 의해 재화를 인도 또는 양도하는 것

판매된 불량품을 회수하고 정상적인 제품으로 교환해 주는 경우는 인도나 양도성의 교환개념에 해당하지 않는데, 이러한 불량품의 반환

과 정상 제품의 대체 공급은 재화의 공급에 해당하지 않는다.

❹ 수용 · 현물출자 · 사인에 따른 경매 기타 계약상 또는 법률상의 원인에 의해 재화를 인도 또는 양도하는 것

주 법률에 따른 공매 · 경매 및 일정한 수용은 재화의 공급으로 보지 않는다.

자본금이나 출자금의 현물출자란 금전 이외의 재산으로 법인 등의 자본금이나 출자금 계정에 출자하는 것을 말하는데, 현물출자 대가로서 주식이나 출자지분을 취득한다. 이 경우 공동사업체에 현물출자를 하게 되면 그 재화는 공동사업목적에 의해서 통제되고 그 공동사업체 구성원의 합유재산이 된다. 이러한 현물출자 재화 중 자기 지분에 상당하는 부분은 출자자 자신에게 소유권이 남아 있어 재화의 공급이 되지 않으나 기타 타 구성원들의 지분 상당 부분에 해당하는 재화 금액은 재화 공급에 해당하는 것으로 과세된다.

업무용으로 사용하던 차량(소형승용차)을 파는 경우 부가가치세

1. 과세사업에 사용하던 차량 판매

사업자가 과세사업에 사용하던 차량을 매각하는 때에는 부가가치세가 과세 되며, 세금계산서 발급 대상에 해당한다. 따라서 상대방에게 부가가치세를 별도로 징수해야 한다. 다만, 그 대가로 받은 금액에 공급가액과 부가가치세액이 별도 표시되어 있지 아니한 경우와 부가가치세가 포함되어 있는지 불분명한 경우에는 거래금액 또는 영수할 금액의 110분의 10에 상당하는 금액을 당해 부가가치세로 보는 것이다.
한편 부가가치세를 별도로 구분해서 거래징수할 것인지 또는 거래금액에 포함해서 거래징수할 것인지? 여부는 계약당사자 간에 결정할 사항이다.

2. 면세 사업에 사용하던 차량 판매

부가가치세가 면제되는 사업을 영위하는 사업자가 당해 면세 사업을 위하여 사용

하던 고정자산(차량 및 컴퓨터 등 집기 비품)을 타인에게 매각하는 경우는 부가가치세가 과세되는 재화의 공급에 해당하지 않는다.

3. 사업과 관련 없는 개인용도 차량 판매

과세사업과 관련 없이 개인회사 사장, 법인 대표 등 개인적 용도로 사용하던 차량(승용자동차, 화물자동차 등)을 매각하는 때에는 부가가치세 과세대상에서 제외되어 세금계산서 발급대상이 아니다.

상가관리비를 지출하는 경우 부가가치세

집합건물의 입주자들이 집합건물 소유 및 관리에 관한 법률에 의한 관리단을 구성해서 자체적으로 건물을 관리하기 위해 입주자들로부터 받는 관리비에 대해서는 부가가치세를 과세하지 않는다.
반면, 시장을 관리하는 법인사업자가 청소, 경비 등 시장관리를 위해서 상인으로부터 징수하는 관리비는 명목 여하에도 불구하고 부가가치세가 과세된다.

골프장·테니스장·헬스클럽 등의 회원권을 파는 경우 부가가치세

골프장 · 테니스장 경영자가 장소 이용자로부터 받는 입회금으로서 일정 기간 거치 후 반환하지 않는 입회금은 과세 대상이 된다. 다만, 일정 기간 거치 후 반환하는 입회금은 과세 대상이 아니다.
골프장 · 테니스장 경영자가 아닌 이용자인 사업자가 이용권(골프회원권, 헬스클럽 회원권, 콘도회원권 등)을 양도하는 경우 부가가치세 과세 대상이 된다.
각종 회원권의 양도 시 법인의 경우 부가가치세 과세 대상이며, 개인의 경우에는 사업용 자산에 해당하면 부가가치세 과세 대상이므로 주의를 요한다.
그러므로 법인과 달리 개인사업자의 각종 회원권은 재무상태표 상 사업용 자산으로 등재하지 않는 것이 좋을 것이다.

3. 재화의 간주공급

간주공급이란 재화의 공급에 해당하지 않는 것을 공급으로 의제하는 것으로서 자가공급, 개인적 공급, 사업상 증여 및 폐업 시 잔존재화의 4가지가 있으며, 간주공급에 대해서는 과세표준은 원가가 아닌 시가로 보며 세금계산서 발급 의무는 없다.

구 분	내 용
자가공급	사업자가 자기의 사업과 관련해 생산 · 취득한 재화를 자기 사업을 위해서 직접 사용 · 소비하는 경우에는 다음의 3가지에 한해서 재화의 공급으로 본다. ❶ 면세 전용 : 과세사업을 위해서 생산 · 취득한 재화를 부가가치세 면세 사업을 위해서 사용 · 소비하는 것을 말한다. **예시** 가. 과세사업인 고속버스 사업에 사용하던 차량이나 정비 기계를 면세 사업인 시외버스용으로 전환하는 경우 나. 사업용 임대를 목적으로 분양받은 오피스텔을 주거용으로 임대하는 경우 다. 국민주택규모 초과 아파트(과세) 분양업을 하다가 미분양 된 아파트를 일시적이 아닌 계속적인 주택임대업을 하기 위해 국민주택규모 이하(면세) 주택의 임대업을 하는 경우 ❷ 비영업용 소형승용차와 그 유지를 위한 재화 : 이는 과세사업을 위해서 생산 · 취득한 재화를 비영업용 소형승용차로 사용하거나 그 승용차의 유지를 위해서 사용 · 소비하는 것을 말한다. **예시** 가. 매입세액공제를 받을 수 있는 택시회사, 렌트카 사업을 위해서 매입한 소형승용차를 비영업용인 자가용 승용차로 사용하는 경우 나. 주유소를 운영하는 사업자가 자기의 승용차에 휘발유를 주유하는 경우

구분	내 용
	❸ 판매 목적 타 사업장 반출 : 2 이상의 사업장의 사업자가 자기 사업과 관련해서 생산 또는 취득한 재화를 타인에게 직접 판매할 목적(직접 판매 목적이 아닌 타 사업장 반출은 과세 대상이 아니다)으로 다른 사업장에 반출하는 것을 말한다. 다만, 총괄납부 사업자, 사업장 단위 신고 · 납부 사업자는 재화의 간주공급이 아니다.
개인적 공급	사업자가 자기의 사업과 관련해서 생산 · 취득한 재화를 자기 · 사용인의 개인적 목적 등을 위해서 사용 · 소비하는 것은 재화의 공급으로 본다. 다만, 매입세액을 공제받지 않은 것은 과세 대상이 아니다. ❶ 사업자가 증여, 가사용도 사용 등 개인 목적으로 사용하는 경우 가. 가구점 사장이 구입 시 매입세액공제 받은 가구를 자녀에게 무상으로 주는 경우 나. 컴퓨터 대리점 사장이 매입세액공제를 받은 컴퓨터를 자녀에게 무상으로 주는 경우 ❷ 종업원의 복리후생 목적으로 무상 또는 저렴하게 자사 제품을 사용 · 소비하는 아래의 경우. 단, 대통령령으로 정하는 것은 재화의 공급으로 보지 아니한다. 가. 주유소 직원이 근무하는 주유소에서 무상으로 공급받거나 저렴하게 주유를 하는 경우 나. 화장품회사의 직원이 연말에 자기 회사 제품을 보너스로 무상으로 지급받는 경우
사업상 증여	사업상 증여란 사업자가 자기의 사업과 관련해서 생산 · 취득한 재화를 자기의 고객이나 불특정다수인에게 증여하는 것을 말한다. ❶ 판매실적에 따라 물건으로 지급하는 판매장려금품 : 금전 지급은 과세 대상이 아니나 물품으로 지급하는 경우는 과세 대상이다. ❷ 광고 · 선전목적으로 특정 간판을 제작해서 무상기증하는 경우 ❸ 백화점의 경품부 판매에서 당첨자에게 지급하는 물품 다만, 다음의 경우에는 사업상 증여로 보지 않는다.

구 분	내 용
	❶ 사업상 증여되는 재화의 대가가 주된 거래인 재화의 공급대가에 포함되어 있는 것 ❷ 사업을 위해 대가를 받지 않고 다른 사업자에게 인도 · 양도되는 견본품 ❸ 재화를 공급받을 때 매입세액을 공제받지 못한 것 ❹ 불특정 다수 인에게 지급하는 광고 · 선전 물품 : 특정인에게 지급하는 경우 접대성 물품으로 과세 대상이다. ❺ 화장품 샘플 등 견본품
폐 업 시 잔존재화	사업자가 사업을 폐지하거나 폐업 의제에 해당하는 때에 사업장에 잔존하는 재화는 사업자인 자신이 비사업자인 자신에게 공급한 것으로 본다. 이 경우 과세는 폐업일 현재 잔존재화의 시가에 의해 과세된다. 다만, 다음의 경우에는 과세대상이 아니다. ❶ 직매장을 폐지하고 자기의 다른 사업장으로 이전하는 경우는 과세되지 않는다. ❷ 동일 사업장 내에서 2 이상의 사업을 영위하다가 그중 일부의 사업을 폐지하는 경우 ❸ 2 이상의 사업장을 가진 사업자가 1 사업장을 폐지하고 그 폐업 시 잔존재화를 다른 사업장으로 이전하는 경우 ❹ 공동사업을 영위하기 위해서 각각의 사업자가 한 사업장에 통합하는 경우 폐지된 사업장의 재고 재화는 과세하지 않는다. ❺ 재화를 공급받을 때 매입세액을 공제받지 못한 것

통신사업자, 백화점 등의 경품제공 시 부가가치세

백화점, 이동통신 사업자가 사업상 경품, 증정품, 사은품을 제공하는 경우 부가가치세 과세 여부는 일반구매자에게 차별 없이 제공되는 광고선전비의 경우에는 과세되지 않으나 특정인을 선발하거나 추첨에 의해서 제공되는 승용차, 김치냉장고 등은 특정인에게 제공되는 기업업무추진비이므로 사업상 증여에 해당되어 부가가치세가 과세된다. 다만, 구입 시 매입세액공제를 받지 않은 것은 과세되지 않는다.

4. 재화의 공급으로 보지 않는 경우

다음의 경우에는 부가가치세가 과세되는 재화의 공급으로 보지 않으므로 부가가치세는 과세되지 않는다.

담보제공

질권 · 저당권 · 양도담보의 목적으로 동산 · 부동산 및 부동산상의 권리를 제공하는 것은 재화의 공급으로 보지 않는다.

그러나 채무불이행 등의 사유로 인해 사업용 자산인 담보물이 담보권자 또는 제3자에게 인도되거나 금융기관 또는 법원 등에 의해서 공매처분 되는 경우는 부가가치세가 과세 된다.

사업을 포괄적으로 양도한 경우

사업의 포괄적 양도 · 양수란 사업장별로 사업용 자산을 비롯한 인적 시설 및 권리 · 의무 등을 포괄적으로 승계해서 양도하는 것을 말한다. 이때 포괄 양도 · 양수 내용이 확인되어야 하며, 양도자 및 양수자가 과세사업자이고 사업양도 신고서를 반드시 제출하는 요건이 필요하다. 사업을 양도하면 재화의 공급으로 보지 않기 때문에 부가가치세가 과세되지 않는데, 이는 양도자가 납부한 세금을 양수자가 환급받게 되어 아무런 세금징수 효과가 없음에도 사업자에게 불필요하게 자금

부담을 지우는 것을 피하기 위해서이다.

포괄적 사업양도에 해당하면 양도자는 부가가치세만큼 양도가액을 낮출 수 있으므로 거래를 원활히 성사하게 시킬 수 있고 양수자는 사업을 양수하는 데 따른 자금 부담을 덜 수 있다.

사업의 포괄적 양도 · 양수가 되기 위한 요건으로는 사업양도 · 양수 계약서 등에 사업의 포괄적 양도 사실의 확인이 필수적이다.

포괄적 사업양수도의 요건과 사례

1. 포괄적 사업양수도 요건

양도자와 양수자가 과세 사업자이어야 하고 사업양도 후 사업양도신고서를 제출해야 사업양수도를 인정받을 수 있다.

서류상 절차는 사업을 포괄적으로 양수도 한 경우

❶ 양도자는 부가가치세 확정신고를 할 때 '사업양도신고서'를 제출해야 하고,

❷ 양수자는 사업자등록을 할 때 일반과세자로 사업자등록을 한 후 양도양수계약서 사본을 제출하면 된다.

2. 포괄적 사업의 양수도로 보지 않는 사례

사업장별로 사업을 포괄적으로 양도한 경우(법 소정 요건을 충족한 분할 · 분할합병 포함)는 과세거래로 보지 않으나, 다음의 경우에는 포괄적 사업의 양도 양수로 보지 않으므로 부가가치세가 과세 된다.

❶ 일반과세자가 간이과세자에게 사업을 양도하는 경우

❷ 사업양도인이 사업양도를 부가가치세 과세거래로 보고 세금계산서를 발급한 경우로서 거래징수 한 세액을 신고 · 납부한 경우

❸ 건물을 판매할 목적으로 신축한 후 잠시 임대업을 하다 건물을 양도한 경우

❹ 과세사업과 면세 사업을 겸업하는 사업자가 과세사업 또는 면세 사업만을 양도하는 경우

❺ 사업용 고정자산과 재고자산을 제외하고 양도
❻ 사업과 관련된 종업원 전부를 제외하고 양도
다만, 사업에 관한 권리와 의무 중 미수금과 미지급금에 관한 것과 외상매출금과 외상매입금을 포함하지 않고 승계시킨 경우는 부가가치세가 과세되지 않는 사업의 포괄 양도양수에 해당한다.

상속·증여세 및 지방세의 물납

사업용 자산을 상속 · 증여세법 및 지방세법, 종합부동산세법에 따라 물납하는 것은 재화의 공급으로 보지 않는다. 본래 조세의 물납도 재화를 인도 또는 양도하는 것이므로 재화의 공급에 해당한다.

그러나 이 경우에 납세의무자는 국가로부터 부가가치세를 거래 징수해서 이를 국가에 납부하는 것이므로 무의미한 결과가 된다. 이러한 이유로 인해 조세의 물납을 재화의 공급으로 보지 않도록 한 것이다.

특정 창고증권의 양도

- 조달청장이 발행하는 창고증권의 양도로서 임차물의 반환이 수반되지 않는 것
- 런던금속거래소의 지정 창고(보세구역 안에 소재하는 것에 한함)에 보관된 물품에 대해서 동 거래소의 지정 창고가 발행하는 창고증권의 양도로서 임차물의 반환이 수반되지 않는 것

공매 및 강제경매

국세기본법 규정에 의한 공매(수의계약에 의해서 매각하는 것을 포함) 및 민

사집행법 규정에 의한 강제경매에 따라서 재화를 인도 또는 양도하는 것은 재화의 공급으로 보지 않는다.

용역의 공급(서비스 제공) 시 부가가치세

1. 용역의 범위

용역은 건설업, 숙박 및 음식점업, 운수업 등 부가가치세법에 열거되어 있다. 용역의 범위에서 유의할 점은 다음과 같다.

❶ 건설업과 부동산업은 용역에 해당하나 부동산의 매매 또는 그 중개를 사업목적으로 나타내어 부동산을 판매하거나, 사업상의 목적으로 1 과세기간 중에 1회 이상 부동산을 취득하고 2회 이상 판매하는 사업은 재화를 공급하는 사업으로 본다.

❷ 건설업은 도급계약 방법과 관계없이 용역의 공급에 해당한다. 따라서 건설업자가 건설자재를 전부 부담하는 때도 이를 용역의 공급으로 본다.

❸ 상대방으로부터 인도받은 재화를 가공하는 경우는 주요 자재의 부담 여부에 따라 용역의 공급인지를 판단한다. 주요 자재를 전혀 부담하지 않고 단순히 가공만 해줄 때는 용역의 공급으로 보나, 주요 자재를 부담하는 경우는 재화의 공급으로 본다.

2. 용역공급의 범위

용역의 공급은 계약상 또는 법률상의 모든 원인에 의해 역무(서비스)

를 제공하거나 재화·시설물 또는 권리를 사용하게 하는 것을 말한다. 용역의 공급은 재화의 공급과 마찬가지로 영리 목적의 유무와 관계없이 사업자가 공급하는 경우 부가가치세 과세대상이 아니다.

- 부동산임대사업자가 임대용역을 무상으로 제공하는 경우
- 음식점을 운영하는 사업자가 식사를 무상으로 제공하는 경우
- 미용업자가 미용 용역을 무상으로 제공하는 경우
- 세무사 사무실에서 각종 자문 수수료 또는 기장 수수료를 당초 무상으로 공급하기로 한 경우

음식점운영자가 종업원에게 음식용역을 제공하는 경우 부가가치세

음식점을 운영하는 사업자가 종업원(특수관계자)에게 음식 용역을 제공하는 경우는 동 음식 용역도 부가가치세 과세대상이 된다. 또한, 음식점을 방문한 거래처 손님에게 음식 용역을 제공하는 경우도 간주공급으로 부가가치세가 과세된다. 반면 특수관계자가 아닌 경우에는 음식용역에 대해서 부가가치세가 과세되지 않는다.

재화의 수입 시 부가가치세

재화의 수입이란 외국으로부터 우리나라에 도착된 물품이나 수출신고가 수리된 물품(선적·기적되지 않은 수출 물품을 인취 하는 것 제외)을 우리나라에 인취하는 것 혹은 보세구역으로부터 인취하는 것을 말한다. 즉, 과세대상이 되는 재화 수입의 범위에는 외국으로부터 우리나라에 도착된 물품, 외국의 선박에 의하여 공해에서 채포된 수산물, 수출신고가 수리된 물품을 우리나라에 인취하거나 보세구역 경유 시 보세

구역으로부터 인취하는 것 등이 포함된다. 다만, 수출신고가 수리된 물품으로 아직 선적되지 않은 물품을 보세구역으로부터 인취하는 경우는 제외하며, 외국에서 우리나라의 보세구역으로 재화를 들여오거나 인취 혹은 반입하는 것 자체로는 재화의 수입으로 보지 않는다.

재화나 용역의 공급은 사업자일 때만 과세하나 재화의 수입은 사업자 여부를 불문하고 부가가치세 과세대상이며, 수입의 경우 재화만 해당하고 용역의 수입은 해당하지 않는다.

외국법인에 의한 건설, 음식 등의 경우 용역의 수입이 아니고 국내에서 제공되는 용역의 공급에 해당한다.

일반적인 부가가치세 과세 및 징수는 공급사업자가 공급받는 자로부터 징수하지만, 재화 수입의 경우는 세관장이 관세징수의 예에 의해서 부가가치세를 징수한다.

1. 재화수입의 범위

통상의 수입은 관세법이 정한 통관절차에 의하는데 물품의 수입에 있어서는 통상 보세구역을 경유하고 수입 면허를 받음으로써 수입신고서와 화물인도지시서에 의거 보세구역으로부터 물품을 반출하게 되고 이때부터 국내 물품과 같이 사용·소비할 수 있다. 따라서 관세법상 수입 면허를 기준으로 동 면허를 받기 전의 물품을 외국 물품이라고 한다면 동 면허를 받은 후의 물품을 국내 물품이라고 할 수 있다.

부가가치세법상 재화수입이란 당해 물품에 대한 대가를 지급하는지 여부에 따라 유환수입과 무환수입으로 나누어지는데 유환수입이나 무환수입과 관계없이 일체의 수입재화는 부가가치세 과세대상이다.

관세법상의 현행 규정상 무환으로 수입되는 물품은 대부분 관세가 면제되고 있으며, 관세가 면제되는 물품에 대해서 부가가치세도 면제된다고 규정하고 있다.
참고로 유환수입에는 신용장 방식의 수입, 구상방식의 수입, 임차방식의 수입, 연불방식의 수입 등이 있고 그 대가를 지급하지 않는 무환수입에는 이사물품, 상용 견본품, 탁송품, 여행자휴대품 등이 있다.

2. 수출신고 수리된 물품

수출신고 수리된 물품을 우리나라에 다시 인취하는 것도 수입이라고 하고 있는데, 이것은 일반적인 개념과는 다르다. 즉, 수출면허를 받은 물품은 보세구역에 반입되고 수출면허를 받은 것으로, 일단 이렇게 되면 외국 물품이 되고 국내 물품과 같이 사용 · 소비할 수 없다.
왜냐하면, 이를 다시 국내물품화 하려면 다시 면허절차를 거쳐야 하기 때문인데 이들 물품에 대한 수입면허를 받으면 곧 반출 받아 국내 물품과 같이 사용 · 소비할 수 있다.
따라서 동 면허를 받아 반출하는 것을 인취라고 할 수 있다. 수출신고수리 된 물품이 외국에 도착한 후 반송되어 올 경우는 외국으로부터 우리나라에 도착된 물품으로 간주하므로, 이 수출신고수리 된 물품이란 수출면허를 받고서 아직 선적되지 않은 물품이나 외국에 도착하기 이전에 반송된 물품을 지칭하는 것이다. 이들 물품을 수입의 대상으로 하는 것은 수출면허를 받은 물품은 관세법상 외국물품으로 규정되어 있기 때문이다.
수출신고수리 된 재화로서 선적되지 않은 것을 보세구역으로부터 인취하는 것은 수입으로 보지 않는다. 즉, 과세되지 않는다.
종전에는 수출면허 일을 공급시기로 규정하였으나 현재는 수출 재화의 선적 일을 공급의 시기로 규정하고 있다.
관세법상은 수출면허일이 수출로 되고 이를 다시 국내에서 사용하기 위해서는 다시 수입 면허를 받아야 하는 문제가 있다. 반면, 부가가치세법은 수출면허 자체로서는 외국 물품이 되지 않고 선적 일에 외국 물품이 된다고 본다. 따라서 수출목적으로 선적되지 않은 상태에서 보세구역으로부터 인취하는 것은 재화의 수입이 되지 않는다. 이는 관세법상으로 수입으로 보지만 부가가치세법상으로는 수입이 되지 않는 것이다.

3. 수입재화의 부가가치세 과세표준

재화의 수입 시 과세표준은 과세의 과세가액 + 개별소비세 + 주세 + 교통세 + 교육세 + 농어촌특별세의 합으로 한다.

4. 보세구역에서의 부가가치세 판단

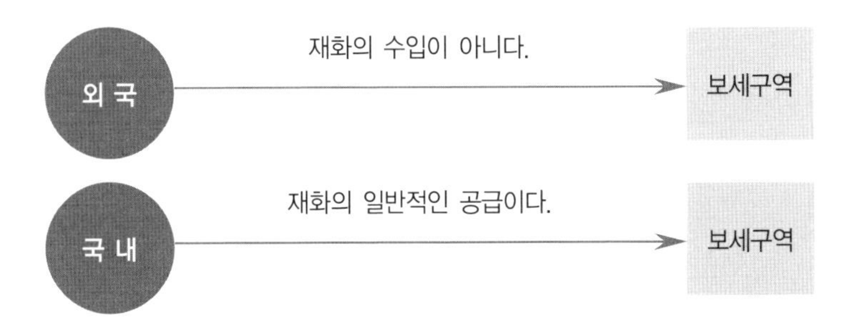

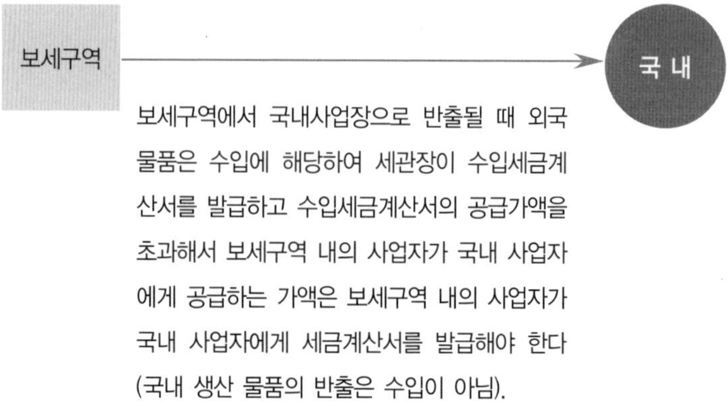

보세구역

국 내

보세구역에서 국내사업장으로 반출될 때 외국 물품은 수입에 해당하여 세관장이 수입세금계산서를 발급하고 수입세금계산서의 공급가액을 초과해서 보세구역 내의 사업자가 국내 사업자에게 공급하는 가액은 보세구역 내의 사업자가 국내 사업자에게 세금계산서를 발급해야 한다 (국내 생산 물품의 반출은 수입이 아님).

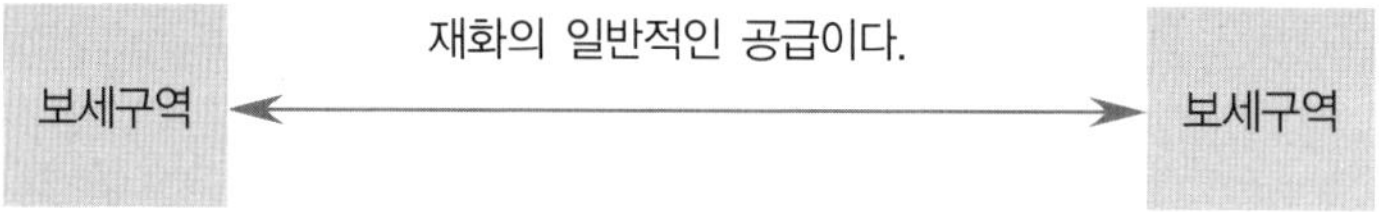

보세구역

재화의 일반적인 공급이다.

보세구역

부수재화 또는 용역의 부가가치세

주된 재화의 공급에 필수적으로 부수되는 재화 또는 용역은 주된 거래인 재화와 용역에 포함되고 주된 용역의 공급에 필수적으로 부수되는 재화 또는 용역은 주된 거래인 용역에 포함되는 것을 말한다.

부수재화 또는 용역의 과세대상 여부, 공급시기, 거래장소 등은 모두 주된 재화 또는 용역의 공급을 기준으로 해서 판단한다. 즉, 주된 재화가 과세대상인 경우 부수재화가 면세 물품이라고 해도 과세대상이 되며, 주된 재화가 면세이면 부수재화가 과세대상이라 해도 면세 대상이 된다.

1. 주된 거래에 부수되는 재화 또는 용역

구 분		내용
범위	대가 관계	가전제품 판매 시 제공되는 배달용역 및 설치용역과 같이 당해 대가가 주된 거래인 재화 · 용역의 공급대가에 통상적으로 포함되어 공급되는 재화 · 용역
	공급 관례	항공기 내에서 무상으로 제공하는 식사와 같이 거래 관행으로 보아 통상적으로 주된 거래인 재화 · 용역의 공급에 부수해서 공급하는 것으로 인정되는 재화 · 용역
과세 · 면세 여부의 판단		주된 재화에 부수되는 재화 · 용역의 공급은 독립된 거래에 해당하지 않으므로 주된 재화의 과세 · 면세 여부에 따른다.

2. 주된 사업에 부수되는 재화 또는 용역

구 분		내용
범위	우발적 · 일시적 공급	금융업을 영위하는 자가 지점건물을 매각하는 경우와 같이 주된 사업과 관련해서 우발적 · 일시적으로 공급되는 재화 · 용역
	필수부산물	생닭 가공판매업자의 가공과정에서 발생하는 닭발을 별도 판매하는 것과 같이 주된 사업과 관련해서 주된 재화의 생산에 필수적으로 부수해서 생산되는 재화
과세 · 면세 여부의 판단	우발적 · 일시적 공급	주된 사업의 과세 · 면세 여부에 따르되, 부수재화 · 용역이 면세 대상인 경우 주된 사업과 관련 없이 면세한다.
	필수부산물	주된 사업의 과세 · 면세 여부에 따른다.

03 부가가치세 영세율과 면세

영세율

영세율이란 공급가액에 0의 세율을 적용하는 것을 말한다. 즉, 물건을 팔 때 부가가치세율 10%가 0%가 되는 경우를 말한다.
이 경우 매출세액은 0%가 되나 매입 시 부가가치세 10%를 이미 부담했으므로 부담한 매입세액을 환급받을 수 있다. 따라서 영세율이 적용되는 재화 또는 용역은 매출세액 0%, 매입세액 0%(이미 부담한 매입세액을 그대로 환급받으므로 구입 시 매입세액을 부담하지 않은 효과)가 되어 부가가치세 부담이 완전히 없어지게 되므로 완전 면세라고 부른다.
영세율은 소비지 과세 원칙에 따라 재화를 수출하는 경우 수출하는 나라와 수입하는 나라에서 각각 과세되면 동일한 재화에 대해서 이중으로 과세되는 문제가 발생하게 되므로 이 문제를 해결하기 위해서 수입국 즉 소비지국에서 과세하게 함으로 국제적 이중과세를 방지하기 위한 것이다. 또한, 영세율을 적용받으면 수출하는 재화 등이 부가가치세만큼 가격조건이 유리하게 되어 국제가격경쟁력이 강화된다.

구분	영세율	면세
사업자 유무	부가가치세법상 사업자	소득세법상 면세사업자
과세표준의 신고 · 납부	○	면세수입금액 신고
세금계산서 발급 의무	○	계산서 발급의무 있음
세금계산서 제출 의무	○	○(지급명세서)
매입세액의 처리	매입세액공제	매입세액불공제(매입원가)
면세효과	완전 면세(매출세액, 매입세액 모두 없음)	부분 면세(매출세액은 안 내지만 구입시 매입세액은 부담)
목적	국제적 이중과세 방지와 수출 촉진	세 부담 역진성 완화와 생산요소의 면세

1. 영세율 적용대상과 세금계산서

부가가치세법

구분	영세율 적용대상	공급시기	세금계산서 여부
수출하는 재화	직접 수출(대행수출 포함)	선적일, 소포수령증 발급일	면제
	대외무역법에 의한 수출 ❶ 중개무역방식의 수출	선적일	면제
	❷ 위탁판매 수출	공급가액 확정일	면제
	❸ 외국인도 수출, 위탁가공무역 수출	외국에서 재화 인도 시	면제
	내국신용장/구매확인서에 의한 공급	일반적	발급

구분	영세율 적용 대상	공급시기	세금계산서 여부
	한국국제협력단에 해외 반출용 재화 공급	일반적	발급
	수탁가공무역 수출용으로 공급하는 재화	일반적	면제
국외제공용역	국외에서 제공하는 용역	일반적	공급받는 자가 국내사업장 없는 경우 발급 면제
선박 항공기의 외국 항행 용역	선박에 의한 외국항행용역	역무제공 완료 후 공급가액이 확정되는 때	공급받는 자가 국내사업장이 없는 경우 발급면제
	항공기에 의한 외국항행용역	면제	
	국제복합운송계약에 의한 외국항행용역	일반적	공급받는 자가 국내사업장 없는 경우 및 상업서류 송달용역 발급면제
기타 외화 획득 재화/ 용역	국내에서 비거주자 · 외국법인에게 공급되는 재화 · 용역 ❶ 재화 : 비거주자 등이 지정하는 국내 사업자에게 인도되는 과세사업에 사용되는 재화 ❷ 용역 : 사업서비스업 등 일부 업종	일반적 (대금결제방법에 따라 영세율 적용됨)	면제
	수출 재화 임가공용역	일반적	공급받는 자가 국내사업장이 없는 경우 발급면제
	외국 정부 기관 등에 공급하는 재화 · 용역	일반적	면제

구분	영세율 적용 대상	공급시기	세금계산서 여부
	관광진흥법에 따른 일반여행업자가 외국인관광객에게 공급하는 관광알선용역		
	관광진흥법에 따른 외국인 전용 관광기념품 판매업자가 외국인 관광객(출국 예정 내국인 포함)에게 공급하는 기념품	일반적	일반여행업면제 공급받는 자가 국내 사업장이 없는 경우 발급면제
	외국인 전용판매장 등에서 공급하는 재화 · 용역	일반적	면제
	외교관 등에게 공급하는 재화 · 용역(음식, 숙박용역, 석유, 주류, 전력, 자동차)	일반적	영수증 면제
	차관에 의해서 공급하는 재화 · 용역	일반적	발급

조세특례제한법

구분	영세율 적용 대상	공급시기	세금계산서 여부
영세율	방위산업 물자, 군부대 등에 공급하는 서류	일반적	발급
	도시철도 건설용역	일반적	발급
	국가지방자치단체에 공급하는 사회간접자본시설	일반적	발급
	장애인용 보장구 및 장애인용 정보통신기기 등	일반적	영수증 발급
	제주도 여행객 면세점 판매 물품	일반적	영수증 발급

구분	영세율 적용 대상	공급시기	세금계산서 여부
	농민 등에게 공급하는 농 · 축 · 임업용 기자재 어민에게 공급하는 어업용 기자재	일반적	영수증 발급
사후 환급	농 · 어업용 기자재 등에 대한 사후 환급	일반적	발급
	외국인 관광객 및 미군 등 구입 재화에 대한 영세율 또는 사후 환급	일반적	영수증 발급
	외국 사업자가 공급하는 재화 · 용역 사후 환급(음식, 숙박, 전력, 광고, 통신, 임대료 등)	일반적	발급
	외교관 등이 공급받은 재화 · 용역의 사후 환급	일반적	영수증 발급

2. 영세율 첨부 서류

영세율이 적용되는 경우는 법령이 정하는 서류를 첨부하여 제출해야 한다. 다만, 부득이한 사유로 인하여 해당 서류를 첨부할 수 없는 때에는 국세청장이 정하는 서류로서 이에 갈음할 수 있다.

법정 영세율첨부서류를 신고기한 내 제출할 수 없는 경우나 법정 서류가 없는 경우 및 영세율 적용 사업자에게 귀책 사유를 물을 수 없는 경우에는 외화획득명세서에 영세율이 확인되는 증빙서류를 첨부하여 제출해야 한다. 당해 서류를 제출한 사업자는 법정 서류를 실질적으로 발급받을 수 있는 날이 속하는 과세기간의 예정신고 또는 확정신고 기한 내에 제출해야 하며, 이를 보완하여 제출하지 아니한 때에는 애초부터 법령에 따른 영세율 첨부 서류를 제출하지 아니한 것으로 보아 영세율 신고불성실가산세를 적용한다.

조기환급을 받고자 하는 경우 영세율 첨부 서류는 부가가치세 신고기한까지 제출해야 한다. 다만 조기환급 신고 외에 전자신고하는 부가가치세 과세표준 신고 중 수출실적명세서 및 영세율첨부서류 제출명세서를 제외한 영세율 첨부 서류는 신고기한 경과 후 10일 이내에 제출할 수 있다.

영세율적용대상	법령에 의한 첨부서류	국세청장 지정서류
직접수출 (대행수출 포함)	수출실적명세서(휴대반출 시 간이수출신고수리필증) 소포우편 수출의 경우 소포수령증	수출대행계약서 사본 및 수출신고필증, 또는 수출대금 입금증명서
중계무역방식 수출 · 위탁판매 수출 · 외국인도 수출 · 위탁가공수출	수출계약서 사본 또는 외화입금증명서	
내국신용장 · 구매확인서에 의한 공급	내국신용장 등 전자발급명세서	관세환급금 등 명세서(내국신용장에 불포함분)
한국국제협력단에 재화 공급	한국국제협력단 발행 공급사실증명서류	
수탁가공무역 수출용 재화 공급	수출 재화를 입증하는 서류 및 외화입금증명서	
국외에서 제공하는 용역	외화입금증명서 또는 용역공급 계약서	장기 해외건설공사의 경우 최초 신고 시 공사도급계약서 사본을 제출하고 당해 신고기간에는 외화획득명세서 제출

영세율적용대상	법령에 의한 첨부서류	국세청장 지정서류
선박에 의한 외국 항행용역	외화입금증명서	선박에 의한 운송용역 공급가액일람표
항공기에 의한 외국 항행용역	공급가액 확정 명세서	다른 외국항행사업의 탑승권을 판매하거나 화물운송 계약을 체결하여 주는 경우 송장 집계표
국제복합운송계약에 의한 외국 항행용역		선박 · 항공기에 의한 외국 항행용역 입증서류
국내에서 비거주자 · 외국법인에게 공급하는 재화 및 일부 용역	외화입금증명서	용역공급계약서 사본 외화매입증명서 또는 외국환 매각증명서는 외화입금증명서에 갈음
수출재화 임가공용역	임가공계약서 사본과 납품사실증명서 또는 수출대금입금증명서 내국신용장 또는 구매확인서 사본	수출업자와 임가공 사업자의 사업장이 동일한 경우 납품사실증명서만 제출함
외국 항행 선박 · 항공기 등에 공급하는 재화 · 용역	선(기)적완료증명서. 다만, 전기통신사업은 용역공급기록표	재화 : 세관장 발행 물품 선(기)용품 적재허가서 하역용역 : 세관장에게 제출한 작업 신고 및 교통허가서 또는 작업보고필증이나 선박회사 대금청구서 기타용역 : 세관장 발행 승선허가증 사본
외국인관광객에게 공급하는 관광기념품과 관광알선 용역 및 관광호텔의 숙박 용역	외국인물품판매 기록표 일반여행업은 외화입금증명서 외국인숙박 기록표	

영세율적용대상	법령에 의한 첨부서류	국세청장 지정서류
외국 정부 기관 등에 공급하는 재화 · 용역	수출(군납)대금입금증명서 또는 군납완료증명서 또는 외국 정부 기관 등이 발급하는 납품 또는 용역공급 사실을 증명하는 서류	외화입금증명서
외국인 전용 판매장에서 공급하는 재화 · 용역 및 미군 주둔지역 관광특구 내 사업자가 공급하는 재화	외화입금증명서 또는 외화매입증명서	
외교관 등에게 공급하는 재화 · 용역	외교관 면세판매 기록표	
차관자금에 의해 공급하는 재화 · 용역	외화입금증명서 또는 차관사업증명서	

3. 영세율 과세표준

영세율 과세표준은 부가가치세법상 선적일(기적일) 현재의 기준환율 또는 재정환율로 환산하도록 하고 있으나 실무상으로는 이를 그대로 적용하기가 곤란하다. 또한, 직수출에 대한 영세율 첨부 서류는 수출실적명세서로 통일이 되었으나 이를 정확하게 작성하기 위해서는 수출신고필증, 선하증권(B/L)과 송장(invoice)이 필요하다.

- 수출 물품을 공급 시기인 선적하기 전에 환가한 경우에는 그 환가한 금액
- 수출물품에 대한 대금을 공급 시기까지 환가하지 않았거나 선적일 이후에 지급받은 경우 공급 시기의 기준환율(달러) 또는 재정환율(달러 외 재화)로 환산한 금액

수출 재화의 공급 시 과세표준과 공급시기와 대금결제일의 차이

수출 재화의 공급시기는 선적일 기준이다. 따라서 선적일의 기준환율(미국의 달러화에 대한 매매기준율) 또는 재정환율(미국의 달러화 이외 통화의 미화에 대한 환율)을 적용한 금액이 과세표준이 된다.

그러나 수출 시 공급 시기와 대금결제일의 차이 즉, 수출 시 외화로 대가를 받는 경우 공급 시기 전에 원화로 환가한 경우에는 그 환가한 가액을 부가가치세 과세표준으로 하고 공급 시기 이후 원화로 환가하거나 환가하지 않고 외화로 보유하는 경우는 공급 시기의 기준환율 또는 재정환율을 적용한 금액이 과세표준이 된다(공급시기 이후의 환율 변동은 과세표준에 영향이 없음).

참고로 공급 시기가 공휴일인 경우는 그 전날의 기준환율 또는 재정환율에 의한다.

무환수출 및 무환수입 시 부가가치세 처리

1. 무환수출 시

사업자가 재화를 수출 물품의 하자로 수리 후 또는 동일 제품을 국외로 무상으로 반출하는 경우에도 영세율을 적용하는 재화의 수출에 해당하는바 별도의 회계처리는 필요 없지만, 부가가치세 등 세무상 신고는 해야 한다.

그러나 사전약정에 의해 일정 기간 내 수출 물품의 하자로 동일 물품을 무환으로 재수출하는 경우는 재화의 공급으로 보지 않으므로 영세율 수출이 아니다.

❶ 자기 사업을 위해서 대가를 받지 않고 국외의 사업자에게 견본품을 반출하는 경우에는 재화의 공급으로 보지 않는다.

❷ 대한무역진흥공사를 통해서 해외에서 개최되는 박람회에 무상으로 출품하는 재화는 수출하는 재화에 해당한다.

❸ 위탁가공을 위해서 기계장치를 국외의 수탁 가공 사업자에게 무상으로 반출하는 경우 영의 세율이 적용되며, 동 재화에 대한 매입세액은 공제받을 수 있다.

❹ 사업자가 국내에서 기계장치 등을 구입해서 외국에 소재하는 현지 법인에게 현물출자 하는 경우 영의 세율이 적용되며, 매입세액공제가 가능하다.

2. 무환수입 시

해외로부터 무환수입 시 세관장으로부터 발급받은 수입세금계산서의 매입세액은 부가가치세를 부담한 경우에만 자기의 매출세액에서 공제받을 수 있는 것이나, 물품대 및 관세, 부가가치세를 통관업체에서 대납해 준 경우는 매출세액에서 공제할 수 없다.

수입재화를 반품하는 경우 영세율 적용

사업자가 수입한 재화를 반품하는 경우 수출하는 재화에 해당해서 영세율을 적용하는 것이며, 부가가치세 신고 시 이를 누락하는 경우 가산세가 부과된다.

동일재화를 수리해서 재수출하거나 동일 제품을 교환해서 재수출

사업자가 재화를 수출한 후 당초 계약 내용과 상이해서 반입된 재화로서 세관장으로부터 수입세금계산서를 발급받은 경우는 반입일이 속하는 예정신고 또는 확정신고 시 부가가치세 과세표준에서 반입 재화의 공급가액을 차감해서 과세표준을 계산하며, 당해 수입세금계산서 상의 매입세액은 반입일이 속하는 예정신고 또는 확정신고 시 매입세액공제가 가능하다.

그러나 반입된 재화를 수리해서 재수출하거나 동일 제품으로 교환해서 재수출하는 경우 반입 시 과세표준에서 공제하지 않고 재수출 시에는 영세율 과세표준 대상이 아니므로 수출실적명세서에 기재할 필요가 없다.

보따리 무역의 경우 영세율 적용

보따리 무역이란 국내에서 물건을 구입해서 부두 보따리 아주머니를 통해 해외로 보낸 다음에 물건이 팔린 외국에서 한국 외환 통장으로 매매금액을 외화 입금해주는 경우를 말하는바, 이 경우 사업자가 휴대품 반출에 따른 간이수출신고를 한 후 국외로 반출하고 그 대가를 외국환은행에서 원화로 지급받는 경우 영세율이 적용되며, 부가가치세 신고 시 세관장이 발행하는 간이수출신고 수리필증이 영세율 첨부 서류가 된다.

면세

부가가치세는 재산적 가치가 있는 모든 재화 또는 용역의 공급 및 재화의 수입을 그 과세 대상으로 하는데, 면세는 국민의 일반생활에 기초적이고 필수적인 재화 또는 용역과 복리후생이나 문화 · 공익 등에 관련된 용역은 부가가치세를 면세해서 간접세로서의 역진성을 보완하고 국민기초생활을 보장하는 데 그 뜻이 있다.
토지 · 노동 · 자본 등 부가가치를 원칙적으로 창출하는 기본생활 요소에 대해서는 법 이론상 부가가치 생산요소이므로 당연히 부가가치세를 면제하고 있다.
앞서 설명한 바와 같이 영세율 제도는 공급 시 부가가치세를 과세하지 않고 매입 시 부담한 부가가치세는 환급해 주므로 실질적인 부가가치세 완전 면세에 해당하나 면세제도는 공급 시 부가가치세는 과세 되지 않으나 매입 시 부담한 부가가치세도 공제해 주지 않으므로 실질적으로 부분 면세에 해당한다(매입세액불공제 항목에 면세 관련 재화 구입액이 있음).
면세되는 재화나 용역을 공급하는 사업자는 부가가치세의 납세의무가 없다. 따라서 면세 재화 또는 용역의 공급에 대해서 부가가치세를 상대방으로부터 받을 의무가 없다. 또한, 면세 재화나 용역만을 공급하는 면세사업자인 경우는 부가가치세 과세표준과 세액의 신고 및 납부와 사업자등록, 세금계산서의 발행 의무 등도 없다. 반면 면세사업자가 일반과세자로부터 부가가치세가 과세되는 재화나 용역을 구입하거나 재화를 수입하는 때에는 부가가치세를 부담하게 되는데 이 경우 부담한 부가가치세 매입세액은 매출세액에서 공제 또는 환급받지 못하므로 판매 시 당해 재화 또는 용역의 원가에 매입 시 부담한 부가가치세를 포함해서 가격을 책정함으로써 구입자에게 부가가치세를 전가 시킨다.

부가가치세 면제의 유형은 크게 보아 국내에서 공급되는 재화 · 용역에 대한 면세와 수입되는 재화에 대한 면세로 나누어진다.

국내에서 공급되는 재화 · 용역에 대한 면세는

❶ 생활 필수재화 · 용역으로서 미가공 식료품 · 농 · 축 · 수 · 임산물 · 수돗물 · 연탄 · 여객 운송 · 주택과 부수 토지 임대용역 등

❷ 국민 후생 · 공익적 재화 · 용역으로서 의료보건 · 교육 · 보험 · 국민주택건설 등

❸ 사회 · 문화 관련 재화 · 용역으로서 도서 · 신문 · 대중매체 · 예술 등 도서관 공익단체 용역 등

❹ 부가가치 생산요소 및 근로 인적용역으로서 금융 · 토지, 일부 전문적 · 개인적 인적용역 등이 있다. 이 밖에 정부 등에 공급, 우표 · 저가 담배 등의 특수면세 항목이 있다.

수입되는 재화에 대한 면세는 국내 공급 면세와의 형평상 면세, 무상 · 무환 · 기증 등에 의한 수입에 대한 면세, 관세 면제 · 감면 및 환출 · 입품에 대한 면세 및 국제관례, 인적 이동 부수 물품에 대한 면세로 나누어 볼 수 있다.

구 분	면세 대상
기초생활필수품	❶ 미가공 식료품(식용에 공하는 농산물 · 축산물 · 수산물과 임산물 포함) 및 우리나라에서 생산된 식용에 공하지 않는 미가공 농산물 · 축산물 · 수산물과 임산물 ❷ 수돗물 ❸ 연탄과 무연탄 ❹ 여성용 생리 처리 위생용품 ❺ 여객운송용역(항공기 · 고속버스 · 전세버스 · 택시 · 특수자동차 또는 특종 선박 및 고속철도에 의한 여객운송용역은 제외) ❻ 주택과 이에 부수되는 토지의 임대용역
국민후생 및 문화 관련 재화 · 용역	❶ 의료보건용역(수의사의 용역 포함)과 혈액 ❷ 교육용역 ❸ 도서 · 신문 · 잡지 · 관보 및 뉴스통신. 다만, 광고는 제외한다. ❹ 예술창작품(골동품 제외) · 예술행사 · 문화행사 · 비직업 운동경기 ❺ 도서관 · 과학관 · 박물관 · 동물원 또는 식물원에의 입장
생산요소 및 인적용역	❶ 토지 ❷ 금융 · 보험용역 ❸ 전문적 · 개인적 인적용역
기타	❶ 우표(수집용 우표 제외) · 인지 · 증지 · 복권과 공중전화 ❷ 다음의 제조 담배 가. 판매가격이 200원(20개비당) 이하인 제조 담배 나. 담배사업법상 특수용 담배 중 영세율이 적용되지 않는 군용담배 등 ❸ 종교 · 자선 · 학술 · 구호 기타 공익을 목적으로 하는 단체가 공급하는 일정한 재화 또는 용역

구 분	면세 대상
	❹ 국가 · 지방자치단체 · 지방자치단체조합이 공급하는 재화 또는 용역(부가 우편 역무 중 소포우편물을 방문 접수해서 배달하는 용역 및 고속철도에 의한 여객운송용역은 제외) ❺ 국가 · 지방자치단체 · 지방자치단체조합 또는 공익단체에 무상으로 공급하는 재화 또는 용역

교육용역 중 면세와 과세되는 사례

1. 고시원

독립된 방과 음식을 제공하고 매월 일정한 대가를 받는 고시원은 하숙업에 해당하여 부가가치세가 과세 된다.

2. 인터넷 교육

평생교육법에 의해 교육인적자원부 장관의 신고를 필한 후 제공하는 경우는 면세이나 이를 충족하지 않는 경우 과세이다.

3. 대입학원 기숙사

인 · 허가를 받은 학원에서 제공하는 교육용역에 필수적으로 부수되는 재화 및 용역의 공급은 면세되나 필수적인지? 여부는 구체적인 사실에 따라 판단한다.

4. 체육도장

체육시설의설치이용에관한법률에 의해서 교습생, 훈련생에게 지식이나 기술을 가르치는 경우 면세된다. 단, 일반적으로 헬스클럽은 부가가치세가 과세된다.

04 부가가치세 과세표준과 매출세액

재화 또는 용역의 공급에 대한 과세표준

재화 또는 용역의 공급에 대한 부가가치세의 과세표준은 공급가액으로 하며, 여기서 공급가액이란 부가가치세는 포함되지 않은 금액이다.

<table>
<tr><th>구 분</th><th colspan="2">내 용</th><th>비 고</th></tr>
<tr><td>공급가액</td><td colspan="2">부가가치세가 포함되지 않은 금액</td><td>일반과세자의 과세표준</td></tr>
<tr><td>공급대가</td><td colspan="2">부가가치세가 포함된 금액</td><td>간이과세자의 과세표준</td></tr>
<tr><td rowspan="4">금전으로 대가를 받는 경우</td><td colspan="3">그 대가. 대가를 외국통화 기타 외국환으로 받는 경우 다음과 같은 금액을 그 대가로 한다.</td></tr>
<tr><td>구 분</td><td colspan="2">과세표준</td></tr>
<tr><td>공급시기 도래 전에 원화로 환산한 경우</td><td colspan="2">그 환가한 금액</td></tr>
<tr><td>공급시기 이후에 외국통화 기타 외국환 상태로 보유하거나 차감하는 경우</td><td colspan="2">공급시기의 외국환거래법에 따른 기준환율 또는 재정환율에 따라 계산한 금액</td></tr>
</table>

구 분	내 용	비 고
금전 이외의 대가를 받는 경우	자기가 공급한 재화 또는 용역의 시가	

구 분	공급가액
특수관계자에게 부당하게 낮은 대가를 받거나 대가를 받지 않는 경우	사업자가 그와 특수관계에 있는 자와의 거래에 있어서 재화와 용역의 공급가액에 대한 조세의 부담을 부당하게 감소시킬 것으로 인정되는 현저하게 낮은 대가를 받거나 대가를 받지 않는 경우 자기가 공급한 재화 또는 용역의 시가를 과세표준으로 한다.
사업자가 재화 또는 용역의 공급에 대한 대가에 부가가치세를 구분 표시하지 않거나 부가가치세 포함 여부가 불분명한 경우	재화 또는 용역의 공급에 대한 대가에 부가가치세를 구분 표시하지 않거나 부가가치세 포함 여부가 불분명한 경우 거래금액 또는 영수한 금액의 110분의 100을 과세표준으로 하고 110분의 10을 부가가치세로 본다.

무상 또는 저가로 재화 또는 용역을 공급한 경우

구 분	세금처리			
	저가공급		무상공급	
	특 수 관계자	특수관계가 없는 자	특 수 관계자	특수관계가 없는 자
무상 또는 저가로 재화를 공급한 경우	시가	실지거래가액	시가	사업상 증여 : 시가 사업상 증여가 아닌 경우 : 과세 안 함

<table>
<tr><th>구 분</th><th>세금처리</th></tr>
<tr><td>무상 또는 저가로 용역을 공급한 경우</td><td>용역을 공급하고 대가를 받지 않은 경우(무상 공급)는 과세가 되지 않는다. 다만, 법인세 또는 소득세 계산 시 부당행위계산부인 대상이 된다.
<table>
<tr><th colspan="2">저가공급</th><th colspan="2">무상공급</th></tr>
<tr><th>특 수 관계자</th><th>특수관계가 없는 자</th><th>특수관계자</th><th>특수관계가 없는 자</th></tr>
<tr><td>시가</td><td>실지거래가액</td><td>사업용 부동산임대 : 시가
나머지 용역 : 과세 안 함</td><td>과세 안 함</td></tr>
</table>
</td></tr>
</table>

과세표준에 포함되는 것과 포함되지 않는 것

과세표준은 거래상대방으로부터 받은 대금 · 요금 · 수수료 기타 명목 여하에 불과하고 대가 관계에 있는 모든 금전적 가치 있는 것을 포함한다.

과세표준에 포함되는 것	과세표준에 포함되지 않는 것 (과세표준 계산 시 공제하는 항목)
❶ 현물로 받는 경우는 자기가 공급한 재화 또는 용역의 시가 ❷ 장기할부판매 또는 할부판매 경우의 이자 상당액 ❸ 대가의 지연지급으로 인하여 지급받는 연체이자 또는 연체료 상당액.	❶ 매출에누리 ❷ 환입된 재화의 가액 ❸ 재화 또는 용역을 공급한 후의 그 공급가액에 대한 할인액 ❹ 공급받는 자에게 도달하기 전에 파손 · 훼손 또는 멸실된 재화의 가액

과세표준에 포함되는 것	과세표준에 포함되지 않는 것 (과세표준 계산 시 공제하는 항목)
다만, 미수금을 소비대차로 변경시킨 경우는 제외한다. ❹ 대가의 일부로 받는 운송보험료 · 산재보험료 등 ❺ 대가의 일부로 받는 운송비 · 포장비 · 하역비 등 ❻ 납세의무가 1차로 사업자에 있는 제세공과금 및 부담금(예 : 개별소비세 · 교통세 및 주세가 과세되는 재화 또는 용역에 대해서는 당해 개별소비세 · 교통세 및 주세와 그 교육세 및 농어촌특별세 상당액) ❼ 개별소비세 등이 과세되는 재화 · 용역의 경우에는 개별소비세 · 주세 또는 교통 · 에너지 · 환경세 · 교육세 · 농어촌특별세 ❽ 사업자가 고객에게 매출액의 일정 비율에 해당하는 마일리지를 적립해 주고 향후 그 고객이 재화를 공급받고 그 대가의 일부 또는 전부를 적립된 마일리지로 결제하는 경우 해당 마일리지 상당액. 단 사업자 본인이 직접 적립해 준 마일리지로 결제받은 금액은 부가가치세 과세표준에서 제외 ➜ 사용 시점 기준	❺ 재화 또는 용역의 공급과 직접 관련되지 않은 국고보조금과 공공보조금 ❻ 계약 등에 따라 확정된 대가의 지연지급으로 인해 지급받은 연체이자. ❼ 반환 조건부 용기 대금 · 포장비용 ➜ 용기를 회수할 수 없어 용기 대금을 변상금형식으로 변제받은 경우 공급가액에 포함 ❽ 사업자가 음식 · 숙박용역 등을 공급하고 그 대가와 함께 받는 종업원 봉사료를 세금계산서 등에 그 대가와 구분해서 적은 경우로서 봉사료를 종업원에 지급한 사실이 확인되는 경우의 그 봉사료 ➜ 사업자가 봉사료를 자기의 수입금액에 계상하는 경우는 공급가액에 포함됨 ❽ 공급받는 자가 부담하는 원재료 등

과세표준에서 공제하지 않는 항목

재화 또는 용역을 공급한 후의 그 공급가액에 대한 대손금 · 판매장려금과 이와 유사한 금액은 과세표준에서 공제하지 않는다. 다만, 공급받는 자의 파산 등으로 인해서 거래징수하지 못한 부가가치세 상당액은 대손세액공제를 받을 수 있다.

사업자가 이를 과세표준에서 차감하지 않은 경우는 별도로 조정할 필요가 없으나, 이를 과세표준에서 차감한 경우는 가산해야 한다.

- 대손 금액
- 사업자가 재화 또는 용역을 공급받는 자에게 지급하는 판매장려금(금전). 현물로 지급하는 판매 장려 금품은 사업상 증여로 과세하며, 수령한 판매장려금은 공급가액에 포함하지 않는다.
- 사업자가 완성도 지급기준 또는 중간 지급 조건부로 재화 또는 용역을 공급하는 계약에 따라 대가의 각 부분을 받을 때 일정 금액을 하자보증을 위해서 공급받는 자에게 보관시키는 하자보증금

부동산 임대용역 과세표준의 계산

사업자가 부동산임대용역을 공급하고 전세금 또는 임대보증금을 받는 경우는 "금전 이외의 대가"를 받는 것으로 보아 다음 산식에 의해서 계산한 금액을 과세표준으로 한다. 이 경우에 있어서 전세금, 임대보증금에 대한 과세표준 계산은 임차자가 당해 부동산을 사용하

거나 사용하기로 한때를 기준으로 해서 계산해야 하며, 임대보증금의 수령 일자와는 무관하다.

과세표준 = 임대료 + 간주임대료 + 관리비

1. 임대료

임대료는 해당 과세기간에 받을 임대료를 말하며, 사업자가 둘 이상의 과세기간에 걸쳐 부동산임대용역을 공급하고 그 대가를 선불 또는 후불로 받는 경우 : 해당 금액을 계약기간의 개월 수로 나눈 금액의 각 과세대상 기간의 합계액을 공급가액으로 한다(초월산입, 말월불산입).

$$\text{과세표준} = \text{선불 또는 후불로 받는 금액} \times \frac{\text{각 과세대상기간의 월수}}{\text{계약기간의 월수}}$$

주 이 경우 월수는 달력에 따라 계산하되, 개시일이 속하는 달이 1월 미만이면 1월로 하고 종료일이 속하는 달이 1월 미만이면 이를 산입하지 않는다.

2. 간주임대료

전세금이나 임대보증금을 받고 부동산을 세놓는 경우, 월세가 있든 없든 그 전세금 등에 대한 정기예금이자 상당액을 그 임대용역의 공급에 대한 대가로 보게 되는데 이를 간주임대료라고 한다. 그런데 이 경우 세놓은 사람이 간주임대료에 대한 부가가치세를 세입자로부터 받지 못하는 것이 보통이므로 사실상 세놓은 사람이 부가가치세를 부담하게 된다. 다만, 별도로 양쪽의 합의에 따라 세 든 사람이 부담하는 것으로 할 수도 있다. 한편 간주임대료에 대한 세금계산서 발급의무는 없다. 따라서 부가가치세 예정 · 확정 신고서 작성 시 간주임대료 계산 방법에 따라 계산한 금액을 과세표준 및 매출세액란의 기타란에 기재해서 신고하면 된다.

간주임대료(과세표준) = 당해기간의 전세금 · 임대보증금 × 정기예금이자율 × 과세대상 기간의 일수/365(윤년 366일)

주 정기예금이자율 = 예정신고기간 또는 과세기간 종료일 현재 서울특별시에 본점을 둔 은행의 계약기간 1년 만기 정기예금이자율의 평균을 고려해서 국세청장이 정하는 율

예를 들어 1년 만기 정기예금 이자율 3.5%, 보증금 1천만 원 월세 20만 원인 경우 2기 예정신고 시 간주임대료 계산은

10,000,000원 × 92일 / 365일 × 이자율 3.5% = 88,219원

7월 → 31일, 8월 → 31일, 9월 → 30일 해서 총 92일

간주임대료 88,219원에 대해 10% 세금 8,821원의 세금을 납부해야 한다.

3. 관리비

사업자가 부가가치세가 과세 되는 부동산임대료와 해당 부동산을 관리해 주는 대가로 받는 관리비 등을 구분하지 않고(세금계산서 발행금액(임대료 + 관리비)) 영수하는 때에는 전체금액에 대해서 과세하

는 것이나, 임차인이 부담해야 할 보험료·수도료 및 공공요금 등을 별도로 구분 징수해서 납부만을 대행해주는 경우라면 해당 금액은 부동산임대관리비에 해당하지 않고 순수 임대료에 대해서만 부가가치세가 과세된다.

관리비가 임대료처럼 과세 되지 않는 경우는 세입자단체나 임대인이 공용전기료 및 수도료 등 실제 사용요금을 각각 배분해서 징수납부하는 경우만 해당하므로 그 이외의 경우(즉 실제 지출액과 입주자 관리비 배분액이 차이가 나는 경우)에는 모두 부가가치세가 과세된다.

- 청소비·난방비 등 순수관리비 : 공급가액에 포함(부가가치세 과세)
- 전기료·수도료 등 공공요금 대리 징수 납부액 : 공급가액에 불포함(부가가치세 비과세)

부동산임대업자가 받은 권리금 및 위약금의 과세

부동산임대사업자가 새로운 임차인으로부터 점포권리금을 받는 경우는 동 금액을 부가가치세 과세표준에 포함하며, 임대차 계약의 불이행으로 위약금을 받는 경우는 부가가치세 과세대상이 아니다(기타소득으로 과세한다.).

부동산임대업자의 부동산임대공급가액명세서 작성

부동산 임대용역을 제공하는 사업자는 부동산 임대용역의 공급내역을 기록한 부동산임대공급가액명세서를 부가가치세 신고 시 제출해야 한다.

부동산임대공급가액명세서 서식을 보면 임대보증금과 월 임대료, 관리비를 구분 기재하게 되어 있다.

관리비를 구분 기재해서 징수하지 않는 경우는 관리비를 월 임대료에 포함해서 기재해야 한다.

? 부동산임대업의 필요경비 항목

* 주택취득과 관련해서 대출받은 차입금 이자비용
* 임대와 관련한 임대건물 중개수수료
* 수익적 지출에 관련한 임대건물 수리비
* 임대관리비를 임대수입금액에 포함해서 받고 임대인이 실제 부담하는 경우
* 임대사업 관련 공과금
* 업무와 관련한 차량유지비 및 핸드폰 사용료
* 기타 사업과 관련한 지출이 명백한 지출

? 부동산임대차 계약 갱신 시 임대차계약서 사본 제출 범위는?

부동산임대업자가 사업장을 임대한 후 임대차 계약을 갱신한 경우는 부가가치세 신고 시 임대차 계약서 사본을 제출해야 한다(일반과세자만 해당).
임대차 계약의 갱신에는 임대차 기간을 연장하는 것 이외에 임대보증금, 임대료 등이 변경되는 경우가 포함되며 임차인이 변경되는 것은 포함되지 않는다.

? 오피스텔 임대와 관련한 부가가치세

* 분양받은 오피스텔을 업무용 시설로 임대하는 경우

① 매입세액공제 여부 : 공제
② 부가가치세 과세 여부 : 과세

* 임대인이 분양받은 오피스텔을 상시 주거용으로 임대하는 경우

① 매입세액공제 여부 : 불공제
② 부가가치세 과세 여부 : 면세

* 임차인이 처음부터 상시 주거용으로 사용하는 경우

① 매입세액공제 여부 : 불공제
② 부가가치세 과세 여부 : 면세

* 임대인이 처음에는 업무용으로 임대하였으나 일정기간 경과 후 주거용으로 임대하는 경우

① 매입세액공제 여부

• 오피스텔 취득 시에는 공제

• 상시 주거용으로 사용되는 시점에는 간주공급 중 면세 전용으로 공제받은 매입세액 과세

② 부가가치세 과세 여부

• 업무용으로 임대 시에는 과세

• 상시 주거용으로 사용되는 시점 이후에는 면세

▸ 임대인이 처음에는 업무용으로 임대하였으나 임차인이 주거용으로 사용하는 경우

① 매입세액공제 여부

• 오피스텔 취득 시에는 공제

• 상시 주거용으로 사용되는 시점에는 간주공급 중 면세 전용으로 공제받은 매입세액 과세

② 부가가치세 과세 여부

• 업무용으로 임대 시에는 과세

• 상시 주거용으로 사용되는 시점 이후에는 면세

* 임대인이 업무용으로 임대하던 오피스텔을 양도하는 경우

① 부가가치세 과세 여부 : 과세

* 임대인이 주거용으로 임대하던(임차인이 상시 주거용으로 사용하던) 오피스텔을 양도하는 경우

① 부가가치세 과세 여부 : 면세

상가투자와 부가가치세

상가투자는 취득 보유 처분 시에 아는 만큼 부가가치세 절세가 가능하다. 부가가치세는 건물의 임대에 대해서는 과세한다. 그러나 토지의 임대에 대해서는 부가가

치의 구성요소이므로 인건비와 같이 부가가치세를 과세하지 않는다. 상가는 부가가치세를 부담하므로 취득, 보유, 처분 시에 부가가치세의 절세방법을 통해 보유 수익률을 늘릴 수 있다.

▶ 취득 시

상가를 취득하는 경우 간이과세자로 할 것인가 일반과세자로 할 것인가의 판단이 우선이다. 연간 예상 수입금액이 1억 400만 원을 넘지 않는 경우 간이과세자가 유리하다. 연간 예상 수입금액이 1억 400만 원을 넘는다면, 중요한 것은 건물 구입분에 대한 부가가치세를 환급받으면서 시작할 수 있는 것이다.

부가가치세 환급의 핵심은 사업자등록 신청 시기이다. 상가투자를 위해 대금을 계약금 중도금 잔금으로 받는 경우 사업자등록은 대금지급일이 속한 과세기간(1.1~6.30, 7.1~12.31) 종료 후 20일 이내에 해야 한다. 이 기간을 넘기게 되면 부가가치세 환급을 해주지 않는다.

상가를 공동명의로 해놓은 경우도 부가가치세의 절세효과는 없다. 부가가치세 세율은 10%로 동일하기 때문이다. 그러나 소득세에서는 공동명의가 유리하다. 소득세는 낮은 세율부터 순차적으로 적용되는 누진세율 구조이기 때문이다.

▶ 보유 시

부동산을 보유 시에는 임대소득이 발생한다. 상가의 부가가치세는 보증금과 임대료에 대해 부가가치세를 내야 한다. 보증금에 대해서는 간주임대료를 낸다. 간주임대료는 보증금에 대해 정기예금이자율에 해당하는 금액을 임대일 수를 기준으로 계산한다.

▶ 처분 시

부동산처분 시에는 시기와 계약서가 중요하다. 부가가치세를 환급받은 임대사업은 10년 이내에 폐업하게 되면 환급받은 금액을 분기로 계산하여 다시 내야 한다. 따라서 상가를 폐업하는 경우는 다시 낼 부가가치세에 유의해야 한다. 처분 시 계약서에 포괄양수도를 통해 상가를 양도하는 경우 부가가치세를 내지 않을 수 있다. 매입자는 세금을 환급받고, 매도인은 부가가치세를 내야 하므로 과세당국 입장에서는 실익이 없다. 따라서 계약 내용에 포괄 양수도 규정이 있고 세법상의 포괄 양수도 요건을 갖춘 경우는 처분 시에도 부가가치세를 내지 않을 수 있다.

4. 임차부동산을 재임대한 경우 과세표준 계산

과세표준 = 임대료 + 간주임대료 + 관리비
간주임대료(과세표준) = (당해 기간의 전세금 · 임대보증금 − 임차 시 지불한 전세금 · 임대보증금) × 정기예금이자율 × 과세대상기간의 일수/365

이 경우 임차한 부동산 중 직접 자기의 사업에 사용하는 부분이 있는 때에는 위 산식 중 임차 시 지불한 전세금 또는 임차보증금은 다음의 금액을 차감한 금액으로 한다.

임차 시 지불한 전세금 · 임대보증금 = 임차 시 지불한 전세금 또는 임차보증금 × 직접 자기 사업에 사용하는 면적 / 임차한 부동산의 총면적

5. 겸용주택을 임대하는 경우 과세표준의 계산

과세되는 부동산 임대용역과 면세되는 주택 임대용역을 함께 공급해서 그 임대 구분과 임대료 등의 구분이 불분명한 경우에는 다음의 순서에 따라 과세표준을 계산한다.

- 과세와 면세 부분의 면적을 구분한다(상가분과 주택분).
- 총임대료를 계산한다(임대료 + 간주임대료 + 관리비).
- 건물분과 토지분을 안분계산한다.

* 건물분 또는 토지분 임대료 상당액

$$\text{임대료 총액} \times \frac{\text{건물가액 또는 토지가액}}{\text{토지가액과 정착된 건물가액의 합계액}}$$

※ 건물분 과세표준

$$\text{건물분 임대료 상당액} \times \frac{\text{과세되는 건물연면적}}{\text{총 건물연면적}}$$

※ 토지분 과세표준

$$\text{토지분 임대료 상당액} \times \frac{\text{과세되는 토지 연면적}}{\text{총 토지 연면적}}$$

주 건물가액 또는 토지가액은 예정신고기간 또는 과세기간종료일 현재의 기준시가에 따른다.

건물분 임대료는 면적에 따라 주택분과 상가 분으로 구분하고, 토지분은 주택 부수 토지 임대료와 상가 부수 토지 임대료로 안분한다. 이중 상가분과 상가 부수 토지 임대료에 대해 부가가치세가 과세된다.

재화의 수입 시 과세표준

재화의 수입 시 부가가치세 과세표준은 관세의 과세가액과 관세 · 개별소비세 · 주세 · 교육세 · 농어촌특별세 및 교통 · 에너지 · 환경세의 합계액으로 한다.

세관장은 여기에 세율을 곱해서 계산한 부가가치세를 수입자로부터 징수하게 된다.

과세표준 = 관세의 과세 가액 + 관세 + 개별소비세 · 주세 + 교육세 · 농어촌특별세 + 교통 · 에너지 · 환경세

구 분	과세방법	과세표준 또는 공급가액
❶ 재화의 수입에 해당하는 부분	세관장이 부가가치세를 거래징수하고 수입세금계산서를 발급함	과세표준 : 관세의 과세가액 + 관세 + 개별소비세 · 주세 + 교육세 · 농어촌특별세 + 교통 · 에너지 · 환경세
❷ 재화의 공급에 해당하는 부분	재화를 공급하는 사업자가 부가가치세를 거래징수하고 세금계산서를 발급함	공급가액 : 재화의 공급가액에서 세관장이 부가가치세를 징수하고 발급한 수입세금계산서에 적힌 공급가액 – ❶

대손세액공제

부가가치세가 과세되는 재화 또는 용역의 공급에 대한 외상매출금 등이 대손 되어 대손세액을 공제받는 사업자로서 대손세액을 공제받는 경우는 대손세액을 차감 표시(△)해서 부가가치세 신고서에 기재하고, 대손금액의 전부 또는 일부를 회수해서 회수금액에 관련된 대손세액을 납부하는 경우에는 당해 납부하는 세액을 부가가치세 신고서에 기재한다.

구 분	공급하는 사업자	공급받는 사업자
대손이 확정된 과세기간	대손세액을 대손확정일이 속하는 과세기간의 매출세액에서 뺄 수 있다.	공급하는 자가 대손세액공제를 받은 경우는 공급받는 자는 그 대손세액을 대손확정일이 속하는 과세기간의 매입세액에서 뺀다.

구 분	공급하는 사업자	공급받는 사업자
대손을 변제한 경우	대손세액공제를 받은 후 회수된 대손금에 관련된 대손세액을 회수한 날이 속하는 과세기간의 매출세액에 더한다.	매입세액에서 대손세액을 차감한 후 대손금을 변제한 경우 관련 대손세액을 변제한 날이 속하는 과세기간의 매입세액에 더한다.

[대손세액공제 회계처리]

(차) 부가가치세 예수금 XXX (대) 매출채권 XXX

1. 대손세액공제의 요건

- 대손 확정일 현재 계속사업 자여야 한다.
- 부가가치세가 과세 되는 재화 또는 용역의 공급과 관련된 채권이어야 한다. 따라서 금융용역을 제공하고 발생한 대여금은 면세 대상 용역의 공급과 관련된 채권이므로 대손세액공제의 대상이 되지 않는다. 또한 대여금은 대손세액공제가 불가능하다.
- 법인세법 및 소득세법상 대손 사유에 해당해야 한다.
- 사업자가 부가가치세가 과세 되는 재화 또는 용역을 공급한 후 그 공급일로부터 10년이 지난날이 속하는 과세기간에 대한 확정신고기한까지 대손 사유로 확정되는 대손세액이어야 한다.

[예시] 2015년 6월 10일 재화공급을 한 경우 10년이 지난날은 2025년 6월 10일이고, 지난날이 속하는 확정신고 기한은 2025년 7월 25일이므로 2025년 7월 25일까지 대손 확정시에는 대손세액공제가 가능하나 2025년 7월 26일 이후 대손 확정시에는 대손세액공제가 불가능하다.

확정신고와 함께 대손세액공제신고서와 함께 대손세액이 발생한 사실을 증명하는 서류를 제출해야 한다. 확정신고 이후에 증명서류를 제출한 경우에도 공제를 적용받을 수 있으나 예정신고 시에는 대손세액공제를 적용하지 않으며, 증명서류를 제출하지 않는 경우에도 대손세액공제를 적용하지 않는다.

2. 대손세액공제 사유(법인세법 및 소득세법상)

대손세액공제의 범위는 사업자가 부가가치세가 과세 되는 재화 또는 용역을 공급한 후 그 공급일로부터 10년이 지난날이 속하는 과세기간에 대한 확정신고 기한까지 아래의 사유로 확정되는 대손세액으로 한다.

「상법」, 「어음법」, 「수표법」에 의한 소멸시효가 완성된 채권(외상매출금 및 미수금, 어음, 수표, 대여금, 선급금)

- 통상 3년. 단, 음식 · 숙박 · 입장료는 1년
- 인수인에 대한 환어음상의 청구권은 만기일부터 3년
- 소지인의 배서인과 발행인에 대한 청구권은 적법한 기간 내에 작성시킨 거절증서의 날짜로부터, 무비용상환(無費用償還)의 문구가 적혀 있는 경우에는 만기일부터 1년
- 배서인의 다른 배서인과 발행인에 대한 청구권은 그 배서인이 어음을 환수한 날 또는 그자가 제소된 날부터 6개월
- 소지인의 배서인, 발행인, 그 밖의 채무자에 대한 상환청구권은 제시기간이 지난 후 6개월

• 수표의 채무자의 다른 채무자에 대한 상환청구권은 그 채무자가 수표를 환수한 날 또는 그자가 제소된 날부터 6개월

「채무자 회생 및 파산에 관한 법률」에 따른 회생계획인가의 결정 또는 법원의 면책결정에 따라 회수불능으로 확정된 채권

공급받은 자의 회생계획 인가 결정으로 그 채권의 전부 또는 일부가 대손 되어 회수할 수 없는 경우 회생계획인가 결정일이 속하는 과세기간의 확정신고 시에 대손세액공제를 받을 수 있다.

구 분	대손세액공제
매출채권 전액 지급받기로 한 경우	대손세액공제 불가
매출채권 전액 회수할 수 없는 경우	대손세액공제 가능
40% 면제, 60% 분할 상환 결정 시	40%는 대손세액공제 가능

「민사집행법」에 의해서 채무자의 재산에 대한 경매가 취소된 압류채권

서민의 금융 생활 지원에 관한 법률에 따른 채권조정을 받아 같은 법의 신용회복지원협약에 따라 면책으로 확정된 채권

부도 발생일부터 6월 이상 지난 수표 또는 어음상의 채권 및 외상매출금(중소기업의 외상매출금으로서 부도발생일 이전의 것에 한정함). 다만, 당해 법인이 채무자의 재산에 대해서 저당권을 설정하고 있는 경우 제외

회생절차 개시 결정이나 회생 계획인가 결정과 관계없이 부도 발생일로부터 6개월 이상 지난날이 속하는 과세기간에 대손세액공제를 할 수 있다.

[예시] 부도발생일이 2024년 6월 30일인 경우 6개월이 된 날은 2024년 12월 31일이 되고 지난날은 2025년 1월 1일이 된다. → 2025년 1기에 대손세액공제
반면 부도발생일이 2025년 6월 20일인 경우 6개월이 된 날은 2025년 12월 20일이 되고 지난날은 2025년 12월 21일이 된다. → 2025년 2기에 대손세액공제

회생인가 결정에 따라 대손금 일부를 회수하는 경우, 회수한 날이 속하는 기간의 매출세액에 가산해야 한다.

소지하고 있는 부도수표나 부도어음의 지급기일 전에 해당 수표나 어음을 제시하여 금융회사 등으로부터 부도확인을 받은 경우는 그 부도확인일

- 중소기업의 외상매출금 · 미수금으로서 회수기일이 2년 이상 지난 외상매출금 · 미수금. 다만, 특수관계인과의 거래로 인하여 발생한 외상매출금 · 미수금은 제외
- 채무자의 파산, 강제집행, 형의 집행, 사업의 폐지, 사망, 실종 또는 행방불명으로 인해서 회수할 수 없는 채권
- 재판상 화해 등 확정채권과 같은 효력을 가지는 것으로서 민사소송법에 의한 화해, 민사소송법에 의한 화해권고결정 또는 민사조정법 제30조(조정에 갈음하는 결정)에 따른 결정, 민사조정법에 따른 조정에 따라 회수불능으로 확정된 채권
- 회수기일을 6월 이상 지난 채권 중 회수 비용이 당해 채권 가액을 초과하여 회수 실익이 없다고 인정되는 30만 원 이하(채무자별 채권가액의 합계액을 기준)의 채권
- 물품의 수출 또는 외국에서의 용역제공으로 발생한 채권으로서 무

역에 관한 법령에 따라 기획재정부 장관이 정하는 사유에 해당하여 한국무역보험공사로부터 회수불능으로 확인된 채권

- 금융회사 등의 채권 중 금융감독원장 등으로부터 대손금으로 승인을 받은 것

가. 금융감독원장이 기획재정부장관과 협의하에 정한 대손처리기준에 따라 금융회사 등이 금융감독원장으로부터 대손금으로 승인 받은 것

나. 금융감독원장이 위 '가'의 기준에 해당한다고 인정하여 대손처리를 요구한 채권으로 금융회사 등에 대손금으로 계상한 것

- 중소기업창업투자회사의 창업자에 대한 채권으로서 중소벤처기업부 장관이 기획재정부장관과 협의하여 정한 기준에 해당한다고 인정한 것

3. 대손세액공제

$$\text{대손세액} = \text{대손금액(부가가치세 포함)} \times \frac{10}{110}$$

4. 대손세액공제 및 변제 신고 입증자료

대손세액공제를 받으려 하거나 대손세액을 매입세액에 더하려는 사업자는 부가가치세 확정신고서에 대손세액공제(변제)신고서와 대손사실 또는 변제 사실을 증명할 수 있는 다음의 서류를 첨부해서 관할 세무서장에게 제출해야 한다.

❶ 파산 : 매출(입) 세금계산서, 채권배분계산서

❷ 강제집행 : 매출(입) 세금계산서, 채권배분계산서, 배당표

❸ 사망 · 실종 : 매출(입) 세금계산서, 가정법원 판결문, 채권배분계산서

❹ 회생계획인가의 결정 : 매출(입) 세금계산서, 법원이 인가한 회생계획인가 결정문 등

❺ 부도발생일로부터 6개월이 경과한 어음 : 매출(입) 세금계산서, 부도어음

❻ 상법상의 소멸시효 : 매출(입) 세금계산서, 인적사항, 거래품목, 거래금액, 거래대금의 청구내역 등 거래사실을 확인할 수 있는 서류

- ○ 회수할 수 없다는 판단의 입증이 필요 : 채무자의 파산, 강제집행, 형의 집행, 사업의 폐지, 사망, 실종, 행방불명 등 → 무재산 입증 필요
- ○ 대손사유의 발생에 관한 입증만으로 대손요건 충족 : 소멸시효완성채권, 대손승인채권, 국세 결손처분 채권, 경매 취소압류 채권, 부도어음 · 수표(근저당 설정분 제외)

? 재화나 용역을 외상으로 공급하고 대금을 받지 못한 부분이 있는데 어떻게 신고해야 하는지?

재화나 용역을 공급하고 대금을 받지 못한 경우에도 부가가치세를 신고 · 납부해야 한다. 추후 외상매출금 등을 받지 못하고 법령에서 정한 대손 사유에 해당하는 경우 납부한 부가가치세 상당액을 공제받을 수 있다.

05 부가가치세 매입세액

매입세액이란 사업자가 재화 또는 용역을 공급받을 때 부담한 부가가치세액을 말한다. 이러한 매입세액은 과세사업에 관련되었는지? 면세사업에 관련되었는지? 여부, 사업과 관련이 있는지? 여부, 세금계산서 제출 여부 등의 사유에 따라 매출세액에서 공제받을 수 있는 매입세액과 공제받을 수 없는 매입세액으로 구분되며, 매입세액으로 공제받을 수 있는 경우는 다음과 같다.

❶ 세금계산서 수취 분 매입세액
❷ 매입자 발행 세금계산서 매입세액
❸ 신용카드매출전표 수령분 매입세액
❹ 의제매입세액(면세농산물의 구입 시)
❺ 재활용 폐자원 등 매입세액(폐기물처리업, 중고 자동차 매매업)
❻ 재고매입세액(간이 → 일반전환 시)
❼ 변제대손세액(부도 후 변제)
❽ 면세에서 과세사업으로 전환 시(면세 사업 재화의 과세사업 전용)

세금계산서를 늦게 받은 경우에도 매입세액공제 가능

세금계산서는 공급시기에 받아야 하나 공급시기가 속하는 확정신고기한 다음 날부터 1년 이내에 세금계산서를 발급받았을 때는 과세사업과 관련된 매입세액(공제

받을 수 없는 매입세액 제외)은 공제할 수 있으나 지연 수취에 대한 가산세는 납부해야 한다.

신용카드매출전표 수령 분 매입세액

신용카드매출전표는 세금계산서가 아니고 영수증으로 간주하므로 원칙적으로는 매입세액이 공제되지 않는다.

그러나 세금계산서를 발행할 수 있는 일반과세자가 발급한 신용카드매출전표는 공급받는 자와 부가가치세가 별도로 구분 기재 되어 있는 경우 세금계산서와 동일하게 매입세액공제를 받을 수 있다.

따라서 일반과세자 및 연 매출 4,800~1억 400만 원 간이과세자가 아닌 연 매출 4,800만 원 미만 간이과세자가 발행한 신용카드매출전표와 면세사업자가 발행한 신용카드매출전표는 매입세액공제를 받을 수 없다(신용카드매출전표에 부가가치세가 구분표시 되지 않는다.).

1. 신용카드매출전표를 받아도 매입세액불공제 사업자

다음의 일반과세자로부터 신용카드매출전표를 받은 경우는 매입세액공제가 안 된다.

- 미용, 욕탕 및 유사 서비스업
- 여객운송업(국내외 출장 등을 위해 사용한 비행기, 고속버스, 고속철도, 택시) 단, 전세버스운송사업 제외(출장 여비교통비 중 호텔 등 숙박의 경우는 업무 관련의 경우 매입세액공제가 된다.)
- 입장권을 발행하여 영위하는 사업(공연 · 놀이동산 입장권)
- 부가가치세가 과세되는 진료용역을 공급하는 사업

- 부가가치세가 과세되는 수의사가 제공하는 동물진료용역
- 부가가치세가 과세되는 무도학원 · 자동차운전학원
- 기타 노점, 행상을 하는 자
- 국외사용액(출장 여비교통비 중)
- 간편사업자등록을 한 사업자가 국내에 전자적 용역을 제공하는 사업

2. 신용카드매출전표를 받아도 매입세액불공제 거래

다음의 경우에는 부가가치세가 구분기재 된 신용카드매출전표를 받아도 매입세액공제를 받을 수 없다.

- 비영업용 소형승용차 관련 매입세액(유대 등) · 기업업무추진비 관련 매입세액 · 사업과 관련 없는 매입세액(가사용 매입 등)을 신용카드매출전표 등으로 받은 경우
- 간이과세자(연 매출 4,800만 원 미만) · 면세사업자로부터 신용카드매출전표 등을 받은 경우
- 타인(종업원 및 가족 제외) 명의 신용카드를 사용한 경우
- 외국에서 발행된 신용카드
- 항공권 · KTX · 고속버스 · 택시요금, 미용 · 욕탕 · 유사서비스업, 공연(영화) 입장권 등 구입비용
- 과세 되는 쌍꺼풀 등 성형수술, 수의사의 동물진료용역, 무도학원, 자동차운전학원

사업자 본인 명의가 아닌 종업원 명의 신용카드로 지출시 매입세액공제

사업자의 카드가 아니라 종업원이나 가족 명의의 신용카드를 사용했어도 그 사업자의 사업을 위해 사용한 것이 객관적으로 확인이 된다면 매입세액공제를 받을 수

있다. 법인인 경우도 소속 직원 명의의 신용카드로 사무용 비품 및 소모성 물품 등을 구입한 경우 법인의 과세사업과 관련 있는 지출이라면 신용카드매출전표로 매입세액을 공제받을 수 있다. 하지만 소속 직원을 제외한 타인 명의의 신용카드 매출전표는 매입세액공제가 되지 않으니 유의하길 바란다. 다만, 사업용 물품 구입에 사용된 신용카드 결제금액은 연말정산 시 소득공제를 적용받을 수 없다.
직원 신용카드로 사업용 물품을 구입하고, 그 금액을 매입세액공제 받았다면, 연말정산 시 그 금액은 직원의 신용카드사용 금액으로 보지 않기 때문이다. 가족이나 직원 신용카드사용 후에는 부가가치세 매입세액공제와 근로자 소득공제를 중복으로 적용받지 않도록 주의해야 한다.

구 분	매입세액공제	소득공제(비용인정)
본인 카드 (법인카드)	업무 관련성이 있으면 매입세액불공제 대상에 해당하는 지출을 제외하고는 매입세액공제	비용인정. 소득공제 대상은 아님
종업원 카드	업무 관련성이 있으면 매입세액불공제 대상에 해당하는 지출을 제외하고는 매입세액공제	비용인정. 소득공제를 받을 수 없다.

종업원 식대를 지출하는 경우 매입세액공제

개인사업자가 본인의 식대를 지출하면서 부담한 식대는 부가가치세 신고 시 매입세액공제를 받을 수 없다. 다만, 사업자가 자기의 사업과 관련한 종업원을 위해서 지출한 식대는 매입세액공제가 가능하다. 그리고 고용되지 않은 자(3.3% 사업소득 직원 포함)의 식대나 간식대는 기업업무추진비로 보아 매입세액공제가 불가능하다. 참고로 법인 대표이사의 식대는 일반 종업원과 동일하게 매입세액공제 및 비용인정이 되나 개인사업자의 식대는 가사 관련 비용으로 보아 매입세액불공제뿐만 아니라 비용인정도 안 된다.

구 분	매입세액공제	비용인정
개인사업자 식대	매입세액공제를 받을 수 없다.	비용으로 인정되지 않는다.

구 분	매입세액공제	비용인정
법인 대표이사 및 임직원 식대	매입세액공제가 가능하다.	복리후생비로 비용 인정된다.
고용되지 않은 자의 식대	매입세액공제를 받을 수 없다.	기업업무추진비로 비용 인정된다.

? 사업자가 지출한 가사비용에 대해서 세금계산서나 신용카드매출전표 등을 받은 경우 매입세액으로 공제받을 수 있는지요?

부가가치세가 과세되는 사업을 운영하는 사업자는 그 과세사업과 관련하여 재화나 용역을 구입하면서 부담한 부가가치세는 공제받을 수 있다. 따라서 해당 과세사업과 직접 관련 없는 재화나 용역을 구입하면서 부담한 부가가치세는 구매자가 사업자인 경우에도 매입세액으로 공제받을 수 없다.

가사 관련 비용은 사업과 직접 관련 없는 비용이므로 사업주를 공급받는 자로 해서 세금계산서나 신용카드매출전표 등을 받더라도 매입세액으로 공제받지 못한다. 즉, 사업주가 가정에서 사용한 전기요금이나 가스요금에 포함된 부가가치세 및 사업주가 소매점 등에서 사업주의 가정에서 사용할 공산품 등을 구입하면서 부담한 부가가치세 등은 사업과 직접 관련 없는 비용이므로 사업주를 공급받는 자로 해서 세금계산서 등을 받더라도 매입세액으로 공제받지 못하는 것이다.

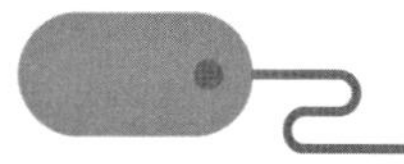

의제매입세액 공제

사업자가 부가가치세를 면제받아 공급받거나 수입한 농·축·수·임산물을 원재료로 해서 제조·가공한 재화 또는 용역의 공급이 과세되는 경우는 일정한 금액을 매입세액으로 공제받을 수 있는데 이를 의제매입세액 공제라고 한다.

- 제조 · 가공을 거치지 않은 경우는 의제매입세액 공제가 안 된다.
- 의제매입세액 공제 시 의제매입세액공제신고서와 매입처별계산서 합계표나 신용카드매출전표수령명세서를 제출해야 하는 요건을 충족하지 않은 경우는 의제매입세액 공제가 안 된다. 따라서 음식점을 영위하는 사업자가 무, 양파, 고추 등을 농민으로부터 직접 구매하는 경우 계산서를 발급받을 수 없는바, 위의 서류를 제출할 수 없어 의제매입세액 공제를 받을 수 없다. 다만, 제조업을 영위하는 사업자는 농 · 어민으로부터 면세농산물 등을 직접 공급받는 경우는 공급자 주민등록번호가 기재된 일반영수증을 발급받고 의제매입세액공제신고서만 제출하면 공제받을 수 있다.

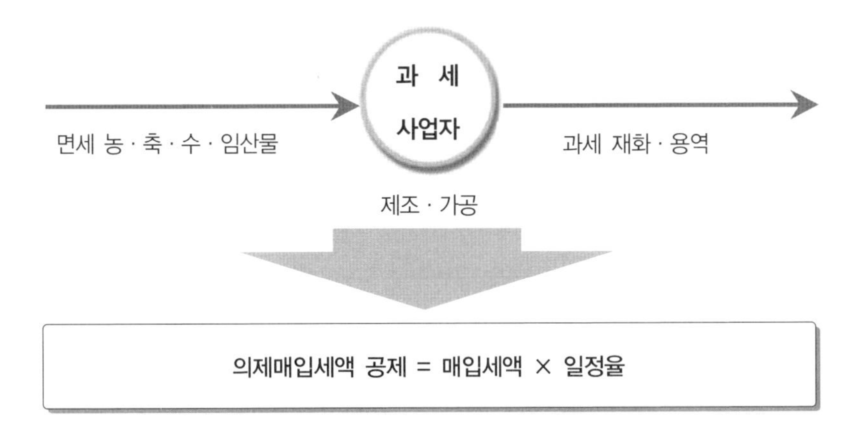

- 부가가치세법상 과세 사업자
- 면세농산물 등에 대하여 일정률에 해당하는 금액만큼 매입세액으로 의제하여 공제

✍ 제조, 가공하지 않고 그대로 다시 공급하는 경우 공제액을 추징받게 된다.

구 분	내 용
공제대상 품목	❶ 농 · 축 · 수 · 임산물 ❷ 김치 · 두부 등 단순 가공식품과 광물인 소금 ❸ 농 · 축 · 수 · 임산물의 1차 가공 과정에서 발생하는 부산물
공제대상 사업자	면세농산물 등을 원재료로 제조 · 가공해서 판매하는 재화 · 용역이 부가가치세가 과세되는 경우 모든 업종(면세포기 사업자 포함)
매입가액	의제매입세액 공제 대상이 되는 원재료의 매입가액은 운임 등의 부대비용을 제외한 매입원가로 한다. 따라서 **운임이나 수수료 등 매입부대비용을 매입가액에 포함시켜 의제매입세액 공제를 받은 경우 부당 공제에 해당한다.** 수입되는 면세농산물 등의 수입가액은 관세의 과세가액으로 한다(관세는 불포함). • **구입한 원재료 중 불량품 및 폐기 처분은 제외하고 의제매입세액 공제를 받아야 한다.** • **면세 원재료를 과세 · 면세 사업에 공통으로 사용한 경우 안분계산을 해야 하며, 전액 공제받는 경우 부당 공제에 해당한다.**
공제시기	구입한 날이 속하는 예정신고 또는 확정 신고 기간이다. 사업자가 예정신고 때 공제하지 아니한 의제매입세액은 확정 신고 시 공제받을 수 있으며, 예정 또는 확정 신고 시 공제받지 아니한 경우 경정청구를 할 수 있다.
의제매입액	• 일반적인 경우 의제매입세액 = 면세농산물 등의 매입세액 × 공제율 • 과세 · 면세 사업 겸업자의 의제매입세액의 안분계산

구 분	내 용
	의제매입세액 = 면세로 구입한 농 · 축 · 수 · 임산물의 매입가격 × 공제율 × 과세공급가액 ÷ 총공급가액
공제한도	의제매입세액은 다음의 금액을 한도로 공제한다. 한도 = 해당 과세기간에 해당 사업자가 면세농산물 등과 관련해서 공급한 과세표준 × 한도율 × 공제율
관련 서류의 제출	❶ 의제매입세액공제신고서에 다음 서류를 첨부하여 제출 가. 매입처별계산서합계표 나. 매입자발행계산서합계표 다. 신용카드매출전표 등 수령명세서 ❷ 제조업을 영위하는 사업자가 농 · 어민으로부터 면세농산물 등을 직접 공급받는 경우는 『의제매입세액공제신고서』만 제출한다. 주 제조업을 제외한 사업자는 계산서나 신용카드매출전표 등을 수취한 경우에만 공제할 수 있다.

의제매입세액의 공제율

• 공제율

구 분				공제율
❶ 음식점	과세유흥장소의 경영자			2/102
	과세유흥장소 외의 음식점을 경영하는 사업자	개인사업자	연 매출 2억 원 이하	9/109
			연 매출 2억 원 초과	8/108
		개인사업자 외의 사업자(법인사업자)		6/106
❷ 제조업	개인사업자	과자점업, 도정업, 제분업 및 떡류 제조업 중 떡 방앗간을 경영하자		6/106
		위 외의 제조업 경영자		4/104
	개인사업자 외의 사업자(법인사업자)	중소기업		4/104
		중소기업 외의 사업자		2/102
❸ 위 ❶ · ❷ 외의 사업				2/102

• 공제 한도율

해당 과세기간의 과세표준		음식점	기타업종
❶ 개인사업자	과세표준이 1억 원 이하인 경우	75%	65%
	과세표준이 1억 원~2억 원인 경우	70%	
	과세표준이 2억 원 초과인 경우	60%	55%
❷ 법인사업자		50%	

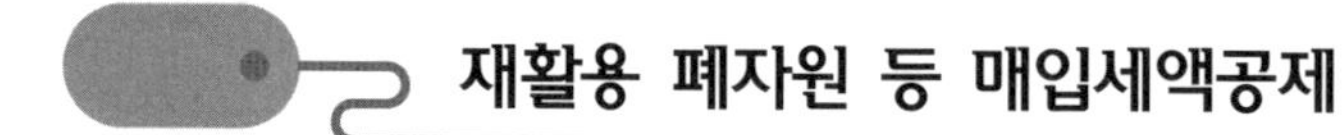

재활용 폐자원 등 매입세액공제

재활용 폐자원 및 중고 자동차를 수집하는 사업자가 세금계산서를 발급할 수 없는 자로부터 재활용 폐자원 및 중고 자동차를 취득하여 제조 또는 가공하거나 이를 공급하는 경우는 취득가액의 일부를 매출세액에서 매입세액으로 공제할 수 있다.

※ 재활용 폐자원 수집업자 = 취득가액 × 3/103
※ 중고 자동차매매업자 = 취득가액 × 10/110

재활용 폐자원 : 고철, 폐지, 폐유리, 폐합성수지, 폐합성고무, 폐금속(철, 알루미늄) 캔, 폐건전지, 폐비철금속류, 폐타이어, 폐유, 폐섬유

재고매입세액 공제

간이과세자가 일반과세자로 변경되는 경우 또는 일반과세자가 간이과세자로 변경되는 경우는 당해 변경일 현재의 재고품, 건설 중인 자

산 및 감가상각자산에 대해서 매입세액으로 공제(재고매입세액)하거나, 납부할 세액에 가산해서 납부(재고납부세액)해야 한다. 이는 매입세액 공제율이 간이과세자와 일반과세자가 다르므로 이를 유형전환일에 조정해 주기 위한 것이다.

1. 과세유형전환 적용기간

계속사업자

간이과세자에 관한 규정이 적용되거나 적용되지 않게 되는 기간은 1역년(1월 1일~12월 31일)의 공급대가의 합계액이 1억 400만 원에 미달하거나 그 이상이 되는 해의 다음 해의 7월 1일부터 그다음 해의 6월 30일까지로 한다.

예를 들어 2024년 1역년의 공급대가가 1억 400만 원에 미달하는 경우 과세유형 전환 적용 기간은 2025년 7월 1일부터 2026년 6월 30일까지 간이과세가 적용되며, 2023년 1역년의 공급대가가 1억 400만 원에 이상인 경우 과세유형 전환 적용 기간은 2024년 7월 1일부터 2025년 6월 30일까지 일반과세가 적용된다.

신규사업자

신규로 사업을 개시한 사업자의 경우에는 최초로 사업을 개시한 해의 다음 해의 7월 1일부터 그다음 해의 6월 30일까지로 한다.

예를 들어 2025년 4월 1일 개업한 신규사업자가 2025년 4월 1일~12월 31일 공급대가가 6,300만 원인 경우 1년으로 환산하면 8,400만 원이 되므로 2026년 7월 1일부터 일반과세자로 전환된다.

간이과세자가 간이과세 포기 신고를 한 경우

간이과세의 포기 신고를 하는 경우는 일반과세자에 관한 규정을 적용받으려는 포기한 달이 속하는 과세기간의 다음 과세기간부터 일반과세자로 전환된다.

구 분	적용시기
계속사업자	다음 해의 7월 1일부터
신규사업자	다음 해의 7월 1일부터
간이과세 포기	다음 과세기간부터

2. 재고매입세액 공제(간이과세자에서 일반과세자로 변경된 경우)

재고매입세액은 간이과세자에서 일반과세자로 변경되는 경우 신고한 재고품, 건설중인자산 및 감가상각자산신고서의 재고금액에 대한 관할 세무서장의 승인을 얻은 날이 속하는 예정신고기간 또는 확정신고 기간의 매출세액에서 공제해 주는 제도를 말한다.

공제대상

간이과세자가 일반과세자로 변경되는 날 현재의 재고품(상품 · 제품 · 재료), 건설 중인 자산 및 감가상각자산(건물 · 구축물은 취득 · 건설 · 신축 후 10년 이내의 것, 그 밖의 감가상각자산은 취득 · 제작 후 2년 이내의 것으로 한정함)으로 매입 시 세금계산서, 신용카드매출전표 등을 수취(장부만으로는 공제 안 됨)한 것 중 매입세액공제 대상인 것으로 간이과세자의 확정신고와 함께 일반과세 전환 시의 재고품 등 신고서에 의해 신고한 후 승인받아야 한다(기한 후 제출 및 경정청구 가능, 환급 가능).

재고매입세액의 계산

구 분	재고납부세액
재고품	1. 2021년 6월 30일 이전 변경된 경우 재고금액 × 10/110 × (1 – 변경되는 날이 속하는 과세기간의 부가가치율) 2. 2021년 7월 1일 이후 변경된 경우 재고금액 × 10/110 × (1 – 0.5% × 110/10)
건설 중인 자산	1. 2021년 6월 30일 이전 변경된 경우 건설 중인 자산 관련 매입세액 × (1 – 변경되는 날이 속하는 과세기간의 부가가치율) 2. 2021년 7월 1일 이후 변경된 경우 건설 중인 자산 관련 매입세액 × (1 – 0.5% × 110/10)
매입한 상각자산	1. 2021년 6월 30일 이전 변경된 경우 취득가액 × 10/110 × (1 – 감가율 × 경과된 과세기간의 수) × (1 – 변경되는 날이 속하는 과세기간의 부가가치율) 2. 2021년 7월 1일 이후 변경된 경우 취득가액 × 10/110 × (1 – 감가율 × 경과된 과세기간의 수) × (1 – 0.5% × 110/10) * 감가율 : 건물 구축물 5%, 그 밖의 감가상각자산 25%

구 분	재고납부세액
제작한 상각자산	1. 2021년 6월 30일 이전 변경된 경우 제작 관련 매입세액 × (1 – 감가율 × 경과된 과세기간의 수) × (1 – 변경되는 날이 속하는 과세기간의 부가가치율) 2. 2021년 7월 1일 이후 변경된 경우 제작 관련 매입세액 × (1 – 감가율 × 경과된 과세기간의 수) × (1 – 0.5% × 110/10) * 감가율 : 건물 구축물 5%, 그 밖의 감가상각자산 25%

주 사업자가 직접 제작 · 건설 또는 신축한 자산의 경우 『취득가액』 을 『당해 자산의 건설 또는 신축과 관련한 공제대상 매입가액』 으로 적용한다.

주 경과된 과세기간 계산 시 취득일은 재화를 실제로 사업에 사용한 날을 말한다.

재고품의 신고 및 승인

일반과세자로 변경되는 날 현재의 재고품, 건설 중인 자산 및 감가상각자산에 대해서 간이과세자의 확정신고와 함께 『일반과세전환시의 재고품 등 신고서』를 작성해서 제출해야 공제할 수 있다. 관할 세무서장은 신고기한 경과 후 1월 이내에 공제대상 재고매입세액을 통지해야 하며, 통지하지 않은 경우 신고 내용대로 승인된 것으로 간주한다.

재고매입세액의 공제

승인을 얻은 날이 속하는 예정신고기간 또는 과세기간의 매출세액에서 공제한다.

3. 재고납부세액(일반과세자에서 간이과세자로 변경된 경우)

재고납부세액은 일반과세자가 간이과세자로 과세유형이 변경되는 경우, 일반과세자와 간이과세자의 매입세액공제율 차이로 인한 세액 차이를 조정하기 위한 제도이다.

재고납부세액 가산 대상

재고납부세액에 가산해야 할 대상인 재고품, 건설 중인 자산 및 감가상각자산은 일반과세자가 간이과세자로 변경되는 날 현재의 다음에 규정하는 재고품, 건설 중인 자산 및 감가상각자산(사업양수자가 양수한 자산으로서 사업양도자가 매입세액을 공제받은 재화를 포함)으로서 매입세액공제를 받은 것에 한한다.

구 분	범 위
재고품	❶ 상품 ❷ 제품(반제품 및 재공품 포함) ❸ 재료(부재료 포함)
건설 중인 자산	
감가상각자산	❶ 건물 · 구축물 : 취득 · 건설 · 신축 후 10년 이내의 것 ❷ 기타의 감가상각자산 : 취득 · 제작 후 2년 이내의 것

재고납부세액의 계산

구 분	범 위
재고품	1. 2021년 6월 30일 이전 변경된 경우 재고금액 × 10/100 × (1 – 변경되는 날이 속하는 과세기간의 부가가치율)

구 분	범 위
	2. 2021년 7월 1일 이후 변경된 경우 재고금액 × 10/100 × (1 - 0.5% × 110/10)
건설 중인 자산	1. 2021년 6월 30일 이전 변경된 경우 건설중인 자산 관련 매입세액 × (1-변경되는 날이 속하는 과세기간의 부가가치율) 2. 2021년 7월 1일 이후 변경된 경우 건설중인 자산 관련 매입세액 × (1 - 0.5% × 110/10)
매입한 상각자산	1. 2021년 6월 30일 이전 변경된 경우 취득가액 × 10/100 × (1 - 감가율 × 경과된 과세기간의 수) × (1 - 변경되는 날이 속하는 과세기간의 부가가치율) 2. 2021년 7월 1일 이후 변경된 경우 취득가액 × 10/100 × (1 - 감가율 × 경과된 과세기간의 수) × (1 - 0.5% × 110/10) * 감가율 : 건물 구축물 5%, 그 밖의 감가상각자산 25%
제작한 상각자산	1. 2021년 6월 30일 이전 변경된 경우 제작 관련 매입세액 × 10/100 × (1 - 감가율 × 경과된 과세기간의 수) × (1 - 변경되는 날이 속하는 과세기간의 부가가치율) 2. 2021년 7월 1일 이후 변경된 경우 제작 관련 매입세액 × 10/100 × (1 - 감가율 × 경과된 과세기간의 수) × (1 - 0.5% × 110/10)

주 재고품 등의 금액 : 취득가액(부가가치세 불포함). 다만, 장부 또는 세금계산서가 없거나 기장이 누락된 경우는 시가에 의한다.

주 경과된 과세기간의 수 : 과세기간 단위로 계산하되, 취득한 날(실제 사업에 사용한 날)이 속하는 과세기간은 포함하고 재계산 된 날이 속하는 과세기간은 제외한다(건물 또는 구축물은 20, 기타 감가상각자산은 4를 한도로 함).

주 당해 업종의 부가가치율 : 간이과세자로 변경되는 날이 속하는 과세기간에 적용되는 당해 업종의 부가가치율에 의한다.

재고품 등의 신고와 승인

① 재고품 및 감가상각자산의 신고

일반과세자가 간이과세자로 변경되는 날 현재의 재고품, 건설 중인 자산 및 감가상각자산을 직전 과세기간에 대한 일반과세자의 확정신고와 함께 간이과세 전환 시 재고품 등 신고서에 의해서 각 사업장 관할 세무서장에게 신고해야 한다.

② 재고품 등의 승인

재고품 등의 신고를 받은 세무서장은 재고금액을 조사 · 승인하고 간이과세자로 변경된 날로부터 90일 이내에 재고납부세액을 통지해야 한다.

기한 내에 통지하지 않은 때에는 신고내용을 승인한 것으로 본다.

사업자가 재고품을 신고하지 않았거나 과소하게 신고한 경우 관할 세무서장은 재고금액을 조사해서 재고납부세액을 결정 · 통지한다.

③ 재고납부세액의 납부 방법

간이과세자로 변경된 날부터 6월간의 거래에 대한 납부할 세액에 가산해서 납부한다.

공제받지 못할 매입세액(매입세액불공제)

사업자가 자기의 사업을 위해서 사용되었거나 사용될 재화 또는 용역의 공급 및 재화의 수입에 대한 매입세액은 공제되지만, 아래의 경우에는 거래 징수당한 사실이 세금계산서 등에 의해서 입증된다고 해도 그 매입세액은 공제받지 못한다.

❶ 매입처별세금계산서합계표를 미제출 · 부실 기재한 경우
❷ 세금계산서를 미수령 및 부실 기재한 경우
❸ 사업과 직접 관련이 없는 지출에 대한 매입세액
❹ 비영업용 소형승용차의 구입과 유지에 관한 매입세액
❺ 기업업무추진비 및 이와 유사한 비용의 지출에 관련된 매입세액
❻ 부가가치세가 면제되는 재화 또는 용역을 공급하는 사업에 관련된 매입세액과 토지 관련 매입세액
❼ 사업자등록 전의 매입세액

1. 세금계산서 미수령 및 합계표의 미제출·부실기재에 대한 매입세액

매입세액으로 공제되지 않는 경우

- 세금계산서를 발급받지 못한 경우 또는 발급받은 세금계산서에 필요적 기재 사항의 전부 또는 일부가 기재되지 않았거나 사실과 다르게 기재된 경우의 매입세액
- 신고 시 매입처별세금계산서합계표를 미제출한 경우와 제출하였으

나 기재 사항 중 거래처별 등록번호 또는 공급가액의 전부 또는 일부가 기재되지 않은 경우 및 사실과 다르게 기재된 매입세액

매입세액으로 공제 가능한 경우

- 매입처별세금계산서합계표 또는 신용카드매출전표등수령명세서를 수정신고, 경정청구, 기한후신고시 제출하는 경우
- 기재 내용이 착오로 잘못 기재된 경우로 세금계산서 등에 의하여 거래 사실이 확인되는 경우
- 사업자가 발급받은 세금계산서 또는 신용카드매출전표 등을 경정 기관의 확인을 거쳐 정부에 제출하는 경우
- 동일 과세기간에 발급된 공급시기와 발급 시기가 다른 세금계산서
- 공급시기 이후에 발급받은 세금계산서로서 해당 확정신고기한 다음날부터 1년 이내에 세금계산서를 발급받은 경우(공급일이 속하는 달의 다음 달 10일(다음 달 10일이 공휴일 또는 토요일일 때는 해당 일의 다음 날)까지 발급받은 경우 포함)
- 공급가액이 과대 계상된 경우 실지 거래 해당 분
- 발급받은 전자세금계산서로서 전송되지 않았으나 발급한 사실이 확인되는 경우 : 전자세금계산서 외의 세금계산서(종이 세금계산서를 의미)로서 공급시기가 속하는 과세기간에 발급받았고, 거래 사실도 확인되는 경우

2. 사업과 직접 관련 없는 지출에 대한 매입세액

사업과 직접 관련이 없는 지출에 대한 매입세액은 매출세액에서 공제

하지 않으며, 사업과 직접 관련 없는 매입세액의 범위는 다음과 같다.

- 사업자가 그 업무와 관련 없는 자산을 취득 · 관리함으로써 발생하는 취득비 · 유지비 · 수선비와 이와 관련되는 필요경비
- 사업자가 그 사업에 직접 사용하지 않고 타인(종업원을 제외한다)이 주로 사용하는 토지 · 건물 등의 유지비 · 수선비 · 사용료와 이와 관련되는 지출금
- 사업자가 그 업무와 관련 없는 자산을 취득하기 위해서 차입한 금액에 대한 지급이자
- 사업자가 사업과 관련 없이 지출한 기업업무추진비
- 사업자가 공여한 「형법」에 따른 뇌물 또는 「국제상거래에 있어서 외국공무원에 대한 뇌물방지법」상 뇌물에 해당하는 금전과 금전 외의 자산 및 경제적 이익의 합계액
- 사업자가 노동조합 및 노동관계 조정법을 위반해서 지급하는 급여 사업과 관련해서 사용인에게 실비변상적이거나 복리후생적인 목적으로 지급되는 재화에 대해서는 재화의 공급으로 보지 않으며, 당해 재화의 구입과 관련된 매입세액은 공제된다.
- 직원들의 야유회, 어버이날 위안잔치와 관련된 매입세액
- 사용인에게 무상으로 공급된 작업복, 작업모, 면장갑 등과 관련된 매입세액
- 사업상 피해재산의 복구와 관련된 매입세액공제

사업자가 자기 사업과 관련해서 타인의 재산에 손해를 입혀 해당 피해재산의 수리와 관련된 매입세액은 매출세액에서 공제한다(통칙 17-0-3).

3. 비영업용 소형승용차의 구입·임차 및 유지에 관련된 매입세액

부가가치세법상 비영업용소형승용차의 구입과 유지 관련 비용은 매입세액공제가 안 된다.

많이들 헷갈리는데, 업무용과 영업용은 엄연히 다르다. 즉, 부가가치세 매입세액공제가 되는 영업용과 흔히 회사업무를 하면서 사용하는 영업용 또는 업무용과는 엄연히 다른 의미로 사용된다.

"회사에서 차량을 운행하면 모두 영업용차량 아닌가요? 따라서 영업용 차량이니까 공제받을 수 있는 거 아닌가요?"라고 물어보는 경우가 있는데, 회사에서 운영하는 차량은 세법상 말하는 영업용이 아닌 업무용이다.

부가가치세법에서 말하는 영업용 차량이란 운수업(택시, 버스), 자동차판매업, 자동차임대업(리스, 렌트카업), 운전학원업, 출동서비스업 등의 업종, 장례식장 및 장의 관련업을 영위하는 법인차량과 운구용 승용차를 영업에 직접 이용하는 것을 의미하므로 업무용과는 다르다. 노란색 번호판을 달고 있다.

따라서 도소매업, 제조업 등 일반법인이나 개인사업자의 경우 영업용 차량에 해당하지 않아 매입세액공제를 받을 수 없다.

그리고 관련 비용도 차와 묶어서 같은 규정이 적용되는데, 관련 비용은 수리비, 주차비, 주유비, 리스비, 렌트비 등 명칭과 관계없이 모든 승용차 관련 비용을 포함한다.

해당 업종(운수업(택시, 버스), 자동차판매업, 자동차임대업(리스, 렌트카업), 운전학원업, 출동서비스업 등의 업종, 장례식장 및 장의 관련업을 영위하는 법인차량과 운구용 승용차)이 아닌 법인이나 개인사업자의 경우 개별소비세 과세대상 차량의 구입, 유지, 임차에 관한 비용은 매입세액공제를 받지 못한다. 자가 소유, 리스, 렌트 차량 구별 없이 같게 적용된다.

- 일반적인 사업자들의 차량은 업무용이지만 비영업용으로 구분된다.
- 현실에 보이는 영업용 차량(승용차)이란 택시, 렌트카 사업의 차량, 택배회사 등의 화물 운송 차량, 경비업 출동차량, 운전학원 차량으로 매우 제한적으로 인정받는다. 따라서 동 차량이 아니면 비영업용에 해당한다. 즉, 비영업용소형승용차란 업종요건과 소형승용차(인원 요건)라는 2가지 요건을 모두 충족하는 차량을 말한다.

예를 들면, 마티즈와 같은 경차나 화물차 등은 유지비와 관련해서 발생한 주유비는 부가가치세 신고 때 공제받을 수 있지만, 그 이외의 차량은 공제받을 수 없다. 또한, 차량이 같다고 해도 자동차판매업을 하는 사업자는 부가가치세 신고 때 공제받을 수 있으나 그 이외(위 업종요건 이외의 업종) 사업자는 공제받을 수 없다. 다만, 공제받지 못한 부가가치세 매입세액은 법인세 신고나 소득세 신고 때 비용으로 인정을 받을 수 있다.

구 분	공제가능 차량
영업용으로 인정되는 업종	○ 운수업 ○ 자동차판매업 ○ 자동차임대업 ○ 운전학원업 ○ 장례식장 및 장의관련업을 영위하는 법인차량과 운구용 승용차

구 분	공제가능 차량
	○ 경비업법에 따른 기계 경비업무를 하는 경비업. 이 경우 자동차는 출동 차량에 한정하여 적용한다.
공제 가능 차량	○ 화물차 : 화물칸이 따로 구별되어 짐을 실을 수 있는 차량 ○ 벤 승용차 : 운전석과 조수석 외에는 좌석이 없는 차량으로 운전석 뒤 칸에 물건을 실을 수 있게 좌석 시트 대신 공간으로 구성된 차량 ○ 경차 : 1,000cc 미만 차량으로 모닝, 스파크, 레이 등 ○ 125cc 이하의 이륜자동차 ○ 정원 9인승 이상의 승용차 : 카니발 9인승 등
차량유지비용	하이패스 단말기 구입비용, 네비게이션, 세차, 수리비용, 주유비, 주차 비용 등
주유 유종에 따른 구분	매입세액공제는 주유하는 기름의 종류에 따라 공제가 되고, 안 되고가 결정되는 것이 아니라, 법적으로 업종과 차종에 따라 공제 가능 여부가 결정된다. 따라서 경유, 휘발유, 전기, 수소에 따라 공제여부가 결정되지 않는다.

주 매입세액이 공제되지 않는 승용자동차의 구분

개별소비세가 과세 되는 승용자동차 ➜ 매입세액불공제 대상

개별소비세가 과세 되지 않는 소형승용자동차 ➜ 매입세액공제 대상

구 분		매입세액공제
개별소비세 과세대상 자동차가 아닌 경우		매입세액공제
개별소비세 과세대상 자동차인 경우	❶ 운수업(택시, 버스), 자동차판매업, 자동차임대업(리스, 렌트카업), 운전학원업, 출동서비스업 등의 업종, 장례식장 및 장의 관련업을 영위하는 법인차량과 운구용 승용차	매입세액공제
	❷ ❶이외의 경우	매입세액불공제

차량 제조사별 매입세액공제 되는 차량

구 분	공제 가능 차량
현대자동차	• 공제 : 스타렉스(9인승), 산타모(9인승), 트라제 XG(9인승), 아토스(4인승 경차), 그레이스 미니버스(9, 12인승), 스타렉스 왜건(11, 12인승), 갤로퍼-밴, 그레이스 밴, 스타렉스 밴, 포터 등 • 불공제 : 투싼ix(5인승), 싼타페(7인승), 베라크루즈(7인승), 산타모(5, 6, 7인승), 갤로퍼(5, 6인승), 스타렉스(7인승), 테라칸(7인승), 트라제XG(7인승), 아반떼, 쏘나타(LF, YF, NF, EF), 제네시스, 엑센트, 베르나, 그랜저, 에쿠스, 다이너스티, 투스카니, 벨로스터 등
기아자동차	• 공제 : 레이, 모닝, 비스토, 카니발R(9인승), 카니발R(11인승), 카니발 R-리무진(11인승), 프레지오(12, 15인승), 레토나 밴, 모닝 밴, 레이 밴, 스포티지 밴, 카니발 밴, 프레지오 밴, 봉고3 등 • 불공제 : 레토나(5인승), 록스타(5인승), 쏘렌토R(7인승), 카니발(7인승), 스포티지R(5, 7인승), 뉴카렌스(7인승), 카니발R-리무진(7인승), 프라이드, 쏘울, 포르테, 스펙트라, K3, K5, K7, K9, 옵티마, 오피러스 등
쌍용자동차	• 공제 : 뉴 로디우스(9인승), 코란도 투리스모(9인승), 이스타나(11, 12, 14, 15인승), 로디우스(11인승), 코란도 투리스모(11인승), 액티언 스포츠(5인승), 무쏘 밴, 무쏘 스포츠(5인승), 코란도 밴(3인승), 코란도 스포츠(5인승) 등 • 불공제 : 카이런(7인승), 렉스턴(5, 7인승), 무쏘(5, 7인승), 체어맨(5인승), 코란도 패밀리(4, 5, 6인승) 등
한국GM 자동차	• 공제 : 스파크(5인승 경차), 스파크 밴, 다마스 밴, 마티즈 밴, 라보(2인승), 마티즈(5인승 경차), 티코(5인승 경차) 등 • 불공제 : 레조(7인승), 젠트라, 크루즈, 말리부, 칼로스, 라세티, 토스카, 베리타스, 알페온, 캡티바, 올란도 등
르노 삼성	• 불공제 : SM3, SM5, SM7, QM5

? 비영업용 소형승용차 및 비사업용 승합차·화물차 매입세액 부당공제 세무조사 사례

1. 선정 사유

① 비영업용 소형승용차의 구입 관련 부가가치세 매입세액은 불공제 대상임에도 이를 공제하여 신고

② 개별소비세가 비과세되는 승합·화물차의 경우 사업 관련 여부를 확인하지 않고 매입세액을 공제

2. 적출 사항 : 매입세액불공제

① 개별소비세가 과세되는 비영업용소형승용차 구입·임차·유지에 관련된 비용은 원칙적으로 매입세액불공제

* 자동차 제조사, 영업소, 렌트 회사 등에서 받은 세금계산서는 반드시 사전에 공제 가능 여부를 확인하여야 함

② 차량 사용 용도가 사업장 및 거래처 출퇴근 용도로 소명하더라도 다수의 예규·판례에서는 주된 용도가 출퇴근 등 이동 편의 수단으로 사용하는 차량은 사업과 직접 관련으로 보기 어렵다고 판시

* 출퇴근, 부정기적 화물 운반, 손님 픽업 등 간헐적 사용 여부로 사업 관련성을 판단하는 것이 아니라 사업용 차량으로 볼 수 있을 만큼 상시적이고 과세사업과의 직접적인 관련성이 있는지가 중요

3. 주요 탈루 사례

① 비영업용소형승용차 구입 후 고장자산매입이 아닌 일반매입으로 부가가치세 신고하여 매입세액 부당공제

② 렌트카 회사로부터 비영업용소형승용차(외제차)를 장기 렌탈 (3~5년 계약)하고 임차료에 대해 부가가치세를 매입세액 부당 공제

③ 부동산임대업 영위자가 단순 출퇴근에 이용하는 9인승 밴을 구입하고 부가가치세 매입세액 부당공제

? 경유 차량은 매입세액공제가 되고 휘발유 차량은 안되나?

일반적으로 우리나라의 경우 비영업용소형승용차를 제외한 대다수 차량이 경유차

량이므로 경유 차량은 매입세액공제가 되고, 휘발유 차량은 공제가 안 된다고 오해하는 경우가 많은데, 유류의 종류(휘발유 · 경유 · 가스, 전기, 수소)와 관계없이 비영업용 소형승용차에 해당하는 경우는 매입세액에서 공제되지 않는다. 예를 들어 카니발의 경우 9/11인승은 매입세액공제 대상 차량이지만 6/7인승은 불공제 대상에 해당한다.

4. 기업업무추진비지출과 관련된 매입세액

기업업무추진비 및 이와 유사한 비용의 지출에 대한 매입세액은 불공제된다.

5. 부가가치세가 면제되는 사업에 관련된 매입세액과 토지 관련 매입세액

부가가치세가 면제되는 재화 또는 용역을 공급하는 사업(부가가치세가 과세되지 않은 재화 또는 용역을 공급하는 사업을 포함)에 관련된 매입세액(투자에 관련된 매입세액 포함)과 토지 관련 매입세액은 불공제된다. 농 · 어업용 면세 유류 판매업자는 안분계산하지 않고 전액 공제가 가능하다.

면세사업자의 매입세액

부가가치세가 면제되는 범위에는 과세 되지 않는 것을 포함한다.
면세사업자는 부가가치세 납부 의무가 없는 사업자이므로 공급받을 때 거래 징수당한 매입세액을 공제받지 못하며, 면세사업자의 경우 매입세액은 취득원가를 구성해서 감가상각을 통해 제조원가 또는 매출원가에 가산해서 최종소비자에게 전가된다. 면세사업과 과세사업을 겸용하는 사업자는 과세사업과 관련된 매입세액을 공제하기 위해 매입세액을 당해 과세기간 공급가액 · 총매입가액 · 총예정공급가액 또는 총예정공급면적에 의해 안분계산과 정산을 통해 매입세액을 공제한다.

토지 관련 매입세액의 범위

- 토지의 취득 및 형질변경, 공장부지 및 택지의 조성 등에 관련된 매입세액
- 건축물이 있는 토지를 취득해서 그 건축물을 철거하고 토지만을 사용하는 경우는 철거한 건축물의 취득 및 철거 비용에 관련된 매입세액
- 토지의 가치를 현실적으로 증가시켜 토지의 취득원가를 구성하는 비용에 관련된 매입세액

6. 사업자등록 전 매입세액

사업자등록을 하기 전의 매입세액은 매출세액에서 공제하지 않는다. 다만, 공급 시기가 속하는 과세기간이 끝난 후 20일 이내에 등록을 신청한 경우 그 공급 시기 내 매입세액은 공제받을 수 있다.

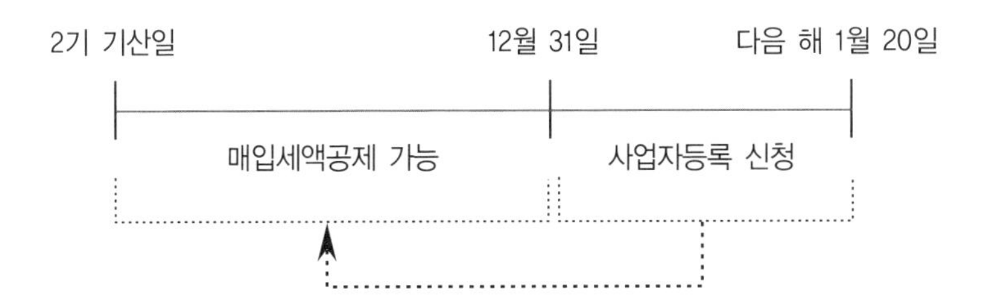

06 부가가치세 납부세액과 차가감납부세액

납부세액은 매출세액에서 매입세액을 차감한 금액이 되며, 납부세액에서 경감 · 공제세액과 예정신고미환급세액, 예정고지세액을 차감한 후 가산세를 가산하면 차가감납부(환급)할 세액이 계산된다.

경감 · 공제

1. 전자신고세액공제

전자신고방법으로 확정신고 시 1만 원을 납부세액으로 공제하거나 환급세액에 가산한다. 다만, 매출가액과 매입가액이 없는 일반과세자에 대해서는 전자신고세액 공제를 적용하지 않는다. 이는 확정신고 시 적용하며, 예정신고 시에는 적용하지 않는다.

2. 신용카드매출전표 등에 대한 세액공제

공제대상 사업자

☑ 신규 간이과세자 및 직전연도 공급대가가 4,800만 원 미만인 간

이과세자와 일반과세자(법인사업자와 직전연도 공급가액이 10억 원을 초과하는 개인사업자는 제외) 중 아래 사업을 영위하는 자가 공제대상이다. 제조 · 도매업자가 신용카드매출전표를 발행한 경우 신용카드 발행세액공제가 안 된다.

- 공제 가능 업종 : 소매업, 음식점업, 숙박업, 미용 · 욕탕 및 유사 서비스업, 여객운송업, 입장권을 발행하여 경영하는 사업, 사업 및 행정사업, 소포우편물을 방문 접수하여 배달하는 용역을 공급하는 사업, 의료업, 무도학원, 자동차 운전학원, 운수업과 주차장운영업, 부동산중개업, 사회서비스업과 개인서비스업, 가사서비스업, 도로 및 관련 시설 운영업, 자동차 제조업 및 자동차 판매업, 주거용 건물 수리 · 보수및개량업 등

공제대상 결제수단

- 여신전문금융업법에 의한 신용카드 · 직불카드 매출
- 결제대행업체(PG사)를 통한 신용카드 매출
- 선불카드(실지명의가 확인되는 것) 매출
- 조세특례제한법에 의한 현금영수증 매출
- 전자화폐에 의한 매출

공제방법

부가가치세 신고 시 『신용카드매출전표 발행금액 등 집계표』를 작성해서 제출해야 한다.

발행세액 공제세액

신용카드매출전표 등 발행금액(공급대가) × 1.3%(연간 1,000만 원 한도)

예정신고 미환급세액과 예정 고지세액

1. 예정신고 미환급세액

수출 · 시설투자 등에 의한 조기환급 대상자 외의 일반환급대상자는 예정신고 시에 환급하지 않으며, 확정신고 시 납부 (환급)할 세액에서 공제(가산)한다.

2. 예정 고지세액

개인사업자(직전 과세기간 공급가액이 1억 5천만 원 미만인 영세 법인포함)에 대해서는 각 예정신고기간 마다 직전 과세기간에 대한 납부세액의 2분의 1에 상당하는 금액을 고지 결정하나, 다음의 경우에는 예정신고를 할 수 있다.

- 휴업 또는 사업 부진 등으로 인하여 각 예정신고기간의 공급가액 또는 납부세액이 직전 과세기간의 공급가액 또는 납부세액의 3분의 1에 미달하는 자
- 조기환급을 받고자 하는 자

07 겸업사업자의 부가가치세액 계산

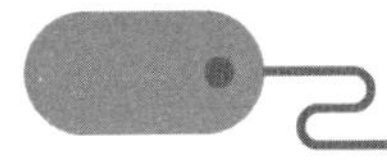

공통사용재화 공급 시 공급가액 안분계산

과세와 면세의 겸업 사업자로서 과세사업과 면세사업에 공통으로 사용하던 재화를 판매할 경우 매매가액에서 부가가치세 과세표준을 계산하는 방법을 말한다.

예를 들어 우유 대리점, 약국, 국민주택 건설이 있는 건설업자, 생닭과 양념 닭을 같이 도소매하는 경우, 일반 김치와 포기김치를 같이 제조하는 사업자가 과세와 면세에 공통으로 사용하던 차량이나 기계장치 등을 양도하는 경우가 이에 해당한다.

과세사업과 면세 사업에 공통으로 사용된 재화를 공급하는 경우는 다음과 같이 계산한 금액을 공급가액으로 한다.

안분기준	매입 시	보유 시	공급 시
원칙	공급가액	공급가액	공급가액
특례	사용면적	사용면적	사용면적

1. 공급가액에 따른 안분계산

과세표준의 안분계산은 당해 재화를 공급한 날이 속하는 과세기간의 직전 과세기간의 공급가액을 기준으로 한다. 다만, 직전 기에 휴업 등으로 인해서 직전 과세기간 공급가액이 없는 경우에는 그 재화를 공급한 날에 가장 가까운 과세기간의 공급가액에 의해서 안분 계산한다.

$$\text{공급가액} = \text{당해 재화의 공급가액} \times \frac{\text{직전 과세기간의 과세 공급가액(과세)}}{\text{직전 과세기간의 총공급가액(과세 + 면세)}}$$

2. 사용면적에 따른 안분계산

공통매입세액을 사용면적에 따라 안분계산한 경우 또는 납부세액이나 환급세액을 사용면적비율에 따라 재계산한 재화로서 과세사업과 면세사업에 공통으로 사용되는 재화를 공급하는 경우 그 과세표준은 다음 산식에 의해서 계산한다. 이 경우 휴업 등으로 인해서 직전과세기간의 사용면적비율이 없는 경우에는 그 재화를 공급하는 날에 가장 가까운 과세기간의 사용면적비율에 의해서 계산한다.

$$\text{과세표준} = \text{당해 재화의 공급가액} \times \frac{\text{직전 과세기간의 과세사용면적(과세)}}{\text{직전 과세기간의 총사용면적(과세 + 면세)}}$$

3. 안분계산의 생략

다음의 경우에는 안분계산을 생략하고 당해 재화의 공급가액 전액을 과세표준으로 한다.

- 재화를 공급하는 날이 속하는 과세기간의 직전 과세기간의 총공급가액 중 면세공급가액이 5% 미만인 경우(해당 재화의 공급가액이 5,000만 원 이상일 경우는 안분계산)
- 재화의 공급가액이 50만 원 미만인 경우. 이 경우 재화의 공급가액이란 당해 재화의 과세기간 합계액이 아닌 공급단위별 가액(개별가액)을 기준으로 한다.
- 재화를 공급한 날이 속하는 과세기간에 신규로 사업을 개시하여 직전 과세기간이 없는 경우

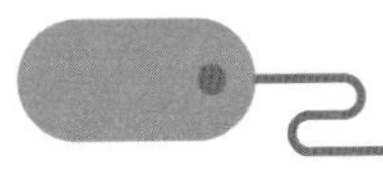

공통매입세액의 안분계산

부가가치세 과세, 면세 겸업 사업자가 발급받은 세금계산서의 매입세액은 사업에 공하는 실지 귀속을 따져서 매입세액불공제 여부를 가려야 하지만 공급받은 재화 또는 용역이 과세사업과 면세사업에 공통으로 사용, 소비되어 실지 귀속이 불분명한 경우도 있다.

예를 들어 농산물과 공산품을 같이 취급하는 슈퍼마켓의 매장임차료, POS 관리비용이나 잡지에 게재되는 광고 수입이 있는 잡지사의 인쇄설비 구입비용, 상가나 오피스텔 분양사업자가 지불한 분양광고비용 등이 그것이다.

이같이 과세사업과 면세사업에 공통으로 사용 · 소비되어 그 실지귀속을 구분할 수 없는 재화 · 용역의 매입세액을 공통매입세액이라고 한다.

공통매입세액은 과세사업에 공하는 부분만을 매입세액으로 공제하고 면세사업에 사용하는 부분을 불공제 시켜야 하므로 이를 인위적으로 안분계산해야 하는데 부가가치세법에서는 당해 과세기간의 총공급가액에서 면세공급가액이 차지하는 비율만큼을 면세사업에 공하는 부분으로 보고 공통매입세액에 그 비율을 곱한 금액을 공제받지 못할 매입세액으로 해서 납부세액 계산 시 불공제하도록 규정하고 있다.
공통매입세액은 다음 산식에 의해서 계산한다. 다만, 예정신고를 하는 때에는 예정신고기간에 있어서 총공급가액에 대한 면세공급가액의 비율에 따라서 안분계산하고, 확정신고를 하는 때에 정산한다.

면세사업에 관련된 매입세액 =

$$\text{공통매입세액} \times \frac{\text{당해 과세기간 면세공급가액}}{\text{당해 과세기간 총공급가액}}$$

주 공통매입세액과 관련 없는 고정자산의 매각금액은 총공급가액 및 면세공급가액에서 제외한다.

주 여러 업종의 사업 및 여러 곳의 건설 현장 등이 있는 경우 특정 사업부문 또는 건설 현장에 사용된 공통매입세액은 해당 사업부문 및 건설 현장별로 안분계산하고, 전체 사업장에 관련된 공통매입세액은 전체 사업장의 공급가액 등으로 안분계산한다.

1. 공통매입세액 안분계산의 생략

다음의 경우에는 공통매입세액 안분계산을 하지 않고 전액 공제되는 매입세액으로 한다.

- 당해 과세기간의 총공급가액 중 면세공급가액이 5% 미만인 경우. 다만, 공통매입세액이 5백만 원 이상인 경우 제외

예정신고 시에 면세공급가액 비율이 5% 이상이어서 공통매입세액 안분계산을 했으나 확정신고 시 과세기간에 대한 면세공급가액 비율이 5% 미만이 된 경우 당초 신고 시 불공제한 공통매입세액은 납부세액에서 공제하거나 경정청구를 통해서 환급받을 수 있다.

- 당해 과세기간 중의 공통매입세액이 5만 원 미만인 경우의 매입세액
- 신규로 사업을 개시한 자가 당해 과세기간 중에 공급받은 재화를 당해 과세기간 중에 공급하는 경우

2. 당해 과세기간 중 과세사업과 면세사업의 공급가액이 없거나 그 어느 한 사업의 공급가액이 없는 경우

당해 과세기간 중 과세사업과 면세사업의 공급가액이 없거나 그 어느 한 사업의 공급가액이 없는 경우에 당해 과세기간에 있어서 안분계산은 다음 순서(다만, 건물을 신축 또는 취득해서 과세사업과 면세사업에 제공할 예정 면적을 구분할 수 있는 경우에는 총 예정사용면적에 대한 면세사업에 관련된 예정사용면적의 비율을 우선해서 적용한다)에 의해서 계산하고, 과세사업과 면세사업의 공급가액 또는 사용 면적이 확정되는 경우 공통매입세액을 정산한다.

- 총매입가액(공통매입가액을 제외한다)에 대한 면세사업에 관련된 매입가액의 비율
- 총예정공급가액에 대한 면세사업에 관련된 예정공급가액의 비율

총 예정사용면적에 대한 면세사업에 관련된 예정사용면적의 비율

3. 공통매입세액의 정산

사업자가 공통매입세액을 예정공급가액 등에 의해서 안분계산을 한 경우에는 당해 재화의 취득과 관련한 과세사업과 면세사업의 공급가액 또는 사용면적이 확정되는 과세기간에 대한 납부세액을 확정신고하는 때에 아래 산식에 의해서 정산한다. 다만, 예정신고의 경우에는 예정신고기간의 총공급가액에 대한 면세공급가액의 비율 또는 총사용면적에 대한 면세 사용면적의 비율에 따라서 안분계산하고, 확정신고를 하는 때에 정산한다.

매입가액비율 및 예정공급가액에 의해서 안분계산 한 경우

$$\text{가산 또는 공제되는 세액} = \text{총 공통매입세액} \times \left(1 - \frac{\text{과세사업과 면세사업의 공급가액이 확정되는 과세기간의 면세공급가액}}{\text{과세사업과 면세사업의 공급가액이 확정되는 과세기간의 총공급가액}}\right) - \text{기 공제세액}$$

예정사용면적에 의해서 안분계산한 경우

$$\text{가산 또는 공제되는 세액} = \text{총 공통매입세액} \times \left(1 - \frac{\text{과세사업과 면세사업의 사용면적이 확정되는 과세기간의 면세 사용면적}}{\text{과세사업과 면세사업의 사용면적이 확정되는 과세기간의 총 사용면적}}\right) - \text{기 공제세액}$$

4. 납부·환급세액의 재계산

과세사업과 면세사업 등에 공통으로 사용되는 감가상각자산의 취득과 관련해서 발생한 매입세액을 안분계산한 이후의 과세기간에 과세 · 면세비율이 증감한 경우 면세사업 등에 관련된 매입세액을 재계산해서 증감 사유가 발생한 과세기간의 납부세액 또는 환급세액을 공제하거나 가산하는 것을 말한다.

재계산 요건

구 분	내 용
대상 재화	감가상각자산(비상각자산은 대상이 아님)
대상 매입세액	• 당초 안분계산 대상이 되었던 공통매입세액 • 면세사업용 재화의 과세전환 매입세액으로 공제된 매입세액
면세비율 증감	재계산할 과세기간의 면세비율과 해당 재화의 취득일이 속하는 과세기간(그 후의 과세기간에 재계산할 때는 그 재계산한 과세기간)에 적용하였던 면세비율 간의 차이가 5% 이상이어야 한다.

재계산 세액

1 건물 또는 구축물

가산 또는 공제되는 세액 = 당해 재화의 매입세액 ×

$$\left(1 - \frac{5}{100} \times \text{경과된 과세기간의 수}\right) \times \text{증가되거나 감소된 면세공급가액의 비율 또는 증가되거나 감소된 면세 사용면적의 비율}$$

2 기타의 감가상각자산

가산 또는 공제되는 세액 = 당해 재화의 매입세액 ×

$$\left(1 - \frac{25}{100} \times \text{경과된 과세기간의 수}\right) \times \text{증가되거나 감소된 면세 공급가액의 비율 또는 증가되거나 감소된 면세 사용면적의 비율}$$

재계산 배제

- 감가상각대상자산이 재화의 간주공급에 해당되어 과세되는 경우
- 공통사용 재화를 공급하는 경우

재계산 시기

절차상 확정신고 시에만 재계산하며, 예정신고 시에는 재계산하지 않는다.

08 부가가치세 신고 및 납부

부가가치세 신고대상 · 신고방법 · 신고기간

과세사업자는 모두 신고해야 한다. 영리목적 유무에 불과하고 사업상 상품(재화)의 판매나 서비스(용역)를 제공하는 사업자는 모두 부가가치세를 신고 · 납부 할 의무가 있다. 다만, 재화 또는 용역을 공급하는 사업자라도 미가공식료품 등 생필품 판매, 의료 · 교육 관련 용역 제공 등 법령에 따라서 부가가치세가 면제되는 사업만을 영위하는 경우는 부가가치세 신고 · 납부 의무가 없다.

간이과세자의 경우 신고 횟수가 연간 1회로 전년도 1월 1일부터 12월 31일까지(1년)의 사업실적을 다음 해 1월 25일까지 신고 · 납부하면 된다. 다만, 예정부과기간(1월 1일~6월 30일)에 세금계산서를 발행한 간이과세자는 1월 1일~6월 30일을 과세기간으로 하여 7월 25일까지 신고 · 납부 해야 한다.

부가가치세는 6개월(간이과세자는 1년)을 과세기간으로 해서 신고 · 납부 하게 되며, 각 과세기간을 다시 3개월로 나누어 중간에 예정신고기간을 두고 있다.

1. 일반과세자

과세기간	과세대상기간		신고납부기간	신고대상자
제1기 1월 1일~6월 30일	예정신고	1. 1.~3. 31.	4. 1.~4. 25.	법인사업자
	확정신고	1. 1.~6. 30.	7. 1.~7. 25.	법인 및 개인 일반과세자
제2기 7월 1일~12월 31일	예정신고	7. 1.~9. 30.	10. 1.~10. 25.	법인사업자
	확정신고	7. 1.~12. 31.	다음해 1. 1.~1. 25.	법인 및 개인 일반과세자

주 개인 일반사업자와 직전 과세기간 공급가액의 합계액이 1억 5천만원 미만인 법인사업자는 직전 과세기간(6개월) 납부세액의 50%를 예정 고지서(4월 · 10월)에 의해 납부(예정신고의무 없음)해야 하고, 예정 고지된 세액은 확정신고 시 기납부세액으로 차감된다.

주 다만, 징수하여야 할 금액이 50만 원 미만이거나 과세기간 개시일 현재 일반과세자(간이 → 일반)로 과세유형 전환된 사업자는 예정 고지 대상에서 제외된다.

주 예정 고지 대상자라도 사업 부진 또는 조기환급 발생 사업자는 예정신고를 할 수 있으며 이 경우 예정 고지는 취소된다.

2. 간이과세자

과세대상기간	신고 · 납부기간
1월 1일~12월 31일	다음 해 1월 1일~1월 25일

주 7월 1일 기준 과세유형전환 사업자(간이 → 일반)와 예정부과기간(1월 1일~6월 30일)에 세금계산서를 발행한 간이과세자는 1월 1일~6월 30일을 과세기간으로 하여 7월 25일까지 신고 · 납부 해야 한다.

주 연 매출 4,800만 원 미만 간이과세자 납부의무가 면제된다.

법인사업자의 경우는 위의 각각 신고 · 납부기한 즉, 연 4회 신고 · 납부를 해야 한다. 반면, 개인 일반사업자의 경우 일반적으로 1월, 7월에 6개월분에 대해 확정신고를 하면 되고, 4월과 10월에는 세무서에서 직전 과세기간의 납부세액을 기준으로 1/2에 해당하는 세액을 고지 (예정 고지)한다.

간이과세자의 경우 1월에 1년분에 대해 확정신고를 하면 되고, 7월에는 세무서에서 직전 과세기간의 납부세액을 기준으로 1/2에 해당하는 세액을 부과(예정 부과)한다.

* 신고대상 기간중에 월별 조기환급 신고를 한 경우에는 해당기간의 실적은 제외
* 예정신고를 하지 않은 경우, 확정신고 시 포함해서 6개월분을 신고해야 한다.
* 폐업자의 경우는 폐업일이 속하는 달의 말일부터 25일 이내에 신고 · 납부 해야 한다.

2. 신규사업자

신규로 사업을 개시하는 자에 대한 최초의 과세기간은 사업개시일(개시 전 등록의 경우 사업자등록일)로부터 그날이 속하는 과세기간의 종료일까지이다.

각 예정신고기간에 신규로 사업을 개시한 자는 법인사업자의 경우 부가가치세 예정신고(납부)를 해야 하나 개인사업자(일반, 간이과세자)는 예정신고(납부)를 하지 않고 확정신고(납부)만 한다.

구 분	예정신고기간	확정신고기간
법 인	예정신고 및 납부를 해야 한다.	확정신고 및 납부를 해야 한다.
개 인	예정신고 및 납부를 하지 않는다.	확정신고 및 납부를 해야 한다.

주 7월 1일 기준 과세유형전환 사업자(간이 → 일반)와 예정부과기간(1월 1일~6월 30일)에 세금계산서를 발행한 간이과세자는 1월 1일~6월 30일을 과세기간으로 하여 7월 25일까지 신고 · 납부 해야 한다.

3. 폐업자

폐업일이 속하는 과세기간 개시일로부터 폐업 일까지의 부가가치세를 폐업일로부터 25일 이내에 신고 · 납부 해야 한다.

구 분	과세기간
법인의 해산	실질적인 폐업일. 다만, 폐업일로부터 25일 이내에 세무서장의 승인을 받았을 때는 잔여재산가액 확정일(해산일로부터 365일 이내에 잔여재산가액이 확정되지 않은 경우 365일이 되는 날)
합병의 경우	합병등기일이 속하는 과세기간 개시 일부터 합병등기일
간이과세 포기 신고자	포기신고일이 속하는 과세기간 개시 일부터 포기신고일의 말일

부가가치세 예정신고 및 납부

1. 예정신고 대상자

- 법인사업자(직전 과세기간의 공급가액의 합계액이 1억 5천만 원 미만인 영세 법인은 제외 : 2021년부터 예정고지)
- 개인 일반과세자 중 아래 사업자. 단, 간이과세자는 예정신고 및 예정고지를 하지 않고 1년에 1번 확정신고 및 납부만 한다.

사업자의 선택에 따라서 신고할 수 있는 사업자는 다음과 같다.

- 휴업 또는 사업 부진으로 인해서 각 예정신고기간의 공급가액 또는 납부세액이 직전 과세기간의 공급가액 또는 납부세액의 3분의 1에 미달하는 자
- 조기환급을 받고자 하는 자

예정고지 대상자가 예정신고 · 납부한 경우 신고의 효력은 없으며, 납부세액만 예정 고지세액의 납부로 대체할 수 있다(부가 46015-2257, 1997.10.1).

2. 예정신고 대상기간 및 신고·납부기한

기 별	예정신고 기간	신고 · 납부 기한
1기	1월 1일부터 3월 31일까지	4월 25일
2기	7월 1일부터 9월 30일까지	10월 25일

부가가치세 확정신고 및 납부

확정신고 · 납부의 대상이 되는 것은 각 과세기간에 대한 과세표준과 납부세액 또는 환급세액으로 한다. 다만, 일반사업자가 확정신고 시

예정신고 및 조기환급 신고에 의한 영세율 또는 사업 설비투자, 사업자가 대통령령으로 정하는 재무구조개선계획을 이행 중인 경우로 인해서 이미 신고한 과세표준과 세액은 제외한다.

신고기간 중 휴업 등으로 인해서 사업실적이 전혀 없는 경우에도 반드시 부가가치세 확정신고를 해야 한다.

1. 확정신고 대상자

기 별		확정신고
법인		법인사업자는 예정신고를 하였으므로, 확정신고 시에는 4월~6월 또는 10월~12월의 사업실적만을 신고한다.
개인	일 반 과세자	개인사업자는 예정신고를 하지 않으므로 1월~6월 또는 7월~12월의 사업실적에 대한 부가가치세를 신고 · 납부한다. 단, 조기환급 신고분은 제외한다. 개인사업자라도 조기환급, 사업 부진(매출액 또는 납부세액이 직전 과세기간의 1/3에 미달하는 경우)으로 예정신고를 했던 사업자는 4월~6월 또는 10월~12월의 사업실적을 신고한다.
	간 이 과세자	간이과세자는 1년에 1번 신고하므로 1월~12월 실적을 신고해야 한다. 예정부과기간(1월 1일~6월 30일)에 세금계산서를 발행한 간이과세자는 1월 1일~6월 30일을 과세기간으로 하여 7월 25일까지 신고 · 납부 해야 한다.

2. 확정신고 대상기간 및 신고·납부기한

기 별	확정신고 기간	신고 · 납부 기한
1기	1월 1일부터 6월 30일까지	7월 25일
2기	7월 1일부터 12월 31일까지	다음 해 1월 25일

구분	사업자별		유형별	신고 대상 기간
1기	법인		계속사업자	1월 1일~6월 30일(예정 · 조기환급 신고분 제외)
			신규사업자 (4월 이후 신규사업자)	개시일~6월 30일(조기환급 신고분 제외)
	개인	일반과세자	계속사업자	1월 1일~6월 30일(예정 · 조기환급 신고분 제외)
			신규사업자	
			1월~3월 신규사업자	1월 1일~6월 30일(조기환급 신고분 제외)
			4월~6월 신규사업자	개시일~6월 30일(조기환급 신고분 제외)
2기	법인		계속사업자	7월 1일~12월 31일(예정 · 조기환급 신고분 제외)
			신규사업자 (10월 이후 신규사업자)	개시일~12월 31일(조기환급 신고분 제외)
	개인	일반과세자	계속사업자	7월 1일~12월 31일(예정 · 조기환급 신고분 제외)
			신규사업자	
			7월~9월 신규사업자	7월 1일~12월 31일(조기환급 신고분 제외)
			10월~12월 신규사업자	개시일~12월 31일(조기환급 신고분 제외)
		간이과세자	계속사업자	1월 1일~12월 31일
			신규사업자	개시일~12월 31일

부가가치세 신고서 작성 방법

신고서의 작성은 신고대상기간의 실제 사업실적을 신고서에 기재해서 사업자가 직접 작성해야 한다.

구체적인 신고서 작성방법은 신고서의 뒷면에 기재된 작성방법이나 국세청 홈페이지에 게시된 신고서 작성방법을 참조해서 스스로 작성해야 한다.

홈택스에 가입한 사업자는 홈택스에서 전자신고를 하면 편리하게 신고서를 작성해서 세무서에 방문하지 않고 신고할 수 있다.

신고서를 스스로 작성하기 어려운 사업자는 세무 대리인(세무사나 공인회계사 등)에게 의뢰해서 작성한다.

부가가치세 신고 시 제출해야 할 서류

신고 시 제출해야 할 서류의 종류는 부가가치세 예정(확정)신고서 외에 부가가치세법과 조세특례제한법 등에서 정하고 있는 아래 서류를 첨부해서 신고해야 한다.

각종 신고 관련 서식은 국세청 홈페이지(www. nts. go. kr)에도 게재하고 있으므로 이를 내려받아 사용하면 된다.

서류 명	제출대상자
매출처별세금계산서합계표	모든 업종(일반 간이)
매입처별세금계산서합계표	모든 업종(일반, 간이)

서류 명	제출대상자
공제받지 못할 매입세액 명세서	모든 업종(일반)
부동산임대공급가액명세서	부동산임대업종(일반, 간이)
현금매출명세서	전문 직종, 예식장 등(일반)
의제매입세액공제신고서	모든 업종(일반)
신용카드매출전표 등 발행금액 집계표	모든 업종(일반(개인), 간이)
사업장현황명세서	음식, 숙박, 서비스(일반, 간이)
신용카드 매출전표 등 수령금액합계표	모든 업종(일반, 간이)
재활용폐자원및중고자동차 매입세액공제신고서	재활용, 중고자동차 수집업(일반)
건물 등 감가상각자산 취득명세서	고정자산 취득자(일반)
수출실적명세서 등 영세율 첨부서류	영세율매출신고자(일반, 간이)

부가가치세 신고 시 실무자가 준비해야 할 서류

* 사업자등록증 사본
* 대표자 신분증 사본
* 홈택스 수임 동의 + 홈택스 아이디 및 패스워드(신고대행 시)

: 수임 동의 방법 : 홈택스 로그인 〉 국세납부 〉 세무대리 납세관리 〉 나의 세무대리 관리의 나의 세무대리 수임 동의 〉 동의 여부에 동의 체크

* 매출, 매입 관련 세금계산서(전자세금계산서 포함)

홈택스 수입동의가 이루어지면 전자세금계산서 및 전자계산서는 조회가 가능하기 때문에 따로 준비하지 않아도 된다(신고대행 시).

* 수입세금계산서
* 신용카드매출전표/현금영수증(사업자 지출증빙용) 매출/매입 내역 (전표, 사용 내역서).(신용카드 단말기 대리점 문의 또는 국세청 홈택스 조회)

여신금융협회, 신용카드 매출자료 조회 사이트에 회원가입을 한 경우 아이디 패스워드를 알면, 조회가 가능하다.

* 기타 수수료 매출, 현금매출 등 순수 현금매출집계내역

현금영수증을 발행하지 않은 순수 현금매출집계내역을 알고 있어야 한다.

* 신용카드/직불카드/체크카드 영수증

* 수출(영세율)이 있다면 관련 증빙서류

* 매출/매입계산서(면세 관련 매출/매입, 전자세금계산서 포함)

* 무역업(수출입업) : 수출실적명세서 및 수출신고필증, 인보이스, 수출/입 계약서, 내국신용장, 소포수령증, 선하증권 등 영세율 관련 첨부서류와 수입신고필증 등

* 부동산임대업 : 부동산 임대현황 및 임대인 변경 시 임대차계약서 사본

* 전자상거래업 : 쇼핑몰 사이트 매출내역(PG사 매출내역, 오픈마켓 매출내역, 쇼셜커머스 매출내역)

* 구매대행업 : 구매대행 수수료 산출내역

* 음식점업 : 면세 농 · 축 · 임산물 매입계산서

부가가치세 신고서 제출(접수) 방법

신고서 제출방법은 다음과 같은 방법 중 납세자가 편리한 방법을 선택해서 신고서 및 첨부서류를 제출할 수 있다.

구 분	신고서 제출 방법
직접 방문제출	사업장 관할세무서를 직접 방문해서 신고서 접수창구에 제출
우편 신고방법	사업장 관할세무서에 우편으로 발송
전자 신고방법	HTS(홈택스)에 의해서 인터넷으로 신고서를 작성한 후 전송하고 부속서류 등은 사업장 관할세무서에 우편 또는 방문해서 제출한다.

전자신고 및 우편 신고는 세무 관서를 방문할 필요가 없고 시간과 교통 주차 문제 등을 해결할 수 있어 편리한 방법이다. 우편 신고를 하는 경우 신고기한까지 우체국 소인이 있는 것은 유효하다.

부가가치세 납부(환급) 방법

납부할 세금은 납부서를 기재해서 금융기관 또는 우체국에 납부하거나, 인터넷을 통한 전자납부방법을 이용해서 납부할 수도 있다.

부가가치세 환급

환급세액이 발생한 경우는 조기환급 신고자는 신고기한 경과 후 15일 이내, 일반환급 신고자는 예정신고 시에는 환급되지 않으며, 확정신고 시 예정신고 미환급세액으로 공제한 후 환급세액이 발생한 경우 확정 신고기한 경과 후 30일 내 환급결의 해서 신고인의 은행 등 금융기관이나 우체국의 예금계좌로 송금해 준다.

그러므로 환급세액이 발생한 경우는 부가가치세 신고서의 국세환급금 계좌신고란에 환급금을 송금받을 본인 명의 예금계좌를 반드시 기재해야 하며, 환급세액이 2,000만 원 이상이면 별도의 「계좌개설(변경)신고서」에 통장 사본을 첨부해서 신고해야 한다.

국세환급금이 2,000만 원 이상인 경우에도 「계좌개설(변경)신고서」 신고 시 인감증명서를 첨부하지 않아도 된다.

구 분	환급방법
환급계좌를 신고한 경우	환급계좌로 환급금 입금
환급계좌를 신고하지 않은 경우	관할세무서에서 발급한 환급통지서를 우체국 등에 가지고 가서 제출하면 환급금을 준다.

부가가치세 신고 시 검토할 사항

1. 과세표준 및 매출세액 검토

* 매출 관련 증빙서류(세금계산서 등)는 거래처와 맞추어서 누락 되었는지 확인하고, 세금계산서의 적정성 여부를 검토한다.

① 매출세금계산서를 누락한 경우 : 최소 20% 이상의 가산세를 추징당할 수 있다.

② 세금계산서 발급 시 필요적 기재 사항을 정확하게 기입해서 발행해야 한다.

③ 거래상대방의 주민등록번호를 기재해서 발행한 세금계산서도 신고 대상이므로 누락하지 않도록 해야 한다.

④ 신용카드 발행분과 현금영수증 발행분 신고 시 공급가액과 세액으로 구분해야 한다.

* 홈택스에 들어가서 매출 관련 전자세금계산서 내역을 확인하고 출력한다.

* 세금계산서 과세분과 영세율 적용 분을 구분해야 한다.

* 예정신고 시 매출액 누락분이 있는지 검토한다.

예정신고 누락분이 있는 경우 매출처별세금계산서합계표불성실가산세와 신고불성실가산세 그리고 납부(환급)불성실가산세도 계산해서 납부해야 함을 유념해야 한다.

* 대손세액이 있는지? 여부를 검토한다.

① 매출액에 대해서 대손을 확정받기 위해서는 법에서 정한 대손 사유에 해당해야 하므로 이를 우선으로 검토해야 한다.

② 공급일로부터 10년이 경과된 날이 속하는 과세기간의 확정신고 기한 내에 대손이 확정된 경우에만 대손세액을 차감할 수 있으므로 기간 검토에 유념해야 한다. 또 민법상의 단기 시효(1년, 3년 시효)에 해당하는지 확인해 본다.

③ 대손세액 부분에 대해서 당초 부가가치세 신고 시 매출로 신고되었는지 확인해 본다. 당초부터 매출로 신고하지 않았다면 대손세액으로 공제받을 수 없다.

④ 어음, 수표 부도 발생의 경우 부도 발생일부터 6개월이 경과 되었는지? 여부를 검토해 본다.

2. 매입세액 검토

* 매입 관련 증빙서류(세금계산서 등)는 거래처와 맞추어서 누락되었는지 확인하고, 세금계산서의 적정성 여부를 검토한다.

① 매입 세금계산서를 누락한 경우 : 매입세액에 대해 공제를 못 받을 수 있다.

② 발급받은 세금계산서 상 필요적 기재 사항이 모두 기록되어 있는지 확인한다.

③ 세금계산서를 우선으로 팩스로 받았을 때는 반드시 원본과 대조해야 한다(반품 등 적자 확인에 유의).

④ 면세사업자나 간이과세자로부터 받은 세금계산서는 매입세액을 공제받을 수 없으므로 확인해야 한다.

⑤ 예정신고 시 누락한 매입 세금계산서는 확정신고 때 세액공제를 받을 수 있다.

* 홈택스에 들어가서 매입 관련 전자세금계산서 내역을 확인하고 출력한다.

* 매입세액불공제 사유에 해당하는지? 검토해야 한다.

일정한 사유에 해당하는 매입 세금계산서는 매입세액을 공제받을 수 없다. 만약, 매입세액불공제 사유에 해당하는 경우로 매입세액공제를 받았다면 신고불성실가산세와 납부불성실가산세 등의 불이익을 당할 수 있으므로 주의해야 한다. 참고로 일정한 사유란 세금계산서 불성실 기재분, 사업과 직접 관련 없는 지출에 대한 매입세액, 비영업용 소형승용차 구입 · 유지 및 임차비, 기업업무추진비, 면세 사업과 관련된 매입세액, 토지의 자본적 지출분, 등록 전 매입세액 등을 말한다.

* 신용카드 매출전표 수취분과 관련된 사항을 검토해야 한다.

① 신용카드 매출전표는 일반과세자로부터 발급받아야 한다. 즉, 연 매출 4,800만 원 미만 간이과세자나 면세사업자로부터 발급받은 경우 매입세액공제를 받을 수 없다.

② 신용카드 매출전표 등 수령금액 합계표를 작성했는지 검토한다.

③ 신용카드 매출전표와 세금계산서를 중복해서 발급받은 경우 세금계산서를 기준으로 해서 매입세액을 공제받고 신용카드 매출전표는 소명자료로 이용될 수 있으

므로 주의해서 보관한다.

* 의제매입세액공제가 있는지 검토해야 한다.

① 면세로 공급받은 계산서 및 신용카드 매출전표 수취분일 경우 매입처별계산서 합계표와 신용카드 매출전표 등 수령금액 합계표를 제출한다.

② 의제매입세액공제신고서를 작성하였는지 검토한다.

③ 공제율이 적정하게 적용되었는지 검토한다.

* 겸업사업자의 경우 공통매입세액이 있는지 검토해야 한다.

① 공급받은 재화 또는 용역이 과세사업과 면세사업에 공통으로 사용되었다면 면세사업에 사용된 매입세액은 공제받을 수 없으므로 면세사업에 사용된 매입세액이 얼마인지 검토한다.

② 면세가액비율이 5% 미만의 경우는 전액 공제받을 수 있으므로 면세가액비율도 검토해야 한다.

매출이 없어도 부가가치세 신고는 반드시 해라

물건의 판매가 전혀 발생하지 않은 경우도 부가가치세 신고를 하는 것이 원칙이다. 그러나 여기서 판매가 이루어지지 않았다는 것은 단순히 물건을 판매하고 세금계산서의 발행이 이루어지지 않은 것을 의미하는 것이 하니라 비록 물건을 판매하고 세금계산서를 발행하지 않았어도 판매를 하고 대가를 받은 경우는 매출이 발생한 것으로 부가가치세 신고는 해야 한다. 즉 세금계산서 미 발행분은 부가가치세 신고서상 과세표준 및 매출의 기타매출에 기입해서 신고해야 한다.

예를 들어 물건 100만 원어치를 팔면서 세금계산서를 발행하지 않은 경우에도 기타매출란에 기입해서 신고한 후 100만 원의 10%인 10만 원을 부가가치세로 신고 · 납부해야 한다.

물론 이와 같은 기타매출 자체도 없는 경우에는 무실적으로 신고만 하면 되는 데 실질적으로 신고하는 방법은 부가가치세 신고서에 사업자등록번호, 사업자명, 주소, 전화번호 등의 기본 인적 사항만 기재하고 표에 한글로 「무실적」 이라고 적어서 제출하면 된다. 물론 홈택스(www.hometax.go.kr)로도 신고할 수 있다.

그러나 아무런 실적이 없어 신고하지 않은 것이라면 가산세를 부담해야 하는 불이익은 없다.

⍰ 부가가치세 과세유형의 전환 시기

구 분	대상 수입금액	유형전환일
기존사업자	1월 1일~12월 31일	미달 또는 이상이 되는 해의 다음 해의 7월 1일
신규사업자	개업일~12월 31일	최초로 개시한 해의 다음 해의 7월 1일
경정의 경우	경정한 과세표준이 기준금액 이상인 경우	경정 일이 속하는 다음 과세기간 개시일
	납부세액은 유형 전환시기와 관계없이 추징함	
간이과세 배제 업종을 추가하는 경우		간이배제업종을 추가하는 다음 과세기간 개시일
일반과세 사업장(기준사업장)을 신설하는 경우		다음 과세기간 개시일
일반과세 사업장(기준사업장)을 폐업하는 경우 기존 간이과세대상 사업장		다음 연도 개시일
간이과세포기외 사업장		포기하여 일반과세 적용 과세기간의 다음 과세기간 개시일
전전연도 기준 복식부기 의무자가 경영하는 사업	전전연도 수입금액 기준으로 복식부기의무자 판단기준 적용	매년 1월 1일 자로 연 1회 전환

09 부가가치세 조기환급

일반적으로 환급은 각 과세기간 단위로 하는 것이 원칙이나, 수출 등에 의해서 영세율이 적용되거나, 사업 설비투자의 경우, 재무구조개선 계획을 이행 중인 사업자가 부담한 부가가치세를 조기에 환급해서 사업자의 자금 부담을 덜어주기 위한 제도이다.

조기환급 대상

- 영의 세율이 적용되는 때
- 사업 설비(기계장치, 건물, 차량 등)를 신설 · 취득 · 확장 또는 증축하고 매입 세금계산서를 받은 경우
- 조기환급기간, 예정신고기간 또는 과세기간종료일 현재 재무구조개선 계획을 이행 중인 사업자

여기서 사업설비란 소득세법 및 법인세법에 의한 감가상각자산을 말한다.

환급세액은 영세율이 적용되는 공급 부분에 관련된 매입세액이나 시설투자에 관련된 매입세액만을 가지고 계산하는 것이 아니라, 사업장

별로 조기환급 신고기간의 매출세액에서 매입세액을 공제해서 계산한다.
따라서 영세율이 적용되는 매출이나 시설투자금액이 조금이라도 있고 환급이 발생한다면 조기환급 신고를 할 수 있다.

조기환급 기한

예정신고기간 중 또는 과세기간 최종 3월 중 매월 또는 매 2월에 영세율 등 조기환급 기간이다. 즉 월별 또는 매 2월을 조기환급 기간으로 한 기간의 종료일로부터 25일 이내에 신고하며, 조기환급 기간별로 당해 영세율 등 조기환급 신고기한 경과 후 15일 내로 사업자에게 환급한다. 따라서 영세율이 적용되거나 시설투자를 한 경우 조기환급 신고를 하면 최대 5개월까지 빨리 환급을 받을 수 있다.

구 분	예정신고기간 중		과세기간 최종 3월	
	대상기간	신고기한	대상기간	신고기한
매 월	1월 1일~1월 31일	2월 25일	4월 1일~4월 30일	5월 25일
	2월 1일~2월 28일	3월 25일	5월 1일~5월 31일	6월 25일
	3월 1일~3월 31일	4월 25일	6월 1일~6월 30일	7월 25일
매2월	1월 1일~2월 28일	3월 25일	4월 1일~5월 31일	6월 25일
	2월 1일~3월 31일	4월 25일	5월 1일~6월 30일	7월 25일
3월	1월 1일~3월 31일	4월 25일	4월 1일~6월 30일	7월 25일

조기환급 신고 방법

일반과세자 부가가치세 신고서에 당해 과세표준에 대한 영세율 첨부 서류와 『매출 · 매입처별세금계산서합계표』를 첨부해서 제출해야 한다. 다만, 사업 설비를 신설 · 취득 · 확장 또는 증축함으로써 조기환급을 받고자 하는 경우는 『건물 등 감가상각자산 취득명세서』를 그 신고서에 첨부해야 한다.

조기환급 신고를 하는 경우 해당 조기환급 신고기간의 모든 매입 · 매출에 대해서 신고해야 한다.

구 분	처리방법
1월(2월)분만을 신고하는 경우	조기환급 신고기한 2월 25일(3월 25일)까지
1월~2월분을 같이 신고하는 경우	조기환급 신고기한 3월 25일까지 ➜ 2월에 사업 설비투자로 조기환급이 발생하는 사업자는 1월~2월분을 함께 신고해야 한다.
예정고지(1월~3월)자가 5월에 시설투자로 4월~5월분을 조기환급 신고하는 경우	➜ 조기환급 대상 : 반드시 4월~5월분 매출 · 매입을 함께 신고해야 한다. ➜ 조기환급 신고기한 : 6월 25일, ➜ 7월 확정신고 : 1월~3월, 6월분을 확정 신고한다. ➜ 예정고지분에 대해서는 기납부세액으로 확정신고 시 공제한다.

주 월별 조기환급 신고 시 매출 등이 누락된 경우 예정 · 확정 신고기한이 경과하기 전에는 세금계산서합계표미제출 · 신고불성실 가산세 및 영세율과세표준 신고불성실가산세는 부과되지 않으며, 초과 환급받은 경우에 한해서 환급불성실가산세가 부과된다.

CHAPTER IV

급여세금 원천징수와 종합소득세

01 소득세의 과세기간과 납세의무자, 납세지

소득세의 특징

1. 신고납세제도

소득세는 신고납세제도를 채택하고 있다. 여기서 신고납세제도란 스스로 세금을 계산해서 스스로 신고 및 납부하는 제도로, 소득세는 1월 1일~12월 31일까지의 소득을 다음 해 5월 1일~31일까지 스스로 관할세무서에 신고 및 납부를 해야 한다.
참고로 정부에서 계산해서 부과한 세금을 납부만 하는 세금이 있는데 이를 정부부과제도라고 한다.

2. 과세소득의 범위

소득세법은 소득원천설을 기본으로 순자산증가설을 가미했다. 여기서 소득원천설이란 계속적 · 경상적 소득만 과세하는 것으로 일시적인 소득인 고정자산처분이익이나 유가증권처분이익은 과세하지 않는 것을 말한다. 반면, 순자산증가설은 순자산증가액을 그 원인과 행태를 불문하고 과세하는 것이다. 따라서 경상적 · 계속적인 것뿐 아니라 불규칙적 · 우발적으로 발생하는 것도 과세소득에 포함된다. 소득세에서는 기타소득 · 양도소득 등 일시적 소득에 대해서는 순자산증가설에 의해 과세하고 있다.

3. 과세소득의 규정 방식

소득세는 원칙적으로 소득세법에 열거된 소득에 대해서만 과세하는 열거주의를 채택하고 있으나 이자소득이나 배당소득에 대해서는 예외적으로 열거되지 않은 소득에 대해서도 과세하는 포괄주의를 채택하고 있다.

4. 누진세율 적용

누진세율이란 과세표준 금액이 증가함에 따라서 적용되는 세율이 높아지는 세율구조를 말한다. 즉, 모든 소득에 대해 일정한 세율(비례세율)을 적용하는 것이 아니라 소득이 증가함에 따라 일정 구간 단위로 세율이 높아지는 것이 누진세율이다.

5. 과세단위

소득세는 원칙적으로 개인 단위 과세 방식을 채택하고 있다. 즉, 각 1인 단위로 과세를 하는 것으로 같이 사는 부부나 가족이라고 해도 합해서 세금을 계산하는 것이 아니라 가족 또는 부부 개인(1인)별로 세금을 계산하는 것을 말한다. 다만, 공동사업의 경우 일정한 요건에 해당하는 때에는 세대 단위로 합산과세를 할 수 있다.

구 분	사 유
합산과세 사유	손익 분배 비율을 거짓으로 정하는 등 다음의 조세회피 목적이 있는 경우 ❶ 공동사업자가 제출한 신고서와 첨부 서류상에 기재된 내용이 사실과 현저히 다른 경우 ❷ 공동사업자의 경영참가, 거래관계, 손익 분배 비율, 재무상태 등을 보아 조세회피 목적으로 공동으로 사업을 경영하는 것으로 확인되는 경우
합산 대상 소득	합산 대상 소득은 사업소득이다. 이자 · 배당소득 등 공동사업장에서 발생한 다른 소득은 합산대상이 아니다.

6. 과세방법

소득세는 종합과세를 원칙으로 한다. 다만, 예외적으로 원천징수로 소득세 과세가 종결되는 분리과세와 퇴직소득과 양도소득은 종합소득과 다른 별도의 계산구조하에서 분류과세 한다.

7. 인적공제가 허용

인적공제는 소득자 등의 가족 상황 등 인적상황을 고려해서 일정 금액을 공제해주는 제도를 말한다.

8. 원천징수 제도

일정 소득 지급 시 원천징수의무자는 소득을 받는 자로부터 일정액의 세금을 징수해서 대신 납부한다.

구 분	사 유
예납적 원천징수	단지 관련 세금을 미리 징수하는 의미일 뿐 종합소득세 계산 시 다른 소득과 합산해서 다시 정산한다. 그리고 정산한 금액에서 납부한 원천징수액은 기납부세액으로 공제한다.
완납적 원천징수	원천징수로 모든 납세의무가 종결되며, 종합소득에 합산되지 않는다.

소득세의 납세의무자

1. 거주자와 비거주자

거주자는 국내외 모든 소득에 대해서 과세를 하며, 비거주자는 국내원천소득에 대해서만 과세한다.

구 분	의 의	납세의무 범위
비거주자	거주자가 아닌 자	국내원천소득에 한해 소득세 납세의무가 있다.
거 주 자 (국적과 무관)	국내에 주소를 두거나 183일 이상 거소를 둔 개인	국내원천소득과 국외원천소득 모두에 대해 납세의무가 있다(무제한 납세의무).

구 분	의 의	납세의무 범위
		외국인 단기거주자 : 국내원천소득 및 국내에서 지급되거나 국내로 송금된 국외원천소득만 과세

주 거소 : 거주하는 장소를 말한다.
외국인 단기거주자 : 해당 과세기간 종료일 10년 전부터 국내에 주소·거소를 둔 기간의 합계가 5년 이하인 외국인 근로자

2. 거주자 또는 비거주자로 보는 경우(의제)

거주자로 보는 경우	비거주자로 보는 경우
국내에 주소를 가진 것으로 보는 경우는 거주자에 해당한다. ❶ 계속해서 183일 이상 국내에 거주할 것을 통상 필요로 하는 직업을 가진 때 ❷ 국내에 생계를 같이 하는 가족이 있고, 그 직업 및 자산 상태에 비추어 계속해서 183일 이상 국내에 거주할 것으로 인정되는 때 ❸ 국외에서 근무하는 공무원 또는 거주자·내국법인의 국외 사업장 등에 파견된 임원 또는 직원은 계속해서 183일 이상 국외에 거주할 것을 통상 필요로 하는 직업을 가진 경우임에도 불구하고 거주자로 본다. ❹ 외국 항행승무원으로서 생계를 같이하는 가족이 거주하는 장소 또는 그 승무원이 근무시간 이외의 기간 중 통상 체재하는 장소가 국내에 있는 때	국내에 주소가 없는 것으로 보는 경우는 비거주자로 본다. ❶ 계속해서 183일 이상 국외에 거주할 것을 통상 필요로 하는 직업을 가진 때 ❷ 외국 국적을 가졌거나 외국 법령에 의해 그 외국의 영주권을 얻은 자로서 국내에 생계를 같이 하는 가족이 없고, 그 직업 및 자산 상태에 비추어 다시 입국해서 주로 국내에 거주하리라고 인정되지 않는 때 ❸ 주한 외교관과 그 가족(대한민국 국민 제외), 합중국 군대의 구성원·군무원 및 그들의 가족은 항시 비거주자로 본다. ❹ 외국 항행승무원으로서 생계를 같이하는 가족이 거주하는 장소 또는 그 승무원이 근무시간 이외의 기간 중 통상 체재하는 장소가 국외에 있는 때

3. 법인으로 보는 단체 외의 법인 아닌 단체

국세기본법에 따라 법인으로 보는 단체 외의 법인 아닌 단체는 국내에 주사무소 또는 사업의 실질적 관리장소를 둔 경우에는 거주자로, 그 밖의 경우에는 비거주자로 본다.

- 구성원 간 이익의 분배방법이나 분배비율이 정해져 있거나 사실상 이익이 분배되는 것으로 확인되는 경우는 해당 구성원이 공동으로 사업을 영위하는 것으로 보아 구성원별로 소득분배 비율에 따라 과세한다.
- 구성원 간 이익의 분배방법이나 분배비율이 정해져 있지 않거나 사실상 이익의 분배가 확인되지 않는 때는 해당 단체를 1 거주자 또는 1 비거주자로 보아 과세한다. 따라서 대표자 또는 관리인의 다른 소득과 합산해서 과세하지 않고, 단체 자신이 소득세 납세의무를 진다.

4. 특별한 경우의 납세의무

구 분	사 유
신탁재산의 경우	신탁재산에 귀속되는 소득은 그 신탁의 수익자에게 해당 소득이 귀속되는 것으로 본다(신탁재산 소득과 비 신탁재산 소득을 구분경리).
공동사업의 경우	공동사업의 경우 원칙적으로 거주자별로 과세한다. 따라서 개인별로 납세의무를 지므로 연대납세의무가 없다. 다만, 공동사업 합산과세 규정에 따라 주된 공동사업자에게 합산되는 소득금액에 대해서는 주된 공동사업자의 특수관계자는 주된 공동사업자와 연대해서 납세의무를 진다.

구 분	사 유
상속의 경우	상속의 경우 상속인은 피상속인의 소득금액에 대한 소득세의 납세의무를 지며, 신고 시 피상속인의 소득금액과 상속인의 소득금액에 대한 소득세를 각각 구분 계산하여 신고해야 한다.

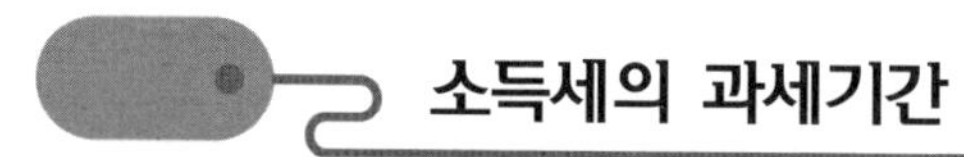

소득세의 과세기간

소득세의 과세기간은 1월 1일~12월 31일이다.

사업자의 선택에 의해서 이를 변경할 수 없다. 즉, 신규사업자 또는 폐업자라도 모든 사업자가 1월 1일부터 12월 31일까지이다. 다만, 거주자가 사망한 경우는 1월 1일부터 사망일이고, 거주자가 출국해서 비거주자가 되는 경우는 1월 1일부터 출국일까지이다.

- 1월 1일~12월 31일
- 과세기간은 무조건 1월 1일~12월 31일이며, 임의로 정할 수 없다.

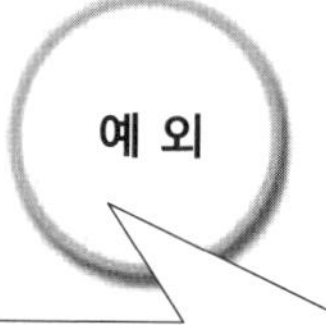

- 거주자가 사망한 경우 : 1월 1일~사망일
- 거주자가 출국해 비거주자가 되는 경우 : 1월 1일~출국일

소득세의 납세지

1. 소득세의 납세지

구 분	납세지
거주자	주소지를 납세지로 한다. 다만, 주소지가 없는 경우 거소지로 한다.
비거주자	국내사업장 소재지로 한다. 다만, 국내사업장 소재지가 없는 경우 국내원천소득 발생 장소로 한다.

2. 원천징수하는 소득세의 납세지

구 분		납세지
개인	거주자	원천징수하는 자가 거주자의 경우는 그 거주자가 원천징수 하는 사업장의 소재지로 한다. 주된 사업장 외의 장소에서 원천징수 하는 경우 : 그 사업장 소재지 사업장이 없는 경우 : 거주자의 주소지 또는 거소지
개인	비거주자	국내사업장 소재지로 한다. 다만, 국내사업장 소재지가 없는 경우 국내원천소득 발생 장소로 한다. 주된 사업장 외의 국내사업장에서 원천징수하는 경우 : 그 국내사업장 소재지 국내사업장이 없는 경우 : 비거주자의 거류지 또는 체류지
법인	원칙	원천징수 하는 자가 법인의 경우는 그 법인의 본점 또는 주사무소의 소재지이다.
	예외	원천징수의무자인 법인의 지점 · 영업소 기타 사업장이 독립채산제에 따라 독자적으로 회계 사무를 처리하는 경우 그 사업장 소재지이다.

다만, 다음 중 어느 하나에 해당하는 경우는 그 법인의 본점·주사무소를 소득세 원천징수 세액의 납세지로 할 수 있다(선택사항).

❶ 법인의 지점, 영업소 또는 그 밖의 사업장에서 지급하는 소득에 대한 원천징수세액을 본점·주사무소에서 전자적 방법 등을 통해 일괄계산하는 경우로서 본점·주사무소의 관할 세무서장에게 신고한 경우

❷ 부가가치세법에 따라 사업자 단위로 등록한 경우

3. 납세지의 변경

구 분	소득세법	법인세법
변경신고	납세지가 변경된 경우 그 변경된 날부터 15일 이내에 변경 후의 납세지 관할 세무서장에게 신고해야 한다.	
무신고시	주소지를 이전하면 자동으로 납세지도 이전된다.	종전의 납세지를 그 법인의 납세지로 한다.

소득세의 신고 및 납부기간

종합소득·퇴직소득 및 양도소득에 대한 소득세는 해당 과세연도 1월 1일~12월 31일까지의 소득을 다음 연도 5월 1일~31일까지 스스로 관할세무서에 신고 및 납부를 해야 한다. 다만, 성실신고확인대상사업자가 성실신고확인서를 제출하는 경우는 종합소득과세표준 확정신고를 다음 연도 5월 1일부터 6월 30일까지 해야 한다.

02 종합소득세 계산구조와 분리과세 및 분류과세

소득세를 신고 및 납부하는 방법은 원천징수와 종합소득세 신고 및 납부 두 가지 방법이 있다. 여기서 원천징수는 원천징수의무자가 대가를 지급할 때 일정한 세금을 미리 지급액에서 차감해서 대신 신고 및 납부를 해주는 방법을 말한다. 반면, 종합소득세는 원천징수로 모든 세금의무가 종결되는 것이 아니라 1년간의 소득을 모두 합산해서 세금을 신고 및 납부하는 방법을 말한다. 따라서 종합소득 대상에 해당하는 소득은 비록 원천징수로 세금을 납부했다고 하더라도 종합소득으로 납부해야 할 세금을 미리 납부한 것에 불과하며, 나중에 종합소득세에 합산해서 다시 세금을 정산해야 하는 것이다.

이같이 어차피 종합소득세로 신고 및 납부해야 할 세금을 미리 내는 것을 기납부세액이라고 하며, 원천징수(중간예납세액, 수시부과세액도 원천징수세액과 함께 기납부세액에 해당한다)가 이에 해당한다.

종합과세(종합소득세)

종합과세란 이자소득, 배당소득, 사업소득, 근로소득, 연금소득, 기타소득 중 분리과세 되는 소득을 제외한 소득을 합해서 종합소득을 구하는 것이다.

이자소득	배당소득	사업소득	근로소득	연금소득	기타소득
총수입금액	총수입금액 + Gross-Up	총수입금액 - 필요경비	총급여액 - 근로소득 공제	총연금액 - 연금소득 공제	총수입금액 - 필요경비
이자소득금액	배당소득금액	사업소득금액	근로소득금액	연금소득금액	기타소득금액

	종합소득금액
-	종합소득공제
	과세표준
×	기본세율
	산출세율
-	세액감면 · 공제
	결정세액
+	가산세
	총결정세액
-	기납부세액
	자진납부세액

[주] 수입금액은 필요경비 차감 전의 금액을 말하고, 소득금액은 필요경비 차감 후의 금액을 말한다.

[주] 종합소득 중 사업소득은 원천징수로 납세의무가 종결되지 않는다.

[주] 이자소득 · 배당소득 · 근로소득 · 연금소득 · 퇴직소득은 필요경비 공제가 없으므로 부당행위계산 부인 규정이 적용되지 않는다.

종합과세 되는 자는 매년 5월 1일부터 5월 31일까지 종합소득세를 신고 및 납부를 한다. 만약 분리과세 · 분류과세 소득만 있는 자는 종합소득세를 신고하지 않아도 된다. 다만, 근로소득과 연금소득은 연말정산 되므로 연말정산 된 소득 외의 다른 소득이 없는 경우 종합소득세 확정신고 의무가 면제된다.

분리과세(원천징수)

분리과세란 원천징수로 납세의무가 종결되며, 다시 종합소득계산 시 종합소득금액에 포함시킬 필요가 없다. 분리과세 대상 소득에는 일부 이자 · 배당 · 근로 · 연금 · 기타소득이 해당한다.

분류과세

퇴직소득과 양도소득은 단기간이 아닌 장기간 형성된 소득으로써 다른 소득과 합산해서 과세하면 급격한 세 부담이 발생하므로 이를 방지하기 위해 종합소득과 분류해서 개별적으로 과세한다. 이를 분류과세라고 한다.

구 분	과세방법
퇴직소득	분류과세
양도소득	분류과세

구 분		과세방법
종합소득	이자소득, 배당소득 사업소득, 근로소득 연금소득, 기타소득	원칙은 종합과세 대상이나 일부 이자·배당·근로·연금·기타소득은 분리과세 되어 원천징수로 모든 납세의무가 종결된다. 따라서 분리과세 되는 소득은 나중에 종합소득금액에 합산하지 않는다.

03 원천징수 세액의 신고·납부 및 서류제출

원천징수 제도는 소득자에게 소득을 지급하는 자가 소득자의 세금을 미리 징수해서 국가에 납부하는 제도이다. 즉, 국내에서 거주자나 비거주자, 법인에게 세법에 규정한 원천징수 대상 소득 또는 수입금액을 지급하는 개인이나 법인이 소득을 지급할 때 소득자를 대신해 일정액을 소득에서 공제해 대신 납부하는 제도이다. 따라서 소득의 실제 귀속자인 소득자가 세금을 납부하는 것이 아니라 소득을 지급하는 자 즉 원천징수의무자가 세금을 납부한다.

소득을 지급하는 자가 사업자등록번호 또는 고유번호가 없는 경우에도 원천징수의무자에 해당하며, 원천징수한 세금을 신고하고 납부할 의무가 있다.

원천징수는 누가, 어떤 경우에 해야 하나?

원천징수는 원천징수 대상이 되는 소득이나 수입금액을 지급할 때 이를 지급하는 자(원천징수의무자)가 해야 한다.

1. 원천징수대상소득

원천징수 대상 소득

- ※ 봉급, 상여금 등의 근로소득
- ※ 이자소득, 배당소득
- ※ 퇴직소득, 연금소득
- ※ 상금, 강연료 등 일시적 성질의 기타소득
- ※ 인적 용역소득(사업소득)
- ※ 공급가액의 20%를 초과하는 봉사료

2. 원천징수 제외 대상

❶ 소득세 · 법인세가 과세되지 않았거나 면제되는 소득

❷ 과세최저한이 적용되는 기타소득(기타소득금액이 5만 원 이하)

❸ 원천징수 배제

원천징수대상 소득을 지급하면서 원천징수를 하지 않았으나 그 소득금액이 이미 종합소득 또는 법인세 과세표준에 합산해서 신고한 경우 원천징수를 배제한다.

구 분	검토할 사항
원천징수의무자 납부 여부	이미 소득자가 종합소득세 등 신고시 합산하여 납부한 경우 납부할 필요 없음
불성실가산세 적용 여부	원천징수 등 납부지연가산세 부과대상임

구 분	검토할 사항
지급명세서 제출 여부	원천징수 대상 소득에 대해 원천징수 여부와 관계없이 지급명세서 제출해야 함
지급명세서 미제출시 불이익	지급명세서 미제출 가산세 적용대상임

❹ 소액부징수

소득세 또는 법인세의 원천징수에 있어서 당해 세액이 1,000원 미만일 때는 원천징수를 하지 않는다. 다만, 거주자에게 지급되는 이자소득, 인적용역에 대한 사업소득의 경우 당해 소득에 대한 원천징수 세액이 1,000원 미만이더라도 원천징수를 해야 한다.

일용근로자에게 일당을 한꺼번에 지급하는 경우 일별로 1,000원 미만을 계산하는 것이 아니라 소득자별 지급액에 대한 원천징수 세액 합계액을 기준으로 소액부징수 대상 여부를 판단한다.

원천징수 대상 소득의 원천징수 방법

1. 이자·배당소득 등 금융소득의 원천징수

국내에서 거주자나 비거주자에게 이자소득이나 배당소득을 지급하는 자는 이자 · 배당소득세를 원천징수 해서 다음 달 10일까지 신고 및 납부를 해야 한다. 원천징수 세액을 계산하는데, 이자소득 및 배당소득에 대해서 외국에서 외국소득세액을 납부한 경우에는 국내의 원천징수 세율을 적용해서 계산한 원천징수 세액에서 그 외국소득세액을 뺀 금액을 원천징수 세액으로 한다. 이 경우 외국소득세액이 국내의 원천징수 세율을 적용하여 계산한 원천징수 세액을 초과할 때는 그 초과하는 금액은 환급되지 않는다.

국외에서 지급하는 금융소득

원천징수 대상이다.

원칙 : 원천징수 대상이 아니다.
예외 : 국내에서 지급을 대리하거나 그 권한을 위임 · 위탁받은 자가 원천징수 한다.

소득구분	소득자 유형	과세금액	적용세율	증빙
근로소득	일반근로자, 월급자	소득공제 후 과표	6%~45% (55%, 30% 세액공제)	근로소득원천징수영수증 3부, 급여대장, 연 20만원~74만원까지 세액공제
	일용근로자, 일당자	일당 15만원 공제	6%(55% 세액공제)	원천징수영수증 면제, 소득기록만 비치함. 일용근로소득자 급여지급대장
	외화급여자, 외국인 등	소득공제 후 과표	6%~45%	근로소득원천징수영수증 3부
퇴직소득	직장 퇴직자, 퇴사자	퇴직소득공제 + 환산급여에 따른 공제	6%~45%	퇴직소득원천징수영수증 발급

소득구분	소득자 유형	과세금액	적용세율	증빙
이자소득	비영업대금	전 액	25%	원천징수영수증(지급명세서) 3부(이자소득 표시) (14% 세율을 적용받는 일반 금융기관 이자소득은 분리과세 원천징수 되며, 개인별 소득금액이 2천만 원 초과 시 종합소득 합산과세 됨)
	직장공제회 초과 반환금	전 액	기본세율	
	실명미확인	전 액	45%	
	금융실명법(제5조)에 따른 비실명소득(차등 과세)	전 액	90%	
	그 밖의 이자소득	전 액	14%	
배당소득	출자공동사업자의 배당소득	전 액	25%	· 원천징수영수증(지급명세서) 3부(배당소득표시) · 연 배당 2천만원 초과 금액은 종합소득 합산과세 됨. 상장법인 대주주 배당과 비상장법인 일반 주주배당도 일반금융소득과 함께 2천만 원 초과 개념이 적용되어 무조건 종합합산 함.
	실명미확인	전 액	45%	
	금융실명법(제5조)에 따른 비실명소득(차등 과세)	전 액	90%	
	그 밖의 이자소득	전 액	14%	
사업소득	개인적 인적용역 제공자(전문면허직업 자는 제외) 등, 프리랜서, 부가가치세 면세 용역 해당자	전 액	3%	사업소득원천징수영수증 3부 자신의 주민등록번호로 종합소득세 신고
기타소득	기타의 용역공급자(열거된 일시·우발 기타소득은 60% 비용 공제)	열거 안 된 것은 전액 혹은 60% 뺌	20%	원천징수영수증(지급명세서) 3부(기타소득 표시) 복권소득 등 분리과세

소득구분	소득자 유형	과세금액	적용세율	증빙
		후 나머지 20%만 과세		
봉사료 수입	일반사업자(법인 포함)	세금계산서 등 거래 가액의 20% 초과액	봉사료 수입금액 5%	신용카드매출전표, 세금계산서 등 부가가치세 10%는 과세 됨.
연금소득	국민연금, 공무원 등 각종 연금, 퇴직연금, 개인연금소득	전액	6%~45%(사적 연금소득은 총지급액 × 5%만 과세함)	
외국인 등의 국내원천 소득	제반 소득 지급	전액 등	각 세법의 세율≦조세협약 상 제한세율(10%~15%)	원천징수영수증(지급명세서) 3부(비거주자 표시, 각 소득 유형 구분 표시)

각 세율 금액에 지방소득세 10%를 합산해야 총 세율이 된다.

2. 봉급, 상여금 등의 근로소득 원천징수

봉급에 대한 세금은 매월 월급을 줄 때 그 소속기관이나 사업자(원천징수의무자)가 우선 간이세액표에 의해 원천징수하고 다음 해 2월분 월급을 줄 때 1년분의 정확한 세금을 정산하게 된다.

봉급 이외에 다른 소득이 없으면 연말정산으로 납세의무가 종결되고, 다른 소득이 있으면 연말정산을 한 후 다른 소득과 봉급을 합산한 후 다음 해 5월에 종합소득세 확정신고를 하고 세금을 납부해야 한다.

[간이세액표에 의해서 원천징수 후 매달 10일 신고 및 납부]

[반기별 납부 대상자는 1월 10일, 7월 10일 2번 신고 및 납부]

1년분 세금 정산(연말정산)

3월 10일까지 1년분 급여 세금을 정산해서 매달 납부한 세금을 차감한 후

- 연말정산 분 〉 매달 신고 및 납부한 금액 = 추가납부
- 연말정산 분 〈 매달 신고 및 납부한 금액 = 환급

3. 기타소득의 원천징수

기타소득세 = 기타소득금액(총수입금액 − 필요경비) × 20%[8.8%(60% 필요경비)]

구 분	필요경비
승마투표권 · 승자투표권 등의 구매자에게 지급하는 환급금	그 구매자가 구입한 적중된 투표권의 단위투표금액
슬롯머신 등을 이용하는 행위에 참가하고 받는 당첨 금품 등	그 당첨 금품 등의 당첨 당시에 슬롯머신 등에 투입한 금액
다음의 어느 하나에 해당 하는 경우 거주자가 받은 금액의 80%에 상당하는 금액. 다만, 실제 소요된 경비가 80%를 초과하면 초과 금액도 필요경비에 산입한다.	❶ 공익법인의 설립 · 운영에 관한 법률의 적용을 받는 공익법인이 주무관청의 승인을 받아 시상하는 상금 및 부상과 다수가 순위 경쟁하는 대회에서 입상자가 받는 상금 및 부상 ❷ 계약의 위약 또는 해약으로 인하여 받는 위약금과 배상금 중 주택입주 지체상금

구 분	필요경비
다음의 어느 하나에 해당하는 경우 거주자가 받은 금액의 60%에 상당하는 금액, 다만, 실제 소요된 경비가 60%를 초과하면 초과 금액도 필요경비에 산입한다.	❶ 광업권 · 어업권 · 산업재산권 · 산업정보, 산업상 비밀, 상표권 · 영업권(점포임차권 포함), 이와 유사한 자산이나 권리를 양도하거나 대여하고 그 대가로 받는 금품 ❷ 통신판매중개업자를 통해 물품 또는 장소를 대여하고 연간 수입금액 500만원 이하의 사용료로 받는 금품(연 500만원 초과시 : 전액 사업소득으로 과세) ❸ 공익사업과 관련된 지역권 · 지상권(지하 또는 공중에 설정된 권리 포함)을 설정하거나 대여하고 받는 금품 ❹ 문예 · 학술 · 미술 · 음악 또는 사진에 속하는 창작품 등에 대한 원작자로서 받는 원고료, 인세 등의 소득 • 정기간행물에 게재하는 삽화 및 만화와 우리나라의 고전 등을 외국어로 번역하거나 국역하는 것 포함 • 원고료, 저작권사용료인 인세, 미술 · 음악 또는 사진에 속하는 창작품에 대하여 받는 대가 ❺ 인적용역을 일시적으로 제공하고 지급받는 대가 • 고용 관계없이 다수 인에게 강연을 하고 강연료 등 대가를 받는 용역 • 라디오 · 텔레비전방송 등을 통하여 해설 · 계몽 · 연기의 심사 등을 하고 보수 등의 대가를 받는 용역 • 변호사 · 공인회계사 · 세무사 · 건축사 · 측량사 · 변리사, 그 밖의 전문적 지식이나 특별한 기능을 가진 자가 그 지식 등을 활용하여 보수 등 대가를 받고 제공하는 용역

구 분	필요경비
	• 그 밖에 고용관계 없이 수당 또는 이와 유사한 성질의 대가를 받고 제공하는 용역 ❻ 기타소득으로 보는 서화 · 골동품의 양도로 발생하는 소득의 경우 거주자가 받은 금액의 80%(90%[주])에 상당하는 금액과 실제 소요된 경비 중 큰 금액을 필요경비로 함 [주] 서화 · 골동품의 양도가액이 1억원 이하이거나 보유기간이 10년 이상인 경우
종교 관련 종사자의 필요경비	실제 경비가 초과하는 경우 초과 금액 포함

4. 사업소득의 원천징수

원천징수 대상 사업소득을 지급할 때는 지급금액의 3%를 원천징수해야 한다.

원천징수할 세액 = 지급액 × 3%(필요경비 없음. 3.3%(지방소득세 포함))

원천징수 대상 사업소득은 다음과 같다.

- 전문지식인 등이 고용 관계없이 독립된 자격으로 직업적으로 용역을 제공하고 받는 대가
- 의사 등이 의료보건용역을 제공하고 받는 대가 등

5. 봉사료의 원천징수

사업자가 음식 · 숙박용역 등을 제공하고 그 대가와 함께 봉사료를 받아 자기의 수입금액으로 계상하지 않고 이를 접대부 등에게 지급하는 경우로서, 그 봉사료금액이 매출액의 20%를 초과하는 경우 봉사료 지급액의 5%를 원천징수해야 한다.

원천징수 할 세액 = 지급액 × 5%

6. 퇴직소득의 원천징수

원천징수의무자가 퇴직소득을 지급할 때 원천징수 해서 다음 달 10일까지 신고 및 납부를 해야 한다.

7. 지방소득세 특별징수 및 납세지

원천징수의무자가 다음에 해당하는 소득세 · 법인세를 원천징수한 경우 지방소득세를 소득세 등과 동시에 특별징수한다.

소득자	원천징수	지방소득세 특별징수	비 고
개 인	○	○	
내국법인	○	○	지방소득세를 별도로 신고해야 한다.
외국법인	○	○	

특별징수하는 소득할 지방소득세 납세지는 다음과 같다.

구 분	납세지
근로소득 및 퇴직소득에 대한 소득세분	근무지(본점 또는 지점)를 관할 하는 시·군
이자소득·배당소득 등에 대한 소득세의 원천징수 사무를 본점 또는 주사무소에서 일괄처리하는 경우 소득세분	그 소득을 지급하는 지점 등의 소재지를 관할 하는 시·군

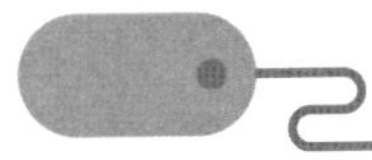

원천징수 신고 및 납부방법

1. 신고방법

원천징수이행상황신고서를 작성해서 홈택스((www.hometax.go.kr)를 이용한 인터넷 전자신고 또는 원천징수이행상황신고서를 세무서에 수기작성 후 그 징수일이 속하는 달의 다음 달 10일까지 제출(우편 제출 시 10일 자 소인이 찍혀 있으면 기한 내 신고로 인정)한다.

원천징수이행상황신고서는 원천징수해서 납부할 세액이 없는 소득자에게 지급한 금액도 포함해서 작성한다.

관할 세무서장으로부터 반기별 납부승인 또는 국세청장의 지정을 받은 자는 상반기 원천징수한 세액을 7월 10일까지, 하반기 원천징수한 세액을 다음 해 1월 10일까지 납부하면 된다. 이때 원천징수이행상황신고서도 반기별로 제출하면 된다.

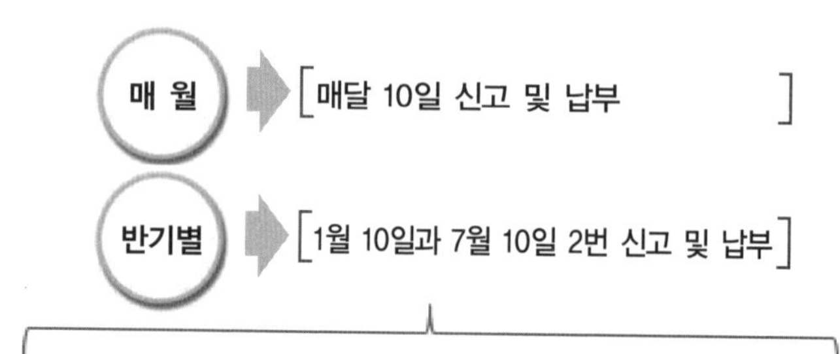

1. 반기별 납부 대상자

직전 과세기간 상시 고용인원이 20인 이하인 사업자(금융보험업 제외)로서 세무서장의 승인 또는 국세청장의 지정을 받은 자

2. 반기별 납부 신청 기간

* 상반기부터 반기별 납부를 하고자 하는 경우 : 직전연도 12월 1일~12월 31일
* 하반기부터 반기별 납부를 하고자 하는 경우 : 6월 1일~6월 30일

2. 납부방법

원천징수 세액을 그 징수일이 속하는 달의 다음 달 10일까지 납부서에 기재해서 금융기관에 납부한다.
납부는 홈택스를 이용한 인터넷 전자 납부가 가능하다. 전자신고를 한 납세자가 자동으로 입력된 납부 정보를 확인하고, 거래 은행을 선택해서 계좌번호와 계좌 비밀번호만 입력해서 전자납부가 가능하다.

3. 홈택스를 활용한 원천징수 세액 신고

❶ 홈택스 로그인 후 국세납부 > 세금신고를 클릭한 후 좌측의 원천세 신고로 이동한다.

❷ 원천세 신고 메뉴 중 [일반신고 > 정기신고] 버튼 클릭.

❸ 귀속연월, 징수의무자 기본사항 및 원천징수 신고구분과 신고할 소득의 종류를 선택하고 [저장 후 다음 이동]을 클릭

(1) 귀속연월 : 지급한 소득에 해당하는 귀속월을 작성하며 귀속년도는 5년 전까지 선택 가능

(2) 연말정산 포함 : 연말정산 소득(A04, A05, A06, A26, A46) 입력시 체크

(3) 소득처분 신고 : 소득처분 신고시 체크

(4) 환급신청 : 환급액을 당월에 환급받을 경우 체크

(5) 소득 종류 선택 : 해당 월에 지급된 소득이 있을 경우 전부 체크

(6) 수정신고(세액) : 수정신고 직후에 신고하는 정기신고면 체크하여 수정신고시 발생한 납부/환급 세액을 차가감하고 징수세액 란에 입력.

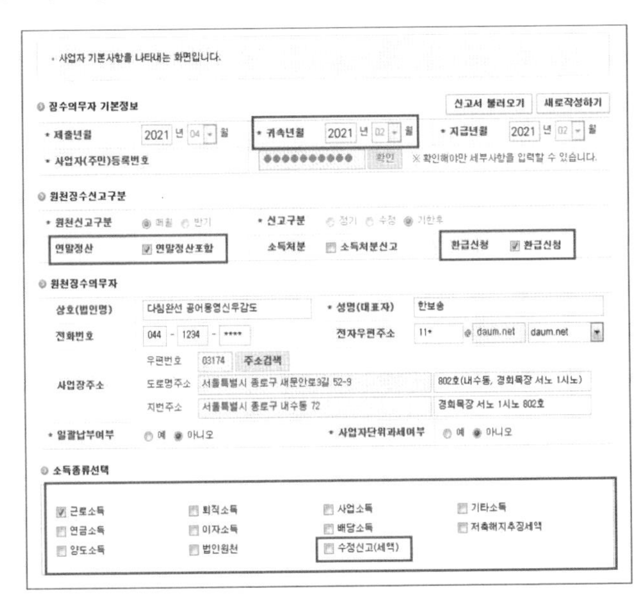

❹ 각 소득에 해당하는 원천징수 내역 및 납부세액 입력

다침완선 공어용영신우감도 | 101-82-42933 　 제출여부 ›››› 재제출 작성중입니다. 　 미리보기

● 원천징수이행상황신고서(원천징수세액 환급신청서) 　 원천징수이행상황신고서 매뉴얼

◎ 원천징수내역 및 납부세액 　 ※아래 스크롤을 좌우로 움직이면 환급세액조정내역을 확인할 수 있습니다.

› 근로소득 　 (단위:원)

소득구분	코드	소득지급		징수세액			(9)당월조정 환급세액
		(4)인원수	(5)총지급금액	(6)소득세 등	(7)농어촌 특별세	(8)가산세	
간이세액	A01	5	5,000,000	5,000			
중도퇴사	A02	1	10,000,000	-10,000			
일용근로	A03						
연말정…	A04						
연말정…	A05						
연말정…	A06						
가감계	A10	6	15,000,000	-5,000			

※ 연말정산_합계(A04)에는 연말정산 대상 인원 및 총지급금액만 넣으며,
연말정산_분납신청(A05)에는 분납신청한 인원 및 분납신청금액을 넣고
연말정산_납부금액(A06)에는 연말정산 납부하거나 환급받을 금액을 작성합니다.

※ 총지급금액은 비과세 및 과세미달을 포함한 총지급액으로 작성합니다. 다만, 근로소득과 종교인소득은 다음에 따릅니다.
- 근로소득의 경우 비과세 항목 중 아래 표에서 지급명세서 작성여부에 "부"로 표시된 항목만 제외하여 기재하며,
(표)비과세 및 감면 소득 코드 참고
- 종교인소득의 경우 비과세 항목(학자금, 식사대 등)은 제외하고 기재하나, 종교활동비는 포함하여 기재합니다.

› 이자소득 　 (단위:원)

소득구분	코드	소득지급		징수세액			(9)당월조정 환급세액
		(4)인원수	(5)총지급금액	(6)소득세 등	(7)농어촌 특별세	(8)가산세	
이자소득	A50	1	1,500,000	1,000			1,000

타 소득에 조정환급을 해야할 경우에는 아래와 같이 (9)당월조정 환급세액란에 기재

※ (9)당월조정 환급세액란은 (+)금액으로 입력해야 정상적으로 납부세액에서 차감됨

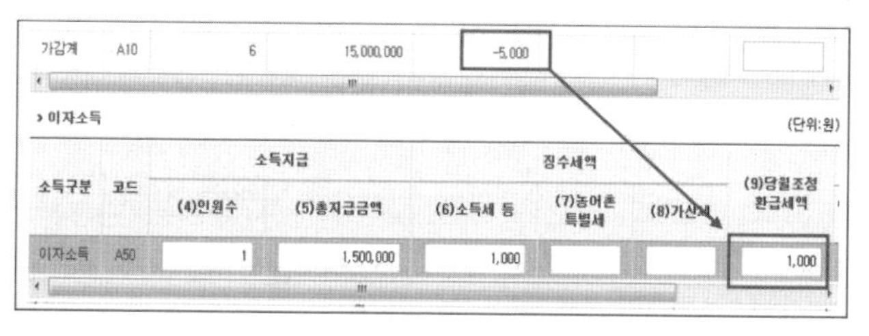

가감계	A10	6	15,000,000	-5,000			

› 이자소득 　 (단위:원)

소득구분	코드	소득지급		징수세액			(9)당월조정 환급세액
		(4)인원수	(5)총지급금액	(6)소득세 등	(7)농어촌 특별세	(8)가산세	
이자소득	A50	1	1,500,000	1,000			1,000

❺ 신고서 제출하기를 클릭한다.

기본정보 입력화면에서 환급신청 여부에 체크한 경우에는 환급신청액란에 환급받을 금액을 반드시 작성(차월이월 환급세액 내의 금액만 환급신청 가능)

이월시킨 환급세액이 존재하는 경우 (12)전월미환급세액에 전월 신고서의 (20)차월이월 환급세액 금액을 입력하고, (13)기환급 신청세액에는 전월 신고서의 (21)환급신청액을 입력

귀속 2021년 01월, 지급 2021년 01월

› 당월 발생 환급 세액

차월이월환급세액 승계명세서 작성

(15)일반환급	(16)신탁재산(금융회사 등)	(17)그 밖의 환급세액
450,000 원	0 원	금융회사 등: 0 원 합 병 등: 0 원

※ 합병 및 사업자단위과세전환 등에 따른 차월이월 환급세액 승계명세서 작성하려면, '차월이월 승계명세서 작성' 버튼을 누르세요.

◎ 환급조정 및 신청세액

(18)조정대상환급세액(14+15+16+17)	(19)당월 조정환급 세액 합계	(20)차월이월 환급세액(18-19)
450,000 원	200,000 원	250,000 원

※ 환급신청하려면 [기본정보입력] 화면에서 "환급신청구분"에 체크 후 환급신청서부표를 작성합니다.

(21)환급신청액 50,000 원

◎ 환급세액 조정

› 전월 미환급 세액의 계산

귀속 2021년 02월, 지급 2021년 02월

(12)전월미환급세액	(13)기환급 신청세액	(14)차감잔액(12-13)
250000 원	50,000 원	200,000 원

❻ 신고서 부표 화면에서 소득종류를 확인한 뒤, [저장 후 다음 이동]을 클릭

비거주자 항목은 원천징수 대상자 중 비거주자가 있는 경우 체크

❼ 부표화면에서 본표에 작성한 소득내용을 바탕으로 해당하는 항목들의 인원, 총지급액,

❽ 징수세액 등을 작성한 후 [저장 후 다음이동] 버튼을 클릭 귀속

❾ 환급신청서 부표 화면에서 환급대상이 되는 세액들에 대한 명세를 (21)환급신청액과 환급신청서 부표의 「⑥환급신청액」의 합계가 일치하도록 입력

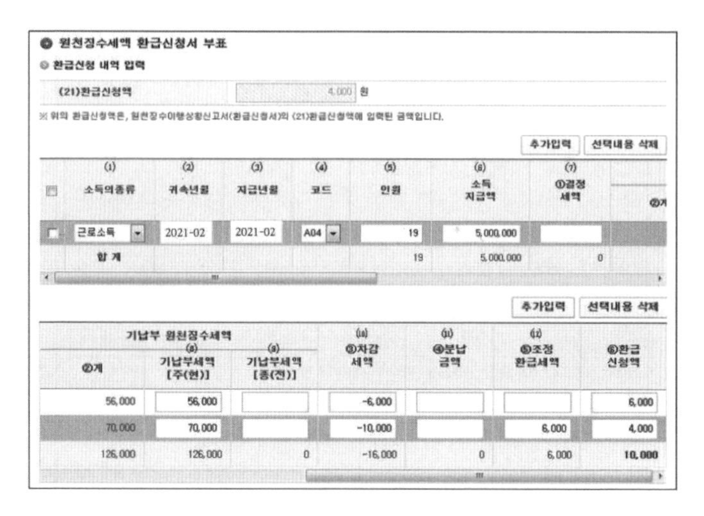

● 원천징수세액 환급신청서 부표

◎ 환급신청 내역 입력

(21)환급신청액 4,000 원

※ 위의 환급신청액은, 원천징수이행상황신고서(환급신청서)의 (21)환급신청액에 입력된 금액입니다.

추가입력 선택내용 삭제

	(1) 소득의종류	(2) 귀속년월	(3) 지급년월	(4) 코드	(5) 인원	(6) 소득 지급액	(7) ①결정 세액
	근로소득	2021-02	2021-02	A04	19	5,000,000	
	합 계				19	5,000,000	0

추가입력 선택내용 삭제

기납부 원천징수세액			(10)	(11)	(12)	
②계	(8) 기납부세액 [주(현)]	(9) 기납부세액 [종(전)]	③차감 세액	④분납 금액	⑤조정 환급세액	⑥환급 신청액
56,000	56,000		-6,000			6,000
70,000	70,000		-10,000		6,000	4,000
126,000	126,000	0	-16,000	0	6,000	**10,000**

(1) 소득의 종류 : 환급금액이 산출된 소득의 종류를 선택.

(2) 귀속연월 : 환급세액이 발생한 신고서의 귀속연월을 입력

(3) 지급연월 : 환급세액이 발생한 신고서의 지급연월을 입력

(4) 코드 : 환급금액이 산출된 소득코드를 선택.

(5) 인원 : 환급대상 소득구분 및 코드에 해당하는 인원을 입력

(6) 소득 지급액 : 환급대상 소득구분 및 코드에 해당하는 총지급액을 입력

(7) 결정세액 : 환급대상 소득에 해당하는 지급명세서 상의 결정세액 합계액을 입력

(8) 기납부세액[주(현)] : 환급대상 소득에 해당하는 지급명세서 상의 기납부세액 중 주(현) 근무지에 해당하는 기납부세액의 합계액을 입력

(9) 기납부세액[종(전)] : 환급 대상 소득에 해당하는 지급명세서상의 기납부세액 중 종(전) 근무지에 해당하는 기납부세액의 합계액을 입력

(10) 차감세액 : 환급대상 소득에 해당하는 지급명세서의 차감징수세액 합계액을 입력

⑾ 분납금액 : 원천징수이행상황신고서의 A05(분납신청)의 징수 세액란의 ⑥소득세 등 금액을 입력

⑿ 조정환급세액 : 환급세액에서 자동적으로 차가감되는 같은 세목의 납부금액과 타 세목의 (9)당월조정환급세액을 합하여 입력

⑩ 환급 신청시 전월미환급세액이 있는 경우에는 「전월미환급세액 조정명세서」를 작성하여야 함

「기납부세액 명세서」가 반드시 첨부되어야 한다. 다만, 환급대상 소득코드가 수정신고(A90)인 경우는 첨부대상이 아니다.

환급신청서 부표를 작성한 후 [신고서 작성 완료]를 클릭

● 원천징수세액 환급신청서 부표

◎ 환급신청 내역 입력

(21)환급신청액 4,000 원

※ 위의 환급신청액은, 원천징수이행상황신고서(환급신청서)의 (21)환급신청액에 입력된 금액입니다.

추가입력 선택내용 삭제

	소득의종류	귀속년월	지급년월	코드	인원	소득 지급액	①결정 세액
	근로소득	2021-02	2021-02	A04	19	5,000,000	
	합 계				19	5,000,000	0

※ 기납부세액 [주(현), 종(전)]이 있는 경우 하단 「기납부세액명세서 작성」을 선택하여 작성하시기 바랍니다.

※ 환급신청 시, 원월사는 ③차감세액 값을 통해서 조정하시기 바랍니다.

※ ⑧조정환급세액은 환급세액에서 자동적으로 차가감되는 같은 세목의 납부금액과 타 세목에 입력된 (9)당월조정환급세액을 합한 금액을 입력하시기 바랍니다.

(12)전월 미환급세액 0 원

(20)차월이월 환급세액(18-19) 4,000 원

※ 위의 (12)전월 미환급세액 및 (20)차월이월 환급세액은 원천징수이행상황신고서(환급신청서)에 입력된 금액입니다.

※ (12)전월 미환급세액이 있는 경우 하단의 「전월미환급세액 조정명세서 작성」을 선택하여 작성하시기 바랍니다.

전월미환급세액 조정명세서 작성 | 기납부세액 명세서 작성

◎ 환급계좌신고

은행 산업은행

계좌번호 12345678 ※ ('-'는 제외하고 입력하십시오)

※ 원천징수세액을 환급신청하는 경우 환급신청대상 지급명세서를 제출하여야 합니다.

※ 국세환급금 계좌는 환급금액이 2천만원 미만인 경우에만 작성하며, 2천만원이상인 경우 별도"계좌개설신고서"를 제출하여야 합니다.

이전 | 신고서 작성완료

⓫ 오류가 발생하면 오류내역이 조회되므로 안내되는 오류메시지를 보고, 오류에 대해 정정하여야 접수 가능

신고서 오류내역 조회

· 신고내용

과세년월	2021년 02월	신고구분	정기(확정)
신고서종류	원천징수이행상황신고서	신고유형	정기신고

· 오류내역

서식명	항목명	내용검증 오류내역
원천징수이행상황신…	환급계좌	환급계좌번호는 6자이상 16자이하로 입력하여야 합니다.
원천징수이행상황신…	환급계좌	은행코드가 유효하지 않습니다.
원천징수이행상황신…	⑤총지급액	신고서와 부표에 입력된 신고내용(총지급액)이 일치하지…
원천징수이행상황신…	⑥소득세 등	신고서와 부표에 입력된 신고내용(소득세 등 징수세액)…
원천징수이행상황신…	⑨당월조정환급세액	신고서와 부표에 입력된 신고내용(조정환급세액)이 일치…
원천징수이행상황신…	⑤총지급액	신고서와 부표에 입력된 신고내용(총지급액)이 일치하지…
원천징수이행상황신…	⑥소득세 등	신고서와 부표에 입력된 신고내용(소득세 등 징수세액)…
원천징수이행상황신…	⑨당월조정환급세액	신고서와 부표에 입력된 신고내용(조정환급세액)이 일치…

⓬ 오류가 발생하지 않은 정상신고의 경우 [신고서 제출] 화면으로 이동하며, 원천세 신고내용 요약을 보고 내용을 확인한 후 [신고서 제출하기]를 클릭하여 진행

⓭ 신고서 제출 후에 발급되는 접수증의 접수결과와 신고내역을 확인하고 출력하여 보관

⓮ 신고완료 후 Step2로 이동하여 신고서와 납부서를 출력할 수 있으며, 각 세목별로 납부서가 출력되나 수정신고세액 납부서는 직접 작성

※ 저축해지추징세액의 납부서는 세목이 근로소득세로 발행됨

원천징수 시기

원천징수의무자가 원천징수대상 소득금액 또는 수입금액을 지급하는 때 원천징수한다. 다만, 지급시기의제가 적용되는 경우 지급시기가 의제된 때 원천징수한다. 여기서 지급시기의 의제란 정상적으로 지급해야 할 시기에 지급하지 않고 미지급상태로 남아 있다 하더라도 일정 기간이 되면 지급한 것으로 보아 원천징수를 하는 것을 말한다.

구 분		지급시기
근로소득	1월부터 11월까지 근로소득을 12월 31일까지 지급하지 않은 경우	12월 31일
	12월분 근로소득을 다음연도 2월 말일까지 지급하지 않은 경우	2월 말일
이자배당소득	법인이 이익처분 등에 따른 배당·분배금을 처분을 결정한 날부터 3개월이 되는 날까지 지급하지 아니한 경우	3개월이 되는 날
	11월 1일부터 12월 31일까지의 사이에 결정된 처분에 따라 다음 연도 2월 말일까지 배당소득을 지급하지 아니한 경우	처분을 결정한 날이 속하는 과세기간의 다음 연도 2월 말일
기타소득	법인세법에 따라 소득처분 되는 배당소득과 기타소득	
	(법인세 과세표준 결정 또는 경정)	소득금액변동통지서를 받은 날
	(법인세 과세표준 신고)	그 신고일 또는 수정신고일

구 분		지급시기
사업소득	1월~11월의 연말정산 사업소득을 12월 31일까지 미지급	12월 31일
	12월분 연말정산 사업소득을 다음연도 2월 말일까지 미지급	2월 말일
퇴직소득	1월~11월 퇴직자의 퇴직소득을 12월 31일까지 미지급	12월 31일
	12월 퇴직자의 퇴직소득을 다음연도 2월 말일까지 미지급	2월 말일

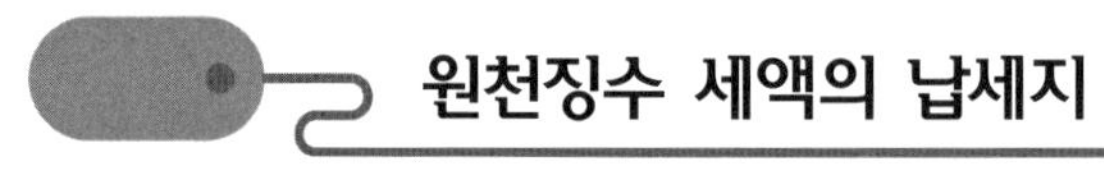

원천징수 세액의 납세지

1. 원천징수 세액 납세지

원천징수의무자		소득세 납세지	법인세 납세지
거주자		거주자의 주된 사업장의 소재지. 다만, 주된 사업장 외의 사업장에서 원천징수하는 경우 그 사업장의 소재지로 하고, 사업장이 없는 경우에는 거주자의 주소지 또는 거소지	
비거주자		비거주자의 주된 국내사업장의 소재지. 다만, 주된 국내사업장 외의 국내사업장에서 원천징수하는 경우는 그 국내사업장의 소재지로 하고, 국내사업장이 없는 경우에는 비거주자의 거류지 또는 체류지	
법인	일반	㉮ 원칙 : 본점 또는 주사무소의 소재지	㉮ 원칙 : 본점 또는 주사무소의 소재지. 다만, 국내에 본점이나 주사무소가 소재하지 않는 경우는 사업

원천징수의무자		소득세 납세지	법인세 납세지
법인	일반	㉯ 예외 : 법인의 지점·영업소, 그 밖의 사업장이 독립채산제에 따라 독자적으로 회계 사무를 처리하는 경우 그 사업장의 소재지 주 독립채산제 사업장의 소재지가 국외에 있는 경우 제외	의 실질적 관리장소 ❶ 법인으로 보는 단체 : 당해 단체의 사업장 소재지(사업장이 없는 단체의 경우 대표자 또는 관리인의 주소) ❷ 외국법인 : 당해 법인의 주된 국내사업장 소재지 ㉯ 예외 : 좌측 ㉯에 해당하는 경우 소득세법과 동일
	본점일괄납부승인을 받은 경우	법인의 지점·영업소 그 밖의 사업장이 독립채산제에 따라 독자적으로 회계 사무를 처리하는 경우라도 법인의 본점 또는 주사무소의 소재지를 원천징수 세액의 납세지로 할 수 있다.	
	사업자 단위로 등록한 경우		
	국내원천소득의 원천징수의무자가 위의 납세지를 가지지 않은 경우	❶ 유가증권 양도소득의 경우 유가증권을 발행한 내국법인 또는 외국 법인의 국내 사업장의 소재지 ❷ 그 외의 경우 국세청장이 정하는 장소	

2. 본점일괄납부

법인의 지점·영업소, 그 밖의 사업장이 독립채산제에 의해 독자적으로 회계 사무를 처리하는 경우 원천징수 세액은 각 지점 등에서 납부 하나, 국세청장의 승인을 받은 경우는 본점이나 주사무소에서 일괄해서 원천징수 세액을 납부할 수 있다.

본점일괄납부 신청 및 승인 등

구 분	내 용
승인신청	일괄납부하려는 달의 말일부터 2개월 전까지 『원천징수세액 본점일괄납부승인신청서』를 본점 등의 관할 세무서장에게 제출(일괄납부는 모든 세목을 신청하거나 세목별로 부분 신청할 수 있다.)한다.
신고 및 납부방법	승인받은 사업자는 본점일괄납부 대상 사업장의 원천징수내역을 본점 등에서 1장의 원천징수이행상황신고서에 작성해서 납부한다.
철회신청	원천징수세액 본점 일괄납부 법인이 당해 원천징수 세액을 각 지점별로 납부하고자 하는 때에는 『원천징수세액 본점일괄납부 철회신청서』를 관할 세무서장에게 제출(단, 승인받은 날이 속하는 날부터 3년 이내에는 철회신청 불가)한다.

사업자 단위 과세제도

사업자 단위로 등록한 법인은 본점 등을 원천징수 세액의 납세지로 할 수 있다.

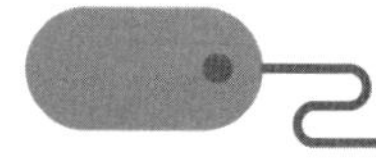

원천징수를 불이행한 경우 가산세

원천징수대상 소득 지급 시 원천징수를 누락하게 되면 소득자로부터 세액을 다시 징수하기 어렵고, 원천징수이행상황신고 · 납부와 지급명세서 제출을 누락하게 되어 관련 가산세도 추징당한다.

1. 원천징수 등 납부지연가산세

원천징수의무자가 징수하였거나 징수해야 할 세액을 그 기한 내에 납부하지 않았거나 미달하게 납부한 때에는 그 납부하지 않은 세액 또는 미달한 세액에 대해 가산세를 부과한다.

원천징수의무자가 매월 분 급여에 대해 간이세액표에 의한 세액보다 과소납부한 경우, 원천징수 등 납부지연가산세가 적용된다.

미납세액 × 3% + (과소·무납부세액 × 2.2/10,000 × 경과일수) ≦ 50%
(단, 법정납부기한의 다음날부터 고지일까지의 기간에 해당하는 금액≦10%)

2. 지급명세서 제출불성실가산세

지급명세서를 제출기한까지 제출하지 않거나, 제출한 지급명세서 내용(사업자번호, 주민번호, 소득종류, 귀속연도, 지급액 등)이 잘못 작성된 경우 지급금액의 1%(간이지급명세서 0.25%)를 가산세로 부담한다.

지급명세서 제출불성실가산세 = 제출하지 않은 지급금액 또는 불분명한 지급금액 × 1%

3. 신고불성실가산세

원천징수의무자가 근로소득 연말정산 과다공제 신고분을 수정해서 신고하는 경우, 원천징수의무자는 원천징수 등 납부지연가산세를 적용하는 것이며, 납세지 관할 세무서장 또는 지방국세청장은 근로소득자의 해당연도 과세표준 및 세액을 경정해서 과소신고가산세를 적용한다.

근로소득 세액에 대한 연말정산을 하면서 근로소득자가 허위기부금 영수증을 제출하고 부당하게 소득공제 해서 원천징수의무자가 소득세를 신고 · 납부 한 후, 근로소득자가 이를 수정신고 하는 경우 근로소득자는 부당과소신고가산세 및 납부 · 환급불성실가산세를 적용한다. 다만, 다음의 기한 내에 수정신고를 하는 경우 신고불성실가산세를 감면한다.

- 법정신고기한이 지난 후 1개월 이내 : 90% 감면
- 법정신고기한이 지난 후 3개월 이내 : 75% 감면
- 법정신고기한이 지난 후 3~6개월 이내 : 50% 감면
- 법정신고기한이 지난 후 6개월~1년 이내 : 30% 감면
- 법정신고기한이 지난 후 1년~1년 6개월 이내 : 20% 감면
- 법정신고기한이 지난 후 1년 6개월~2년 이내: 10% 감면

조정환급 및 환급신청과 경정청구

1. 조정환급

원천징수세액 중 타 세목 간에 납부할 세액과 환급할 세액이 있는 경우 납부할 세액을 환급할 세액과 상계해서 차감 후 세액을 납부한다.

조정환급은 원천징수이행상황신고서에 그 조정명세를 기재해서 제출한 경우에만, 적용이 가능하다.

2. 환급신청

❶ 환급신청요건 : 원천징수이행상황신고서(소칙 별지 제21호 서식)의 「차월이월 환급세액」 란의 금액에 대해 원천징수의무자의 환급신청이 있는 경우

❷ 환급신청 시 구비서류

가. 원천징수이행상황신고서(원천징수세액환급신청서)(소칙 별지 제21호 서식)

나. 원천징수세액환급신청서 부표

다. 근로소득지급명세서(지급명세서를 제출기한 내에 제출한 경우 추가 제출할 필요 없음)[소칙 별지 제24호 서식(1)]

3. 경정청구

경정청구는 최초 신고 · 수정신고 · 결정 · 경정 납세의무의 내용이 세법에 의해서 신고해야 할 과세표준 및 세액을 초과하거나 세법에 의해서 신고해야 할 결손금액 또는 환급세액에 미달하는 때 과세 관청이 이를 정정해서 결정 또는 경정하도록 청구하는 제도를 말한다.

연말정산(근로소득, 연금소득, 사업소득) 또는 퇴직소득을 납부하고 지급명세서를 제출기한 내에 제출한 경우 원천징수의무자 또는 당해 소득자가 경정청구가 가능하다.

구 분	원천징수의무자	근로자
제출서류	❶ 과세표준 및 세액의 결정(경정) 청구서(국기칙 별지 제16호의2 서식) ❷ 수정 원천징수이행상황신고서(소칙 별지 제21호 서식) ❸ 수정 근로소득 지급명세서(소칙 별지 제24호 서식(1)) ❹ 소득공제신고서(연말정산시 당초분, 경정청구 관련 수정분)(소칙 별지 제37호 서식) ❺ 경정청구 관련 증빙서류	❶ 과세표준 및 세액의 결정(경정)(국기칙 별지 제16호의2 서식) ❷ 근로소득 지급명세서(당초분, 수정 분)(소칙 별지 제24호 서식(1)) ❸ 소득공제신고서(연말정산시 당초분, 경정청구 관련 수정 분)(소칙 별지 제37호 서식) ❹ 경정청구 관련 증빙서류
제 출 처	원천징수 관할 세무서	주소지 관할 세무서

원천징수 관련 서류의 발급 및 제출

원천징수의무자는 소득자에게 원천징수를 하는 경우 지급 시 또는 일정한 기한 내에 원천징수영수증을 발급해 주어야 한다.

1. 근로소득과 퇴직소득

대 상	발급시기
중도퇴사자	퇴직일이 속하는 달까지의 근로소득에 대해서 그 퇴직일이 속하는 달의 급여 지급일 다음 달 말일까지 발급한다.

대 상	발급시기
계속근로자	원천징수의무자는 해당 과세기간의 다음연도 2월 말일까지 근로소득원천징수영수증을 근로소득자에게 발급한다. 다만, 종된 근무지의 원천징수의무자는 주된 근무지에서 연말정산을 받고자 하는 자의 원천징수영수증을 즉시 발급한다.
일용근로자	지급일이 속하는 분기 마지막 달의 다음 달 말일
퇴직소득자	그 지급일의 다음 달 말일까지 발급

2. 근로소득과 퇴직소득 외의 소득

소득구분		발급시기
이자소득 · 배당소득		지급하는 때
사업소득	연말정산 대상 소득	연말정산일이 속하는 달의 다음 달 말일까지
	연말정산 대상 제외 소득	지급하는 때
연금소득	국민연금 · 공무원연금	다음연도 2월 말일까지
	퇴직연금 · 사적연금	지급하는 때
기타소득		지급하는 때

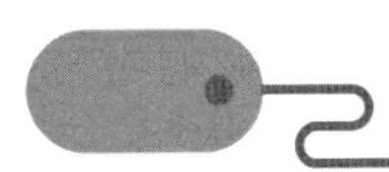

원천징수 지급명세서 제출

1. 지급명세서 제출자

소득세 납세의무가 있는 개인에게 기타소득에 해당하는 금액을 국내에서 지급하는 자는 지급명세서를 제출해야 한다. 이 경우 국내에서 지급하는 자에는 법인을 포함하며, 소득금액의 지급을 대리하거나 그 지급을 위임 또는 위탁받은 자, 원천징수 세액의 납세지를 본점 또는 주사무소의 소재지로 하는 자와 부가가치세법에 의한 사업자 단위 과세사업자를 포함한다.

2. 지급명세서 제출 제외대상

- 보훈급여금 등 소득세법 제12조 5호의 규정에 따라 비과세되는 기타소득
- 복권 · 경품권 그 밖의 추첨권에 당첨되어 받는 금품에 해당하는 기타소득으로서 1건당 당첨금품의 가액이 10만원 이하인 경우
- 승마투표권, 승자투표권, 소싸움경기투표권 및 체육진흥투표권의 구매자가 받는 환급금으로서 1건당 환급금이 500만원 미만(체육진흥투표권의 경우 10만원 이하)인 경우
- 과세최저한이 적용되는 기타소득

과세최저한은 소득금액 건별 5만원 이하, 승마투표권 등의 환급금 중 일정기준 이하 환급금, 슬롯머신 등의 당첨금품이 건별로 200만원 이하인 경우. 다만, 다음의 경우 과세최저한이 적용되더라도 지급명세서를 제출

- ▸ 문예 · 학술 · 미술 · 음악 또는 사진에 속하는 창작품 등의 원작자로서 받는 원고료, 저작권사용료인 인세(印稅) 및 미술 · 음악 또는 사진에 속하는 창작품에 대하여 받는 대가
- ▸ 고용 관계없이 다수인에게 강연하고 강연료 등 대가를 받는 용역

- ▸ 라디오 · 텔레비전 방송 등을 통하여 해설 · 계몽 또는 연기의 심사 등을 하고 보수 또는 이와 유사한 성질의 대가를 받는 용역
- ▸ 변호사 · 공인회계사 · 세무사 · 건축사 · 측량사 · 변리사 그 밖에 전문적 지식 또는 특별한 기능을 가진 자가 그 지식 또는 기능을 활용하여 보수 또는 그 밖의 대가를 받고 제공하는 용역
- ▸ 그 밖에 용역으로서 고용 관계없이 수당 또는 이와 유사한 성질의 대가를 받고 제공하는 용역
- ▸ 종교활동비

안마시술소에서 제공하는 용역에 대한 소득으로서 원천징수 하는 소득

3. 제출시기

간이지급명세서는 기존의 지급명세서 등과는 별도로 제출한다. 따라서, 기존 지급명세서는 종전과 동일하게 제출한다.

지급명세서

구 분	지급 시기	제출기한
일용근로소득	1월~12월	다음 달 말일
이자 · 배당 · 연금 · 기타소득	1월~12월	다음 연도 2월 말일
근로 · 퇴직 · 사업 · 종교인소득 · 봉사료	1월~12월	다음 연도 3월 10일
이용 경로	홈택스 홈페이지 ➔ 국세납부 ➔ 지급명세 · 자료 · 공익법인	

지급명세서는 전자 제출이 원칙이다.
이미 제출한 지급명세서에 근로소득에 대한 경정청구 · 수정신고 · 인정상여 처분 등에 따라 수정상황이 발생한 경우는 지급명세서를 수정하여 원천징수 관할 세무서에 제출한다.

간이지급명세서

구 분	지급 시기	제출기한
사업소득 인적용역 관련 기타소득	1월~12월	다음 달 말일
근로소득	2025년 01월~06월	7월 말일
	2025년 07월~12월	다음 연도 1월 말일

원천징수대상 사업소득, 인적용역 관련 기타소득에 대해 간이지급명세서(매월)를 모두 제출한 경우 지급명세서(연 1회) 제출이 면제된다.
단, 연말정산 사업소득은 간이지급명세서와 지급명세서를 모두 제출해야 한다.

04 금융소득종합과세

금융소득 종합과세란 일정금액 이상의 금융소득(이자소득과 배당소득)은 다른 종합소득(사업소득, 근로소득, 기타소득)과 합산해서 소득세를 과세하도록 하는 것을 말한다.

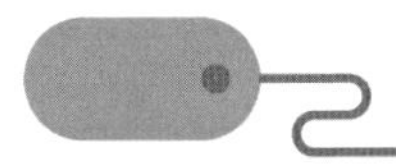

금융소득종합과세 대상

금융소득이 연간 2,000만 원을 초과하는 경우 전체 금융소득이 종합과세 된다. 다만, 2,000만 원까지는 원천징수 세율 14%를 적용해서 산출세액을 계산하므로 2,000만 원 이하의 금융소득은 실질적으로 분리과세 되는 것과 동일하다. 여기서 종합과세대상 기준이 되는 2,000만 원은 예금 원금이 아니라 이자를 말하므로, 금리가 연 4%라고 한다면 5억 원 이상의 예금이 있어야 종합과세대상자가 된다. 따라서 종합과세대상자가 그렇게 많지는 않다.

무조건 종합과세

❶ 출자공동사업자의 배당소득(원천징수 세율 25%) : 무조건 종합과세하지만 2천만 원 초과 여부 판단 시 제외

❷ 원천징수대상이 아닌 국외 금융소득

❸ 원천징수 대상이지만, 원천징수 되지 않은 국외 금융소득

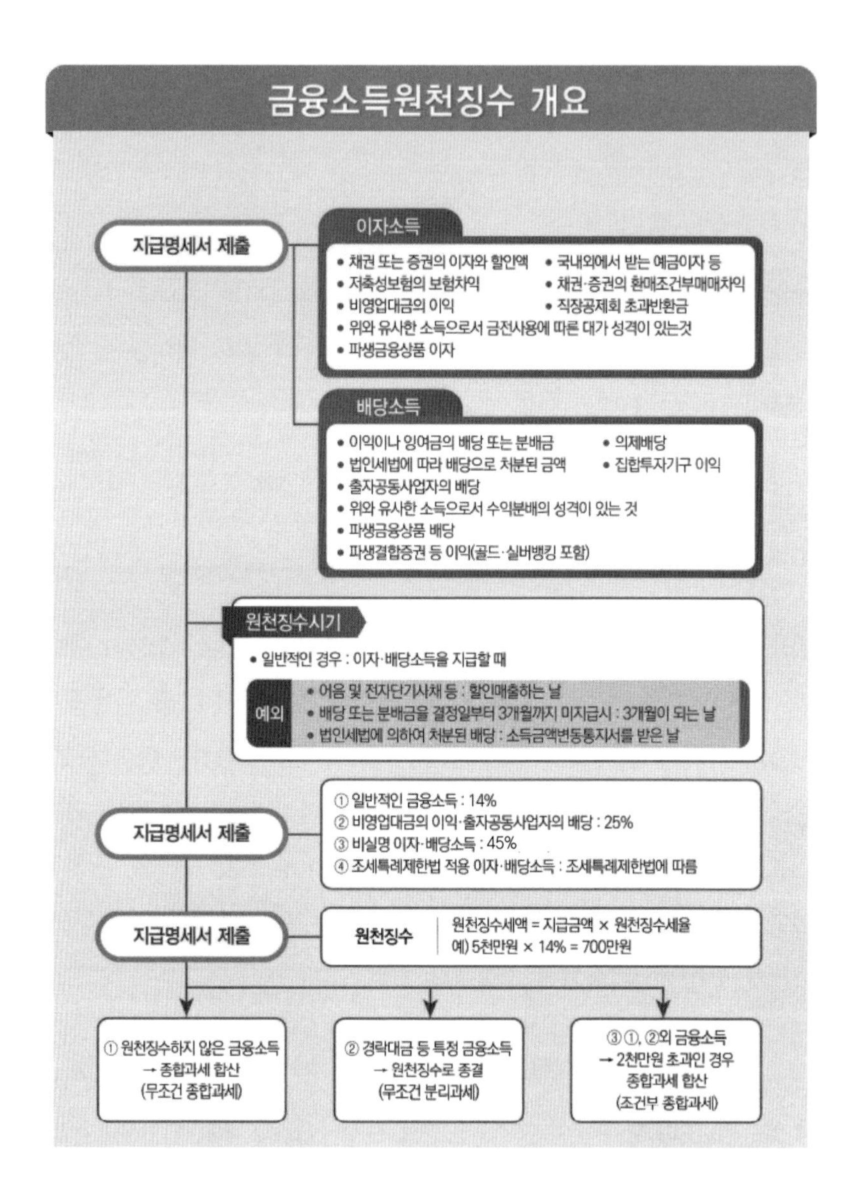

금융소득종합과세에서 제외되는 금융소득

다음에 해당하는 금융소득은 종합과세에서 제외되는 금융소득으로 종합과세금융소득을 계산할 때 제외한다. 따라서 종합과세에서 제외되는 금융소득은 금융소득이 2천만 원을 초과하는지? 여부를 판단할 때도 포함하지 않는다.

무조건 분리과세 대상	원천징수 세율
비실명 금융소득	45%
민사집행법에 의해서 법원에 납부한 보증금 및 경락대금에서 발생하는 이자소득	14%
법인으로 보는 단체 외의 단체 중 수익을 구성원에게 배분하지 아니하는 단체로서 단체명을 표기하여 금융거래를 하는 단체가 금융회사 등으로부터 받는 금융소득(동창회나 아파트관리사무소가 있음)	14%
직장공제회 초과반환금	기본세율
거주자가 전용계좌를 통하여 특정사회기반시설 집합투자기구로부터 지급받는 배당소득	9%
거주자가 일정한 요건을 모두 갖추어 투융자집합투자기구로부터 받는 배당소득	14%
개인종합자산관리계좌에 가입하거나 계약기간을 연장하는 경우 해당 계좌에서 발생하는 금융소득(이자소득과 배당소득)의 합계액 중 500만원(서민형과 농어민형은 1,000만원)을 초과하는 금액	9%

무조건 분리과세 대상	원천징수 세율
영농 · 영어조합법인이 조합원에게 지급하는 배당 중 소득세 비과세분을 제외한 배당소득	5%
농업회사 법인에 출자한 거주자가 지급받는 배당소득 중 식량작물재배업소득 외의 소득 중 대통령령이 정하는 소득에서 발생한 배당소득	14%
거주자가 공모부동산집합투자기구의 집합투자증권에 2023년 12월 31일까지 투자하는 경우 해당 거주자가 보유하고 있는 공모부동산집합투자기구의 집합투자증권 중 거주자별 투자금액의 합계액이 5천만원을 초과하지 않는 범위에서 지급받는 배당소득(투자일로부터 3년 이내에 지급받는 경우에 한정함)	9%

? 이자소득의 절세전략

1. 이자의 수입시기를 연도별로 고르게 분산시킬 경우 이자소득을 절세할 수 있다.

예금 · 적금 등의 이자는 실제로 이자를 받는 때에 수입으로 계상한다. 예를 들어 3년 만기 정기예금에 가입하고 이자도 만기에 받는 것이라면, 첫째 연도와 둘째 연도는 이자소득이 없고 3년째에 한꺼번에 이자소득이 발생한 것으로 보는 것이다. 반면, 금융소득 종합과세는 매년 1월 1일부터 12월 31일까지의 개인별 금융소득(이자소득 · 배당소득)을 합산해서 2천만 원 초과 여부를 따진다.
그러므로 어느 한 연도에 금융소득이 집중되면 매년 균등하게 이자를 받는 경우보다 세금 면에서는 불리하다.
부동산임대소득이 5천만 원이고, 연간 이자소득이 1천만 원이며, 부인과 미성년자인 자녀가 2명이 있다고 가정할 경우, 세금 부담을 비교해 보면 다음과 같다.

1. 이자를 매년도 받는 경우

- 종합소득금액 : 50,000,000원
- 과세표준 : 50,000,000원 − 6,000,000원 = 44,000,000원
- 산출세액 : 5,520,000원
- 세액공제 : 370,000원
- 납부세액 : 5,150,000원
- 원천징수 세액(3년 치) : 10,000,000원 × 14% × 3 = 4,200,000원
- 총부담세액 : 5,150,000원 + 4,200,000원 = 9,350,000원

2. 3년 치 이자를 일시에 받는 경우(금융소득 종합과세 해당)

- 종합소득금액 : ① + ② = 80,000,000원

① 금융소득 : 30,000,000원

② 부동산임대소득 : 50,000,000원

- 과세표준 : 80,000,000원 − 6,000,000원 = 74,000,000원
- 산출세액 : 12,540,000원
- 세액공제 : 370,000원
- 납부세액 : 12,170,000원

이 사례의 경우는 만기에 이자를 한꺼번에 받으면 매년 이자를 나누어 받는 경우보다 약 2,820,000원(12,170,000원 − 9,350,000원) 정도 세금을 많이 부담하게 된다. 따라서 만기에 지급받는 이자가 2,000만원을 초과하고 다른 종합소득이 있는 경우에는 매년 이자를 나누어 받는 것도 절세의 한 방법이다.

2. 배우자 명의로 예금을 분산시킬 경우 이자소득을 절세할 수 있다.

부동산임대소득과 마찬가지로 이자소득의 경우도 부부간의 소득을 합쳐 과세하는 것이 위헌이라는 헌법재판소의 결정이 내려짐에 따라 부부간에 소득을 적절히 분산하면 세금을 절약할 수 있다. 즉, 예전에는 부부의 이자소득 합계액이 2,000만원을 초과하는 경우 그 초과금액은 소득이 많은 자에게 합산해서 과세하였으므로 부부간에 예금을 분산시켜 놓더라도 세금 측면에서는 실익이 없었으나, 각자의 소득에 대해서 별도로 세금을 계산하므로 사전증여 등을 통해 예금이 분산되어 있으

면 소득이 낮은 세율이 적용되므로 세금도 줄어들게 된다.

3. 사전증여로 금융자산을 분산하자

금융소득으로 인해 발생하는 자산을 배우자나 자녀에게 증여하는 방식으로 나누는 방법은 가장 많이 사용되는 방법이다.

구 분	절세방법
금융소득 1천만~2천만 원	• 15.4% 원천징수로 과세 종료 • 추가 부담 없음 • 배당투자, 만기지급형 ELS 등 소득금액이나 시기의 예상이 어려운 상품투자 유의와 다른 소득의 유무를 떠나 연간 금융소득을 2천만 원 이하로 유지하는 게 관건 • 부부 · 자녀 증여, 수입시기 분산 등으로 인당 금융소득 과세표준을 최대한 축소
금융소득 2천만~4천만 원	1. 금융소득만 있는 경우 • 소득세 추가 부담 없음 • 건강보험법의 피부양자 상실 기준금액 초과로 건강보험료 추가 부담 발생 2. 다른 종합소득이 있는 경우 • 사업소득자는 건강보험료 일부 증가 • 금융소득 2천만 원 초과분에 대해서는 추가 세금 부담 발생
금융소득 4천만 원 이상	1. 다른 종합소득이 있는 경우 사업소득자는 건강보험료 증가, 근로소득을 제외한 종합소득이 건강보험 피부양자 상실 기준금액 초과로 근로자 건강보험료 추가 부담 2. 금융소득만 있는 경우 • 금융소득이 연간 4~7천만 원인 경우는 납부세액이 현재와 유사

구 분	절세방법
	• 금융소득이 연간 7천만 원 이상인 경우는 종소세율이 점차 증가 • 이미 건강보험 지역가입자로 부담금액 일부 증가

Gross-up 제도

배당소득의 원천인 법인소득은 법인 단계에서 법인세가 과세되고, 주주 단계에서 다시 소득세가 과세되므로, 이중과세의 문제가 발생한다.
세법은 이러한 이중과세 문제를 해소하기 위하여 법인 단계에서 과세된 세금 일부를 주주 단계에서 차감하도록 하는 제도인 Gross-up 제도를 두고 있다.
배당금의 재원인 법인소득에 대하여 당해 법인이 납부했을 법인세를 산정하게 되는데, 이를 귀속 법인세라고 한다.
그리고 개인 주주의 종합소득세 산정 시점에서 배당세액공제라는 이름으로 귀속 법인세를 차감하는 방식이다. 즉, 배당세액공제 금액만큼을 세전 법인소득으로 환원시킨 다음("Gross-up"), 세전 법인소득을 전부 개인 주주에게 배당금으로 지급하였다고 가정하고 여기에 배당세액공제를 반영하여 소득세를 계산하는 방식이다.
배당세액공제를 받을 수 있는 귀속 법인세율은 법인세율이 9%인 것으로 가정하여(즉, 법인이 실제로 부담한 세율과 무관하게 일률적으로) 관련 배당소득의 10%로 계산되는 것이다(소득세법 제17조 제3항).

Gross-up 대상 배당소득인 경우	Gross-up 대상 배당소득 아닌 경우
① 내국법인으로부터 받은 배당 ② 법인세 과세소득을 재원으로 받은 배당 · 법인으로 보는 단체로부터 받은 배당 · 감자 · 해산 · 합병 · 분할로 인한 의제배당 · 잉여금의 자본전입으로 인한 의제배당 ③ 종합소득세 과세대상이면서 누진세율이 적용되는 배당	① 외국법인으로부터 받은 배당 ② 법인세 과세되지 않는 재원과 관련된 배당 · 집합투자기구(펀드)로부터의 이익 · 유동화전문회사, 투자회사 등으로부터의 배당 · 이와 유사한 소득으로서 수익배분의 성격이 있는 것 ③ 분리과세가 적용되는 배당, 누진세율이 적용되지 않는 배당 · 분리과세 배당소득 · 2천만원 이내의 배당소득

종합소득세 계산사례

1. 배당소득금액 : 80,000,000 + (80,000,000 − 20,000,000) × 10% = 86,000,000원

2. 종합소득금액 : 86,000,000원

3. 종합소득공제 : △5,000,000원(가정)

4. 종합소득과세표준 : 81,000,000원

종합소득산출세액 : Max(①, ②) = 11,680,000원

금융소득이 합산되는 경우는 ①과 ②의 산식 중 큰 금액으로 한다.
① [(종합소득과세표준 - 2,000만원) × 기본세율] + (2,000만원 × 14%)
② [(종합소득과세표준 - 금융소득 금액) × 기본세율] + (금융소득 총수입금액 × 14%)

① (81,000,000원 - 20,000,000원) × 기본세율] + (20,000,000원 × 14%) = 11,680,000원

② (81,000,000원 - 81,000,000원) × 기본세율] + (80,000,000원 × 14%) = 11,200,000원

5. 배당세액공제 : Min(①, ②) = 480,000원

① (80,000,000원 - 20,000,000원) × 10% = 6,000,000원

② 11,680,000원 - 11,200,000원 = 480,000원

6. 결정세액 : 11,200,000원(4-5)

7. 기납부세액 : 11,200,000원(8천만 원의 14% 원청징수)

8. 납부할 종세액: 0원

05 이자소득의 원천징수와 절세전략

이자소득의 범위

1. 이자소득으로 보는 경우

① 채권 또는 증권의 이자와 할인액

- 국가나 지방자치단체가 발행한 채권 또는 증권의 이자와 할인액
- 내국법인이 발행한 채권 또는 증권의 이자와 할인액
- 외국법인의 국내 지점 또는 국내영업소에서 발행한 채권 또는 증권의 이자와 할인액
- 외국법인이 발행한 채권 또는 증권의 이자와 할인액

② 예금의 이자 등

- 국내에서 받는 예금(적금 · 부금 · 예탁금과 우편대체 포함)의 이자
- 상호저축은행법에 의한 신용계 또는 신용부금으로 인한 이익
- 국외에서 받는 예금의 이자
- 채권 또는 증권의 환매조건부매매차익
- 저축성보험의 보험차익
- 직장공제회 초과반환금

③ 비영업대금의 이익

✎ 금전의 대여를 사업목적으로 하지 아니하는 자가 일시적 · 우발적으로 금전을 대여함에 따라 지급받는 이자 등

④ 금전 사용에 따른 대가와 이자소득 발생상품과 이를 기초로 한 파생상품이 실질상 하나의 상품과 같이 운용되는 파생상품*이익

* 이자소득이나 이자소득 등의 가격 · 이자율 · 지표 · 단위 또는 이를 기초로 하는 지수 등에 의하여 산출된 금전 등을 거래하는 계

2. 이자소득으로 보지 않는 경우

① 물품을 매입할 때 대금의 결제방법에 따라 에누리되는 금액

③ 외상매입금이나 미지급금을 약정기일 전에 지급함으로써 받는 할인액

④ 물품을 판매하고 대금의 결제 방법에 따라 추가로 지급받는 금액

⑤ 외상매출금이나 미수금의 지급기일을 연장하여 주고 추가로 지급받는 금액

그 외상매출금이나 미수금이 소비대차(이전받은 금전 등을 동등한 물건으로 반환하는 의무)로 전환된 경우는 이자소득에 해당함

⑥ 장기할부조건으로 판매함으로써 현금거래 또는 통상적인 대금의 결제방법에 의한 거래의 경우보다 추가로 지급받는 금액

다만, 당초 계약 내용에 의하여 매입가액이 확정된 후 그 대금의 지급 지연으로 실질적인 소비대차로 전환 시에는 이자소득에 해당함

이자소득 금액

이자소득의 경우 필요경비를 적용하지 아니하므로 이자소득금액은 해당 과세기간의 총수입금액으로 한다(소득세법 제16조 2항).

1. 비영업대금 이익의 총수입금액 계산(소득세법시행령 제51조 7항)

비영업대금의 이익에 대한 총수입금액의 계산은 대금으로 인하여 지급받았거나 지급받기로 한 이자와 할인액 상당액이다.
도산으로 재산이 없거나 무재산 사망하여 원금과 이자의 전부(일부)를 받지 못한 경우에는 회수한 금액에서 원금을 먼저 차감한다.

2. 저축성보험의 보험차익(소득세법시행령 제25조)

만기에 받는 보험금 · 공제금, 중도 보험계약 해지에 따라 받는 환급금(보험금)에서 납입보험료 또는 납입공제료(보험료)를 뺀 금액이다.

보험차익 = 보험금 - 납입보험료

이자소득 수입시기

1. 이자소득의 수입시기

이자소득		수입시기
소득세법 제16조 1항 1호부터 11호까지의 소득과 유사한 소득으로서 금전의 사용에 따른 대가의 성격이 있어 이자소득으로 보는 소득, 이자소득의 발생하는 상품과 결합된 파생상품의 이익		약정에 의한 상환일. 다만, 기일 전에 상환하는 때에는 그 상환일
채권 등으로서 무기명인 것의 이자와 할인액		그 지급을 받은 날
채권 등으로서 기명인 것의 이자와 할인액		약정에 의한 지급일
보통예금·정기예금·적금 또는 부금의 이자	일반적인 경우	실제로 이자를 지급받는 날
	원본에 전입하는 뜻의 특약이 있는 이자	그 특약에 의하여 원본에 전입된 날
	해약으로 인하여 지급되는 이자	그 해약일
	계약기간을 연장하는 경우	그 연장하는 날
	정기예금 연결 정기적금의 경우	정기예금의 이자는 정기예금 또는 정기적금이 해약되거나 정기적금의 저축기간이 만료되는 날
통지예금의 이자		인출일
채권 또는 증권의 환매조건부 매매차익		약정에 의한 당해 채권 또는 증권의 환매수일 또는 환매도일. 기일 전에 환매수 또는 환매도하는 경우에는 그 환매수일 또는 환매도일로 함
저축성보험의 보험차익		보험금 또는 환급금의 지급일. 다만, 기일 전에 해지하는 경우는 그 해지일로 함

이자소득	수입시기
직장공제회 초과반환금	약정에 의한 공제회 반환금의 지급일
비영업대금의 이익	약정에 의한 이자지급일. 다만, 이자지급일의 약정이 없거나 약정에 의한 이자지급일 전에 이자를 지급받는 경우 또는 총수입금액 계산에서 제외하였던 이자를 지급받는 경우는 그 이자지급일로 함
채권 등의 보유기간 이자 상당액	해당 채권 등의 매도일 또는 이자 등의 지급일
위에서 열거한 이자소득이 발생하는 상속재산이 상속되거나 증여되는 경우	상속개시일 또는 증여일

2. 이자소득 원천징수시기에 대한 특례

① 금융회사 매출 또는 중개 어음, 전자단기사채 등, 표지어음으로서 보관통장으로 거래되는 것의 이자와 할인액은 할인 매출 하는 날[주]

[주] 어음 및 전자단기사채 등이 한국예탁결제원에 발행일부터 만기일까지 계속 예탁된 경우는 선택한 경우만 해당

② 동업기업의 과세기간 종료 후 3개월이 되는 날까지 지급하지 아니한 소득의 경우 해당 동업기업의 과세기간 종료 후 3개월이 되는 날

[주] (동업기업 과세특례) 동업기업을 도관으로 보아 발생한 소득에 대해 동업기업 단계에서 과세하지 않고, 동업자 단계에서 과세하는 제도

이자소득 원천징수세율

소득유형	과세금액	적용세율	증빙
비영업대금	전 액	25%	원천징수영수증(지급명세서) 3부(이자소득 표시) (14% 세율을 적용받는 일반 금융기관 이자소득은 분리과세 원천징수 되며, 개인별 소득금액이 2천만 원 초과 시 종합소득 합산과세 됨)
직장공제회 초과 반환금	전 액	기본세율	
실명미확인	전 액	45%	
금융실명법(제5조)에 따른 비실명소득(차등 과세)	전 액	90%	
그 밖의 이자소득	전 액	14%	

06 배당소득의 원천징수와 절세전략

배당소득의 범위

① 법인으로부터 받는 이익이나 잉여금의 배당 또는 분배금

- 내국법인으로부터 받는 이익이나 잉여금의 배당 또는 분배금

[주] 상법 개정에 따라 건설이자 배당은 배당소득에서 삭제(2012.4.15. 이후 발생분부터)

- 외국법인으로부터 받는 이익이나 잉여금의 배당 또는 분배금
- 법인으로 보는 단체로부터 받는 배당금 또는 분배금
- 내국법인으로 보는 신탁재산으로부터 받는 배당금 또는 분배금

② 배당으로 간주 또는 처분되는 소득 등

- 의제배당
- 법인세법에 따라 배당으로 처분된 금액
- 국제조세조정에 관한 법률에 따라 배당받은 것으로 간주된 금액

③ 국내 또는 국외에서 받는 집합투자 기구로부터의 이익

④ 금 또는 은의 가격에 따라 수익이 결정되는 골드 · 실버뱅킹을 포함한 파생결합증권의 이익 및 파생결합사채의 이익

⑤ 소득세법에 따른 공동사업에서 발생한 소득금액 중 출자공동사업자의 손익분배 비율에 해당하는 금액

⑥ 수익분배의 성격이 있는 것과 배당소득 발생상품과 이를 기초로 한 파생상품이 실질상 하나의 상품과 같이 운용되는 파생상품[주] 이익

[주] 배당소득이나 배당소득 등의 가격 · 이자율 · 지표 · 단위 또는 이를 기초로 하는 지수 등에 의하여 산출된 금전 등을 거래하는 계약

배당소득 금액

배당소득은 필요경비가 적용되지 않으므로 배당소득금액은 해당 연도의 총수입금액이다.

1. 이자 지급조건과 동일한 상환주식에 대한 배당

상환주식에 대한 배당지급조건이 차입금에 대한 이자 지급조건과 동일한 경우에도 그 지급금은 배당소득에 해당한다.

2. 무상단주를 처분하여 현금으로 주주에게 지급

단주가 발생하여 이를 처분하고 현금으로 주주에게 지급하는 경우에 잉여금의 자본전입액을 기준으로 의제배당금액을 계산한다.

배당소득 수입시기

1. 배당소득의 수입시기

이자소득		수입시기
무기명주식의 이익이나 배당		그 지급을 받은 날
잉여금의 처분에 의한 배당		당해 법인의 잉여금처분결의일
출자공동사업자의 배당		과세기간 종료일
소득세법 제17조 1항 1호부터 7호까지의 규정에 따른 소득과 유사한 소득으로서 수익분배의 성격이 있는 것, 배당소득이 발생하는 상품과 결합된 파생상품의 이익		그 지급을 받은 날
의제배당	감자, 퇴사 · 탈퇴, 잉여금의 자본전입으로 인한 의제배당	주식의 소각, 자본의 감소 또는 자본에의 전입을 결정한 날(이사회의 결의에 의하는 경우는 상법 제461조 3항의 규정에 의하여 정한 날을 말한다)이나 퇴사 또는 탈퇴한 날
	해산으로 인한 의제배당	잔여재산의 가액이 확정된 날
	합병, 분할 또는 분할합병으로 인한 의제배당	합병등기를 한 날, 분할등기 또는 분할합병등기를 한 날
법인세법에 의하여 처분된 배당		당해 법인의 당해 사업연도의 결산확정일
집합투자기구로부터의 이익		집합투자기구로부터의 이익을 지급받은 날 다만, 원본에 전입하는 뜻의 특약이 있는 분배금은 그 특약에 따라 원본에 전입되는 날

2. 배당소득 원천징수시기에 대한 특례

① 법인세법에 의하여 처분된 배당(소득세법 제131조 2항)

- 법인소득 금액을 결정 또는 경정함에 있어서 처분되는 배당은 소득금액변동통지서를 받는 날에 지급한 것으로 보아 원천징수
- 법인의 소득금액을 신고함에 있어서 배당은 당해 법인이 법인세 과세표준 및 세액의 신고일 또는 수정신고일에 지급한 것으로 봄

② 배당소득의 원천징수 시기 특례(소득세법 제131조 1항)

- 법인이 배당 또는 분배금 처분을 결정한 날부터 3개월이 되는 날까지 미지급시 3개월이 되는 날에 배당소득을 지급한 것으로 보아 원천징수
- 다만, 11월~12월 사이 처분으로 다음 연도 2월까지 배당소득 미지급시 2월 말일에 지급한 것으로 보아 원천징수

③ 출자공동사업자의 배당소득(소득세법시행령 제191조)

- 과세기간 종료 후 3개월이 되는 날까지 지급하지 아니한 소득은 과세기간 종료 후 3개월이 되는 날

배당소득 원천징수세율

소득유형	과세금액	적용세율	증빙
출자공동사업자의 배당소득	전 액	25%	· 원천징수영수증(지급명세서) 3부(배당소득표시)

소득유형	과세금액	적용세율	증빙
실명미확인	전 액	45%	· 연 배당 2천만원 초과 금액은 종합소득 합산과세 됨. 상장법인 대주주 배당과 비상장법인 일반주주배당도 일반금융소득과 함께 2천만 원 초과 개념이 적용되어 무조건 종합합산 함.
금융실명법(제5조)에 따른 비실명소득(차등 과세)	전 액	90%	
그 밖의 이자소득	전 액	14%	

07 기타소득의 원천징수와 절세전략

기타소득에 대한 과세 방법

고용관계가 없는 자가 다수 인에게 강연하고 받는 강사료는 기타소득에 해당한다.

기타소득은 다른 소득과 합산해서 과세하는 것이 원칙이다. 하지만, 기타소득금액의 연간 합계액이 300만 원 이하인 경우는 납세자가 원천징수에 의해서 납세의무가 종결되는 분리과세를 택하든지, 다른 소득과 합해서 종합과세를 적용받든지 선택할 수 있다. 기타소득금액이 300만원을 초과하는 경우는 선택의 여지가 없이 종합과세가 된다.

여기서 기타소득금액이 300만원이라고 하면, 강연료의 경우 60%를 필요경비로 공제한 금액이므로 실제 강연료로는 750만원이다. 다만, 실제 소요된 필요경비가 60% 초과할 경우 실제 소요경비이다.

기타소득금액(300만원) = 750만원 − (750만원 × 60%)

문제는 분리과세가 유리한지 아니면 종합과세가 유리한지를 따져 보아야 하는데, 원천징수 세율은 20%이고, 종합소득세율은 최저 6%에서 최고 45%까지 있으므로 자신의 다른 소득금액이 얼마나 되느냐에 따라 달라진다. 기타소득과 근로소득만이 있는 자인 경우, 기타소득금액의 합계액과 연말정산 한 근로소득 원천징수영수증 상의 과세표준을 합한 금액(종합소득과세표준)이 5,000만 원 이하인 경우는 종합과세를 적용받으면 세액 일부를 환급받을 수 있다.

이는 종합소득과세표준이 1,400만 원 이하면 6%, 5,000만 원 이하면 15%의 세율이 적용되나 원천징수를 할 때는 20%의 세율을 적용하기 때문이다. 종합소득과세표준이 5,000만원을 초과하면 24%의 세율이 적용되므로 분리과세를 받는 것이 유리하다.

- 종합소득 기본세율 24% 적용부터(과세표준 5,000만원 이하) :
  ➜ 분리과세가 유리
- 종합소득 기본세율 24% 이하 적용(과세표준 5,000만원 초과) :
  ➜ 종합과세가 유리

기타소득과 근로소득 외에 부동산임대소득이 있는 때에는 기타소득 금액 및 부동산임대소득 금액의 합계액과 근로소득 원천징수영수증 상의 과세표준을 합한 금액이 5,000만 원을 초과하는지? 여부를 보고 판단하면 된다.
분리과세를 받는 경우는 강사료 등을 받을 때 소득세를 원천징수 했으므로 별다른 조치가 필요 없으며, 종합과세를 적용받고자 하는 경우는 다음 해 5월에 종합소득세 확정신고를 하면 된다.

종합과세와 분리과세

복권당첨소득, 승마투표권 등 환급금, 슬롯머신 당첨금품 등은 무조건 분리과세 한다.
뇌물, 알선수재 및 배임수재에 의해서 받는 금품과 계약의 위약 또는 해약으로 인해서 받는 위약금 · 배상금(계약금이 위약금 · 배상금으로 대체되는 경우 한함)은 무조건 종합과세 된다.

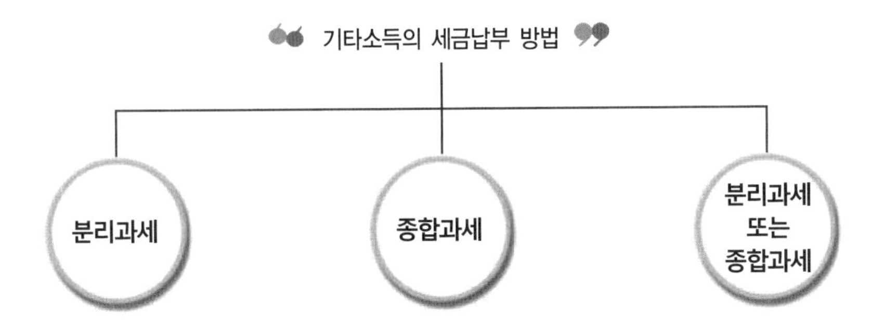

무 조 건
분리과세

다음의 기타소득은 원천징수로 납세의무가 종결된다.

- 서화 · 골동품의 양도로 발생하는 기타소득
- 「복권 및 복권기금법」 제2조에 규정된 복권의 당첨금
- 승마투표권 및 승자투표권 구매자가 받는 환급금
- 슬롯머신 등을 이용하는 행위에 참가하여 받는 당첨금품 등
- 위의 소득(서화 등 제외)과 유사한 소득으로서 기획재정부령이 정하는 소득

무 조 건
종합과세

다음의 기타소득은 원천징수 대상이 아니므로 종합소득과세표준에 합산해서 신고한다.

- 뇌물
- 알선수재 및 배임수재에 의하여 받는 금품

선 택 적
분리과세

무조건 분리과세 · 종합과세를 제외한 기타소득금액의 합계액이 300만 원 이하(60% 필요경비 인정받는 소득의 경우 기타소득으로 지급받는 금액 기준 750만원)이면서 원천징수 된 소득이 있는 거주자는 종합소득과세표준에 합산할 것인지 분리과세로 납세의무를 종결할 것인지 선택가능하다.
(기타소득금액 합계액이 300만 원 초과한 경우 종합소득과세표준에 합산신고)

기타소득금액 계산

소득금액은 총수입금액에서 필요경비를 공제해서 계산한다. 사업소득

의 경우는 장부와 증빙서류에 의해서 지출 사실이 인정되어야 필요경비로 인정해주지만, 기타소득은 비용이 지출되지 않는 경우가 많으며, 비용이 지출되더라도 증빙을 갖추기 어려운 경우가 대부분이다.
기타소득의 필요경비도 사업소득에 대한 필요경비와 같이 총수입금액을 얻기 위하여 지출한 비용을 인정해주는 것이 원칙이다.
그러나 다음의 경우는 기타소득 지급액의 60%를 필요경비로 인정해주고 있다. 다만, 실제 소요된 필요경비가 60%(서화 · 골동품의 보유기간이 10년 이상의 경우는 80%)에 상당하는 금액을 초과하면 그 초과하는 금액도 필요경비로 인정된다.

기타소득 원천징수액 = 기타소득 지급액 - 필요경비 = 기타소득금액
= 기타소득금액 × 8.8%(지방소득세 포함)

① 지급액은 1,000,000원(1,000,000원 × 1회 = 1,000,000원)
② 소득세(80,000원)는 다음과 같이 산정한다.
㉠ 기타소득금액 : 1,000,000원 - 600,000원 = 400,000원
(필요경비 60%가 인정되는 기타소득에 해당)
㉡ 소득세 : 400,000원 × 20% = 80,000원(원천징수세율 20%를 적용한다)
약식계산 : (1,000,000원 × 8% = 80,000원)
㉢ 원천징수 할 소득세는 기타소득세의 1회 합계액 80,000원이다.
③ 지방소득세는 8,000원(8,000원×1회)이다(소득세의 10%를 적용한다).

기타소득금액이 건별 5만 원이하인 경우에는 소득세를 납부하지 않는다.

• 기타소득금액 ➡ 지급액 － 필요경비

강연료 125,000원 지급 시 필요경비는 지급금액의 60%에 해당하는 것으로 가정
기타소득금액 50,000원 = 125,000원 − 125,000원 × 60%(과세최저한에 해당)

1. 지급금액의 60%를 필요경비로 인정하는 기타소득

❶ 광업권 · 어업권 · 산업재산권 · 산업정보, 산업상 비밀, 상표권 · 영업권(소득세법시행령 제41조 제4항의 점포임차권 포함), 이와 유사한 자산이나 권리를 양도하거나 대여하고 그 대가로 받는 금품

❷ 통신판매중개업자를 통해 물품 또는 장소를 대여하고 연간 수입금액 500만원 이하의 사용료로 받는 금품(연 500만원 초과시 : 전액 사업소득으로 과세)

❸ 공익사업과 관련된 지역권 · 지상권(지하 또는 공중에 설정된 권리 포함)을 설정하거나 대여하고 받는 금품

❹ 문예 · 학술 · 미술 · 음악 또는 사진에 속하는 창작품 등에 대한 원작자로서 받는 원고료, 인세 등의 소득

❺ 다음의 인적용역을 일시적으로 제공하고 받는 대가

- 고용 관계없는 자가 다수 인에게 강연하고 받는 강연료 등
- 라디오, 텔레비전 방송 등을 통해서 해설 · 계몽 또는 연기의 심사 등을 하고 받는 보수 등

- 변호사, 공인회계사, 세무사, 건축사, 측량사, 변리사, 그 밖에 전문적 지식 또는 특별한 기능을 가진 자가 그 지식 또는 기능을 활용해서 용역을 제공하고 받는 보수 등
- 그 밖에 고용 관계없이 용역을 제공하고 받는 수당 등

2. 지급금액의 80%를 필요경비로 인정하는 기타소득

❶ 공익법인의 설립 · 운영에 관한 법률의 적용을 받는 공익법인이 주무관청의 승인을 받아 시상하는 상금 및 부상과 다수가 순위 경쟁하는 대회에서 입상자가 받는 상금 및 부상

❷ 계약의 위약 또는 해약으로 인하여 받는 위약금과 배상금 중 주택입주 지체상금

❸ 거주자가 받은 금액의 80%(90%)에 상당하는 금액과 실제 소요된 경비 중 큰 금액을 필요경비로 한다.

90% : 서화 · 골동품의 양도가액이 1억원 이하이거나 보유기간이 10년 이상인 경우

구 분	필 요 경비율	과세최저한 (원천징수 안함)	기 타 소득세	분리과세 한 도
2018년 4월 이전	80%	250,000원	4.4%	1,500만원
2018년 4월~12월	70%	166,666원	6.6%	1,000만원
2019년 이후	60%	125,000원	8.8%	750만원

60% 인정 : 강연료, 방송출연료, 원고료, 인세, 일시적 인적용역소득 등
80% 인정 : 공익법인 상금, 경쟁대회 상금, 위약금, 배상금 중 주택입주지체상금 등
90% 인정 : 서화 · 골동품 양도 시(1억원 이하 또는 10년 이상 보유)

08 사업소득의 원천징수와 절세전략

원천징수 대상 사업소득

- 강사, 저술가, 작곡가 등이 직업상 제공하는 인적용역
- 의료보건용역(수의사의 용역 포함). 다만, 약사법에 의한 약사가 제공하는 의약품의 조제 용역의 공급으로 발생하는 사업소득 중 의약품 가격이 차지하는 비율에 상당하는 금액에 대해서는 원천징수를 제외한다.
- 봉사료

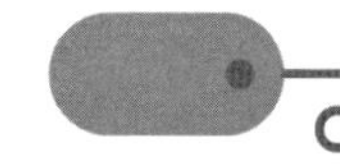

원천징수의무자

- 사업소득 지급 시 원천징수의무자는 법인 전체와 개인사업자(이들의 대리인이나 위임을 받은 자 포함)가 해당한다.
- 법인에는 법인세 납세의무자. 국가 · 지방자치단체 · 지방자치단체조합, 비영리법인, 국세기본법의 규정에 의하여 법인으로 보는 단체가 해당한다.

사업소득을 부서 단위에서 지급하는 경우 원천징수의무자는 각 부서별 사업소득 지급내역을 합산해서 원천징수이행상황신고서를 작성해야 한다.

원천징수 세율

지급금액의 3%(봉사료는 지급금액의 5%)
[간편 계산] 지급액 × 3.3%(지방소득세 포함)

❶ 지급액은 3,000,000원

❷ 소득세(90,000원)는 다음과 같이 산정한다.

지급액 3,000,000원 × 3% = 90,000원

❸ 원천징수 할 소득세는 90,000원이다.

❹ 지방소득세는 9,000원이다(소득세의 10%를 적용).

사업소득과 기타소득의 구분

소득 종류에 따라 소득금액을 계산하는 구조가 다르고, 신고 및 납부절차도 다르므로 소득을 정확하게 구분하는 것은 매우 중요하다. 특히, 소득세법에서 기타소득으로 열거된 소득이라 하더라도 그 소득이 계속적 · 반복적으로 발생하는 경우는 사업소득으로 구분되는 등 소득귀속자에 따라 소득구분이 달라지는 경우가 있다.

기타소득과 구분되는 사업소득의 특성

사업소득과 기타소득 구분기준은 "계속적 · 반복적" 여부이며, 소득귀속자의 상태에 따라 달라지는 것으로 수차례, 수개월 또는 다수연도에 걸쳐 반복적으로 인적용역을 제공하거나 직업으로 하는 경우는 사업소득으로 구분하는 것이 실무상 편리하다.

가령 1~2개월 단기간에 인적용역을 제공했더라도 사업성을 띠고 반복적으로 제공하는 경우는 소득자의 의사에 따라 사업소득으로 구분하고, 한두 번 우연한 기회에 영리목적 없이 제공하는 인적용역은 기타소득으로 구분한다.

사업소득과 기타소득의 구분이 모호하여 원천징수의무자가 기타소득으로 원천징수하였더라도 해당 소득이 사업소득인 경우, 소득자는 종합소득세 확정신고 시 기타소득을 사업소득으로 신고해야 사후에 불이익을 받지 않는다.

❶ 독립성

사업자등록 유무를 불문하고 사업과 관련하여 다른 사업자에게 종속 또는 고용되지 않고 대외적으로 독립하여 자기계산과 자기책임 하에 사업을 영위하는 것을 말한다.

❷ 계속 · 반복성

동종의 행위를 계속적으로 반복하는 것을 말한다. 애초에 계속적 · 반복적인 의사가 있었던 경우에도 사업소득으로 보는 것이다.

❸ 영리 목적성

경제적 이익을 얻기 위한 직업적 의도를 가지고 행하는 것을 의미한다.

09 봉사료의 원천징수와 절세전략

원천징수 대상 봉사료

원천징수 대상이 되는 봉사료는 음식 · 숙박업 및 룸살롱 · 안마시술소 · 스포츠마사지 · 이용원 등을 영위하는 사업자가 계산서 · 세금계산서 · 영수증 또는 신용카드매출전표 등에 용역의 대가와 봉사료를 구분 기재하여 봉사료를 자기의 수입금액으로 계상하지 않는 경우로, 그 봉사료 금액이 공급가액(간이과세자는 공급대가)의 20%를 초과하는 경우를 말한다.
따라서, 봉사료 금액이 공급가액의 20% 이하인 경우 또는 봉사료 금액이 공급가액의 20%를 초과하더라도 봉사료를 자기의 수입금액으로 계상한 경우는 원천징수 대상이 아니다.

원천징수 세율

봉사료 지급액의 5%를 원천징수 해야 한다. 현실적으로는 사업자가 개별소비세 등의 부담을 줄이기 위해 종업원에게 봉사료를 지급하지 않으면서도 술값 등을 봉사료와 나누어 영수증을 발행하는 경우가 많은데, 이러한 경우에도 봉사료 공급가액의 20%를 초과하면 원천징수 한다.

장부비치 및 기장

사업자가 종업원 등에게 봉사료를 지급하고 원천징수를 하는 경우는 봉사료지급대장을 작성하고 원천징수영수증을 발행 · 발급해야 한다.

봉사료의 수입금액 산입 여부

사업자가 용역을 공급하고 그 대가와 함께 받는 종업원의 봉사료를 세금계산서, 영수증 또는 신용카드 가맹사업자의 신용카드 매출전표에 그 대가와 구분해서 기재한 경우, 그 봉사료는 수입금액에 산입하지 않는다. 다만, 사업자가 봉사료를 자기의 수입금액으로 계상하는 경우에는 수입금액에 산입하고 동 봉사료를 봉사용역을 제공한 자에게 지급할 때에 필요경비에 산입한다.

봉사료 지급 대장에는 봉사료를 받는 사람이 직접 받았다는 서명을 받아놓아야 하며, 주민등록증이나 운전면허증 등 신분증을 복사하여 그 여백에 받는 사람이 자필로 주소, 성명, 주민등록번호 등을 기재하도록 해야 한다. 봉사료를 받는 사람이 나중에 세금이 부과될까 봐 서명을 거부하거나 신분증 등을 제시하지 않는 경우는 무통장입금증 등 지급 사실을 확인할 수 있는 증빙을 비치해야 한다.

단순히 영수증만 술값 등과 봉사료를 구분해서 발행하고, 원천징수를 하지 않거나 증빙서류를 제대로 갖추어 놓지 않으면 나중에 세무조사를 받을 때 봉사료 지급 사실에 대해서 다툼이 있을 수 있으므로 확실하게 해 놓는 것이 좋다.

10 법인세 원천징수 방법 및 원천징수 세율

원천징수의무자

- 내국법인에게 원천징수 대상 소득을 지급하는 자

예탁채권에서 발생하는 이자소득의 경우 예탁자 자기 분은 예탁 결제원, 예탁자 고객분은 예탁자인 금융회사가 원천징수의무자가 된다.

원천징수 대상 소득

법인세가 부과되지 않거나 면제되는 소득(공익신탁의 신탁재산에서 생기는 소득 등)은 제외된다(법인세법 제73조, 법인세법 시행령 제111조).

- 이자소득금액
- 배당소득금액(집합투자기구로부터의 이익 중 「자본시장과 금융투자업에 관한 법률」에 따른 투자신탁의 이익만 해당)

금융회사 등에 대한 원천징수 특례

- 「자본시장과 금융투자업에 관한 법률」에 따른 투자회사와 자본확충목적 회사에게 지급하는 이자소득과 투자신탁의 이익은 원천징수 제외
- 위 외의 금융회사 등에게 지급하는 이자소득과 투자신탁의 이익 중 원천징수 대상 채권 등의 이자 등(이자, 할인액 및 투자신탁의 이익)만 원천징수 대상

원천징수 방법

지급금액에 원천징수 세율을 적용한 금액을 징수하여 그 징수일이 속하는 달의 다음 달 10일까지 이를 납세지 관할세무서 등에 납부한다.

반기별 납부 원천징수의무자는 원천징수 한 법인세를 그 징수일이 속하는 반기의 마지막 달의 다음 달 10일까지 납부한다.

구 분		원천징수세율
이자소득금액	이자소득금액	14%
	비영업대금의 이익	25%
배당소득금액	집합투자기구로부터의 이익 중 투자신탁의 이익	14%

11 상용근로소득의 원천징수

직원(일용직 포함)이 있으면 직원의 급여에서 세금을 차감(원천징수)해 원천징수이행상황신고서를 작성한 후 세무서에 급여를 지급한 다음 달 10일까지 신고 및 납부를 해준다. 다만 직원이 20인 미만이면 반기라고 해서 6개월에 한 번씩 할 수 있다.

반기별 납세자라고 하면 1월~6월 지급분에 대해서 7월 10일까지, 7월~12월 지급분에 대해서 1월 10일까지 한다.

근로소득세 신고 시 실무자가 준비해야 할 서류

* 상용직 급여대장, 입사자 직원 주민등록등본 1통, 급여통장
* 일용직 : 일용직 급여대장, 주민등록번호, 성명, 지급액, 급여통장
* 세금신고 시 제출서류 : 원천징수이행상황신고서
* 세금납부 시 제출서류 : 납부서
* 회사가 보관해야 하는 서류 : 근로자별근로소득원천징수부, 급여대장
* 직원에게 발급해 줘야 하는 서류 : 지급명세서(원천징수영수증)
* 간이지급명세서 제출 : 1월~6월 ➜ 7월 말일, 7월~12월 ➜ 다음 해 1월 말일
* 상용근로자 지급명세서(원천징수영수증)는 1년분을 다음 연도 3월 10일 세무서에 제출

※ 일용근로자 지급명세서(원천징수영수증)는 매달 말일 제출, 고용보험 근로내용 확인신고서 제출 시 국세청 일용근로소득신고 내역을 작성 후 제출하는 경우 제출 안 해도 됨

※ 직원이 퇴사하면 퇴사 신고 : 퇴직금 계산, 연말정산, 4대 보험 상실신고, 퇴직 소득세 신고 및 납부

홈택스 사이트를 활용한 근로소득세 원천징수

예를 들어 2025년 10월에 직원 2명을 채용했다. 경력직인 갑에게는 월 250만 원을 지급하기로 하였으며, 가족 사항은 다음과 같다.

※ 소득이 없는 부모님(부 71세, 모 65세) 부양

※ 연봉 3천만 원인 배우자(배우자는 본인의 회사에서 연말정산을 하고 있다) 및 자녀 1인(10세, 인적공제는 본인이 받는다.)

※ 비과세소득은 없다.

다른 직원 을은 월 100만 원을 지급하기로 하였다.

※ 미혼이며, 부양가족은 없다.

※ 비과세소득은 없다.

회사는 10월 31일 급여 350만원을 지급하면서, 어떻게 원천징수를 해야 할까?

해 설

1. 직원별로 근로소득 원천징수액을 확인한다.

근로자에게 매월 급여(상여금 포함) 지급 시 근로소득 간이세액표를 참조해서 소득세를 원천징수하며, 원천징수 세액은 아래 순서에 따라 확인한다.

❶ 홈택스 홈페이지(www.hometax.go.kr) > 국세납부 > 세금신고 > 원천세 > 간이세액표를 클릭한 후 조회한다.

국세청홈택스 HomeTax

검색어를 입력하세요!

나의 홈택스 전체메뉴

계산서·영수증·카드 ∨ 증명·등록·신청 ∨ 세금신고 ∧ 납부·고지·환급 ∨ 지급명세·자료·공익법인 ∨ 장려금·연말정산·기부금 ∨ 상담·불복·제보 ∨ 세무대리·납세관리 ∨

- 신고서 조회/삭제/부속서류
- 부가가치세 신고
- 원천세 신고
- 개별소비세 신고
- 인지세 신고
- 주세 신고
- 증권거래세 신고
- 교육세 신고
- 교통에너지환경세 신고

원천세 신고

일반신고

중소기업취업자 소득세감면명세서 조회(원천징수의무자용)

근로소득 간이세액표

종교인소득 간이세액표

❷ 근로소득에 대한 간이세액표 자동 조회 프로그램 이용 방법을 읽어 본 후 월급여액과 공제대상 가족의 수를 입력한다.

참고로 월급여액은 비과세소득을 제외한 소득을 말한다.

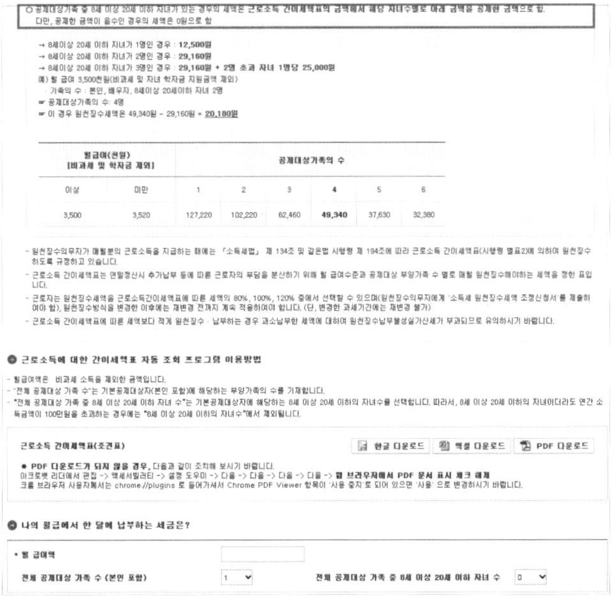

○ 공제대상가족 중 8세 이상 20세 이하 자녀가 있는 경우의 세액은 근로소득 간이세액표의 금액에서 해당 자녀수별로 아래 금액을 공제한 금액으로 함.
다만, 공제한 금액이 음수인 경우의 세액은 0원으로 함

→ 8세이상 20세 이하 자녀가 1명인 경우 : **12,500원**
→ 8세이상 20세 이하 자녀가 2명인 경우 : **29,160원**
→ 8세이상 20세 이하 자녀가 3명인 경우 : **29,160원 + 2명 초과 자녀 1명당 25,000원**
예) 월 급여 3,500천원(비과세 및 자녀 학자금 지원금액 제외)
· 가족의 수 : 본인, 배우자, 8세이상 20세이하 자녀 2명
☞ 공제대상가족의 수: 4명
☞ 이 경우 원천징수세액은 49,340원 - 29,160원 = **20,180원**

월급여(천원) [비과세 및 학자금 제외]		공제대상가족의 수					
이상	미만	1	2	3	**4**	5	6
3,500	3,520	127,220	102,220	62,460	**49,340**	37,630	32,380

- 원천징수의무자가 매월분의 근로소득을 지급하는 때에는 「소득세법」 제 134조 및 같은법 시행령 제 194조에 따라 근로소득 간이세액표(시행령 별표2)에 의하여 원천징수하도록 규정하고 있습니다.
- 근로소득 간이세액표는 연말정산시 추가납부 등에 따른 근로자의 부담을 분산하기 위해 월 급여수준과 공제대상 부양가족 수 별로 매월 원천징수해야하는 세액을 정한 표입니다.
- 근로자는 원천징수세액을 근로소득간이세액표에 따른 세액의 80%, 100%, 120% 중에서 선택할 수 있으며(원천징수의무자에게 '소득세 원천징수세액 조정신청서'를 제출하여야 함), 원천징수방식을 변경한 이후에는 재변경 전까지 계속 적용하여야 합니다. (단, 변경한 과세기간에는 재변경 불가)
- 근로소득 간이세액표에 따른 세액보다 적게 원천징수 · 납부하는 경우 과소납부한 세액에 대하여 원천징수납부불성실가산세가 부과되므로 유의하시기 바랍니다.

근로소득에 대한 간이세액표 자동 조회 프로그램 이용방법

- 월급여액은 비과세 소득을 제외한 금액입니다.
- "전체 공제대상 가족 수"는 기본공제대상자(본인 포함)에 해당하는 부양가족의 수를 기재합니다.
- "전체 공제대상 가족 중 8세 이상 20세 이하 자녀 수"는 기본공제대상자에 해당하는 8세 이상 20세 이하의 자녀수를 선택합니다. 따라서, 8세 이상 20세 이하의 자녀이더라도 연간 소득금액이 100만원을 초과하는 경우에는 "8세 이상 20세 이하의 자녀수"에서 제외됩니다.

근로소득 간이세액표(조견표) 한글 다운로드 엑셀 다운로드 PDF 다운로드

● **PDF 다운로드가 되지 않을 경우,** 다음과 같이 조치해 보시기 바랍니다.
아크로뱃 리더에서 편집 -> 액세서빌러티 -> 설정 도우미 -> 다음 -> 다음 -> 다음 -> 다음 -> **웹 브라우저에서 PDF 문서 표시 체크 해제**
크롬 브라우저 사용자께서는 chrome://plugins 로 들어가셔서 Chrome PDF Viewer 항목이 '사용 중지'로 되어 있으면 '사용' 으로 변경하시기 바랍니다.

나의 월급에서 한 달에 납부하는 세금은?

· **월 급여액**

전체 공제대상 가족 수 (본인 포함) 1

전체 공제대상 가족 중 8세 이상 20세 이하 자녀 수 0

공제대상가족 수

구 분	공제 대상
직계존속	만 60세 이상(2025년 : 1965년 12월 31일 이전 출생자)
직계비속, 입양자	만 8세 이상 20세 이하(2025년 : 2005년 1월 1일 이후 출생자)
형제자매	만 8세 이상 20세 이하 또는 만 60세 이상
기타 부양가족	• 국민기초생활수급자 • 직계비속 또는 입양자와 그 배우자가 모두 장애인에 해당하는 경우 그 배우자 • 「아동복지법」에 따른 가정위탁을 받아 양육하는 아동으로서 해당 과세기간에 6개월 이상 직접 양육한 위탁아동(만 18세 미만). 다만, 직전 과세기간에 소득공제를 받지 않은 경우는 해당 위탁아동에 대한 직전 과세기간의 위탁기간을 포함해서 계산한다.

구 분		공제대상 가족의 수
본인 1명만 있는 경우		1명
배우자가 있는 경우	배우자의 연간 총급여가 500만 원 이하	1명
	배우자의 연간 총급여가 500만 원 이상	0명
부모님이 계시는 경우	만 60세 이하	0명
	만 60세 이상	1명 × 인원수
자녀가 있는 경우	만 8세 이상 20세 이하	인원수
	만 8세 이상 20세 이상	0명
형제자매가 있는 경우	만 8세 이상 20세 이하 또는 60세 이상	1명
	만 8세 이상 20세 이상 또는 60세 이하	0명
그 밖의 위탁 아동 등		인원수

● 나의 월급에서 한 달에 납부하는 세금은?

* 월 급여액	2,500,000		
전체 공제대상 가족 수 (본인 포함)	4	전체 공제대상 가족 중 8세 이상 20세 이하 자녀 수	1

조회하기

· 나의 월급에서 한 달에 납부하는 세금은?

- 계산된 세금은 2024년 근로소득 간이세액표상의 세액으로서 회사의 실제 징수세금과는 차이가 있을 수 있습니다.
- 월급에 대한 세금은 사용자(원천징수의무자)가 월급을 줄 때 징수하여 세무서에 납부하고, 다음연도 2월분 월급을 지급할 때 1년간의 정확한 세금을 정산(연말정산)합니다.
- 월급 이외에 다른 소득이 없으면 연말정산으로 납세의무가 종결되고, 다른 소득이 있으면 타 소득과 합산하여 다음연도 5월에 종합소득세를 확정신고 하여야 합니다.

월 급여액	2,500,000 원		
실제 공제대상 가족 수(본인 포함)	4 명	공제대상 가족 중 8세 이상 20세 이하 자녀 수	1 명
◎ 80% 선택			
소득세	520 원	지방소득세	50 원
납부세액의 합계액	570 원		
◎ 100% 선택			
소득세	650 원	지방소득세	60 원
납부세액의 합계액	710 원		
◎ 120% 선택			
소득세	780 원	지방소득세	70 원
납부세액의 합계액	850 원		

❸ 월급여와 공제대상 가족 수를 입력한 후 조회를 클릭하면 본인 또는 해당 임직원의 근로소득세와 지방소득세가 자동으로 계산되어서 나온다. 위의 계산 결과에 따라 근로소득세로 650원, 지방소득세 60원을 합해서 총 710원을 급여에서 공제하면 된다.

간이세액은 80%, 100%, 120% 중 선택할 수 있다. 연말정산을 통해 1년간의 세금은 정해져 있는 상황에서 100%를 기준으로 80%를 매달 내면 연말정산 시 더 많은 세금을 낼 수 있고, 매달 120%를 내면 상대적으로 적은 세금을 낼 수 있다.

2. 원천징수이행상황신고서 서식에 따라 작성한다.

월급을 지급한 월입니다. — 근로를 제공한 월입니다.

① 신고구분						[∨]원천징수이행상황신고서 [ ]원천징수세액환급신청서	② 귀속연월	25년 10월
(매월)	반기	수정	연말	소득처분	환급신청		③ 지급연월	25년 10월

원천징수의무자					
법인명(상호)	새싹어린이집	대표자(성명)	C원장	일괄납부 여부	여, (부)
				사업자단위과세 여부	여, (부)
사업자(주민)등록번호	111-11-11111	사업장 소재지	서울시 ** 구 ** 동 11-1	전화번호	02-***-****
				전자우편주소	***@***.com

❶ 원천징수 명세 및 납부세액 (단위: 원)

소득자 소득구분			코드	④ 인원	⑤ 총지급액	⑥ 소득세 등	⑦ 특별세	⑧ 가산세	⑨ 당월 조정 환급세액	⑩ 소득세 등 (가산세 포함)	⑪ 농어촌 특별세
				원천징수명세: 소득지급 (과세 미달, 일부 비과세 포함)		징수세액				납부세액	
개인(거주자·비거주자)	근로소득	간이세액	A01	2	3,500,000	650					
		중도퇴사	A02								
		일용근로	A03								
		연말정산	A04								
		가감계	A10	2	3,500,000	650				650	
	퇴직소득	연금계좌	A21								
		그 외	A22								
		가감계									
	사업소득	매월징수									
		연말정산	A26								
		가감계	A30								
	기타소득	연금계좌	A41								
		그 외	A42								
		가감계	A40								
	연금소득	연금계좌	A48								
		공적연금(매월)	A45								
		연말정산	A46								
		가감계	A47								
	이자소득		A50								
	배당소득		A60								
	저축해지 추징세액 등		A69								
	비거주자 양도소득		A70								
법인	내·외국법인원천		A80								
수정신고(세액)			A90								
총 합 계			A99	2	3,500,000	650				650	

당초 신고기한까지 신고납부하지 못한 급여의 가산세는 이 부분에 수동계산하여 기재합니다.

일용근로자가 아닌 상용근로자는 간이세액에 기입합니다.

❷ 환급세액 조정 (단위: 원)

전월 미환급 세액의 계산			당월 발생 환급세액				⑱ 조정대상 환급세액 (⑭+⑮+⑯+⑰)	⑲ 당월조정 환급세액계	⑳ 차월이월 환급세액 (⑱-⑲)	㉑ 환급 신청액
⑫ 전월 미환급세액	⑬ 기환급 신청세액	⑭ 차감잔액 (⑫-⑬)	⑮ 일반 환급	⑯ 신탁재산 (금융 회사 등)	⑰ 그 밖의 환급세액: 금융 회사등	⑰ 그 밖의 환급세액: 합병 등				

원천징수의무자는 「소득세법 시행령」 제185조제1항에 따라 위의 내용을 제출하며, **위 내용을 충분히 검토하였고 원천징수의무자가 알고 있는 사실 그대로를 정확하게 적었음을 확인합니다.**

2025 년 11 월 10 일

신고서 부표 등 작성 여부 ※ 해당란에 "○" 표시를 합니다.		
부표(4~5쪽)	환급(7쪽~9쪽)	승계명세(10쪽)

세무대리인

반기별 납세자의 경우 원천징수이행상황신고서를 다음과 같이 작성한다.

구 분	귀속 월	지급 월	신고, 납부
25년 1~6월 지급	25년 1월	25년 6월	25년 7월
25년 7~12월 지급	25년 7월	25년 12월	25년 1월

반기별 납부에서 매월 납부로 전환 시 원천세 신고는 반기 시작(개시)월로

부터 매월 납부로 전환되기 전 월(포기 월)까지 지급금액 및 원천징수 내역을 1장의 원천징수이행상황신고서로 작성한다.

① 신고구분						[v]원천징수이행상황신고서 [ ]원천징수세액환급신청서	② 귀속연월	2025년 1월
매월	(반기)	수정	연말	소득처분	환급신청		③ 지급연월	2025년 6월

원천징수 의무자	법인명(상호)	세싹어린이집	대표자(성명)	C원장	일괄납부 여부	여, (부)
					사업자단위과세 여부	여, (부)
	사업자(주민) 등록번호	111-11-11111	사업장 소재지	서울시 **구 **동 11-1	전화번호	02-***-****
					전자우편주소	***@***.com

❶ 원천징수 명세 및 납부세액 (단위: 원)

소득자 소득구분			코드	원천징수명세: 소득지급 (과세 미달, 일부 비과세 포함) ④ 인원	⑤ 총지급액	징수세액 ⑥ 소득세 등	⑦ 특별세	⑧ 가산세	⑨ 당월 조정 환급세액	납부세액 ⑩ 소득세 등 (가산세포함)	⑪ 농어촌 특별세
개인 (거주자·비거주자)	근로소득	간이세액	A01	2	21,000,000	58,680					
		중도퇴사	A02								
		일용근로	A03								
		연말정산	A04								
		가감계	A10	2	21,000,000	58,680				58,680	
	퇴직소득	연금계좌	A21								
		그 외	A22								
		가감계	A20								
	사업소득	매월징수	A25								
		연말정산	A26								
		가감계	A30								
	기타소득	연금계좌	A41								
		그 외	A42								
		가감계	A40								
	연금소득	연금계좌	A48								
		공적연금(매월)	A45								
		연말정산	A46								
		가감계	A47								
	이자소득		A50								
	배당소득		A60								
	저축해지 추징세액 등		A69								
	비거주자 양도소득		A70								
법인	내·외국법인원천		A80								
수정신고(세액)			A90								
총 합 계			A99	2	21,000,000	58,680				58,680	

❷ 환급세액 조정 (단위: 원)

전월 미환급 세액의 계산: ⑫ 전월 미환급세액	⑬ 기환급 신청세액	⑭ 차감잔액 (⑫-⑬)	당월 발생 환급세액: ⑮ 일반 환급	⑯ 신탁재산 (금융 회사 등)	⑰ 그 밖의 환급세액: 금융 회사 등	합병 등	⑱ 조정대상 환급세액 (⑭+⑮+⑯+⑰)	⑲ 당월조정 환급세액계	⑳ 차월이월 환급세액 (⑱-⑲)	㉑ 환급 신청액

원천징수의무자는 「소득세법 시행령」 제185조제1항에 따라 위의 내용을 제출하며, **위 내용을 충분히 검토하였고 원천징수의무자가 알고 있는 사실 그대로를 정확하게 적었음을 확인합니다.**

2025 **년 7 월 10 일**

신고인 **C 원 장** (서명 또는 인)

세무대리인은 조세전문자격자로서 위 신고서를 성실하고 공정하게 작성하였음을 확인합니다.

세무대리인 (서명 또는 인)

중부세무서장 귀하

신고서 부표 등 작성 여부 ※ 해당란에 'ㅇ' 표시를 합니다.		
부표(4~5쪽)	환급(7쪽~9쪽)	승계명세(10쪽)

세무대리인	
성 명	
사업자등록번호	
전화번호	

국세환급금 계좌신고 ※ 환급금액 2천만원 미만인 경우에만 적습니다.	
예입처	
예금종류	
계좌번호	

간이세액표를 이용한 근로소득세

1. 월급여액

월급여액 = 매월 받는 총급여액 - 비과세급여 - 학자금

2. 공제대상가족 수

공제대상가족 수는 다음 인원의 합을 말한다.

공제대상가족의 수 = 실제 공제대상가족의 수

아래 표에서 실제 공제대상가족 수에 본인도 포함이 되므로 간이세액표 적용 시 실제 공제대상가족 수는 최소 1인이 된다는 점에 유의해야 한다.

실제 공제대상가족 수 =
본인
+ 배우자
+ 8세 이상 20세 이하의 자녀(장애인은 연령제한 없음)
+ 만 60세 이상(남녀 모두 동일)인 부모님
+ 만 8세 이상 20세 이하 또는 만 60세 이상 형제자매

+ 만 8세 이상 20세 이하 동거입양자(직계비속 또는 입양자와 그 배우자가 모두 장애인에 해당하는 때는 그 배우자를 포함)
+ 국민기초생활보장법 제2조 제2호의 수급자
+ 당해 연도 6개월 이상 위탁양육 한 위탁아동

전체 공제대상가족 수 중 8세 이상 20세 이하 자녀 수를 계산한다. 공제대상가족 중 8세 이상 20세 이하 자녀가 있는 경우의 세액은 근로소득 간이세액표의 금액에서 해당 자녀 수별로 아래 금액을 공제한 금액으로 한다. 다만, 공제한 금액이 음수인 경우의 세액은 0원으로 한다.

❶ 8세 이상 20세 이하 자녀가 1명인 경우 : 12,500원
❷ 8세 이상 20세 이하 자녀가 2명인 경우 : 29,160원
❸ 8세 이상 20세 이하 자녀가 3명인 경우 : 29,160원 + 2명 초과 자녀 1명당 25,000원

월 급여 3,500천원(비과세 및 자녀학자금 지원금액 제외)
가족의 수 : 본인, 배우자, 8세 이상 20세 이하 자녀 2명
공제대상가족의 수: 4명

해설

이 경우 원천징수 세액은 49,340원 − 29,160원 = 20,180원

월급여(천원) [비과세 및 학자금 제외]		공제대상가족의 수					
이상	미만	1	2	3	4	5	6
3,500	3,520	127,220	102,220	62,460	49,340	37,630	32,380

● 나의 월급에서 한 달에 납부하는 세금은?

* 월 급여액 3,500,000

전체 공제대상 가족 수 (본인 포함) 4 / 전체 공제대상 가족 중 8세 이상 20세 이하 자녀 수 2

조회하기

· 나의 월급에서 한 달에 납부하는 세금은?

- 계산된 세금은 2024년 근로소득 간이세액표상의 세액으로서 회사의 실제 징수세금과는 차이가 있을 수 있습니다.
- 월급에 대한 세금은 사용자(원천징수의무자)가 월급을 줄 때 징수하여 세무서에 납부하고, 다음연도 2월분 월급을 지급할 때 1년간의 정확한 세금을 정산(연말정산)합니다.
- 월급 이외에 다른 소득이 없으면 연말정산으로 납세의무가 종결되고, 다른 소득이 있으면 타 소득과 합산하여 다음연도 5월에 종합소득세를 확정신고 하여야 합니다.

월 급여액	3,500,000 원		
실제 공제대상 가족 수(본인 포함)	4 명	공제대상 가족 중 8세 이상 20세 이하 자녀 수	2 명

◎ 80% 선택

소득세	16,140 원	지방소득세	1,610 원
납부세액의 합계액	17,750 원		

◎ 100% 선택

소득세	20,180 원	지방소득세	2,010 원
납부세액의 합계액	22,190 원		

◎ 120% 선택

소득세	24,210 원	지방소득세	2,420 원
납부세액의 합계액	26,630 원		

3. 지급대상기간이 있는 상여금의 원천징수

지급대상기간이 있는 상여 등을 지급하는 때의 원천징수하는 소득세의 계산(① × ②) - ③

① $\left(\dfrac{\text{상여 등의 금액} + \text{지급대상기간의 상여 등 외의 급여의 합계액}}{\text{지급대상기간의 월수}}\right)$ 에 대한 간이세액표의 해당 세액

② 지급대상기간의 월수

③ 지급대상기간의 상여 등외의 급여에 대해 이미 원천징수해서 납부한 세액(가산세액 제외)

4. 지급대상기간이 없는 상여의 원천징수

지급대상기간이 없는 상여 등을 지급하는 때의 원천징수하는 소득세의 계산

- 그 상여 등을 받은 과세기간의 1월 1일부터 그 상여 등의 지급일이 속하는 달까지를 지급대상기간으로 해서 지급대상기간이 있는 상여의 방법으로 계산한다.
- 이 경우 과세기간에 2회 이상의 상여 등을 받았을 때는 직전에 상여 등을 지급받은 날이 속하는 달의 다음 달부터 그 후에 상여 등을 지급받은 날이 속하는 달까지를 지급대상기간으로 해서 세액을 계산한다.

5. 상여금 원천징수 시 지급대상기간의 계산

- 지급대상기간이 1년을 초과하는 경우는 1년으로 보고, 1월 미만의 끝수가 있는 경우에는 1개월로 본다.
- 지급대상기간의 마지막 달이 아닌 달에 지급되는 상여 등은 지급대상기간이 없는 상여 등으로 본다.
- 지급대상기간이 서로 다른 상여 등을 같은 달에 지급하는 경우 지급대상기간을 다음과 같이 계산한다.

$$\text{지급대상기간} = \frac{\text{같은 달에 지급받은 상여 등의 지급대상기간의 합계}}{\text{같은 달에 지급받은 상여 등의 개수}}$$

매달 원천징수 후 연말에는 합쳐서 연말정산

근로소득은 그 특성상 매월 발생하므로 매월 근로소득세를 간이세액표에 의해 원천징수하고, 다음 해 2월에 1월~12월 근로소득을 합산해서 실제 부담할 세액을 정산한 후 3월 10일까지 납부한다. 이와 같은 정산을 연말정산이라고 한다.

연말정산 시기

❶ 연도 중에 퇴직하는 경우 퇴직하는 달의 급여를 지급하는 때 중도 퇴사자 연말정산 후 다음 달 10일 신고 및 납부

❷ 계속 근로자의 경우에는 다음 해 2월분 급여를 지급하는 때 연말정산 후 다음 달 10일 신고 및 납부

12 일용근로소득의 원천징수와 절세전략

일용근로자란?

일용근로자는 근로계약을 1일 단위로 체결하고, 계속 고용이 보장되지 않는 근로자로서(일당, 시간제, 아르바이트 등) 동일 고용주에게 3월(건설업종 1년) 이상 계속 고용되지 않는 근로자를 말한다.

법에서 근로계약에 따라 동일한 고용주에게 3월(건설노무자는 1년) 이상 계속 고용되어 있지 않은 자를 일용근로자로 규정하고 있으므로, 3월(또는 1년) 이상 계속 동일한 고용주에게 고용된 경우, 계속 고용으로 3월(또는 1년)이 되는 날이 속하는 월부터 상용근로자로 보아 근로소득 간이세액표를 적용해서 원천징수를 한다.

당초 근무 계약 시 3월 이상 근무할 조건으로 취업하였으나, 3월 미만 근무 후에 퇴직한 경우에도 상용근로자로 분류하여 급여지급 시 근로소득 간이세액표를 적용해서 원천징수를 한다.

일용근로 여부를 판단 시 3월 이상 근무란 매일 근로를 제공하지 않더라도 월 단위로 근로 월수를 판단한다.

일용근로자와 상용근로자의 근로소득 구분

상용근로자는 매월 급여 지급 시 간이세액표에 따라 원천징수하고 연말정산 하며, 다른 종합소득이 있는 경우 이를 합산해서 종합소득세를 신고해야 하나, 일용근로소득은 원천징수로 종결되므로 연말정산을 하지 않고 다른 소득과 합산해서 신고하지 않는다.

구 분	내 용
상용 근로소득	• 일정한 고용주에게 계속해서 고용되어 지급받는 급여 • 근로계약상 근로제공에 대한 시간 또는 일수나 그 성과에 의하지 않고 월정액에 의하여 급여를 지급받는 경우에는 그 고용기간에 불구하고 상용근로자의 근로소득이다.
일용 근로소득	일용근로자란 근로를 제공한 날 또는 시간에 따라 근로대가를 계산하거나, 근로를 제공한 날 또는 시간의 근로성과에 따라 급여를 계산해서 받는 사람을 말한다. ❶ 건설공사에 종사하는 자로서 다음의 자를 제외한 자 가. 동일한 고용주에게 계속하여 1년 이상 고용된 자 나. 다음의 업무에 종사하기 위하여 통상 동일한 고용주에게 계속하여 고용되는 자 (1) 작업준비를 하고 노무에 종사하는 자를 직접 지휘 · 감독하는 업무 (2) 작업현장에서 필요한 기술적인 업무, 사무, 타자, 취사, 경비 등의 업무 (3) 건설기계의 운전 또는 정비업무 ❷ 하역작업에 종사하는 자(항만 근로자를 포함한다)로서 다음의 자를 제외한 자

구 분	내 용
	가. 통상 근로를 제공한 날에 근로대가를 받지 아니하고 정기적으로 근로대가를 받는 자 나. 다음의 업무에 종사하기 위하여 통상 동일한 고용주에게 계속하여 고용되는 자 (1) 작업준비를 하고 노무에 종사하는 자를 직접 지휘 · 감독하는 업무 (2) 주된 기계의 운전 또는 정비업무 ❸ ❶ 또는 ❷외의 업무에 종사하는 자로서 근로계약에 따라 동일한 고용주에게 3월 이상 계속해서 고용되어 있지 아니한 자

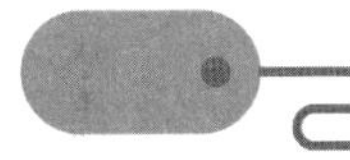

일용근로자의 근로소득세 계산

- 일용근로소득 (−)비과세소득 = 일용 총급여액
- (−) 근로소득공제(일 15만원) = 일용 근로소득금액
- (×) 세율(6%) = 산출세액
- (−) 근로소득 세액공제(55%) = 결정세액

[간편계산]

[일용근로소득 (−)비과세소득 (−)15만원] (×) 2.7% = 결정세액

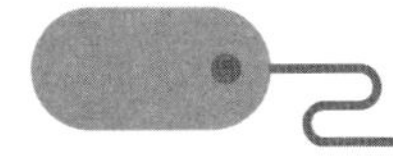

신고는 어떻게 해야 하나?

일용근로자의 근로소득에 대해서는 원천징수의무자가 일 급여를 기준으로 원천징수 함으로써 납세의무가 종결되는 것이므로 별도의 연말정산은 하지 않는다.

그리고 반드시 일용근로소득지급명세서를 제출해야 한다. 지급일이 속하는 달의 다음 달 말일까지 제출해야 한다. 해당연도 귀속 일용근로소득을 12월 31일까지 미지급한 경우라도 지급월란에 12월로 기재하고 다음 연도 1월 말일까지 반드시 제출해야 한다. 다만, 건설공사에 종사하는 자가 1년 이상 계속하여 동일한 고용주에게 고용된 경우 일용근로자 또는 일반급여자로 보는 시기 등은 다음과 같다.

- 근로소득에 대한 원천징수는 계속 고용으로 1년이 되는 날이 속하는 월부터 상용근로자로 본다.
- 연말정산 시는 1년이 되는 날이 속하는 과세기간의 초일부터 상용근로자로 본다.

신고는 어떻게 할까요? 일용근로자의 근로내용확인신고서와 일용근로소득 지급명세서 제출

1. 일용근로소득 지급명세서 제출

❶ 매월 급여신고 시(매월 10일 또는 반기 종료일 다음 달 10일) : 원천징수이행상황신고서의 일용근로 란에 기재 후 신고

❷ 지급명세서 제출

일용근로자를 고용한 사업자는 지급일이 속하는 달의 다음 달 말일까지 「일용근로소득 지급명세서」를 제출해야 하며, 미제출 시 미제출금액의 2%에 상당하는 가산세가 부과된다.

지급명세서 제출대상 및 기한

구 분	주요 내용
제출대상	1일 또는 시간으로 급여를 계산해서 받는 근로자(일당, 파트타임, 아르바이트 등)로서 동일 고용주에게 3월(건설공사 종사자는 1년) 이상 계속 고용되어 있지 않은 근로자의 급여내역
제출내역	일용근로자의 성명, 전화번호, 주민등록번호, 지급월, 근무월, 근무일수, 총지급액, 비과세소득, 소득세, 지방소득세 및 내역에 대한 집계 [주] 특히 일용근로자의 전화번호는 근로장려금 신청 안내 시 필요한 자료이므로 반드시 기재해야 한다.
제출기한	일용근로자의 지급명세서는 지급일이 속하는 달의 다음 달 말일까지 제출한다.

지급명세서 제출 방법

구 분	주요내용	
홈택스 서비스를 이용한 지급명세서 제출	❶ 가입신청	세무서를 방문해서 인터넷 국세 서비스 이용신청서 작성 · 제출 또는 신원확인용 공인인증서로 홈택스 서비스에 직접 접속해서 가입 가능
	❷ 지급명세서 작성 · 제출	❶ 직접 작성 · 전송방식 홈택스 로그인 ➜ 국세납부 ➜ 지급명세 · 자료 · 공익법인 ➜ (일용 · 간이 · 용역)소득자료 제출 ➜ (일용 · 간이 · 용역) 직접 작성 제출 ❷ 파일 변환 · 전송방식 홈택스 로그인 ➜ 국세납부 ➜ 지급명세 · 자료 · 공익법인 ➜ (일용 · 간이 · 용역) 변환파일 제출

<table>
<tr><th>구 분</th><th colspan="2">주요내용</th></tr>
<tr><td>전산매체를 이용한 지급명세서 제출</td><td colspan="2">CD, 카트리지테이프 등 전산매체 제출</td></tr>
<tr><td rowspan="4">현금영수증 단말기를 이용한 지급명세서 제출</td><td colspan="2">납부세액이 없는 다음의 일용근로자와 상시근로자를 적용 대상으로 한다.</td></tr>
<tr><td>상시근로자</td><td>단일 사업장에서의 연간 총급여액이 800만원 이하인 자</td></tr>
<tr><td>일용근로자</td><td>일급 15만 원 이하인 자(소액부징수 해당자 포함)</td></tr>
<tr><td colspan="2">❶ 현금영수증 단말기에 전용으로 사용되는 「근로자급여카드」는 세무서 방문, 우편 또는 국세청 홈페이지에서 신청 가능
❷ 현금영수증 단말기에서 발급한 영수증은 원천징수영수증으로 간주되며, 국세청으로 전산 통보되므로 지급명세서를 별도로 제출할 필요가 없다.</td></tr>
<tr><td>서식에 직접 작성해서 지급명세서 제출</td><td colspan="2">일용근로소득 지급명세서 서식에 작성해서 방문 또는 우편으로 제출한다.
일용근로소득 지급명세서 서식은 홈페이지(www.nts.go.kr) ➜ 국세정책/제도 ➜ 세무서식에서 다운로드 후 사용한다.</td></tr>
</table>

2. 근로내용확인신고서 제출

일용근로자를 고용하는 사업자는 고용노동부에 매월 「근로내용확인신고서」를 제출해야 하고, 이와는 별도로 국세청에 지급일이 속하는 달의 다음 달 말일까지 「일용근로소득 지급명세서」를 제출해야 하는 불편함이 있다. 따라서 고용보험 근로내용확인신고서 제출 시 국세청 일용근로소득신고 내역을 작성 후 제출하는 경우 일용근로소득

지급명세서는 제출 안 해도 된다.

홈택스 로그인 ➜ 국세납부 ➜ 지급명세 · 자료 · 공익법인 ➜ (일용 · 간이 · 용역)소득자료 제출 ➜ 고용부 제출 일용근로소득지급명세 조회가 가능하다.

3. 일용근로 관련 자료 제출 제도

구분	고용노동부	국세청
자료 명칭	근로내용확인신고서	일용근로소득 지급명세서
제출 목적	고용보험, 산재보험 가입 · 관리	일용근로소득 파악을 통한 근로장려세제의 집행
일용근로자 정의	1개월 미만 고용	3개월 미만 고용(건설은 1년)
제출 시기	매월 15일까지	지급일이 속하는 달의 다음 달 말일까지
관련 법령	고용보험법 제2조 [일용근로자 정의] 고용보험법시행령 제7조 [피보험자격의 취득 또는 상실신고 등]	소득세법 제164조 [지급명세서의 제출] 소득세법시행령 제20조 [일용근로자의 범위]

13 반기별로 원천징수 신고·납부하기

반기별 신고 · 납부 제도란?

사업자의 원천징수 신고 · 납부 편의를 위해 금융 및 보험업을 제외한 상시 고용인원 20인 이하인 사업자가 신청(승인)에 의해 반기별로 신고 · 납부할 수 있는 제도이다.

반기별로 신고 · 납부를 하기 위한 조건

❶ 금융 및 보험업에 해당하지 않고
❷ 상시 고용인원 20인을 넘으면 안 되며,
❸ 사업자가 신청한 후 승인을 받아야 한다.

지급시기	신고 · 납부시기
당해 연도 1월부터 6월까지	당해 연도 7월 10일까지
당해 연도 7월부터 12월까지	다음 연도 1월 10일까지

승인신청 요건 및 방법

구분		내용
신청요건	종업원 수	직전 과세기간의 1월부터 12월까지의 매월 말일 현재의 상시 고용인원의 평균인원수가 20인 이하
	제외대상	국가 및 지방자치단체, 납세조합, 금융보험업 사업자
신청기간		6월 1일~6월 30일, 12월 1일~12월 31일
신청방법	전자신청	홈택스에 의한 승인신청 국세납부 〉 증명 · 등록 · 신청 〉 원천세 관련 신청 · 신고 〉 원천징수세액 반기별 납부 승인신청
	서면신청	원천징수 세액 반기별납부승인신청서(소득세법 시행규칙 별지 제21호의 2 서식)를 작성해서 원천징수 관할 세무서장에게 제출

반기별 납부 포기

1. 반기별 납부 포기

반기별 납부 사업자가 매월 납부하고자 하는 경우는 "원천징수세액 반기별 납부 포기신청서"를 관할 세무서장에게 제출해야 한다.

국세청 홈택스 홈페이지(www.hometax.go.kr)를 통해 포기신청도 가능(공인인증서 필요)하다.

홈택스 > 국세납부 > 증명 · 등록 · 신청 > 원천세 관련 신청 · 신고 > 원천징수세액 반기별 납부 포기 신청한다.

2. 매월 납부로 전환 시 원천세 신고방법

반기 시작(개시) 월부터 매월 납부로 전환되기 전 월(포기 월)까지 지급금액 및 원천징수 내역을 1장의 원천징수이행상황신고서로 작성한다.

❶ 먼저 하반기 신규사업자로서 당해 12월 1일~31일까지 반드시 원천징수 세액 반기별 납부승인을 신청한다(필수사항).

계속 사업자의 경우 원천세 반기별 신청기한은 매년 6월 1일~30일, 12월 1일~31일 두 차례이다.

그러나 신규사업자의 경우 신청 기간을 주의해야 한다. 상반기 개업 시 6월에 반기별 신청을 할 수 없다. 이유는 직전 과세기간 상시 고용인원이 없기 때문이다. 하지만 당해 12월에는 신청할 수 있다. 왜냐하면, 12월에 반기별 신청 시 내년 1월부터 적용되는 것이므로 신청서상의 직전 과세기간의 상시고용인원이 있기 때문이다. 즉 하반기에 개업한 사업장은 위의 내용을 토대로 당해 12월에 반기별 납부승인을 신청한다면 직전 과세기간의 상시고용인원이 있으므로 신청할 수 있는 것이다.

❷ 사업장 관할 세무서장으로부터 원천세 반기별 납부승인통지(1월 말일까지)를 받았다면 신청일의 다음 달인 1월부터 6월까지의 원천세 신고는 다음 해 7월 10일까지 해야 한다.

원천징수 세액을 구하는 방법은 위의 매월 신고자와 동일하다. 다만 6개월분을 한 번에 신고하는 것이므로 6개월분의 세액을 합산하면 된다(위의 매월 신고자의 세액계산 방법으로 대체한다.).

14 근로소득의 과세범위와 실비변상적, 복리후생적 급여

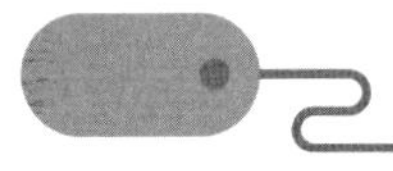

근로소득의 과세 범위

소득세는 해당 납세의무자가 거주자인지, 비거주자인지에 따라 과세 범위가 달라지므로 이를 살펴보면 다음과 같다.

소득자	소득발생처	과세여부	비 고
거주자	국내근로	과세	
	국외근로	과세	외국인 거주자로서 해당 과세기간 종료일로부터 소급해서 10년 동안 국내 거주기간이 5년 이하인 개인의 국외 원천소득 중 국내에서 지급되거나 국내로 송금된 금액에 대해서만 과세
비거주자	국내근로	과세	국내원천소득에 대해서만 과세
	국외근로	과세 제외	비거주자가 내국법인의 해외지점에서 근무함으로써 발생하는 소득은 소득세법에 의한 원천징수 대상에 해당하지 않는다.

? 상용근로자와 일용근로자의 소득구분

구 분	상용근로소득	일용근로소득
개 념	일정한 고용주에게 계속해서 고용되어 지급받는 급여	일정한 고용주에게 계속해서 고용되어 있지 않고 일급 또는 시간급으로 받는 급여
특 징	근로계약상 근로제공에 대한 시간 또는 일수나 그 성과에 의하지 않고 월정액에 의해서 급여를 지급받는 경우 그 고용기간에 불구하고 일반근로소득으로 본다.	근로를 제공한 날 또는 시간에 따라 근로대가를 계산하거나 근로를 제공한 날 또는 시간의 근로성과에 따라 급여를 계산해서 지급받는다.
원천징수 세액 계산	근로소득 간이세액표에 의해 원천징수	[일급(비과세소득 제외) − 15만원] × 6% × [1 − 55%(근로소득세액공제)] = 2.7%
연말정산	연말정산 대상에 해당	연말정산 대상에 해당하지 않고 지급 시 원천징수로서 납세의무 종결
지급명세서 제출 시기	다음 해 3월 10일까지 지급명세서 제출 간이지급명세서 : 1월`~6월 ➜ 7월 말일, 7월~12월 ➜ 다음 해 1월 말일	지급일의 다음 달 말일까지 지급명세서 제출

주 고용관계 판단 : 근로제공자가 업무 또는 작업에 대한 거부할 수 있는지, 시간적·장소적인 제약을 받는지, 업무수행 과정에 있어서 구체적인 지시를 받는지 복무규정의 준수 의무 등을 종합적으로 판단해야 한다.

근로소득으로 보지 않아 세금을 안 내도 되는 경우

근로소득세는 근로소득(급여, 상여금, 수당)에 대해서 과세하는 것으로 근로소득으로 보지 않는 소득에 대해서는 원칙적으로 과세대상이 아니므로 근로소득세도 납부하지 않는다. 즉 매월 받는 급여에서 다음에 설명할 근로소득으로 보지 않는 소득과 비과세소득을 제외한 급여를 기준으로 근로소득세를 납부하는 것이다.

1. 출퇴근용 회사 버스 이용

종업원이 출 · 퇴근을 위해서 차량을 제공받는 경우 운임에 상당하는 금액 ➡ 차량 제공 대신 출 · 퇴근보조금을 받는 금액은 근로소득에 해당한다.

2. 사내근로복지기금으로부터 받는 장학금

사내근로복지기금의 정관에 규정된 목적사업에 따라 종업원이 지급받는 금액은 근로소득이 아니나, 정관에서 정하고 있지 않은 금액의 지원이나 고용노동부에서 규정한 금액을 초과해서 지급되는 금액은 근로소득에 해당한다. 단, 회사가 근로자에게 직접 지급할 자금을 사내근로복지기금 또는 노동조합에 지급한 후 사내근로복지기금 또는 노동조합에서 학자금을 지급하는 경우는 과세대상 근로소득으로 본다.

3. 결혼·초상 등 경조사와 관련한 경조사비

경조사비 지급규정, 경조사 내용, 법인의 지급능력, 종업원의 직위, 연봉 등을 종합적으로 감안해 사회통념상 타당한 범위 내의 금액은 근로소득으로 보지 않는다.

➡ 이를 초과하는 금액은 급여로 처리 후 근로소득세를 납부한다.

거래처에 대한 경조사비는 그 금액의 기준을 20만 원으로 하도록 하고 있다. 따라서 위의 사회통념상 타당한 금액의 기준이 모호하고, 그 해석이 자의적으로 흐를 가능성이 크므로 가장 안전한 기준은 20만 원이나 약 50만 원 정도까지는 무방하리라 본다.

구 분	세무상 처리
출산축의금과 보육수당	❶ 근로자 본인 또는 배우자의 출산과 관련하여, ❷ 출생일 이후 2년 이내*에 ❸ 공통 지급규정에 따라 사용자로부터 지급(2회 이내)받는 급여는 전액 비과세 된다. 다만, 친족인 특수관계자가 출산과 관련하여 지급받는 경우는 제외된다(출산수당). 그리고 6세 이하 자녀에 대한 월 20만 원 이내의 양육수당 비과세하고, 초과하는 금액은 근로소득으로 과세한다(보육수당).
생일축하금과 명절선물	종업원이 지급받는 생일축하금과 설날 등 특정한 날에 지급받는 선물은 근로소득이 과세된다.

4. 명절, 생일, 창립기념일의 선물비용

임직원에게 창립기념일, 명절, 생일 기타 이와 유사할 때 지급하는 선물용품은 원칙적으로 급여에 해당하므로 근로소득으로 과세하는 경우는 법정지출증빙을 받을 필요가 없으나 실무자들이 근로소득으로 과세하지 않고 복리후생비로 처리를 해버리는 경우가 많다.

그러나 복리후생비로 회계처리 시에는 법정지출증빙을 받아야 하며, 선물을 지급하는 때에 부가가치세가 과세된다(1인당 연간 10만원 이하는 제외). 이 경우 부가가치세 과세표준은 시가이며, 세금계산서는 작성 · 발행되지 않는다.

구 분	세무상 처리
소득세법상 과세대상소득(근로소득) 여부 판단	자사 생산제품의 제공 시 수령자에게는 근로소득에 해당한다. 근로소득세를 원천징수 시 근로소득 대상 금액은 원가가 아닌 판매가액 즉 시가가 된다.
법인세법상 비용인정 여부 판단	사회통념상 타당한 범위 내의 금액은 비용인정 된다.
부가가치세법상 부가가치세 과세 대상 여부 판단	금전이나 상품권 등으로 지급하는 경우는 과세대상이 아니나, 현물로 지급하는 경우 개인적 공급으로서 부가가치세 과세대상이다.

회사콘도회원권 이용에 따른 콘도 이용 비용 회사부담액

콘도이용비용을 회사가 지급 또는 보조해주는 경우 근로소득세를 과세하는 것이다.

명절, 생일, 창립기념일의 선물비용 부가가치세, 원천징수 처리

설날 · 추석 등 명절이나 창립기념일에 직원들에게 선물을 지급하기 위해 재화를 구입한 경우 이에 대한 매입세액은 당연히 매출세액에서 공제받을 수 있다.

하지만 매입세액을 공제받은 재화를 직원들의 개인적인 사용을 위하여 선물로 지급하는 경우는 세금계산서 발행 의무는 없지만, 해당 재화의 시가(시가에는 부가가치세 매출세액 상당액을 포함)를 과세표준으로 하여 과세 – 기타매출로 부가가치세를 신고 · 납부해야 한다.

반면, 선물구입에 따른 매입세액을 공제받지 않으면 재화의 공급으로 보지 않아 부가가치세를 납부하지 않아도 되는 것이므로 그 매입세액을 불공제하고 기타(정규영수증 외) 매출분에 기재하여 신고하지 않는 방법을 실무상 적용한다.

종업원 명절선물을 구입하여 무상으로 증정하는 경우 매입세액 공제 여부

사업자가 자기의 과세사업과 관련하여 복리후생적인 목적으로 종업원 명절선물을 구입하는 경우 회사가 부담한 금액에 상당하는 매입세액은 당해 사업자의 매출세액에서 공제할 수 있는 것이며, 당해 매입세액이 공제된 재화를 종업원의 개인적인 사용을 위하여 무상으로 공급하는 경우는 부가가치세가 과세되는 것임(부가, 부가가치세과-1399, 2009.09.29.).

그러나 아래 부가가치세법 시행령 제19조의 2를 보면 1명당 연간 10만 원 이하의 재화를 주는 경우 재화의 공급으로 보지 않는다는 규정이 있다.
결국 명절 · 창립기념일 등 경조사 관련 재화는 매입세액을 공제받게 되면 매출세액을 납부하거나, 매입세액을 불공제해야 하는 것이 원칙이나 1인당 연 10만 원 이하의 재화의 경우는 매입세액공제를 받을 수 있고 이를 매출세액으로 신고하지 않아도 된다.

부가가치세법 시행령 제19조의 2 [실비변상적이거나 복리후생적인 목적으로 제공해 재화의 공급으로 보지 않는 경우]
1. 사업을 위해 착용하는 작업복, 작업모 및 작업화를 제공하는 경우
2. 직장 연예 및 직장 문화와 관련된 재화를 제공하는 경우
3. 경조사(설날 · 추석, 창립기념일 및 생일 등을 포함한다)와 관련된 재화로서 사용인 1명당 연간 10만 원 이하의 재화를 제공하는 경우

앞서 설명한 내용은 부가가치세와 관련된 내용으로 원천징수는 부가가치세와 별도로 해당 임직원의 급여로 봐 원천징수를 신고 · 납부 해야 한다. 즉 1인당 연 10만 원 이하의 선물비용은 부가가치세 과세를 안 하겠다는 것이지 근로소득세를 비과세 처리하겠다는 것은 아니다.

구 분	부가가치세 신고	근로소득세 해당 여부
1인당 연 10만원 이하	해당 재화 구입시 매입세액공제, 매출세액 미신고	급여에 가산 후 근로소득세 신고
1인당 연 10만원 초과	해당 재화 구입시 매입세액공제, 매출세액 신고 또는 해당 재화 구입시 매입세액불공제, 매출세액 미신고	급여에 가산 후 근로소득세 신고

5. 부서별 회식비

부서별 회식비를 지급하는 경우 당해 회식비의 사용금액은 법정지출증빙을 받아서 보관해야 하며, 만약, 지급받은 회식비로 회식하지 않고 종업원 개개인이 금전으로 나누어 가졌을 경우는 해당 종업원에 대한 근로소득으로 보아 근로소득세를 원천징수 납부한다.

구 분	세무상 처리
회식비로 회식을 한 경우	법정지출증빙을 받아서 비용 처리한다.
회식비를 받아서 회식을 안 하고 나누어 가진 경우	법정지출증빙을 받을 필요는 없으나 각 직원의 급여로 보아 근로소득세를 원천징수 · 납부 해야 비용인정이 가능하다.

6. 회사에서 종업원에게 빌려준 금액

종업원 주택자금 대출의 경우 업무무관가지급금으로 보아 지급이자 손금불산입 및 가지급금인정이자를 계산하는 것이며, 인정이자를 계산함에 있어서 그 이자율은 가중평균이자율 또는 당좌대출이자율 중 선택한 이자율로 이자를 계산한다. 무주택 사용인에게 국민주택규모 이하의 주택의 구입 또는 임차에 들어가는 자금을 대여한 경우 그 대여금액에 대해서도 예외 없이 가중평균이자율 또는 당좌대출이자율을 적용해서 인정이자를 계산하는 것이다.
회사의 직원에게 주택자금 대여 시 금전소비대차계약을 체결하고 대여하면 되며, 사내 직원은 법인과 특수관계자이므로 가중평균이자율 또는 당좌대출이자율 중 선택한 방법을 적용한다. 무이자로 대여 시 해당 인정이자율만큼 해당 직원의 근로소득에 합산한다. 다만, 중소기업이 근로자(임원·지배주주 등 제외)에게 대여한 주택 구입 및 전세자금은 법인세를 과세하는 업무무관가지급금에서 제외된다.

7. 학원 수강료, 도서구입비 보조액 등

교육훈련비에는 교육장 임차료, 사내 · 외 강사료, 연수비, 교육용 책자구입비, 세미나 참가비, 학원 수강료 등이 포함된다.

구 분		세무상 처리
회사가 업무와 관련해 강사 등을 초빙하거나 외부 학원을 이용해서 직접 대가를 지급하는 경우		회사 : 계산서나 신용카드매출전표, 현금영수증 중 하나를 법정지출증빙으로 받아서 비용처리 개인 : 근로소득세 부담이 없음
개인이 학원을 다니는 경우	업무 관련이 있는 학원비로써 내부 규정에 의한 지급	회사 : 계산서나 신용카드매출전표, 현금영수증 중 하나를 법정지출증빙으로 받아서 비용처리 개인 : 근로소득세 부담이 없음

구 분		세무상 처리
	업무와 관련이 없는 학원비	회사 : 계산서나 신용카드매출전표, 현금영수증 중 하나를 법정지출증빙으로 받지 않아도 됨(근로소득세 원천징수 후 복리후생비 또는 교육훈련비가 아닌 해당 직원 급여로써 비용처리) 개인 : 해당 직원이 근로소득세를 부담해야 한다.

8. 직원의 업무상 재해 시 부담하는 병원비

직원이 업무상 재해를 입어(공상) 의료기관에서 진료 등을 받고 비용을 회사가 부담하는 경우 복리후생비로 처리 가능하며, 근로자의 근로소득으로 처리하더라도 소득세법상 비과세소득에 해당하므로 별도의 근로소득세 부담액은 없다. 반면, 공상 발생 시 우선 직원 개인비용으로 지급 후 회사에 비용 청구 시에도 동일하게 적용이 된다.

구 분		세무상 처리
업무상 직원 본인 병원비		비과세
업무무관 직원 본인 병원비		근로소득세 신고 · 납부
직원 가족 병원비		근로소득세 신고 · 납부
병원의 임직원 가족 병원비 경감액		근로소득세 신고 · 납부
건강검진비	임직원 차별	임원과 직원과의 차이 금액은 과세될 수 있다.
	임직원 무차별	비과세
사내복지기금 지원 의료비		비과세

9. 직원의 핸드폰 사용료 부담액

핸드폰 사용료는 다음의 3가지 요건을 충족해야 비과세 처리된다.

❶ 회사의 사규 등에 의해서 지급기준이 정해져 있고,

❷ 일반적으로 영업 직원에 한해 지급하며(전 직원에게 지급하는 조건인 경우 내근직원은 업무용 사용을 입증해야 한다.)

❸ 업무용에 한해 비용인정 된다(개인용도와 업무용을 최대한 구분해 두어야 한다.).

핸드폰은 일상생활에 없어서는 안 되는 필수품으로 자리 잡은 것은 물론 업무상 고객의 마케팅 수단으로도 중요한 역할을 담당하고 있다. 이러다 보니 회사에서 업무와 관련해서 사용하는 핸드폰 사용요금을 지원하고 비용으로 처리하기도 하는데 종업원에게 지급하는 핸드폰 사용료에 대한 세무상 올바른 처리 방법을 살펴보면 다음과 같다.

회사 명의의 핸드폰을 사용하는 경우

핸드폰을 회사 명의로 구입한 후 종업원에게 업무에 사용하게 하고 그 사용료를 회사에서 부담할 때에 단말기구입 비용은 자산(집기비품) 등으로 처리하고, 종업원이 사용한 사용료, 스마트폰의 애플리케이션, 기타 데이터이용료 등에 대해서 회사가 부담하는 경우에 업무수행 상 통상 필요하다고 인정되는 부분은 회사의 비용(통신비)으로 계상하며, 업무 외 사용한 부분은 직원에 대한 급여로 처리한다.

통상적으로 통화료나 정보이용료 등은 통신비에 각 요금이 부과되나 유료로 거래되는 애플리케이션을 다운받는 경우에는 신용카드 등으로 결제하므로 별도의 증빙(신용카드매출전표 등)을 첨부해야 한다.

종업원 명의의 핸드폰을 사용하는 경우

종업원소유의 핸드폰을 업무에 사용하게 하고 그 사용료를 회사가 부담하는 경우 업무와 관련해서 사용하였다는 객관적인 증빙을 갖추어야 비용처리가 가능한 것으로, 사규 등에 통신비 지원에 관한 규정 등이 있고 영업직으로 통상 업무상 필요한 경우에는 비용처리 할 수 있다. 다만, 일반 내근직에 지원하는 지원금 또는 모든 직원에게 일괄적으로 지급하는 통신비 지원금은 업무 연관성을 입증하기가 매우 곤란하므로 해당 직원의 근로소득에 포함해서 처리해야 하며, 근로소득에 포함 시 회계처리도 급여 등으로 처리한다.

개인회사 사장의 핸드폰 사용요금

업무와 관련한 개인회사 사장의 핸드폰 사용료도 비용으로 인정을 받을 수 있다.

그러나 일반적으로 업무용과 개인용을 혼용해서 사용하는 경우가 많고, 국세청에서 업무 관련성을 입증하라고 하면 업무 연관성을 입증하기가 매우 곤란하므로 동 사장 핸드폰 사용료의 비용처리 여부는 자의적인 판단에 맡길 수밖에 없는 것이 현실이라고 생각하면 된다.

핸드폰 사용료 지원금에 대한 매입세액공제

사업자가 자기의 사업과 관련해서 사용되었거나 사용될 재화 또는 용역의 공급에 대한 매입세액은 불공제되는 매입세액을 제외하고는 매출세액에서 공제할 수 있다. 따라서 직원이 업무와 관련해서 사용한 핸드폰 사용료를 법인이 대신 납부하는 경우 당연히 매입세액공제도 가능하다. 다만, 매입세액공제를 받으려면 세금계산서, 신용카드 매출전표, 현금영수증 등을 반드시 받아야 하는데, 통신사용료에 대한 지로영수증으로 부가가치세법의 규정에 따라 국세청장에게 신고한 계산서임이 표시된 지로영수증은 법정지출증빙으로 인정 되며, 또한 전기통신사업법에 의한 전기통신사업자가 전기통신역무를 제공하는 경우는 영수증 발급 대상 사업자에 해당하는 것으로 법인이 사업자등록증을 제시하고 세금계산서를 요구하면 세금계산서를 발급받을 수 있다.

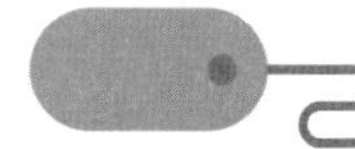

비과세 근로소득세의 종류와 절세전략

1. 실비변상적 성질의 급여

- 선원법에 의하여 받는 식료
- 일 · 숙직료, 여비
- 자기차량운전보조금
- 법령 · 조례에 의하여 제복을 착용해야 하는 자가 받는 제복 · 제모 및 제화
- 특수 작업 또는 그 직장 내에서만 착용하는 피복
- 각종 수당

● 위험수당 등(특수분야에 종사하는 군인이 받는 낙하산강하위험수당 · 수중 파괴작업 위험수당 · 잠수부위험수당 · 고전압위험수당 · 폭

발물위험수당 · 비행수당 · 비무장지대근무수당 · 전방초소근무수당 · 함정근무수당 및 수륙양용궤도차량승무수당, 특수분야에 종사하는 경찰 공무원이 받는 경찰특수전술업무수당과 경호공무원이 받는 경호수당)

- 승선수당, 함정근무수당, 항공수당, 화재진화수당(선원법의 규정에 의한 선원이 받는 월 20만원 이내의 승선수당, 경찰 공무원이 받는 함정 근무수당 · 항공 수당 및 소방공무원이 받는 함정 근무수당 · 항공 수당 · 화재진화수당)
- 광산근로자가 받는 입갱수당 및 발파수당

국가 또는 지방자치단체가 지급하는 보육교사의 처우개선을 위하여 지급하는 근무환경개선비, 사립유치원 수석교사 · 교사의 인건비, 전문의의 수급 균형을 유도하기 위하여 전공의(專攻醫)에게 지급하는 수련 보조수당

- 학교의 교원, 연구기관 및 연구개발 전담부서에서 연구활동에 직접 종사하는 자가 받는 연구보조비 또는 연구활동비 중 월 20만원 이내의 금액
- 기자의 취재수당 중 월 20만원 이내의 금액
- 벽지에 근무함으로 인하여 받는 월 20만원 이내의 벽지수당
- 천재 · 지변 기타 재해로 인하여 받는 급여
- 정부 · 공공기관 지방이전기관 종사자 이전지원금 중 월 20만원 이내의 금액

2. 복리후생적 급여의 범위

복리후생적 성질의 급여란 다음의 것을 말한다.

- 사택을 제공받음으로서 얻는 이익
- 중소기업의 종업원이 주택(주택에 부수된 토지를 포함한다)의 구입 · 임차에 드는 자금을 저리 또는 무상으로 대여받음으로써 얻는 이익
- 종업원이 계약자이거나 종업원 또는 그 배우자 및 그밖의 가족을 수익자로 하는 보험 · 신탁 또는 공제와 관련하여 사용자가 부담하는 보험료 · 신탁부금 또는 공제부금 중 다음 각 목의 보험료 등
  - 가. 종업원의 사망 · 상해 또는 질병을 보험금의 지급 사유로 하고 종업원을 피보험자와 수익자로 하는 보험으로서 만기에 납입 보험료를 환급하지 않는 보험과 만기에 납입 보험료를 초과하지 않는 범위에서 환급하는 보험의 보험료 중 연 70만원 이하의 금액 ➡ 연 70만원을 초과하는 금액은 과세대상 근로소득이다.
  - 나. 임직원의 고의(중과실을 포함한다) 외의 업무상 행위로 인한 손해의 배상 청구를 보험금의 지급 사유로 하고 임직원을 피보험자로 하는 보험의 보험료
- 공무원이 국가 또는 지방자치단체로부터 공무 수행과 관련하여 받는 상금과 부상 중 연 240만원 이내의 금액
- 종업원 등이 직접 소비목적으로 구매한 자사 · 계열사의 재화 또는 용역의 Max(시가의 20%, 연 240만원) 종업원 할인 금액

3. 기타 비과세되는 소득

- 병역의무의 수행을 위해서 징집 · 소집되거나 지원하여 복무 중인 사람으로서 병장 이하의 현역병(지원하지 않고 임용된 하사를 포함), 전투경찰순경, 교정시설 경비교도, 그 밖에 이에 준하는 사람이 받는 급여
- 법률에 따라 동원된 사람이 그 동원직장에서 받는 급여
- 장해급여 · 유족급여 · 실업급여 · 육아휴직급여 등
- 비과세 학자금
- 외국정부 · 국제연합과 그 소속기구의 기관에 근무하는 사람으로서 대한민국 국민이 아닌 사람이 그 직무수행의 대가로 받는 급여
- 국가유공자 등 예우 및 지원에 관한 법률 또는 보훈대상자 지원에 관한 법률에 따라 받는 보훈 급여금 및 학습보조비
- 작전 임무를 수행하기 위하여 외국에 주둔 중인 군인 · 군무원이 받는 급여
- 종군한 군인 · 군무원이 전사(전상으로 인한 사망 포함)한 경우 그 전사한 날이 속하는 과세기간의 급여
- 국민건강보험법, 고용보험법 또는 노인장기요양보험법에 따라 국가 · 지방자치단체 또는 사용자가 부담하는 보험료
- 국군포로의 송환 및 대우 등에 관한 법률에 따른 국군포로가 받는 보수 및 퇴직일시금
- 교육기본법 제28조 제1항에 따라 받는 장학금 중 대학생이 근로를 대가로 지급받는 장학금
- 법정 국외근로소득

15 자가운전보조금의 비과세

자가운전보조금의 비과세 요건

영업사원이 출장을 가는 경우 출장비 등의 명목으로 차량에 대한 유류비를 지급한다.

이와 같은 비용을 흔히 일상에서는 영업비라는 명칭에 포함해서 부르기도 하고, 세법에서는 자가운전보조금, 회계처리상의 계정과목은 차량유지비라는 계정을 사용한다. 즉, 쓰는 사람이나 분야에 따라 약간의 명칭은 틀리나 세법적용에 있어서는 자가운전보조금이라는 세법 고유 명칭으로 비과세 여부를 판단해야 할 것이다.

우선 세법에서는 자가운전보조금(또는 차량유지비)이 비과세되기 위해서는 아래의 요건이 모두 충족되어야 한다(❶~❼). 즉 아래의 요건이 충족되는 경우 해당 직원은 20만원까지 비과세되고 회사는 특별한 증빙이 없어도 비용으로 인정이 된다.

그러나 아래의 요건을 충족하지 않으면서 차량유지비 명목으로 매달 지급하는 비용은 세금계산서나 신용카드매출전표와 같은 법정지출증빙을 받지 않으면 비용으로 인정받지 못하게 되며, 해당 직원은 급여로 보아 근로소득세를 납부해야 한다.

❶ 근로소득자만 비과세된다.

자가운전보조금은 근로소득자만 비과세 되며, 다른 소득(사업소득(개인회사 사장도 비적용), 부동산임대소득 등)에는 비과세되지 않는다.

외국인 근로자에게도 적용되며, 생산직 근로자에게도 적용된다.

❷ 종업원(법인 대표이사, 출자임원, 비출자임원, 직원 포함)의 자기 소유 차량이어야 한다. 단 종업원 명의 임차차량은 비과세 대상에 해당한다.

차량이 종업원 단독소유 또는 배우자와 공동소유인 경우에만 비과세된다.

타인 명의 차량 또는 차량이 없는 종업원에 대한 자가운전보조금은 과세된다. 따라서 차량 등록증 등을 제출받아 사실관계를 확인할 필요가 있다.

❸ 종업원이 직접 운전해야 한다.

종업원이 직접 운전하는 경우에만 자가운전보조금이 비과세된다.

종업원 소유 차량을 회사에 제공해서 다른 종업원이 사용하고 지급받는 자가운전보조금은 과세된다.

❹ 자가운전보조금을 지급받는 종업원이 시내출장비 등을 실비로 별도로 지급받으면 안 된다.

시내출장 등에 드는 실제 경비를 별도로 받으면서 월액의 자가운전보조금을 받으면 시내출장 실제 경비는 비용인정이 되나 자가운전보조금은 근로소득에 포함된다.

❺ 회사의 업무수행에 이용하는 것이어야 한다.

사용자(법인이나 개인사업자)의 업무수행에 이용하고 받는 자가운전보조금만 비과세된다.

단순히 종업원이 출퇴근의 편의를 위해서 지급받는 출퇴근보조비 및 주차 비용은 자가운전보조금 명목으로 지급하더라도 과세된다. 따라서 일반적으로 영업직 등의 차량유지비는 의심의 소지가 낮으나 업무수행에 차량이 필수적으로 필요 없는 관리직의 경우 의심의 소지가 많다.

❻ 당해 사업체가 미리 정한 지급 규정(사규) 등에 의해 지급하는 것이어야 한다.

사규에 지급 규정 없이 무작정 지급하는 금액은 인정되지 않으며, 지급규정을 초과한 금액, 지급대상자가 아닌 자에게 지급하는 것도 인정되지 않는다. 사규에는 자가운전보조금의 지급대상자 범위를 외근직 영업직원 등으로 분명히 정해두어야 한다. 가령 모든 직원에게 월정액으로 자가운전보조금을 지급하는 것으로 정해 둔 때는 비과세되지 않을 수 있다. 따라서 차량운행일지 등을 작성해서 보관한다.

❼ 월 20만 원까지만 비과세 처리한다.

월정액으로 지급하는 자가운전보조금은 외국인근로자나 생산직근로자의 야간근로수당 등 비과세급여 계산 시의 월정액급여에 포함되며, 차량운행에 따른 소요경비의 증빙서류 비치 여부와 관계없이 자가운전보조금은 비과세된다.

자가운전보조금 지급에 대해서는 법정지출증빙을 받아야 하는 의무가 없으며, 증빙불비가산세가 적용되지 않는다. 근로소득에 대한 원천징수 신고(비과세 항목)로 대신 되기 때문이다.

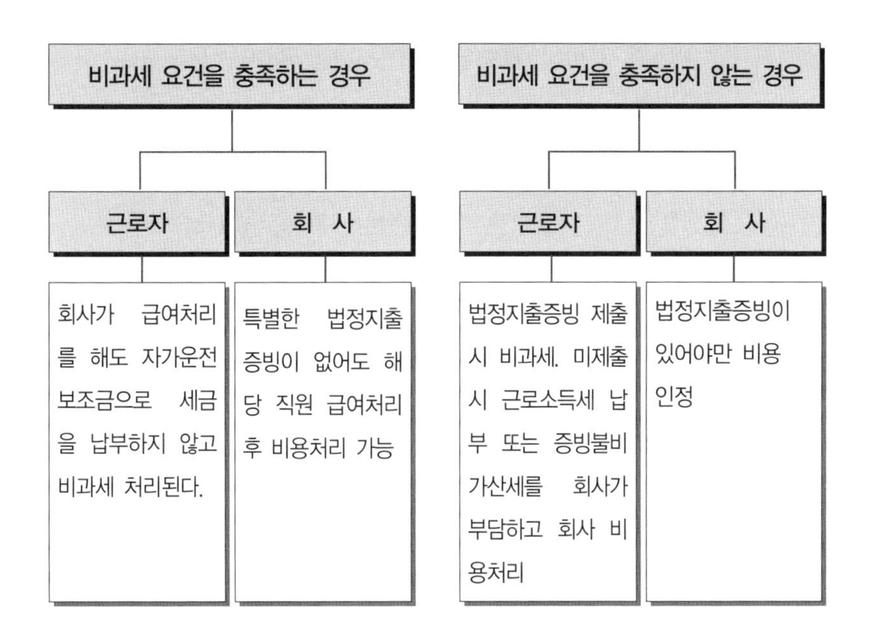

자가운전보조금을 받으면서 증빙에 의한 비용처리

자가운전보조금은 종업원 본인 차량을 이용해 영업하는 경우 동 비용은 사업주를 위한 영업비이지 본인의 근로의 대가인 임금이라고 보기가 어려워서 월 20만 원의 한도 내에서 비과세처리를 해주는 것이다.

그런데 동 비용에 대해 영수증을 챙겨서 실제 지출액을 지급받는 경우 사업주는 직원에게 실질 경비를 지급한 것이 된다. 따라서 사업주는 직원에게 영업비 명목으로 자가운전보조금 20만 원을 줄 이유가 없는데 준 것은 근로의 대가인 급여로 보아 근로소득세를 과세하겠다는 것이 세법의 내용이다.

예를 들어 영업과 관련한 차량유지비가 30만 원이 소요되었고 이에 대한 증빙을 갖추어 경리담당자에게 30만 원을 받았다면 급여항목에 자가운전보조금(또는 차량유지비)으로 20만 원이 잡혀있어도 동 20만 원은 비과세가 아닌 과세로 보아 근로소득세를 과세해야 한다.

구 분	세무처리
시내교통비를 회사규정 등에 의해 자기 소유의 차량을 회사업무에 사용하고 받는 월 20만 원 이하의 보조비	비과세급여로 보아 근로소득세 비과세
실제 경비를 증빙에 따라 받으면서 급여 항목에 자가운전보조금(또는 차량보조금, 차량유지비)이 있는 경우	실제경비는 증빙에 따라 회사경비 처리하고 자가운전보조금은 직원 급여로 근로소득세 과세
자가운전보조금 20만 원과 별도로 시외 출장비를 받는 경우	자가운전보조금은 비과세, 시외교통비 직원 비과세, 시외출장비는 증빙에 따라 회사경비처리

개인회사 사장님의 자가운전보조금

가끔 개인회사의 사장님 급여 중 자가운전보조금도 비과세되는지 질문을 받는 경우가 있다.

답을 하자면 개인회사 사장님의 자가운전보조금은 원칙적으로 비용 자체가 인정이 안 된다는 것이다. 개인회사 사장은 근로소득자가 아니라 사업소득자이므로 근로소득자에게 적용되는 비과세 조항인 자가운전보조금은 사장님에게는 애초 적용 대상 요건조차 성립이 안 된다고 보면 된다. 따라서 회사업무용으로 사용한 차량유지비 만큼 증빙에 의해 종합소득세 신고 · 납부 시 비용으로 인정받는 방법밖에는 없다.

? 자가운전보조금의 비과세처리를 위한 각종 사례를 알자

❶ 비과세 대상 자가운전보조금을 지급받고 있는 종업원이 본인이 소유하고 있는 차량을 이용해서 시외출장에 사용하거나 시외출장에 대중교통을 이용하고 동 출장에 실제 소요된 유류비, 통행료 등과 교통비를 사용주로부터 지급받는 금액 중 실비변상적인 정도의 금액은 비과세되는 것임(서면1팀-1016, 2005.8.29)

❷ 단지 직원의 출 · 퇴근 편의를 위해서 지급하는 교통보조금은 자가운전보조금이 아님. 즉, 근로소득으로 과세대상임(서면 1팀-293, 2008.3.6)

❸ 타인(배우자 등) 명의로 등록된 차량에 대해서는 자가운전보조금 비과세 규정을 적용할 수 없는 것임(서일 46011-10263, 2003.3.6)

❹ 본인과 배우자 공동명의로 등록된 차량에 대해서는 자가운전보조금 규정을 적용할 수 있으나(재소득-591, 2006.9.20), 부모, 자녀 등 배우자 외의 자와 공동명의인 차량에 대해서는 동 규정을 적용할 수 없음(서면 1팀-372, 2008.3.20, 서면1팀-327, 2008.3.13)

❺ 자가운전보조금 비과세 규정을 적용함에 있어 종업원의 범위에는 법인세법시행령 제43조의 규정에 해당하는 임원도 포함하는 것임(법인 46013-1123, 1996.4.12)

❻ 차량을 소유하고 있지 않은 종업원에게 지급하는 자가운전보조금은 과세대상임(소득 46011-392, 1999.11.25)

❼ 근로자가 2 이상의 회사에 근무하면서 각각 지급받은 자가운전보조금은 지급하는 회사를 기준으로 월 20만원 이내의 금액을 비과세하는 것임(서면 1팀-1272, 2006.9.14)

❽ 비과세 되는 자가운전보조금은 차량운행에 따른 소요경비의 증빙서류 비치여부에 관계없이 사규에 의해서 실제적으로 지급받는 월 20만원 이내의 금액임(법인 46013 -2726, 1996.9.25)

? 부부 공동명의 차량에 대해 각자가 받는 자가운전보조금의 비과세

부부 공동명의 소유 차량을 각자 별도 직접 운전하여 사용자의 업무수행에 이용하고 시내출장 등에 소요된 각자 실제 여비를 받는 대신에 그 소요경비를 당해 사업체의 규칙 등에 의하여 정하여진 지급기준에 따라 받는 금액 중 20만원 이내의 금액은 각자의 비과세 근로소득에 해당(소득, 원천세과-688, 2011.10.28.)

부부가 각자 다른 사업장의 종업원일 경우 부부 공동명의 소유차량을 직접 운전하여 각각 다른 회사의 업무에 사용하고 시내출장 등에 소요된 실제 여비를 받는 대신 당해 회사의 규칙 등에 의하여 정하여진 지급기준에 따라 각각 다른 회사로부터 자가운전보조금을 지급받는 때에는 이를 지급하는 각각 다른 회사를 기준으로 월 20만원 이내의 금액을 비과세 근로소득으로 보는 것이다.

16 식대보조금의 비과세

자그마한 회사의 경우 매일 점심 식비를 회사 공금으로 내거나 사장이나 다른 간부가 사주는 경우가 있다.

일률적으로 회사 공금으로 점심 먹는 경우 실질 지출액에 대해 증빙을 첨부해서 비용처리하고, 급여항목에 표시되어 있는 식대보조금은 근로소득으로 보아 근로소득세를 납부하면 된다.

반면 회사 공금으로 점심을 먹지 않고, 식대보조금 명목으로 개개인에게 지급하는 경우는 다음의 요건을 충족하는 경우 월 20만 원까지 비과세처리가 가능하다. 예를 들어 매월 식대를 23만 원을 지급받는 경우 20만 원은 비과세하고 3만 원만 과세한다.

식대보조금의 비과세 요건

❶ 식대가 연봉계약서 등에 포함되어 있고,

❷ 회사의 사규 등에 식대에 대한 지급기준이 정해져 있는 경우로서

❸ 현물식사(사내급식 또는 이와 유사한 방법으로 식사 또는 기타 음식물)를 제공받지 않아야 하며,

❹ 월 20만 원까지 비과세 처리한다.

그리고 식대 보조금을 받으면서 별도로 식사를 제공받는 경우에는 ❶과 ❷ 중 큰 금액을 비과세 처리한다. ❶과 ❷ 모두 비과세처리 시 ❷는 과세한다.

❶ 근로자가 사내 급식 또는 이와 유사한 방법으로 제공받는 식사 기타 음식물

사용자가 기업 외부의 음식업자와 식사 · 기타 음식물 공급계약을 체결하고, 그 사용자가 발급하는 식권에 의해서 제공받는 식사 · 기타 음식물로서, 당해 식권이 현금으로 환금할 수 없는 때에는 이와 유사한 방법으로 제공받는 식사 · 기타 음식물로 본다.

❷ 식사 기타 음식물을 제공받지 않는 근로자가 받는 월 20만 원 이하의 식대 : 식대가 사규 또는 급여지급기준 등에 식대에 대한 지급기준이 정해져 있어야 한다.

식대 20만 원만 제공	식대 20만 원 + 현물 식사 제공
회사가 급여 처리를 해도 식대보조금으로 세금을 납부하지 않고 비과세 처리된다.	현물식사는 비과세되나 식대 20만원은 과세된다.

예를 들어 월 20만원의 비과세 식대보조금을 책정해 두고 매일 회사경비로 식사를 하는 경우(또는 사장님이 식사를 사주는 경우) 월 20만원은 비과세가 아닌 과세로써 당연히 근로소득세를 납부해야 하나, 식대보조금은 비과세처리하고 현물식사비는 법정지출증빙에 의해 비용처리를 해버리는 경우 당장은 걸리지 않아도 세무조사 시 발각되면 식대보조금은 근로소득세가 추징될 수 있다. 따라서 당초부터 월 20만원과 현물 식대 금액을 비교해 큰 금액을 회사경비 처리 후 직원은 비과세 처리하도록 한다.

다음의 경우에는 위의 식대 비과세와 별도로 추가 비과세한다.

❶ 야근 등 시간외근무 때 실비에 해당하는 식사나 식대는 비과세

❷ 식권을 제공받는 경우 현금으로 환금할 수 없는 경우에는 20만원을 초과해도 비과세하나, 현금화가 가능한 경우 20만 원까지만 비과세한다.

❸ 근로자가 2 이상의 회사에 근무하면서 식대를 매월 각 회사로부터 중복해서 지급받는 경우에는 각 회사의 식대 합계금액 중 월 20만원 이내의 금액만 비과세(두 회사에서 합쳐 20만 원을 받아도 20만 원만 비과세)한다.

❹ 건설공사 현장에서 제공되는 숙식비는 일용근로자의 일급여에 포함되나 현물로 제공되는 식사는 비과세한다.

구 분		세무처리
식사 또는 식대 중 한 가지만 제공	식사(현물, 구내식당 등)	비과세
	식대(현금)	월 20만원까지만 비과세하고 20만원 초과금액은 근로소득에 포함해서 원천징수를 한다.
식사와 식대를 모두 제공		식사는 비과세하나 식대는 금액과 관계없이 전액 근로소득에 포함해서 원천징수를 한다.
일률적으로 식대를 지급하고 야근 등 시간외근무에 따른 식사나 식대 지급		실비에 해당하는 식사나 식대는 비과세(월 20만원 비과세 + 야근 식대 실비도 비과세)
외부음식업자와 계약하고 식권제공		현금으로 환급할 수 없는 경우 20만원 초과해도 비과세하나 현금화가 가능하다면 20만원까지만 비과세하고, 초과는 근로소득에 포함한다.

17 출산수당과 보육수당(가족수당)의 비과세

출산수당은 근로자 본인 또는 배우자의 출산과 관련하여 출생일 이후 2년 이내에 공통 지급규정에 따라 사용자로부터 지급(2회 이내)받는 급여 전액을 비과세한다.

2024년 수당 지급 시에는 2021년 1월 1일 이후 출생자에 대한 지급분도 포함한다. 다만, 기업 출산지원금을 조세회피에 활용하는 것을 막기 위해 사업주 또는 지배주주의 친족에게 지급하는 경우는 비과세 대상에서 제외한다.

❶ 2025년 1월 1일 이후 지급하는 출산지원금 : 자녀 출생일 이후 2년 이내 지급하는 분에 대해서 비과세 적용

❷ 2024년 1월 1일~2024년 12월 31일 지급한 출산지원금 : 개정 전 출산지원금을 지급한 기업에 대해서도 개정 규정을 적용하기 위해 자녀의 출생일이 2021년 1월 1일 이후인 경우 비과세 적용

보육수당은 근로자 또는 그 배우자의 출산이나 6세 이하 자녀의 보육과 관련해서 사용자로부터 지급받는 급여(가족수당 포함)로서 월 20만 원 이내의 금액은 비과세한다. 여기서 6세 이하의 판단기준은 과세기간 개시일(1월 1일)을 기준으로 하므로 과세기간 개시일 현재 6세 이하면 비과세 적용이 된다.

보육수당은 대부분 회사에서 많이 챙기지 못하는 비과세 항목이니 신경 써서 꼭 받기를 바란다.

아래의 2가지 요건을 모두 충족해야 비과세된다.

- 회사 내부규정에 따라 육아보조비 지원 규정이 있어야 하고
- 월 20만 원까지 비과세 처리한다.

예를 들어 3달분을 한꺼번에 30만 원 지급 시 해당 월의 20만 원만 비과세(20만 원 비과세 10만 원 과세)하므로 매달 지급한다.

보육수당(가족수당)의 비과세

❶ 부부 중복 적용이 가능하다.

맞벌이하는 근로자가 6세 이하의 자녀 1인에 대해서 각 소득자별로 월 20만원을 비과세한다. 같은 직장에서 근무하는 때도 각각 비과세를 적용한다.

❷ 자녀가 2인 이상인 경우

6세 미만의 자녀가 2인을 둔 경우 자녀 수에 상관없이 월 20만원만 적용가능하다.

❸ 자녀 나이 및 적용기준

자녀보육수당 지급 시 만 6세 이하 기준의 적용은 과세기간 개시일(1월 1일)을 기준으로 한다.

❹ 근로자가 2개 이상의 회사에 근무하는 경우

근로자가 2개 이상의 회사에 근무하면서 각각 회사에서 중복으로 받을 수는 없다. 모든 회사의 합계금액이 20만원을 넘지 않아야 한다.

❺ 매달 지급하는 것이 좋다.

사용자가 분기마다 보육수당을 지급하는 경우는 지급 월에 20만원 이내의 금액을 비과세한다(예를 들어 3달분을 한꺼번에 30만원 지급 시 해당 월의 20만원만 비과세하고 20만원은 과세한다.).

❻ 6세 이하 자녀에 대한 교육비와 중복 공제

6세 이하 자녀에 대해 교육비를 실비로 지원하는 금액 중 월 20만원 이내의 금액은 자녀보육수당으로 비과세하나, 비과세하는 당해 교육비는 교육비 공제를 받을 수 없다.

18 직원에게 학원비, 학자금 등 교육훈련비 보조 시 비과세

학자금의 비과세 조건

근로자(임원 포함)의 초·중등교육법 및 고등교육법에 의한 학교(외국에 있는 이와 유사한 교육기관을 포함한다)와 근로자직업능력개발법에 의한 직업능력개발훈련시설의 입학금·수업료·수강료 기타 공납금 중 아래의 3가지 요건을 모두 충족해야 비과세된다(당해 연도에 납입할 금액을 한도로 한다).

❶ 근로자가 종사하는 사업체의 업무와 관련 있는 교육훈련을 위해 받는 학자금으로

❷ 당해 업체의 규칙 등에 정해진 지급 규정에 의해 지급되고,

❸ 교육훈련기간이 6월 이상인 경우는 교육훈련 후 교육기간을 초과해 근무하지 않는 경우 반환하는 조건일 것

❶ 종업원이 사설어학원 수강료를 지원받은 금액은 비과세소득으로 보는 학자금에 해당하지 않는다.

❷ 자치회비 및 교재비도 비과세소득으로 보는 학자금에 해당하지 않는다.

❸ 종업원이 사내근로복지기금법의 규정에 의해서 받는 자녀학자금은 과세대상 근로소득에 해당하지 않는다.

❹ 학자금이 비과세되는 근로자에는 출자임원도 포함된다.

❺ 연말정산 교육비 공제 시 비과세 학자금, 장학금은 차감한 금액만 공제한다.

예를 들어 사내근로복지기금법에 의한 사내근로복지기금으로부터 받는 장학금이나 재학 중인 학교로부터 받는 장학금 등이 이에 해당한다.

구 분		세무처리
근로자 본인	초 · 중등교육법 및 고등교육법에 의한 학교(외국에 있는 이와 유사한 교육기관 포함)의 입학금 · 수업료 · 수강료와 근로자직업능력개발법에 의한 직업능력개발훈련시설의 입학금 · 수업료 · 수강료	❶ 회사의 업무와 관련 있는 교육훈련 ❷ 회사의 규칙 등에 의해 정해진 지급기준에 따라 지원 ❸ 교육훈련기간이 6월 이상 교육 · 훈련 후 해당 교육기간을 초과해서 근무하지 않을 때는 받은 금액을 반납하는 조건 위의 세 가지 요건을 모두 만족하는 경우 당해 학자금은 비과세 학자금에 해당하며, 비과세되는 해당 학자금에 대해서는 교육비 공제를 받을 수 없다.
	대학원 자치회비 및 교재비	대학원 자치회비 및 교재비 지원금은 근로소득 과세대상 소득이며, 자치회비 및 교재비는 교육비 공제대상에도 해당하지 않는다.
사내복지기금		사내근로복지기금을 통해서 받는 학자금은 비과세소득에 해당하며, 비과세되는 학자금은 연말정산시 교육비 공제대상에 해당하지 않는다.
자녀		회사로부터 지원받은 자녀에 대한 학자금은 과세대상 근로소득이며, 과세대상인 해당 학자금에 대해서는 교육비 공제가 가능하다.

19 생산직 근로자의 시간외근무수당 비과세

시간외근로수당의 비과세 조건

아래의 3가지 요건을 모두 충족해야 비과세된다.

❶ 생산직, 공장, 광산근로자, 어선 근로자 중 월정액급여가 210만 원 이하면서 총급여가 3,000만 원 이하인 근로자(일용근로자를 포함한다)의

❷ 연장근로급여, 야간근로급여 및 휴일근로급여 등 통상급여에 더해서 받는 급여로서

❸ 추가되는 금액 중 연 240만원(광산근로자 및 일용근로자의 경우 : 전액)까지의 금액은 전액 비과세한다.

생산직 근로자의 범위를 살펴보면 다음과 같다.

❶ 공장 또는 광산에서 근로를 제공하는 자로서 통계청장이 고시하는 한국표준직업분류에 의한 생산 및 관련 종사자 중 기획재정부령이 정하는 자

❷ 어선에 승무하는 선원(선장은 제외)

❸ 통계청장이 고시하는 한국표준직업분류에 따른 운전 및 운송관련직 종사자, 돌봄 · 미용 · 여가 및 관광 · 숙박시설 · 조리 및 음식 관련

서비스직 종사자, 매장 판매 종사자, 상품 대여 종사자, 통신 관련 판매직 종사자, 운송 · 청소 · 경비 · 가사 · 음식 · 판매 · 농림 · 어업 · 계기 · 자판기 · 주차관리 및 기타 서비스 관련 단순 노무직 종사자

그리고 월정액급여란 매월 지급받는 봉급이나 급료 등 급여총액에서 상여 등 부정기적인 급여와 실비변상적 급여 및 복리후생적 급여, 연장근무, 야간근무, 휴일 근무로 통상임금에 가산한 금액을 제외한 급여를 말한다.

월정액급여의 계산

월정액급여 = 매월 직급별로 받는 봉급 · 급료 · 보수 · 임금 · 수당 그밖에 이와 유사한 성질의 급여의 총액 – 당해 연도 중에 받는 상여 등 부정기적인 급여, 실비변상적인 성질의 급여, 근로기준법에 의한 연장근로, 야간근로 또는 휴일근로로 인해서 받는 수당 및 선원법에 의해서 받는 생산수당(비율급으로 받는 경우는 월 고정급을 초과하는 비율급)

주 임금협상 결과 1월분부터 소급인상하기로 함에 따라 이미 지급된 급여와 인상금액과의 차액을 소급해서 지급하는 경우 월정액급여의 계산은 1월분부터 인상된 금액으로 재계산한다.

월정액급여에 포함되는 급여	월정액급여에 포함되지 않은 급여
❶ 매월 정기적으로 받는 식대 ❷ 연간상여금 지급총액을 급여지급 시에 매월 분할 해서 받는 경우	❶ 부정기적으로 받는 연차수당. 다만, 통상적으로 매월 지급되는 급여에 해당하는 때에는 월정액급여의 범위에 포함 ❷ 매월 업무성과를 평가하고 실적 우수자를 선정해서 성과급상여금 지급약정에 따라 지급하는 상여금 ❸ 국민연금법에 의한 사용자 부담금

? 생산직 근로자의 월정액급여가 매월 변동하는 경우 비과세 적용

생산직 근로자의 월정액급여가 매월 바뀌는 경우 예를 들어 월정액급여가 1월은 210만원, 2월은 220만원인 경우

1월 급여에서는 연장 근무수당을 비과세하고, 2월 급여에서는 연장 근무수당을 과세하는 건지 아니면 월정액급여가 210만원이 넘는 것으로 봐서 모두 안 하는 건지 궁금해할 수 있다.

결론은 생산직 근로자 등의 야간근로수당 등의 비과세는 월정액급여 210만 원 이하의 경우 적용하는 것으로 월정액급여 210만원을 초과하는 달에 받는 연장시간, 야간 또는 휴일근무수당(주휴수당 포함) 등은 모두 과세되는 것이다.

따라서 연장근무수당에 대해 1월에는 비과세, 2월에는 과세하는 것이다. 즉 월정액 급여액이 210만원 이하인 달에 지급받는 연장근로, 야간근로, 휴일근로수당에 대해서만 비과세 규정을 적용한다.

? 건설업체의 건설 현장에서 근무하는 일용근로자도 연장근로수당 등에 대해 비과세 적용이 되나요?

건설 현장에서 근로를 제공하는 일용근로자는 공장에서 근로를 제공하는 자에 해당하지 않으므로 건설 일용근로자에게 지급되는 야간근로수당 등은 비과세하지 않는다(소득세법 집행기준 12-17…1).

? 생산직 근로자의 비과세 적용과 관련해 알아두면 유익한 사례

- 생산직 근로자 연장근로 수당 등 비과세를 적용받기 위해서는 직전 과세기간의 총급여액이 3,000만원 이하이어야 하는데, 올해 신규 취업한 사람은 직전연도의 총급여액이 0원이므로 총급여액 요건을 충족한다. 따라서 그 외의 다른 요건(월정액 급여 210만원 이하, 업종요건 등)을 충족할 경우 비과세 규정을 적용한다.
- 직전 연도의 총급여액이 3,000만원을 초과하였으나 다른 회사로 회사를 옮긴 경우에도 직전 연도 총급여액 3,000만원 이하 요건을 충족해야 하는 것으로, 전 직장에서 받은 직전 연도 총급여액이 3,000만원을 초과하는 경우 비과세를 적용받을 수 없다.

- 생산직 일용근로자의 연장근로, 야간근로, 휴일근로수당은 월정액 급여, 직전 과세기간 총급여액과 관계없이 비과세 규정을 적용한다(소득지원과-514, 2015. 9.7.).
- 비과세 식대는 실비변상적 급여(자가운전보조금은 실비변상적 급여)에 해당하지 않으므로 비과세되는 식대를 포함하여 월정액 급여를 계산한다.
- 퇴직한 달의 근무일수가 1월 미만인 경우에도 월정액 급여는 월 단위로 환산하지 않고 실제로 지급받은 금액으로 계산한다(원천세과-706, 2009.8.28.).
- 생산직 근로자 등이 연장근로, 야간근로 또는 휴일근로로 인해 통상임금에 더하여 받는 급여 중 연 240만원 이하의 금액은 비과세하며, 중도 퇴사한 경우라도 한도액을 월할 또는 일할계산하지 않는다.
- 생산직 근로자 등이 지급받는 연장근로수당 등은 연 240만원 이내의 금액을 비과세하는 것이며, 연 한도액을 12개월로 분할하여 매월 한도액을 20만원씩으로 적용하는 것은 아니다.

20 연구보조비 및 연구활동비의 비과세

연구보조비 및 연구활동비의 비과세 조건

다음 중 어느 하나에 해당하는 자가 받는 연구보조비 및 연구활동비 중 월20만원 이내의 금액은 비과세한다.

❶ 유아교육기관, 초·중등 및 고등교육기관의 교원이 지급받는 연구보조비나 연구활동비 : 교원에 한한다.

❷ 특정연구기관 육성법의 적용을 받는 연구기관, 특별법에 따라 설립된 정부출연연구기관, 지방자치단체출연 연구원의 설립 및 운영에 관한 법률에 따라 설립된 지방자치단체출연 연구원과 직접적으로 연구 활동을 지원하는 자(단, 건물의 방호·보수·청소 등 일상적 관리에 종사하는 자, 식사제공 및 차량 운전에 종사하는 자 제외) : 대학교원에 준하는 자격을 가진 자에 한한다.

❸ 중소기업 또는 벤처기업의 기업부설연구소와 연구개발 전담부서(중소기업 또는 벤처기업에 한함)에서 연구 활동에 직접 종사하는 자

학교 교원의 연구보조비

유아교육법, 초·중등교육법 및 고등교육법에 따른 학교 및 이에 준하는 학교의 교원이 아닌 사무직원이 받는 유사 금액은 과세한다.

현행 교원의 급여체계 상 연구보조비 명목으로 지급되는 급여는 없으므로, 본 항목은 연구보조비 성격을 지닌 수당을 대상으로 적용해야 한다. 반면, 초·중등교육법에 의한 교육기관이 학생들로부터 받은 방과 후 학교 수업료(특기·적성교육비 또는 보충수업비)를 수업시간당 일정금액으로 교원에게 지급하는 금액은 연구보조를 위해서 지급하는 것으로 볼 수 없으므로 비과세하는 연구보조비에 해당하지 않으며, 교과지도비를 학교운영위원회 예산에 편입하고 연구보조비 지급 규정에 의해 교원에 지급한 월 20만원 이내 금액은 비과세 대상이다.

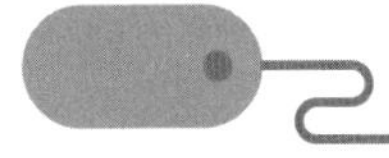

정부·지자체 출연연구기관 연구원의 연구보조비

특정연구기관육성법의 적용을 받는 연구기관, 특별법에 따라 설립된 정부출연연구기관, 지방자치단체출연 연구원의 설립 및 운영에 관한 법률에 따라 설립된 지방자치단체출연 연구원에서 연구 활동에 직접 종사하는 자(대학교원에 준하는 자격을 가진 자에 한함) 및 직접적으로 연구 활동을 지원하는 자의 연구보조비 등은 비과세한다. 여기서 직접적으로 연구 활동을 지원하는 자에는 다음의 사람은 제외한다.

❶ 건물의 방호·유지·보수·청소 등 건물의 일상적 관리에 종사하는 자

❷ 식사제공 및 차량의 운전에 종사하는 자

? 연구보조비 등의 비과세

❶ 사립유치원의 교사의 연구보조비

사립유치원의 교사의 경우 연구보조비 등 비과세 규정을 적용함에 있어, 사립유치원의 교사로 근무하는 거주자가 유아교육법에 따른 자격을 갖추었을 때는 교원에 해당해서 당해 사립유치원으로부터 받는 연구보조비 또는 연구활동비 중 월 20만원 이내의 금액은 비과세소득에 해당하는 것이다.

❷ 교과 지도 비용 · 보전수당

❸ 대학교수의 논문 게재료, 세미나 발표 보조비

1. 교직원 등이 업무와 관련 없이 독립된 자격으로 학보 등에 일시적으로 원고를 게재하고 받는 대가는 일시적인 문예창작소득으로서 기타소득에 해당한다.

2. 교수가 대학으로부터 연구목적으로 받는 학회발표보조비, 출판보조비 등과 대학이 일시적으로 주관하는 연구프로젝트에 참가하는 교직원이 대학으로부터 연구비 명목으로 지급받는 인건비는 과세대상 근로소득에 해당하는 것이나, 사립대학의 교원이 당해 대학의 기성회로부터 받는 연구보조비에 대해서는 월 20만원을 한도로 비과세한다.

3. 고용관계에 의해서 학보사에 근무하는 조교가 학교신문이 발간될 때 학교로부터 받는 취재비는 근로소득에 해당한다.

❹ 방과 후 학교 교과 프로그램 강사료에 대한 비과세

초 · 중등교육법에 의한 교육기관이 학생들로부터 받은 방과 후 수업료(특기, 적성교육비 또는 보충수업비)를 수업 시간당 일정 금액으로 교원에게 지급하는 금액은 연구보조를 위해서 지급하는 것으로 볼 수 없으므로 비과세하는 연구보조비에 해당하지 않는다.

❺ 대학교수의 연구보조비

대학교가 고용관계에 있는 교수에게 대학교에서 자체 조성해서 지급하는 연구비는 근로소득에 해당하며, 대학교수가 외부의 학술단체나 정부기관에 연구용역을 제공하고 대학이 연구 주체가 되어 연구비를 직접 관리(중앙관리)하여 해당 교수에게 지급하는 연구비는 기타소득에 해당한다. 기타소득에 해당하는 경우 소득을 지급하는 자는 지급액에서 80%를 필요경비로 공제한 소득금액의 20%를 기타소득세로 원천징수한다. 교수가 대학으로부터 연구목적으로 받는 학회발표보조비, 출판보조비 등과 연구비 명목으로 지급받는 인건비는 과세대상 근로소득에 해당한다.

21 일직료·숙직료의 비과세

일직료 · 숙직료의 비과세 조건

다음의 두 가지 요건을 만족하는 일직료 · 숙직료는 비과세한다.
❶ 회사의 사규 등에 의해서 지급기준이 정해져 있고,
❷ 사회통념상 타당하다고 인정되는 범위 내의 금액. 여기서 사회통념상 타당한 금액이란 일반적으로 생각해서 과도한 금액이 아닌 적절한 금액으로 누가 봐도 객관적인 금액이라고 생각되는 금액을 말한다.

일직 · 숙직료에 대한 실비변상 정도의 금액에 관한 판단은 회사의 사규 등에 의해서 그 지급기준이 정해져 있고, 사회통념상 타당하다고 인정되는 범위 내에서는 비과세 되는 급여로 보는 것이며, 이때 숙직료 등을 월 단위로 모아서 지급한다고 해도 그 판단은 1일 숙직료 등을 기준으로 판단해야 한다. 여기서 사회통념상 타당한 금액이란 일반적으로 생각해서 과도한 금액이 아닌 적절한 금액으로 누가 봐도 객관적인 금액이라고 생각되는 금액을 말한다.

회사의 업무수행 중에 실제 소요되는 주차비, 교통비 등을 회사 규정에 따른 지급기준으로 지급할 때, 근로자에게 증빙 없이 단순히 운행보조비를 지급하는 경우는 실비변상적인 급여에 해당하지 않는 것이다.

교원이 학교장 명령을 받아 기숙사 사감으로 근무하며 받은 사감 수당은 실비변상적인 일 · 숙직료에 해당하지 않는다.

? 당직수당 지급 시 비과세

당직수당이 업무수행 상 실지 드는 비용을 충당할 정도의 범위 안에서 지급 규정, 사규 등의 합리적 기준에 의해서 계산한 금액으로서 사회통념상 타당하다고 인정되는 범위 내의 금액이라면 비과세 근로소득에 해당하는 것이다.

? 야근교통비 실비 지원 시 비과세

직원들이 야근 후 귀가 시 택시를 이용하는 경우 영수증을 첨부해서 실비를 정산해주는 경우 지급한 택시비는 과세대상 근로소득에 해당한다.

? 병의원의 당직비의 비과세

일직, 숙직료에 대한 실비변상 정도의 금액에 관한 판단은 회사의 사규 등에 의해서 그 지급기준이 정해져 있고, 다른 의료기관의 당직비 수준 등을 종합해서 사회통념상 타당하다고 인정되는 범위 내에서 비과세되는 급여로 보는 것이다.
2000년 국심 99서 2765의 판결내용 중 참고될 내용을 살펴보면 당직비 지급에 대한 근거 규정도 없으며, 당직비 지급단가도 일반적인 의료기관에서 지급되는 실비변상 수준의 금액인 1~2만 원을 훨씬 상회하는 높은 수준인 점 등을 종합해보면, 청구법인이 지출한 쟁점 금액을 사회통념상 실비변상 정도의 금액으로 보기에는 어렵다고 할 것이다. 라고 판시하고 있다.

22 육아휴직급여의 비과세

장해급여 · 유족급여 · 실업급여 · 육아휴직급여 등은 비과세한다.

❶「산업재해보상보험법」에 의해서 수급권자가 지급받는 요양급여 · 휴업급여 · 장해급여 · 간병급여 · 유족급여 · 유족특별급여 · 장해특별급여 및 장의비 또는 근로의 제공으로 인한 부상 · 질병 또는 사망과 관련해서 근로자나 그 유족이 받는 배상 · 보상 또는 위자의 성질이 있는 급여

❷「근로기준법」 또는「선원법」에 의해서 근로자 · 선원 및 그 유족이 지급받는 요양보상금 · 휴업보상금 · 상병보상금 · 일시보상금 · 장해보상금 · 유족보상금 · 행방불명보상금 · 소지품유실보상금 · 장의비 및 장제비

❸「고용보험법」에 따라 받는 실업급여, 육아휴직급여, 육아기 근로시간 단축 급여, 출산휴가급여 등, 「제대군인 지원에 관한 법률」에 따라 받는 전직지원금, 「국가공무원법」 · 「지방공무원법」에 따른 공무원 또는「사립학교교직원 연금법」 · 「별정우체국법」을 적용받는 사람이 관련 법령에 따라 받는 육아휴직수당 및「국민연금법」에 따라 받는 반환일시금(사망으로 받는 것만 해당한다) 및 사망일시금

❹「공무원연금법」·「군인연금법」·「사립학교교직원연금법」또는「별정우체국법」에 의해서 지급받는 요양비 · 요양일시금 · 장해보상금 · 사망조위금 · 사망보상금 · 유족보상금 · 유족일시금 · 유족연금일시금 · 유족연금부가금 · 유족연금특별부가금 · 재해부조금 및 재해보상금 또는 신체 · 정신상의 장해 · 질병으로 인한 휴직기간 중에 받는 급여

업무 외의 원인으로 휴직한 자가 지급받은 생계보조금

노사 간 단체협약에 따라서 업무 외의 원인으로 인한 부상 · 질병 등으로 휴직한 자가 받는 급여 및 업무상 부상 등으로 요양 중인 자가「산업재해보상보험법」에 의한 휴업급여 등과는 별도로 매월 받는 생계보조금(위자료의 성질이 있는 급여 제외)은 과세대상 근로소득에 해당한다.

출산휴가급여 중 고용보험법상 회사가 부담하도록 규정한 금액

출산휴가급여 중 일부 기간에 대해 회사지급분인 경우에도 고용보험법에 따라 회사에서 의무적으로 지급하는 경우는 비과세소득에 해당한다. 즉, 육아휴직수당이 "고용보험법" 또는 "사립학교교직원 연금법"의 규정에 따라 받는 육아휴직수당에 해당하는 경우는 비과세되는 근로소득에 포함되나, "고용보험법" 또는 "사립학교교직원 연금법"의 규정에 의한 육아휴직수당이 아닌 경우에는 과세 근로소득에 해당하는 것이다.

육아휴직 시 고용보험 지원금의 처리

육아휴직 시 고용보험 공단에서 회사로 지급되는 지원금에 대해서는 모두 수입금액에 포함 후 육아휴직자를 대체해서 근무하는 직원에게 인건비를 지급하면 필요경비로 처리된다.

23 국외 등에서 근로를 제공하고 받는 급여 및 사택 비과세

국외근로소득에 대한 비과세

국외 등에서 근로를 제공하고 받는 급여 비과세 조건

다음의 두 가지 요건을 만족하는 경우 비과세한다.
❶ 해외 또는 북한지역에 주재하면서 근로를 제공하고 받는
❷ 월 100만원. 다만, 원양어업 선박, 국외 등을 항행하는 선박, 국외 건설 현장 등에서 근로를 제공하고 받는 보수의 경우 월 500만원

해외 또는 북한지역에 주재하면서 근로를 제공하고 받는 급여에 대해 월 100만 원을 한도로 비과세한다. 다만, 출장, 연수 등을 목적으로 출국한 기간의 급여 상당액은 국외 근로소득으로 보지 않는다.

당해 월의 국외 근로소득이 비과세 한도금액 이하일 때는 그 급여를 한도로 비과세하며, 그 부족액은 다음 달 이후 급여에서 이월공제하지 않는다.

❶ 당해 월의 국외 근로소득에는 당해 월에 귀속하는 국외 근로로 인한 상여 등 포함

❷ 국외근무기간이 1월 미만일 경우는 1월로 본다.

❸ 국외 근로소득에 대한 비과세를 적용받고 있는 해외 파견근로자가 월 20만 원 이하의 식대를 그 사용자인 내국법인으로부터 지급받는 경우 당해 식대에 대해서 소득세를 비과세한다.

사택에 대한 비과세

❶ 주주 또는 출자자가 아닌 임원(주권상장법인의 주주 중 소액주주인 임원을 포함)과 임원이 아닌 종업원(비영리법인 또는 개인의 종업원 포함) 및 국가 · 지방자치단체로부터 근로소득을 지급받는 자

➡ 출자임원(상장법인의 소액주주임원 제외)은 근로소득에 해당한다.

❷ 다음의 사택 범위에 해당해야 한다.

사용자 소유 주택을 종업원 등에게 무상 또는 저가로 제공하는 주택 또는 사용자가 직접 임차해서 종업원 등에게 무상으로 제공하는 주택(해외에 소재하는 주택도 포함하며, 주택규모에 대한 제한은 없다.)

➡ 종업원이 일부의 금액을 부담하거나 회사에서 무상 또는 저리로 대여받은 후 종업원 명의로 임대차계약 시에는 사택에 해당하지 않는다.

· 사용자 소유주택 : 무상 또는 저가 제공주택

· 사용자 임차주택 : 무상 제공주택

참고로 다음의 경우에는 사택으로 보지 않는다.

❶ 입주한 종업원이 전근 · 퇴직 또는 이사한 후 당해 사업장의 종업원 중에서 입주희망자가 없거나

❷ 당해 임차주택의 계약 잔여기간이 1년 이하인 경우로서 주택임대인이 주택임대차계약의 갱신을 거부하는 경우를 포함한다.

24 중소기업 취업 청년 소득세 감면

소득세 감면대상자

<table>
<tr><th>구분</th><th>요 건</th><th>감면
기간</th><th>감면
율</th><th>감면
한도</th></tr>
<tr><td>청년</td><td>근로계약 체결일 현재 15~34세 이하인 자
(2017년 소득분까지 15~29세 이하)
연령 계산 시 군복무기간(최대 6년)은 차감하고 계산함</td><td>5년</td><td>90%</td><td rowspan="4">과세
기간
별
200
만원</td></tr>
<tr><td>고령자</td><td>근로계약 체결일 현재 60세 이상인 자</td><td rowspan="3">3년</td><td rowspan="3">70%</td></tr>
<tr><td>장애인</td><td>① 「장애인복지법」의 적용을 받는 장애인
② 「국가유공자 등 예우 및 지원에 관한 법률」에 따른 상이자
③ 고엽제 후유증 환자로서 장애등급 판정자</td></tr>
<tr><td>경력
단절
여성</td><td>① 퇴직 전 1년 이상 근로소득이 있을 것
② 결혼 · 임신 · 출산 · 육아 · 자녀교육 등의 사유로 해당 기업에서 퇴직하고
③ 퇴직한 날부터 2~15년 이내 동종 업종에 재취직
④ 해당 중소기업의 최대 주주(최대 출자자, 대표자)나 그와 특수관계인이 아닐 것</td></tr>
</table>

감면대상 청년 근로자 연령 계산

근로계약 체결일 현재 연령이 만 15세 이상 34세 이하(만 35세 미만을 의미)인 자. 다만, 병역을 이행한 경우 그 기간(최대 6년)을 한도로 근로계약 체결일 현재 연령에서 차감한 연령이 34세 이하인 사람을 포함한다.

예를 들어, 2년간 병역을 이행하고 만 35세에 근로계약 체결 시 만 35세에서 2년(군복무)을 빼고 계산한 연령인 만 33세로 요건을 검토한다.

※ 병역이행기간 : 현역병(상근예비역, 경비교도, 전투경찰순경, 의무소방원 포함), 사회복무요원, 현역에 복무하는 장교, 준사관 및 부사관

감면대상 제외 근로자

다음의 자는 적용 대상에서 제외된다.

① 임원, 최대 주주와 그 배우자의 직계존비속과 친족

② 일용근로자

③ 건강보험료(직장가입자) 납부 이력이 없는 자

④ 국가나 지방자치단체, 공공기관, 전문서비스업, 보건업, 기타 개인서비스업 등의 일부 업종은 적용 불가

가. 국민연금 부담금 및 기여금

나. 국민건강보험 직장가입자의 보험료

단, 국민연금 및 국민건강보험 가입 대상이 되지 않는 경우 제외

감면대상 중소기업

중소기업기본법 제2조에 따른 중소기업으로서 다음과 같이 판단한다.

구 분	업 종
감면 대상	① 농업, 임업 및 어업, 광업 ② 제조업, 전기·가스·증기 및 수도사업 ③ 하수·폐기물처리·원료재생 및 환경복원업 ④ 건설업, 도매 및 소매업, 운수업 ⑤ 숙박 및 음식점업(주점 및 비알콜 음료점업제외) ⑥ 출판·영상·방송통신 및 정보서비스업(비디오물 감상실 운영업 제외) ⑦ 부동산업 및 임대업 ⑧ 연구개발업, 광고업, 시장조사 및 여론조사업 ⑨ 건축 기술·엔지니어링 및 기타 과학기술서비스업 ⑩ 기타 전문·과학 및 기술서비스업 ⑪ 사업시설관리 및 사업지원 서비스업 ⑫ 기술 및 직업훈련 학원 ⑬ 사회복지 서비스업, 개인 및 소비용품 수리업 ⑭ 창작 및 예술 관련 서비스업, 도서관, 사적지 및 유사 여가 관련 서비스업, 스포츠 서비스업(2020년 1월 1일 이후 발생하는 소득부터 적용)
감면 제외 (예시)	① 전문·과학 및 기술서비스업종 중 전문서비스업 (법무 관련, 회계·세무 관련 서비스업 등) ② 보건업(병원, 의원 등) ③ 금융 및 보험업 ④ 유원지 및 기타 오락 관련 서비스업 ⑤ 교육서비스업(기술 및 직업훈련 학원 제외) ⑥ 기타 개인 서비스업

※ 국가, 지방자치단체(지방자치단체조합 포함), 공공기관의 운영에 관한 법률에 따른 공공기관 및 지방공기업법에 따른 지방공기업은 감면 제외

감면세액 계산

① 소득세 70% 감면, 200만 원 한도. 단, 만 34세 이하 청년의 경우 소득세 90% 감면, 200만 원 한도

② 근로소득 세액공제는 감면 비율만큼 차감하고 적용된다.

청년의 경우 5년간 90%, 고령자와 장애인, 경력단절 여성은 3년간 70%의 소득세 절세 혜택을 누리게 된다. 연간 감면 한도는 200만 원으로, 청년은 5년간 최대 1천만 원을 절약하는 셈이고 고령자, 장애인, 경력단절여성은 3년간 600만 원의 소득세를 절감할 수 있다.

1. 감면세액(감면대상 근로소득과 그 외 종합소득이 있는 경우)

$$\text{종합소득 산출세액} \times \frac{\text{근로소득금액}}{\text{종합소득금액}} \times \frac{\text{감면대상 중소기업체로부터 받는 총급여액}}{\text{해당 근로자의 총급여액}} \times \text{감면율}$$

취업자의 감면세액은 과세기간별로 200만원을 한도로 함

2. 감면세액 적용 시 근로소득세액공제

$$\text{감면 적용 전 근로소득 세액공제액} \times [1 - (\frac{\text{중소기업 취업자 소득세 감면액}}{\text{산출세액}})]$$

감면대상 소득과 감면대상이 아닌 소득이 함께 있는 경우

사례 1	2025년도 8월에 취업(전근무지 감면 제외 대상)하여 중소기업 취업 청년 소득세 감면신청 한 경우 감면세액과 감면 적용 시 근로소득 세액공제액은? ① 2025년 총급여 50,000,000원(종전근무지 급여 포함) ② 현 근무지 총급여 20,000,000원(감면신청) ③ 종전 근무지 총급여 30,000,000(감면 제외 대상) ④ 산출세액 3,802,500원 ⑤ 근로소득 세액공제액 660,000원(감면 미적용 시)

⇨ 중소기업 취업 청년 소득세 감면세액 : 1,368,900원

$$3{,}802{,}500 \times \frac{20{,}000{,}000}{50{,}000{,}000} \times 90\% = 1{,}368{,}900\text{원}$$

$$※\ \text{산출세액} \times \frac{\text{감면대상 중소기업체로부터 받는 총급여액}}{\text{해당 근로자의 총급여액}} \times \text{감면율}$$

⇨ 근로소득 세액공제액 : 422,400원

$$660{,}000 \times \left(1 - \frac{1{,}368{,}900}{3{,}802{,}500}\right) = 422{,}400\text{원}$$

$$※\ \text{감면적용 전 근로소득 세액공제액} \times \left(1 - \frac{\text{감면액}}{\text{산출세액}}\right)$$

감면대상 소득만 있는 경우

사례 2	중소기업 취업 청년에 대한 소득세 감면 신청자의 2025년 감면세액과 감면 적용 시 근로소득 세액공제액은? ① 2025년 총급여 50,000,000원 ② 산출세액 3,802,500원 ③ 근로소득 세액공제액 660,000원(감면 미적용 시)

⇨ 중소기업 취업 청년 소득세 감면세액 : 2,000,000원

$$3,802,500 \times \frac{50,000,000}{50,000,000} \times 90\% = 3,422,250$$ 이나, 한도액 200만원

※ $\text{산출세액} \times \frac{\text{감면대상 중소기업체로부터 받는 총급여액}}{\text{해당 근로자의 총급여액}} \times \text{감면율}$

⇨ 근로소득 세액공제액 : 422,400원

$$660,000 \times \left(1 - \frac{2,000,000}{3,802,500}\right) = 312,860\text{원}$$

※ $\text{감면적용 전 근로소득 세액공제액} \times \left(1 - \frac{\text{감면액}}{\text{산출세액}}\right)$

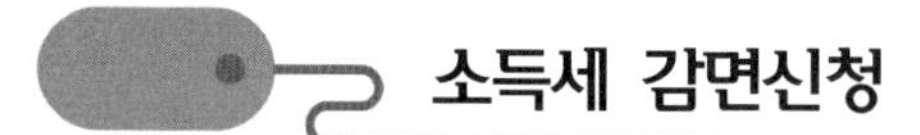

소득세 감면신청

감면신청은 원천징수의무자인 회사가 관할 세무서에 하는 것이다.

국세청 누리집 홈페이지(www.nts.go.kr) → 국세정책/제도 → 세무서식 → 검색(중소기업 취업자 소득세 감면신청서)하여 작성 → 취업일이 속하는 달의 다음 달 말일까지 원천징수의무자인 회사에 제출

주 회사에서는 신청서를 받은 다음 달부터 매월 급여 지급 시 감면을 적용하여 지급, 다음 연도 2월 연말정산 시에 감면을 적용한 근로소득세 정산

주 첨부 서류 : 주민등록등본 및 병역 복무기간을 증명하는 서류 등

신청기한 이후에 신청하더라도 요건에만 해당한다면 과거 납부했던 세금을 경정 청구해서 돌려받을 수 있다.

1. 근로자

중소기업취업자 소득세 감면대상 신청서를 작성하여 각 회사 담당자

에게 제출한다.

2. 회사

감면대상 명세서 제출

감면신청을 받은 날이 속하는 달의 다음 달 10일까지 감면신청을 한 근로자의 명단을 중소기업 취업자 소득세 감면 대상 명세서(조특법 시행규칙 별지 제1호의2 서식)에 기재하여 원천징수 관할 세무서에 제출해야 한다.

주 기존에 감면 혜택을 받고 있었다면 따로 신청하지 않아도 된다.

주 감면 혜택을 받던 근로자가 이직했을 때, 이직한 곳이 중소기업인 경우 계속해서 혜택을 받을 수 있다. 다만, 이직한 새 사업장에서 다시 신청해야 한다.

주 법 개정 전 이미 감면신청을 한 청년도 5년으로 개정(2018년 귀속분 적용)된 감면 대상 기간을 적용받으려면 중소기업 취업자 소득세 감면신청 절차를 새로 이행해야 한다.

매월 원천징수 신고

원천징수의무자는 감면 대상 취업자로부터 감면신청서를 제출받은 달의 다음 달부터 근로소득 간이세액표상 소득세에 감면율 적용하여 징수하고, 원천징수이행상황신고서 상 "인원" 과 "총지급액"에는 감면 대상을 포함하여 신고한다.

연말정산

감면 대상 근로자의 경우에 연말정산을 실시할 때 근로소득지급명세서상 감면세액을 반영한다.

25 중도퇴사자의 연말정산

연도 중에 회사를 관두고 이직하는 경우

연도 중에 회사를 관두고 이직하는 직원의 경우 회사에서 퇴직한 연도의 1월 1일부터 퇴사 일까지의 급여에 대해서 정산을 해주어야 한다. 이 경우에는 연말이 아닌 기중에 정산을 하게 되므로 대상 직원이 제출하는 소득공제 등의 자료가 부족한 경우가 많으므로 제출받은 서류를 참조해서 기본사항(근로소득공제, 본인에 대한 기본공제와 표준세액공제, 근로소득 세액공제 등)만으로 정산해 주면 된다.

따라서 각종 소득공제 혜택 중 일부가 빠진 임시적이고 부정확한 정산이 이루어지게 된다. 그러므로 나중을 대비해 중간정산 후 근로소득원천징수영수증을 잘 챙겨주어야 한다.

이러한 서류는 해당 직원이 요청하면 메일로도 보내주는 것이 좋다.

그리고 퇴사한 연도 중에 다른 회사로 이직하는 경우 해당 서류를 제출한 후 기존회사와 이직회사의 급여를 합해서 정확한 연말정산을 실시할 것을 안내해 준다.

참고로 연말정산 결과 환급이 발생한 경우 우선 회사에서 환급 후 다음 달 급여 세금 신고 시 해당 금액을 차감 신고·납부하면 되며, 납부세액이 발생하는 경우 추가징수를 해서 납부한다.

구 분	처 리
퇴사자 연말정산	일반적으로 기본공제와 표준공제만 적용해서 중도퇴사자 연말정산을 한 후 근로소득원천징수영수증을 발급한다.
퇴사 근로자	퇴사 해당연도 중 이직하는 경우 연말에 소득공제 자료를 이직한 회사에 제출한 후 정확한 연말정산을 받는다. 다만, 이직하지 않은 경우나 해당 연도에 창업한 경우는 각종 소득공제 자료를 첨부해 5월에 종합소득세 신고·납부한다.

연도 중에 회사를 관두고 이직하지 않는 경우

퇴사하는 직원이 회사를 그만두고 이직을 하지 않는 경우 해당 직원에게 근로소득원천징수영수증을 발급하면서 현재 급여정산이 임시적인 정산이므로 추가 공제서류가 있는 경우 서류를 챙겨 내년 5월에 종합소득세 신고를 해야 손해가 없다는 사실을 안내해 준다.

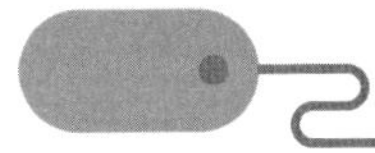

12월 31일 퇴사자의 경우

12월 31일자 퇴사자의 경우도 앞서 설명한 연도 중에 회사를 관두고 이직하는 경우와 같이 퇴직 시 연말정산을 해서 퇴사처리를 해야 한다.

그러나 이 경우 해당 직원은 기존회사에서도 정확한 연말정산을 받지 못하고, 이직하는 회사(연말정산을 해주지 않음)에서도 정확한 연말정산을 받지 못할 확률이 높으므로 퇴사처리 전에 사전에 이와 같은 사실을 해당 직원에게 안내해서 추후 5월에 개인적으로 종합소득세 신고납부를 하도록 안내하는 것이 좋다.

12월 31일 퇴사자에 대해 연말정산을 해줄 때는 12월 31일자 퇴사자는 중도퇴사자로 하지 말고 정상적인 근로자와 같이 연말정산하면 된다. 다만, 세금을 정산해서 환급해 주거나 납부하게 해주려면 회사에서 내부적으로 처리했다가 정기적인 연말정산에서 가감하면 되는 것이다.

구 분	처 리
퇴직한 회사	기존회사에서도 정확한 연말정산이 곤란하고, 이직한 회사에서도 연말정산을 해주지 않으므로 정확한 연말정산을 위해서는 5월에 종합소득세 신고·납부를 개인적으로 해야 한다. 퇴직한 회사에서는 12월 31일 퇴사자에 대해서 연말정산을 안 해주는 경우도 있으나 중도퇴사자 연말정산에 준해서 정산해 주는 경우가 많다.
입사한 회사	입사한 회사는 해가 변경되었으므로 1월 1일 이후 입사자에 대해서는 연말정산을 해주지 않는다.

26 퇴직소득의 원천징수

퇴직소득은 거주자, 비거주자 또는 법인의 종업원이 현실적으로 퇴직함으로써 받는 퇴직소득만 해당한다. 이때 현실적인 퇴직이란 다음의 사유로 퇴직급여 지급 규정, 취업규칙 또는 노사합의에 따라 퇴직금을 실제로 받는 경우를 말한다. 다만, 사용인이 해당 법인과 직접 또는 간접으로 출자 관계에 있는 법인으로 전출하는 경우는 현실적인 퇴직으로 보지 않을 수 있다.

- 종업원이 임원이 된 경우
- 법인의 합병 · 분할 등 조직변경 또는 사업양도가 이루어진 경우
- 법인의 상근 임원이 비상근임원이 된 경우
- 종업원이 근로자퇴직급여보장법에 따라 계속 근로한 기간에 대한 퇴직금을 미리 정산해서 받는 경우
- 법인의 임원이 급여의 연봉제 전환에 따라 향후 퇴직금을 정산해서 받는 경우
- 법인의 임원이 정관 또는 정관에서 위임된 퇴직급여지급규정에 따라 무주택자의 주택구입자금마련 등의 사유로 그때까지의 퇴직금을 정산해서 받는 경우(중간정산시점부터 새로 근속연수를 기산해서 퇴직금을 계산하는 경우만 해당한다.)

다음에 해당하는 경우는 현실적인 퇴직에 포함한다.

- 법인의 직영차량 운전기사가 법인소속 지입차량의 운전기사로 전직하는 경우
- 근로자가 사규 또는 근로계약에 따라 정년퇴직을 한 후 다음 날 해당 사용자의 별정직 사원(촉탁)으로 채용된 경우

그리고 다음에 해당하는 경우는 현실적인 퇴직으로 보지 않는다.

- 임원이 연임된 경우
- 법인의 대주주 변경으로 인해서 계산의 편의, 기타 사유로 전 근로자에게 퇴직금을 지급한 경우
- 기업의 제도 · 기타 사정 등을 이유로 퇴직금을 1년 기준으로 매년 지급하는 경우(퇴직금을 미리 정산해서 받는 경우를 제외한다.)
- 비거주자의 국내사업장 또는 외국 법인의 국내 지점의 근로자가 본점(본국)으로 전출하는 경우
- 정부 또는 산업은행 관리기업체가 민영화됨에 따라 전 근로자의 사표를 일단 수리한 후 재채용한 경우
- 2이상의 사업장이 있는 사용자의 근로자가 한 사업장에서 다른 사업장으로 전출하는 경우
- 법인이 근로자퇴직급여보장법에 따라 사용인의 퇴직금을 사업연도 종료일을 기준으로 중간정산하기로 하였으나 그 지급시기와 방법이 구체적으로 확인되지 않아서 해당 퇴직금을 실제로 지급하지 않은 경우

퇴직소득과 근로소득의 구분

❶ 공적연금 관련법에 따라 받는 일시금

❷ 사용자 부담금을 기초로 하여 현실적인 퇴직을 원인으로 지급받는 소득

❸ 그 밖에 ❶ 및 ❷와 유사한 소득으로서 대통령령으로 정하는 소득

구 분	해당 소득
중간정산퇴직금 지연지급보상액	퇴직소득
퇴직금중간정산 실시 지연 추가보상액	퇴직소득
퇴직금중산정산으로 인한 퇴직금제도 변경 시 지급하는 손실보상금	퇴직소득
해고예고수당	퇴직소득
구조조정 시 본인의 자발적인 의사에 따른 명예퇴직금	퇴직소득
명예퇴직금, 조기 퇴직금 중 불특정다수의 근로자를 대상으로 하는 퇴직급여지급규정에 따라 지급한 금액	퇴직소득
재직 시의 경영성과에 따라 퇴직 후 지급받는 성과급	근로소득
퇴직급여지급규정에 의하여 장기근속 교직원에게 지급하는 특별상여금	근로소득
연임된 임원에 대한 퇴직금 지급액	근로소득
연봉제하에서의 퇴직금 매월 분할 지급액	근로소득

구 분		세무처리	손금산입
임원	2019년 12월 31일부터 소급하여 3년(2012년 1월 1일부터 2019년 12월 31일까지의 근무기간이 3년 미만인 경우는 해당 근무기간으로 한다) 동안 지급받은 총급여의 연평균환산액 $\times \frac{1}{10} \times \frac{\text{2012년 1월 1일부터 2019년 12월 31일까지의 근무기간}}{12} \times 3$ + 퇴직한 날부터 소급하여 3년(2020년 1월 1일부터 퇴직한 날까지의 근무기간이 3년 미만인 경우는 해당 근무기간으로 한다) 동안 지급받은 총급여의 연평균환산액 $\times \frac{1}{10} \times \frac{\text{2020년 1월 1일 이후의 근무기간}}{12} \times 2$	퇴직소득	손금산입
	❶을 초과하는 금액	근로소득	손금산입
평균급여 : 퇴직한 날부터 소급하여 3년(근무기간이 3년 미만인 경우는 개월 수로 계산한 해당 근무기간을 말하며, 1개월 미만의 기간이 있는 경우에는 이를 1개월로 본다)동안 지급받은 총급여의 연평균환산액 근속연수 : 1년 미만의 기간은 개월 수로 계산하며, 1개월 미만의 기간이 있는 경우에는 이를 1개월로 본다.			
일반직원은 자체 퇴직급여규정과 근로기준법 중 큰 금액		퇴직소득	손금산입

퇴직소득금액(퇴직수입금액 - 비과세 퇴직소득)

1. 퇴직수입금액

퇴직수입금액이란 공적연금관련법에 따라 받는 일시금, 사용자 부담금을 기초로 해서 현실적인 퇴직을 원인으로 지급받는 소득 등을 말한다.

- 퇴직금 · 퇴직수당 · 퇴직위로금 기타 이와 유사한 성질의 급여
- 근로기준법에 의한 해고예고수당
- 다음의 퇴직연금일시금

가. 퇴직연금 및 개인퇴직계좌에서 지급되는 일시금과 중도 인출되는 금액

나. 연금을 수급하던 자가 연금계약의 해지에 따라 지급받는 일시금

- 기업의 제도 · 기타 사정 등을 이유로 퇴직금을 1년 기준으로 매년 근로소득자가 퇴직으로 인해서 받는 퇴직보험(퇴직일시금신탁 포함)의 일시금
- 공적연금에서 받는 일시금
- 건설근로자의 고용개선 등에 관한 법률에 의해서 퇴직금을 미리 지급한 것으로 보는 금액

주 당해 연도에 2회 이상 퇴직한 경우는 퇴직급여를 합산해서 계산한다.

2. 비과세 퇴직소득

퇴직소득의 비과세 범위와 유형은 근로소득의 경우와 동일하다. 예를 들

어 복무 중 사병의 퇴직급여, 동원 직장의 퇴직급여, 사망 시 위자료 성격의 퇴직급여 기타 국가공무원 등의 특별법상 유족이 받는 퇴직급여 등은 비과세된다.

퇴직소득금액 = 퇴직급여액 + 국민연금에 대한 회사의 퇴직금전환금 납부액 누계 + 기타 퇴직 관련 급여

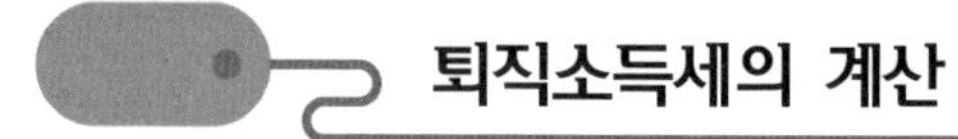

퇴직소득세의 계산

1. 퇴직소득세 계산구조

(퇴직소득금액 − 근속연수공제) × $\frac{1}{\text{전체근속연수}}$ × 12 = 환산급여

환산급여 − 환산급여공제 = 과세표준

과세표준 × 기본세율 × $\frac{1}{12}$ × 근속연수 = 산출세액

2. 근속연수 공제

근속연수	공제액
5년 이하	100만원 × 근속연수
5년 초과 10년 이하	500만원 + 200만원 × (근속연수 − 5년)
10년 초과 20년 이하	1,500만원 + 250만원 × (근속연수 − 10년)
20년 초과	4,000만원 + 300만원 × (근속연수 − 20년)

주 근속연수는 퇴직금 산정기준이 되는 기간을 말하며, 근속연수 계산 시 1년 미만은

1년으로 한다. 예를 들어 근속연수가 1년 1개월인 경우 2년으로 한다.

주 당해 연도에 2회 이상 퇴직한 때도 퇴직소득공제는 1회만 적용한다.

3. 환산급여공제

환산급여	공제액
800만 원 이하	환산급여 × 100%
800만원 ~ 7,000만원	800만원 + (환산급여 - 800만원) × 60%
7,000만원 ~ 1억 원	4,520만원 + (환산급여 - 7,000만원) × 55%
1억 원 ~ 3억 원	6,170만원 + (환산급여 - 1억 원) × 45%
3억 원 ~	1억 5,170만원 + (환산급여 - 3억 원) × 35%

4. 퇴직소득 세액계산 프로그램 안내

국세청 홈페이지(http : //www.nts.go.kr) > 국세정책/제도 > 통합자료실 > 「퇴직소득 세액계산」에서 프로그램을 제공

5. 퇴직소득세 계산사례

- 입사일 : 2014년 1월 11일
- 퇴사일 : 2025년 10월 15일
- 퇴직금 : 41,441,080원인 경우

계산내용

$$(41{,}441{,}080\text{원} - 20{,}000{,}000\text{원}) \times \frac{1}{12} \times 12 = 21{,}441{,}080\text{원}$$

21,441,080원 - 16,064,648원 = 5,376,432원

• 환산급여공제 = 8,000,000원 + (21,441,080원 - 8,000,000원) × 60%

5,376,432원 × 기본세율 × $\frac{1}{12}$ × 12 = 322,585원

6. 퇴직소득세의 이연

이연퇴직소득

거주자의 퇴직소득이 다음의 하나에 해당하는 경우는 퇴직소득을 지급하더라도 해당 퇴직소득에 대한 소득세를 연금외수령하기 전까지는 원천징수하지 않는다.

- 퇴직일 현재 연금계좌에 있거나 연금계좌로 지급되는 경우
- 퇴직하여 지급받은 날부터 60일 이내에 연금계좌에 입금되는 경우

이 경우 이연퇴직소득에 대한 소득세가 이미 원천징수된 경우 해당 거주자가 원천징수 세액에 대한 환급신청이 가능하다.

이연퇴직소득세 계산

이연퇴직소득세는 다음의 계산식에 따라 계산한 금액으로 하며, 이연퇴직소득세를 환급하는 경우 퇴직소득금액은 이미 원천징수한 세액을 뺀 금액으로 한다.

$$\text{이연퇴직소득세} = \text{퇴직소득 산출세액} \times \frac{\text{연금계좌로 지급·이체된 금액}}{\text{퇴직소득금액}}$$

■ 소득세법 시행규칙[별지 제24호서식(2)]

관리번호	

퇴직소득원천징수영수증/지급명세서

([ ] 소득자 보관용 [ ] 발행자 보관용 [ ] 발행자 보고용)

거주구분		거주자1 / 비거주자2	
내외국인		내국인1/ 외국인9	
종교관련종사자 여부		여 1/ 부 2	
거주지국		거주지국코드	
징수의무자구분		사업장	

징수의무자	①사업자등록번호		②법인명(상호)		③대표자(성명)	
	④법인(주민)등록번호		⑤소재지(주소)			
소득자	⑥성 명		⑦주민등록번호			
	⑧주 소				(9) 임원여부	부
	(10) 확정급여형 퇴직연금 제도 가입일				(11) 2011.12.31.퇴직금	

귀 속 연 도			(12) 퇴직사유	
	2025-01-01	부터		[ ]정년퇴직 [ ]정리해고 [●]자발적 퇴직
	2025-10-15	까지		[ ]임원퇴직 [ ]중간정산 [ ]기 타

퇴직급여현황	근 무 처 구 분	중간지급 등	최종	정산
	(13) 근무처명			
	(14) 사업자등록번호			
	(15) 퇴직급여	-	41,441,080	41,441,080
	(16) 비과세 퇴직급여	-	-	-
	(17) 과세대상 퇴직급여(15-16)	-	41,441,080	41,441,080

근속연수	구 분	(18)입사일	(19)기산일	(20)퇴사일	(21)지급일	(22)근속월수	(23)제외월수	(24)가산월수	(25)중복월수	(26)근속연수
	중간지급 근속연수					-	-	-		-
	최종 근속연수	2014-01-01	2014-01-01	2025-10-15	2024-10-15	142	-	-		12
	정산 근속연수		2014-01-01	2025-10-15		142	-	-	-	12

과세표준계산	계 산 내 용	금 액
	(27)퇴직소득(17)	41,441,080
	(28)근속연수공제	20,000,000
	(29) 환산급여 [(27-28) × 12배 /정산근속연수]	21,441,080
	(30) 환산급여별공제	16,064,648
	(31) 퇴직소득과세표준(29-30)	5,376,432

퇴직소득세액계산	계 산 내 용	금 액
	(32) 환산산출세액(31 × 세율)	322,585
	(33) 퇴직소득 산출세액(32 × 정산근속연수 / 12배)	322,585
	(34) 세액공제	-
	(35) 기납부(또는 기과세이연) 세액	-
	(36) 신고대상세액(33 - 34 - 35)	322,585

이연퇴직소득세액계산	(37) 신고대상세액(36)	연금계좌 입금명세					(39) 퇴직급여(17)	(40) 이연 퇴직소득세 (37 × 38 / 39)
		연금계좌취급자	사업자등록번호	계좌번호	입금일	(38)계좌입금금액		
	-					-	-	-
						-		
		(41) 합 계				-		

납부명세	구 분	소득세	지방소득세	농어촌특별세	계
	(42) 신고대상세액(36)	322,585	32,258		354,843
	(43) 이연퇴직소득세(40)	-	-		-
	(44) 차감원천징수세액(42-43)	322,580	32,250	-	354,830

위의 원천징수세액(퇴직소득)을 정히 영수(지급)합니다.

년 월 일

징수(보고)의무자 (서명 또는 인)

세무서장 귀하

퇴직소득세의 원천징수의무자

구 분	원천징수 방법
일반적인 경우	국내에서 퇴직소득을 지급하는 원천징수의무자는 퇴직소득세를 원천징수해서 그 징수일이 속하는 달의 다음 달 10일까지 납부해야 한다.
확정급여형 퇴직연금제도 (DB형)	적립금과 운용수익 귀속자가 사용자(회사)이고, 퇴직연금사업자는 회사를 대신하여 퇴직급여를 지급할 뿐이므로 확정급여형 퇴직연금제도에서 퇴직금을 지급할 경우 회사가 원천징수한다.
확정기여형 퇴직연금제도 (DC형)	회사의 퇴직금 적립과 동시에 퇴직금 지급의무가 퇴직연금사업자에게 위임되고, 퇴직연금사업자는 근로자의 지시에 따라 적립금을 운용하다가 근로자 퇴직 시 퇴직금을 지급하면서 원천징수한다.

원천징수영수증 발급 및 지급명세서 제출

퇴직소득을 지급하는 원천징수의무자는 그 지급일이 속하는 달의 다음 달 말일까지 퇴직소득 원천징수영수증을 퇴직소득을 받는 사람에게 발급해야 한다.

소득세 납세의무가 있는 개인에게 퇴직소득을 국내에서 지급하는 자는 지급명세서를 그 지급일이 속하는 연도의 다음 연도 3월 10일(휴업 또는 폐업한 경우 휴업일 또는 폐업일이 속하는 달의 다음 다음 달 말일)까지 원천징수 관할세무서장 · 지방국세청장 또는 국세청장에게 제출한다.

다음의 규정을 적용받는 소득에 대해서는 당해 소득금액 또는 수입금액에 대한 과세연도 종료일이 속하는 연도의 다음 연도 3월 10일까지 원천징수 관할세무서장 · 지방국세청장 또는 국세청장에게 제출한다.

- 원천징수의무자가 12월에 퇴직한 자의 퇴직급여액을 다음연도 2월 말일까지 지급하지 않은 때에는 2월 말일에 지급한 것으로 본다.
- 법인이 이익 또는 잉여금의 처분에 의해서 지급해야 할 퇴직급여액의 경우 그 처분이 11월 1일부터 12월 31일까지의 사이에 결정된 것을 다음연도 2월 말일까지 지급하지 않은 때에는 2월 말일에 지급한 것으로 본다.
- 「국민연금법」에 의해서 지급받는 반환일시금 또는 사망일시금 및 「공무원연금법」, 「군인연금법」, 「사립학교교직원 연금법」 또는 「별정우체국법」에 의해서 지급받는 일시금

각종 인사발령과 관련한 퇴직소득 판단

근로자 · 종업원의 각 인사 문제와 관련해서 퇴직금 등을 퇴직소득으로 보는 구체적인 상황을 비교해 보면 다음과 같다.

구분	퇴직소득이 되는 경우	퇴직소득 아닌 근로소득 또는 가지급금인 경우
관계회사 전출	특별 관계없이 임의적 전출인 경우	그룹 차원의 인사발령으로 통합되는 경우
임원에서 고문으로	사용인은 근로자가 아니므로 퇴직이다.	해당 안 됨

구분	퇴직소득이 되는 경우	퇴직소득 아닌 근로소득 또는 가지급금인 경우
조직변경 · 합병 · 분할	근로자와 회사 간에 모두 임의 합의로 사직 후 재취업하는 경우	모든 권리 의무를 포괄승계 · 계속 근무
사용인의 임원 승진	• 사용인과 임원 퇴직금규정이 아주 다른 상황에서 퇴직정산이 쌍방 간에 이의 없이 완료 • 사용인 기간 · 임원기간의 퇴직금이 각각 별도 계산 되는 경우	• 퇴직급여규정이 별 차이 없고 사용인이 퇴직 정산에 이의를 제기하는 경우 • 근속기간을 통산해서 임원에서 퇴임 시 합산지급
사업포괄 양수도	가 법인의 사업을 나 법인에 완전 양수도 종료	해당 안 됨

퇴직금의 정산이 늦어지는 경우 퇴직소득세 계산

대부분 회사는 퇴직한 날이 속하는 달의 다음 달 말일까지는 퇴직정산을 완료하지만, 회사에 따라 혹은 회사와 근로자와의 퇴직 문제 해결 및 분쟁 등에 따라 정산이 늦어질 수 있다. 이때 퇴직금 등이 완전히 정산되지 않고 적당한 선에서 잠정적으로 결정되기도 하는데 퇴직한 날에 퇴직금이 지급된 것으로 해서 세율 · 소득귀속연도, 근속연수 계산 등을 모두 적용한다.

퇴직금을 늦게 지급하는 경우 퇴직소득의 의제

1월부터 11월까지 퇴직한 근로자의 경우는 12월 31일에, 12월 퇴직자는 1월 31일에, 적법하게 이익잉여금 처분결의에 따른 퇴직소득은 처분일로부터 3개월이 되는 날에 지급한 것으로 보아 원천징수한다. 또한, 잉여금이 11월부터 12월까지 처분 결정된 것은 퇴직금이나 퇴직소득이 실제 지급되지 않았음에도 불구하고 2월 말일에 지급된 것으로 보아 원천징수한다. 이같이 퇴직 사유 발생 시 실제의 퇴직금 지급과 관계없이 조기에 지급시기를 규정하는 것을 지급시기의제라고 한다.

퇴직소득은 대부분 회사(소득지급자)가 퇴직금 등을 지급할 때 원천징수로 과세 관계를 종결함이 일반적인데 징수 월이 속하는 달의 다음 달 10일까지 납부하기만 하면 된다.

1. 1월부터 11월까지의 퇴직자

퇴직한 날에 퇴직소득이 귀속되는 것이 중요하므로 당해 1월부터 11월까지의 퇴직은 당해 연도 12월 31일에 퇴직한 것으로 보아 일단 원천징수(퇴직금을 아직 지급 안 해도 회사가 우선 납부한다는 뜻)한다. 따라서 1월부터 11월까지는 퇴직자의 원천징수 세액은 1월 10일까지 내야 하는데 이때 당해 연도(전년)의 세법 관련 내용이 적용된다.

2. 12월 퇴직자

당해 연도 11월까지의 퇴직소득은 12월에, 12월에 퇴직한 자의 퇴직소득은 두 달 여유를 주어 2월 말 일에 지급한 것으로 보아 원천징수를 한다. 따라서 12월분 퇴직자의 원천징수세액은 다음 연도 3월 10일까지 내야 하는데 이때 당해 연도(전년)의 세법 관련 내용이 적용된다.

12월 31일 퇴사자의 퇴직소득세 신고·납부와 지급명세서

2024년 12월 31일에 퇴직한 근로자의 퇴직금을 다음연도 1월에 지급하는 경우 2월 10일 신고 · 납부하면 되나, 다음 연도 1월 31일까지 지급하지 않은 경우는 2월 말 일에 지급한 것으로 의제하는 것인바, 3월 10일 신고 · 납부하며, 지급명세서의 경우는 그 지급일이 속하는 연도의 다음연도에 제출하는 것이나 2024년 귀속 퇴직금을 2025년 1월에 지급하는 경우는 2024년 12월 31일이 속하는 다음연도에 지급명세서를 제출해야 하므로 2025년 3월 10일까지 지급명세서를 제출해야 한다.

퇴직연금은 무조건 의무적으로 가입해야 하나?

퇴직연금과 관련해 가장 많은 질문 중에 사업장에서 퇴직연금을 의무적으로 가입해야 하는가이다.

결론부터 미리 말하자면 퇴직연금제는 의무제가 아니다. 근로자퇴직급여보장법 제

4조 "사용자는 퇴직하는 근로자에게 급여를 지급하기 위해 퇴직급여 제도 중 하나 이상의 제도를 설정해야 한다." 고 규정돼 있다.
여기서 퇴직급여 제도란 기존의 퇴직금제도와 퇴직연금제를 말한다. 따라서 이것은 어떤 형태든 퇴직금제도가 설정되어 있으면 되는 것이지 꼭 퇴직연금을 의무적으로 가입해야 한다는 의미는 아니다. 이 둘 중 하나만 설정되어 있으면 퇴직금의 법적 요건은 갖춘 것이다. 금융기관에서 퇴직연금 유치를 위해 퇴직연금을 의무적으로 가입해야 한다며, 권유하는 때가 있는데, 이것은 잘못된 설명이다.
※ 현재 사업을 영위하고 있는 모든 사업장에 대해서는 강제 가입이 의무가 아니다.

확정기여(DC)형 퇴직연금 원천징수의무자

확정기여(DC)형 퇴직연금에서 지급되는 퇴직금에 대한 원천징수의무자는 퇴직연금사업자이며, DC형 퇴직연금사업자가 DC형 퇴직연금을 퇴직자에게 지급 또는 IRP 계좌로 과세이연한 데 대해서 원천징수이행상황신고서 및 퇴직소득원천징수영수증을 제출해야 할 의무가 있다.
따라서 퇴직연금 외에 퇴직금을 추가로 지급하지 않는 경우 회사는 신고의무가 없다. 다만, 회사가 확정기여형(DC) 퇴직연금 외에 퇴직금을 추가 지급하는 경우는 회사가 추가로 직접 지급하는 해당 퇴직금에 대해서 원천징수의무가 있다[참고 예규 : 서면 1팀-1061, 2006.07.27.].

27 지급명세서 제출 기준(귀속기준 지급기준)

12월 31일까지 급여 및 퇴직금 미지급

지급명세서 제출 시기

지급명세서의 경우 종합소득에 해당하는 소득을 지급하는 지급일이 속하는 과세기간의 다음 연도 2월 말일 또는 3월 10일까지 지급명세서를 제출하여야 하는 것이 원칙이다.

구 분	지급명세서 제출
근로 · 사업(봉사료 포함) · 퇴직소득	다음 연도 3월 10일
기타 · 연금 · 이자 · 배당소득	다음 연도 2월 말일

지급명세서 제출 특례

원천징수 시기 특례가 적용되는 다음 소득의 경우 해당 과세기간 종료일(귀속 기준)로 보아 다음 연도 2월 말 일 또는 3월 10일까지 지급명세서를 제출해야 한다.

구 분		지급시기 의제	귀속연도 (2024년)	지급명세서 제출 (2025년)
근로소득	1월부터 11월까지 근로소득을 12월 31일까지 지급하지 않은 경우	12월 31일	해당 과세기간 종료일	다음 연도 3월 10일
	12월분 근로소득을 다음 연도 2월 말일까지 지급하지 않은 경우	2월 말일		
이자 · 배당소득	11월 1일부터 12월 31일까지의 사이에 결정된 처분에 따라 다음 연도 2월 말일까지 배당소득을 지급하지 아니한 경우	처분을 결정한 날이 속하는 과세기간의 다음 연도 2월 말일		다음 연도 2월 말일
사업소득	1월~11월의 연말정산 사업소득을 12월 31일까지 미지급	12월 31일		다음 연도 3월 10일
	12월분 연말정산 사업소득을 다음 연도 2월 말일까지 미지급	2월 말일		
퇴직소득	1월~11월 퇴직자의 퇴직소득을 12월 31일까지 미지급	12월 31일		
	12월 퇴직자의 퇴직소득을 다음 연도 2월 말일까지 미지급	2월 말일		

지급시기의제에 대한 회계처리

미지급급여 500만원에 예수금 30만원 가정

1. 12월 31일

급여	5,000,000	/	미지급급여	4,700,000
			예수금	300,000

2. 납부시점

예수금	300,000	/	보통예금	300,000

그리고 신규법인으로 현재 경영실적이 안 좋아 대표이사가 무급여인 경우라도 나중에 경영실적이 좋아 지면 밀린 급여까지 가져갈 것에 대비해 위와 동일하게 회계처리를 해두는 것이 좋다. 아니면 나중에 밀린 급여에 대해 가져가려고 할 때 업무처리가 복잡해진다.

1. 12월 31일

임원급여	5,000,000	/	미지급급여	4,700,000
			예수금	300,000

2. 납부시점

예수금	300,000	/	보통예금	300,000

12월 31일 퇴사자 연말정산 문제

12월 31일 퇴사자는 원칙은 중도퇴사자 연말정산으로 12월 31일까지 제출받은 서류를 기준으로 중도퇴사자 연말정산 후 해당 근로자가 추가 세금 문제가 발생하면 5월에 스스로 종합소득세 신고 및 납부하도록 안내한다.

원천징수이행상황신고서는 중도퇴사란에 기재 후 연말정산 신고를 한다. 반면 12월분 근로소득을 다음 연도 2월 말일까지 지급하지 않은 경우 다음 연도 2월 말일에 지급한 것으로 의제한다는 지급시기 의제라는 원천징수특례 규정에 따라 12월 31일 퇴사자를 다음 해 1월 10일날 중도퇴사자 연말정산으로 신고하지 않고 계속근로자의 3월 10일 연말정산 신고시 포함해서 신고하는 경우도 있다. 이때 원천징수이행상황신고서는 중도퇴사가 아닌 연말정산란에 포함해서 신고한다. 한마디로 1월 10일 신고 때 누락하고 3월 10일에 신고하는 방법이다.

하지만 이 방법은 내부적으로 복잡하고 실무자가 번거로우므로 잘 사용하지 않는 방법이다.

28 임원 퇴직금의 퇴직소득세

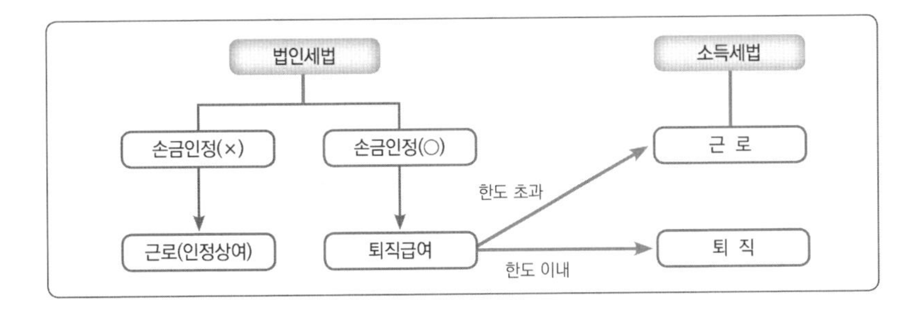

법인세법의 임원 퇴직급여 손금산입

임원에 대한 확정기여형 퇴직연금(DC형) 불입액은 불입 시점에는 세무상 비용으로 인정되고, 세무상 비용 한도 초과 여부는 퇴직 시점에 판단한다.

법인이 임원에게 지급한 퇴직급여 중 다음의 어느 하나에 해당하는 금액을 초과하는 금액은 손금에 산입하지 않는다.

- 정관에 퇴직급여(퇴직위로금 등을 포함)로 지급할 금액이 정해진 경우에는 정관에 정해진 금액을 손금산입한다.

이 경우 정관에 임원의 퇴직급여를 계산할 수 있는 기준이 기재된 경우를 포함하며, 정관에서 위임된 퇴직급여지급규정이 따로 있는 경우에는 해당 규정에 의한 금액으로 한다.

☑ 그 외의 경우에는 그 임원이 퇴직하는 날부터 소급하여 1년 동안 해당 임원에게 지급한 총급여액의 10분의 1에 상당하는 금액에 근속연수를 곱한 금액을 손금산입한다.

임원의 퇴직급여액 한도 = 1년간 총급여액* × 1/10 × 근속연수**

* 총급여액 : 소득세법 제20조에 따른 금액(비과세소득 제외)으로 하되, 법인세법시행령 제43조에 따라 손금에 산입하지 않는 금액(인정상여)은 제외한다.

** 근속연수 : 역년에 의해 계산하며 1년 미만은 월수로 계산하되, 1개월 미만은 산입하지 않는다. 이 경우 사용인에서 임원으로 된 때에 퇴직금을 지급하지 않은 경우는 사용인으로 근무한 기간을 근속연수에 합산할 수 있다.

법인세법상 한도 이내 금액은 손금산입되지만, 소득세법상 한도를 초과한 금액은 근로소득으로 과세한다.

정관에 또는 정관에서 위임한 임원 퇴직급여 규정이 있는 경우

정관 또는 정관에서 위임된 규정	손금산입 여부 (법인세법)	소득 구분(소득세법)
규정 이내	○	퇴직소득세 단, 소득세법상 임원 퇴직소득 한도 초과액은 근로소득세
규정 초과	×	근로소득세

정관에 또는 정관에서 위임한 임원 퇴직급여 규정이 없는 경우

퇴직 전 1년간 총급여 × 10% × 근속연수로 산출된 금액	손금산입 여부 (법인세법)	소득구분 (소득세법)
규정 이내	○	퇴직소득세
규정 초과	×	근로소득세

소득세법상 임원 퇴직소득 한도가 개정되어 2020년 이후 근무분에 대한 퇴직금에 대한 한도가 종전보다 축소되었다. 종종 임원 퇴직금과 관련하여 법인세법상 한도와 소득세법상 한도를 혼동하는 경우가 있는데 법인세법에서는 다음과 같이 손금산입 한도를 정하고 있으므로 소득세법상 한도와 구분해야 한다.

구 분	법인세법상 한도
❶ 정관이나 정관에서 위임한 규정이 임원퇴직급여 규정이 있는 경우	임원퇴직급여 규정에 따른 금액
❷ ❶이 아닌 경우	퇴직전 1년간 총급여의 10% × 근속연수

소득세법상 임원의 퇴직소득금액

임원에게 지급하는 퇴직소득금액이 다음의 금액을 초과하는 경우 그 초과하는 금액은 근로소득으로 본다.

퇴직 전 3년간 평균급여(퇴직한 날부터 소급해서 3년 동안 지급받은 총급여의 연평균환산액) × 1/10 × 근속연수(2012.1.1. 이후의 근무기간/12) × 3배 + 퇴직 전 3년간 평균급여(퇴직한 날부터 소급해서 3년 동안 지급받은 총급여의 연평균환산액) × 1/10 × 근속연수(2020.1.1. 이후의 근무기간/12) × 2배

※ 근무기간 : 개월 수로 계산(1개월 미만의 기간이 있는 경우 1개월로 봄)

※ 총 급 여 : 소득세법 제20조에 따른 근로소득(비과세소득은 제외)을 합산

거주자인 임원 홍길동씨는 2018년 5월 6일 입사하여 2022년 6월 20일에 퇴사하였다. 퇴사시 지급받은 퇴직금은 3억 원이며, 2019년 12월 31일 퇴사하였다면 받았을 퇴직급여는 2천만 원이다. 근무기간동안 지급받은 총급여액은 다음과 같다.

기 간	총급여액
2018년 5월 6일~2018년 12월 31일	1억 1천만 원
2019년 1월 1일~2019년 12월 31일	2억 4천만 원
2020년 1월 1일~2020년 12월 31일	2억 6천만 원
2021년 1월 1일~2021년 12월 31일	2억 8천만 원
2022년 1월 1일~2022년 12월 31일	3억 원
2023년 1월 1일~2023년 12월 31일	3억 원
2024년 1월 1일~2024년 12월 31일	3억 원
2025년 1월 1일~2025년 6월 20일	1억 6천만 원

2018년 7월 5일~2018년 12월 31일의 급여 1억 1천만 원 중에는 인정상여 1천만 원이 포함되어 있으며, 2025년 1월 1일~2025년 6월 20일의 1억 6천만 원에는 비과세 급여 1천만 원이 포함되어 있다.

계산 내용

$$\left(\frac{\text{1억 1천만 원} - \text{1천만 원} + \text{2억 4천만 원}}{\text{20개월}} \times 12 \times \frac{1}{10} \times \frac{20}{12} \times 3\right) +$$

$$\left(\frac{\text{2억 6천만 원} + \text{2억 8천만 원} + \text{3억원} + \text{3억원} + \text{3억원} + \text{1억 6천만 원} - \text{1천만 원}}{\text{66개월}}\right.$$

$$\left.\times 12 \times \frac{1}{10} \times \frac{36}{12} \times 2\right)$$

= 1억 2백만 원 + 173,454,545원

= 293,454,545원(퇴직소득)

1. 퇴직소득 = 293,454,545원

2. 근로소득(한도 초과액) = 64,000,000원

300,000,000원 − 293,454,545원 = 6,545,000원

소득세법상 임원 퇴직소득 한도와 관련하여 주의해야 할 점은 임원이 DC형 퇴직연금에 가입한 경우 회사가 납입한 사용자 부담금에서 발생한 운용수익도 소득세법상 임원 퇴직소득 한도 계산 시 포함하여 계산해야 한다는 점이다.

29 종합소득세를 직접 계산해서 납부해 보세요.

종합소득세 신고대상과 안 해도 되는 경우

종합소득세는 개인이 지난해 1년간의 경제활동으로 얻은 소득에 대하여 납부하는 세금으로서 모든 과세대상소득을 합산하여 계산하고, 다음 해 5월 1일부터 5월 31일(성실신고확인 대상 사업자는 6월 30일)까지 주소지 담당 세무서에 신고 · 납부 해야 한다.

종합소득세 과세대상소득은 사업소득, 이자 · 배당소득, 근로소득, 기타소득, 연금소득이 있다.

분리과세 되는 이자 · 배당소득, 분리과세를 선택한 연 300만 원 이하의 기타소득 등과 양도소득, 퇴직소득은 종합소득세 합산신고 대상에서 제외된다.

매년 11월에 소득세 중간예납 세액을 내야 하고, 다음 해 5월 확정신고 시 기납부세액으로 중간예납 세액을 공제한다.

연도 중에 폐업하였거나 사업에서 손실이 발생해서 납부할 세액이 없는 경우에도 종합소득세를 신고해야 한다.

종합소득이 있더라도 다음의 경우에는 소득세를 신고하지 않아도 된다.

- 근로소득만이 있는 사람으로서 연말정산을 한 경우
- 비과세 또는 분리과세 되는 소득만이 있는 경우
- 직전연도 수입금액이 7,500만원 미만인 보험모집인 또는 방문판매원 등으로 소속회사에서 연말정산을 한 경우
- 연 300만 원 이하인 기타소득이 있는 자로서 분리과세를 원하는 경우

지방소득세 소득분도 함께 신고해야 한다. 소득세 신고서에 지방소득세 소득 분 신고내용도 함께 기재해서 신고하고, 세금은 별도의 납부서에 의해서 5월 31일까지 납부한다.

종합소득세의 계산과 신고 · 납부방법

소득금액을 계산하는 방법에는 사업자가 비치 · 기장한 장부에 의해 계산하는 방법과 정부에서 정한 방법에 따라 소득금액을 추산하는 방법(추계과세)이 있다. 여기서 기장이란 영수증 등 증빙서류를 근거로 거래내용을 일일이 장부에 기록하는 것을 말한다.

소득금액을 계산하는 방법으로 기장에 의한 소득금액을 계산하는 방법은 총수입금액에서 총수입금액을 얻기 위해 들어간 비용을 차감한 금액을 기준으로 세금납부를 하는 방법을 말한다.

기장하면 총수입금액에서 수입금액을 얻기 위해 지급의무가 확정된

비용을 공제해 소득금액을 계산하므로, 자기의 실질소득에 대해 세금을 내게 된다.

그러나 기장을 하기 위해 세금계산서나 영수증 등 관련 증빙자료를 빠짐없이 챙겨야 하는 불편이 있으며, 직접 기장할 능력이 안 돼 세무 대리인에게 위탁하는 경우 기장수수료 등 별도의 비용이 든다.

다음으로 추계에 의한 소득금액 계산이 있다. 앞서 설명한 바와 같이 소득금액은 수입금액에서 필요경비를 공제해 계산하는데, 필요경비는 장부에 의해 확인된 금액을 공제하는 것이 원칙이다.

반면 장부가 없으면(추계에 의한 경우) 필요경비를 계산할 수 없으므로 이때에는 정부에서 정한 방법에 따라 소득금액을 계산한다. 즉, 정부에서 정한 기준경비율에 의해 소득금액을 계산한다. 기준경비율 제도란 매입경비 · 인건비 · 임차료 등 기본적인 경비는 증빙서류가 있어야만 필요경비로 인정해주고 나머지 경비는 정부에서 정한 기준경비율에 의해 필요경비를 인정받는 제도이다. 따라서 앞으로는 기장하지 않거나 증빙서류를 수취하지 않으면 지금까지보다 훨씬 더 많은 세금을 부담하게 된다. 기장하지 않으면 결손이 발생해도 이를 인정받지 못하며, 그 외에도 다음과 같은 불이익을 받게 된다.

- 직전연도 수입금액이 4,800만 원 이상인 사업자가 기장하지 않으면 산출세액의 20%에 상당하는 무기장가산세를 물어야 한다.
- 복식부기의무자가 기장을 하지 않고 추계로 신고하면 신고를 하지 않은 것으로 보고 산출세액의 20%(또는 40%)와 수입금액의 0.07%(또는 0.14%) 중 큰 금액의 신고불성실가산세를 물어야 한다.

소득금액을 추계 신고 또는 결정하면 공제가능한 이월결손금이 있더라도 공제를 받을 수 없다.

장부를 기장한 경우 종합소득세 신고 및 납부

장부를 비치 · 기장하고 있는 사업자는 총수입금액에서 필요경비를 공제해서 계산한다.

사업소득금액 = 총수입금액 - 필요경비

장부를 기장하지 않은 경우 종합소득세 신고 및 납부

장부를 비치 · 기장하지 않은 사업자의 소득금액은 다음과 같이 계산한다.

1. 기준경비율 적용대상자(①, ② 중 적은 금액)

① 소득금액 = 수입금액 - 주요경비 - (수입금액 × 기준경비율*)

* 복식부기의무자는 기준경비율의 $\frac{1}{2}$ 곱하여 계산

② 소득금액 = [수입금액 - (수입금액 × 단순경비율)] × 배율

* 배율 : 간편장부대상자 2.8배, 복식부기의무자 3.4배

* 타가율은 임대를 해서 운영하는 것을 말하며, 자가율은 본인의 집에서 하는 경우

2. 단순경비율 적용대상자

소득금액 = 수입금액 - (수입금액 × 단순경비율)

간편장부 대상자와 복식부기의무자의 구분

1. 간편장부 대상자

해당연도에 신규로 사업을 시작하였거나

직전연도의 수입금액이 아래에 해당하는 사업자를 말한다.

업종 구분	직전연도 수입금액
가. 농업 · 임업 및 어업, 광업, 도매 및 소매업(상품중개업을 제외한다), 소득세법 시행령 제122조 제1항에 따른 부동산매매업, 그 밖에 '나' 및 '다'에 해당하지 않은 사업	3억원 미만자
나. 제조업, 숙박 및 음식점업, 전기 · 가스 · 증기 및 공기조절 공급업, 수도 · 하수 · 폐기물처리 · 원료재생업, 건설업(비주거용 건물 건설업은 제외), 부동산 개발 및 공급업(주거용 건물 개발 및 공급업에 한정), 운수업 및 창고업, 정보통신업, 금융 및 보험업, 상품중개업, 욕탕업	1.5억원 미만자
다. 소득세법 제45조 제2항에 따른 부동산 임대업, 부동산업('가'에 해당하는 부동산매매업 제외), 전문 · 과학 및 기술서비스업, 사업시설관리 · 사업지원 및 임대서비스업, 교육서비스업, 보건업 및 사회복지 서비스업, 예술 · 스포츠 및 여가관련서비스업, 협회 및 단체, 수리 및 기타 개인서비스업, 가구내 고용활동	7,500만원 미만자

* 업종의 현황 등을 고려하여 욕탕업은 1억 5천만원에 미달하는 경우 간편장부대상자임(소득세법 시행규칙 제95조의2)

2. 복식부기의무자

간편장부대상자 이외의 모든 사업자는 재산상태와 손익거래 내용의 변동을 빠짐없이 거래 시마다 차변과 대변으로 나누어 기록한 장부를 기록 · 보관해야 하며, 이를 기초로 작성된 재무제표를 신고서와 함께 제출해야 한다.

30 소규모사업자는 간편장부를 반드시 작성하자

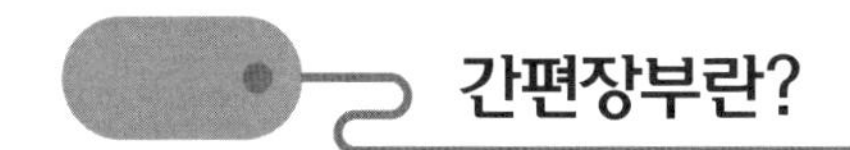

간편장부란?

간편장부란 소규모사업자를 위해서 국세청에서 특별히 고안한 장부로, 회계지식이 없는 사람이라도 쉽고 간편하게 작성할 수 있으며, 이에 의해서 소득세와 부가가치세의 신고도 가능한 장부를 말한다.

간편장부대상자

간편장부는 누구나 사용할 수 있는 것은 아니며, 당해 연도에 새로이 사업을 시작하였거나 직전연도 수입금액이 아래에 해당하는 사업자만이 사용할 수 있다.

구 분	직전연도 수입금액
가. 농업 · 임업 및 어업, 광업, 도매 및 소매업(상품중개업을 제외한다), 소득세법 시행령 제122조 제1항에 따른 부동산매매업, 그 밖에 '나' 및 '다'에 해당하지 않은 사업	3억원 미만자

구 분	직전연도 수입금액
나. 제조업, 숙박 및 음식점업, 전기 · 가스 · 증기 및 공기조절 공급업, 수도 · 하수 · 폐기물처리 · 원료재생업, 건설업(비주거용 건물 건설업은 제외), 부동산 개발 및 공급업(주거용 건물 개발 및 공급업에 한정), 운수업 및 창고업, 정보통신업, 금융 및 보험업, 상품중개업, 욕탕업	1.5억원 미만자
다. 소득세법 제45조 제2항에 따른 부동산 임대업, 부동산업('가'에 해당하는 부동산매매업 제외), 전문 · 과학 및 기술서비스업, 사업시설관리 · 사업지원 및 임대서비스업, 교육서비스업, 보건업 및 사회복지 서비스업, 예술 · 스포츠 및 여가관련서비스업, 협회 및 단체, 수리 및 기타 개인서비스업, 가구내 고용활동	7,500만원 미만자

단, 전문직사업자는 수입금액에 상관없이 복식부기 의무가 부여된다.

간편장부대상자 이외의 자를 복식부기의무자라고 하는데, 복식부기의무자는 간편장부를 하더라도 장부를 비치 · 기장하지 않은 것으로 본다.

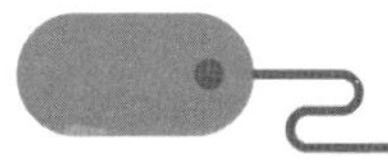

간편장부 기장 시 혜택

간편장부를 기장하면 다음과 같은 혜택이 있다.

- 이월결손금 공제 : 결손이 발생한 경우 앞으로 15년 내 발생한 소득에서 공제받을 수 있다.
- 기타 필요경비 인정 : 감가상각비나 준비금 등을 필요경비로 인정받을 수 있다.

이와 같은 혜택이 없더라도 장부에 의해서 소득금액을 계산하면 자기의 실질소득에 대해 세금을 낼 수 있다.

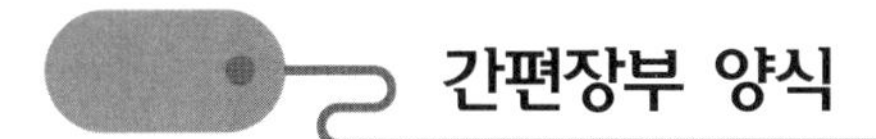

간편장부 양식

간편장부는 거래가 발생한 날짜 순서로 기록만 하면 된다.

간편장부는 국세청 홈페이지(www.nts.go.kr) ➜ 국세신고안내 ➜ 종합소득세 ➜ 간편장부 안내(좌측)에 수록된 작성요령과 간편장부를 다운받아 작성하거나, 본인의 필요와 편리에 따라 가까운 문구점에서 구입하거나 시중에 판매되는 전산프로그램을 구입하여 사용할 수 있다.

국세청 보다나은 정부 대한민국 대전환 한국판뉴딜 홈택스 | 국세법령정보 | 지방청·세무서 | 국세상담센터 | ENGLISH

알림·소식
- 보도자료
- 신문기사 모음
- 보도설명 자료
- 고시·공고·행정예고
- 공지사항
- 국세청 소식
- 국세청 동영상
- 모범·아름다운 납세자

국민소통
- 국세청100배 활용하기 가이드맵
- 규제혁신
- 적극행정
- 광화문1번가
- 납세자권익 24

국세신고안내
- 개인신고안내
  - 종합소득세
  - 주택임대소득
  - 종교인소득
  - 부가가치세
  - 사업장현황신고
  - 원천세
  - 연말정산
  - 양도소득세
  - 주택세금 100문100답
  - 상속세
  - 증여세
  - 종합부동산세
  - 세금납부 안내
- 법인신고안내
  - 법인세
  - 공익법인
  - 부가가치세
  - 원천세
  - 연말정산
  - 종교인소득
  - 세금납부 안내
  - 종합부동산세

국세정책/제도
- 사업자등록 안내
- 신종업종 세무 안내
- 근로·자녀장려금
- 전자(세금)계산서/현금영수증/신용카드
- 전자기부금영수증 제도
- 중소기업 세무컨설팅 제도
- 착한임대인 세액공제 제도
- 가상자산소득 과세제도
- 소득자료 제출 안내
- 일본 수출규제 피해기업 세정지원
- 국제조세정보
- 명의신탁주식 실소유자 확인안내
- 조세소송
- 세법해석 질의 안내
- 세무서식
- 통합자료실

정보공개
- 정보공개
- 사전정보공표
- 고액 상습체납자 등 명단 공개
- 공공데이터 제공
- 정책 실명제
- 정책연구보고서
- 국세통계포털

국세청 소개
- 국세청안내
- 열린국세청
- 국세공무원 소개
- 전국 세무관서
- 찾아오시는 길
- 인천공항 납세지원센터
- 세무서 민원실 대기인원조회

31 기준·단순경비율 제도 (장부기장을 안 한 경우)

기준 · 단순경비율 제도는 장부를 기록하지 않는 사업자도, 장부를 기록하는 사업자의 경우와 같이 수입금액에서 필요경비를 공제하여 소득금액을 계산하는 제도를 말한다. 따라서 기준경비율이 적용되는 사업자의 경우 사업의 주요경비는 증빙으로 확인되는 금액으로 하고, 기타비용은 정부에서 정한 기준경비율에 의해 필요경비를 인정하는 제도를 말하는데... 대신, 소규모 영세사업자의 경우는 단순경비율에 의해 소득금액을 계산할 수 있다.

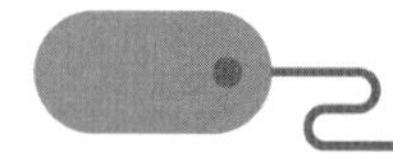

기준경비율과 단순경비율 적용대상 사업자

1. 기준경비율 적용대상 사업자

장부를 기록하지 않는 사업자 중 직전연도 수입금액이 아래 기준금액 이상인 사업자가 해당한다.

구 분	직전연도 수입금액
가. 농업 · 임업 및 어업, 광업, 도매 및 소매업(상품중개업을 제외한다), 부동산매매업, 아래에 해당하지 아니하는 사업	6천만원 이상자
나. 제조업, 숙박 및 음식점업, 전기 · 가스 · 증기 및 공기조절 공급업, 수도 · 하수 · 폐기물처리 · 원료재생업, 건설업(비주거용 건물 건설업은 제외), 부동산 개발 및 공급업(주거용 건물 개발 및 공급업에 한정), 운수업 및 창고업, 정보통신업, 금융 및 보험업, 상품중개업, 욕탕업	3천 6백만원 이상자
다. 부동산 임대업, 부동산업(부동산매매업 제외), 전문 · 과학 및 기술 서비스업, 사업시설관리 · 사업지원 및 임대서비스업, 교육 서비스업, 보건업 및 사회복지 서비스업, 예술 · 스포츠 및 여가관련 서비스업, 협회 및 단체, 수리 및 기타 개인 서비스업, 가구내 고용활동	2천 4백만원 이상자

* 다만, 2023년 업종별 수입금액이 복식부기의무자에 해당하는 경우 기준경비율 적용
* 욕탕업은 기장의무 판단시에만 '나' 군 적용, 경비율 기준은 '다' 군 적용
* 수리 및 기타개인서비스업 중 「부가가치세법 시행령」 제42조 제1호에 따른 인적용역 사업자는 기장의무 판단시에는 '다' 군 적용, 경비율 기준은 '나' 군 적용

2. 단순경비율 적용대상 사업자

장부를 기록하지 않는 사업자 중 직전연도 수입금액이 위 기준경비율 적용대상 사업자 기준금액에 미달하거나 해당연도 신규사업자가 해당된다.

신규 개업자로 해당 신규개업한 과세기간의 수입금액이 복식부기의무자 기준금액 이상인 사업자는 기준경비율 대상이며, 약사, (수)의사, 변호사, 변리사 등 전문직사업자와 현금영수증 미가맹점 등은 직전년

도 수입금액 및 신규사업자 여부에 상관없이 기준경비율 대상자이다.

기준경비율과 단순경비율 적용방법

1. 기준경비율 적용대상자(❶, ❷ 중 적은 금액)

❶ 소득금액 = 수입금액 − 주요경비 − (수입금액 × 기준경비율*)

* 복식부기의무자는 기준경비율의 $\frac{1}{2}$ 곱하여 계산

❷ 소득금액 = [수입금액 − (수입금액 × 단순경비율)] × 배율

* 배율 : 간편장부대상자 2.8배, 복식부기의무자 3.4배

* 타가율은 임대를 해서 운영하는 것을 말하며, 자가율은 본인의 집에서 하는 경우

2. 단순경비율 적용대상자

소득금액 = 수입금액 − (수입금액 × 단순경비율)

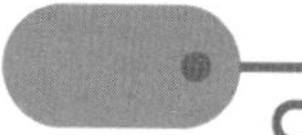

주요경비와 증빙서류의 종류

1. 주요경비의 범위

구 분	주요경비의 범위
매 입 비 용	상품 · 제품 · 원료 · 소모품 · 전기료 등의 매입비용(사업용 고정자산의 매입을 제외)과 외주가공비 및 운송업의 운반비를 말한다.
임 차 료	사업에 직접 사용하는 건축물, 기계장치 등 사업용 고정자산의 임차료를 말한다.
인 건 비	종업원의 급여와 임금 및 일용근로자의 임금과 실제 지급한 퇴직금을 말한다.

2. 증빙서류의 종류

주요경비는 다음과 같은 증명서류가 있어야 필요경비로 인정받아 소득세를 적게 낼 수 있다.

구 분	증빙서류의 종류
매입비용 및 임차료	세금계산서, 계산서, 신용카드매출전표, 현금영수증 등 법정지출증빙을 받아야 하며, 법정지출증빙이 아닌 영수증 등을 받은 경우는 「주요경비지출명세서」를 제출해야 한다.
인건비	원천징수영수증이나 지급명세서 또는 지급 관련 증명서류를 갖추어 두고 보관해야 한다.

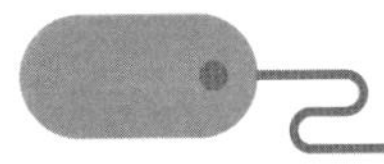

업종별 기준경비율. 단순경비율 조회

업종별 기준경비율, 단순경비율은 [홈텍스 홈페이지(www.hometax.go.kr) >세금신고 > 종합소득세 신고 > 신고도움 자료 > 조회기준 · 단순경비율(업종코드) 조회에서 확인할 수 있다.

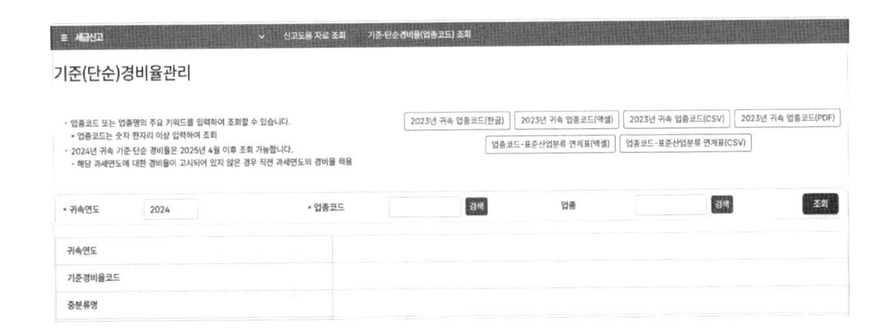

32 종합소득세 중간예납

중간예납 대상자 및 납부 안내

1. 중간예납대상자

전년도 귀속 종합소득세를 올해에 신고 · 납부한 납세자는 종합소득세액의 절반을 11월 중에 중간예납 해야 하며, 국세청은 중간예납 대상자에게 고지서를 발송해 준다.

중간예납 대상자는 종합소득이 있는 거주자와 종합과세 되는 비거주자이며, 이자 · 배당 · 근로소득 등 원천징수되는 소득만 있거나, 중간예납세액이 50만 원 미만인 납세자 등은 중간예납에서 제외된다.

2. 중간예납고지 제외자

- 당해 연도 1월 1일 현재 비사업자로서 당해 연도에 신규로 사업을 개시한 자
- 다음의 소득만이 있는 자

• 이자소득 · 배당소득 · 근로소득 · 연금소득 또는 기타소득

- 사업소득 중 속기 · 타자 등 한국표준산업분류표에 따른 사무지원 서비스업에서 발생하는 소득
- 사업소득 중 법 제82조(수시부과결정)에 따라 수시부과하는 소득
- 사회 및 개인서비스업 중

저술가 · 화가 · 배우 · 가수 · 영화감독 · 연출가 · 촬영사 등 자영예술가

* 직업선수 · 코치 · 심판 등 기타 스포츠 서비스업

- 독립된 자격으로 보험가입자의 모집 · 증권매매의 권유 · 저축의 권장 또는 집금 등을 행하거나 이와 유사한 용역을 제공하고 그 실적에 따라 모집수당 · 권장수당 · 집금수당 등을 받는 업
- 「방문판매 등에 관한 법률」에 의하여 방문판매업자 또는 후원방문판매업자를 대신하여 방문판매업무 또는 후원방문판매업무를 수행하고 그 실적에 따라 판매수당 등을 받는 업(직전연도에 대한 사업소득세액의 연말정산을 한 것에 한함)
- 소득세법이 적용되는 전환정비사업조합의 조합원이 영위하는 공동사업
- 주택조합의 조합원이 영위하는 공동사업

✎ 법 제68조(납세조합원의 중간예납 특례)의 규정에 의하여 납세조합이 조합원의 소득세를 매월 원천징수 납부한 경우

✎ 중간예납기간 중(1월 1일~6월 30일)에 매도한 토지 또는 건물에 대해서 토지 등 매매차익예정신고·납부세액이 중간예납기준액의 2분의 1을 초과하는 경우

✎ 중간예납세액이 50만 원 미만인 경우

중간예납추계액 신고

사업부진 등으로 6월 말까지의 중간예납추계액이 중간예납기준액의 30%에 미달하는 경우 중간예납추계액을 계산해서 신고·납부할 수 있다.

전년도에 납부할 세액이 없는 납세자 중 당해 연도 1월 1일~6월 30일까지 종합소득이 있는 경우 반기결산해서 중간예납 추계액 신고를 해야 하며, 납세자가 중간예납기간에 고용창출세액공제에 해당하는 시설투자를 한 경우 세액공제를 적용해서 중간예납세액을 신고할 수 있다.

중간예납 추계액 신고는 국세청 홈택스의 전자신고를 이용할 수 있다.

중간예납세액의 분납

중간예납세액이 1천만 원을 초과하는 경우 별도의 신청 없이 아래의 금액을 분납할 수 있다.

구 분	분납금액
납부할 세액이 2천만 원 이하인 경우	1천만 원을 초과한 금액
납부할 세액이 2천만 원 초과하는 경우	세액의 50% 이하의 금액

33 면세사업자 사업장현황신고

면세사업자 사업장 현황신고

부가가치세 면세사업자는 2월 10일까지 사업장 현황을 신고해야 한다. 사업장현황신고는 부가가치세가 면제되는 개인사업자가 지난 1년간의 수입금액과 사업장 기본사항을 신고하는 것이다.

사업장현황신고 대상자	사업장현황신고 제외자
• 병 · 의원, 치과, 한의원 등 의료업자 • 예체능계열 학원, 입시학원, 외국어학원 등 학원 사업자 • 법정 도매시장 중도매인 등 농 · 축 · 수산물 도 · 소매업자 • 가수 · 모델 · 배우 등 연예인 • 대부업자, 주택임대사업자, 주택(국민주택규모 이하)신축판매업자 • 기타 부가가치세가 면제되는 재화 또는 용역을 공급하는 모든 사업자	• 납세조합에 가입해 수입금액을 신고한 자 • 독립된 자격으로 보험가입자의 모집 및 이에 부수되는 용역을 제공하고 그 실적에 따라 모집수당 등을 받는 자 • 독립된 자격으로 일반 소비자를 대상으로 사업장을 개설하지 않고 음료품을 배달하는 계약배달 판매 용역을 제공하고 판매실적에 따라 판매수당 등을 받는 자

사업장현황신고 방법

사업장현황신고 대상 사업자는 2월 10일(전연도 1월 1일~12월 31일 수입금액)까지 전자신고(홈택스)하거나 세무서에 신고서를 제출해야 한다. 특히 의료업, 수의업 및 약사법(부가가치세 기신고자 제외)을 행하는 사업자가 수입금액을 신고하지 않거나 적게 신고한 경우는 가산세(수입금액의 0.5%) 부과 대상이다.

국세청 누리집(www.nts.go.kr) 〉 국세신고안내 〉 사업장현황신고에서는 '주요서식 작성요령/사례', 전자신고 시 쉽게 따라 할 수 있는 동영상 등 신고 편의 자료를 제공하고 있다.

수입금액 불성실 신고사례

- 비보험 진료에 대해 현금결제를 유도(현금결제 시 10~20% 할인)하고 현금영수증을 발급하지 않는 수법으로 수입금액 탈루(의료업)
- 신고된 사업용 계좌가 아닌 종사 직원이나 친인척 명의의 차명계좌를 통해 진료비를 입금받고 수입금액 신고누락(의료업)
- 임플란트 등 고액 치료비는 예약 대장을 별도 비치 · 관리하면서 현금수입금액을 누락하는 수법으로 수입금액 탈루(의료업)
- 수강료에 대한 신용카드나 현금영수증 처리를 기피하고 차명계좌 등으로 수강료를 입금받는 수법으로 수입금액 탈루(학원)
- 기준 수강료와 다르게 수강료를 수취하면서도 기준 수강료 수준으로 신고(학원)

CHAPTER V

계정과목별 법인세 신고실무

01 법인세란 어떤 세금인가?

법인세란?

법인세란 법인이 얻은 소득에 대해서 그 법인에게 과세되는 국세이다. 즉, 주식회사와 같이 법인 형태로 사업을 하는 경우 그 사업에서 생긴 소득에 대해서 부과하는 세금으로, 기업소득세라 할 수 있다. 개인이 소득세를 납부하는 것과 같이 법인은 소득세법의 적용을 받지 않고 법인세법에 의해서 법인세를 부담하게 된다. 여기서 법인이란 주식회사, 합자회사, 합명회사, 유한회사 등의 영리법인과 사립학교 등의 비영리법인을 말한다. 비영리법인의 경우 공익사업에는 과세하지 않고 수익사업에만 과세한다.

법인세 과세대상과 납세의무자

법인은 매 사업연도에 발생한 소득에 대한 법인세와 비사업용 토지 등 부동산 양도차익에 대한 법인세 및 청산 시 청산소득에 대한 법인세, 미환류소득에 대한 법인세를 납부하는 것이다. 즉 다음의 소득을 납부하면 된다.

과세소득별 / 법인유형별		각 사업연도소득에 대한 법인세	비사업용 토지 등 양도차익에 대한 법인세 (10%)	청산소득에 대한 법인세	미환류소득에 대한 법인세
내국법인	영리법인	국내외의 모든 소득 : 9%~24%	비사업용 토지 등의 양도차익의 법인세 과세 : 10%(미등기 40%) 법인주택 주거용 · 건축물 양도차익 : 20%(미등기 40%)	해산(합병)시의 청산소득 : 9%~24%	자기자본 500억원 초과 법인의 미환류소득 : 20%
	비영리법인	국내외의 모든 수익사업에서 생긴 소득	위와 같음 : 과세	납세의무 없음 (국가 귀속)	해당 없음
외국법인	영리법인	국내 원천소득	위와 같음 : 과세	납세의무 없음	해당 없음
	비영리법인	국내 원천소득 중 수익사업에서 생긴 소득	위와 같음 : 과세	납세의무 없음	해당 없음

위에서 내국법인이란 국내에 본점, 주사무소, 사업의 실질적 관리장소를 둔 법인을 말한다. 또한 영리법인이란 영리를 목적으로 하는 법인을 말하며, 비영리법인이란 영리 아닌 사업을 목적으로 하는 법인을 말한다.

사업연도

사업연도란 법인의 소득을 계산하는 1회계기간을 말하며, 법인의 사업연도는 다음과 같다.

1. 일반적인 경우

구 분	사업연도
원칙	법령이나 법인의 정관에서 정하는 1회계기간. 다만, 그 기간은 1년을 초과할 수 없다. 즉 1년을 초과하지 않는 범위 내에서 임의로 정할 수 있다.
법령이나 법인의 정관에 규정이 없는 경우	사업연도를 정해서 신고한 사업연도로 한다.
신고하지 않은 경우	매년 1월 1일부터 12월 31일까지

2. 신설법인의 최초 사업연도

<table>
<tr><th>구 분</th><th>최초 사업연도 개시일</th></tr>
<tr><td>원칙</td><td>
<table>
<tr><th>구 분</th><th>사업연도 개시일</th></tr>
<tr><td>내국법인</td><td>설립등기일</td></tr>
<tr><td>외국법인</td><td>* 국내사업장이 있는 외국법인 : 국내사업장을 가지게 된 날
* 국내사업장이 없는 외국 법인으로서 국내 원천 부동산소득 또는 국내 원천 부동산 등 양도소득이 있는 법인 : 그 소득의 최초발생일</td></tr>
</table>
</td></tr>
<tr><td>특례</td><td>설립등기일 전에 생긴 손익을 최초 사업연도의 손익에 산입한 경우는 최초 손익발생일(최초등기일과 최초 손익발생일 중 빠른 날)</td></tr>
</table>

3. 사업연도의 변경

사업연도를 변경하려는 법인은 그 법인의 직전 사업연도 종료일로부터 3개월 이내에 변경 신고를 해야 한다. 신고기한까지 신고하지 않은 경우 변경신고 한 해당 사업연도에는 변경되지 않고 다음 사업연도부터 사업연도가 변경된다.

사업연도가 변경된 경우 종전의 사업연도 개시 일부터 변경된 사업연도 개시일 전일까지를 1사업연도로 한다. 다만, 그 기간이 1개월 미만의 경우에는 변경된 사업연도에 그 기간을 포함한다.

신설법인은 최초 사업연도가 경과 하기 전에는 사업연도를 변경할 수 없다.

4. 특수한 경우의 사업연도(사업연도 의제)

구 분	사업연도
해 산	* 해산한 경우 : 사업연도 개시일로부터 해산등기일까지와 해산등기일의 다음 날부터 사업연도 종료일까지를 각각 1사업연도로 본다. * 청산중인 내국법인의 잔여재산가액이 확정된 경우 : 사업연도 개시일로부터 잔여재산가액 확정 일까지를 1사업연도로 본다. * 청산중인 법인이 사업을 계속하는 경우 : 사업연도 개시 일부터 계속등기일까지의 기간과 계속등기일의 다음 날부터 그 사업연도 종료일까지의 기간을 각각 1사업연도로 본다.
합병 및 분할	* 합병으로 해산하는 법인 : 사업연도 개시 일부터 합병등기일까지의 기간을 소멸법인의 1사업연도로 본다. * 분할로 해산하는 법인 : 분할로 인하여 해산한 법인의 사업연도는 사업연도 개시일로부터 분할등기일까지를 1사업연도로 본다.

구 분	사업연도
조직변경	* 조직을 변경한 경우 당해 법인의 사업연도는 조직변경 전 사업연도가 계속되는 것으로 본다.

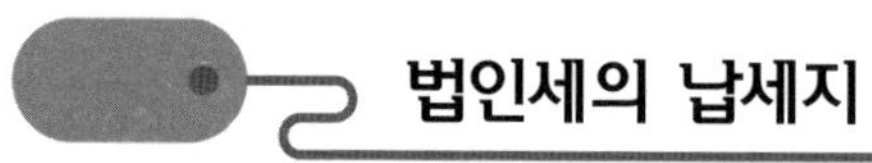

법인세의 납세지

1. 법인세 납세지

구 분		납세지
내국법인	일반적인 경우	등기부상 본점 또는 주사무소 소재지(국내에 본점 또는 주사무소가 없는 경우 사업의 실질적 장소
	법인으로 보는 단체	* 사업장이 있는 경우 : 단체의 사업장 소재지를 말하되, 주된 소득이 부동산임대소득인 단체는 그 부동산의 소재지. 둘 이상의 사업장 또는 부동산을 가지고 있는 단체의 경우에는 주된 사업장 또는 주된 부동산의 소재지 * 사업장이 없는 경우 : 단체의 정관 등에 기재된 주사무소의 소재지. 정관 등에 주사무소에 관한 규정이 없는 경우 대표자 또는 관리인의 주소
외국법인		* 국내사업장이 있는 경우 국내사업장 소재지. 둘 이상의 국내사업장이 있는 경우에는 주된 사업장 소재지 * 국내사업장의 없는 외국 법인으로서 부동산소득 또는 양도소득이 있는 경우 : 각각 그 자산의 소재지. 이 경우 둘 이상의 자산이 있는 외국 법인은 신고한 장소

2. 납세지 변경

법인은 납세지가 변경된 경우 그 변경된 날부터 15일 이내에 변경 후의 납세지 관할 세무서장에게 신고한다. 다만, 납세지 변경신고의 법정기일이 경과한 후라 하더라도 신고를 한 경우에는 신고한 날로부터 변경된 등기부상의 본점 · 주사무소의 소재지를 법인의 납세지로 한다. 다만, 사업자등록 정정신고를 한 경우에는 납세지 변경 신고를 한 것으로 본다.

3. 납세지 지정

납세지가 법인의 납세지로서 부적당하다고 인정되는 경우 지방국세청장이나 국세청장은 납세지를 지정할 수 있다.

납세지를 지정하였을 때는 그 법인의 당해 사업연도 종료일부터 45일 이내에 이를 통지해야 한다.

4. 원천징수한 법인세의 납세지

구 분	원천징수한 법인세 납세지
원 칙	원천징수의무자인 법인의 법인세 소재지
특 례	원천징수의무자인 법인의 지점 · 영업소 · 그 밖의 사업장이 독립채산제에 따라서 독자적으로 회계처리를 하는 경우 : 그 사업장 소재지
법인이 지점 · 영업소 · 그 밖의 사업장에서 지급하는 소득에 대한 원천징수 세액을 본점 등에서 전자 계산조직 등에 의해서 일괄 계산하는 경우로서 본점 등의 관할세무서에 신고하거나 사업자 단위로 관할 세무서장에게 등록한 경우 : 선택에 의해서 해당 법인의 본점 · 주사무소를 해당 소득에 대한 법인세 원천징수 세액의 납세지로 할 수 있다.	

02 세무조정과 소득처분

세무조정

법인세법상의 각 사업연도 소득금액은 기업회계기준 상 당기순손익을 기초로 해서 세법의 규정에 따라 익금산입 사항과 손금불산입 사항을 가산하고, 익금불산입 사항과 손금산입 사항을 차감하는 세무회계상의 과세소득을 계산하는 절차를 세무조정이라고 한다. 세무조정은 결산조정과 신고조정으로 분류한다.

1. 결산조정 사항

결산조정이란 익금 또는 손금을 결산서에 수익 또는 비용으로 기록해서 과세소득에 반영하는 것을 말하며, 결산조정 사항이란 결산서에 과소 기록한 경우 손금산입을 할 수 없는 손금 항목을 말한다(임의 사항).

따라서 당기에 비용처리 하지 못한 경우 당기에 세무조정이 불가하고 차기 이후에 경정청구도 불가능하다.

구 분	결산조정사항
✻ 감가상각비의 손금산입 ✻ 감가상각비의 즉시상각	K-IFRS 도입기업의 유형자산 · 비한정 내용연수 무형자산 감가상각비 및 서비스업의 설비투자자산에 대한 감가상각비는 임의신고조정이 가능하며, 감가상각 의제와 종속회사의 감가상각비 특례를 강제 신고조정 사항이다.
✻ 퇴직급여충당금 ✻ 대손충당금 ✻ 구상채권상각충당금 ✻ 일시상각충당금(또는 압축기장충당금) ✻ 조세특례제한법상 준비금 ✻ 보험업법인의 책임준비금 · 비상위험준비금과 비영리법인의 고유목적사업준비금	퇴직연금충당금은 강제 신고조정 사항이며, 일시상각충당금(또는 압축기장충당금), 조세특례제한법상 준비금, 외감대상 비영리법인의 고유목적사업준비금, K-IFRS 적용 보험업 법인의 비상위험준비금은 임의 신고조정이 가능하다.
대손금	소멸시효 완성분 등 일정한 대손금은 신고조정이 가능(강제 사항)하다.
고정자산 · 재고자산 · 주식의 평가손실	일정한 화폐성 외화자산 · 부채의 평가손익은 신고조정 사항이다.

2. 신고조정 사항

결산서에 수익 또는 비용으로 기록하지 않은 익금 또는 손금을 세무조정에 의해 과세소득에 반영하는 것을 말하며, 신고조정 사항이란 신고서에 과소계상 된 경우에 반드시 신고서상 익금산입, 손금산입해야 하는 익금 및 손금 항목을 말한다.

신고조정 사항은 결산조정 사항을 제외한 모든 익금항목과 손금항목으로 한다.

<table>
<tr><th>구 분</th><th>신고조정사항</th></tr>
<tr><td>강제 신고조정 사항</td><td>회사 계상액과 세법상 금액에 차이가 있는 경우 반드시 세무조정 해야 하는 사항으로 임의 신고조정 사항을 제외한 모든 신고조정 사항이 여기에 해당한다.</td></tr>
<tr><td>임의 신고조정 사항</td><td>
<table>
<tr><th>대 상</th><th>설정대상 법인</th></tr>
<tr><td>유형자산 · 비 한정 내용연수
무형자산 감가상각비</td><td>K-IFRS 도입기업</td></tr>
<tr><td>서비스업의 설비투자자산 감가상각비</td><td>서비스업 영위 내국법인</td></tr>
<tr><td>일시상각충당금
(또는 압축기장충당금)</td><td>모든 법인</td></tr>
<tr><td>조세특례제한법상 준비금</td><td>특정 법인</td></tr>
<tr><td>고유목적사업준비금</td><td>외감대상 비영리법인</td></tr>
<tr><td>비상위험준비금</td><td>K-IFRS 적용 보험업법인</td></tr>
</table>
</td></tr>
</table>

소득처분

결산서 상 당기순이익과 법인세법상 각 사업연도 소득금액의 차이인 세무조정 사항이 누구에게 귀속되는가를 확정하는 세법상의 절차를 소득처분이라고 한다.

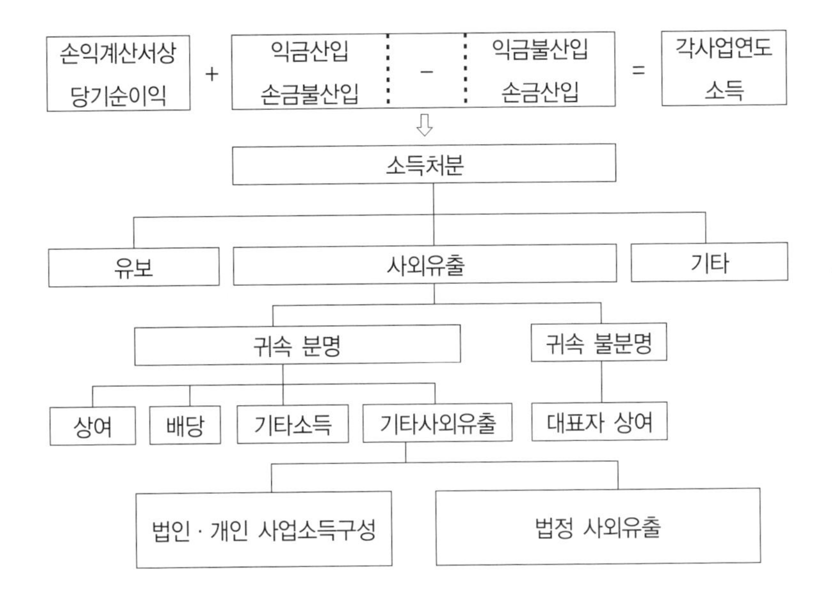

1. 유보·△유보

유보는 각 사업연도 소득금액 계산상 세무조정 금액이 사외로 유출되지 않고 회사 내에 남아 있는 것으로, 다음 사업연도 이후의 각 사업연도 소득금액 및 청산소득 계산과 기업의 자산가치 평가 등에 영향을 주게 되므로, 자본금과 적립금조정명세서(별지 제50호)에 그 내용을 기재해야 한다. 또한, 유보금은 자기자본에 포함되므로 청산소득에 대한 법인세의 감소 요인이다.

2. 상여

상여는 각 사업연도 소득금액 계산상의 세무조정(익금산입 · 손금불산입) 금액이 사외로 유출되어 사용인 또는 임원에게 귀속되었음이 분명한 경우에 행하는 소득처분을 말한다. 또한, 소득이 사외로 유출되었으나 그 귀속이 불분명한 경우(기타사외유출로 처분하는 경우 제외)에는 대표자에게 귀속된 것으로 보아 상여(인정상여)로 처분하는 것이다.

3. 배당

배당은 각 사업연도의 소득금액 계산상의 익금산입 또는 손금불산입으로 생긴 세무조정 소득이 사외에 유출되어 출자자(사용인과 임원 제외)에 귀속되었음이 분명한 경우(기타사외유출로 처분되는 경우 제외)에는 그 출자자에 대한 배당으로 보는 것이다. 배당으로 처분된 금액은 출자자의 배당소득에 포함되어 종합소득세가 과세 되며, 법인에게는 배당소득세 원천징수의무가 발생한다.
그리고 법인세법에 의해 처분된 배당소득은 당해 법인의 당해 사업연도 결산확정일을 수입시기로 본다.

4. 기타소득

기타소득은 각 사업연도 소득금액 계산상의 익금산입 또는 손금불산입으로 생긴 세무조정 소득이 사외에 유출되어 출자자 · 사용인 · 임원 이외의 자에게 귀속되었음이 분명한 경우(기타사외유출로 처분되는 경우는 제외)에는 그 귀속자에 대한 기타소득으로 처분하는 것이다.
기타소득으로 처분된 금액은 그 귀속자의 기타 소득금액(필요경비공제 없음)이 되며, 기타소득세를 원천징수 납부해야 한다. 이 경우 기타소득의 수입 시기는 당해 사업연도 결산확정일이다.

5. 기타사외유출

기타사외유출은 각 사업연도 소득금액 계산상의 익금산입 또는 손금불산입으로 생긴 세무조정 소득이 사외에 유출되어 법인이나 사업을 영위하는 개인에게 귀속된 것이 분명한 경우를 말하며, 그 소득이 소득귀속자의 국내사업장의 소득에 포함되어 자동으로 과세하므로 적극적으로 과세 조치를 취할 필요가 없다. 즉 원천징수의무도 없고 소득처분 금액을 신고할 필요도 없다.

구 분		내 용	사후관리
유보		가산 조정금액이 회사 내부에 남아 회계상 자본보다 세무상 자본을 증가시키는 경우	자본금과적립금조정명세서(을) 표에서 사후관리
사외유출	배당	가산 조정금액이 주주 등에게 귀속되는 경우	소득세원천징수
	상여	가산 조정금액이 임원 또는 사용인에게 귀속되는 경우	소득세원천징수
	기타 사외유출	가산 조정금액이 법인이나 개인사업자의 사업소득을 구성하는 경우	사후관리 없음
	기타소득	가산금액이 상기 외의 자에게 귀속되는 경우	소득세원천징수
기타 (또는 잉여금)		가산 조정금액이 사외로 유출되지 아니하였으나 회계상 자본과 세무상 자본의 차이를 발생시키지 아니하는 경우	사후관리 없음

구 분	내 용	사후관리
△유보	가산 조정금액이 회사 내부에 남아 회계상 자본보다 세무상 자본을 감소시키는 경우	자본금과적립금조정명세서(을) 표에서 사후관리
기타 (또는 △잉여금)	차감 조정금액이 사외로 유출되지 아니하였으나 회계상 자본과 세무상 자본의 차이를 발생시키지 아니하는 경우	사후관리 없음

당해연도 유보로 소득처분 된 금액에 대하여 그 후 △유보처리 된다.

조정항목	내 용	익금가산		손금가산	
		조정구분	처 분	조정구분	처 분
수입금액	인도한 제품 등의 매출액 가산	익금산입	유 보		
	동 매출원가			손금산입	유 보
	전기매출 가산 분 당기 결산상 매출 계상			익금 불산입	유 보
	동 매출원가	손금불산입	유 보		
	작업진행률에 의한 수입금액 가산	익금산입	유 보		
	전기 수입금액 가산 분 당기 결산 수입 계상			익금 불산입	유 보
기업업무추진비	한도초과액 및 법인명의 신용카드 미사용액	손금불산입	기타 사외유출		
일반기부금	한도초과액	손금불산입	기타 사외유출		

조정 항목	내 용	익금가산		손금가산	
		조정구분	처 분	조정구분	처 분
일반 기부금	당기 미지급기부금	손금불산입	유 보		
	전기 미지급기부금 당기지급액 (당기 한도액 계산 시 포함)			손금산입	유 보
	당기 가지급계상 분 (한도액 계산 시 포함)			손금산입	유 보
	전기 가지급계상 분 당기 비용처리	손금불산입	유 보		
외화 평가 차손익	차익 과소계상	익금산입	유 보		
	차익 과대계상			익금불산입	유 보
	차손 과대계상	손금불산입	유 보		
	차손 과소계상			손금산입	유 보
	전기 차익 과소계상 분 당기 수입 계상			익금불산입	유 보
	전기 차손 과대계상 분 중 당기 손비 해당액			손금산입	유 보
	전기 차익 과대계상 분 중 당기 익금 해당액	익금산입	유 보		
	전기 차손 과소계상 분 중 당기 결산상 손비 계상	손금불산입	유 보		
가지 급금 등의 인정 이자	출자자(출자 임원 제외)	익금산입	배 당		
	사용인(임원 포함)	익금산입	상 여		
	법인 또는 사업 영위 개인	익금산입	기타 사외유출		
	전 각호 이외의 개인	익금산입	기타소득		

조정 항목	내 용	익금가산		손금가산	
		조정구분	처 분	조정구분	처 분
소득세 대납액	귀속이 불분명해 대표자에게 처분한 소득에 대한 소득세를 법인이 대납하고 손비로 계상하거나 특수관계 소멸 시까지 회수하지 않아 익금산입한 금액	익금산입	기타 사외유출		
건설 자금 이자	건설중인자산 분	손금불산입	유 보		
	건설완료 자산 중 비상각 자산분	손금불산입	유 보		
	전기부인 유보분 중 당기 건설이 완료되어 회사자산 계상			익금불산입	유 보
채권자가 불분명한 사채이자	원천세 제외 금액(대표자)	손금불산입	상 여		
	원천세 해당 금액	손금불산입	기타 사외유출		
수령자 불분명 채권증권의 이자 할인액	원천세 제외 금액(대표자)	손금불산입	상 여		
	원천세 해당 금액	손금불산입	기타 사외유출		
비업무용 부동산등 지급이자	비업무용부동산 및 업무무관가지급금에 대한 지급이자	손금불산입	기타 사외유출		
각 종 준비금	범위초과액	손금불산입	유 보		
	과소환입	익금산입	유 보		
	과다환입			익금불산입	유 보
	전기범위 초과액 중 환입액			익금불산입	유 보

조정항목	내 용	익금가산		손금가산	
		조정구분	처 분	조정구분	처 분
	세무조정에 의해 손금산입하는 준비금			손금산입	유 보
	세무조정에 의해 환입 하는 준비금	익금산입	유 보		
퇴직급여충당부채	범위초과액	손금불산입	유 보		
	전기부인액 중 당기 지급			손금산입	유 보
	전기부인액 중 당기 환입액			익금불산입	유 보
퇴 직 보험료	범위초과액	손금불산입	유 보		
	전기부인액 중 당기 환입액			익금불산입	유 보
대 손 충당금	범위초과액	손금불산입	유 보		
	전기범위초과액 중 당기 환입액			익금불산입	유 보
재고자산	당기 평가감	익금산입	유 보		
	전기 평가감 중 당기 사용분 해당액			손금산입	유 보
	당기 평가증			손금산입	유 보
	전기 평가증 중 당기 사용분 해당액	손금불산입	유 보		
국 고 보 조 금	잉여금으로 계상한 국고보조금	익금산입	기 타		
	손금산입 한도 초과액	손금불산입	유 보		
	세무조정에 의한 손금계상 시			손금산입	유 보
감 가 상 각 비	당기부인액	손금불산입	유 보		
	기왕부인액 중 당기 용인액			손금산입	유 보

조정항목	내 용		익금가산		손금가산	
			조정구분	처 분	조정구분	처 분
업무용승용차	임직원 전용 보험 미가입		손금불산입	상여		
	업무용승용차 관련비용 1,500만원 초과	운행기록부 미작성	손금불산입	상여		
		운행기록부 작성 한도 초과	손금불산입	상여		
	처분 손실		손금불산입	기타 사외유출		
기 타	법인세 등		손금불산입	기타 사외유출		
	벌과금, 과료		손금불산입	기타 사외유출		
	임원 퇴직금 범위초과액		손금불산입	상 여		
	법인세 환급금 및 이자				익금불산입	기 타
	익금에 산입한 금액으로서 귀속자에게 증여세가 과세되는 금액		익금산입	기타 사외유출		
	잉여금증감에 따른 익금 및 손금산입		익금산입	기 타	손금산입	기 타

03 세무조정 사항 정리 및 세무조정계산서 작성흐름도

결산확정 수정분개를 위한 핵심사항

<table>
<tr><th>계정과목</th><th>손익인식 회계처리 조정</th><th>세무 상 판단</th></tr>
<tr>
<td>현금, 현금등가물(3개월 내), 단기금융상품(1년 내)·예금 등의 기간경과 이자 인식 여부·미수수익 계상 기간별 대응</td>
<td>모든 기업(금융기관 포함)이 발생주의 적용으로 기간별 자동 수익 반영하고 보정 함(현금수입이 없었어도 미수수익 계상함. 못 받는 금액은 대신에 대손충당금을 적극 인식)
<table>
<tr><th colspan="2">결산 반영</th><th>익금 여부</th></tr>
<tr><td colspan="2">결산미반영(미수 반영 안 함)</td><td>수익 아니고 익금산입 아님.</td></tr>
<tr><td rowspan="2">결산반영</td><td>원천징수분</td><td>수익계상 돼도 익금불산입 처리</td></tr>
<tr><td>원천징수 안 되는 것</td><td>수익계상 되고 자동 익금산입됨.</td></tr>
</table>
</td>
<td>• 수입이자 할인액 : 소득세법상 수입시기에 속하는 연도(계산 확정·인출·만기 등 권리 금액 확정), 그러나 결산 시 기간경과 대응이자 상당액을 수익으로 계상한 경우는 계상연도의 익금임(적극적 계상 주의 인정하며 일부러 익금불산입 하지는 않음). 원천징수(14%) 분은 결산상 미수수익 계상해도 익금불산입 하며, 향후 입금 시 익금산입하는바 원천징수 선납세액과 같은 시기로 대응시킴.
• 금융, 증권·자금 대부업 : 실제 현금수입일(현금주의), 그러나 이자 선급의 선이자수익은 제외</td>
</tr>
</table>

계정과목	손익인식 회계처리 조정	세무상 판단
대손금의 회수 : 회사가 임의 선택한 회계처리 방법대로 세무상 인정됨.	과거 대손충당금 감액 금액을 다시 증액시켜 충당금 복귀함. (차) 현금 96 (대) 차입금 100 지급이자 2 선급비용 2 (받을어음이 외부로 나가더라도 담보제공 되는 개념임) • 매출채권의 완전 양도(상환청구권 있어도 가능)이면 매각손실 전액을 당기 비용 처리함. (차) 현금 95 (대) 매출채권1 00 매각손실 5(받을어음 등)	세무상으로는 익금산입하고 유보로 반영 후 대손충당금 손금산입액과 조정함. 그러나 기업회계 상 판단에 의거 매출채권의 완전 양도로 하였다면 매각손실 전액이 당기 손금으로 인정됨(즉, 회사가 자신의 회계이익 계산 판단에 따라 기업회계 상의 재무제표에 계상 반영한 대로 세법이 따라감
매출채권의 만기 전 · 기한 전 매각할인	거래 은행과 차입약정이나 여신한도 범위 내 매출채권을 담보 제공하면 차입금과 지급이자로 회계(회계이익이 낮은 회사가 적용 유리)	기업회계에서 차입금 담보로 회계반영 하였다면 그대로 기간이자만 손금, 나머지 선급비용은 다음 연도의 손금으로 회계 대체 분개
유가증권 시가평가 한 평가증 · 감	시장성 유가증권은 12월 31일 현재의 종가(실제는 증권시장 납회일 종가)로 평가증감 하여 영업외수익 혹은 영업외비용에 반영	유가증권은 취득원가에 의하므로 세무상은 익금불산입, 손금불산입 유보한 후 실제 양도 시점에 손금 인식함(자전거래 매각 손익, 위장 매각 손익도 실제는 평가증감개념이므로 익금, 손금불산입함).
관계회사 주식의 지분법 평가	자회사의 손익내용에 따라 지분법 평가반영 : 당기 항목은 당기손익 반영, 잉여금 사항은 이익잉여금 증감반영	당기손익 회계 반영된 지분법 평가손익은 세무상 손금 · 익금 불산입 유보한 후 향후의 현금 배당금 실제 입금 시점에 익금 · 손금 환입으로 과세이연함.

계정과목	손익인식 회계처리 조정	세무 상 판단
관계회사 배당금 등	현금배당만 영업외수익 반영하며 주식배당, 무상증자 등은 모두 주식수만 증가시킨 후 연말에 주당시가로 평가하여 증감인식	주식배당 · 무상증자 등 잉여금 재원 등은 의제배당으로 하여 익금산입하고 유보로 반영함 (그러나 유가증권 평가익은 익금불산입 △유보함).
종업원 당기 결산이익의 성과배분 상여금	12월 31일에 급여 · 상여금으로 비용 · 원가 반영이 원칙이므로 노사합의 된 성과상여금을 잉여금처분계산서에서 당기순이익의 처분(분배금)하면서 미지급 반영하면 손익계산서의 회계이익 과대계상으로 회계감사상 한정 사항이 될 수 있음	당해 연도의 손익계산서의 비용 · 원가로 처리하지 않아도 다음 연도 주주총회에서 통과되면 세무조정에 의하여 당해 연도의 법인세 신고 시 손금산입하고 잉여금 감액 반영할 수 있으나 회계감사 받지 않는 소기업만 해당.
원자재 구입 관련 금융에 대한 지급이자	뱅커스 유산스 이자는 당기 비용, 공급자신용 이자는 재고 원가에 가산 가능(그러나 취득가액과 구분하여 지급이자로 계상 시 당기비용으로 인정)	회계처리와 같음.

기업회계와 세법차이로 인한 세무조정 필수항목

계정과목	기업회계반영 · 처리원칙	세무조정방법 및 세무회계반영
할부판매 매출손익	인도기준 원칙, 현재가치로 평가반영	기업회계 상 회수약정기준 선택하면 회수기준적용
도급공사 수익인식	작업 진행기준(진행률의 합리적 추정)	• 장기 도급 : 진행기준(기준경비율 등 적용) • 단기 : 완성인도기준

계정과목	기업회계반영 · 처리원칙	세무조정방법 및 세무회계반영
예금 등 금융상품 이자수입	발생주의로 연말 전후 기간 귀속 미수수익 계상 (차) 미수수익 (대) 이자수익	금융 예금이자의 실제 지급 시점의 이자수익 원천징수 시점과 맞추기 위해 익금불산입(△유보).
매출채권 등 매각 · 할인	• 차입금 담보조건이면 차입금, 지급이자 계상 • 완전 양도 조건이면 채권 감액, 손실 계상	기업회계와 같아짐(기업회계 반영대로 세무 인식하므로 세무조정 사항 발생 없음
종업원 결산 성과이익 배분	가능한 당기손익 계산서의 급여 원가반영 해야(회계연구원 질의회신 2001-KQA23)	손익계산서 반영 안 하고, 잉여금 처분으로 하면서 손금산입(△유보)하여 당기 과세소득 감소시킴.
건물 감가상각방법	정율법 · 정액법 중 선택 가능	정액법만 인정, 정율법으로 가속상각 했다면 손금부인 후 나중에 추인
연도 중 취득자산 상각		신규 취득 후 월할 상각(1개월 미만은 1개월로 봄)으로 기업회계와 같아짐.
감가상각 내용연수	합리적 기간 내 강제 감각상각, 미상각하면 감사의견 한정 · 부적정이며, 전기손익 반영	손익이 나쁘면 미상각 가능(내용연수 자동 연장 효과), 세무상으로는 상각대상금액이 뒤로 밀림.
보유주식의 무상증자 배당금 수입	주식 수만 증가시키고 배당금수익 처리 안 함(연말에는 시가법으로 평가).	이익잉여금 재원은 익금산입(+유보), 자본잉여금 재원의 무상증자는 익금산입 안 함.
보유 유가증권 평가 방법	시가법(시가주의로 평가하여 평가손인 인식)	원가법(원가주의이므로 평가손익은 손금, 익금불산입)

계정과목	기업회계반영 · 처리원칙	세무조정방법 및 세무회계반영
합병거래 시 합병손실 등	부(-)의 영업권으로 무형자산 감액(-)	합병차익으로 보아 익금산입(토지 · 건물 등 평가차익에 일시상각충당금 등으로 대응 손금산입 가능)
이연자산 계상과 평가	이연자산 없어지고, 무형자산으로 분류	• 창업비 : 당기 비용처리 항목임(단, 2003년 1월 1일 이전은 5년 내 균등상각). • 연구비 : 당기 비용 • 개발비 : 20년 이내 비례 상각(무신고 시 5년 균등 상각)
매출채권의 대손충당금	연말 채권을 미래관점으로 보아 대손추산액 반영	1% 혹은 실제 대손실적 비율(실제대손 ÷ 전년 채권)로 손금산입 반영 ⇨ 주로 한도 초과액이 손금불산입 됨.
국고보조금 취득고정자산	비유동자산 가액에서 국고보조금을 감액충당금(-)으로 반영	국고보조금을 익금산입하고 대신에 대응 손금산입해야 과세이연시킴.
채권의 현재가치평가 반영	모든 자산에 도입되고, 해당 차액은 비용 · 손실반영 됨.	장기 연불 거래만 적용, 금전대차 거래는 적용 안 됨. 채권계정조정 감액도 대손금 개념으로 포함시킴.
특수관계자 대여금이자	거래상대방과의 실제 약정이자로 이자 인식	이자율은 가중평균이자율과 당좌대출이자율 중 선택 적용하며, 이보다 높은 차입금 이자율이 있는 경우에는 높은 차입금 이자율로 적용한다.

[세무조정계산서 작성 흐름]

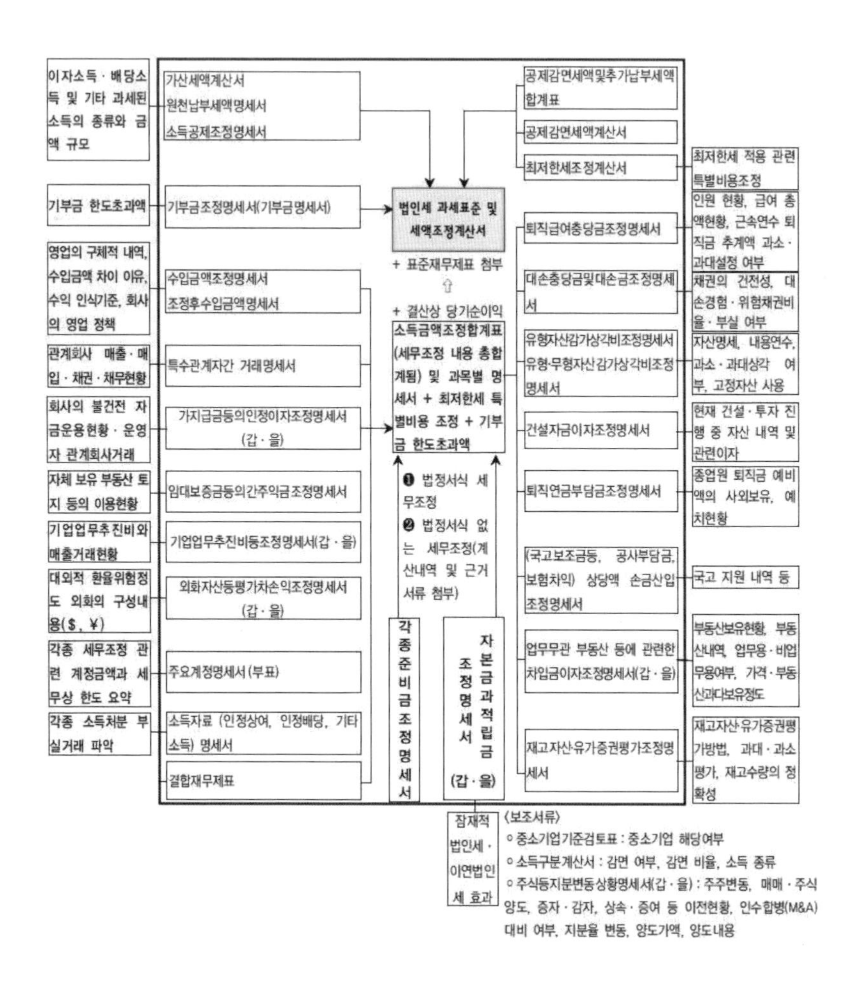

04 익금산입·익금불산입

익금이란 법인의 순자산을 증가시키는 거래로 인해서 발생하는 수익의 금액을 말한다. 법인의 순자산을 증가시키는 거래로 인해서 발생한 수익의 금액에 해당하기만 하면 그 발생원천이 무엇이든지 간에 상관없이 모두 익금에 해당한다.

익금산입

1. 사업수입금액

사업수입금액이란 법인이 정관·등기부상 목적으로 하는 사업에서 발생한 수입금액으로서 기업회계에서는 통상 매출액으로 표현되며, 영업 형태에 따라 수입금액, 도급금액, 판매금액 및 보험료액 등으로 속성을 구분할 수도 있고 손익계산서상의 표시에는 통상 매출액이라는 대과목하에 세 분류로서 당해 법인의 업무성격에 적합한 계정과목을 사용한다.

법인세법상으로는 매출액이란 표현 대신 통상 수입금액이라고 표현하고 있다. 과거에는 수입금액의 범위와 업종을 열거하였으나 모든 사업수입금액이라 하면서 표준산업분류표의 분류개념과 일치시키고 있다. 사업수입금액은 총매출액에서 매출에누리와 환입 및 매출할인을 차감한 금액으로 한다.

법인세법상 업종별 사업수입금액

1. 대리 · 대행 · 주선 · 알선 · 중개 · 소개 등

모든 영리 행위는 다른 외부구입 원재료 등에 일정 가공 · 제조행위를 통해 외부에 판매하는 형태를 갖는다. 그러나 대리 · 대행 · 주선 · 알선 · 중개 · 소개 등은 자기책임 하의 손익계산이 아니고 일정 범위의 행위를 대행해주면서 타인의 손익계산을 위해 수행하는 상행위인데, 이때는 수수료만이 수입금액이다. 즉, 거래를 대리하거나 중개하고 대리 · 중개수수료만을 수입하는 경우는 거래가 이루어지는 금액 전체가 아니고 당해 대행수수료 만이 수입금액이 된다. 위탁개념, 중개라도 자기책임 하에 구입, 총판매 · 수금개념이면 총매출액이 수입금액이다. 따라서 광고대행업 · 판매대행업 등도 당해 대행수수료 만이 수입금액이나 법적 성격의 대행이 아니고 당해 거래 자체라면 전체금액이 수입금액이 될 수 있는바, 이의 사실판단문제는 업계의 관행 및 거래책임의 부담범위에 따라 다르다.

2. 부동산임대업의 수입금액 추계

부동산임대업을 영위하는 법인의 각 사업연도 소득금액을 추계결정 또는 추계경정하는 경우 당해 부동산임대업의 수입금액은 임차자로부터 받는 실제의 임대수입금액에 수취한 전세금 또는 임대보증금에 대해서 당해 사업연도 종료일 현재 계약기간 1년의 정기예금이자율(시중은행 정기예금 이자율의 평균)에 의거 기획재정부령이 정하는 율을 적용해서 계산한 금액을 가산한 금액으로 한다. 즉, 추계결정시 수입의 원천은 임대료뿐만 아니라 보증금의 이자상당액도 해당하기 때문이다.

2. 자산(재고자산 이외의 자산)의 양도금액

자산의 양도란 일반적인 재고자산의 양도 외에 비경상적이고 일시적인 양도, 즉 고정자산이나 투자자산 등의 양도를 주로 규정하는 것으로 해석할 수 있다.

영업양도

자산에는 각 개별재산뿐 아니라 재산의 집합체도 양도대상이다. 이를 영업양도라 하는데 영업양도금액 전액이 자산양도금액이 된다. 여기서 양도가액은 영업양도 계약상의 총대가라고 볼 수 있는데 각각의 개별자산 대응 금액의 안분 금액이나 회계처리와 관계없이 총액을 익금산입한다.

자산처분손익의 세무조정

기업회계	법인세법
자산의 양도금액에서 장부가액을 차감한 잔액을 자산처분 손익으로 당기손익에 반영한다. ➜ 순액법 회계처리	재고자산 이외의 양도가액은 익금 항목, 양도 당시의 장부가액은 손금 항목으로 규정하고 있다. ➜ 총액법 회계처리
회사가 계상한 자산처분손익과 세법상 자산처분손익이 순액으로 차이가 나는 경우에만 세무조정을 한다.	

자기주식

자기주식의 양도 및 매각으로 인한 가액은 익금산입한다.

그러나 실제 매각이 아니고 자전거래매각익, 특수관계인에게 매각 후 재취득 관련 이익은 실질적 매각 · 거래이익이 아니라 일종의 평가이익으로 보므로 익금산입하지 않는다.
세무상으로는 당초 취득가액과 매각금액과의 차이 금액은 익금이나 손금으로 처리한다. 또한, 매입소각하거나 상환 일까지 보유하기 위해 자기사채를 취득하면 취득일까지의 이자 상당액을 지급이자로 하여 원천징수하고, 자기사채의 발행가액과 취득가액과의 차액을 취득일이 속하는 사업연도의 손익산입한다.

구분		처분이익(소각이익)	처분손실(소각손실)
자기주식의 처분	자산의 양도	익금항목	손금항목
자기주식의 소각	감자	익금불산입 항목	손금불산입 항목

3. 자산수증이익과 채무면제이익

법인이 타인으로부터 자산을 무상으로 증여받음으로써 얻은 이익을 자산수증이익이라고 하고, 채무를 면제받거나 법률에 의해서 채무가 소멸되어 얻는 이익을 채무면제이익이라고 한다.
그리고 자산수증이익과 채무면제이익은 익금산입한다.

자산수증이익으로 보지 않는 경우

❶ 수출품 제조에 있어서 수입업자의 요청에 따라서 수입업자가 제공하는 자재(수입업자의 상표 등을 인쇄·자수한 원단의 일부 또는 고유상표화된 단추·바클·순수상표 등)를 반드시 부착하게 되어있는 경우 동 자재를 수입업자가 수출품 제조업자에게 무환으로 보내주는 경우 동 자재의 가액

❷ 법인의 대표이사 개인소유의 부동산을 임대차계약에 의해서 무상 또는 적정가액 이하의 가액으로 영리법인에게 사용 수익하게 한 것은 등기부상의 명의변경이 아니므로 당해 부동산을 증여한 것으로 볼 수 없다(소유권 이전만 자산수증이익임).
❸ 특수관계에 있는 자가 인수를 포기한 비상장법인의 주식을 상속세 및 증여세법 시행령에 의해서 평가한 가액보다 저렴한 가액인 액면가액으로 인수한 경우 그 평가액과 액면가액과의 차액은 무상으로 받은 자산으로 인정하지 않는다(포기주식 가치가 없는 경우).
❹ 법인이 개인회사로부터 현물출자에 의해서 자산을 취득한 경우 당해 현물출자 자산 중 한국감정원의 감정가격 결정시 평가에서 제외된 도로로 사용되는 토지와 평가가치가 없는 기계공구가 포함되어 있는 경우에 동 평가 제외자산은 무상으로 증여받은 자산으로 보지 않는다(가치 없다는 개념).
❺ 이사회의 결의에 의해서 대표이사의 명의로 금융기관의 대출을 받아 법인세를 납부하고 이를 차후에 변제하기로 하였으나 이를 부채로 계상하지 않은 경우에도 이는 자산수증이익으로 볼 수 없다(아직 거래가 성립되지 않았으므로).
그러나 법인의 장래 상환의무가 전혀 없이 타인이 대신 납부한 법인세는 자산수증이익에 해당한다(거래성립이므로).

4. 채무의 출자전환으로 인한 채무면제이익

법인이 채무를 출자전환하는 경우로서 주식의 시가(시가가 액면가액에 미달하는 경우는 액면가액)를 초과해서 발행된 금액은 채무면제이익으로 익금으로 본다.

예를 들어 액면가액 100, 시가 200, 발행가액 400인 경우 시가와 액면가액의 차액인 100은 주식발행초과금으로 익금불산입하며, 발행가액과 시가의 차액인 200은 채무면제이익으로 익금산입한다.

5. 전기에 손금에 산입된 금액 중 환입된 금액

전기에 지출한 금액을 환입 받거나 전기에 설정한 충당금이나 준비금을 환입한 경우에는 당초 손금 항목인지에 따라 익금 항목인지를 결정한다. 당초 손금 항목이 환입된 경우는 익금 항목이나 손금불산입 항목이 환입된 경우는 익금불산입 항목이다.

참고로 전기에 자산의 취득원가로 처리한 것을 당기에 환입하는 경우에는 해당 자산에서 차감한다. 손금에 산입 된 금액 중 환입된 금액의 유형을 예시해 보면 다음과 같다.

❶ 세법상 손금으로 인정된 대손금이 그 후 환입되는 경우

❷ 보험계약의 해약으로 인해서 지급된 단체퇴직보험료 등이 환입되는 경우

❸ 세법상 손금으로 인정되는 재산세를 현금으로 지급한 후 과오납으로 인해서 환급받을 경우

❹ 세법상 손금산입 반영 설정된 충당금이나 준비금을 환입하는 경우

전기의 처리	당기의 환입	예시
손금항목	익금항목	대손금, 재산세, 충당금이나 준비금 환입
손금불산입 항목	익금불산입 항목	법인세 환급, 대손금 부인액의 환입액, 퇴직급여충당금 부인액의 환입액
자산의 취득원가로 계상한 금액	취득원가에서 차감	취득세의 환입액 등

6. 이익처분에 의하지 않고 손금으로 계상한 적립금액

배당평균적립금 · 감채적립금 등의 적립금은 이익처분에 의해서 적립해야 한다. 이익처분에 의하지 않고 적립금을 비용으로 계상한 경우 그 비용 계상 금액은 익금으로 본다.

7. 특수관계자로부터 자본거래에 의해 분여 받은 이익

법인이 자본거래에 의해서 특수관계자로부터 이익을 분여 받은 경우 그 분여 받은 이익을 익금으로 본다. 이에는 특수관계자인 법인 간 합병 시의 불공정비율합병(증권거래법에 따라 합병비율을 산정해서 합병한 경우는 제외), 법인증자 시 전환사채 · 신주인수권의 부당가액 포기나 고가 인수, 자본감소(감자) 시의 불균등 비율 감자와 관련된 분여이익을 말한다.

8. 특수관계자인 개인으로부터의 유가증권 저가매입액

법인이 특수관계가 있는 개인으로부터 유가증권을 시가보다 저가로 매입하는 경우 시가와 매입가액의 차액을 익금산입한다.

적용요건

❶ 특수관계 있는 개인으로부터의 매입

특수관계 있는 개인으로부터 매입한 경우에 한해서 적용되며, 특수관계 있는 법인으로부터 매입한 경우는 이 규정이 적용되지 않는다.

❷ 유가증권

일반적으로 재산적 가치가 있는 증권으로서 주식 · 출자금, 채권 등이 해당

된다.

❸ **시가보다 저가로 매입**

시가란 특수관계자가 아닌 제3자 간의 정상적인 거래에 의해서 형성된 객관적인 교환가치를 말하며, 유가증권의 시가가 불분명한 경우에는 상속세 및 증여세법을 준용해서 평가해야 한다.

저가매입 차액의 처리

❶ 익금산입 시기 : 그 매입일이 속하는 사업연도

❷ 저가매입차액의 세무조정

저가매입차액은 익금산입 유보처분해서 당해 유가증권의 세무 계산상의 취득가액에 가산한 후, 동 유가증권 양도 시 손금산입한다.

구 분	저가 매입 차액의 처리	세무 계산상 자산 취득가액
특수관계 있는 개인으로부터 저가매입 경우	익금산입 유보처분 ⇨ 매입 시 과세	시가(저가 매입 차액을 유가증권 취득가액에 가산)
기타의 저가매입 경우	익금으로 보지 아니함 ⇨ 처분 시 과세	취득가액

9. 자산의 임대료

법인의 주된 수입이 부동산임대로 인한 수익이라면 그 업태는 부동산업 중 부동산임대업에 해당하며, 동산임대로 인한 수익이라면 사업서비스업 중 기계 및 장비임대업 등에 해당해서 매출액으로 처리한다.

그러나 임대업 등을 정규적인 업으로 하지 않아도 임대로 인한 수익이 발생할 수 있으며, 여기서 말하는 자산의 임대료는 정규적인 업으로 하지 않는 경우의 임대료를 말한다.
임대료를 매기 받기도 하지만 최초에 미리 입회금·가입금 등으로 받기도 하는데 이러한 금액도 임대료로 한다.
이같이 향후의 사용수익을 보장한 경우라도 익금의 귀속연도는 장래의 사용수익기간에 걸쳐 안분하지 않고 받기로 한 사업연도의 수익으로 계상한다. 단, 탈퇴 시 반환이 명백히 약속된 경우는 임대료라 볼 수 없고 보증금으로 보아야 한다.

10. 동업기업 소득금액 배분규정에 따라 배분받은 소득금액

동업기업의 동업자 군별 배분 대상 소득금액은 각 과업연도의 종료일에 해당 동업자 군에 속하는 동업자들에게 동업자 간의 소득분배비율에 따라 배분한다. 이에 따라 법인이 배분받은 소득금액은 익금에 산입한다.

11. 의제배당

상법상 이익배당에는 해당하지 않지만, 법인이 감자·잉여금의 자본전입·해산 또는 합병·분할한 경우에 법인의 이익이나 잉여금을 실질적으로 배당하는 것과 같은 다음의 경제적 이익은 주주 또는 출자자인 법인의 각 사업연도 소득금액 계산상 익금에 산입한다.

감자·탈퇴·퇴사의 경우

주식의 소각이나 자본의 감소로 인해서 주주가 취득하는 금전의 가액과 기타 재산가액의 합계액 또는 사원의 퇴사, 탈퇴나 출자의 감소로 인해서 사원이나 출자자가 취득하는 금전 또는 기타 재산의 합계액이 당해 주식 등을 취득하기 위해서 소요된 금액을 초과하는 경우 그 초과액을 배당으로 보아 익금에 산입한다.

의제배당액 = 주주 등이 취득하는 금전, 기타 재산가액의 합계액 – 당해 주식 등의 취득가액

감자에 따른 의제배당 사례

납입자본금이 15억 원(1주당 액면가 : 1만원, 발행주식수 : 15만주), 잉여금이 7억 원인 법인이 자본금 5억 원을 기존주주의 지분비율에 따라 감자하면서 1주당 15,000원씩 지급하는 경우
당해 법인의 발행주식의 40%를 소유하고 있던 갑법인(1주당 취득가액 10,000원)의 의제배당액을 계산하면 다음과 같다.

❶ 갑 법인이 취득하는 금전 = 15,000원 × 50,000주 × 40% = 300백만원
❷ 당해 주식의 취득가액 = 10,000원 × 50,000주 × 40% = 200백만원
❸ 의제배당액 : ❶ – ❷ = 100백만 원

현금 300백만 원 / 관계회사주식 200백만 원
의제배당 100백만 원 ⇨ 익금산입

감자법인의 회계처리(감자차손은 잉여금과 상계 처리)

자본금 500백만 원 / 현 금 750백만 원
감자차손 250백만 원
잉여금 250백만 원 / 감자차손 250백만 원

잉여금을 자본전입 하는 경우

법인이 잉여금의 일부 또는 전부를 자본에 전입함으로써 주주 또는 출자자인 법인이 취득하는 자산의 가액은 의제배당에 해당된다.

❶ 자본전입 시 의제배당에 해당하는 잉여금

- 이익잉여금
- 합병평가차익 등과 분할평가차익 등
- 자산재평가법의 규정에 의한 토지의 재평가차액에 상당하는 재평가적립금
- 소각일 부터 2년 이내에 자본에 전입하는 자기주식소각익 등
- 소각당시 주식의 시가가 취득가액을 초과하는 경우는 소각일로부터 2년이 경과한 후 자본에 전입하는 자기주식소각익을 포함
- 기타 의제배당에서 제외되는 잉여금 이외의 잉여금

❷ 자본전입 시 의제배당에서 제외되는 잉여금

- 주식발행 액면 초과액
- 주식의 포괄적 교환차익
- 주식의 포괄적 이전차익
- 감자차익
- 합병차익(규정에 의한 합평평가차익 등 제외)
- 분할차익(규정에 의한 분할평가차익 등 제외)
- 자산재평가법에 의한 재평가적립금(토지의 재평가차액에 상당하는 금액 제외)
- 소각당시 주식의 시가가 취득가액을 초과하지 아니하는 경우로서 소각일부터 2년이 경과한 후 자본에 전입하는 자기주식소각익

자기주식이 있는 법인이 잉여금을 자본에 전입한 경우

법인이 자기주식 또는 자기 출자지분을 보유한 상태에서 자본전입시 의제배당에서 제외되는 잉여금의 전부 또는 일부를 자본에 전입함에 따라 당해 법인 외의 주주 등의 자본 비율이 증가한 경우 증가한 지분비율에 상당하는 주식 등의 가액은 의제배당으로 보아 익금에 산입한다.

해산의 경우

주주 등이 해산법인으로부터 잔여자산가액의 분배로 취득하는 금전과 기타 재산가액의 합계액이 당해 주식 등을 취득하기 위해서 소요된 금액을 초과하는 경우 그 초과액은 의제배당에 해당한다.

합병의 경우

피합병법인의 주주가 합병 후 존속법인 또는 신설법인으로부터 취득하는 주식·출자의 가액과 금전 기타 재산가액의 합계액이 피합병법인의 주식 등을 취득하기 위해서 소요된 금액을 초과하는 경우 그 초과액은 의제배당에 해당한다.

분할의 경우

분할법인의 주주가 분할신설법인 등으로부터 분할로 인해서 취득하는 주식의 가액과 금전 기타 재산가액의 합계액이 분할법인의 주식을 취득하기 위해서 소요된 금액을 초과하는 경우 그 초과액은 의제배당에 해당한다.

12. 임대보증금 등의 간주임대료

추계결정의 경우

장부 기타 증빙의 미비 등으로 추계결정하는 경우는 모든 법인에 대해서 적용한다.

구 분	내 용
적용배제	없다. 따라서 주택과 그 부수 토지를 임대하는 때에도 계산대상이다.
계산방법	당해 사업연도의 보증금 등의 적수 × 정기예금이자율/365
세무조정	간주임대료는 추계사업수입금액을 의미하므로 그 자체로는 소득처분 대상이 아니다. 추계과세표준과 결산상 법인세비용차감전순이익과의 차액을 익금산입하고 상여로 처분한다.

추계결정 이외의 경우

❶ 부동산임대업을 주업으로 하는 법인(비영리법인 제외)일 것

법인의 사업연도 종료일 현재 자산총액 중 임대사업에 사용된 자산가액이 50% 이상인 법인

임대사업에 사용된 자산 중에는 주택임대에 공하는 자산가액을 포함(법인46012-2896, 1996.10.18.)하며, 자산가액은 기준시가에 의한다.

❷ 차입금이 자기자본의 2배(적수기준)를 초과하는 법인일 것

사업연도 중 합병 · 분할, 증자 · 감자 등에 따라 자기자본의 변동이 있는 경우 당해 사업연도 개시 일부터 자기자본 변동일 전일까지의 기간과 변동 일부터 당해 사업연도 종료일까지의 기간으로 나누어

계산한 자기자본의 적수를 합한 금액을 자기자본의 적수로 한다.

❸ 부동산 및 부동산상의 권리를 대여하고 임대보증금을 받는 경우이다. 따라서 차량이나 기계장치 등을 대여한 경우에는 간주익금의 계산대상이 아니다.

구 분	내 용
적용배제	주택과 그 부수토지를 임대하는 경우는 계산대상이 아니다.
계산방법	(당해 사업연도의 보증금 등의 적수 – 임대용부동산의 건설비상당액의 적수) × 정기예금이자율/365 – 당해 사업연도의 임대사업 부분에서 발생한 수입이자와 할인료 · 배당금 · 신주인수권처분익 및 유가증권처분익의 합계액
세무조정	익금산입하고 기타 사외유출로 처분한다.

간주익금의 계산방법

임대보증금 등의 간주익금은 다음 산식에 의해서 계산하며, 익금에 가산할 금액이 "0" 보다 적을 때는 이를 없는 것으로 본다. 이 경우 적수는 매월 말 현재의 잔액에 경과일수를 곱해서 계산할 수 있다.

[적수의 계산]

적수의 계산은 보증금 등의 매일 잔액의 합계액을 원칙으로 하되, 매월 말 현재의 잔액에 경과일수를 곱해서 간편하게 할 수도 있다. 임대보증금 등을 임대사업을 개시한 날부터 먼저 받거나 늦게 받을 경우도 임대보증금 적수는 임대 개시 일부터 계산한다.

[건설비 상당액의 계산]
임대용 부동산의 건설비 상당액이란 건축물의 취득가액(자본적 지출액을 포함, 재평가차액 및 토지 취득가액을 제외)으로 하고 그 적수는 다음에 의해서 계산한다.

$$임대용\ 부동산의\ 건설비\ 적수\ 총계 \times \frac{임대면적의\ 적수}{건물연면적의\ 적수}$$

지하도를 건설해서 국유재산법 기타 법령에 의해서 국가 또는 지방자치단체에 기부채납하고 지하도로 점용허가(1차 무상점용허가기간에 한함)를 받아 이를 임대하는 경우 다음과 같이 계산한다.

$$지하도의\ 건설비\ 적수\ 총계 \times \frac{임대면적의\ 적수}{임대가능면적의\ 적수}$$

[정기예금이자율]
정기예금이자율은 서울특별시에 본점을 둔 은행의 계약기간 1년의 정기예금이자율 평균을 고려해서 기획재정부장관이 정하는 이자율을 말한다.

[금융수익]
수입이자와 할인료 · 배당금 · 신주인수권처분익 및 유가증권처분익(유가증권의 매각익에서 매각손을 차감한 금액으로 하고, 그 차감액이

(-)인 경우에는 0으로 봄)의 합계액을 말한다. 여기서 금융수익은 발생주의에 따른 금액을 말하므로 세법상 손익귀속시기가 도래하지 않았더라도 금융수익으로 차감한다.

? 매출 누락에 따른 세무조정

구 분	내 용
외상매출금을 누락 한 경우	익금산입 : 매출채권(부가가치세 포함금액) ⇨ 유보 손금산입 : 부가가치세예수금 ⇨ △ 유보
현금을 누락 한 경우	❶ 원칙적인 현금매출 누락 익금산입 : 매출채권(부가가치세 포함금액) ⇨ 상여 손금산입 : 부가가치세 예수금 ⇨ △ 유보 ❷ 현금매출 누락액을 수정신고기한 내에 회수하는 경우 매출누락 시 : 익금산입 가지급금 ⇨ 유보 회수 시 : 손금산입 가지급금 ⇨ △ 유보

? 가공자산·부채 및 부외자산·부채에 대한 세무조정

구 분	내 용
가공자산	장부에는 계상되어 있으나 실물자산은 없는 경우 ⇨ 매출채권의 경우 : 매출채권 회수 회계처리 누락 ⇨ 재고자산의 경우 : 현금매출을 누락 ⇨ 고정자산의 경우 : 고정자산 처분 거래 누락 [세무조정] 손 금 산 입 : 자산 감액(△ 유보) 손금불산입 : 귀속불분명 금액(상여)

구 분	내 용
가공부채	장부에는 계상되어 있으나 채권자가 없는 부채 익 금 산 입 : 채무면제이익(유보)
부외자산	장부에는 계상되어 있지 않으나 실물자산이 존재하는 경우 익 금 산 입 : 자산수증이익(유보)
부외부채	장부에는 계상되어 있지 않으나 채권자가 존재하는 부채 [세무조정] ❶ 대응되는 자산이 불분명한 경우 손 금 산 입 : 부채 증액(△ 유보) 손금불산입 : 귀속불분명 금액(상여) ❷ 대응되는 자산을 누가 유용중에 있고 회수할 것이 객관적으로 입증되는 경우 손 금 산 입 : 부채 증액(△ 유보) 익 금 산 입 : 가지급금(유보)

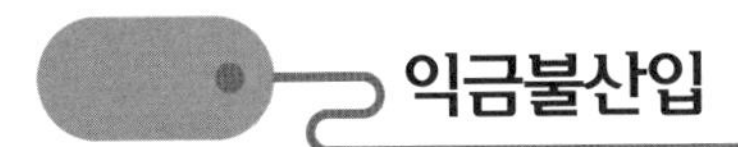

익금불산입

1. 주식발행초과금

주식발행초과금이란 주식의 액면금액을 초과하여 발행한 경우 발행금액과 액면금액의 차액을 말한다.

2. 감자차익

감자차익은 자본금을 감자하는 경우 자본금의 감소액이 주주에게 환급한 금액과 결손보전에 충당된 금액을 초과할 경우는 그 초과액을 말한다.

3. 주식의 포괄적 교환차익

예를 들어 기존의 회사 사이에서 완전자회사가 되려는 갑회사의 주식 전부를 모회사가 되려는 을회사에 이전하고 그 대가로 신주를 배정받아 자회사 갑회사의 주주가 모회사 을회사의 주주가 되는 것을 포괄적 교환이라고 한다. 이를 통해 을과 갑 두 회사는 모회사와 자회사의 관계가 성립하게 된다.
주식의 포괄적 교환차익은 다음과 같다.

주식의 포괄적 교환이익 = 완전 자회사의 순자산 가액 - 주식교환발급금 - 이전한 자기주식의 장부가액 - 완전 모회사의 자본금 증가액

4. 주식의 포괄적 이전차익

주식의 포괄적 이전이란 기존의 회사가 단독 또는 공동으로 완전 모회사를 설립하고 기존의 회사의 주식을 완전 모회사에 이전하고 완전 모회사는 주식을 발행해서 발급한 것을 말한다. 이 경우 기존의 회사는 완전 모회사의 자회사가 되며, 기존회사의 주주는 완전 모회사의 주주가 된다.
주식의 포괄적 이전차익은 다음과 같다.

주식의 포괄적 이전차익 = 완전 자회사의 순자산가액 - 주식교환발급금 - 완전 모회사의 자본금

5. 합병차익(합병평가차익 제외)

합병차익은 합병법인이 피합병법인으로부터 승계한 순자산가액이 피합병법인의 주주에게 지급한 합병대가(주식의 액면가액과 합병발급금)를 초과하는 경우 그 초과액을 말한다.

합병차익 = 승계한 순자산가액 - (발급주식의 액면가액 + 합병발급금)

발급 주식을 액면가액으로 평가한 경우

구 분	계산방법	세무상 처리
합병평가차익	승계한 자산가액 - 피합병법인의 자산가액	익금 항목
합병감자차익	피합병법인의 자본금 - 합병대가	익금불산입 항목
잉여금 승계	익금불산입 항목인 자본잉여금, 익금 항목인 자본잉여금과 이익잉여금의 순서로 승계받는 것으로 봄	익금불산입 항목

발급 주식을 시가로 평가한 경우

발급주식을 시가로 평가하는 경우는 잉여금은 모두 의제배당으로 과세되므로 합병차익 중 합병평가차익만을 구분하고 그 이외의 구성요소는 구분하지 않는다.

> 합병평가차익 = 승계한 순자산가액 − (피합병법인의 자산가액 + (발급주식의 시가 − 합병발급금) − 피합병법인의 자기자본)

6. 분할차익(분할평가차익 제외)

분할이란 하나의 회사를 둘 이상의 회사로 나누는 것을 말하며, 분할차익은 다음과 같다.

> 분할차익 = 승계한 순자산가액 − (발급주식의 액면가액 + 분할발급금)

발급 주식을 액면가액으로 평가한 경우

구 분	계산방법	세무상 처리
분할평가차익	승계한 자산가액 − 분할법인의 자산가액	익금 항목
분할감자차익	분할법인의 자본금 − 분할대가	익금불산입 항목
잉여금 승계	익금불산입 항목인 자본잉여금, 익금 항목인 자본잉여금과 이익잉여금의 순서로 승계받는 것으로 봄	익금불산입 항목

발급 주식을 시가로 평가한 경우

발급주식을 시가로 평가하는 경우는 잉여금은 모두 의제배당으로 과세되므로 분할차익 중 분할평가차익만을 구분하고 그 이외의 구성요소는 구분하지 않는다.

분할평가차익 = 승계한 순자산가액 − (분할법인의 자산가액 + 분할대가(시가) − (분할법인의 자산합계액 − 부채합계액)) − 감면 · 세액공제

7. 자산수증이익과 채무면제이익 중 이월결손금의 보전에 충당한 금액

자산수증이익과 채무면제이익은 익금에 해당한다. 다만, 법인의 재무구조개선을 지원하기 위해서 자산수증이익과 채무면제이익으로 이월결손금의 보전에 충당한 경우는 그 금액을 익금불산입 한다.

자산수증이익과 채무면제이익을 이월결손금의 보전에 충당하는 방법은 이월결손금과 직접 상계하는 것은 물론 자산수증이익과 채무면제이익을 기업회계기준에 의해서 영업외수익으로 계상하고 자본금과 적립금조정명세서(갑)에 동 금액을 이월결손금에 충당한다는 뜻을 표시하는 세무조정으로 익금불산입(기타처분)한 것도 인정된다. 즉, 특별한 절차가 필요한 것은 아니다.

8. 채무의 출자전환으로 인한 채무면제이익 중 법 소정 요건 구비 금액

9. 이월익금

10. 손금불산입 된 금액의 환입액

11. 지주회사가 자회사로부터 받은 배당소득금액 중 일정 금액

12. 부가가치세 매출세액

13. 국세 또는 지방세의 과오납금 환급금 이자

05 손금산입·손금불산입

손금산입 및 손금불산입의 구분

손금은 자본 또는 출자의 환급, 잉여금의 처분 및 손금불산입으로 규정된 것을 제외한 순자산을 감소시키는 손비를 말한다.

손금항목	손금불산입 항목
재고자산의 매입가액과 판매부대비용	
양도한 자산의 장부가액	
여비와 교육훈련비	임직원 아닌 지배주주 및 그 특수관계자의 여비와 교육훈련비
영업자가 조직한 단체에 대한 조합비와 협회비	
법 소정 자산의 평가차손	법 소정 자산 이외의 자산의 평가차손
광고선전비	

손금항목	손금불산입 항목
인건비	❶ 비상근임원보수 중 부당행위계산 부인해당액 ❷ 노무출자사원의 보수 ❸ 지배주주 및 특수관계자에 대한 과다 지급 인건비 ❹ 임원상여금 한도초과액 ❺ 임원퇴직금 한도초과액
기업업무추진비	❶ 건당 일정금액 3만원(경조사비는 20만원) 초과분 중 적격증빙 미수취분 ❷ 기업업무추진비 한도초과액
기부금	❶ 특례기부금 한도초과액 ❷ 일반기부금 한도초과액 ❸ 비지정기부금
지급이자	❶ 채권불분명 사채이자 ❷ 비실명 채권 · 증권이자 ❸ 건설자금이자 ❹ 업무무관자산 등 관련이자
수선비	
감가상각비	감가상각비 한도초과액
특수관계자로부터 양수한 자산의 장부가액이 시가(실제 취득가액이 시가에 미달하는 경우는 실제 취득가액)에 미달하는 경우 그 미달액에 대한 감가상각비 상당액	

손금항목	손금불산입 항목
비용으로 처리한 장식 · 환경미화 등을 위한 소액미술품	
기타의 손비 광산업의 탐광비, 무료진료의 가액, 업무와 관련 있는 해외시찰비 · 훈련비, 맞춤형 교육을 위한 지출, 업무와 관련해서 지출한 손해배상금(징벌적 성격의 손해배상금* 및 화해결정에 따른 지급금액 중 실손해를 초과하여 지급한 금액은 손금불산입(국외에서 지급한 징벌적 손해배상금 포함) 손금불산입), 기증한 잉여식품의 장부가액, 우리사주조합에 출연하는 자산주의 장부가액 또는 금품, 보험업을 영위하는 법인이 기업회계기준에 의해서 계상한 구상손실	❶ 자본거래 등 : 잉여금의 처분을 손비로 계상한 금액, 배당건설이자, 주식할인발행차금(신주발행비 포함) ❷ 업무무관비용 : 업무무관자산의 유지비와 관리비, 업무무관자산의 취득을 위한 차입비용, 출자임원에게 제공한 사택의 유지비, 타인이 주로 사용하는 자산에 대한 비용

손금산입 항목

1. 판매한 상품 또는 제품에 대한 원료의 매입가액(기업회계기준에 따른 매입에누리 금액 및 매입할인금액을 제외한다)과 그 부대비용

기업회계기준에 따른 매입에누리 금액 및 매입할인금액을 제외한다. 일반적으로 이러한 항목은 매출원가 혹은 제조원가 개념이다.

그러나 매입에누리 받은 금액, 매입할인 받은 금액 등은 매입가액에서 제외한 후 이들을 차감한 잔액만 매입원가로 반영한다. 즉, 순액주의로 매입원가를 기록한 후 세무상 반영한다.

반면 판매부대비용은 판매수수료, 지급수수료, 운반비 및 보관료, 광고선전비, 기타의 부수 경비, 매출할인, 매출에누리, 판매장려금, 사은품, 경품, 조건부 지급 등의 실제 지급액을 말한다.

2. 양도한 자산의 양도 당시의 장부가액

양도한 자산의 양도 당시의 장부가액이 손비로 계상되는 것은 당연하다. 이는 역사적 원가주의(자산을 최초 취득한 시점의 원가로 장부에 기록하는 것)에 따라 수익을 창출하기 위해서 희생된 원가이기 때문이다. 이는 감가상각자산이나 비상각자산 모두에 적용되는데 감가상각 적용대상 자산인 경우는 상각 후의 장부잔액이 양도가액의 소멸원가이다. 양도자산의 상각부인액이나 시인부족액은 각 자산별 장부잔액에 가감되어 세무상의 장부가액을 계산해야 한다.

3. 인건비

4. 고정자산의 수선비

당기 지출시 손금산입되는 수선비는 수익적 지출로서 당해 고정자산의 원상을 회복하는 정도의 지출이어야 하므로 당초 능력을 유지하는 것 이상이면 수선비가 아니다. 즉, 유형고정자산의 유지 · 관리에 드는 비용으로서 수선한 자산의 사용가능기간(내용연수)을 연장하지 않고 또 그 자산의 가치를 증가시키지 않는 수선으로서 단지 파손 · 고장 등의 복구를 위한 목적으로 지출되는 금액을 말한다. 구체적 지출 형태로는 일상적인 점검조정, 소모부품 등을 위해서 지출되는 경상적 유지비, 파손 부분의 대체 등에 지출되는 부분적 대체 보상비 등을 들 수 있다.
수익적 지출의 형태로서, 건물 또는 벽의 도장, 파손된 유리나 기와의 대체, 기계의 소모된 부품의 대체와 벨트의 대체, 자동차의 타이어 튜브의 대체, 재해를 입은 자산에 대한 외장의 복구 · 도장 · 유리의 삽입, 기타 조업 가능한 상태의 유지 등이 있다.

5. 고정자산에 대한 감가상각비

6. 특수관계자로부터 자산 양수를 하면서 기업회계기준에 따라 장부에 계상한 고정자산 가액이 시가에 미달하는 경우

특수관계자 간의 거래에서 정상시가를 초과한 장부반영 차액(= 장부반영액 − 정상시가 장부반영액 ≧ 시가인 경우)은 거래 부인하며, 손금불산입 처리한다.
그러나 기업회계기준상 장부에 계상한 고정자산 장부가액이 시가에 미달하는 경우(즉 장부반영액 < 시가인 경우임)로써 실제 취득가액이 시가를 초과하면 시가와 장부에 계상한 가액과의 차액에 대한 적정 감가상각비를, 실제 취득가액이 시가에 미달하면 실제 취득가액과 장부계상가액과의 차이에 대한 감가상각비를 손금산입한다는 것이다.

7. 자산의 임차료

세법상의 임차료는 실질적으로 임차료의 성격을 띠는 모든 금액을 포함한다. 따라서 전기료나 수도료도 포함된다.

이 밖에 건물 소유주가 보험계약자 및 피보험자로 되어있는 보험계약의 화재보험료를 임차인이 부담한다면 명목은 보험료이나 실제로 임차료의 성격을 가지므로 손금산입되는 임차료로 봄이 타당하다.

토지를 일정기간 사용한 후 소유권을 무상 양도하는 조건에서 타인 토지 위에 건축물을 신축하면 당해 건축물 취득가액은 선급임차료로 보아 사용계약 기간동안 안분해서 손금산입한다. 여기서 사용기간이 연장되거나 사용기간이 확정되지 않으면 당해 건물의 신고내용연수 동안을 사용기간으로 해서 안분계산해서 손금산입한다.

그러나 사업연도 말 현재 기간이 경과하지 않은 임차료는 선급비용으로 처리해서 손금불산입한 후 실제 임차기간에 안분해서 각 사업연도의 임차료 상당액을 손금산입한다.

8. 차입금이자

차입금의 범위와 이자의 손금산입

법인은 사업자금을 타인자본과 자기자본 형태로 조달하는데, 자기자본은 자본금 · 출자금 · 자본잉여금 등 법인의 주주가 사업을 위해 투자한 자금이며, 이에 대한 자본 대가는 배당이나 분배금 등의 명목으로서 법인의 손금으로 인정되지 않는다. 반면에 차입금은 법인과 독립된 외부의 자금 원천으로부터 조달한 자금인데, 이에 대해서는 자금 사용대가, 즉 지급이자와 할인료 등의 금융비용이 지출된다. 이를 일반적으로 차입금 이자라고 하는데 합리적 범위 내의 금액이라면 전액 손금산입된다.

타인 명의 차입금에 대한 이자의 손비인정 여부

타인 명의로 되어있는 차입금이라도 실질적으로 법인의 부채로 인정되면 실질과세 원칙의 개념에 의거 법인의 차입금으로 보며, 당해 차입금에서 발생하는 이자도 당해 법인의 손비가 된다.

또한, 사업을 포괄적으로 양수하는 경우 채무 명의변경이 아직 실시되지 않아 차입금의 명의인이 다른 경우가 있을 수 있는데, 인수일 이후에 발생 된 지급이자는 아직 사업포괄양도자 명의로 되어있는 부채라 할지라도 양수한 법인의 손비가 된다.

부외부채에 대한 이자 불산입

법인 장부에 반영된 개인 사채의 이자도 채권자가 명백하고 관련 이자지급명세서와 원천징수가 분명히 되어있으면 지급이자는 손금산입된다. 즉, 사채이자가 손금산입되려면 사채이자의 귀속자도 명확해서 원천징수 문제나 지급명세서의 제출도 객관성에 문제가 없어야 한다. 그러나 계상된 부외 부채액의 상대 계정이 정리손실, 가공자산 등으로서 불분명지출금액이라면 조세법상의 제재적 차원에서 손금불산입이 타당하다.

조건부융자의 최소상환금 초과실시료

매출액의 일정 비율을 받는 조건부융자의 경우 최소상환액 이상 금액의 로열티 및 실시료는 별도 구분해서 비용인정 한다.

대금의 지급 지연이자와 조건부이자

자산의 취득가액에 포함시킬 성질의 것이 아닌 것으로 물품 대금의 확정 후 당해 대금 지급 지연에 따라 당해 금액이 소비대차로 전환되면 이로 인한 이자는 지급이자로 본다. 이밖에 수출품 생산 집하 자금의 이자도 손금산입된다.

재고자산의 취득과 관련되는 지급이자

원재료매입 등 재고자산취득과 관련되는 지급이자도 금융비용으로 손금산입이 원칙이며, D/A 수입 자재 이자 및 유전스이자도 금융비용으로 당기 손금이 가능하다.

9. 대손금(부가가치세매출세액 미수금으로서 회수할 수 없는 것 중 대손세액공제를 받지 않는 것을 포함한다)

부가가치세 매출세액 미수금으로서 회수할 수 없는 것 중 대손세액공제를 받지 않는 것을 포함한다.

법인은 일상적 영업 과정에서 구매자로부터 외상으로 판매함에 따라 외상매출금, 받을어음 등의 채권을 보유하는데, 도산 · 도피 · 상호견해 차이 등으로 못 받는 경우가 생길 수 있다.

이러한 회수불가능 금액을 대손금이라고 하는데 이는 법인이 확보한 자산 일부를 포기하는 것이므로 순자산 감소의 일종이고 따라서 손금산입한다.

부가가치세법상 대손세액공제 받은 미수금은 손금산입 안 됨

부가가치세액 미수금도 대손 되면 대손금의 손금산입이 가능하지만, 회수불능 부가가치세액에 대해 대손세액공제를 적용받은 금액은 법인 차원에서 불이익이 없는 경우이므로 손금산입이 적용되지 않는다.

대손금의 손익귀속 사업연도와 대손충당금과의 상계

법인은 보유한 채권의 변제불능 등을 예상하여 미리 대손충당금 등을 설정할 수 있다. 대손충당금을 설정한 법인에 세법상 손금에 해당하는 대손금이 생기면 당해 대손충당금과 우선으로 상계해야 한다.
그러나 대손금이 설정된 대손충당금의 잔액을 초과해서 발생하면 초과 차액은 직접 당해 연도의 손비로 처리한다.

대손금의 귀속 사업연도

대손이 발생하면 이미 계상반영 된 대손충당금과 대손 발생 연도에 상계처리하며, 대손충당금이 없으면 당해 연도에 대손금으로 비용반영 한다. 여기서 대손충당금이 없거나 부족하면 당해 연도에 추가 설정해서 손금산입함으로 결국 대손금을 대손충당금과 상계처리 하는 것도 당해 연도에 손금 처리하는 것과 같은 뜻이 된다.
그리고 일단 대손금으로 손금산입한 법인의 채권이 그 후의 사업연도에 다시 회수될 경우는 회수된 날이 속하는 사업연도의 익금산입한다.

세무상 인정되는 대손금의 범위

세무상 손금 인정되는 대손금은 그 발생 사유로서 파산 · 형 집행 · 폐업 · 사망 · 실종 등으로 회수할 수 없다고 판명된 채권만 해당한다.

10. 자산의 평가차손

현행 세법상 자산의 평가손실을 손금에 산입할 수 있는 경우는 다음 두 가지가 있다. 그 하나는 평가 방법 중 저가법 또는 시가법에 의해서 재고자산을 평가하는 경우 원가가 시가보다 높을 때는 시가에 의해서 재고자산을 평가하게 되므로 자연히 재고자산평가손실이 생기게 된다. 다른 하나는 세법상 자산 중에서 파손 · 부패 그 밖의 사유로 인해서 정상가격으로 판매할 수 없는 자산이 있을 때는 처분 가능한 시가로 평가함으로써 평가손실이 발생할 수 있다.

이상 두 가지 경우는 법인소득 계산상 자산의 평가손실을 손금에 산입할 수 있지만, 그 이외의 재고자산평가손실을 손금에 산입하는 데에는 많은 어려움이 있다. 왜냐하면, 재고자산평가손실은 원가를 시가로 조정하는 회계적 절차이므로 대부분 경우 시가를 결정하는 것이 사실 판단에 의존하게 되기 때문이다. 따라서 앞에서 기술한 내용 이외의 것으로 자산의 평가손실을 세무상 손금으로 인정하고자 할 때는 그 법인의 내부 통제기능을 감안해서 처리된 거래증빙이 건전한 사회통념상 인정되는 것이어야 한다. 즉, 임의평가차손은 손금불산입한다.

11. 제세공과금

12. 영업자가 조직한 단체로서 법인이거나 주무관청에 등록된 조합 또는 협회에 지급한 회비

영업자가 조직한 단체인 조합이나 협회에 대한 회비는 일반회비이건 특별회비이건 회원으로서의 의무금액 및 상호협의 금액은 모두 손금산입된다. 이러한 조합 · 협회는 법인격이 있는 때도 있으며, 법인격이 없더라도 주무관청에 등록된 조합이나 협회이면 가능하다.

그러나 법인격도 없으면서 주무관청에 등록되지 않은 조합이나 협회는 일종의 임의단체로서 이들에 대한 회비는 무조건 손금산입되는 것이 아니다.

지출의 성격에 따라 임직원의 개인적 편의 금액은 급여, 상여, 업무관련성이 없으면 업무무관경비, 접대성 경비는 기업업무추진비이며, 기부금이라면 비지정기부금으로 손금불산입 된다.

13. 광산업의 탐광비(탐광을 위한 개발비를 포함한다)

광산업은 초기 투자비가 많이 소요되는 불확실산업이므로 초기탐광비 · 개발비의 손금산입을 별도로 규정한 것이다. 생산비는 대응 원가로서 당연히 사업연도의 손비이므로 특별히 탐사비와 개발비를 발생한 사업연도의 손비로 인정한 것은 장래 수익에 대응되는 것이라 할지라도 이연 처리 할 필요가 없음을 의미한다.

왜냐하면, 광산업은 광상, 광맥이 발견되기까지는 탐사, 개발을 위한 탐사시설 고정자산의 감가상각비와 동원한 자금의 금리부담이 과중하다. 또한, 경제성을 지닌 광맥의 발견은 위험부담이 크므로 초기에 이러한 발생 비용을 세무상 손금산입 처리함으로써 납세 부담을 줄일 수 있고, 회계의 기본기능인 기업의 재무상태와 경영성과를 적정히 보수적으로 공시할 수 있기 때문이다. 법인세법은 탐광비와 탐광을 위한 개발비를 손비의 항목으로 규정하고 있을 뿐 그 구체적인 내용에 대해서는 언급이 없으므로 특정의 지출이 탐광비에 해당 하는지의 판단은 일반적으로 공정 · 타당하다고 인정되는 기업회계의 내용에 따라야 할 것이다.

14. 보건복지부 장관이 정하는 무료진료권 또는 새마을 진료권에 의해서 행한 무료진료의 가액

보건복지부 장관이 정하는 무료 진료권이나 새마을 진료권에 의해서 행한 무료 진료의 가액은 발생 사업연도에 이를 전액 손비로 산입한다. 또한, 의료업의 병원개설 허가 조건에 부수하는 무료진료비도 손금산입되는 범위에 포함된다.

15. 잉여 식품의 무상기증

음 · 식료품의 제조업 · 도매업 또는 소매업을 영위하는 내국법인이 잉여 식품을 무상으로 기증하는 경우 그 가액은 발생 사업연도에 손금에 산입한다.

일반적으로는 무상 기증의 경우 일반기부금으로 분류되거나 업무무관지출, 사업과 관련 없는 비용으로 손금불산입이 원칙이지만, 잉여 식품의 실제 활용으로 자원 낭비를 막고 불우이웃을 위한 사회복지 지원대책의 하나로 국가나 지방자치단체에 잉여 식품 활용사업자로 등록한 자 또는 잉여 식품 활용사업자가 지정한 자에게 무상으로 기증해야 한다.

16. 업무와 관련 있는 해외 시찰·훈련비

업무수행 상 필요한 해외여행의 판정 기준

임원 또는 사용인의 해외여행과 관련해서 지급한 여비는 법인의 업무수행 상 필요한 해외여행인지? 여부에 적절하면 여비로서 전액 손비로, 부적절한 금액은 근로소득으로 간주해서 손비로 인정되는 등 손비 구성항목이 달라지는데, 그 구분기준은 여행 목적 지역 · 경로 · 기간 등을 모두 고려해서 판정한다. 즉, 업무에 직접 · 간접적으로 관련 있으면 손비로 인정된다.
여기서 합리적 필요 인정금액 초과액은 임원 · 사용인의 급여로 한다.

해외여행 동반자 여비의 손금산입 여부

임원의 여행 동반이 신체장애로 인한 상시보호자 동반, 국제회의 배우자 동반 필수요건, 기타 전문기능인(외국어 통역자 · 전문능력 위촉자 등) 동반인 경우는 손비로 인정된다.

업무상 불필요한 여행이 병행된 여비의 안분계산 손금산입

임원 또는 사용인이 업무수행을 위해 해외여행을 함에 있어서 당해 여행과 관련해서 관광여행을 병행하는 경우가 많다.
이같이 법인의 업무수행이나 수익 창출과 관련해서 필요하다고 인정할 수 없는 여행을 겸하는 경우는 각각의 여행 기간에 따라 해외 여비를 안분계산해야 한다.

법인업무에 직접 관련된 부분은 손금산입

관광여행 기간에도 법인업무와 관련된 부분의 비용은 손금산입한다. 즉, 임직원의 해외여행 기간에 있어 여행지, 수행한 일의 내용 등으로 보아 법인의 업무와 직접 관련이 있는 것이 있다고 인정될 때는 법인이 지급하는 그 해외여행에 드는 여비 가운데 법인의 업무에 직접 관련이 있는 부분에 들어간 비용(왕복 교통비는 제외한다)은 여비로서 손금산입한다.

17. 특별학급 또는 산업체 부설 중·고등학교의 운영비 또는 수당

초·중등교육법 등은 학교법인이 아닌 일반법인도 산업체에 근무하는 청소년을 위해서 특별학급 및 산업체 부설 중·고등학교를 운영할 수 있도록 규정하고 있다. 학교 운영비가 법인의 사업 관련 직접 경비는 아니지만, 근로청소년 지원 및 산학협동 지원 목적에서 일반법인의 이러한 특별학급 및 부설 중·고등학교의 운영과 관련한 제반 비용은 전액 법인의 손금으로 산입하도록 규정하고 있다.

이러한 학교 운영비에는 교원에 대한 인건비, 제반 피복비, 교재비 및 기타 학교 운영에 드는 통상적인 비용들이 업무수행과 관련한 손비로 인정되는 범위 내 금액이다. 또한, 학교시설자산투자액도 운영경비로서 감가상각 방법(세법상 매년 한도금액계산)으로 손금산입된다.

그리고 기업과 교육기관 간 계약에 따라 채용을 조건으로 설치·운영되는 직업교육 훈련과정, 학과 등의 운영비로 지출하는 금액과 현장실습 수업에 참여하는 학생에게 지급하는 수당도 업무와 직결되는 것과 관계없이 손금산입한다.

18. 근로자복지기본법에 의한 우리사주조합에 출연하는 자사주의 장부가액 또는 금품

법인의 근로복지기본법에 의한 우리사주조합에 출연하는 자사주의 장부가액 또는 어떤 종류의 법인 금품도 종업원의 복리후생 지원 및 우리사주조합의 활성화 차원에서 법인의 비용처리행위에 대해 손금산입한다.

법인이 우리사주조합에 자기 회사 주식 외의 부동산이나 금품을 출연하는 경우 손금산입할 출연자산의 가액은 시가에 의한다. 여기서 이러한 시가와 장부가액과의 차액을 익금산입한다.

여기서 우리사주조합에 출연하는 자사주는 법인이 보유하거나 취득해서 우리사주조합에 출연하는 자사주를 말하는데, 증자방식에 의해서 자사주를 배정하는 것은 포함하지 않는다.

19. 장식·환경미화 목적의 사무실 복도 미술품

장식 · 환경미화 등의 목적으로 사무실 복도 등 여러 사람이 볼 수 있는 공간에 상시 비치하는 미술품의 취득가액을 그 취득한 날이 속하는 사업연도의 손금산입한 경우는 그 취득가액이 거래 단위별로 1천만 원 이하인 것에 한해서 비용인정 한다. 따라서 거래 건이 5건이면 1년에 5천만 원(= 500만원 × 5)도 당기 손금이 가능하다.

20. 그 밖의 손비로서 그 법인에 귀속되었거나 귀속될 금액

기술도입사용료

경상기술료와 고정기술료의 손금산입방법

일반적으로 경상기술료는 계약제품이 판매된 사업연도의 손금으로 계상하는 데 경상기술료를 제품의 제조수량에 일정 요율을 적용해서 지급하는 방법이라면 제품 제조가 완료된 사업연도에 손금으로 계상한다. 여기서 계약제품의 판매 및 제조 수량이 확정된 사업연도 후에 변동된 경우는 기간손익 수정 손익으로 처리해서 손금 및 익금산입한다. 경상기술료의 손금계산 방법에 있어서 제품의 순매출액에 일정률을 곱해서 지급하는 경상기술료라 할지라도 이는 일반적으로 제품제조원가에 해당하므로 당기의 기말재고자산과 매출원가에 안분계산해서 손금산입한다. 물론 제조에 관한 기술이 아니고 판매나 경영관리에 관한 기술료라면 판매비와 일반관리비로 처리해서 전액 당기 손비로 처리한다.

계약상 경상기술료의 선급이 분명하다면 선급비용으로 계상해서 계약기간 동안 안분하고, 그렇지 않은 경우는 기술료 선급금과 동일하게 취급해서 이연자산으로 계상 · 상각하면 된다.
그러나 현실적으로 고정기술료에서 경상분과 선급분의 구분이 곤란하므로 고정기술료 지급액 자체를 지급 · 발생 시 손비로 처리할 수도 있다.

기술료 지급 시 부담한 원천징수 세액 상당액의 손금산입

국내사업장 없는 비거주자나 외국법인과의 계약에 따라 기술사용료를 지급하는 경우 지급하는 법인은 법인세나 소득세를 원천징수해서 납부해야 한다. 외국과의 기술도입 및 용역계약에서 총액을 계약하고 원천징수 세액을 뺀 나머지만 송금하는 계약도 있지만, 순액지급하고 발생하는 세금은 국내의 대가 지급법인이 전액 부담하는 계약도 있다.
이같이 원천징수 세액 상당액을 법인이 대신 부담하기로 하는 계약조건이라면, 당해 원천징수 세액 상당액도 지급대가의 일부로 보아 손금산입한다. 즉, 순액 지급계약의 경우 세금 포함 총액이 손금산입된다는 뜻이다. 계산상 원천징수 대상이 되는 사용료의 과세표준은 지급하기로 약정한 금액 ÷ (1 - 원천징수 세율)이 되며 총액 계산된 금액(gross-up)이 비용처리 된다.

업무상 손해배상금의 처리

손해배상금의 손금산입 방법

법인의 귀책 사유로 인해 지급한 손해배상금 등은 재판의 예와 일반적인 기준에 비추어 사회통념상 타당하다고 인정되는 범위 내에서 손금으로 인정되며, 법인의 임원 또는 사용인의 행위 등으로 인해 법인이 지급한 손해배상금도 당해 행위가 법인의 업무수행과 관련된 것이고, 고의 또는 중과실이 아닌 경우로서 일반적으로 발생될 수 있는 손해배상금은 법인의 손금으로 본다.

따라서 회사 종업원인 운전기사가 업무수행 중에 일으킨 교통사고에 대해서 회사가 피해자의 유가족에게 지급한 보상비는 타 법률에 따라서 구상권을 행사할 수 있는 경우를 제외하고는 손금으로 계상할 수 있고, 당해 종업원에 대한 근로소득으로도 보지 않는다. 한편, 보험에 가입해서 보험금을 지급받은 경우에는 실제 배상금의 지급액에서 보험금 수령액을 차감한 금액을 손금으로 처리해야 하며, 공사 시행중 발생한 사고에 대한 배상금 지급액은 당해 공사원가로 손금산입하는 것이다.

기타 손해 배상적 성질 비용의 손금산입

법인소득 금액 계산상 손해 배상적인 성질의 비용을 손금에 산입하는 경우를 열거하면 다음과 같은데 모두 확정일자 혹은 결정 고지일에 손금산입한다.

❶ 우발적인 공사사고로 인한 치료비 및 합의보상금

❷ 법인의 관리 소홀 등으로 인한 맨홀 사고 배상금

❸ 환경보전법에 의한 공단 내 거주자의 피해보상비

❹ 산업재해보상보험법 규정 외의 보상금지급액 중 합당한 범위 내의 금액

❺ 환경보전법상 공단 거주자 피해보상비로서 납부하는 부담금

❻ 법인의 업무수행과 관련해서 피해를 입은 인근 주민에게 편의시설의 제공을 위해 소요된 비용 중 사회통념상 타당하다고 인정되는 범위 내의 금액

❼ 법원의 판결에 의해서 지급되는 위자료

❽ 상대방의 손실 · 복구비 등

부가가치세 매입세액불공제의 법인세법상 손금산입

구분	매입세액	세무 처리
손금산입	비영업용 소형 승용자동차의 구입유지에 관련된 매입세액	• 구입 관련 매입세액 : 자본적 지출 • 유지 관련 매입세액 : 차량유지비(손금)
	기업업무추진비 관련 매입세액	기업업무추진비로 보아 기업업무추진비 한도 시부인 계산
	토지조성을 위한 자본적 지출 관련 매입세액	토지에 대한 자본적 지출
	간주임대료 매입세액	임차인이나 임대인 중 부담한 자의 손금
	영수증(간이 세금계산서) 분 매입세액	지출내용에 따라 손금 또는 자본적 지출
손금불산입	등록 전 매입세액	손금불산입
	사업과 관련 없는 매입세액	손금불산입
	세금계산서 미수취 · 미제출 부실기재 분 매입세액	손금불산입

06 인건비, 세금과공과에 대한 세무회계

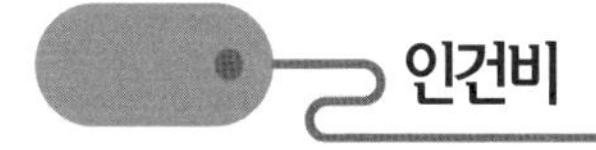

인건비

세무상으로 급여는 대다수 비용으로 인정되지만 몇 가지 비용으로 인정되지 않는 항목이 있는데, 살펴보면 다음과 같다.

1. 일반직원의 급여

회사 입장에서 처리	직원 입장에서 처리
손금산입(급여 · 상여 · 성과급 모두)	근로소득세 과세

2. 임원의 급여

대 상	회사 입장에서 처리	임원 입장에서 처리
임원	손금산입	근로소득세 과세
비상근임원	원칙적으로 손금산입하나 부당행위계산부인의 대상이 되는 부분은 손금불산입	자유직업소득 · 사업소득 등으로 처리할 수 있고, 근로소득세 과세도 가능하다.

대 상	회사 입장에서 처리	임원 입장에서 처리
신용출자사원	손금산입	근로소득세 과세
노무출자사원	손금불산입(노무 자체가 출자이므로 배당으로 보기 때문이다.)	배당소득세 과세

주 개인회사 사장의 급여는 필요경비불산입 즉, 비용으로 인정받지 못한다.

주 법인이 지배주주 등(그의 특수관계인 포함)인 임원 · 사용인에게 정당한 사유 없이 동일 직위에 있는 지배주주 등외의 임원 · 사용인에게 지급하는 금액을 초과해서 지급하는 경우 그 초과금액은 비용불인정하고 상여로 처분한다.

위에서 임원의 급여에 포함되는 항목을 살펴보면 다음과 같다.

- 매월 지급하는 현물급여
- 소유자산을 부당하게 저가로 매도하였을 경우 자산의 가액과 양도가액과의 차액에 상당하는 금액으로서 그 금액이 매월 일정한 것
- 토지 또는 건물의 무상대여로 인한 금액으로 그 금액이 대략 매월 일정한 경우
- 매월 부담하는 주택 전기료 · 수도료 · 가스료 등 개인적 비용
- 매월 지급하는 정액의 기업업무추진비
- 임원이 입회하고 있는 단체의 회비
- 임원을 수치인으로 하는 정기보험료 부담액

그리고 세법에서 말하는 임원의 범위는 다음과 같다.

- 법인의 회장 · 사장 · 부사장 · 이사장 · 대표이사 · 전무이사 · 상무이사 등 이사회의 구성원 전원의 청산인
- 합명회사 · 합자회사 및 유한회사의 업무집행사원 또는 이사
- 감사

기타 이에 준하는 직무에 종사하는 자

그리고 이사 대우 등은 직무에 실질적으로 종사하는지? 여부에 따라 임원의 해당 여부를 판단한다.

임원 급여·상여 등의 비용인정 조건

❶ 정관의 규정 또는 주주총회 · 사원총회 등에 의해서 결의된 지급한도액의 범위 내일 것

예를 들어 주주총회의 결의에서 임원의 보수액은 연액 1천만 원 이내로 함이라고 정했다면 이 금액을 초과하는 금액은 비용으로 인정되지 않는다.

❷ ❶의 한도 내의 금액이라도 임원 개개인의 지급액이 그 임원의 직무의 내용, 그 법인의 수익 및 그 사용인에 대한 급여 지급상황, 동종업종 및 유사 규모 회사의 상황 등을 종합적으로 고려해 과도한 경우 비용인정이 안 된다.

가. 직무의 내용(예 : 사장, 전무, 상무, 이사 등)

나. 직무에 종사하는 정도(상금 또는 비상금)

다. 경과 연수

라. 그 법인의 업종 · 규모 · 소재지 · 수익의 상황 및 사용인에 대한 급여의 지급 상황

마. 그 법인과 동종 사업을 영위하는 법인으로 그 사업의 규모 및 수익의 상황 등이 유사한 것의 임원에 대한 보수의 지급상황 등

세법에서 말하는 임원의 범위

❶ 법인의 회장 · 사장 · 부사장 · 이사장 · 대표이사 · 전무이사 · 상무이사 등 이사회의 구성원 전원의 청산인

❷ 합명회사 · 합자회사 및 유한회사의 업무집행사원 또는 이사

❸ 감사

❹ 기타 이에 준하는 직무에 종사하는 자

그리고 이사 대우 등은 직무에 실질적으로 종사하는지? 여부에 따라 임원의 해당 여부를 판단한다.

3. 상여금

대 상	회사 입장에서 처리	임직원 입장에서 처리
사용인	손금산입(이익처분에 의한 상여금은 손금불산입)	근로소득세 과세
출자임원 (주주, 사원, 임원)	❶ 정관, 주주총회, 사원총회, 이사회 결의로 결정된 급여 지급기준 범위 내의 상여금(손금산입) ❷ 지급기준 초과 상여금(손금불산입) ❸ 이익처분 상의 상여금(손금불산입)	일정액은 근로소득, 초과액은 손금불산입하고, 배당소득으로 과세한다.
비출자임원	손금산입(이익처분에 의한 상여금은 손금불산입)	근로소득세 과세

4. 복리후생비

근로환경을 개선해서 근로자의 근로의욕을 고취 시켜 생산능률의 향상을 꾀하기 위해서 간접적으로 부담하는 시설비 및 경비 등을 복리후생비 명목으로 지출하는데, 이러한 지출이 업무와 관련된 비용이라면 세무상 비용인정이 가능하나 업무와 관련 없이 지급되는 경우는 비용인정이 안 된다. 이러한 복리후생적 비용 외에 인건비 등도 업무와 직접적인 관련이 없는 경우에는 비용인정이 안 되나, 비용인정을 위해서는 근로소득세를 과세해야 한다.

손금산입	손금불산입
❶ 직장체육비, 직장연예비, 직장회식비, 우리사주조합의 운영비	

손금산입	손금불산입
❷ 건강보험료, 노인장기요양보험료, 고용보험료, 국민연금 사용자 부담금 ❸ 직장보육시설의 운영비 및 기타 임원 또는 사용인에게 사회통념상 타당하다고 인정되는 범위 안에서 지급하는 경조사비	손금산입 항목을 제외한 모든 복리후생비

직장체육비, 직장연예비 등 복리후생적 비용

법인이 임직원의 업무수행 상 발생하는 직장체육비, 직장연예비, 직장회식비, 우리사주조합의 운영비, 건강보험료 등 사용자 부담금, 직장보육시설의 운영비 및 기타 임원 또는 사용인에게 사회통념상 타당하다고 인정되는 범위 안에서 지급하는 경조사비 등은 복리후생적 비용으로 비용인정이 된다. 다만, 법인의 임원이나 사용인을 위한 지출이 아니거나 사회통념상 범위를 초과해서 지출되는 비용은 인정되지 않는다.

여비·교육훈련비

법인의 업무와 관련해서 지출되는 여비 · 교육훈련비는 당연히 지출 사업 연도에 비용인정이 된다. 물론 거래처나 고객 및 기타 법인에 대한 업무와 관련된 여비 · 교육비도 법인의 수익 창출에 관련된 금액이라면 비용인정이 된다.

그러나 통상적인 지출금액이 아니거나 수익 창출과 관련성이 없는 접대 · 향응목적이라면 기업업무추진비로 보아 손금산입 한도를 계산해야 하며, 업무 및 수익에 관련이 없는 금액이라면 업무무관비용으로 비용인정이 안 된다. 또한, 법인 임원 · 사용인이 아닌 지배주주 등에게 지급한 여비나 교육훈련비는 업무 관련성이 있더라도 비용불인정을 원칙으로 하고 있다.

예를 들어 임원 또는 사용인이 업무수행을 위해 해외연수 및 시찰시 관광여행을 병행하는 경우 관광에 든 비용은 업무와 관련된 비용이 아니므로 해외 여비를 업무관련 비용과 안분계산해서 비용처리하고 나머지는 근로소득세를 과세하면서 비용인정을 받는다.

건강보험료 및 고용보험료 등의 비용처리

구 분	지급하는 법인	근로자
사용자(회사) 부담분	손금인정(복리후생비)	근로소득세 비과세
회사대납 사용인(근로자)부담 분	손금인정(상여금)	근로소득세 과세

5. 퇴직금

퇴직금의 법인세 처리

세무상 실제로 퇴직 시 지급하는 퇴직금은 종업원의 경우 전액 비용으로 인정되나 임원의 경우 정관상의 규정에 따른 금액 한도 내에서 비용으로 인정된다.

그리고 이를 비용으로 인정받기 위해서는 퇴직금의 지급 시 퇴직소득세를 원천징수하고, 원천징수영수증을 증빙으로 보관해야 한다.

<table>
<tr><th>대 상</th><th colspan="2">회사 입장에서 처리</th><th>임직원 입장에서 처리</th></tr>
<tr><td>사용인</td><td colspan="2">종업원의 현실적인 퇴직으로 인해 지급하는 모든 퇴직금은 비용으로 인정된다. 따라서 현실적 퇴직이 아님에도 퇴직금을 지급하는 경우는 이를 비용으로 인정하지 않는 세무조정이 필요하다. 세법에서 규정하는 현실적인 퇴직은 실지로 퇴직하는 경우를 말한다.</td><td>퇴직소득세 과세</td></tr>
<tr><td rowspan="3">임원(출자 임원, 비출자임원과 상장법인의 소액주주 포함)</td><td>정관에 규정되어 있는 경우</td><td>정관에 퇴직금 · 퇴직위로금으로 규정되어 있는 규정액 범위 내의 금액과 근로기준법상 금액 중 큰 금액 범위 내에서 손금산입, 초과액은 손금부인</td><td rowspan="2">❶ 퇴직금 중간정산액 · 직원의 퇴직소득으로 비용 반영된다.
❷ 임원도 퇴직금 중간 정산 가능(비용처리). 단, 연봉제로 전환되면서 퇴직금이 없어지는 조건이다.
❸ 규정 범위 내 금액은 퇴직소득과세, 초과액은 근로소득과세
❹ 조기 퇴직금(ERP)도 규정에 있는 금액은 퇴직소득, 규정 없는 임의성 금액은 근로소득으로 과세한다.</td></tr>
<tr><td>정관에 규정되어 있지 않은 경우</td><td>퇴직 전 1년간 총급여액(손금부인 상여금 제외) × 10% × 근속연수 주
주 1년 미만은 월수로 계산하고, 1개월 미만은 없는 것으로 본다.</td></tr>
<tr><td colspan="3">임원의 퇴직금 중간정산액도 충당금에서 감액처리하고 손금산입함.</td></tr>
</table>

퇴직위로금

퇴직금 지급 규정에 따라서 지급하는 퇴직위로금은 퇴직급여에 속하므로 퇴직소득세를 원천징수 한다.

내국법인이 해산에 따라 퇴직하는 임원 또는 사용인에게 지급하는 해산 수당 또는 퇴직위로금 등은 최종 사업연도의 손금으로 한다.

비상근임원 사외이사 등에게 지급하는 제 수당

구 분	세무 처리	비고
근무 일수나 기여도에 따른 보수	근로소득으로 처리한다.	근무 일수나 기여도보다 너무 과하거나 비상근임원이 대주주나 친인척 등이면 배당소득으로 처리(손금불산입)
상여금 지급	정관이나 주주총회에 의한 지급기준 범위 내의 금액은 근로소득으로 처리한다.	지급기준 초과 지급은 배당소득으로 손금불산입 처리한다.
퇴직금 지급	정관이나 주주총회에 의한 지급기준 범위 내의 금액은 퇴직소득으로 처리한다.	지급기준 초과 지급은 배당소득으로 손금불산입 처리한다.
주주총회나 이사회 참석으로 인한 비용 지급	실비를 변상해주는 정도의 체재비, 교통비(항공료 등)는 비과세 처리한다.	초과 과다지급액은 근로소득으로 처리한다.
근무와는 별도로 고문, 강사료 지급	자유직업소득으로 사업소득 처리 (3.3%로 원천징수)한다.	실무상 근로소득으로 원천징수가 가능하다. 그러나 고용관계가 없는 경우는 일시적 용역으로 기타소득으로도 처리한다.

현실적인 퇴직이 아닌 경우 퇴직금 지급 시 세무 처리 방법

현실적인 퇴직에는 법인이 퇴직급여를 실제로 지급한 경우로서 다음에 해당하는 경우를 말한다.

1. 법인의 사용인이 해당 법인의 임원으로 취임한 때
2. 법인의 상근 임원이 비상근임원으로 된 경우
3. 법인의 임원 또는 사용인이 그 법인의 조직변경, 합병, 분할 또는 사업양도에 의해서 퇴직한 때
4. "근로자퇴직급여 보장법"에 따라 퇴직급여를 중간 정산해서 지급한 때(중간 정산 시점부터 새로 근무연수를 기산 하여 퇴직급여를 계산하는 경우 한정한다)
5. 법인의 임원에 대한 급여를 연봉제로 전환함에 따라 향후 퇴직급여를 지급하지 아니한 조건으로 그때까지의 퇴직급여를 정산하여 지급한 때
6. 정관 또는 정관에서 위임된 퇴직급여 지급 규정에 따라 장기 요양 등 기획재정부령으로 정하는 사유로 그때까지의 퇴직급여를 중간 정산해서 임원에게 지급한 때(중간정산 시점부터 새로 근무연수를 기산해서 퇴직급여를 계산하는 경우 한정한다.)

현실적으로 퇴직하지 않은 임원 또는 사용인에게 지급한 퇴직급여는 해당 임원 또는 사용인이 현실적으로 퇴직할 때까지 이를 특수관계자에 대한 업무무관가지급금으로 본다. 한편 법인해산에 따라 퇴직하는 임원 또는 사용인에게 지급하는 해당 수당 또는 퇴직위로금 등은 최종 사업연도의 손금으로 한다.

타법인과 공동조직 · 사업운영 발생 비용

법인이 타법인과 동일 조직을 운영하거나 사업을 공동으로 행함에 따른 발생 원가나 지출금액 중 당해 법인의 수익과 합리적으로 대응되는 금액은 비용인정이 되나, 타당한 이유 없이 합리적 배분 금액을 초과하는 금액은 법인의 업무무관 과다경비가 되어 비용으로 인정되지 않으며, 당 법인과 타법인의 관계에 따라 주주이면 배당소득, 다

른 관계라면 기타사외유출 등으로 소득처분 한다.

<table>
<tr><th>구 분</th><th>내 용</th></tr>
<tr><td>업무무관비용</td><td>다음 항목은 증빙서류를 충족한 경우에도 손금불산입한다.
❶ 업무무관 부동산 및 동산의 관리비 · 유지비 · 수선비
❷ 법인이 직접 사용하지 않고 다른 사람(비출자임원 · 소액주주임원 · 사용인 제외)이 주로 사용하는 장소 · 건축물 · 물건 등의 유지비 · 관리비 · 사용료
❸ 출자임원(소액주주임원 제외) 또는 그 친족의 사택 유지비 · 사용료
❹ 뇌물(외국 공무원 뇌물 포함)
❺ 노동조합 및 노동조합조정법을 위반해서 노동전임자에게 지급하는 급여</td></tr>
<tr><td>공동경비부담액</td><td>다음의 분담비율을 초과하는 금액은 손금불산입한다.
❶ 출자공동사업(특수 · 비특수관계 포함) : 출자비율
❷ 비출자 공동사업
<table><tr><th>구 분</th><th>내 용</th></tr><tr><td>특수관계</td><td>매출액 비율(직전 또는 해당 사업연도 중 선택), 다만, 공동 행사비는 참석인원 수 비율, 공동 구매비는 구매금액 비율을 적용할 수 있으며, 국내 광고선전비는 국내 매출액, 국외 광고선전비는 수출액 비율로 할 수 있다.</td></tr><tr><td>비특수관계</td><td>약정 분담 비율. 단, 약정 비율이 없는 경우 특수관계 기준 적용</td></tr></table>
주 법인이 선택하지 않은 경우 직전 사업연도의 매출액 비율을 선택한 것으로 보며, 선택한 사업연도부터 연속해서 5개 사업연도 동안 적용해야 한다.</td></tr>
</table>

? 회사 대출한도 초과로 대표이사 명의로 은행에서 대출받은 경우 비용처리

회사 대출한도 초과로 인해서 회사 명의로 대출을 받지 못하고 대표이사가 대표이사 명의로 대출을 받아 회사의 운영자금으로 사용하면서 이자는 회삿돈으로 내는 경우 두 가지 경우를 생각해 볼 수 있으며, 국세청 등의 답변 내용을 참조해도 두 가지로 의견이 나누어지는 것을 볼 수 있다.
첫째, 회사의 차입거래는 회사와 은행 간 거래가 아닌 회사와 대표이사 간의 거래로 회사에서 직접 은행에 이자를 납부하는 것이 아니라 회사가 대표이사에게 대표이사가 은행에 각각 이자를 지급하는 것으로 보아, 법인은 대표이사에게 가중평균이자율 또는 당좌대출이자율 이상을 지급하면 안 되며, 이자지급 시 법인이 이자소득세를 원천징수 해서 신고 · 납부 하는 경우
둘째, 비록 대표이사의 명의를 빌려 자금을 차입한 경우라고 해도 실질적으로는 회사자금 운용을 위해서 회사가 은행에서 빌린 거나 같다고 보아 실질과세의 원칙에 따라 회사는 이자비용으로 회사 비용으로 처리를 해도 세무상 문제가 없는 경우
위의 두 가지 경우 정상적인 거래에서는 두 번째 처리 방법이 타당하리라고 본다.
그러나 두 번째 방법이 인정받기 위해서는 은행에서 회사통장으로 자금이 입금되고 이자비용을 은행에 직접 입금시키는 등 객관적인 증빙자료를 구비 해두어야 할 것으로 보인다.
반면 세무 당국에 의해서 조금이라도 의심이 가는 경우 첫째 방법으로 처리될 가능성이 크므로 실질적으로 회사자금 운용을 목적으로 대표이사 명의로 차입을 한 경우에는 투명성 있는 회계처리가 절실히 필요하다.

? 법인의 자산을 임원 명의로 취득하는 경우 세무 처리

부동산 명의자와 실질 귀속자가 다르더라도 사실상 실질 귀속인 법인사업에 사용하는 것이 확인되는 경우 법인자산으로 본다(국세기본법 기본통칙 14-0…4).
그러나 실제 법인의 소유인데 직원 개인 명의로 하면 원칙적으로 부동산실명법 위반으로 과징금이 부과되고, 법률위반으로 형법도 적용될 수 있다. 따라서 회사에서 임원에게 자금을 대여해주고 임원 명의로 구입해도 법인 장부에 해당 자산을 고정자산계정으로 계상하였다면 회사 소유자산이 되며, 이러한 사실 확인이 된 경우

대여금의 이자수익은 장부에 반영하지 않아도 된다.
반면, 개인 명의 자산으로 등재되어 있고 회사 장부상에서도 해당 자산계정이 아니고 해당액을 직원에 대한 대여금으로 반영하면 외관상으로는 직원 개인 자산으로 보아야 하며, 직원에 대한 자금대여로 보아 인정이자를 장부에 반영해야 한다.

비용으로 인정되는 세금과 안 되는 세금

1. 일반적인 세금의 비용처리

구 분	종 류
손금 항목	관세, 취득세, 인지세, 증권거래세, 종합부동산세, 등록면허세, 주민세(균등 분, 재산분), 재산세, 자동차세, 지방소득세 종업원분, 지역자원시설세
손금불산입 항목	❶ 법인세 및 그에 관한 지방소득세 · 농어촌특별세 ❷ 부가가치세 매입세액(단, 면세사업 관련분 등 제외) ❸ 반출했으나 판매하지 아니한 제품에 대한 개별소비세 · 교통 · 에너지 · 환경세, 주세의 미납액. 다만, 제품가격에 그 세액을 가산한 경우는 제외) ❹ 증자 관련 등록면허세(신주발행비 등) ❺ 가산금 · 체납처분비 · 가산세 · 각 세법상 의무불이행으로 인한 세액
부가세 : 농어촌특별세, 교육세, 지방교육세는 본세와 동일하게 처리	

주 취득단계의 세금(취득세) : 즉시 비용으로 인정되지 않고 자산의 취득원가에 가산한 후 감가상각이나 처분과정을 거치며 손금에 산입한다.

주 보유단계의 세금(재산세 · 자동차세 · 종합부동산세) : 손금으로 인정하는 것이 원칙이나 업무와 관련 없는 자산에 대한 것은 업무무관비용에 해당하므로 손금불산입한다.

2. 부가가치세의 비용처리

부가가치세 매입세액에 대한 취급사항을 살펴보면 다음과 같다.

구 분		법인세법상	소득세법상
부가가치세법상 공제되는 일반적인 매입세액		손금불산입	필요경비산입
부가가치세법상 공제되지 않는 매입세액	❶ 본래부터 공제되지 않는 매입세액 가. 영수증을 발급받은 거래분의 매입세액 나. 부가가치세 면세사업 관련 매입세액 다. 토지 관련 매입세액 라. 비업무용 소형승용자동차의 구입·유지에 관한 매입세액 마. 기업업무추진비 및 유사 비용의 지출에 관련된 매입세액 바. 간주임대료에 대한 부가가치세	손금산입 자산의 취득원가나 자본적지출 해당 분은 일단 자산으로 계상한 후 추후 손금 인정	필요경비산입 자산의 취득원가나 자본적지출 해당 분은 일단 자산으로 계상한 후 추후 필요경비인정
	❷ 의무불이행 또는 업무 무관으로 인한 불공제 매입세액 가. 세금계산서의 미수취·불분명 매입세액 나. 매입처별 세금계산서합계표의 미제출 · 불분명 매입세액 다. 사업자등록 전 매입세액 라. 사업과 관련 없는 매입세액	손금불산입 자산으로 계상할 수 없음	필요경비불산입 자산으로 계상할 수 없음

비용인정 되는 공과금과 안 되는 공과금

손금산입하는 공과금	손금불산입하는 공과금
❶ 상공회의소 회비 ❷ 영업자가 조직한 단체로서 법인 또는 주무관청에 등록된 조합 · 협회비 ❸ 교통유발부담금, 폐기물부담금, 국민연금 사용자 부담금, 개발부담금 등	❶ 법령에 의하여 의무적으로 납부하는 것이 아닌 공과금 ❷ 법령에 의한 의무의 불이행 또는 금지 · 제한 등의 위반에 대한 제재로서 부과되는 공과금

주 토지에 대한 개발부담금은 즉시 손금으로 인정하지 않고 토지의 취득원가를 구성한 후 처분과정을 거치며 손금에 산입한다.

영업자단체의 조합 협회비는 법정단체(법인 또는 주무관청에 등록)의 일반회비는 손금(공과금)산입 하나, 법인단체의 특별회비(유공회비) 및 임의단체의 일반회비와 특별회비는 일반기부금으로 처리한다.

비용인정 되는 벌과금과 안 되는 벌과금

벌금, 과료(통고처분에 의한 벌금 또는 과료에 상당하는 금액을 포함), 과태료(과료와 과태금을 포함)는 부과 징수권자가 국가 또는 지방자치단체이어야 하며, 법률이나 명령 위반에 관해서 법령에 근거해서 부과된 경우 비용으로 인정되지 않으나 개인과 개인 또는 개인과 회사, 회사와 회사 등 사계약의 위반으로 인해 부과되는 벌과금이나 손해배상금, 피해보상합의금 등은 비용 인정된다. 그 내용을 살펴보면 다음과 같다.

손금산입	손금불산입
❶ 사계약상의 의무불이행으로 인해서 부과하는 지체상금(정부와 납품 계약으로 인한 지체상금은 포함하며, 구상권 행사가 가능한 지체상금은 제외함) ❷ 보세구역에 장치된 수출용 원자재가 관세법상의 장치기간 경과로 국고귀속이 확정된 자산의 가액 ❸ 연체이자 등 가. 철도화차사용료의 미납액에 대해 가산되는 연체이자 나. 산업재해보상보험법의 규정에 의한 산업재해 보상보험료의 연체료 다. 국유지 사용료의 납부지연으로 인한 연체료 라. 전기요금의 납부지연으로 인한 연체가산금	❶ 법인의 임원 또는 종업원이 관세법을 위반하고 지급한 벌과금 ❷ 업무와 관련해서 발생한 교통사고 벌과금 ❸ 산업재해보상보험법의 규정에 의해 징수하는 산업재해보상보험료의 가산금 ❹ 금융기관의 최저예금지불준비금 부족에 대해서 한국은행법의 규정에 의해 금융기관이 한국은행에 납부하는 과태료 ❺ 국민건강보험법의 규정에 의해 징수하는 가산금 ❻ 외국의 법률에 의해 국외에서 납부하는 벌금

1. 퇴직합의금

합의금은 그 성격에 따라 근로소득, 퇴직소득, 기타소득으로 구분되는 것으로 당해 합의금이 부당해고기간을 대상으로 실질적으로 부당해고인 것은 인정되나 복직이 되지 않는 상태로 당해 해고기간의 급여를 법원의 조정에 따른 합의인 조정조서에 의해서 지급받는 것이라면 퇴직소득(퇴직급여 지급기준에 해당하는 금액인 경우)으로 볼 수 있으며, 부당해고에 따른 명예훼손 등에 대한 손해배상 차원에서 지급된 보상금은 과세대상소득에 해당하지 않는 것이고, 민 · 형사상의 이의제기 또는 소송 제기 를 하지 않을 것을 조건으로 법적 지급 의무 없이 합의하는 합의금 성격이라면 기타소득에 해당한다.

2. 산재로 인한 보상금 및 사망합의금

임직원의 사망 시 지급하는 사망합의금은 법인의 비용으로 처리한다. 종업원의 산재로 인한 피해에 대해서 보상을 해주었다면 해당 비용은 지출한 사업연도의 법인의 비용에 해당하며, 보상금을 수령하는 자의 비과세 근로소득으로 보므로, 지출한 연도의 비용으로만 계상하면 된다. 즉 회사는 비용처리를 하고 수령한 직원은 근로소득으로 보나 이는 비과세로 규정을 하고 있으므로 과세는 되지 않는다.

? 직원에게 부과된 벌과금의 대납 시 처리 방법

현행 법인세법에서는 법인이 납부 또는 대납한 벌과금을 비용불인정 하고 있다. 이 경우 법인대납 한 벌과금이 법인의 업무수행과 관련이 있는 경우에는 사용인에게 부과되었더라도 법인에게 귀속된 금액으로 보아 비용불인정 하고, 기타사외유출로 소득처분 해야 한다. 참고로 법인의 업무수행과 관련이 없는 경우 및 법인의 업무수행과 관련이 있더라도 회사의 내부 규정에 의해서 원인유발자에게 변상 조치하기로 되어있는 경우는 비용불인정하고, 당해 원인유발자에 대한 상여로 소득처분 (근로소득세 납부)해야 한다.

구 분	업무처리
대납한 벌과금이 법인의 업무수행과 관련이 있는 경우	법인에게 귀속된 금액으로 보아 비용불인정하고 기타사외유출로 소득처분 한다.

구 분	업무처리
대납한 벌과금이 업무수행과 관련이 없는 경우 및 법인의 업무수행과 관련이 있더라도 회사의 내부규정에 따라 원인유발자에게 변상 조치하기로 되어있는 경우	회사는 비용불인정하고 당해 원인유발자에 대한 상여로 소득처분 후 상여에 대한 근로소득세를 원천징수 · 납부 한다.

조합비 · 협회비

구 분	내 용
법정단체에 대한 회비 : 영업자가 조직한 단체로서 법인이거나 주무관청에 등록된 조합 · 협회에 지급한 회비	일반 회비 : 전액 손금 특별 회비 : 일반기부금(한도 내 손금)
임의단체에 대한 회비 : 임의로 조직한 조합 · 협회에 지급한 회비	모든 회비 : 일반기부금(한도 내 손금)

07 업무용승용차에 대한 세무회계

업무용승용차 관련 비용 중 업무용 사용금액에 해당하지 않는 금액은 손금불산입한다.

대상차량과 대상비용

1. 대상비용

개별소비세 부과 대상 승용차의 감가상각비, 임차료, 유류비, 보험료, 수리비, 자동차세, 통행료 및 금융리스 부채에 대한 이자비용 등 승용차 취득·유지비용의 지출이 대상이다.

구 분	손금산입
감가상각비, 임차료(운용리스료)	한도 규정에 따라 손금산입한다.
유류비, 보험료, 수리비, 자동차세, 통행료 및 금융리스 부채에 대한 이자비용	한도 규정이 없으므로 원칙적으로 운행일지를 작성한 경우 전액 손금으로 인정된다.

2. 대상 차량

다음 중 어느 하나에 해당하는 승용차는 적용 대상에서 제외한다.

❶ 운수업, 자동차판매업, 자동차임대업, 운전학원업, 기계정비업 또는 시설대여업에서 사업상 수익을 얻기 위해 직접 사용하는 승용자동차

❷ 한국표준산업분류표 중 장례식장 및 장의 관련 서비스업을 영위하는 법인이 소유하거나 임차한 운구용 승용차

구 분	개인	법인
해당 차량	개별소비세를 내는 차량 • 업무용 승용차 • 리스차량, 렌트차량 포함	개별소비세를 내는 차량 • 업무용 승용차 • 리스차량, 렌트차량 포함
제외 차량	• 경차, 승합차, 화물차 • 운수업(여객, 물류), 자동차판매업, 자동차임대업, 리스회사 차량, 운전학원을 하는 사업자가 사업에 직접 사용하는 승용차	• 경차, 승합차, 화물차 • 운수업(여객, 물류), 자동차판매업, 자동차임대업, 리스회사 차량, 운전학원업, 기계정비업 또는 시설대여업을 하는 사업자가 사업에 직접 사용하는 승용차
인정되는 비용	• 리스료, 렌트료 • 감가상각비, 임차료(운용리스료) ➜ 한도 규정이 있다. • 유류비, 보험료, 수리비, 자동차세, 통행료 및 금융리스 부채에 대한 이자 비용 ➜ 승용차를 취득 · 유지 · 관리하기 위해 지출된 비용	• 리스료, 렌트료 • 감가상각비, 임차료(운용리스료) ➜ 한도 규정이 있다. • 유류비, 보험료, 수리비, 자동차세, 통행료 및 금융리스 부채에 대한 이자 비용 ➜ 승용차를 취득 · 유지 · 관리하기 위해 지출된 비용

손금인정 되는 업무용 사용금액 계산방법

승용차 관련 비용이 연간 1,500만 원 이하인 경우(부동산임대업 500만 원)	승용차 관련 비용이 연간 1,500만 원 초과인 경우(부동산임대업 500만 원)
임직원 전용 자동차보험에 가입 필요 (법인 차만 적용) ➜ 운행기록 작성 없이 전액 비용인정	임직원 전용 자동차보험에 가입(법인 차만 적용) 시에 1,500만 원보다 비용인정을 더 받으려면 운행일지 작성이 필요하다. 예 자동차 관련 총비용이 3천만 원인 경우(전용보험은 가입) ➜ 운행기록을 통해 업무용 사용비율 60%를 입증한 경우 1,800만원(3천만 원 × 60%) 비용인정 ➜ 운행기록을 작성하지 않은 경우 1,500만 원만 비용인정

임직원 전용 자동차보험에 가입하고 운행일지를 작성한 경우

임직원 전용 자동차보험(렌트카 임대차 특약에 가입한 차 포함)에 가입한 경우 업무용승용차 관련 비용에 업무사용비율을 곱한 금액을 업무사용 금액으로 손금에 산입하고, 초과금액은 손금불산입한다.

손금인정 한도액 = 해당 사업연도의 업무용승용차 관련 비용 × 업무사용비율 × (업무전용보험 실제 가입 일수 ÷ 사업연도 중 업무전용보험 의무 가입일수)

업무사용비율 = 승용차별 운행기록상 업무용 주행거리 ÷ 총 주행거리

주 법인이 임직원 전용 자동차보험에 가입된 경우 손금한도는 차량 대당 계산한다.

주 운행기록 양식 등 구체적 사항은 국세청장이 정한다.

1. 업무사용비율

업무사용비율은 업무용승용차 운행기록부상 총 주행거리 중 업무용 사용 거리가 차지하는 비율을 말한다.

업무사용비율 = 승용차별 운행기록상 업무용 주행거리 ÷ 총 주행거리

업무용 주행거리란 거래처 및 대리점 방문, 회의 참석, 고객미팅, 판촉 활동, 출근 및 퇴근 등을 위해 주행한 거리를 말한다.

2. 운행기록 등을 작성·비치하지 않은 경우 업무사용비율

❶ 1,500만원(부동산임대업 500만원) 이하인 경우 : 100%
❷ 1,500만원(부동산임대업 500만원)을 초과하는 경우 : 1,500만원(부동산임대업 500만원) ÷ 업무용 승용차 관련 비용
사업연도 중 일부 기간만 보유한 경우 = 1,500만원(부동산임대업 500만원) × 보유기간 · 임차기간 월수 ÷ 12
월수가 1개월 미만인 경우는 1개월로 한다.

3. 업무사용비율에 대한 특례

2016년 3월 31일 이전의 업무사용비율을 계산할 때 업무사용비율은 2016년 4월 1일부터 해당 사업연도의 종료일까지 계산되는 업무사용비율과 동일한 것으로 본다. 다만, 법인이 별도의 기록을 통해서 업무용 사용을 입증하는 경우는 이를 합산해서 업무사용비율을 계산

할 수 있다.

예를 들어 4월부터 배포된 운행기록부를 보고 업무사용 비율이 정해지면 앞 달 3달 치도 소급해서 동일하게 적용한다는 것이다.

4월~12월 치의 업무사용비율이 90%가 나왔다고 가정하면 앞 3개월 치도 그냥 90%로 본다. 따라서 3월까지 수리비 등이 크게 들어갔고, 업종 특성상 많이 쓰는 달이면 꼭 운행기록부를 기록하는 것이 유리하다. 운행기록부를 작성하면 3개월분에 대해서 운행기록부에 따라 인정을 받을 수 있기 때문이다.

2016년 3월 31일 이전에 업무용 승용차를 처분하거나 임차계약이 종료된 경우는 해당 업무용승용차에 대한 2016년 1월 1일부터의 업무사용비율은 100%로 본다.

4. 업무용 승용차 운행기록부의 작성 및 비치와 제출

내국법인은 업무용 승용차별로 운행기록 등을 작성 · 비치해야 하며, 납세지 관할 세무서장이 요구할 경우 이를 즉시 제출해야 한다. 동 규정은 2016년 4월 1일부터 시행한다. 즉, 업무용 승용차 운행기록부는 신고 · 납부 시 항상 제출하는 것이 아니라 납세지 관할 세무서장이 요구할 경우 제출하는 것이다.

구 분	제출서식
법인	업무용 승용차 관련 비용 명세서(별지 제29호 서식)
개인사업자	업무용 승용차 관련 비용 명세서(별지 제63호 서식)

업무용 승용차 관련 비용을 손금산입하여 신고한 사업자가 업무용 승용차 관련 비용 명세서 미제출 및 불성실 제출한 경우 가산세를 내야 한다.

구 분	가산세
미제출	업무용 승용차 관련 비용 손금산입액(신고액) 전체 × 1%
불성실 제출	업무용 승용차 관련 비용 손금산입액(신고액) 중 명세서상 사실과 다르게 제출한 금액 × 1%

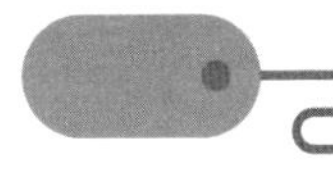

임직원 전용 자동차보험에 가입하고 운행일지를 작성하지 않은 경우

임직원 전용 자동차보험에 가입하고 운행일지를 작성하지 않은 경우 손금인정 한도액은 다음과 같다.

손금인정 한도액 = Min(업무용 승용차 관련 비용, 1,500만 원)

주 운행기록은 승용차별로 작성·비치해야 하며, 과세관청의 요구가 있을 경우 즉시 제출해야 한다.

주 사적으로 사용한 승용차 관련 비용은 사용자의 급여로 보아 소득세를 과세한다.

주 2016년 4월 1일 이후 기존에 가입했던 자동차보험의 만기가 도래하여 임직원 전용 자동차보험에 가입한 경우 또는 2016년 4월 1일 이전에 가입했던 자동차보험의 만기가 도래하기 전에 업무용 승용차를 처분하거나 임차계약이 종료된 경우에는 2016년 1월 1일부터 가입한 것으로 본다.

주 1,500만 원 부분은 월할 계산한다. 예를 들어 신규법인이 7월 1일 개업한 경우 1,500만 원 × 6/12의 금액으로 한다.

임직원전용자동차보험에 가입하지 않은 경우

임직원전용자동차보험(렌트카 임대차 특약에 가입한 차 포함)은 해당 법인의 임직원 또는 협력업체 임직원이 해당 법인의 업무를 위해 운전하는 경우만 보상 대상인 자동차보험으로 해당 사업연도에 가입되어 있어야 한다.

법인이 임직원 전용 자동차보험에 가입된 경우 손금 한도는 차량 대당 계산을 하며, 임직원 전용 자동차보험에 미가입시 가입된 기간만 비용인정이 된다. 다만, 임직원전용자동차보험에 가입하지 않은 승용차의 업무사용비율에 대해서 기획재정부장관이 정해서 고시하는 조사 · 확인 방법에 따라 별도로 확인을 받은 경우는 그 확인된 업무사용비율에 업무용승용차 관련 비용을 곱한 금액이 손금으로 인정된다.

구 분	개인	법인
비용인정 조건	• 사업과 관련된 지출 • 감가상각 한도액 범위 내에서 비용인정	• 사업과 관련된 비용 • 감가상각 한도액 범위 내에서 비용인정
비용인정 범위	• 운행기록을 작성해야 하며, 운행기록을 통해 입증된 업무사용비율만큼 비용인정 • 운행기록을 작성하지 않은 경우 복식부기의무자는 승용차 관련 비용 불인정 • 승용차 1대당 1,500만 원까지만 인정	• 임직원 전용 자동차보험 가입 • 운행기록을 작성해야 하며, 운행기록을 통해 입증된 업무사용 비율만큼 비용인정 • 운행기록을 작성하지 않은 경우 승용차 관련 비용 불인정 • 승용차 1대당 1,500만 원까지만 인정

업무사용 제외금액 손금불산입액의 소득처분

업무용 승용차 관련 비용 중 업무 관련 제외 금액으로 손금불산입 된 금액이 사외에 유출된 것이 분명한 경우에는 그 귀속자에 따라 다음과 같이 배당, 이익처분에 의한 상여, 기타소득, 기타사외유출로 처분한다. 귀속이 불분명한 경우에는 대표자에게 귀속된 것으로 본다.

구 분	소득귀속
❶ 귀속자가 주주(임원 또는 사용인인 주주 등을 제외)	그 귀속자에 대한 배당(배당소득세)
❷ 귀속자가 임원 또는 사용인	그 귀속자에 대한 상여(근로소득세)
❸ 귀속자가 법인이거나 사업을 영위하는 개인인 경우	기타사외유출. 다만, 그 분여된 이익이 내국법인 또는 외국법인의 국내사업장의 각 사업연도 소득이나 거주자 또는 비거주자의 국내사업장의 사업소득을 구성하는 경우에 한한다.
❹ 귀속자가 위 ❶부터 ❸외의 자인 경우	그 귀속자에 대한 기타소득
개인사업자는 배당, 상여 등의 소득처분이 없으므로 인출로 처분해서 개인사업자의 사업소득 금액에 포함된다.	

업무용 승용차의 절세방법

- 한도 부인된 금액 중 사업 무관 비율만큼은 상여 처분되어 소득세와 4대 보험이 증가하니 차량 관련 비용이 1,500만 원을 초과하지 않도록 한다.

• 차량 가격이 비싸면 한도가 초과될 가능성이 크니 감가상각비가 낮은 차량을 이용한다.
• 부가가치세 공제 대상 차량은 한도 없이 전액 경비인정 가능하니 부가가치세 공제 차량을 이용한다.
• 법인차량이 다수인 경우 유지비를 분산해서 한도 금액인 1,500만 원을 초과하지 않도록 한다.
• 운행일지를 작성해서 사업 관련 비율이 최소한 80% 이상 될 수 있도록 준비한다.

감가상각비와 감가상각 방법

감가상각비(임차의 경우 감가상각비 상당액)는 매년 800만 원(부동산 임대업 400만 원)을 한도로 손금산입하며, 업무용승용차처분손실도 감가상각비와 동일하게 적용한다. 무조건 5년 정액법으로 상각한다. 800만 원을 초과하는 감가상각비 한도초과액은 해당 사업연도의 손금에 산입하지 않고 다음 연도 이후로 이월해서 손금에 산입한다.

1. 감가상각비 한도초과액 손금불산입액 계산

감가상각비 한도초과액 = [업무용 승용차별 감가상각비(상당액*) × 운행기록상 업무사용비율**] − 800만원 × 해당 사업연도의 개월 수 ÷ 12

* 임차료 중 감가상각비 상당액 : 리스 · 렌탈의 경우 임차료에서 보험료, 자동차세 등을 제외한 금액(시행규칙에서 규정)

** 운행기록을 작성하지 않은 경우 업무사용비율 계산방법

업무용 승용차 관련 비용이 1,500만 원 이하의 경우 : 100%

업무용 승용차 관련 비용이 1,500만 원 초과의 경우 : 1,500만 원 ÷ 업무용 승용차 관련 비용

2. 감가상각비(상당액) 및 처분손실 한도초과액 이월 방법

위에서 계산한 감가상각비 한도 초과액은 손금불산입하며, 업무용 승용차 처분손실로서 800만원을 초과하는 금액은 해당 사업연도에 손금불산입한다. 임차기간이 종료된 이후 또는 처분한 경우 그다음 사업연도부터 이월금액 중 800만 원씩 균등하게 손금산입한다.

임차가 종료된 날 또는 처분한 날로부터 10년째 되는 사업연도에도 800만 원씩 균등하게 손금산입한다(10년 이후에도 동일하다).

개인	법인
• 감가상각비 × 업무사용비율 1년 800만 원까지만 감가상각 인정 • 리스, 렌트차량의 경우 임차료 중 1년 800만 원까지만 비용인정 임차를 종료한 날부터 10년이 경과한 날이 속하는 사업연도에 1년 800만 원까지만 비용인정	• 감가상각비 × 업무사용비율 1년 800만 원까지만 감가상각 인정 • 리스, 렌트차량의 경우 임차료 중 1년 800만 원까지만 비용인정 임차를 종료한 날부터 10년이 경과한 날이 속하는 사업연도에 1년 800만 원까지만 비용인정

업무용승용차 감가상각비 한도는 연 8백만 원이며, 법인과 성실신고 대상자(복식부기의무자)가 적용 대상이다.

업무용승용차의 감가상각방법

내국법인이 소유한 업무용승용차별로 취득시기에 따라 다음과 같이 구분해서 감가상각방법을 적용한다.

구 분	감가상각비
2015년 12월 31일 이전 취득한 업무용승용차	종전에 신고한 상각방법과 내용연수를 적용해서 계산한 금액
2016년 1월 1일 이후 취득한 업무용승용차	감가상각비 조정을 막기 위해 정율법 상각이 불가능하며, 무조건 내용연수 5년을 적용한 정액법으로 감가상각을 해야 한다.

임차한 업무용승용차 임차료의 감가상각방법

리스차량 또는 렌트차량의 승용차별 감가상각비 상당액은 다음과 같이 계산한다.

1. 여신전문금융업법에 따라 등록한 시설대여업자로부터 임차한 승용차(리스차량)

리스차량의 감가상각비(상당액) = Max[(임차료 - (보험료, 자동차세, 수선유지비), 임차료 - (보험료, 자동차세) × 93%]

2. 여객자동차 운수사업법에 따라 등록한 자동차대여업자로부터 임차한 승용차(렌트차량)

렌트차량의 감가상각비(상당액) = 승용차임차료 × 70%

감가상각비 손금불산입액의 소득처분

구 분	소득처분
자기 차량의 감가상각비 한도초과액(자본금과 적립금 조정명세서 사후관리 / 개인은 유보소득조정명세서)	손금불산입(유보) 처분
리스차량 및 렌트 차량의 한도초과액	손금불산입(기타 사외유출)

업무전용자동차보험 미가입, 감가상각비 500만원, 그 외 차량 유지비 300만원

계산 내역

1. 업무사용금액 시부인 : 업무사용비율 0%, 800만 원 전액 비용 부인
2. 감가상각비 시부인 : 전액 경비가 부인되므로 감가상각비도 전액 비용 부인

업무전용자동차보험 가입, 감가상각비 500만원, 그 외 차량 유지비 300만원

계산 내역

1. 업무사용금액 시부인 : 업무용승용차 관련 비용이 1,500만 원 이하이므로 300만원 전액 비용인정
2. 감가상각비 시부인 : 업무사용금액 중 감가상각비가 500만원(500만 원 × 100%)이고, 800만 원 한도 이내이므로 전액 비용인정

업무전용자동차보험 가입, 감가상각비 900만원, 그 외 차량 유지비 100만원

계산 내역

1. 업무 사용금액 시부인 : 차량 관련 비용이 1,500만 원 이하이므로 업무사용비율 100% 100만 원 전액 비용인정

2. 감가상각비 시부인 : 업무사용금액 중 감가상각비가 900만 원(900만 원 × 100%)으로 감가상각비 한도인 800만 원을 초과하므로 한도초과 100만 원(손금불산입, 유보)

업무전용자동차보험 가입, 운행일지 미작성, 감가상각비 2,000만원, 그 외 차량 유지비 100만원

계산 내역

1. 업무사용금액 시부인

운행일지를 미작성했으므로 1,500만 원까지만 업무비용 인정, 600만원(2,100만 원 − 1,500만 원)은 비용 부인

업무사용비율 : 1,500만원 / 2,100만원 = 71.4%

2. 감가상각비 시부인

업무사용금액 중 감가상각비가 14,280,000원(2,000만원 × 71.4%)이므로 감가상각비 한도 초과액인 6,280,000원(14,280,000원 − 8,000,000원)은 감가상각비 처리 불인정

업무전용자동차보험 가입, 운행일지 작성, 감가상각비 2,000만원, 그 외 차량 유지비 100만원

계산 내역

1. 업무사용금액 시부인 : 업무사용비율이 100%로 100만 원 비용인정
2. 감가상각비 시부인 : 2,000만 원(2,000만원 × 100%)이므로 감가상각비 한도 초과액인 1,200만 원은 감가상각비 불인정(손금불산입, 유보)

감가상각비 한도초과액의 이월손금산입

1. 업무용승용차의 감가상각비 이월액

800만원을 초과하는 감가상각비 한도초과액은 해당 사업연도의 손금

에 산입하지 않고, 다음 연도 이후 감가상각비가 800만원에 미달하는 금액을 한도로 손금에 산입한다. 소득처분은 △유보로 처분한다. 예를 들어 당해 연도에 감가상각비가 1,000만원으로 800만원 한도를 초과한 경우 초과한 200만원은 다음 연도에 감가상각비가 600만원 발생한 경우 200만원을 손금으로 추인한다.

2. 임차한 업무용승용차 임차료의 감가상각비 상당액 이월액

리스차량이나 렌트차량으로 임차한 업무용승용차는 해당 사업연도의 다음 사업연도부터 해당 업무용 승용차의 업무사용금액 중 감가상각비 상당액이 800만원에 미달하는 경우 그 미달하는 금액을 한도로 손금에 산입하고 기타로 소득처분 한다.

3. 내국법인이 해산한 경우 감가상각비

법인이 해산(합병·분할 또는 분할합병에 따른 해산 포함)한 경우에는 감가상각비 상당액, 매각손실에 따른 이월된 금액 중 남은 금액을 해산등기일(합병·분할 또는 분할합병에 따라 해산한 경우에는 합병등기일 또는 분할등기일을 말함)이 속하는 사업연도에 모두 손금에 산입한다.

4. 개인사업자 폐업 시 감가상각비

복식부기의무자가 사업을 폐업하는 경우는 이월된 금액 중 남은 금액을 폐업일이 속하는 과세기간에 모두 필요경비에 산입한다.

차량운행기록부 미작성, 차량관련 비용이 1,500만원을 초과하지 않는 경우	차량운행기록부 미작성, 차량관련 비용이 1,500만원을 초과하는 경우
A법인(제조업, 12월말 법인)이 2025년 1월 1일 4천만 원 승용차를 구입한 후, 임원이 2025년 업무전용자동차 보험에 가입하고 차량운행기록부를 미작성, 해당연도 차량관련비용 자동차보험료 50만원, 유류비 200만원, 자동차세 50만 원, 감가상각비 800(4,000만 원 ÷ 5년)만 원 계상하여 총 차량 관련 비용은 1,100만 원이다.	B법인(제조업, 12월말 법인)이 2025년 2억원의 승용차를 구입한 후, 임원이 2025년 업무전용자동차 보험에 가입하고 차량운행기록부를 미작성, 해당연도 차량 관련 비용 자동차보험료 200만 원, 유류비 1,600만 원, 자동차세 200만 원을 계상하였고, 감가상각비(2억원 ÷ 5년 = 4,000만 원)는 미계상한 경우
[해설] 회사가 계상한 차량 관련 유지비용 1,100만 원은 총인정 비용 1,500만 원(감가상각비 한도 8백만 원) 한도 내이므로 세무조정 없이 전액 인정 50만 원 + 200만 원 + 50만 원 + 800만 원 = 1,100만 원	[해설] 1. 감가상각비 회사 미계상 세무조정 4,000만 원 손금산입(유보) 20억 원 ÷ 5년 = 4,000만 원 ※ 업무사용비율 : 25% 1,500만 원 ÷ 총비용 6,000만원(4,000만원 + 2,000만원) 2. 업무외 사용 금액 손금 부인액 4,500만 원 손금불산입(상여) 총비용(6,000만 원) − [총비용(6,000만 원) × 업무사용비율(25%)] 3. 감가상각비 한도초과액 200만 원 손금불산입(유보) [감가상각비(4,000만 원) × 업무사용비율(25%)] − 800만 원

승용차 처분 시(법인 및 개인)

구 분	세무처리
처분이익 발생시	처분이익은 100% 과세 된다.
처분손실 발생시	한해 800만 원만 비용인정 된다(초과액 손금불산입, 기타사외유출). 나머지 처분손실 한도초과액은 다음 사업연도부터 800만 원을 균등하게 손금산입(기타)하다 800만 원 미만으로 떨어지는 때 모두 손금산입

1. 업무용승용차 처분손실의 처리

업무용승용차 처분손실 손금불산입 = 업무용승용차 처분손실 − 800만원 × 사업연도 월수 ÷ 12

업무용승용차 처분손실 = 취득가액 − 감가상각누계액 + 감가상각비 손금불산입액 − 양도가액

- 업무용승용차 처분손실의 손금불산입액은 해당 사업연도의 다음 사업연도부터 800만 원을 균등하게 손금에 산입하되, 남은 금액이 800만 원 미만인 사업연도에 남은 금액을 모두 손금에 산입한다(월할 상각은 하지 않음).
- 매각연도 이전 감가상각비 한도 초과액이 있는 경우 처분연도에 전액 손금추인하며, 처분손실은 세무상 금액으로 하되, 800만원을 초과하는 금액은 다음연도 이후 매년 800만원을 한도로 손금추인한다.
- 내국법인이 해산(합병 · 분할 또는 분할합병에 따른 해산을 포함한다)한 경우에는 이월된 금액 중 남은 금액을 해산등기일(합병 · 분

할 또는 분할합병에 따라 해산한 경우에는 합병등기일 또는 분할등기일을 말한다)이 속하는 사업연도에 모두 손금에 산입한다.

복식부기의무자가 사업을 폐업하는 경우는 이월된 금액 중 남은 금액을 폐업일이 속하는 과세기간에 모두 필요경비에 산입한다.

2. 업무용승용차 처분이익의 처리

업무용승용차를 매각하는 경우 그 매각가액을 매각일이 속하는 과세기간의 소득금액을 계산할 때 익금에 산입한다.

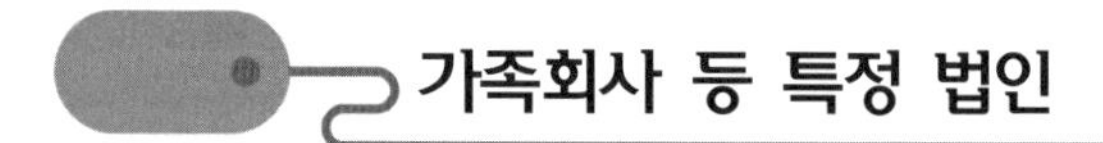

가족회사 등 특정 법인

다음의 특정 법인은 업무용승용차 관련 비용 규정을 적용할 때 다음의 특례를 적용한다.

1. 특례적용 내용

- 업무용승용차 관련비용 규정을 적용할 때 1,500만원을 각각 500만원으로 한다.
- 감가상각비 한도초과액 규정을 적용할 때 800만원을 각각 400만원으로 한다.
- 처분손실에 대한 한도액 적용 시 800만원을 각각 400만원으로 한다.

2. 특정 법인

특정 법인이란 다음의 요건을 모두 갖춘 내국법인을 말한다.

❶ 해당 사업연도 종료일 현재 내국법인의 지배주주 등이 보유한 주식 등의 합계가 해당 내국법인의 발행주식총수 또는 출자총액의 50%를 초과할 것

❷ 해당 사업연도에 부동산임대업을 주된 사업으로 하거나 다음의 금액 합계가 기업회계기준에 따라 계산된 매출액(가~다의 금액이 포함되지 않은 경우는 이를 포함하여 계산함)의 50% 이상일 것.

내국법인이 2 이상의 서로 다른 사업을 영위하는 경우는 사업별 사업수입금액이 큰 사업을 주된 사업으로 본다.

가. 부동산 또는 부동산상 권리의 대여로 인해서 발생하는 수입 금액(임대보증금 등의 간주익금을 포함함)

나. 소득세법에 따른 이자소득의 금액

다. 소득세법에 따른 배당소득의 금액

개인 공동사업자의 업무 전용 자동차보험 가입

1. 사업자당 1대는 업무용 승용차 전용보험에 가입하지 않아도 무방하며 일반자동차보험 가입으로 운행 시 기존과 동일하게 연 1,500만 원 한도 내에서 경비처리가 가능하다.
2. 추가 1대의 경우 임직원 전용 보험 가입이 필수이며, 가입하지 않은 경우는 50%(성실신고의무자 및 전문직 사업자는 2024년부터는 100% 비용 불인정)만 비용으로 인정받을 수 있으므로 연 750만 원 한도 내에서 경비처리가 가능하다.

공동사업자의 경우, 사업자의 정의를 공동사업자 각자로 보는 것인지 아니면 사업자등록번호를 기준으로 전체 사업장을 하나의 사업자로 보는 것인지 구체적인 해석이 필요하다. 공동사업자 등 부득이하게 차량 2대로 경비처리하는 경우는 공동사업자 각 개인 기준이 아닌 사업자등록 기준으로 1대를 제외한 나머지 차량에 대해 업무용자동차 전용 보험에 가입해야 한다.

예를 들어 국세청 상담 내용을 기준으로 하면 2인의 공동사업자가 각각 1대의 차량을 업무용으로 운행하는 경우 사업자등록번호가 1개이니 2대째부터 업무용 차량 전용 보험에 가입해야 한다(1명은 가입). 즉, 미가입시 1대만 100% 인정되고, 나머지는 업무용 승용차 전용 보험에 가입하지 않아 성실신고확인대상자는 비용인정이 되지 않는다. 3명이 공동사업자인 경우 1대를 제외한 2대에 대해서 가입해야 한다.

08 기업업무추진비에 대한 세무회계

기업업무추진비는 교제비 · 사례금 기타 명목여하에 불구하고, 이에 유사한 성질의 비용으로서 법인이 업무와 관련해 거래처에게 접대 · 향응 · 위안 등으로 지출하는 비용을 말한다. 광고선전 목적으로 제작된 견본품이라고 하더라도 특정 고객에게 지급하는 경우는 기업업무추진비에 해당한다. 다만, 특정 고객이라 하더라도 1인당 연간 5만원 한도 내에서는 판매부대비용으로 전액 손금인정 된다. 세무상 기업업무추진비가 되는 요건은

- 특정 고객에게 지급하는 것이다.
- 1인당 연간 5만원(3만 원 이하 물품제공 시 한도계산에서 제외)을 넘는 금액의 지출이다.

기업업무추진비의 손금 귀속시기는 발생주의에 따라 접대한 사업연도의 손금으로 처리하며, 현물로 지급한 경우에는 동 자산의 시가에 의한다.

참고로 기업업무추진비는 대외적으로는 감추고 싶은 항목이므로 실제는 기업업무추진비이면서도 판매촉진비, 업무추진비, 판공비, 복리후생비 등의 여러 계정과목으로 분산 회계처리가 되어있는 경우도 많고, 심지어는 여비교통비, 교육훈련비, 광고선전비, 기타 업무 필수경비 항목에 숨어있는 경우도 많다. 따라서 사실 판단이 필요한데, 기업

업무추진비로 분류되는 필수 성격은 지출하는 금액이 업무와 직접 · 간접으로 관련되어야 하며, 특정인이나 특정 법인을 위해 외견상 무상으로 제공되어야 한다.

구분	기업업무추진비	회의비	기부금	광고선전비	차량유지비	여비교통비
성격	업무와 관련한 향응, 위안	정상적 업무수행을 위한 회의	업무와 직접 관련 없이 타인에 대한 기증	업무와 관련한 상품 등의 광고 목적	회사업무용 차량의 유지관리비	업무상 출장비용
사례	음식, 골프 등	회의장 임차료, 다과 및 음료, 초청인 교통비	현금 또는 물품 지급	간판, 신문, 방송, 컵 · 달력 등 판촉물	유류비, 수선비, 보험료, 운전기사 급여	교통비, 숙박비
세무처리	한도 내 : 비용인정 한도초과 : 비용불인정	통상회의비 : 비용인정 초과분 : 기업업무추진비 해당	특례 · 일반기부금 : 한도 내 비용인정 기타 기부금 : 비용불인정	불특정다수인 : 비용인정 특정인 : 기업업무추진비로 한도 내에서 비용인정	업무 관련액 전액 비용인정	업무관련 금액 전액 비용 인정

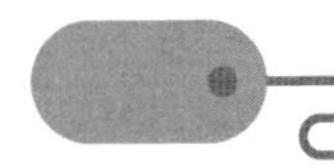

기업업무추진비로 보는 경우와 보지 않는 경우

1. 기업업무추진비로 보는 경우

교제비

법인의 업무관련상 필요에 따라 관계가 있는 자에게 접대 · 향응 · 위안 · 선물 · 기증 등 접대행위에 지출한 모든 금품의 가액을 교제비라 칭하고 이는 기업업무추진비에 포함된다.

사례금

사전약정에 의하지 않고 상행위에 해당하지 않는 정보제공 · 거래의 알선 · 중개 등 법인의 사업상 효익을 유발한 자에게 의례적으로 지출하는 금품의 가액을 사례금이라 칭하며, 이를 기업업무추진비로 본다.

기타 기업업무추진비와 유사한 업무 관련 지출 비용

구분	처리방법
임의적 매출할인 · 들쭉날쭉 장려금 등의 지급	거래처에 대해서 거래수량 · 거래금액에 따라 상대방에게 지급하는 장려금이나 외상매출금 결제 시 매출할인 한 금액 등은 판매비 · 일반관리비로 인정된다. 거래처와 사전에 약정해서 지급하는 장려금 등은 당연히 판매부대비용이므로 한도액 없이 전액 손금산입한다. 즉, 특수관계없는 거래처에 대해서 매출(판매량)과 직접적으로 관련지을 수 있는 판매장려금 · 판매수당 · 할인액 등은 건전한 사회통념상 상 관행에 비춰 정상적 거래범위 내에서의 금액은 기업업무추진비로 보지 않는다. 그러나 임의적 판매장려금, 동일 조건이 아닌 임의적 할인액 등은 기업업무추진비로 분류됨이 타당하다고 본다.
종업원단체에 지출한 사용인 조합 복리시설비	법인이 그 사용인이 조직한 조합 또는 단체에 지출한 복리시설비는 그 조합이나 단체가 지출법인과 별도의 다른 법인이면 기업업무추진비로 본다. 즉, 당해 조합이나 단체가 법인인 경우는 기업업무추진비로 보나 동 단체가 법인이 아닌 경우에는

구분	처리방법
	그 법인의 경리의 일부로 보아 그 지출내용에 따라 자산 또는 비용으로 처리하고 금액 한도 없이 전액 손금산입한다. 그리고 사용인이 조직한 단체가 아닌 고객 등이 조직한 임의단체에 지출하는 금품은 동 임의단체가 법인이냐 아니냐에 불구하고 모두 기업업무추진비로 본다.
약정에 따라 포기한 채권 금액	매출채권을 거래처와의 약정에 따라 일부 또는 전부를 임의 포기한 경우에는 대손금으로 보지 않고 기업업무추진비로 본다. 소멸시효 경과 등 불가피한 포기금액은 대손금이다.

금융기관 등의 계약·수금 관련 지출경비

구분	처리방법
금융기관 등의 적금 · 보험의 계약비 · 수금비는 지출 성격에 따라 판매관리비 등임	금융기관, 상호저축은행, 보험사업자, 증권투자신탁업법에 의한 위탁회사, 종합금융회사가 계약이나 수금에 필요해 지출한 경비는 기업업무추진비로 보았으나, 실제의 지출 성격에 따라 판매관리비, 기업업무추진비 및 기부금 등으로 처리한다.
근로소득 · 자유직업소득으로 과세되는 모집권유비 등	종업원 등에게 적금 · 보험 등의 계약, 수금 및 유치 실적에 따라 수당이나 실적급이 지급된다면 이는 소득세법상 지급받는 자의 근로소득 또는 자유직업소득으로 과세된다. 이렇게 소득으로 과세되는 것은 기업업무추진비가 아니고 일반비용이다. 수금 관련 용역비나 인건비 등은 비용인정되나, 그렇지 않은 임의 외부 지출 비용이 기업업무추진비라는 뜻이다.

2. 기업업무추진비로 보지 않는 경우

❶ 주주 · 사원 또는 출자자나 임원 또는 사용인이 부담해야 할 성질

의 기업업무추진비를 법인이 출자한 것

❷ 법인이 그 사용인이 조직한 조합 또는 단체에 복리시설비를 지출한 경우 당해 조합이나 단체가 법인일 때는 이를 기업업무추진비로 보며, 당해 조합이나 단체가 법인이 아닌 경우에는 그 법인의 경리의 일부로 본다.

❸ 광고선전 목적으로 견본품 · 달력 · 수첩 · 부채 · 컵 등 물품을 불특정 다수 인에게 기증하기 위해서 지출한 비용(특정인에게 기증하기 위해 지출한 비용도 1인당 연간 3만원 한도 내 금액 포함) : 사회통념상 견본품 제공의 범위를 초과하는 것(귀금속 · 고가 가구류 · 고가 의류 등)은 기업업무추진비로 본다.

❹ 순수한 종업원의 위안을 위한 행위로서 운동회 · 연예회 · 여행 등에 통상 필요로 하는 비용

❺ 회의에 관련해서 다과 · 도시락 기타 이와 유사한 음식물을 공여하는 데 통상 드는 비용

❻ 신문 · 잡지 등의 출판물 또는 방송 프로그램의 편집을 위해서 행하는 좌담회, 기사의 수집 또는 방송을 위한 취재에 통상 소요되는 비용

❼ 해외시장의 개척을 목적으로 해외에서 지출하는 기업업무추진비 등과 국내에서 해외고객을 위해서 지출하는 기업업무추진비의 소액

❽ 주주 · 사원이 개인적으로 부담해야 할 성질의 기업업무추진비

❾ 판매업자가 일반소비자에 대해서 경품부 판매를 한 경우는 그 경품 가액

⑩ 창립기념일에 종업원에게 일률적으로 사내에서 제공하는 통상의 음식비용

⑪ 일반인 공장견학자에 대해서 제품의 시식 · 시음을 제공하는 경우의 비용

⑫ 거래처와 사전약정에 따라 거래금액, 거래수량에 따라 상대방에게 지급하는 장려금과 이와 유사한 성질의 금액

⑬ 거래처와 사전약정에 따라 외상매출금을 결제하는 경우의 매출할인

광고선전비, 복리후생비, 기부금, 회의비와 기업업무추진비 예시

1. 광고선전비로 보는 경우

❶ 산업 시찰 · 견학 등을 위한 내방 객에게 자사 제품의 시음, 음식 접대, 기념품 등을 제공하는 경우

❷ 자사 상품 판매처에 사전약정에 따라서 지급하는 광고보조비

❸ 신제품 전시회나 백화점 · 슈퍼 · 거리에서 불특정 다수 인에게 제공하는 시식, 다과, 식대 등의 경우

❹ 광고선전 목적으로 견본품 · 달력 · 수첩 · 부채 · 컵 등 물품을 불특정 다수 인에게 기증하기 위해서 지출한 비용(특정인에게 기증하기 위해 지출한 비용도 1인당 연간 3만원 한도 내 금액 포함) : 사회통념상 견본품 제공의 범위를 초과하는 것(귀금속 · 고가 가구류 · 고가 의류 등)은 기업업무추진비로 본다.

❺ 음료 사업자의 간판 제공

❻ 주유소가 자기 상호를 새겨서 제공하는 화장지

❼ 방문고객에 대한 외판원의 시음용 상품

❽ 구매 의욕을 자극하기 위한 불특정 다수에게 지출

❾ 상호와 심벌 로고가 새겨진 진열장을 거래처에 제공해 제품을 진열 전시하고 매장의 철수 시 진열장을 회수하기로 한 경우에는 당해 자산의 감가상각비 상당액

2. 복리후생비로 보는 경우

유흥향응을 위한 지출이라도 법인의 임직원과 근로자를 위한 것이면 복리후생비이다. 너무 지나친 금액은 전액 손금불산입하고 상여 등 처분한다.

3. 기부금으로 보는 경우

사내근로복지기금법에 의거 근로자의 복리증진을 위해 사내근로복지기금에 지출하는 기부금은 이월결손금 차감 후의 소득 범위 내에서 전액 손금 인정되는 기부금이다.

4. 회의비로 보는 경우

❶ 노사분규의 사전방지 또는 분규수습을 위한 협의 과정에서 지출한 음식물대

❷ 법인의 사업목적 회의 시에 회의가 개최되는 장소에서 다과 · 음식물 제공(회의 직전 · 직후의 인근 음식점을 이용한 식사 제공을 포함) 등을 포함한 회의 개최에 통상적으로 드는 비용 : 통상의 회의비를 초과하는 금액과 유흥을 위해 지출된 금액은 기업업무추진비로 본다.

5. 기업업무추진비로 보는 경우

❶ 제약회사가 거래처약국, 병원 등에 환자치료용 약품을 무상 제공하는 것

❷ 신문사가 보급소, 가판대 등에 신문을 공급하면서 당초 계약 시 파손 · 분실 등에 대한 보충용으로 제공하기로 한 부수를 초과해서 무상으로 제공하는 신문의 가액(보급소에 대한 정상가액)

❸ 건설업 법인이 재개발 조합의 운영비 명목으로 지급하는 금액

6. 판매장려금으로 보는 경우

❶ 법인이 거래처를 대상으로 일정기간 단위로 거래 건수에 따라 판매장려금을 차등 지급하기로 사전에 약정한 경우

❷ 새로운 모델을 판매하면서 동종의 구모델 제품을 일정한 금액으로 보상 구입하기로 하고 이를 사전에 광고한 경우 당해 보상교환 판매에 따라 입은 손실은 판매부대비용에 해당(법인 46012-1043, 2000.4.27)

❸ 레미콘을 제조하는 법인이 특수관계 없는 레미콘운송업자에게 계약 내용에 따라 실제 운송단가에 의한 비용과 최저운송보장액과의 차액을 지급하는 경우

기업업무추진비 한도액 계산

세무상 기업업무추진비가 되는 요건(❶ + ❷ 조건 만족)

❶ 반드시 3만 1원(경조사비는 20만 1원)부터는 법정지출증빙을 갖추어야 한다.

구 분	처리방법
기밀비나 증빙이 없는 기업업무추진비 등	손금불산입(비용불인정)
건당 일정 금액(3만 원) 초과 기업업무추진비로서 법정지출증빙을 받지 않은 경우	손금불산입(비용불인정)

❷ 기업업무추진비 한도 범위 내에 속하는 기업업무추진비여야 한다.

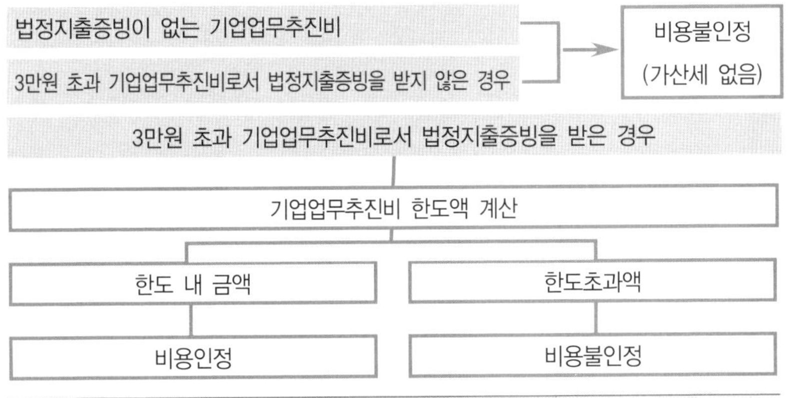

구 분		세무상 처리
법정지출증빙이 없는 기업업무추진비		손금불산입(비용불인정)
3만원 초과 기업업무추진비로서 법정지출증빙을 받지 않은 경우		손금불산입(비용불인정)
일반기업업무추진비 한도 계산	법정지출증빙을 받고 지출한 금액 중 기업업무추진비 한도 내 금액	손금인정(비용인정)
	한도초과액	손금불산입(비용불인정)

비록 회계상 기업업무추진비를 기업업무추진비로 계정처리를 하였어도 세법상으로는 일정한 요건을 충족한 경우에만 손금(비용)으로 인정을 해주고 있는데, 그 요건은 다음과 같다.

1. 반드시 법정지출증빙을 갖추어야 한다.

세법상 기업업무추진비는 비록 기업업무추진비라고 해도 일정 한도내에서만 기업업무추진비를 인정하는 한도를 정하고 있는데 한도 계산에 포함되는 기준금액이 되기 위해서는 우선 건당 3만 원을 초과하여 지출 시에는 반드시 세금계산서, 계산서, 신용카드매출전표, 현금영수증 중 하나를 증빙으로 받아야 한다. 여기서 말하는 신용카드(직불카드와 외국에서 발행한 신용카드를 포함)는 해당 법인의 명의로 받은 신용카드를 말한다. 따라서 법인의 임원 또는 종업원의 개인신용카드로 결제한 금액은 그 금액이 건당 3만원을 초과하는 경우이는 전액 비용으로 인정받을 수 없다. 또한, 매출전표 등에 기재된 상호 및 사업장 소재지가 물품 또는 서비스를 공급하는 신용카드가맹점의 상호 및 사업장 소재지와 다른 경우 당해 기업업무추진비 지출액은 신용카드사용 기업업무추진비에 포함하지 않는다.

구 분	지출증빙 비치
음식 · 숙박 제공과 증빙 없는 부대비용	❶ 음식 · 숙박업소가 발행한 세금계산서, 영수증, 신용카드매출전표, 금전등록기계산서, 기타 거래 사실이 인정되는 영수증, 임직원 명의의 신용카드거래매출전표도 사실상 업무와 관련해서 지출한 경우는 이를 기업업무추진비 증빙으로 인정한다.

구 분	지출증빙 비치
	❷ 사용자를 기재하고 해당 부서의 장이 확인한 지출전표 또는 지출결의서 ❸ 봉사료 · 팁 · 교통비 등 증빙을 받을 수 없는 접대부대비의 경우는 사회통념 상으로 인정되는 적정 범위 내의 금액으로서 비용의 사용자와 계산내역을 명시한 지출전표
물품 기증과 사례금의 경우	❶ 물품구입 세금계산서 등(구입 물품에 한함) ❷ 물품의 사용부서별 내역을 기재한 지출전표 및 사용부서 책임자의 물품인수증 ❸ 사례금(금품 지급)의 경우 업무와 관련해서 지출한 사실을 기재한 지출결의서 ❹ 수령자의 주소 및 성명이 기재된 수령증(기타소득세 원천징수 및 지급명세서 제출)
기밀비나 경조비의 경우	❶ 정관 · 사규 또는 주주총회 · 사원총회나 이사회의 결의로 정한 지급기준 ⇨ 지급기준은 당해 기밀비가 업무와 관련해서 사용되는 것이 입증될 수 있는 정도(예 : 신규 계약의 체결, 거래선 확보 또는 유지, 업무와 관련의 개연성이 있는 정도)의 사용 목적과 사용인별로 지급할 수 있는 한도액이 정해진 것으로 한다. ❷ 기밀비 사용자의 수령증 ❸ 경조사비의 경우 사회통념 상으로 인정되는 범위 내의 금액으로서 지급부서의 장이 서명한 지출 전표 ❹ 기밀비는 기업업무추진비의 일종이나 투명한 지출증빙이 없으므로 손금불산입
매출할인 · 장려금 등 임의 지출	❶ 지급 받은 자의 영수증, 송금 관련 서류 ❷ 지급금액의 계산 근거가 명시된 지출전표
금융기관 등의 계약 · 수금비 등	❶ 기밀비 해당 금액을 제외하며, 사례금은 포함 ❷ 지출형태(음식접대 · 물품기증 · 금품사례)에 따른 거래 증빙

구 분	지출증빙 비치
	❸ 지출원인과 지출자를 명시한 지출전표

2. 기업업무추진비 한도 범위 내에서만 비용인정 된다.

기업업무추진비에 대해 법정지출증빙을 갖추었다고 모두 비용으로 인정되는 것이 아니며, 이 중 세법에서 정한 일정한 한도 내에서만 비용으로 인정이 된다. 따라서 한도를 초과하는 경우는 비용불인정 된다.
그러나 회계 계정과목 상으로는 전액 기업업무추진비처리가 가능하다.
세무상 기업업무추진비의 비용인정 한도는 다음과 같이 계산한다.

기업업무추진비 한도액 = ❶ + ❷[특수법인 (❶ + ❷) × 50%]
❶ 1,200만 원(중소기업의 경우에는 3,600만원) × 당해 사업연도의 월수/12
❷ (수입금액 × 적용률) + (특정 수입금액(특수관계자 거래) × 적용률 × 10%)
주 월수는 역에 따라 계산하며 1월 미만은 1월로 본다. 예를 들어 6월 14일에 신설한 법인으로서 첫 사업연도가 6월 14일부터 12월 31일이라면 사업연도 개시일인 6월이 포함되므로 사업연도 월수는 7개월이다.
문화기업업무추진비 한도액 = Min(❶ + ❷)
❶ 문화 기업업무추진비
❷ 일반 기업업무추진비 한도액 × 20%

기업업무추진비 해당액

기업업무추진비 해당액은 총기업업무추진비 중 기밀비, 건당 3만원을 초과하는 기업업무추진비로서 세금계산서 등 법정지출증빙을 갖추지 못한 기업업무추진비를 차감한 금액으로 한다. 즉, 기업업무추진비 비용인정한도액 계산 시 기업업무추진비 해당액은 증빙요건을 충족해 이미 비용으로 인정 가능한 기업업무추진비를 말하며, 증빙을 갖추지 못해서 비용으로 인정되지 않는 기업업무추진비는 한도액 계산의 대상이 되지 못한다.

기업업무추진비 해당액 = 총 기업업무추진비 - 법정지출증빙을 받지 못한 기업업무추진비 - 기밀비

수입금액

일반적인 수입금액

수입금액이란 매출액에서 매출에누리와 환입 및 매출할인을 차감한 금액으로 그 성격이 영업적인 수입액으로 수익증권 판매 등 수수료, 투자신탁 운용수수료, 수입보증료 등도 포함한다. 따라서 임대업을 주업으로 하지 않는 법인이 임대수입이 생긴 경우 이것은 영업상의 수입에 해당 하지 않고 영업외수입에 해당하므로 이를 수입금액에 포함하지 않는다. 즉, 일반적인 수입금액이란 법인의 순자산을 증가시키는 법인세법상 익금항목 중 기업회계 관행상 영업수익금액(이에 준하는 부수수익을 포함 한다.)에 해당하는 익금만을 말한다. 특수관계자와의 거래수입금액 및 부동산업 등의 수입금액은 제외된다.

일반적으로 기업회계 개념에 따른 영업수익금액이란 매출액 등 주 영업수입금액이다. 이는 법인이 표방하고 영위하는 업종에 따라 다르나 일반적으로 상품 · 제품 등의 재고 재화 또는 주 용역을 제공함으로써 받는 현금수입과 현금등가물 가액을 말한다.

특정수입금액

특정수입금액이란 특수관계자와 거래에서 발생한 수입금액을 말한다.

3. 기업업무추진비 비용불인정액의 처리방법

구 분		처리 방법
법정지출증빙을 받지 않았거나 허위 또는 업무와 관련 없는 지출	소득의 귀속자가 분명한 경우	귀속자에 대한 상여(종업원 : 근로소득세), 배당(주주 : 배당소득세), 기타의 소득으로 처분
	소득의 귀속자가 분명하지 않은 경우	대표이사에 대한 상여로 처분해 대표이사에게서 근로소득세 징수
손금 인정 안 된	주주, 임직원 등 개인 비용	귀속자별로 소득처분 (기타사외유출 처분)
	증빙서류가 없는 경우	대표자 상여로 처분
	영수증 수취분 (건당 3만원을 초과한 경우)	손금으로 인정받지 못함
비용으로 처리한 기업업무추진비 한도 초과액		기타사외유출로 처리한다.
한도 내에서 손금 인정	영수증 수취분 (건당 3만원 이하인 경우)	한도초과액에 대해서 기타사외유출로 처분
	적격증명서류 수취분	
	현물기업업무추진비, 업무 관련 채권포기액 등	

? 기업업무추진비 업무 관련성을 입증할 수 없는 경우 세무 처리

회사 스스로 업무 관련성을 입증할 수 없는 경우이거나 추후 세무조사 시 업무무관 기업업무추진비로 판명된 경우는 법인세법상 전액 손금불산입 되며, 그 기업업무추진비를 지출한 사람의 근로소득(사용자가 주주인 경우는 배당소득)에 해당해 기업업무추진비 사용자가 소득세를 부담하게 된다.

회사가 기업업무추진비 한도 초과가 발생하는 회사라면 법인세의 추가부담은 없는 것이며 개인이 소득세를 부담하게 된다. 한도 초과가 발생하지 않는 회사라면 법인세도 추가 부담하게 된다.

업무관련 유무의 입증 방법으로는

❶ 기업업무추진비 증빙에 기재하는 방법

기업업무추진비 증빙에 접대자(회사)의 부서명과 성명 및 접대상대방의 상호, 사업자등록번호, 부서명, 성명을 기재하고 접대목적 등을 간단히 기재하면 된다.

❷ 별도의 기업업무추진비명세서 등을 작성하는 방법

상기 ❶ 내용에 접대 장소 등의 상호, 사업자등록번호, 지출금액 등을 기재한 별도의 명세서를 작성 · 보관하면 된다.

09 기부금에 대한 세무회계

기부금의 개념상 구분

구 분	개 념
본래의 기부금	법인이 특수관계가 없는 자에게 법인의 사업과 직접 관련 없이 무상으로 지출하는 재산의 증여가액
간주 기부금	법인이 특수관계가 없는 자에게 정당한 사유 없이 정상가액(정상가액은 시가의 ±30%)보다 저가 양도하거나 고가매입하는 경우 그 차액 다음의 금액은 기부금으로 의제한다. ❶ 특수 관계없는 자에게 사업과 관계없이 부동산을 무상 임대한 경우 : 시가 상당액 ❷ 정당한 사유 없이 정상가액보다 낮은 가액으로 임대한 경우 : 정상가액과의 차액

기부금의 종류

1. 특례기부금(50% 한도 기부금)

아래에서 설명한 내용보다 자세한 내용을 알고자하면 법인세법 제24

조 제3항을 참고하면 된다.

❶ 국가나 지방자치단체에 무상으로 기증하는 금품의 가액

❷ 국방헌금과 국군장병 위문 금품의 가액

❸ 천재지변으로 생기는 이재민을 위한 구호금품의 가액

❹ 사립학교(병원 제외) 등에 시설비 · 교육비 · 장학금 또는 연구비

❺ 국립대학병원 · 사립대학병원 등에 시설비 · 교육비 · 장학금 또는 연구비

❻ 사회복지사업, 그 밖의 사회복지 활동 지원에 필요한 재원을 모집 · 배분하는 것을 주된 목적으로 하는 비영리법인으로서 법 소정 요건을 갖춘 법인에 지출하는 기부금

2. 일반기부금(10% 한도 기부금)

다음의 비영리법인에 고유목적사업비로 지출하는 기부금(법인세법 제24조 제2항)

❶ 사회복지법인

❷ 유치원 · 학교 · 기능대학 · 전공대학 형태의 평생교육시설 · 원격대학 형태의 평생교육시설

❸ 정부로부터 인 · 허가를 받은 학술연구단체 · 장학단체 · 기술진흥단체

❹ 정부로부터 인 · 허가를 받은 문화 · 예술단체 · 환경보호운동단체

❺ 종교단체

❻ 의료법에 의한 의료법인

❼ 민법에 따라 주무관청의 허가를 받아 설립된 비영리법인 또는 협동조합 기본법에 따라 설립된 사회적 협동조합 중 일정한 요건을 모두 충족한 것으로서 주무관청의 추천을 받아 기획재정부장관이 지정

한 법인

❽ 기획재정부령이 정하는 지정기부단체(예 : 국민건강보험공단, 사내근로복지기금 등)

용도가 특정된 다음의 기부금

❾ 유치원장 · 학교장 · 기능대학장 · 전공대학장 형태의 평생교육시설장 · 원격대학 형태의 평생교육시설 장이 추천하는 개인에게 교육비 · 장학금 또는 연구비로 지출하는 기부금

❿ 상속세 및 증여세법상 과세가액불산입 요건을 갖춘 공익신탁에 신탁하는 기부금

⓫ 법인으로 보는 단체 중 고유목적사업준비금의 설정 대상인 일반기부금 대상단체를 제외한 단체의 수익사업에서 발생한 소득을 고유목적사업비로 지출하는 금액

⓬ 사회복지 · 문화 · 예술 · 교육 · 자선 · 학술 등 공익목적으로 지출하는 기부금으로서 기획재정부령이 정하는 기부금(예 : 불우이웃을 돕기 위해서 지출하는 기부금, 국민체육진흥기금, 소기업 소상공인공제 출연금, 지역 새마을사업을 위해서 지출하는 기부금 등)

다음의 일정한 회비

⓭ 법정단체(법인이거나 주무관청에 등록된 조합 · 협회)에 지급하는 특별회비(법인단체에 지급하는 일반회비 : 손금)

⓮ 임의단체에 지급하는 모든 회비

기타 다음의 기부금

⓯ 사회복지시설에 지출하는 기부금 : 사회복지시설 또는 기관(아동복지시설 · 노인복지시설 · 장애인복지시설 · 다문화가족지원센터 등)중 무

로 · 실비로 이용할 수 있는 시설 또는 기관에 기부하는 금품의 가액

⑯ 해외 일반기부금단체에 지출하는 기부금 : 재외동포의 협력 · 지원, 한국의 홍보, 국제교류 · 협력을 목적으로 하는 비영리외국법인으로서 주무관청의 추천을 받아 기획재정부장관이 지정하는 해외 지정기부단체(일정한 요건을 모두 충족해야 함)에 지출하는 기부금

⑰ 국제기구에 지출하는 기부금 : 다음의 요건을 모두 갖춘 국제기구로서 기획재정부령으로 정하는 국제기구에 지출하는 기부금(예 : 유엔난민기구, 세계식량계획, 국제이주기구, 글로벌녹색성장연구소)

가. 사회복지, 문화, 예술, 교육, 종교, 자선, 학술 등 공익을 위한 사업을 수행하는 것

나. 우리나라 회원국으로 가입하였을 것

3. 비지정기부금

비지정기부금은 법인세법 및 조세특례제한법상 특례기부금, 우리사주조합기부금 및 일반기부금으로 열거되어 있지 않은 기부금을 말하며, 전액 손금불산입하고 그 귀속자에 따라 기타사외유출 · 기타소득으로 처분한다.

❶ 동창회, 종친회, 향우회 기부금

❷ 신용협동조합, 새마을금고에 대한 기부금

❸ 정당, 정치자금 기부금

❹ 사립학교법에 설립된 의과대학부속병원의 의학계 학생 임상교육 · 수련의의 임상연구 및 의학학술연구 등을 위해 지출하는 비용

❺ 일간신문사가 어린이날 행사 시 찬조물품 기증

❻ 독립유공자회관건립기금으로 지출한 기부금

❼ 법인이 대한불교조계종 전국신도회 대구광역시 지부에 포교 및 교화사업을 위한 활동비로 지출하는 금액

❽ 수의사법에 의하여 설립된 대한수의사회에 지출하는 기부금

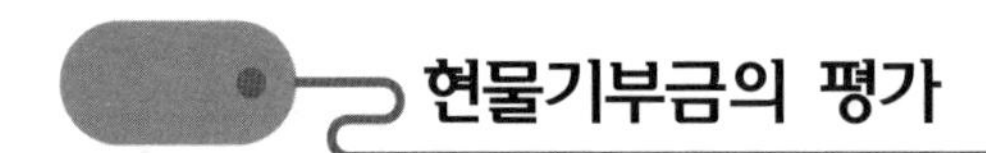

현물기부금의 평가

현물기부금 중 특례기부금은 장부가액에 의해 평가하고, 일반기부금과 비지정기부금은 시가와 장부가액 중 큰 금액에 의한다.

구 분		현물기부금의 평가액
특례기부금		장부가액
일 반 기부금	특수관계인 외의 자에게 기부한 것	
	특수관계인에게 기부한 것	Max(제공한 때의 시가, 장부가액)
비지정기부금		

기부금의 손익귀속시기

구 분	손금귀속시기
원칙 : 현금주의	현금 등으로 지출한 날이 속하는 사업연도 어음의 경우 어음결제일, 수표는 수표발급일, 선일자수표는 실제로 대금이 결제된 날
예외	정부로부터 인·허가를 받기 이전의 설립중인 공익법인 및 단체 등에 기부금을 지출하는 경우는 그 법인 및 단체가 정부로부터 인가 또는 허가를 받는 날이 속하는 사업연도

기부금의 한도와 세무조정

구 분	한도액
특 례 기부금 (50%한도 기부금)	1. 한도초과 이월액에 대한 세무조정 ❶ 전기 이전 한도초과 이월액 ❷ 한도액 = (기준소득금액 – 이월결손금 공제액)의 50% ❸ 한도초과 이월액 중 손금산입액 = MIN(❶, ❷) : 손금산입(기타) 2. 당기지출액에 대한 세무조정 ❶ 당기지출액 ❷ 한도 잔액 = 한도액 – 한도초과 이월액 중 손금산입액 ❸ 한도초과액 = ❶ – ❷ = (+) 손금불산입(기타사외유출)
우리사주조합기부금 (30%한도 기부금)	❶ 당기지출액 ❷ 한도액 = (기준소득금액 – 이월결손금 공제액 – 특례기부금 손금산입액)의 30% ❸ 한도초과액 = ❶ – ❷ = (+) 손금불산입(기타사외유출)
일 반 기부금 (10%한도 기부금)	1. 한도초과 이월액에 대한 세무조정 ❶ 전기 이전 한도초과 이월액 ❷ 한도액 = (기준소득금액 – 이월결손금 공제액 – 특례기부금 손금산입액 – 우리사주조합기부금 손금산입액)의 10% ❸ 한도초과 이월액 중 손금산입액 = MIN(❶, ❷) : 손금산입(기타) 2. 당기지출액에 대한 세무조정 ❶ 당기지출액 ❷ 한도 잔액 = 한도액 – 한도초과 이월액 중 손금산입액 ❸ 한도초과액 = ❶ – ❷ = (+) 손금불산입(기타사외유출)
비지정기부금	비지정기부금은 전액 손금불산입한다.

주 차가감 소득금액 = 당기순이익 + 익금산입 · 손금불산입 – 손금산입 · 익금불산입 (기부금을 제외한 세무조정)

주 기준소득금액 = 차가감 소득금액 + 특례기부금 + 우리사주조합기부금 + 일반기부금

10 감가상각비의 비용처리와 세법상 비용인정 한도

감가상각 대상 자산

감가상각 대상자산	감가상각 비상각 자산
유형고정자산과 무형고정자산(영업권, 개발비, 사용수익기부자산 등) 주 만일 법인이 개발비를 전액 발생 시점의 비용으로 처리하게 되면 법인세법에서도 이를 전액 손금으로 인정해준다. ❶ 장기할부조건 등으로 매입한 고정자산 ❷ 유휴설비	❶ 사업에 사용하지 않는 자산 ❷ 건설 중인 자산 ❸ 시간의 경과에 따라 그 가치가 감소하지 않는 자산(서화 · 골동품 등) 주 장식 · 환경미화 등을 위해 사무실 · 복도 등 여러 사람이 볼 수 있는 공간에 상시 비치하는 미술품의 취득가액을 즉시 당해 사업연도에 손금에 산입한 경우 당해 취득가액(단, 거래 단위별 1천만 원 이하인 것에 한정) 전액을 손금으로 인정한다. ❹ 업무무관자산

주 금융리스 자산 : 리스이용자의 감가상각자산
운용리스 자산 : 리스제공자의 감가상각자산

감가상각 시부인 계산

구 분	당기 세무조정	이후 세무조정
상각부인액이 발생한 경우	손금불산입(유보)	차기 이후 시인부족액의 범위 내에서 손금산입함(△유보)
시인부족액이 발생한 경우	원칙 : 세무조정 없음	그 이후 전기 시인부족액을 고려하지 않음
	예외	전기 이전 상각부인액이 있는 경우 당기 시인부족액 범위 내에서 손금산입(△유보)

1. 회사 계상 감가상각비의 계산

회사계상 감가상각비 = 손익계산서 감가상각비 + (제조)감가상각비 + (공사원가)감가상각비 + 전기이월이익잉여금의 감소로 계상한 금액(전기오류수정손실 등) + 자산으로 계상한 금액 + 즉시상각의제액

전기이월이익잉여금의 감소로 계상한 금액

회사가 전기이월이익잉여금을 감소시키고 감가상각누계액으로 계상한 금액은 회사가 감가상각비로 계상한 것으로 보아 손금산입(기타)으로 세무조정 한 후 이를 회사계상 감가상각비에 포함해서 시부인 계산한다.

즉시상각의제액(비용계상 한 것을 즉시 비용처리)

자산가액으로 계상해야 할 취득가액이나 자본적 지출을 회사가 비용으로 계상한 경우는 이를 감가상각한 것으로 본다. 따라서 즉시상각

의제액은 회사계상 상각비에 포함하고, 상각범위액 계산 시 자산가액에 가산한다.

즉시상각은 감가상각자산을 결산상 비용으로 회계처리 한 경우에 세무상 시부인 계산 없이 즉시 그대로 손금으로 인정하는 것을 말한다. 따라서 이 경우에는 세무조정이 필요 없다.

다음의 자산은 취득 시 감가상각을 통해 비용처리를 하거나 당기 비용처리 방법 중 선택해서 적용할 수 있다.

<table>
<tr><th colspan="2">구 분</th><th colspan="2">즉시상각대상 자산</th></tr>
<tr><td rowspan="5">취득시</td><td>금액적으로 소액인 자산</td><td colspan="2">거래 단위별 취득가액 100만 원 이하의 지출금액. 단 고유업무의 성질상 대량으로 보유하는 자산과 그 사업의 개시 또는 확장을 위해서 취득한 자산은 제외</td></tr>
<tr><td>대여사업용 비디오테이프</td><td colspan="2">대여사업용 비디오테이프와 음악용 콤팩트디스크로서 개별자산의 취득가액이 30만원 미만인 자산</td></tr>
<tr><td>단기사용자산</td><td>시험기기 · 영화필름 · 공구 · 가구 · 전기기구 · 가스기기 · 가정용 기구 및 비품 · 시계 · 측정기기 및 간판</td><td rowspan="3">금액제한없음</td></tr>
<tr><td>어업의 어구</td><td>어업에 사용하는 어구(어선용구 포함)</td></tr>
<tr><td>전화기, 개인용 컴퓨터</td><td>전화기(휴대용 전화기 포함), 개인용 컴퓨터(그 주변기기 포함).</td></tr>
<tr><td rowspan="2">보유시</td><td>소액수선비</td><td colspan="2">개별자산별 수선비(자본적 지출과 수익적 지출) 합계액이 소액수선비 판단기준에 미달하는 경우
주 소액수선비 판단기준 = Max(600만원, 전기말 재무상태표상 장부가액의 5%)</td></tr>
<tr><td>주기적 수선비</td><td colspan="2">3년 미만의 기간마다 지출하는 주기적 수선비</td></tr>
</table>

구 분		즉시상각대상 자산
폐기시	시설개체와 시설낙후로 인한 폐기자산	시설을 개체하거나 기술의 낙후 등으로 생산설비의 일부를 폐기한 경우 또는 사업장의 이전으로 임대차계약에 따라 임차한 사업장의 원상회복을 위하여 시설물을 철거하는 경우 장부에 비망가액 1,000원만 남기고 나머지는 폐기일이 속한 사업연도의 손금에 산입할 수 있다(결산조정 사항).

2. 세무상 감가상각비의 계산

상각방법별 상각범위액 계산

1. 정액법

상각범위액 = (세무상 취득가액 + 자본적 지출액) × 상각률

= (재무상태표상 취득가액 + 자본적 지출액 + 즉시상각의제 누계액) × 상각률

위에서 즉시상각의제 액은 당기 즉시상각의제액 + 전기 즉시상각의제액

2. 정율법

상각범위액 = [세무상 기초 장부가액(미상각잔액) + 자본적 지출액] × 상각률

= (재무상태표 상 기초 장부가액 + 전기이월 상각부인액 + 당기 즉시상각의제액) × 상각률

= (재무상태표 상 취득가액 − 재무상태표 상 감가상각누계액 + 전기이월 상각부인액 + 당기 즉시상각의제액) × 상각률

3. 생산량비례법

$$상각범위액 = (세무상\ 취득가액 + 자본적\ 지출액) \times \frac{당해\ 사업연도\ 중\ 채굴량(또는\ 매립시설에서\ 매립한\ 양)}{그\ 자산이\ 속하는\ 총채굴예정량(또는\ 매립시설의\ 총매립예정량)}$$

상각방법별 상각범위액 계산 특례

구 분	내 용
기중에 신규로 취득한 자산	사업에 사용한 날부터 월할상각함(1개월 미만은 1개월)
자본적 지출액	기초부터 지출한 것으로 보아 기존자산의 취득가액에 합산하여 상각범위액을 산정한다.
사업연도가 1년 미만의 경우 상각범위액 계산	정관상 사업연도가 1년 미만의 경우 : 12월로 환산한 환산내용연수 적용 환산내용연수 : 신고내용연수 또는 기준내용연수 × 12/사업연도 월수 일시적으로 사업연도가 1년 미만의 경우 : 월할상각 상각범위액 = 정상적인 상각범위액 × 사업연도 월수/12

감가상각 범위 금액 결정요소

1. 취득가액

취득원가로는 매입가액 · 제반 조세 · 기타의 정상가액이 모두 포함된다.

그러나 장기할부조건 매입 시는 현재가치할인차금 금액을 뺀 나머지 현금원가상당액만 취득원가로 한다. 수익으로 보지 않는 금액과 시가 초과액은 제외한다. 자본적 지출은 취득원가에 가산하고 수익적 지출은 당기비용 처리한다.

자본적 지출	수익적 지출
• 본래의 용도 변경 목적의 개조 • 엘리베이터, 냉난방 장치의 설치 • 빌딩 등의 피난시설 등의 설치 • 재해 등으로 인한 건물 · 기계 · 설비 등이 소실 · 훼손되어 당해 자산 본래 용도에 이용 가치가 없는 것의 복구 • 기타 개량 · 확장 · 증설 등 이와 유사한 성질의 것	• 건물 또는 벽의 도장 • 파손된 유리나 기와의 대체 • 기계의 소모된 부분품과 벨트의 대체 • 자동차 타이어 튜브의 대체 • 재해를 입은 자산에 대한 외장의 복구 · 도장 · 유리의 삽입 • 기타 조업가능한 상태의 유지 등 이와 유사한 성질의 것

2. 잔존가액

잔존가액이란 감가상각자산이 그 사용가치나 용역의 수명을 다해서 폐기 · 처분될 때 받을 수 있을 것으로 기대되는 합리적인 금액을 말한다. 현행 법인세법은 잔존가액을 0(영)으로 함을 원칙으로 한다. 단, 정율법은 상각율의 수리계산 목적으로 5%로 하였는데 나머지 5% 금액도 취득가액의 5% 이하가 되는 바로 그 사업연도에 전액을 일시상각한다. 모든 자산에 대해 1,000원과 취득원가의 5% 중 적은 금액을 장부에 남긴다(비망계정). 결국, 1,000원만 남기게 되며, 이는 자산처분 시점이나 폐기시점에서 처분손익으로 처리한다.

- 원칙 : 0(영)
- 예외 : 정률법의 경우 Max(취득가액의 5%, 1,000원)

3. 내용연수

<table>
<tr><th>구 분</th><th>내 용</th></tr>
<tr><td>기준내용연수 : 자산별 내용연수</td><td>법인세법 시행규칙 별표5(건축물 등의 내용연수), 별표6(업종별 자산의 내용연수), 별표2(시험연구용자산의 내용연수), 별표3(무형고정자산의 내용연수)에서 정한 내용연수</td></tr>
<tr><td>신 고 내용연수</td><td>1. 별표5(건축물 등의 내용연수), 별표6(업종별 자산의 내용연수) : 내용연수 범위 내에서 신고한 내용연수
기준내용연수의 ±25%(중소기업 설비자산 ±50% : 차량과 선박은 운수업 · 임대업 한정, 서비스업 ±40% 범위) 범위에서 법인이 선택해서 관할세무서에 신고한 내용연수. 미신고시에는 기준내용연수를 적용한다.
<table>
<tr><th>구 분</th><th>내용연수의 신고</th></tr>
<tr><td>신설법인과 수익사업을 개시한 비영리내국법인</td><td>영업개시일이 속하는 사업연도의 법인세 과세표준 신고기한</td></tr>
<tr><td>자산별 · 업종별 구분에 의한 기준내용연수가 다른 자산을 취득하거나 새로운 업종의 사업을 개시한 경우</td><td>그 취득일 또는 사업개시일이 속하는 사업연도의 법인세 과세표준 신고기한</td></tr>
</table>
주 신고내용연수는 자산별, 업종별로 동일한 기준(일괄+25%, 일괄 10%, 일괄−25% 등으로)을 적용한다. 단, 자산별, 업종별 구분에 의한 기준내용연수가 다른 고정자산을 취득한 경우와 새로운 업종의 사업을 개시한 경우는 다른 신고내용연수의 적용이 가능하다.
2. 별표2(시험연구용자산의 내용연수), 별표3(무형고정자산의 내용연수) : 기준내용연수만 적용한다.</td></tr>
<tr><td>특 례 내용연수</td><td>다음의 사유가 있는 경우에는 기준내용연수의 50%를 가감한 범위까지 신청해서 승인을 받은 경우 내용연수를 선택할 수 있다. 예를 들어 기</td></tr>
</table>

<table>
<tr><th>구 분</th><th>내 용</th></tr>
<tr><td></td><td>준내용연수가 10년인 경우 특례내용연수 범위는 5년에서 15년까지이다.
❶ 사업장의 특성으로 자산의 부식·마모 및 훼손의 정도가 현저한 경우
❷ 영업개시 후 3년이 경과한 법인으로서 당해 사업연도의 생산설비(건축물은 제외)의 기획재정부령이 정하는 가동률이 직전 3개 사업연도의 평균가동률보다 현저히 증가한 경우
❸ 새로운 생산기술 및 신제품의 개발 · 보급 등으로 기존 생산설비의 가속상각이 필요한 경우
❹ 경제적 여건의 변동으로 조업을 중단하거나 생산설비의 가동률이 감소한 경우
다음의 사유가 있는 경우에는 기준내용연수의 25%를 가감한 범위까지 신청해서 승인받은 경우 내용연수를 선택할 수 있다.
❶ 건축물 · 업종별 자산에 대해서 K-IFRS를 최초로 적용하는 사업연도에 결산내용연수를 변경한 경우
❷ 건축물 · 업종별 자산에 대한 기준내용연수가 변경된 경우
<table>
<tr><th>구 분</th><th>내용연수의 신고</th></tr>
<tr><td>내용연수
승인신청</td><td>영업개시일(기준내용연수가 다른 자산을 취득한 경우 취득일)로부터 3개월 이내</td></tr>
<tr><td>내용연수
변경승인신청</td><td>변경할 내용연수를 적용하고자 하는 최초 사업연도의 종료일까지</td></tr>
<tr><td>내용연수
재변경
승인신청</td><td>내용연수를 변경(재변경 포함)한 후 다시 변경하고자 하는 경우는 변경한 내용연수를 최초로 적용한 사업연도 종료일로부터 3년이 경과해야 한다.</td></tr>
</table></td></tr>
<tr><td>수 정
내용연수</td><td>기준내용연수가 이미 50% 이상 경과된 중고자산을 다른 법인 또는 개인사업자(사업자가 아닌 개인은 제외)로부터 취득한 경우(합병 · 분할로</td></tr>
</table>

구 분	내 용
	승계한 경우 포함)에는 기준내용연수의 50%에 상당하는 연수와 기준내용연수의 범위(기준내용연수~기준내용연수 × 50%)에서 선택해서 신고한 수정내용연수를 적용할 수 있다(1년 미만은 없는 것으로 한다). 중고자산 취득일 또는 합병 · 분할등기일이 속하는 사업연도의 법인세 과세표준 신고기한 내에 신고해야 한다.

감가상각방법

1. 감가상각방법의 적용

구 분		선택가능 한 방법	무신고시 상각방법
유형고정자산	원칙	정액법, 정율법 중 선택	정율법
	건축물	정액법	정율법
	폐기물 매립시설	정액법, 정율법, 생산량비례법 중 선택	생산량비례법
	광업용 자산	정액법, 정율법과 생산량비례법 중 선택	생산량비례법
무형고정자산	원칙	정액법	정액법
	광업권	정액법, 생산량비례법 중 선택	생산량비례법
	개발비	관련 제품별로 신고한 내용연수(20년 이내의 기간 내에서 연 단위로 신고한 연수)에 따라 매 사업연도의 경과월수에 비례해서 상각(월할상각)	5년을 내용연수로 해서 매 사업연도의 경과일수에 비례해서 상각(월할상각)

구 분		선택가능 한 방법	무신고시 상각방법
	사용수익 기부자산가액	• 사용수익기간(사용수익기간에 대한 특약이 없으면 신고내용연수)에 따라 균등상각(월할상각) • 사용수익기간 또는 신고내용연수기간 중에 멸실 · 계약해지 된 경우 미상각잔액 전액 상각	
	주파수이용권과 공항시설관리권	주무관청에서 고시하거나 주무관청에 등록한 기간 내에서 사용기간에 따라 균등액을 상각하는 방법(월할상각)	

주 정액법 = (재무상태표 상 취득가액 + 자본적 지출액) × 상각율

주 정율법 = (재무상태표 상 취득가액 − 재무상태표 상 기말 감가상각누계액 + 당기 감가상각비 + 당기 자본적 지출액 + 상각부인액) × 상각율

주 생산량비례법 = (재무상태표 상 취득가액 + 자본적 지출액) × (당해 사업연도 채굴량/총채굴예정량)

2. 감가상각방법의 변경

구 분	내 용
변경 사유	법인이 신고한 감가상각 방법은 이를 계속해서 적용해야 하나, 다음의 사유에 해당하는 경우는 납세지 관할세무서장의 승인을 얻어 변경할 수 있다. ❶ 상각방법이 서로 다른 법인이 합병(분할합병을 포함)한 경우 ❷ 상각방법이 서로 다른 사업자의 사업을 인수 또는 승계한 경우 ❸ 「외국인투자촉진법」에 따라 외국투자자가 내국법인의 주식 등을 20% 이상 인수 또는 보유하게 된 경우 ❹ 해외시장의 경기변동 또는 경제적 여건의 변동으로 인하여 종전의 상각방법을 변경할 필요가 있는 경우 ❺ 다음 중 어느 하나에 해당하는 회계정책의 변경에 따라 결산 상각방법이 변경된 경우(변경한 결산 상각방법과 같은 방법으로 변경하는 경우만

구 분	내 용
	해당함) 가. K-IFRS를 최초로 적용한 사업연도에 결산상 감가상각 방법이 변경된 경우 나. K-IFRS를 최초로 적용한 사업연도에 지배기업의 연결재무제표 작성대상에 포함하는 종속기업이 지배기업과 회계정책을 일치시키기 위해서 결산 상각방법을 지배기업과 동일하게 변경하는 경우
변경 절차	변경승인신청 : 변경할 상각방법을 적용하고자 하는 최초 사업연도의 종료일까지 납세지 관할 세무서장에게 신청해서 승인을 받아야 한다. 법원이 변경승인을 얻지 않고 상각방법을 변경한 경우 상각범위액은 변경하기 전의 상각방법에 의해서 계산한다.

3. 감가상각 방법의 변경에 의한 처리방법

구 분	내 용
회계 기준	회계 추정의 변경으로 전진법을 사용한다. 따라서 당기 이전의 회계처리는 모두 인정되고, 잔존내용연수 동안만 변경 후 상각방법을 적용한다.
법인 세법	전진법을 적용해서 다음과 같이 상각범위액을 계산한다. 상각방법 변경 후 상각범위액 = 세법상 미상각잔액 × 변경 후 상각률 변경 후 상각률 : 당초 신고내용연수(또는 기준내용연수)에 의한 상각률 적용

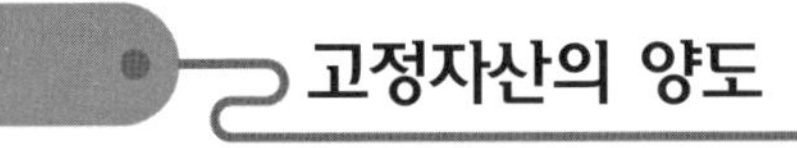

고정자산의 양도

1. 양도자산의 상각부인액 추인

유보잔액(상각부인액) × 양도 비율만큼 손금산입(△유보)한다.

구 분	세무조정
상각부인액이 있는 경우	동 금액을 손금산입(△유보)
시인부족액이 있는 경우	세무조정 없음

2. 양도자산의 감가상각 부인

양도 자산분

양도자산에 대한 감가상각비는 처분손익에 반영되므로 양도자산에 대해서는 상각시부인 계산을 행하지 않는다.

미양도 자산분

다음과 같이 상각시부인을 한다.

구 분	내 용
회사상각비	미양도자산분에 대한 회사계상 감가상각비
상각범위액	미양도자산분에 대한 세법상 자산가액 × 상각률

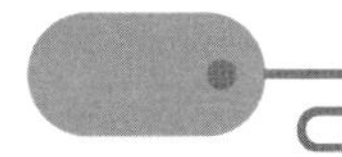

감가상각비의 신고조정 특례

1. 감가상각의제

감가상각의제란 감가상각한 것으로 본다. 혹은 간주한다는 뜻이다. 법인이 감가상각비를 제대로 계상하였다면 이러한 개념이 필요 없으나 법인이 특정한 조세부담 경감이나 조정목적으로 일반적으로 계상 반영해야 할 감가상각비를 의도적으로 계상 반영하지 않은 경우, 법인의 미계상 반영에도 불구하고 감가상각비를 계상한 것으로 해서 세무상 처리한다는 뜻이다. 특히 특정기간동안 법인세 등을 면제받거나 감면받는 법인은 감면받는 동안은 비용계상을 적게 하고 수익은 많게 해서 감면대상 법인세를 많게 한 후, 감면기간이 끝나면 밀렸던 감가상각비를 많이 계상해서 법인세 부담액을 줄일 수 있다. 이러한 꿩 먹고 알 먹는 법인의 감가상각 정책을 견제하기 위한 규정이다.

구 분	내 용
법인세 면제 · 감면사업 영위법인	의제상각의 적용대상은 법인세가 면제되거나 감면되는 사업을 영위하는 법인에 한해서 적용한다. 여기서 법인세가 면제되거나 감면되는 사업을 영위하는 법인이란 조세특례제한법상 법인세 감면, 외국인투자촉진법상의 감면, 법인세 면제를 적용받는 법인 등이다. 그러나 소득공제나 일부 면제 · 감면은 해당하지 않는다. 또한, 면제 · 감면비율 정도는 상관없다. 즉, 법인세가 면제 · 감면된다는 것은 법인세 전부나 일부를 납부하지 않는 조세감면 혜택을 말한다.
실제로 법인세를 면제 적용받거나 감면 적용받은 결과가 있는 경우	법인세의 감면 · 면제 대상 사업을 영위하는 법인일지라도 실제로 법인세를 면제받거나 감면받은 경우에만 적용이 된다. 즉, 감면사업을 영위하는 법인이 법인의 결손 · 면제요건의 불비 등으로 사실상 감면을 받지 못한 경우에는 감가상각의제 규정을 적용하지 않는다.

주 감가상각의제 규정을 적용하는 것이 법인에게 불리한 경우 세액감면을 포기함으로써 감가상각의제 규정을 적용하지 않는다.

1. 감가상각의제액 발생 사업연도 : 감가상각의제액을 손금산입한다.
감가상각의제액 = 상각범위액 − (회사상각비 + 전기이월상각부인액의 손금산입액)

2. 그 이후의 사업연도 : 감가상각의제액은 그 이후 사업연도의 상각범위액을 감소시키는 효과가 있다.
정률법에 의한 상각범위액 = (세법상 미상각잔액 − 감가상각의제액) × 상각률
정액법에 의한 상각범위액 = Min(취득가액 × 상각률, 미상각잔액 − 감가상각의제액)

2. K-IFRS 도입기업의 감가상각비 신고조정 특례

K-IFRS를 적용함에 따라 감가상각 방법을 정율법에서 정액법으로 변경하거나 내용연수를 이전보다 증가시킨 기업은 감가상각비가 줄어들어 세 부담이 급증할 수 있다. 또한, 내용연수가 비한정인 무형자산에 대해서는 감가상각비를 인식하지 못해서 세 부담이 급증할 수 있다. 이러한 기업의 세 부담을 완화하기 위해서 법인세법은 감소된 감가상각비를 신고조정으로 손금에 산입하는 특례를 두고 있다.

구 분	내 용
대상법인	K-IFRS를 적용하는 내국법인
대상자산	유형고정자산, 비한정인 내용연수 무형고정자산(상표권, 방송권), K-IFRS를 최초로 적용하는 사업연도 전에 취득한 영업권

2013년 12월 31일 이전 취득자산

법인이 2013년 12월 31일 이전에 취득한 감가상각 자산으로서 기존 보유자산 및 동종자산의 감가상각비는 다음의 금액을 손금산입 할 수 있다. 여기서 기존 보유자산은 기준연도(K-IFRS를 최초로 적용한 사업연도의 직전 사업연도) 이전에 취득한 감가상각자산을 말하며, 동종자산은 기존 보유자산과 동일한 종류의 자산으로서 기존 보유자산과 동일한 업종(해당 법인의 해당 업종을 K-IFRS 도입 이후에도 계속해서 영위하는 경우에 한한다)에 사용되는 것을 말한다.

추가 손금산입액 = Min(❶, ❷)

❶ 개별자산별 추가 손금산입액을 동종자산별로 합한 금액
개별자산별 추가 손금산입액 = 종전감가상각비 - 일반 감가상각비부인 규정에 따라 손금인정 된 감가상각비

- 종전감가상각비 : K-IFRS를 적용하지 않고 종전의 감가상각 방법, 내용연수에 따라 감가상각비를 계상한 경우 세법상 손금으로 인정될 감가상각비 상당액

기준연도의 해당 자산의 동종자산에 대한 결산 상각방법	종전 감가상각비
정액법인 경우	취득가액 × 기준상각률
정률법인 경우	미상각잔액 × 기준상각률

- 결산 상각방법 : 감가상각비를 손금으로 계상할 때 적용한 상각방법을 말한다.
- 기준상각률 : K-IFRS를 도입하기 이전 상각률을 말한다. 이 경우 기준상각률은 기준연도 및 그 이전 2개 사업연도에 대해서 각 사업연도 별로 다음에 따른 비율을 구하고 이를 평균해서 계산한다.

기준연도의 해당 자산의 동종자산에 대한 결산 상각방법이 정액법인 경우 = 동종자산의 감가상각비 손금산입액 합계액 / 동종자산의 취득가액 합계액
기준연도의 해당 자산의 동종자산에 대한 결산 상각방법이 정률법인 경우 = 동종자산의 감가상각비 손금산입액 합계액 / 동종자산의 미상각잔액 합계액

❷ 손금산입 한도 : 동종자산의 감가상각비 한도

• 동종자산의 감가상각비 한도

기준연도의 해당 자산의 동종자산에 대한 결산 상각방법	동종자산의 감가상각비 한도 (0보다 작은 경우 0)
정액법인 경우	(해당 사업연도의 감가상각비를 손금으로 계산한 동종자산의 취득원가 합계액 × 기준상각률) – 해당 사업연도의 동종자산에 대해서 일반 감가상각부인 규정에 따라 손금 인정된 동종자산의 감가상각비 합계액
정률법인 경우	(해당 사업연도의 감가상각비를 손금으로 계산한 동종자산의 미상각잔액 합계액 × 기준상각률) – 해당 사업연도의 동종자산에 대해서 일반 감가상각 부인 규정에 따라 손금 인정된 동종자산의 감가상각비 합계액

2015년 1월 1일 이후 취득자산

추가 손금산입액 = Min(❶, ❷)

❶ 개별자산별 추가 손금산입액을 동종자산별로 합한 금액
개별자산별 추가 손금산입액 = 개별자산의 기준감가상각비 – 일반 감가상각비 부인 규정에 따라 손금 인정된 감가상각비

• 개별자산의 기준감가상각비 : 해당 사업연도의 결산 상각방법과 기획재정부령으로 정하는 기준내용연수를 적용해서 계산한 금액

❷ 손금산입 한도 : Min(가, 나). 단, 나 × 25% 〉 가의 경우에는 나 × 25%를 손금산입 한도로 한다.
가. 기준감가상각비를 고려한 동종자산의 감가상각비 한도
나. 종전감가상각비를 고려한 동종자산의 감가상각비 한도

추가 손금산입액 = Min(❶, ❷)

❶ 개별자산별 추가 손금산입액을 동종자산별로 합한 금액
개별자산별 추가 손금산입액 = 개별자산의 기준감가상각비 − 일반 감가상각비 부인 규정에 따라 손금 인정된 감가상각비

• 개별자산의 기준감가상각비 : 해당 사업연도의 결산 상각방법과 기획재정부령으로 정하는 기준내용연수를 적용해서 계산한 금액

❷ 손금산입 한도 : Min(가, 나). 단, 나 × 25% 〉 가의 경우에는 나 × 25%를 손금산입 한도로 한다.
가. 기준감가상각비를 고려한 동종자산의 감가상각비 한도
나. 종전감가상각비를 고려한 동종자산의 감가상각비 한도

• 기준감가상각비를 고려한 동종자산의 감가상각비 한도
동종자산의 기준감가상각비 − 해당 사업연도에 동종자산에 대해서 일반 감가상각비부인 규정에 따라 손금 인정된 동종자산의 감가상각비 합계액

• 종전감가상각비를 고려한 동종자산의 감가상각비 한도

기준연도의 해당 자산의 동종자산에 대한 결산 상각방법	종전감가상각비를 고려한 동종자산의 감가상각비 한도(0보다 작은 경우 0)
정액법인 경우	(해당 사업연도의 감가상각비를 손금으로 계산한 동종자산의 취득원가 합계액 × 기준상각률) − 해당 사업연도의 동종자산에 대해서 일반 감가상각 부인 규정에 따라 손금 인정된 동종자산의 감가상각비 합계액

기준연도의 해당 자산의 동종 자산에 대한 결산 상각방법	종전감가상각비를 고려한 동종자산의 감가상각비 한도(0보다 작은 경우 0)
정률법인 경우	(해당 사업연도의 감가상각비를 손금으로 계산한 동종자산의 미상각잔액 합계액 × 기준상각률) – 해당 사업연도의 동종자산에 대해서 일반 감가상각 부인 규정에 따라 손금 인정된 동종자산의 감가상각비 합계액

3. 종속회사의 감가상각비 신고조정 특례

내국법인이 특수관계인으로부터 감가상각자산을 양수하면서 기업회계기준에 따라 장부에 계상한 자산가액이 시가와 실제 취득원가에 미달하는 경우 다음 중 어느 하나에 해당하는 금액에 대해서 계산한 감가상각비 상당액은 추가로 손금에 산입해야 한다.

구 분	손금산입액
실제 취득가액이 시가를 초과하거나 시가와 같은 경우	시가와 장부에 계상한 자산 가액의 차액에 상당하는 금액
실제 취득가액이 시가에 미달하는 경우	실제 취득가액과 장부에 계상한 자산 가액의 차액에 상당하는 금액

4. 설비자산의 감가상각비 손금산입 특례(임의조정)

내국법인이 다음의 구분에 따른 설비투자자산을 2021년 12월 31일까지 취득하는 경우 해당 설비투자자산에 대한 감가상각비는 각 과세연도의 결산을 확정할 때 손비에 계상하였는지와 관계없이 상각범위액의 범위에서 해당 과세연도의 소득금액을 계산할 때 손금에 산입할 수 있다. 이때 적용하는 내용연수는 기준내용연수에 그 기준내용연수의 50%(중소기업 및 중견기업은 75%)를 더하거나 뺀 범위(1년 미만은 없는 것으로 한다)에서 선택하여 납세지 관할 세무서장에게 신고한 내용연수로 한다(이는 K-IFRS 도입기업의 감가상각비 신고조정 특례를 같이 적용하지 않는다.)(임의신고조정 : 최저한세 대상).

❶ 중소기업 또는 중견기업 : 다음 중 어느 하나에 해당하는 사업용 유형자산

가. 차량 및 운반구. 다만 운수업에 사용하거나 임대목적으로 사용하는 경우로 한정함

나. 선박 및 항공기. 다만, 어업 및 운수업에 사용하거나 임대목적으로 임대업에 사용되는 경우로 한정함

다. 공구 기구 및 비품

라. 기계 및 장치

❷ ❶외의 기업 : 혁신성장 투자자산(신성장 · 원천기술을 사업화하는 시설, 연구시험용 · 직업훈련용 시설, 에너지절약시설, 생산성향상시설)

주차장 공사비용의 계정과목과 매입세액공제

구축물 계정을 사용하는 것이 적절해 보인다.
구축물이란 토지에 부착하여 설치되는 건물 이외의 구조물, 토목설비 또는 공작물을 말하는 것으로, 매입세액공제가 가능한 항목이다.

주차장 바닥 포장 공사가 토지와 구분된 별도의 감가상각 대상 구축물에 해당한다면 바닥 포장 공사 관련 매입세액은 공제되는 것으로 판단된다.

서면 3팀-744, 2006.04.20
사업자가 토지 위에 진입도로공사를 하고 이와 관련된 비용이 토지와 구분되는 감가상각 대상 자산인 별도의 구축물에 해당하는 경우는 부가가치세법에 따라 매입세액공제가 되는 것이나, 토지의 조성을 위한 자본적 지출에 해당하는 경우는 매입세액공제가 되지 아니하는 것임.

부가 46015-1857, 1994.09.12
법인이 공장 구내의 토지에 철근콘크리트 포장 공사를 하는 경우 동 공사에 소요된 비용은 토지에 대한 자본적 지출에 해당하지 아니하는 것이며, 별도의 자산으로 계상하고 법인세법시행규칙 별표1(기계장치 이외의 고정자산 내용연수표)의 3. 구축물 포장도로 및 포장 노면의 콘크리트바닥 내용연수를 적용하여 감가상각하는 것임.

엘리베이터의 교체 세무 처리

법인세법 시행규칙 별표5 건축물 등의 내용연수범위표 2항을 보면 승강기 설비 등 모든 부속 설비를 포함하여 상각하도록 하고 있다.
다만 부속 설비를 건축물과 구분하여 업종별 자산으로 회계처리하는 경우에는 별표6(업종별 자산의 내용연수 범위표)을 적용할 수 있다.
따라서 승강기 설비를 교체하더라도 기존 건축물에 포함하여 상각하는 것이 원칙이고, 예외적으로 별도의 자산으로 구분하여 회계처리를 했다면 업종별 자산의 내용연수를 적용해야 할 것이다.
이때 기존 건축물의 수선이 「건축법 시행령」 제2조에서 규정하는 신축, 개축, 재축에 해당하는 경우는 기존 엘리베이터의 장부가액과 철거 비용을 당기 비용으로 처리해야 한다.
다음의 기본통칙을 참고하기를 바란다.

23-26…7 【개축하는 건축물 등에 대한 감가상각】
기존 건축물에 대한 개량, 확장, 증설 등에 해당하는 자본적 지출액은 기존 건축물의 내용연수를 적용하여 감가상각한다. 다만, 기존 건축물의 수선이 「건축법 시행령」 제2조에서 규정하는 신축, 개축, 재축에 해당하는 경우는 기존 건축물의 장부가액과 철거비용은 당기비용으로 처리하고 그외 새로이 지출한 금액은 신규 취득자산의 장부가액으로 보아 새로이 내용연수를 적용하여 감가상각한다.
다음 예규는 생산설비 폐기손실에 관련된 예규로 일부 부품의 교체는 동 폐기손실에 해당할 수 없다는 내용이다.
하나의 독립된 기계장치에 대하여 일부의 부품을 교체하는 경우는 그 성격에 따라 부품 교체에 소요된 비용을 수익적 지출 또는 자본적 지출로 구분하여 비용 또는 자산으로 계상하는 것이므로, 법인이 독립된 자산을 부품별로 감가상각하고 있는 경우에도 일부 부품의 교체는 「법인세법 시행령」 제31조 제7항의 규정을 적용할 수 없는 것임.
귀 질의의 경우 시설의 개체 또는 기술의 낙후로 인한 생산설비의 일부 폐기인지, 일부 부품의 교체인지는 실질 내용에 따라 사실판단할 사항임(서면 2팀-630, 2007.4.10.).

전기 감가상각을 누락한 경우 세무조정

(차) 감가상각비(제) 2,000,000 | (대) 감가상각누계액(기계) 2,000,000
재무제표 수정순서 : 제조원가명세서 → 손익계산서 → 이익잉여금처분계산서 → 재무상태표
전기에 감면 여부에 따라 다르다.

1. 전기에 중소기업특별세액감면 / 창업중소기업감면을 받은 경우
전기 법인세를 수정신고해야 한다.
〈손금산입〉 감가상각비 xxx (△유보)
당해연도에는 위의 유보를 추인하는 세무조정을 해준다.
〈손금불산입〉 감가상각비 xxx (유보)

2. 전기에 중소기업특별세액감면 / 창업중소기업감면을 받지 않은 경우
감가상각비는 결산조정 사항이므로 장부에 반영하지 않으면 비용처리 할 수 없으며, 감가상각비 비용처리 받지 못한 부분은 추후 이월되어 처리된다.

감가상각비의 강제상각과 임의상각

상각제도는 상각한도액 상당의 상각을 강제하는 강제방법과 상각한도액의 범위 내에서 상각액을 납세자의 계산에 위임하는 임의방법으로 분류한다. 세법은 원칙적으로 감가상각비에 대해 임의상각제도를 채택하고 있으므로 법인이 확정 결산에서 상각비를 계상하지 않는 한 세무상 감가상각비를 손금산입할 수 없으며(결산조정사항), 한도액 내에서 손금인정을 한다.
세법에서 감가상각비를 결산조정 사항으로 규정하고 있으므로 납세자는 마음대로 감가상각 할 수 있다. 하지만 이를 악용하게 되는 경우 과세소득을 임의적으로 조작할 수 있는 부작용이 발생하게 되므로 세법상 한도를 정해 두고 있는 것이다.
기업회계기준에서는 장부상 감가상각비를 임의적으로 많이 계상하는 경우 문제가 발생할 수 있으며 세법상으로는 장부상 감가상각비 비용계상액 전액을 무조건 인정해주는 것이 아니라 한도액 범위 내에서 손금인정한다.

11 지급이자 비용처리와 세무조정

법인의 각 사업연도 소득계산상 차입금의 지급이자는 원칙적으로 손금에 산입하나 채권자불분명사채이자(사채시장의 노출 유도), 비실명채권 · 증권의 이자(금융실명제 정착), 건설자금이자(고정자산의 취득원가), 업무무관자산에 대한 지급이자(비생산적 차입금사용 억제)는 손금불산입한다.

지급이자 손금불산입 규정 적용순서 및 지급이자의 범위

❶ 채권자가 불분명한 사채이자
❷ 비실명 채권 · 증권의 이자 · 할인액 또는 차익
❸ 건설자금에 충당한 차입금의 이자
❹ 업무무관자산 및 가지급금 등의 취득 · 보유와 관련한 지급이자

지급이자에 포함되는 것	지급이자에 포함되지 않는 것
• 금융어음 할인료 • 회사정리인가결정에 의해 면제받은 미지급이자 • 금융리스료 중 이자상당액 • 사채할인발행차금상각액	• 상업어음 할인액 • 선급이자 • 현재가치할인차금상각액 • 연지급수입에 있어 취득가액과 구분해 지급이자로 계상한 금액

지급이자에 포함되는 것	지급이자에 포함되지 않는 것
• 전환사채 만기보유자에게 지급하는 상환할증금	• 지급보증료 · 신용보증료 등 • 금융기관 차입금 조기상환수수료

채권자 불분명 사채이자

사채이자는 금융기관이 아닌 개인 또는 법인으로부터 자금을 차입하는 것을 말하며, 차입금에 대한 이자수익은 원칙적으로 수익을 얻는 채권자에게 과세해야 하나, 채권자가 불분명하면 채권자에게 과세할 수 없으므로 이를 규제하기 위해 채권자 불분명 사채이자는 손금불산입한다.

참고로 채권자가 분명하고 소득자가 파악되어 이자소득으로 원천징수(비영업 대금이므로 총소득 × 25%)되는 경우의 지급이자는 손금산입된다.

채권자가 불분명한 사채이자는 소득귀속자 불분명 지출이므로 대표자상여로 처분한다. 차입금의 이자에 대해서 귀속자는 파악되지 않지만, 원천징수 세액을 납부한 경우, 납부한 원천징수 세액은 기타사외유출로 처분한다. 참고로 채권자 불분명 사채이자의 범위는 다음과 같다.

- 채권자의 주소 · 성명을 확인할 수 없는 차입금(다만, 거래일 현재 주민등록표에 의해서 거주 사실이 확인된 채권자가 차입금을 변제받은 후 소재 불명이 된 경우의 차입금에 대한 이자를 제외함)

- 채권자의 능력 · 자산 상태로 보아 대여한 것으로 인정할 수 없는 차입금
- 채권자와의 금전거래 사실 · 거래내용이 불분명한 차입금

비실명채권 · 증권의 이자

원천징수 세액(기타사외유출)을 제외한 금액은 대표자에 대한 상여로 처분한다.

건설자금이자

건설자금이자란 자산의 취득과 관련해서 발생한 이자비용을 말한다. K-IFRS에서는 건설자금이자의 자본화를 강제하고 있다. 반면, 법인세법은 특정 차입금에 대한 건설자금이자는 반드시 자산의 취득원가에 산입하고 일반차입금에 대한 건설자금이자는 선택에 따라 자본화할 수 있도록 규정하고 있다.

구 분	내 용
적용대상	유형자산, 무형자산 등 사업용 고정자산의 매입에 한해 적용된다. 따라서 매매를 목적으로 하는 주택 · 아파트 · 상가 등의 재고자산 및 투자자산에 대해서는 적용하지 않는다.

구 분	내 용
자본화할 금융비용	특정 차입금 · 일반차입금의 이자 • 특정 차입금 : 사업용 고정자산의 건설 등에 사용하기 위한 목적으로 특정해서 차입한 자금. 즉, 명목여하에 불구하고 사업용 고정자산의 매입 · 제작 · 건설에 소요되는 것이 분명한 차입금에 대한 지급이자 또는 이와 유사한 성질의 지출금으로 다음과 같이 계산한 금액(❶ + ❷ + ❸) ❶ 건설기간 중의 특정 차입금 이자 ❷ 특정 차입금의 일시 예금에서 생기는 수입이자 ❸ 특정 차입금 중 운영자금에 전용한 부분에 대한 이자(손금에 해당함) • 일반차입금 : 일반적인 목적으로 차입한 자금(특정 차입금이 건설자금 규모보다 적으면 해당 차액만큼 일반차입금을 사용한 것으로 보아 해당 부분을 자본화함). 즉, 건설자금에 충당한 차입금의 이자에서 특정 차입금의 이자를 뺀 금액으로써 다음과 같이 계산한 금액 : Min(❶, ❷) ❶ 해당 사업연도 중 건설기간에 실제로 발생한 일반차입금 이자의 합계 ❷ (평균지출액 - 특정 차입금을 사용한 평균지출액) × 자본화 이자율 위 공식에서 일반차입금은 해당 사업연도에 상환하거나 상환하지 아니한 차입금 중 특정 차입금을 제외한 금액을 말한다. 평균지출액 = 해당 건설에 대해서 해당 사업연도에 지출한 금액의 적수 ÷ 해당 사업연도의 월수 특정 차입금을 사용한 평균지출액 = 해당 사업연도의 특정 차입금 적수 ÷ 해당 사업연도 월수 자본화 이자율 = 일반차입금에서 발생한 이자의 합계액/해당 사업연도의 일반차입금 적수 ÷ 해당 사업연도 월수
자본화 방 법	• 특정 차입금의 이자 : 강제 자본화 자본화 대상 자산의 취득원가에 산입한다. • 일반차입금의 이자 : 선택 자본화 손금에 산입하지 않을 수 있다.

<table>
<tr><th>구 분</th><th>내 용</th></tr>
<tr><td>세무조정</td><td>

• 비상각자산에 대한 건설자금이자

<table>
<tr><th>구 분</th><th>세무조정</th></tr>
<tr><td>과대계상한 경우</td><td>과대계상 분을 손금산입(△유보)한 후 추후 비상각자산 처분 시 손금불산입(유보)</td></tr>
<tr><td>과소계상한 경우</td><td>과소계상 분을 손금불산입(유보)한 후 추후 비상각자산 처분 시 손금산입(△유보)</td></tr>
</table>

• 상각자산에 대한 건설자금이자

<table>
<tr><th colspan="2">구 분</th><th>세무조정</th></tr>
<tr><td colspan="2">과대계상한 경우</td><td>과대계상 분을 손금산입(△유보)한 후 추후 자산의 감가상각 시 · 처분 시 손금불산입(유보)</td></tr>
<tr><td rowspan="2">과소계상한 경우</td><td>기말 현재 건설이 완료된 경우</td><td>건물의 자본적 지출액을 비용으로 처리한 것이므로 과소계상 분을 즉시상각의제로 보아 비용 처리한다.</td></tr>
<tr><td>기말 현재 건설이 진행 중인 경우</td><td>과소계상 분을 손금불산입(유보)한 후 추후 건설 완료 후 상각부인액으로 보아 시인부족액 범위 내에서 손금 추가인정 한다(△유보).</td></tr>
</table>

</td></tr>
</table>

업무무관자산 및 가지급금 등의 지급이자

업무와 직접 관련이 없다고 인정되는 자산과 특수관계 있는 자에게 업무와 관련 없이 지급한 가지급금 등을 보유하고 있는 법인에 대해서는 그 자산가액에 상당하는 차입금에 대한 지급이자와 동 업무무관 자산을 취득 · 관리함으로써 생기는 비용을 손금불산입한다.

구 분	내 용
적용대상	❶ 업무무관자산(업무무관 부동산과 동산, 취득가액) ❷ 업무무관 가지급금(명칭에도 불구하고 특수관계인에게 해당 법인의 업무와 관련 없이 지급한 자금의 대여액) 다음의 금액은 업무무관 가지급금으로 보지 않는다. 가. 사용인에 대한 일시적 급여 가불액, 경조사비 대여액, 학자금 대여액(자녀학자금 포함) 나. 우리사주조합 또는 그 조합원에게 해당 우리사주조합이 설립된 회사의 주식 취득자금을 대여한 금액 다. 익금산입액의 귀속이 불분명하여 대표자에게 상여처분 한 금액에 대한 소득세를 법인이 납부하고, 이를 가지급금으로 계상한 금액 라. 미지급소득에 대한 소득세를 법인이 납부하고, 가지급금으로 계상한 금액 마. 퇴직금전환금 바. 국외에 자본을 투자한 내국법인이 해당 국외 투자법인 종사자의 여비 · 급료 등을 대신해서 부담하고 이를 가지급금으로 계상한 금액 사. 한국자원관리공사가 출자총액의 전액을 출자해서 설립한 법인에 대여한 금액 동일인에 대한 가지급금과 가수금이 있는 경우 원칙적으로 상계처리한다. 다만, 가지급금과 가수금의 발생 시에 각각 상환기간 · 이자율 등에 관한 약정이 있어 이를 상계할 수 없는 경우에는 상계하지 않는다.
적용산식	지급이자 × $\frac{\text{업무무관자산 적수 + 업무무관가지급금 적수}}{\text{차입금 적수}}$ (100% 한도)

가지급금에 대한 불이익과 해결 방법

1. 가지급금

법인 경영진이나 임직원이 적격증빙 없어 비용처리 하지 못하고 지급된 금액
문제점 : 세무조사 위험, 대표이사 배임 · 횡령 문제로 직결됨 ➜ 형사처벌 민사배상

2. 가지급금에 대한 각종 불이익

① 가지급금 × 인정이자율 = 인정이자가 익금산입되어 법인세와 대표자 상여 처분 됨.
② 차입금의 지급이자 중 가지급금이 차지하는 비율만큼 지급이자 손금불산입으로 법인세 부담
③ 가지급금 계정이 복잡하면 세무조사 대상자로 선정될 가능성 큼.
④ 건설업 · 공사업의 경우 실질 자본금 계산에서 감액(−) 요인이 됨.
⑤ 결국 회수되지 않은 가지급금은 법인 대표의 상여로 근로소득세 합산과세 됨.

3. 가지급금 해소 방법

① 대표자와 실질 귀속자가 각자 급여 받은 돈으로 상환함 ➜ 소득세 · 4대 보험 증가
② 임원의 퇴직금을 받아 상환(퇴직급여 규정 변경, 퇴직소득세 부담 등)
③ 주주 겸 대표자의 불입 자본금을 감소시키면서 상계처리
④ 법인 경영진이 회사 업무상 사용한 실질 경비, 지급, 구입증빙 있는 경우 상쇄
⑤ 대표이사, 주주 등 개인 소유자산, 부동산, S/W, 특허권 등을 회사에 양도하여 상쇄
⑥ 대주주 소유의 주식을 회사의 가지급과 상쇄하여 자기주식으로 취득하는 방법 (자기주식에 대한 적정평가로 부당행위 계산 부인이 되지 말아야 함)

12 퇴직급여충당금과 퇴직연금충당금의 한도액 계산

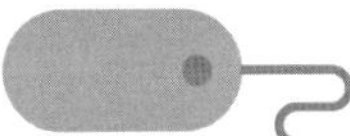

퇴직급여 적립제도

퇴직급여 적립제도는 사내적립과 사외적립으로 나누어진다.

사내적립	사외적립
근로자들에게 지급해야 할 퇴직급여액을 퇴직급여충당금으로 설정해서 회사 내부에 적립하는 것	보험사나 은행 등의 외부기관에 퇴직급여액을 위탁하는 방식으로 우리나라는 퇴직연금제도를 시행하고 있음

1. 사내적립 : 퇴직급여충당금 설정

근로자가 퇴직할 때 지급되는 퇴직급여를 근로자의 재직기간에 미리 배분하기 위해서 매 결산일에 퇴직급여충당금을 설정하고 퇴직급여로 비용처리 한다.

2. 사외적립 : 퇴직연금제도

퇴직연금제도는 회사가 근로자 제직기간 중 퇴직급여 지급 재원을 외부의 금융기관에 적립하고, 금융기관이 이를 회사 또는 근로자의 지시에 따라 운영하여 근로자 퇴직 시 연금 또는 일시금으로 지급하는 사외적립제도이다. 퇴직연금제도는 확정기여형과 확정급여형으로 구분된다.

확정급여형퇴직연금 제도 · 확정기여형퇴직연금 제도 · 개인형퇴직연금 제도 비교

구분	확정급여형 퇴직연금제도	확정기여형 퇴직연금제도	개인형 퇴직연금제도
개념	• 퇴직 시 지급할 급여 수준을 노사가 사전에 약정 • 사용자가 적립금 운용 방법을 결정 • 근로자가 퇴직 시 사용자는 사전에 약정된 퇴직급여를 지급	• 기업이 부담할 기여금 수준을 노사가 사전에 확정 • 근로자가 적립금 운용 방법을 결정 • 근로자가 일정 연령에 도달하면 운용 결과에 따라 퇴직급여를 지급	• 근로자 직장 이전 퇴직연금 유지를 위한 연금 통산 장치 또는 10명 미만 사업체 적용 • 근로자가 적립금 운용 방법을 결정 • 퇴직일시금 수령자 가입 등 일시금에 대해 과세이연
기업부담	적립금 운용 결과에 따라 기업부담 변동	• 매년 기업의 부담금은 근로자 임금의 일정 비율로 확정 • 가입자의 연간 임금 총액의 1/12에 해당하는 금액 이상	없음(다만, 10명 미만 사업체는 확정기여형 퇴직연금제도와 동일)
퇴직급여	근로기간과 퇴직 시 임금 수준에 따라 결정 계속근로기간 1년에 대해서 30일분의 평균임금에	자산운용 실적에 따라 퇴직급여 수준이 변동	자산운용 실적에 따라 퇴직급여 수준이 변동

구분	확정급여형 퇴직연금제도	확정기여형 퇴직연금제도	개인형 퇴직연금제도
	상당하는 금액 이상		
제도 간 이전	어려움(퇴직 시 개인 퇴직계좌로 이전)	직장이동 시 이전이 용이	연금 이전이 용이
적합한 기업 · 근로자	도산 위험이 없고, 정년 보장 등 고용이 안정된 기업	• 연봉제 도입기업 • 체불 위험이 있는 기업 • 직장이동이 빈번한 근로자	퇴직일시금 수령자 및 소규모 기업 근로자

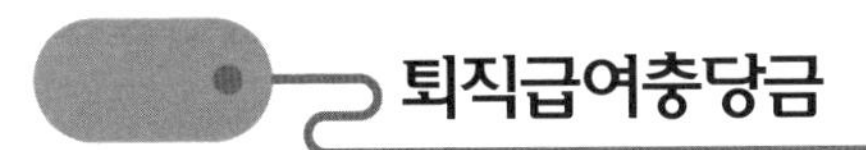

퇴직급여충당금

퇴직급여충당금 설정은 모든 법인이 설정할 수 있으며, 설정대상자는 법인의 임원 또는 사용인(확정기여형 퇴직연금 등이 설정된 자를 제외)이며 반드시 결산상 손금으로 계상한 경우에 한하여 적용한다.
기업회계에서는 퇴직급여 추계액의 100%까지 퇴직급여충당부채로 설정이 가능하나 법인세법에서는 설정할 수 없다. 즉, 퇴직급여추계액의 0%를 인정하고 있다.
따라서 회사에서 설정한 퇴직급여충당금은 전액 손금불산입(유보) 처리된다는 점을 알고 있어야 한다.

구 분	적용률
기업회계	퇴직급여추계액의 100% 설정 가능
법인세법	퇴직급여추계액의 0% 설정 가능(사실상 설정불가능)

1. 퇴직급여충당금의 세무조정

회사계상액 (-) 한도액	당기 퇴직급여충당부채 설정액 0원
(+) 한도초과액	손금불산입(유보)
(-) 한도미달액	세무조정 없음

2. 확정기여형(DC형) 퇴직연금

확정기여형 퇴직연금제도를 설정한 근로자에 대해서는 퇴직급여 지급의무가 추가로 발생하지 않기 때문에 퇴직급여충당금 설정대상에서 제외된다.

3. 확정급여형(DB형) 퇴직연금

❶과 ❷ 중 적은 금액을 한도로 한다.

❶ 총급여 기준 : 총급여액(비과세소득, 손금에 산입 되지 않는 인건비, 인정상여, 퇴직소득 중 퇴직소득에 속하지 않는 소득은 제외) × 5%

퇴직급여 지급대상 임원 또는 사용인(확정기여형 퇴직연금 등 설정자 제외)의 당해 사업연도 총급여액

❷ 추계액 기준(사업연도 종료일 현재 재직하는 임원 또는 사용인 전원의 퇴직급여 추계액) : Max[일시퇴직기준, 근로자퇴직급여보장법상 보험수리적기준] × 0% + 퇴직금전환금 잔액 - 세법상 퇴직급여충당금 이월잔액

단, 旣 손금 인정된 충당금은 충당금 한도가 축소되더라도 한도 초과분을 익금에 산입하지 않는다(경과조치).

총급여 기준과 추계액 기준 중 적은 금액이므로 추계액 기준이 0%이므로 사실상 추계액 기준인 0%를 적용하므로 한도액은 0원이 나온다.

총급여

구 분	내 용
총급여액의 범위	근로의 제공으로 인해 받는 봉급 · 급료 · 보수 · 세비 · 임금 · 상여 · 수당과 이와 유사한 성질의 급여와 법인의 주주총회 · 사원총회 또는 이에 준하는 의결기관의 결의에 의해 상여로 받는 소득의 합계액을 말한다. 여기에는 손금불산입 된 금액, 비과세 근로소득, 인정상여는 제외된다. 퇴직급여지급규정에 1년 미만인 자에게 퇴직급여를 지급하기로 한 경우에는 계산 편의를 위해 신입사원에 대한 급여액을 총급여에 포함한다. 확정기여형 퇴직연금 설정자, 중도퇴사자, 일용근로자는 설정 대상에서 제외된다. ① 제조원가명세서와 손익계산서에 있는 급여와 상여 ② 비과세 근로소득 제외 ③ 비용으로 인정받지 못하는 급여 가. 손금불산입(상여 소득처분) 된 금액은 뺀다. 나. 임원이나 특수관계자에게 주주총회나 정관의 금액보다 급여 또는 상여를 더 지급한 경우 뺀다. 다. 아무 이유 없이 동일 업무 동일지급의 직원에게 상여를 더 지급한 경우 뺀다. ④ 퇴직금 지급 대상이 아닌 임원 또는 사용인 뺀다. 가. 사규, 취업규칙에 1년 미만 직원에게 퇴직금을 주겠다고 말이 없으면 대상자가 아님 나. 비상근임원의 급여 또는 상여 ⑤ 확정기여형(DC형) 퇴직연금 가입한 임직원 : DC(확정기여)형의 경우 퇴지금불입시 [차)퇴지급여 / 대)보통예금] 분개로 끝나는 것임. 올해 불입해야 할 금액이 1천 원인데, 회사가 불황이라 900원만 불

구 분	내 용
	입했으니 부족액을 차)퇴직급여 100원/대)퇴직급여충당부채 100원으로 분개해도 비용인정 못 받음 ⑥ 중간정산 지급한 임직원 : 올해 중간정산을 해준 직원은 퇴사하고 올해 다시 입사한 직원과 동일하다. : 퇴직급여를 중간정산한 경우 "총급여액" 은 중간정산기준일 익일부터 사업연도 종료일까지의 총급여액으로 함에 유의해야 한다(법인 46012-776, 1998.3.30., 서이 46012-11521, 2003.8.22.).
총급여액의 계산 기간	총급여액은 당해 사업연도의 총급여액을 말한다. 예를 들어 사업연도가 1년 미만인 경우 그 사업연도의 총급여만 포함하며, 이를 임의적으로 1년분으로 환산해서 총급여를 계산하면 안 된다.

퇴직급여추계액

일시퇴직기준 퇴직급여 추계액

퇴직급여 추계액이란 사용인 전원(DC형 퇴직연금과 IRP 설정자 제외)이 퇴직할 경우에 정관이나 퇴직급여지급규정 및 근로기준법 등에 의거 퇴직급여로 지급할 법적 의무가 있는 금액으로서 근로기준법상 금액을 최소금액으로 한다.

그리고 1년 미만 근무자에 대해서도 퇴직급여 지급 규정상 퇴직금을 지급하도록 규정하고 있는 경우에는 퇴직급여 추계액에 가산한다.

보험수리적 기준 퇴직급여추계액(① + ②)

① 매 사업연도 말일 현재를 기준으로 산정한 가입자의 예상 퇴직 시점까지의 가입기간에 대한 급여에 드는 비용 예상액의 현재가치에서 장래

근무 기간분에 대하여 발생하는 부담금 수입 예상액의 현재가치를 뺀 금액으로써, 고용노동부령으로 정하는 방법에 따라 산정한 금액

② 해당 사업연도 종료일 현재 재직하는 임원 또는 사용인 중 확정급여형 퇴직연금제도에 가입하지 아니한 사람 전원이 퇴직할 경우 퇴직급여로 지급되어야 할 금액의 추계액과 확정급여형 퇴직연금제도에 가입한 사람(DC형 퇴직연금과 IRP 설정자 제외)으로서 그 재직기간 중 가입하지 아니한 기간이 있는 사람 전원이 퇴직할 경우 그 가입하지 아니한 기간에 대하여 퇴직급여로 지급되어야 할 금액의 추계액을 더한 금액을 말한다.

? 퇴직금 추계액 계산 시 정기상여금(성과급)과 비정기상여금(성과급)

퇴직급여지급규정을 두고 있는 법인의 경우 퇴직급여로서 지급되어야 할 금액의 추계액이란 당해 퇴직급여 지급 규정에 의하여 계산한 금액을 말한다.
퇴직금 산정은 통상임금이 아닌 평균임금이 기준이 된다. 여기에서의 평균임금이란 사유발생일 이전 3개월간의 임금 총액을 그 기간의 총일수로 나눈 금액이므로 성과급이 임금총액에 포함되는지? 여부가 쟁점이다.

1. 정기상여금
지급조건이나 시기 및 금액 등이 급여규정이나 근로계약에 기재돼 있는 정기적 급여 형태의 상여금이다. 이러한 유형의 상여금은 퇴직금 제도나 DB형 퇴직연금제도에서 퇴직급여 산정의 기초가 되는 평균임금에 포함된다.
DC형 퇴직연금 가입 근로자라고 하더라도 정기적인 상여금은 퇴직금 산정에 영향을 미친다.
DC형 퇴직연금을 운영 중인 회사는 근로자의 퇴직연금계좌에 연간 임금 총액의 12분의 1 이상을 납입해야 하는데, 이때 정기적인 상여금은 연간 임금 총액에 포함해 계산해야 한다.

2. 비정기적 상여

비정기적 상여는 평균임금뿐만 아니라 통상임금에도 포함되지 않는다.

정기적인 상여금과는 별도로 지급 시기나 금액 등이 사전에 정해져 있지 않은 성과금도 있다. 그해 경영실적에 따라 대표이사의 재량으로 지급하는 경영 성과금이 대표적이다. 이러한 비정기적인 성과금은 퇴직금 제도나 DB형 퇴직연금 제도에서의 평균임금에 포함되지 않으며, DC형 퇴직연금 회사 납입 금액의 기초가 되는 연간 임금 총액에도 포함되지 않는다.

하지만 경영 성과금도 DC형 퇴직연금 도입 사업장 근로자의 경우 원한다면 퇴직연금계좌에 납입할 수 있다. 이 경우 나중에 이 금액을 수령할 때 근로소득세 대신 퇴직소득세 또는 연금소득세가 부과된다. 또 사업장 퇴직연금 규약에 경영 성과금 납입을 노사 간 합의로 명시해야 하고, DC형 퇴직연금 가입자 모두에게 회사 규약에 정해진 비율대로 경영 성과금을 적립해야 한다. 다만 퇴직연금계좌에 경영 성과금 납입을 원치 않는 근로자는 이 제도의 최초 적용 시 혹은 경영 성과금 납입 비율 변경 시에 제도 적용을 거절할 수 있다.

4. 세법상 퇴직급여충당금 이월잔액

세법상 퇴직급여충당금 이월잔액은 전기 말까지 설정된 세법상 퇴직급여충당금 중에서 당기에 감소되고 남은 금액을 말한다.

퇴직급여충당금 부인누계액 = 세법상 기초 퇴직급여충당금 - 세법상 퇴직급여충당금 당기 감소액

= (재무제표상 기초 퇴직급여충당금 - 전기 말 퇴직급여충당금 유보) - (퇴직급여충당금 당기 감소액 ± 퇴직급여충당금 유보 · △ 유보)

= (재무제표상 기초 퇴직급여충당금 - 퇴직급여충당금 당기 감소액) - (전기 말 퇴직급여충당금 유보 ± 퇴직급여충당금 유보 · △ 유보)

5. 퇴직금전환금

국민연금법 제75조 제6항에 의하면 근속기간 중 사용자가 부담한 퇴직금전환금은 사용자가 근로자에게 지급할 퇴직금 중 해당 금액을 미리 지급한 것이므로, 퇴직금 지급 시 퇴직금전환금을 공제하고 퇴직금을 지급하도록 규정돼 있다. 따라서 퇴직금을 지급하는 경우는 사용자가 부담한 퇴직금전환금을 공제하고 퇴직금을 지급해야 한다. 그리고 동 퇴직금전환금은 퇴직급여충당금의 차감 형식으로 재무제표에 표시해야 한다. 즉, 차액이 나는 퇴직금전환금은 퇴직급여가 된다(회사입장에서 퇴직금전환금은 퇴직급여의 선급). 당기 말 재무상태표에 계상된 퇴직금전환금 잔액을 추계액 기준 한도액에 가산한다.

6. 퇴직급여충당금의 세무조정

- 퇴직급여충당금을 손금에 산입한 법인이 임원 또는 사용인에게 퇴직금을 지급하는 경우는 그 퇴직급여충당금에서 먼저 지급해야 한다.
- 퇴직급여충당금을 계상한 법인이 퇴직하는 임원 또는 사용인에게 퇴직급여를 지급하는 때에는 개인별 퇴직급여충당금과는 관계없이 이를 동 퇴직급여충당금에서 지급해야 한다(통칙 33-60…4).
- 퇴직급여충당금 설정액 중 손금불산입된 금액이 있는 법인이 퇴직급여를 지급하는 경우 손금산입한 퇴직급여충당금과 상계하고 남은 금액에 대하여는 기 손금불산입된 금액을 손금으로 추인한다(통칙 33-60…5).

- 퇴직급여충당금을 손금에 산입한 내국법인이 일부 사업의 폐지 또는 중단 등으로 인하여 부득이하게 퇴직하는 임원 및 사용인에게 퇴직급여지급규정에 따라 명예퇴직금을 지급하는 경우에도 퇴직급여충당금에서 상계처리하지 아니하고 직접 당해 사업연도의 손금에 산입할 수 있다(통칙 33-60…6).
- 확정기여형 퇴직연금 등을 설정하면서 설정 전의 근무기간 분에 대한 부담금을 지출한 경우 그 지출금액은 퇴직급여충당금의 누적액에서 차감된 퇴직급여충당금에서 먼저 지출한 것으로 본다.

구 분	내 용
과소 상계	퇴직급여 지급 시 퇴직급여충당금과 상계하지 않고 퇴직급여로 비용처리한 경우 퇴직급여 지급 시 세무상 상계해야 할 퇴직급여충당금보다 더 적게 퇴직급여충당금을 상계한 경우 퇴직급여충당금 과소상계액을 손금불산입(유보)한다.
과다 상계	❶ 퇴직급여를 지급하고 손금불산입 된 퇴직급여충당금과 상계한 경우 ❷ 비현실적 퇴직자에게 퇴직금을 지급하고 퇴직급여충당금과 상계한 경우 → 익금산입 ; 업무무관가지급금(유보) → 손금산입 : 손금산입(△ 유보) ❸ 임원 퇴직급여 한도 초과액을 퇴직급여충당금과 상계한 경우 ❹ 퇴직급여 지급 시 퇴직연금 상계 분을 퇴직급여충당금과 상계한 경우 퇴직급여 지급 시 세무상 상계해야 할 퇴직급여충당금보다 더 많이 퇴직급여충당금을 상계한 경우 퇴직급여충당금 과다상계액을 손금산입(△ 유보) 한다.

구 분	내 용
초과 상계	퇴직급여충당금 부인액(전기 퇴직급여충당금 한도초과액)이 있는 법인이 퇴직급여 지급 시 세무상 퇴직급여충당금 기초잔액을 초과해서 퇴직급여충당금을 상계한 경우 퇴직급여충당금 초과 상계액을 손금산입(△ 유보)한다.
환입	• 전기 손금부인액의 환입 : 이월익금에 해당하므로 이를 수익으로 계상한 경우 익금불산입(△ 유보)으로 전기부인액을 추인한다. • 전기손금 인정액의 환입 : 익금으로 인정한다. 전기손금 부인액과 손금 인정액이 동시에 환입되는 경우 손금 부인액이 먼저 환입되는 것으로 본다.

[관련 예규]

▸ 퇴직급여의 지급 순서

법인세법상 퇴직보험료 등을 손금에 산입한 법인의 임원 또는 사용인이 실제로 퇴직하는 경우 손금산입할 퇴직급여의 범위 액은 퇴직급여 지급 규정에 의한 퇴직급여 상당액에서 당해 사용인의 퇴직으로 인하여 보험회사 등으로부터 수령한 퇴직보험금, 퇴직일시금신탁, 퇴직연금, 퇴직급여충당금 순으로 차감한 금액으로 하는 것임(법인세과-2076, 2017.07.27.)

▸ 확정기여형 퇴직연금제도 설정 법인이 상여금을 임직원의 퇴직연금으로 추가 납입시 손금 여부

근로자퇴직급여보장법에 따른 확정기여형 퇴직연금제도를 설정한 내국법인이 근로자와 합의한 퇴직연금규약에 따라 임원 및 사용인의 상여금(비정기상여금은 제외) 중 일부 또는 전부를 사용자 부담금으로 확정기여형 퇴직연금에 추가하여 지출하는 경우 해당 부담금은 법인세법에 따라 전액 손금에 산입하는 것임. 다만, 임원에 대한 부담금은 법인이 퇴직시까지 부담한 부담금의 합계액을 퇴직급여로 보아 손금산입한도 초과액이 있는 경우에는

퇴직일이 속하는 사업연도의 부담금 중 손금산입한도 초과액 상당액을 손금에 산입하지 아니하고 손금산입 한도 초과 금액이 퇴직일이 속하는 사업연도의 부담금을 초과하는 경우 그 초과금액은 퇴직일이 속하는 사업연도의 익금에 산입하는 것임(서면법규과-883, 2014.08.14.)

▸ 대표이사 겸직시 퇴직급여 추계액 계산

내국법인의 대표이사에 재직 중인 자가 다른 특수관계법인의 대표이사를 겸직하는 경우 내국법인 또는 특수관계법인의 퇴직급여 추계액 계산은 내국법인과 특수관계법인의 대표이사 근무기간을 통산하여 계산할 수 없고, 각 법인별 퇴직금지급규정에 따라 계산한 퇴직급여 추계액으로 하는 것임(법인세과-633, 2012.10.19.)

▸ 퇴직을 원인으로 하지 않는 종업원 급여와 관련된 확정급여채무 비용계상액은 퇴직급여충당금 손금계상액에 해당하지 아니하는 것임

내국법인의 종업원 급여 중 장기 근속휴가, 안식년 휴가, 그 밖의 장기근속 급여, 장기장애급여, 회계기간말부터 12개월 이내에 전부나 일부가 지급되지 않는 이익분배금, 상여금 및 이연보상 등(한국채택국제회계기준 제1019호 문단 4(3)의 기타 장기 종업원 급여) 퇴직을 원인으로 하지 않는 종업원 급여와 관련된 확정급여채무 비용계상액은 퇴직급여충당금 손금 계상액에 해당하지 아니하는 것임(법인세과-501, 2012.08.20.)

퇴직연금충당금(기업회계×, 세법○)

법인세법은 임원 · 사용인의 퇴직급여를 지급하기 위해 사외에 적립하는 퇴직보험의 보험료, 퇴직일시금 신탁의 부금 및 확정급여형 퇴직연금 분담금은 일정 한도의 범위 내에서 손금산입한다. 다만, 확정기여형 퇴직연금 분담금 치 개인 퇴직계좌의 부담금은 전액 손금처리한다.

1. 확정기여형(DC형) 퇴직연금의 손금산입

확정기여형 퇴직연금의 손금산입은 한도액 계산을 하지 않는다.

① 법인이 임직원의 퇴직금을 지급하기 위하여 지출하는 금액(퇴직연금 등) 중 확정기여형 퇴직연금 등(확정기여형 퇴직연금, 개인형 퇴직연금제도 및 과학기술인공제회법에 따른 퇴직연금 중 확정기여형 퇴직연금)의 부담금은 전액 손금에 산입한다.

② 임원에 대한 확정기여형 퇴직연금 등의 처리

확정기여형 퇴직연금 등인 경우에도 임원에 대한 부담금은 법인이 퇴직 시까지 부담한 부담금의 합계액을 퇴직급여로 보아 임원 퇴직금 한도 금액 규정을 적용하되, 손금산입 한도초과 금액이 있는 경우에는 퇴직일이 속하는 사업연도의 부담금 중 손금산입 한도 초과금액 상당액을 손금에 산입하지 아니하고 손금산입 한도 초과금액이 퇴직일이 속하는 사업연도의 부담금을 초과하는 경우 그 초과금액은 퇴직일이 속하는 사업연도의 익금에 산입한다.

구 분	손금산입
종업원	연금보험료 납부한 금액 전액 손금산입
임 원	임원 연금보험료 납부한 금액 전액 손금산입. 단, 실제 퇴직시 납부한 연금보험료 총액이 임원 퇴직금 한도를 초과한 경우 초과금액 손금불산입

퇴직연금 보험료는 납부 즉 현금 기준이다. 따라서 납부한 연도에 손금에 산입한다. 예를 들어 12월분을 다음 연도 1월에 납부한 경우 당해연도가 아닌 실제 납부한 다음 연도의 손금이 된다.

구 분	회계처리	세무조정
부담금 납입	퇴직급여 100 / 현금 100	전액 손금산입
퇴직	없음	없음

2. 확정급여형(DB형) 퇴직연금의 손금산입

결산조정 및 신고조정사항이다. 따라서 확정급여형 퇴직연금 등을 납부한 법인이 그 부담금을 결산서에 비용으로 계상한 경우는 이를 세법상 손금산입 범위액을 한도로 하여 인정하게 되며, 법인이 이를 결산서에 비용으로 계상하지 않은 경우에도 세법상 손금범위액은 세무조정에 의해 손금산입한다.

외국인의 출국만기보험도 확정급여형 퇴직연금으로 보고 세무조정을 한다.

퇴직연금충당금 한도액 = Min(❶, ❷) - 세법상 퇴직연금충당금 이월잔액(직전 사업연도 종료일까지 납부한 부담금)

❶ 추계액 기준 : 추계액 중 퇴직급여충당금 미설정분 금액(확정급여형으로 납부할 수 있는 최대금액)

퇴직급여 추계액[MAX(일시퇴직기준추계액, 보험수리기준추계액)] - 세법상 퇴직급여충당금 기말잔액

❷ 운영자산기준 : 당기말 현재 퇴직연금운영자산 잔액(확정급여형으로 실제 납부한 금액)

구 분	회계처리	세무조정
부당금 900 납입	운용자산 900 / 현금 900	손금산입 900(유보)
퇴직금 900 지급시 (연금 810 포함)	퇴충 900 / 운용자산 810 / 현금 90	퇴충 810 손금산입(△유보) 운용자산 810 익금산입(유보)

[관련 예규]

▸ 임원 퇴직금 중간정산 후 퇴직연금 세무조정

내국법인이 임원에 대한 급여를 연봉제로 전환하면서 향후 퇴직금을 지급하지 아니하는 조건으로 그때까지의 퇴직금을 정산하여 지급하고, 추후 주주총회에서 임원의 급여를 연봉제 이전의 방식으로 전환하되 그 전환일로부터 기산하여 퇴직금을 지급하기로 결의한 경우 퇴직연금 손금산입 가능함(법인세과-1626, 2017.06.22.)

▸ 확정급여형 퇴직연금과 확정기여형 퇴직연금을 함께 설정하는 경우 퇴직연금 부담금의 세무처리 방법

내국법인이 확정기여형퇴직연금이 설정된 임원 또는 사용인에 대해 확정급여형퇴직연금부담금으로서 지출하는 금액은 손금에 산입하지 아니하는 것임(서면-2014-법령해석법인-20651, 2015.7.16.)

▸ 퇴직보험 해약과 동시에 퇴직연금에 가입하는 경우 세무조정

내국법인이 법인세법 시행령(2010.12.30. 대통령령 제22577호로 개정되기 전의 것) 제44조의2 제2항에 따른 퇴직보험을 해지하는 동시에 퇴직연금에 가입하면서 퇴직보험의 해지로 수령한 금액을 새로 가입한 퇴직연금에 불입하는 경우 퇴직보험의 해지로 수령한 금액 중 신고조정 또는 결산조정으로 손금에 산입한 보험료에 상당하는 금액은 익금에 산입하고, 퇴직연금에 불입한 금액은 퇴직연금부담금의 손금산입 한도 내에서 손금에 산입하는 것임(서면 법규과-895, 2013.8.19.)

▸ 종신복지플랜변액연금 부담금의 손금 해당 여부

내국법인이 근로자의 퇴직금을 지급할 목적으로 근로자를 피보험자로 하고, 해당 법인을 계약자와 수익자로 하여 가입한 변액연금은 퇴직연금 등에 해당하지 아니하는 것으로, 해당 법인이 불입한 부담금은 각 사업연도 소득금액 계산에 있어서 손금에 산입하지 아니하는 것임(법인세과-462, 2012.7.18.⇐ 법규과-678, 2012.6.18.)

▸ 퇴직보험료의 손금산입 방법(법인세과-152, 2011.2.25.)

법인이 퇴직보험료를 납입하고 퇴직보험예치금으로 자산 계상한 금액을 결산조정에 의하여 비용 계상하지 아니한 경우 각 사업연도 소득금액 계산상 이를 납입한 사업연도에 손금산입 한도 내에서 신고조정으로 손금에 산입하는 것임

▸ 확정기여형 퇴직연금의 손익귀속 시기

내국법인이 퇴직급여 지급 규정에 따라 계속 근로기간이 1년 미만인 근로자에게 퇴직급여를 지급하지 않음에도 확정기여형 퇴직연금에 가입하고 부담하는 보험료 등은 지출한 사업연도의 손금에 산입하는 것이며, 이 경우 법인이 계속 근로기간이 1년 미만인 근로자가 퇴직함에 따라 퇴직연금사업자로부터 퇴직연금 불입금을 반환받는 경우는 반환받은 날이 속하는 사업연도의 익금에 산입하는 것임(법인세과-1186, 2009.10.26.)

▸ 퇴직연금 설정 전 근무기간을 포함하여 확정기여형 퇴직연금을 설정시 세무 처리

법인이 임직원의 퇴직급여제도를 근로자퇴직급여 보장법에 따른 확정기여형 퇴직연금으로 전환하면서 전환일 이전 근무기간에 대하여 퇴직급여를 중간정산하여 지급하는 경우, 근로기준법상 근로자에게 지급한 중간정산 퇴직급여는 이를 현실적인 퇴직으로 보아 그 중간정산 퇴직급여 지급액을 손금산입하나, 근로기준법상 근로자에 해당하지 아니하는 임원에게 지급한 중간정산 퇴직급여는 현실적으로 퇴직할 때까지 이를 업무무관가지급금으로 보는 것임

법인이 임직원의 퇴직을 연금의 지급사유로 하고 임원 또는 사용인을 수급자로 하는 근로자퇴직급여 보장법에 따른 확정기여형 퇴직연금을 설정하면서 퇴직연금 설정 전 근무기간 분에 대한 부담금을 지출한 경우 그 지출금액은 퇴직급여충당금의 누적액에

서 차감된 퇴직급여충당금에서 먼저 지출된 것으로 보는 것이며, 차감된 퇴직급여충당금을 초과하여 지출한 금액은 이를 손금에 산입하는 것임

법인이 근로기준법 상 근로자에 대하여 근무기간 중 일정기간은 근로자 퇴직급여 보장법에 따라 퇴직급여를 중간정산하여 지급하고 일정기간은 확정기여형 퇴직연금을 설정하여 당해 기간에 대한 부담금을 지출한 경우 퇴직급여 중간정산에 따른 지급은 현실적인 퇴직으로 보는 것이며, 확정기여형 퇴직연금을 설정하면서 퇴직연금 설정 전 근무기간 분에 대한 부담금으로 지출한 금액은 퇴직급여충당금의 누적액에서 차감된 퇴직급여 충당금에서 먼저 지출된 것으로 보는 것이며, 차감된 퇴직급여충당금을 초과하여 지출한 금액은 이를 손금에 산입하는 것임(법인세과-1032, 2009. 9.21.)

13 대손충당금 비용처리와 한도액 계산

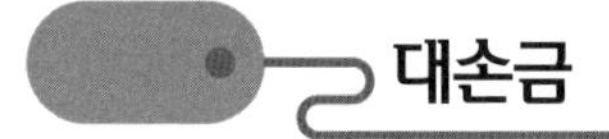

대손금

대손금이란 채권 중 회수불능인 채권을 말한다. 대손의 발생 시 우선 대손충당금과 상계하고 부족액을 대손상각비 과목으로 비용처리 한다.

구 분	내 용
대손처리 가능채권	**1. 영업거래에서 발행한 채권** ❶ 상품 또는 제품 판매금액의 미수금(부가가치세 포함) ❷ 서비스, 용역제공 대가의 미수금(부가가치세 포함) ❸ 상품, 원재료 등의 매입을 위한 선급금, 전도금 등 ❹ 기타 영업거래를 위한 예치보증금 등 ❺ 회수 책임과 대손손실을 부담하는 경우의 수탁판매업자 등의 미수금 **2. 영업외 거래에서 발생한 채권** ❶ 영업거래에 해당하지 아니하는 자산매각대금의 미수금 ❷ 금전소비대차계약 등에 의한 대여금 및 미수이자 ❸ 임원, 사용인의 공금 횡령 및 업무상 과실로 발생한 구상채권 ❹ 법원 판결에 의한 확정된 손해배상청구권

구 분	내 용
	주 사업의 포괄 양수 과정에서 양수 당시 이미 회수불능으로 확정된 채권을 인수한 경우 양수법인은 대손처리 할 수 없다.
대손처리 불능채권	❶ 특수관계자에 대한 업무무관가지급금 ❷ 보증채무 대위변제로 인한 구상채권. 다만, 다음에 해당하는 채무보증으로 인해 발생한 구상채권은 대손금으로 손금산입 할 수 있다. 가. 독점규제및공정거래에관한법률에 의한 소정의 채무보증 나. 일정한 금융기관이 행한 채무보증 다. 신용보증사업을 영위하는 법인이 행한 채무보증 라. 위탁기업이 수탁기업협의회의 구성원인 수탁기업에 대해 행한 채무보증 마. 국가를 당사자로 하는 계약에 관한 법률에 따른 공사계약이행보증을 위한 연대보증 ❸ 대손세액공제를 받은 부가가치세 매출세액 미수금
대손요건	**1. 신고조정사항** ❶ 소멸시효가 완성된 채권(채무의 면제로 인한 청구권 소멸은 제외) 가. 외상매출금 및 미수금으로서 상법상의 소멸시효(3년)가 완성된 외상매출금 및 미수금 나. 어음법에 의한 소멸시효(3년)가 완성된 어음 다. 수표법에 의한 소멸시효가 완성된 수표 라. 대여금 및 선급금으로서 민법상의 소멸시효(10년)가 완성된 것 ❷ 회사정리법에 의한 정리계획인가 또는 화의법에 의한 화의인가 결정에 따라 회수불능으로 확정된 채권 ❸ 민사소송법 규정에 의해 채무자의 재산에 대한 경매가 취소된 압류채권 ❹ 물품의 수출 또는 외국에서의 용역제공으로 인해 발생한 채권으로서 한국은행총재 또는 외국환은행의 장으로부터 채권회수의무를 면제받은 것

구 분	내 용
	❺ 법인이 다른 법인과 합병하거나 분할하는 경우로서 결산조정사항에 해당하는 채권을 합병등기일 또는 분할등기일이 속하는 사업연도까지 제각하지 않은 경우 당해 채권 **2. 결산조정사항** ❶ 채무자의 파산 · 강제집행 · 형의집행 · 사업 폐지 · 사망 · 실종 · 행방불명으로 인해 회수할 수 없는 채권 ❷ 국세징수법 규정에 의해 납세지 관할 세무서장으로부터 국세 결손처분을 받은 채무자에 대한 채권(저당권 설정 시 제외) ❸ 부도발생일로부터 6개월 이상 경과한 어음 · 수표 및 외상매출금(중소기업의 외상매출금으로서 부도발생일 이전의 것에 한함)(저당권 설정 시 제외) 채권가액 30만원 이하인 소액 채권 ❹ 채권의 일부를 회수하기 위해 해당 채권의 일부를 포기해야 할 불가피한 사유가 있는 경우 포기한 그 채권금액. 다만, 부당행위계산부인에 해당하는 경우는 그러하지 아니함 ❺ 채권 · 채무조정에 따라 채권의 장부가액과 현재가치의 차액을 대손금으로 계상한 금액 ❻ 중소기업 외상매출금으로서 회수기일로부터 2년이 경과한 외상매출금 및 미수금. 다만, 특수관계인과의 거래로 인하여 발생한 외상매출금 및 미수금은 제외
손 익 귀속시기	**1. 신고조정사항** 신고조정사항에 해당하는 채권은 반드시 당해 사유가 발생한 날이 속하는 사업연도의 손금으로 처리해야 한다. 따라서 법인이 당해 채권을 장부상 대손금으로 처리해 당해 채권을 제각하지 않으면 반드시 세무조정에 의한 손금산입(△유보)을 통해 당해 채권을 제각시켜야 한다. **2. 결산조정사항** 결산조정에 해당하는 채권은 법인이 장부상 대손금으로 처리한 날이 속하는 사업연도에 손금으로 인정한다.

구 분	내 용
대손처리 금액	대손요건을 충족한 대손채권 전액을 대손금으로 한다. 다만, 부도발생일로부터 6월 이상 경과한 어음·수표·외상매출금의 경우에는 비망금액으로 1,000원(어음·수표 1매당 1,000원, 외상매출금은 채무자별로 1,000원)을 제외한 금액을 대손금으로 한다.
채권재조정으로 인한 대손금	기업회계기준에 의한 채권의 재조정에 따라 채권의 장부가액과 현재가치의 차액을 대손금으로 계상한 경우는 이를 손금에 산입하며, 손금에 산입한 금액은 기업회계기준의 환입방법에 따라 이를 익금에 산입한다.

대손충당금

1. 설정대상 채권

설정대상 채권	설정대상 제외채권
외상매출금, 받을어음, 부도어음	할인어음, 배서어음
금전소비대차계약에 의해 타인에 대여한 대여금	특수관계자에 대한 가지급금(대여금)
어음상의 채권, 미수금, 작업진행률에 의한 공사미수금, 할부미수금 등 기업회계기준에 의한 대손충당금 설정 대상 채권	❶ 채무보증으로 인해 발생한 구상채권. 단, 다음의 채권은 설정 가능 가. 독점규제및공정거래에관한법률에 의한 소정의 채무보증 나. 일정한 금융기관이 행한 채무보증 다. 신용보증사업을 영위하는 법인이 행한 채무보증

설정대상 채권	설정대상 제외채권
	라. 위탁기업이 수탁기업협의회의 구성원인 수탁기업에 대해 행한 채무보증 마. 국가를 당사자로 하는 계약에 관한 법률에 따른 공사계약이행보증을 위한 연대보증 ❷ 부당행위계산부인 규정을 적용받는 시가 초과액에 상당하는 채권

주 동일인에 대한 매출채권과 매입채무가 있는 경우에도 이를 상계하지 않고 대손충당금을 설정할 수 있으나, 당사자와 약정에 의해 상계하기로 한 것은 제외된다.

주 피합병법인의 대손충당금 한도 초과액은 합병법인에게 승계되지 않는다.

2. 설정한도액

대손충당금 한도액 = 설정 대상 채권의 장부가액 × 설정률

설정 대상 채권의 장부가액 = 재무상태표 상 채권 잔액 − 재무상태표 상 채권 중 제외채권 + 대손충당금 설정 대상 채권에 대한 유보(매출채권누락액 · 대손금부인액 등) − △ 유보

[설정률]

큰 금액[1%, 당해 사업연도의 대손금/직전 사업연도 종료일 현재의 대손충당금 설정 대상 채권의 장부가액]

3. 세무조정

세무조정 시 유의할 사항은

첫째, 기업회계상 총액법으로 회계처리 하든 보충법으로 회계처리 하든 상관없이 대손충당금 기말잔액과 한도액을 비교해서 한도초과액

을 계산한다.

둘째, 전기 대손충당금 한도 초과액은 당해 사업연도에 무조건 손금산입한다. 총액법에서 대손충당금 기초잔액은 당기에 상계되거나 환입되어 잔액이 남지 않으므로 유보는 반대조정에 의해 소멸시켜야 한다.

대손충당금 한도 초과액은 채권합계액을 기준으로 계산한 한도액에 의한다. 대손충당금의 합계액이 채권의 합계액을 기준으로 계산한 대손충당금 한도액 이내인 경우는 대손충당금 설정 대상이 아닌 채권에 대해서 설정한 대손충당금도 직접 손금불산입하지 않는다.

대손 사유에 따른 결산조정과 신고조정

구 분	신고조정 및 결산조정 모두 가능한 경우	결산조정만 가능한 경우
대손사유	법률에 따라 소멸시효가 완성된 채권이나, 소멸된 채권 등 ① 상법, 어음법, 수표법, 민법에 의한 소멸시효가 완성된 외상매출금 및 미수금, 어음, 수표, 대여금 및 선급금 ② 「채무자 회생 및 파산에 관한 법률」에 따른 회생계획인가의 결정 또는 법원의 면책결정에 따라 회수불능으로 확정된 채권 ③ 「서민의 금융생활 지원에 관한 법률」에 따른 채무조정을 받아 같	① 채무자의 파산·강제집행·형의 집행·사업의 폐지·사망·실종·행방불명으로 인하여 회수할 수 없는 채권 ② 부도발생일부터 6월 이상 경과한 수표 또는 어음상의 채권 및 외상매출금(조세특례제한법 시행령 제2조에 따른 중소기업의 외상매출금으로서 부도발생일 이전의 것에 한한다). 다만, 당해 법인이 채무자의 재산에 대하여 저당권을 설정하고 있는 경우를 제외

구 분	신고조정 및 결산조정 모두 가능한 경우	결산조정만 가능한 경우
대손사유	은 법 제75조의 신용회복지원협약에 따라 면책으로 확정된 채권 ④ 민사집행법 제102조의 규정에 의하여 채무자의 재산에 대한 경매가 취소된 압류채권	부도발생일 : 소지하고 있는 부도수표나 부도어음의 지급기일(지급기일 전에 당해 수표나 어음을 제시하여 금융기관으로부터 부도확인을 받은 경우는 그 부도확인일) ③ 중소기업의 외상매출금 및 미수금으로서 회수기일이 2년 이상 지난 외상매출금등. 다만, 특수관계인과의 거래로 인하여 발생한 외상매출금등은 제외 ④ 재판상 화해 등 확정판결과 같은 효력을 가지는 「민사소송법」에 따른 화해, 화해권고결정, 「민사조정법」 제30조에 따른 결정, 「민사조정법」에 따른 조정에 따라 회수불능으로 확정된 채권 ⑤ 회수기일을 6월 이상 지난 채권 중 채권가액이 30만원 이하(채무자별 채권가액의 합계액 기준)인 채권 ⑥ 중소기업창업투자회사의 창업자에 대한 채권으로서 중소기업청장이 재정경제부 장관과 협의하여 정한 기준에 해당한다고 인정한 것 ⑦ 내국법인이 기업회계기준에 따른 채권의 재조정에 따라 채권의 장부가액과 현재가치의 차액을 대손금으로 계상한 경우는 이를 손금에 산입하며, 손금에 산입한 금액은 기업회계기준의 환입방법에 따라 이를 익금에 산입한다.

구 분	신고조정 및 결산조정 모두 가능한 경우	결산조정만 가능한 경우
대손금의 손금 귀속시기	① 신고조정한 경우 : 대손사유가 발생한 날이 속하는 사업연도의 손금 ② 결산조정한 경우 : 대손사유가 발생하여 법인이 손비로 계상한 날이 속하는 사업연도의 손금	대손 사유가 발생하여 법인이 손비로 계상한 날이 속하는 사업연도의 손금
경정청구	신고조정 가능한 사유로 대손금이 발생했지만, 사유가 발생한 날이 속하는 사업연도의 손금에 산입하지 못한 경우 경정청구가 가능하다.	결산조정만 가능한 사유로 대손금이 발생했으며, 법인이 결산 당시 회계상 처리하지 아니하여 대손이 확정된 사업연도의 손금으로 산입하지 않은 경우 경정청구 할 수 없다.

[관련 예규]

▸ 소멸시효가 완성된 대손금을 손금에 산입하지 못한 경우

법인이 거래처에 대한 매출채권은 법인세법의 사유가 발생한 날이 속하는 사업연도의 대손금으로 손금산입하는 것으로 소멸시효가 완성되어 회수할 수 없는 금액은 그 소멸시효가 완성된 날이 속하는 사업연도에 신고조정으로 손금에 산입할 수 있는 것으로서, 소멸시효가 완성된 대손금을 당해 사업연도의 소득금액 계산에 있어서 손금에 산입하지 못한 경우에는 국세기본법에 따라 경정청구가 가능한 것이며, 법인이 정당한 사유없이 채권 회수를 위한 제반 법적 조치를 취하지 아니함에 따라 채권의 소멸시효가 완성된 경우는 동 채권의 금액은 법인세법 규정에 따른 기업업무추진비 또는 기부금으로 보는 것임(서면 2팀-1393, 2006.7.25.)

▸ 회생계획인가 결정에 따라 회수불능으로 확정된 채권의 손금산입

「채무자 회생 및 파산에 관한 법률」에 따른 회생계획인가의 결정에 따라 회수불능으로 확정된 채권은 해당 사유가 발생한 날이 속하는 사업연도의 대손금으로 손금산입하는 것임. 동 대손금을 해당 사유가 발생한 날이 속하는 사업연도에 손금산입하지 아니한 경우 경정청구를 할 수 있음(법인세과-1049, 2011.12.29.)

▸ 결산 당시 대손처리하지 아니한 경우

법인이 회수불능이 명백하게 되어 대손이 발생하였다고 회계상 처리를 했을 때만 대손이 확정된 사업연도의 손금으로 산입할 수 있고, 결산 당시에 대손이 발생하였다고 회계상 처리를 하지 아니한 이상, 그 후에 회계상의 잘못을 정정하였다는 등의 이유로 경정청구를 할 수 없음(대전고법 2012누1424, 2012.10.25.)

? 거래처가 폐업한 경우 대손상각

1. 거래처의 재산이 없음을 입증할 수 있는 경우

채무자의 사업 폐지로 회수할 수 없는 채권은 당해 대손사유가 발생하여 장부에 손금으로 계상(결산조정)한 날이 속하는 사업연도에 대손금으로 손금산입할 수 있다. 폐업에 따른 대손상각은 결산조정에 의하는 것으로 경정청구대상이 아니다.

거래처가 폐업하고, 회수할 수 있는 재산이 없는 경우 결산조정에 의하여 손금 처리가 가능한 것으로 소멸시효완성일이 속하는 사업연도까지 결산조정에 의하여 손금산입하지 못한 경우 사업 폐지를 사유로 경정청구에 의하여 손금산입할 수 없다.

다만, 상법에 의한 소멸시효가 완성된 사업연도에 소멸시효 완성을 사유로 손금에 산입할 수 있으며, 소멸시효완성일이 속하는 사업연도에 손금산입하지 못한 경우 경정청구에 의하여 신고조정으로 손금산입할 수 있다.

법인세법상 그 구체적인 서류를 규정하고 있지 않으나, 사업의 폐지로 회수할 수 없는 미수금(채권)을 대손금으로 손금산입하기 위해서는 사업의 폐지로 채권의 회수가 불가능함을 입증할 수 있는 객관적인 증빙서류(폐업 사실 증명서, 재산조사 증빙서류 등)를 갖추어야 한다.

폐업한 거래처의 매출채권 대손상각 (법인-253, 2011.04.07.)

폐업한 거래처에 대하여 채권회수를 위한 제반 절차를 밟았음에도 무재산 등으로 회수불능임이 객관적으로 확인되는 때에는 해당 사유가 발생하여 손금으로 계상한 날이 속하는 사업연도의 손금에 산입하는 것이며, 이 경우 채무자의 사업 폐지 여부는 실질에 따라 판단하는 것임.

내국법인이 보유하고 있는 채권 중 채무자의 파산 등 법인세법에서 정하는 사유로 회수할 수 없는 채권의 금액은 당해 사업연도의 소득금액 계산에 있어서 이를 손금에 산입하는 것으로 법인이 채권을 대손금으로 손금에 산입하기 위해서는 객관적인 자료에 의하여 그 채권이 회수불능임을 입증하여야 하는 것이며, 공부상 확인이나 증명이 곤란한 무재산 등에 관한 사항은 「채권추심업무보고서」 등에 의하여 확인할 수 있는 것이고, 당해 보고서의 작성 요령과 첨부해야 할 서류는 무재산으로 당해 채권액을 회수할 수 없는 경우에 해당하는 것임을 객관적으로 입증할 수 있는 구체적인 내용과 증빙자료를 갖추면 되는 것임(서면 2팀-1776, 2005.11.04.).

2. 거래처의 무재산임을 입증할 수 없는 경우

채무자가 단지 폐업했다는 사유만으로는 대손처리할 수 없으며, 이 경우 소멸시효완성일이 속하는 사업연도에 대손상각 여부를 검토해야 할 것이다. 한편, 거래처의 채권에 대하여 소멸시효완성일이 속하는 사업연도에도 거래처의 재산이 없음을 입증할 수 없는 경우 기업업무추진비로 처리할 수 있다. 다만, 폐업한 거래처에 대하여 기업업무추진비로 처리하는 것은 법이론상으로는 적절하지 않을 것으로 판단이 되나 기업업무추진비로 처리한다고 해서 세무상 문제는 발생하지 않을 것이다.

구 분		처리방법
최종회수일부터 3년 이내	채권추심을 위한 제반 조치를 했음에도 재산이 없음을 입증할 수 있는 경우	대손상각 → 사후관리 필요 없음
	채권추심을 위한 제반 조치를 취했음을 입증할 수 없는 경우	소멸시효 완성일이 속하는 사업연도에 손금산입 여부를 검토해야 함

<table>
<tr><th colspan="2">구 분</th><th>처리방법</th></tr>
<tr><td rowspan="2">소멸시효 완성일이 속하는 사업연도</td><td>채권추심을 위한 제반 조치를 했음을 입증할 수 있는 경우</td><td>대손상각 → 사후관리 필요 없음</td></tr>
<tr><td>채권추심을 위한 제반 조치를 했음을 입증할 수 없는 경우</td><td>기업업무추진비 → 시부인 계산, 한도범위액 내 손금산입, 한도초과액 손금불산입</td></tr>
<tr><td colspan="2">소멸시효완성일이 경과한 이후</td><td>소멸시효 완성 사유로 경정청구 가능 채권추심을 위한 제반조치를 취했음을 입증할 수 있는 경우 소멸시효완성일이 속하는 사업연도의 대손상각비로 처리하여 경정청구한다.</td></tr>
</table>

3. 부가가치세 신고시 거래처 폐업으로 인한 대손세액공제

사업자가 부가가치세가 과세되는 재화나 용역을 공급하였으나, 공급받는 자의 파산 등의 사유로 대금(부가가치세 포함)의 전부 또는 일부를 회수하지 못하였음에도 회수하지 못한 매출액에 대하여 부가가치세를 납부하는 경우가 발생할 수 있다.

이 경우 해당 과세기간의 매출세액에서 회수하지 못한 매출채권에 대한 세액을 공제해주는 것을 대손세액공제라고 한다.

사업의 폐지로 인한 대손이 확정된 날(즉, 재무상태표에 대손금으로 회계처리 한 날)이 속하는 확정신고(예정신고 시에는 불가능)시 부가가치세 납부 금액에서 해당 대손세액을 차감할 수 있다.

예를 들어 2022년 5월 발생한 매출채권이 2023년 10월에 회수불능요건이 충족되었다면 해당 채권은 2023년 2기 확정 신고시 대손세액공제 신청이 가능하다. 이때 대손세액공제신고서 및 관련 대손 사실을 증명하는 서류를 첨부하여야 한다.

대손세액공제는 대손 금액(부가가치세 포함) X 10/110을 공제받으며, 재화나 용역을 공급한 날부터 10년이 지난 날이 속하는 과세기간에 대한 확정 신고기한(1월 25일 또는 7월 25일)까지 공제가 가능하다.

14 자산의 취득과 평가

자산의 취득

1. 일반적인 원칙

일반적인 경우

구 분	취득가액
타인으로부터 매입한 자산 (단기금융자산 제외)	매입가액 + 부대비용(취득세 등)
자기가 제조 · 생산 · 건설한 자산	제작원가 + 부대비용(취득세 등)
단기금융자산 : 기업회계기준에 따라 단기매매 항목으로 분류된 금융자산 · 파생상품	매입가액. 취득부대비용은 당기비용처리하고 취득원가에 가산하지 않는다.
위 이외의 자산(예 : 교환 · 증여 등으로 취득한 자산	취득당시 취득한 자산의 시가
일괄 취득 시에는 법인이 토지와 그 토지에 정착된 건물 등(건물 및 그 밖의 건축물)을 함께 취득해서 토지의 가액과 건물 등의 가액구분이 불분명한 경우 시가(시가가 불분명한 경우 감정가액)	

현물출자·물적분할로 취득한 자산

구 분	주주가 취득한 주식의 취득가액	법인 취득자산의 취득가액
물적분할	분할법인이 물적분할 한 순자산의 시가	해당 자산의 시가
현물출자	출자법인(출자법인과 공동으로 출자한 자 포함)이 현물출자로 인해 피출자법인을 새로 설립하면서 그 대가로 주식만 취득한 경우 : 출자법인이 현물출자한 순자산의 시가 위 이외의 경우 : 해당 주식의 시가	해당 자산의 시가

합병·인적분할로 취득한 자산

구 분	주주가 취득한 주식의 취득가액	법인 취득자산의 취득가액
비적격합병 · 인적분할	종전 주식의 장부가액 + 합병 · 분할로 인한 의제배당액 + 불공정자본거래로 인해서 특수관계인으로부터 분여 받은 이익 − 합병 · 분할 발급 금	해당 자산의 시가
적격합병 · 인적분할		피합병법인 · 분할법인의 장부가액

채무의 출자전환으로 인해서 채권자가 취득한 주식

구 분	취득가액
일반법인의 출자전환으로 취득한 주식	취득당시 주식의 시가. 출자전환된 채권가액이 취득한 주식가액을 초과하는 경우 그 금액은 약정에 의한 채권 포기액으로 보아 기업업무추진비 · 기부금 · 대손금 · 부당행위계산의 부인 중 하나로 처리한다.

구 분	취득가액
과세이연 요건을 갖춘 특정 법인의 출자전환으로 취득한 주식	출자전환 된 채권이 일반적인 채권인 경우 : 출자전환 된 채권의 장부가액
	출자전환 된 채권이 대손불능채권인 경우 : 취득당시 주식의 시가. 출자전환 된 채권가액이 취득한 주식가액을 초과하는 경우 초과하는 금액을 손금불산입

2. 취득가액 계산 특례

자산의 고가·저가 매입

구 분		취득원가
고가매입	특수관계인으로부터 시가보다 고가로 매입한 경우	취득 당시 시가
	특수관계인 외의 자로부터 정상가액보다 고가로 매입한 경우	정상가액 (시가 × 130%)
저가매입	일반적인 경우	매입가액
	특수관계인인 개인으로부터 유가증권을 시가보다 저가로 매입한 경우	취득 당시 시가

자산의 현재가치 평가

구 분	법인세법		기업회계기준
장기할부조건으로 취득한 자산	원칙	명목가액 평가 현재가치로 평가한 경우 인정함 현재가치할인차금 계상액 : 자산의 취득가액에서 제외	현재가치평가

구 분		법인세법	기업회계기준
		현재가치할인차금 상각액 : 이자비용 인정	
장기 금전대차 거래의 채권 · 채무	명목가액 평가		현재가치평가

자산의 취득과 관련한 이자

구 분		법인세법	기업회계기준
물품수입 시 금융자원에 따른 지급이자	연지급수입이자 Banker' s Shipper' s Usance이자 D/A이자	원칙 : 취득가액	이자비용
		특례 : 이자비용 계상 인정	
건설자금이자	사업용 유형자산 · 무형자산	특정 차입금 이자 : 강제 자본화 일반차입금 이자 : 선택 자본화	K-IFRS : 강제 자본화 일반기업회계기준 : 선택 자본화
	투자자산 · 제조 기간이 장기인 재고자산	자본화하지 않음 (손금)	

의제매입세액 공제액

부가가치세 과세사업자가 면세농산물 등의 원재료를 매입해서 의제매입세액 공제를 적용받는 경우 그 금액은 부가가치세대급금(부가가치세선급금)에 해당한다. 따라서 회사가 의제매입세액 공제액을 원재료의 취득가액으로 계상한 경우 이를 원재료의 취득가액에서 차감해야 한다.

유형고정자산 취득 시 첨가취득 한 국·공채

구 분	법인세법	기업회계기준
장기취득 한 국 · 공채의 매입가액과 현재가치의 차액	원칙 : 채권의 취득가액	유형고정자산의 취득가액
	특례 : 유형고정자산의 취득가액으로 계상한 경우 인정	

자산의 평가기준

1. 자산의 평가기준

내국법인이 보유하는 자산과 부채의 장부에 계상한 가액을 증액 또는 감액(감가상각은 제외)한 경우는 그 평가일이 속하는 사업연도와 그 후의 각 사업연도의 소득금액을 계산할 때 그 자산과 부채의 장부가액은 평가 전의 가액으로 한다. 즉, 자산의 평가손익은 원칙적으로 익금 또는 손금으로 인정하지 않는다. 다만, 예외적으로 평가이익과 평가손실을 인정하는 경우가 있는데 그 경우를 살펴보면 다음과 같다.

평가이익을 인정하는 경우

보험업법이나 그 밖의 법률에 따른 유형자산 또는 무형자산의 평가(장부가액을 증액한 경우만 해당)의 경우에는 해당 자산의 장부가액을 평가 후의 가액으로 한다. 즉, 법률에 의하지 않은 평가증은 인정하지 않는다. 예를 들어 재고자산이나 유가증권의 평가증은 인정되지 않는다.

평가손실을 인정하는 경우

다음의 경우에 내국법인은 그 사유가 발생한 사업연도의 결산을 확정할 때 해당 자산의 장부에 계상한 자산가액과 해당 사업연도 종료일 현재 평가액의 차액(감액손실)을 손비로 계상한 경우에만 그 자산의 장부가액을 감액할 수 있다(결산조정사항).

<table>
<tr><th>구분</th><th>내 용</th><th>평가액</th></tr>
<tr><td>고정자산</td><td>❶ 천재지변, 화재, 법령에 의한 수용, 채굴예정량의 채진으로 인한 폐광으로 인해 파손 · 멸실된 경우
❷ 시설 개체 · 기술 낙후로 인해 폐기한 생산설비</td><td>사업연도 종료일 현재 시가. ❷는 비망가액 1,000원</td></tr>
<tr><td>재고자산</td><td>파손 또는 부패 등의 사유로 정상가액으로 판매할 수 없는 것</td><td>사업연도 종료일 현재 처분가능한 시가</td></tr>
<tr><td>유가증권</td><td>❶ 주식발행법인이 파산한 경우 주식
❷ 다음의 주식발행법인이 부도발생 한 경우 해당 주식
• 상장법인
• 특수관계없는 비상장법인
• 중소기업창업투자회사 · 신기술사업금융업자의 보유주식 중 창업자 · 신기술사업자가 발행한 것
<table>
<tr><th rowspan="2">주 식 발행인</th><th rowspan="2">상장법인</th><th colspan="2">비상장주식</th></tr>
<tr><th>특 수 관계자</th><th>특 수 관계이외</th></tr>
<tr><td>파 산</td><td>감액손실O</td><td>감액손실O</td><td>감액손실O</td></tr>
<tr><td>부도발생</td><td>감액손실O</td><td>감액손실×</td><td>감액손실O</td></tr>
</table></td><td>사업연도 종료일 현재 시가
비망가액 1,000원</td></tr>
</table>

자산의 감액손실은 감액사유가 발생한 사업연도에 감액손실을 결산서에 계상한 경우에 한해서 손금으로 인정한다. 따라서 감액사유가 발생한 사업연도 이후의 사업연도에 비용으로 계상한 경우는 손금으로 인정하지 않는다.

2. 고정자산의 손상

감가상각자산이 진부화, 물리적 손상 등에 따라 시장가치가 급격히 하락해서 법인이 기업회계기준에 따라 손상차손을 계상한 경우 천재지변, 화재, 수용, 폐광으로 인한 파손 · 멸실된 경우를 제외하고는 해당 금액을 감가상각비로 계상한 것으로 본다.

3. 고정자산의 재평가

K-IFRS에 따라 유형 · 무형자산을 재평가한 경우 재평가손익은 당기손익이나 기타포괄손익으로 인식된다. 그러나 법인세법은 원칙적으로 고정자산평가손익을 인정하지 않기 때문에 회사가 인식한 재평가손익을 부인하는 세무조정을 해야 한다.

재고자산의 평가

1. 재고자산 평가방법의 종류

내국법인이 재고자산을 보유하는 경우 해당 재고자산 평가는 다음의 방법 중 법인이 세무서장에게 신고한 방법에 따른다.

❶ 원가법 : 개별법, 선입선출법, 후입선출법, 총평균법, 이동평균법, 매출가격환원법

❷ 저가법 : 저가법으로 신고하는 경우는 시가와 비교되는 원가법을 함께 신고해야 한다.

2. 재고자산 평가방법 선택

재고자산 평가 시에는 재고자산을 다음의 자산별로 구분해서 종류별·영업장별로 각각 다른 방법에 의해서 평가할 수 있다.

예를 들어 도매업과 제조업을 함께 영위하는 경우 도매업의 상품은 선입선출법, 제조업의 재공품은 후입선출법을 적용할 수 있다.

3. 평가방법의 신고 및 변경

법인이 재고자산의 평가방법을 신고하고자 하는 때에는 다음의 기한 내에 재고자산 등 평가방법신고(변경신고)서를 납세지 관할세무서장에게 제출(국세정보통신망에 의한 제출을 포함한다)해야 한다. 이 경우 저가법을 신고하는 경우는 시가와 비교되는 원가법을 함께 신고해야 한다.

평가방법의 신고 및 변경신고

구분	신고기한	기간경과 후 신고한 경우
최초 신고	법인의 설립일이 속하는 사업연도의 법인세과세표준의 신고기한 내에 : 예	신고일이 속하는 사업연도까지는 무신고 시 평가방법에 의하

구분	신고기한	기간경과 후 신고한 경우
	를 들어 12월말 결산법인의 경우 3월 31일 납세지 관할 세무서장에게 신고한다.	고, 그 후의 사업연도에 있어서 법인이 신고한 평가방법에 의한다.
변경신고	변경할 평가방법을 적용하고자 하는 사업연도 종료일 이전 3개월이 되는 날까지 : 예를 들어 12월 말 결산법인의 경우 9월 30일 납세지 관할 세무서장에게 신고한다.	변경신고일이 속하는 사업연도까지는 임의 변경 시 평가방법에 의하고, 그 후의 사업연도에 있어서 법인이 신고한 평가방법에 의한다.

무신고·임의변경 시 평가방법

구 분	내 용
무 신 고 시	• 사 유 : 기한 내에 평가방법을 신고하지 않은 경우 • 평가방법 : 선입선출법, 매매목적용 부동산은 개별법 인플레이션 하에서 선입선출법으로 평가한 경우 기말재고는 ↑ 매출원가 ↓ 당기순이익 ↑ 법인세 ↑
임의변경시	• 사 유 : 신고한 평가방법 외의 방법으로 평가하거나 변경 신고기한 내에 변경 신고하지 않고 방법을 변경한 경우 • 평가방법 : Max(❶, ❷) ❶ 선입선출법(매매목적용 부동산은 개별법) ❷ 당초 적법하게 신고한 평가방법

재고자산의 평가방법

평가대상 자산	평가방법		
	신고 시 : 신고한 방법	법정기한 내 무신고시	임의변경 시(신고방법외의 방법으로 평가 시, 변경 신고 없이 신고방법 변경 시)
❶ 제품 · 상품	❶ 원가법	❶ 부동산 :	선입선출법(매매용 부동산은 개별

평가대상 자산	평가방법		
	신고 시 : 신고한 방법	법정기한 내 무신고시	임의 변경 시(신고방법외의 방법으로 평가 시, 변경 신고 없이 신고방법 변경 시)
❷ 반제품 · 재공품 ❸ 원재료 ❹ 저장품	개별법, 선입선출법, 총평균법, 이동평균법, 매출가격환원법 ❷ 저가법 원가법과 기업회계기준에 따라 시가로 평가한 가액 중 낮은 가액	개별법 ❷ 기타자산 : 선입선출법	법) · 신고한 평가 방법 중 큰 금액의 평가 방법

4. 재고자산의 평가에 대한 세무조정

재무상태표 상 재고자산이 세무상 평가액보다 적은 경우는 그 차액을 익금산입(유보)하고, 재무상태표 상 재고자산이 세무상 평가액보다 많은 경우에는 그 차액을 손금산입(△유보)한다. 재고자산에 대한 유보(△유보)는 그 재고자산이 소멸하는 사업연도에 반대조정으로 소멸시킨다.

당기 말 재고자산 평가액	당기 세무조정	차기 세무조정
재고자산평가감 (결산서상평가액 〈 법인세법상 평가액)	익금산입 (유보)	손금산입 (△유보)
재고자산평가증 (결산서상평가액 〉 법인세법상 평가액)	손금산입 (△유보)	익금산입 (유보)

5. 재고자산의 평가에 대한 특례

K-IFRS 도입 시 익금불산입

내국법인이 K-IFRS를 최초로 적용하는 사업연도에 재고자산평가방법을 후입선출법에서 다른 재고자산평가방법으로 납세지 관할세무서장에게 변경신고 한 경우에는 해당 사업연도의 소득금액을 계산할 때 다음의 재고자산평가차익을 익금에 산입하지 않을 수 있다. 이 경우 재고자산평가차익 익금불산입 신청서를 납세지 관할 세무서장에게 제출해야 한다.

> 재고자산평가차익 = ❶ - ❷
>
> ❶ K-IFRS를 최초로 적용하는 사업연도의 기초재고자산 평가액
>
> ❷ K-IFRS를 최초로 적용하기 직전 사업연도의 기말재고자산 평가액

5년간 분할 익금산입

내국법인이 재고자산평가차익을 익금에 산입하지 않은 경우는 K-IFRS를 최초로 적용하는 사업연도의 다음 사업연도 개시일부터 5년이 되는 날이 속하는 사업연도까지 다음의 금액을 익금산입한다.

$$\text{익금산입액} = \text{재고자산평가차익} \times \frac{\text{해당 사업연도의 월수}}{60\text{월}}$$

> 주 월수는 달력에 따라 계산하되 1월 미만의 일수는 1월로 하고, 사업연도 개시일이 속한 월을 계산에 포함한 경우는 사업연도 개시일부터 5년이 되는 날이 속하는 월은 계산에서 제외한다(초월산입, 말월불산입).

? 재고자산평가 시 유의 사항

1. 재고자산평가에 착오가 있는 경우 평가방법의 효력

재고자산평가 방법을 신고하고 신고한 방법에 의해 평가하였으나 기장 또는 계산상의 착오가 있는 경우에는 재고자산의 평가방법을 달리해서 평가한 것으로 보지 않으므로(임의변경으로 보지 않음) 착오금액만 세무조정 한다.

2. 재고자산평가 방법의 적용 단위

재고자산평가 방법의 무신고나 임의변경의 경우 재고자산평가 방법 적용 단위인 재고자산 종류별로 구분해서 그 사유가 발생한 재고자산에 대해서 적용한다.

재고자산평가 방법을 선택 · 적용하는데 있어서 반드시 법인의 모든 재고자산에 대해 동일한 방법을 적용할 필요는 없는 것이며, 재고자산(제품 및 상품, 반제품 및 재공품, 원재료, 저장품)별로 구분해서 영업의 종목별 · 영업장별로 각각 다른 방법에 의해서 평가할 수 있다. 다만, 이 경우 수익과 비용을 영업의 종목(한국표준산업분류에 의한 중분류 또는 소분류)별 또는 영업장별로 각각 구분해서 기장하고, 종목별 · 영업장별로 제조원가보고서와 손익계산서를 작성해야 한다. 또한, 과세관청의 유권해석에 따르면(법인 46012-2867, 1998. 10. 2.), 기존공장과 제조공정이 다른 새로운 공장을 건설해 기존공장의 생산제품과 다른 신제품을 생산하면서 종목별 · 공장별로 재고자산의 수불 및 원가계산을 독립적으로 수행하는 경우는 재고자산평가 시 당해 종목별 · 공장별로 서로 다른 평가 방법을 적용할 수 있는 것으로 해석하고 있다.

? 재고자산 폐기손실의 손금산입

파손 · 부패 되거나 진부화 · 노후화된 재고자산 등을 법인 스스로 폐기 처분한 경우는 당해 재고자산의 장부가액 상당액을 손금에 산입할 수 있다. 이 경우 폐기 처분한 사실에 대해서는 객관적으로 입증될 수 있는 증거를 갖추어야 한다. 여기서 "객관적인 증거"에 대한 법 규정은 없지만, 실무상 소각 사실을 확인할 수 있도록 소각품목, 소각수량, 소각사진 등을 비치하고, 폐기물업체에 매각 또는 폐기를 위탁한 경우는 이를 입증할 수 있는 증빙(계산서 또는 세금계산서 등)을 받아두어야 한다.

시장성이 없는 반품 도서에 대한 폐기 또는 처분손실은 그 처분일이 속하는 사업연도에 손금에 산입할 수 있다(법인 22601-1404, 1992.06.29.).

? 재고자산의 수량이 부족한 경우 증빙처리

재고자산의 실사 수량과 장부상 수량의 차이에 대해서는 회사가 차이 원인에 대해서 분석을 해 적절한 소명자료를 구비해야 한다.
그러나 해당 재고 부족에 대해서 명백하고 객관적인 자료를 구비하지 못하는 경우는 동 재고부족분이 외부로 매출되어 판매대금이 대표자에게 귀속된 것으로 보아 법인세법상 외부 판매가액을 익금산입(대표자 상여)하고, 부가세법상으로는 관련 부가가치세를 추징당할 수 있다(심사부가 2005-537, 2005.12.19. ; 대법 2003 두 13793, 2004. 6. 11.).
따라서 해당 재고부족분에 대해서 회사 내부적으로 원인 파악과 소명자료 등이 필요하며, 추후 수량 차이가 발생하지 않도록 재고자산에 대한 내부통제의 강화가 필요할 것으로 판단된다.

유가증권의 평가

1. 유가증권의 평가 방법

내국법인이 유가증권을 보유하는 경우 해당 유가증권의 평가는 다음의 방법 중 법인이 세무서장에게 신고한 방법에 따른다(원가법).

- 채권 : 개별법, 총평균법, 이동평균법
- 주식 : 총평균법, 이동평균법

2. 평가방법의 신고 및 변경

평가방법의 신고 및 변경신고는 재고자산과 동일하며, 무신고 시에는 다음과 같이 평가한다.

평가대상 자산	평가방법		
	신고 시 : 신고한 방법	법정기한 내 무신고시	임의변경 시(신고방법 외의 방법으로 평가 시, 변경 신고 없이 신고 방법 변경 시)
❶ 주식	원가법 중 총평균법, 이동평균법	원가법 중 총평균법	총평균법과 신고한 평가방법 중 큰 금액으로 평가
❷ 채권	원가법 중 개별법, 총평균법, 이동평균법		
❸ 투자회사 보유	시가법	시가법	시가법

3. 유가증권의 평가손익에 대한 세무조정

구 분	항 목	세무조정
평가손익을 당기손익으로 인식한 경우	• 단기매매금융자산평가이익 • 당기손익인식금융자산평가이익	익금불산입(△유보)
	• 단기매매금융자산평가손실 • 당기손익인식금융자산평가손실	손금불산입(유보)
평가손익을 기타포괄손익으로 인식한 경우	• 매도금융자산평가이익	익금산입(기타), 익금불산입(△유보)
	• 매도금융자산평가손실	손금산입(기타), 손금불산입(유보)

유가증권 평가 시 발생한 유보 · △유보는 유가증권 처분 시 추인된다. 만약 처분 시 기타포괄손익이 증감된 경우는 익금산입(기타) 또는 손금산입(기타)로 조정 후 유보 · △유보로 추인해야 한다.

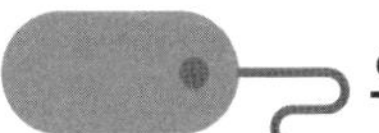

외화자산 · 부채의 평가

1. 외화자산·부채의 평가대상

일반기업의 경우

기업회계기준에 의한 화폐성 외화자산 · 부채 및 통화 관련 파생상품 중 통화선도와 통화스왑 · 환변동보험은 외화손익을 인식하여 익금 또는 손금으로 처리할 수 있다.

특정 금융회사의 경우

특정 금융회사가 보유하고 있는 기업회계기준에 의한 화폐성 외화자산 · 부채와 파생상품 중 화폐성 외화자산 · 부채의 환위험 회피용 통화선도와 통화스왑 · 환율변동보험은 외화평가대상이 된다.

구 분	화폐성(평가대상)	비화폐성(평가대상 아님)
자 산	현금 · 예금, 매출채권, 대여금, 미수금, 보증금, 만기보유금융자산 등	선급금, 선급비용, 재고자산, 유형자산, 무형자산
부 채	매입채무, 미지급금, 차입금, 사채	선수금, 선수수익 등

주 선급금과 선수금은 물품 채권 · 채무인 경우에는 비화폐성 항목이나, 소비대차로 전환되어 금전채권 · 채무인 경우에는 화폐성 항목이 된다.

2. 외화자산·부채의 평가손익

다음의 외화평가손익은 해당 사업연도의 익금 또는 손금에 산입한다.

외화평가손익 = 평가대상 외화자산 · 부채 × 적용환율 − 평가 전 원화기장액

환율

구 분	환 율
특정 금융회사	❶ 외화자산 · 부채 : 사업연도종료일 현재의 매매기준율로 평가한다(강제평가). ❷ 파생상품(환위험 회피용 통화선도와 통화스왑 · 환율변동보험) : 다음 중 어느 하나에 해당하는 방법 중 관할 세무서장에게 신고한 방법에 따라 평가해야 한다. 신고한 평가방법은 그 후의 사업연도에도 계속해서 적용해야 한다. 가. 평가손익을 인식하지 않는 방법 : 계약의 내용 중 외화자산 및 부채를 계약체결일의 매매기준율 등으로 평가하는 방법 나. 평가손익을 인식하는 방법 : 계약의 내용 중 외화자산 및 부채를 사업연도 종료일 현재의 매매기준율 등으로 평가하는 방법
일반법인	다음 중 어느 하나에 해당하는 방법을 선택 적용한다. ❶ 평가손익을 인식하지 않는 방법 : 계약의 내용 중 외화자산 및 부채를 취득일 · 발생일(통화선도 등은 계약체결일) 현재의 매매기준율 등으로 평가 ❷ 평가손익을 인식하는 방법 : 계약의 내용 중 외화자산 및 부채를 사업연도 종료일 현재의 매매기준율 등으로 평가하는 방법

평가 전 원화 기장액

❶ 사업연도 중에 발생된 외화자산 및 부채 : 발생일 현재 매매기준율 등(발생일이 공휴일의 경우 그 직전일의 환율)에 따라 환산

❷ 사업연도 중에 보유 외환을 매각하거나 외환을 매입하는 경우 : 거래 은행에서 실제 적용한 환율에 따름

❸ 사업연도 중에 보유 외환으로 다른 외화자산을 취득하거나 기존의 외화부채를 상환하는 경우 : 보유 외환의 장부상 원화금액으로 회계처리 한다.

❹ 통화선도 및 환 위험회피용 통화선도 등의 계약 당시 원화기장액 : 계약의 내용 등 외화자산 및 부채 계약체결일의 매매기준율 등을 곱한 금액

3. 외화자산·부채의 상환차손익

법인이 상환받거나 상환하는 외화채권 · 채무의 원화금액과 원화 기장액과의 차익 또는 차손은 당해 사업연도에 익금 또는 손금에 산입한다.

15 과세표준 신고 및 세액의 납부

법인세 신고기한

법인은 법인세 과세표준 및 세액신고서를 작성하여 각 사업연도의 종료일이 속하는 달의 말일부터 3월 이내에 관할세무서에 신고하고 세금을 납부해야 한다.

신고기한의 말일이 공휴일의 경우 그다음 날까지 신고 · 납부 하면 된다.

연결납세제도를 적용받는 법인은 4월 30일(12월말 법인의 경우)까지 법인세를 신고 · 납부 하면 된다.

구 분	법정 신고기한	제출 대상 서류
12월 결산법인	3월 31일	1. 법인세 과세표준 및 세액신고서 2. 재무상태표 3. 포괄손익계산서 4. 이익잉여금처분계산서(결손금처리계산서) 5. 세무조정계산서 6. 세무조정계산서 부속서류 및 현금흐름표
3월 결산법인	6월 30일	
6월 결산법인	9월 30일	
9월 결산법인	12월 31일	

법인세 신고 시 꼭 제출해야 할 서류

법인세 신고는 법인세 과세표준 및 세액신고서에 다음 서류를 첨부해야 한다.

❶ 기업회계기준을 준용하여 작성한 개별 내국법인의 재무상태표, 포괄손익계산서

❷ 기업회계기준을 준용하여 작성한 이익잉여금처분(결손금처리)계산서

❸ 세무조정계산서

❹ 기타 부속서류 및 현금흐름표, 표시통화재무제표 · 원화재무제표

❺ 피합병법인 등의 재무상태표, 합병·분할로 승계한 자산 · 부채 명세서 등

❶~❸의 서류를 첨부하지 않은 경우는 신고하지 않은 것으로 본다.

❶, ❷ 및 ❹의 현금흐름표는 국세정보통신망을 이용하여 표준대차대조표, 표준손익계산서 및 손익계산서 부속명세서를 제출하는 것으로 갈음할 수 있다.

공제 · 감면의 신청

법인세법 · 조세특례제한법 등에서는 조세의 감면에 관한 방법과 범위 등을 규정하고 있는데, 감면의 종류에 따라서는 신청서 또는 명세서를 소정 기한 내에 반드시 제출해야만 조세감면을 인정하는 때가 있으므로 특별히 유의해야 한다.

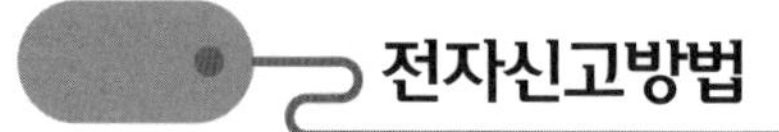

전자신고방법

1. 신고대상법인 및 전자신고자

구 분	내 용
신고대상법인	전자신고를 하고자 하는 모든 법인
전자신고자	전자신고를 하고자 하는 모든 법인 또는 외부조정 세무대리인 및 단순 신고 대리를 하는 세무대리인

2. 신고방법 및 신고기한

법인세 법정신고기한까지 국세청 홈택스 홈페이지(www.hometax.go.kr)에 접속한 후, 신고서를 변환 · 전송하면 된다.

법인세의 납부방법

법인세 과세표준 및 세액신고서에 기재된 납부할 세액을 과세표준신고기한 내에 납부서를 작성하여 가까운 은행(국고수납대리점) 또는 우체국에 납부한다. 이때 지방세인 법인세 분 지방소득세도 별도의 납부서를 작성하여 반드시 납부해야 한다.

16 법인세 중간예납 방법

법인의 중간예납 세액은 중간예납 기간인 6개월(1월~6월) 말일이 경과한 날로부터 2개월 이내에 신고 및 납부해야 하므로 8월 31일까지 신고 · 납부해야 한다. 여기서 중간예납이란 각 사업연도 기간 중 별도로 중간예납 기간을 두어 당해 사업연도의 법인세 추산액의 일부를 미리 납부하는 제도이다.

중간예납은 법인세 신고제도가 아니라 납부제도이므로 이를 이행하지 않은 경우에도 신고불성실가산세는 부과되지 않고 납부불성실가산세만 부과된다.

중간예납은 각 사업연도에 대한 확정된 과세표준 및 세액이 아니므로 자기계산 방식에 의한 중간예납 세액계산 시 상여 · 배당 등의 소득처분 대상 금액은 원천징수를 하지 않는다.

중간예납 신고 · 납부대상 법인

1. 중간예납 신고의무가 있는 법인

중간예납 의무가 있는 법인은 중간예납 세액이 없는 경우에도 중간예납 신고는 반드시 해야 하며, 중간예납 시에는 세액을 환급하지는 않는다.

❶ 전년부터 계속해서 사업한 영리 내국법인(신설법인은 아님)

❷ 수익사업이 있는 비영리 내국법인(수익사업 부분에 한정)

❸ 분할신설법인 또는 분할합병법인의 상대방법인

❹ 국내사업장이 있는 영리 외국법인 및 수익사업이 있는 비영리외국법인으로 사업연도가 6월을 초과하는 법인

2. 중간예납 신고의무가 없는 법인

❶ 당해 사업연도 중 신설법인(합병 또는 분할에 의한 신설법인은 제외)

❷ 중간예납 기간에 휴업 등의 사유로 사업수입금액이 없는 법인

❸ 청산법인

❹ 국내사업장이 없는 외국 법인

❺ 이자소득만 있는 비영리법인. 다만, 당해 사업연도 중에 이자소득 이외의 수익사업이 최초로 발생한 비영리법인은 중간예납 신고·납부 의무가 있음

❻ 직전 사업연도 법인세 액이 없는 유동화 전문회사,「자본시장과 금융투자업에 관한 법률」에 따른 투자회사·투자목적회사, 기업구조조정투자회사, 문화산업 전문회사 등

❼ 각 사업연도의 기간이 6개월 이하인 법인

❽ 조특법 제121의 2에 의해 법인세가 전액 면제되는 외국인 투자기업

⑨ 사립학교를 경영하는 학교법인과 산학협력단

⑩ 직전 사업연도의 중소기업으로서(직전년도 법인세 방식) 계산식에 따라 중간예납 세액을 계산한 금액이 50만 원 미만인 내국법인

중간예납 신고 · 납부세액의 계산

모든 법인에 대해서 적용하는 일반법인세액이 중간예납 대상이다. 즉, 중간예납 대상 법인세는 각 사업연도 소득에 대한 과세표준에 법인세율을 곱해서 계산한 세액이다.

❶ 원칙 : 직전 사업연도의 실적 기준과 당해 중간예납기간의 실적 기준(가결산 방식)으로 계산하는 방법 중 임의 선택 가능

❷ 예외 : 다음에 해당하는 경우는 당해 중간예납 기간의 실적 기준(가결산 방식)으로 중간예납 세액을 계산해야 한다.

가. 직전 사업연도의 법인세로서 확정된 산출세액이 없는 경우(소득공제를 적용받는 유동화전문회사, 투자회사, 기업구조조정투자회사 제외)

나. 직전 사업연도의 법인세 액이 해당 사업연도의 중간예납 기간 만료일까지 확정되지 아니한 경우

다. 합병당사법인 모두 직전 사업연도의 법인세 액이 없거나 확정되지 않은 경우

라. 분할신설법인 또는 분할합병의 상대 법인의 분할 후 최초 사업연도의 경우(설립등기일로부터 6월이 경과한 경우)

1. 직전 사업연도 실적기준 중간예납 세액계산

직전 사업연도에 과세소득이 있어 법인세 산출세액이 있는 경우라면 직전 사업연도 법인세 산출세액을 기준으로 해서 중간예납 세액을 계산할 수 있다. 이 경우 직전 사업연도와 당해 중간예납기간에 세법 개정으로 인해서 적용되는 법인세율의 차이가 있는 경우도 있는데, 이러한 경우도 직전 사업연도의 법인세 산출세액을 기준으로 중간예납 할 수 있다. 따라서 세율변동 등이 있어도 당해 연도에 대해 구태여 가결산을 할 필요까지는 없다. 직전 사업연도 산출세액은 있으나 중간예납 등으로 결산 시 납부할 세액이 없는 경우도 포함한다.

직전 사업연도의 실적 기준 중간예납 세액 = ㉮ 직전 사업연도의 확정된 산출세액(가산세는 포함) - ㉯ 감면세액 · 원천징수 납부세액 · 수시부과 세액 ×6/직전 사업연도의 월수
극단적으로 작년의 ㉮ < ㉯이면 음수(-)이므로 중간예납 할 세액이 없다. 따라서 신고서만 내고 납부할 세액은 없다.

사업연도가 변경되는 경우 직전 사업연도 월수가 변경되면 변경된 직전 사업연도의 월수가 직전 사업연도 월수가 되며, 사업연도의 변경으로 직전 사업연도가 1년 미만의 경우는 그 기간을 직전 사업연도로 본다.

직전 사업연도의 확정된 산출세액

직전 사업연도의 확정된 산출세액은 직전 법인세 신고 시 확정된 세

액을 말하며, 가산세는 포함하나 토지 등 양도소득 관련 법인세는 상·하반기 불규칙하므로 직전 연도 확정 세액에는 포함하지 않는다.

직전 사업연도에 감면된 법인세액

❶ 직전 및 당해 사업연도 간 감면범위가 같은 경우에는 직전 사업연도 법인세 기준으로 할 때는 감면세액 등을 산출세액에서 공제한다.
❷ 직전 및 당해 사업연도 간 감면범위가 변경된 경우 당해 사업연도에 적용될 감면범위로 계산된 금액만을 직전 사업연도 산출세액에서 공제한다.

직전 사업연도에 법인세로서 납부한 원천징수 세액

법인에 귀속되는 이자소득, 증권투자신탁수익금의 분배금에 대해 당해 법인 이외의 자가 당해 법인에 소득지급 시 원천징수한 세액을 말한다.

직전 사업연도에 납부한 수시부과 세액

세무서장이나 국세청장은 법인의 신고 없이 본점이나 주사무소를 이전하거나 사업 부진 등의 사유로 휴업이나 폐업 등의 상태에 있고 기타 조세포탈의 우려가 있다고 인정되는 상당한 사유가 있다면 이러한 기간에 대해서 법인세를 수시로 부과할 수 있다고 규정하고 있다. 이와 같은 수시부과 세액으로서 직전 사업연도에 납부하는 것을 직전 사업연도 산출세액에서 차감하는 것이다.

2. 당해 사업연도 실적기준 중간예납 세액계산(가결산 방식)

가결산이란 1사업연도가 아니고 6개월만 대상으로 한다고 해서 "가"라는 개념을 쓸 뿐이지, 제반 절차나 계산 관련 사항은 일반법인세 계산 절차와 동일하다. 따라서 해당 6개월간의 감면세액, 원천징수세액 및 수시부과 세액도 가결산으로 인한 계산세액에서 공제된다. 그러나 가결산시 공제될 금액은 당해 중간예납기간에만 발생되거나 해당하는 금액이다. 가결산 감면세액의 계산에 대해서는 당해 연도 반기 사업연도에 적용될 감면세액 계산 방법을 준용한 감면세액을 공제한다.

> 당해 중간예납기간의 실적기준(가결산 방식)에 의한 중간예납세액
> = 중간예납기간의 과세표준 × 12/6 × 법인세율 × 6/12 - 중간예납기간 감면세액 - 중간예납기간에 기납부 한 원천징수세액 - 중간예납기간의 법인세 수시부과세액

중간예납기간 중의 수익과 비용의 확정 결산 방법 준용

중간예납기간 중 발생한 모든 수익과 비용은 모두 결산에 반영(법인장부에 기장)되어야 하며, 이를 기초로 한 중간예납 가결산을 해야 한다.

감가상각비·퇴직급여충당금 등

❶ 감가상각비 등의 반년 안분 손금산입

감가상각비의 손금산입에 있어서 각 사업연도 소득에 대한 법인세

계산 시의 감가상각범위액 계산에 관련된 제반 규정은 모두 1년을 기준으로 하고 있는데, 중간예납기간의 상각범위액을 결정함에 있어서도 1년간의 정상상각률 및 1년 감가상각비에 중간예납기간의 해당 월수인 6개월이 1년에서 차지하는 비율을 곱해서 중간예납기간의 감가상각률을 계산한다. 즉, 1년분 정상 감가상각비×월수(6개월)/12 방법으로 계산한다.

이밖에, 자산재평가 신고를 한 법인의 감가상각비 계산에서 아직 재평가 결정이 안 되었다고 해도 재평가신고액을 기준으로 사업연도 초부터 감가상각비를 계산한다.

❷ 퇴직급여충당금 손금산입 한도액 계산

세법상 퇴직급여충당금은 퇴직급여충당금의 누적액이 당해 사업연도 종료일 현재 사용인의 전원이 퇴직한 경우 퇴직급여로 지급되어야 할 퇴직금 추계액의 0%와 해당 사업연도에 사용인에게 지급한 총급여액의 5% 중 적은 금액을 한도로 하도록 규정되어 있다.

❸ 최저한세 등도 적용함

중간예납 세액계산 시에도 조세특례제한법의 규정에 따라 최저한세를 적용한다.

각종 준비금의 6개월분 손금산입 및 익금 환입

❶ 준비금 등의 손금산입과 익금 환입 방법

법인이 중간예납을 가결산 방식으로 계산하는 경우에도 일반과세연도의 법인세 계산에서와 같이 세법상의 준비금의 손금 용인을 위해서는 결산에 반영해야 한다. 따라서 이미 손금산입된 준비금을 법인세법이나 조세특례제한법에서 정한 방법에 의거 환입 시에는 일시환입 사유 해당 분은 전액을, 기타 1년분은 당해 중간예납기간인 6개월의 해당 금액(즉 50%)을 환입해서 익금산입한다.

❷ 결산 반영 없이 세무조정만으로 손금산입하는 준비금 등

세무조정계산서 상 손금산입된 금액은 당기순손익 감액이 아니라 이익잉여금처분 방법으로 적립금을 적립하며, 향후 일반 세무조정 계산상의 일반상각비 해당액과 상쇄해서 익금산입한다. 여기서 준비금은 법인세법이나 조세특례제한법상의 제반 준비금을 말한다.

이월결손금

이월결손금도 15년 이내의 것만 과세소득과 상계처리 된다. 중간예납의 경우도 개시일 전부터 15년 이내에 개시한 사업연도에서 발생한 이월결손금은 당해 중간예납기간을 1사업연도로 보므로 전액을 중간예납기간의 소득금액에서 차감한다. 즉, 이월되는 결손금 전액이 공제 대상이지 1년 치의 50% 등 안분 개념이 아니다. 여기서 이월결손금은 세무상 이월결손금이다.

중간예납 신고 및 납부 절차

1. 신고·납부 기한

법인의 중간예납 세액은 중간예납기간인 6개월의 종료일이 경과한 날로부터 2개월 이내에 신고 · 납부 해야 한다.

2. 필수적 첨부서류

신고 · 납부 시 법인세 중간예납 신고 · 납부계산서는 법인세 중간예납 세액을 직전연도기준으로 계산하건 가결산 방식으로 하건 필수적 서류이고, 가결산 방식에 의한 중간예납 세액의 신고 · 납부 시에는 재무상태표, 손익계산서, 세무조정계산서 및 기타 부수서류를 제출해야 한다.

외부조정지정대상 법인인 경우도 중간예납에서는 세무사 · 회계사 등 외부조정자의 조정계산서는 불필요하다.

직전 사업연도 실적 기준 중간예납

❶ 법인세 중간예납 신고납부 계산서

❷ 세액공제신청서

❸ 성실 중소법인 법인세 중간예납 신고납부계산서(성실납세방식 적용 중소기업의 경우)

당해 사업연도 실적기준 중간예납세액(가결산 방식)

❶ 법인세 중간예납 신고납부 계산서 및 법인세 과세표준 및 세액조정 계산서

❷ 톤 세적용 법인은 선박 표준이익 산출명세서 추가 제출

❸ 가결산에 의해서 작성한 재무상태표, 손익계산서, 세무조정계산서 및 기타 참고서류를 추가로 제출

가. 세무조정계산서는 당해 법인이 작성 · 첨부할 수 있다.

나. 외부 세무조정 대상 법인의 경우에도 중간예납 시에는 법인 스스로 세무조정계산서를 작성할 수 있다.

3. 중간예납 세액의 분납

분납기한 1월(중소기업은 2개월)

각 사업연도 법인세에 대한 6개월간의 중간예납 세액이 1천만 원을 초과하면 분납할 수 있다. 납부할 세액 일부를 납부기한 경과 일부터 일반법인이면 1월, 중소기업인 경우는 2개월 이내에 분납할 수 있다.

분납금액 50%

납부할 세액이 2,000만 원이하인 경우 1,000만 원을 초과하는 금액, 납부할 세액이 2,000만 원을 초과하면 세액의 50% 이하의 금액을 분납할 수 있다. 이밖에 법인세를 분납하려는 법인이 분납 해당 세액을 납부하지 않거나 미달 납부해도, 법인세의 분납 의사가 중간예납 신고 · 납부계산서에 의해서 확인된다면 법인세법상의 분납 규정이 적용된다.

구 분	분납가능금액
납부할 세액이 2,000만원 이하	1,000만 원을 초과하는 금액
납부할 세액이 2,000만원 초과	세액의 50% 이하의 금액

중간예납 세액의 수정신고

수정신고 및 경정 등의 청구는 과세표준 신고서상의 누락 · 오류가 있는 때에 제출 또는 청구하는 것이므로 중간예납 세액은 수정신고 또는 경정청구를 할 수 없다.

중간예납 불성실 납부법인

1. 중간예납세액을 신고한 경우

납부기한이 경과한 날로부터 2월 이내에 징수한다. 8월 중간예납 세액을 신고 · 무납부 한 경우 10월 31일을 납부기한으로 고지한다.

2. 중간예납세액을 신고하지 않은 경우

직전연도 실적 기준인 법인

직전연도 납부세액 기준으로 납부기한이 경과한 날부터 2월 이내에 징수한다. 기한 내에 중간예납 세액을 납부하지 않은 경우는 가결산 방식에 의한 중간예납 세액을 적용받지 못한다.

가결산 방식 납부대상 법인

중간예납 세액을 결정해서 납부기한이 경과한 날부터 3월 이내에 징수한다.

3. 미납부 가산세의 계산

납부기한의 다음날부터 자진납부일 또는 고지 일까지의 미납한 세액에 1일 0.022%(시중은행 연체이자율을 고려해서 결정)를 곱해서 산출한 금액을 납부불성실가산세로 납부한다. 기한 후 신고·납부하는 경우에도 납부기한 다음날부터 납부 일까지의 기간동안 1일 0.022%를 곱해서 산출한 금액을 납부불성실가산세로 납부한다. 중간예납의 경우에는 무신고·과소신고가산세를 적용하지 않는다.

CHAPTER Ⅵ

국세청 세무조사 대처전략

01 세무조사와 세무조사의 종류

세무조사란 일반적으로 국민의 납세의무에 관해서 세법이 규정한 대로 과세표준과 세액을 정확히 계산함으로써 조세채권·채무를 명확히 하는 절차로서, 조사공무원이 각 세법상의 질문조사권 또는 질문검사권에 의해서 납세자 또는 그 거래가 있다고 인정되는 자등을 상대로 질문하거나 장부, 서류, 기타물건을 검사·조사 또는 확인하는 행위를 말한다.
이러한 세무조사는 조세범처벌절차법상의 범칙사건조사와 각 세법의 질문조사규정에 의해서 행하는 일반 세무조사로 구분할 수 있다.
세무사찰은 처벌을 목적으로 해서 법원이 발부하는 수색영장을 요건으로 하는 강제조사이다. 이에 반해서 세무조사는 납세의무의 성립 및 이행여부를 검증하는 절차로서 임의조사이다.

세무조사의 일반원칙

세무조사는 일반적으로 납세의무에 관해서 세법이 규정한 대로 과세표준과 세액을 정확히 계산해서 신고하였는지? 여부를 검증하는 절차로서 납세자의 자율적인 성실신고의 담보와 세정건전화를 이룩하는 데 목적을 두고 있다.

1. 세무조사의 선정기준

공정하고 객관적인 기준에 따라 선정되고 있으며, 주로 불성실하게 신고된 것으로 인정되는 때에만 엄정한 조사가 실시된다.

2. 중복조사의 금지

일반적으로 같은 세목 및 같은 과세기간에 대해서 중복해서 조사하지 않으나

❶ 조세탈루 혐의를 인정할 만한 명백한 자료가 있거나

❷ 거래상대방에 대한 조사가 필요한 경우

❸ 2 이상의 사업연도와 관련해서 잘못이 있는 경우 등에 대해서는 중복조사를 할 수 있도록 하고 있다.

3. 세무조사에 있어서 조력을 받을 권리

세무사는 납세자가 소득세. 법인세, 부가가치세, 양도, 상속·증여세 등의 경정 또는 실지조사를 받는 경우 납세자를 대리해서 조사에 입회하거나 의견진술을 할 수 있다.

4. 납세자권익보호의 원칙

세무조사를 함에 있어 법률이 정한 납세자의 권리와 편익을 최대한

보장해야 한다는 원칙이다.

5. 납세자의 성실성 추정의 원칙

조사공무원은 조사와 관련해서 납세자의 성실성 추정 등의 배제사유가 없는 한 납세자가 성실하며, 제출한 신고서 등이 진실한 것으로 추정해야 한다는 원칙이다.

세무조사의 종류 및 조사기간

1. 일반조사

특정 납세자 과세표준의 결정 또는 경정을 목적으로 하는 통상적인 조사로서 일반적인 부가가치세, 소득세, 법인세 조사가 이에 해당한다. 조사대상은 신고 성실도 전산 평가 결과와 세무서의 평소 세원 관리내용(업종의 성격. 부실 자료의 발생 현황 등)을 반영해서 선정한다.
신고성실도란 부가가치세의 경우 부가가치율의 적정여부, 매출금액의 신장상황. 세금계산서 발행 및 수취 비율 등이 주요한 평가 요소가 될 것이다. 법인세 및 소득세의 경우에는 매출액 대비 소득금액 또는 부담세액의 비율, 원가비율 등 각 비용항목 비중의 적정성 여부 등이 주요한 평가 요소가 될 것이다.
그 조사 기간은 소득세의 경우 10일(지방청 조사 20일), 부가가치세의 경우 10일(지방청 조사 15일), 법인세의 경우 20일(지방청 40일)이다.

2. 특별조사

탈세 수법이나 규모로 보아 통상의 조사로는 실효를 거두기 어려운 경우에 별도 계획에 의해서 실시하는 조사로서 아래 대상자 중에서 선정한다.

법인세, 소득세 특별조사 대상자

❶ 법인세의 경우 매출누락 또는 가공원가 계상 등으로 기업자금을 변칙적으로 유출한 법인

❷ 수출입가격 조작 또는 해외 발생 소득의 국내 미반입 등 국제거래를 이용한 탈세행위와 국내 탈루소득의 해외 변칙 유출행위 법인

❸ 비업무용 부동산 또는 주식 등을 과다하게 보유해서 투기 혐의가 있고 비생산적인 기업 운영 등으로 세금을 탈루한 법인

❹ 과다한 자금을 차입해서 기업 운영자금에 투자하지 않고 변태 유출해서 대표자의 사적 유용 등 다른 목적으로 사용한 혐의가 있는 법인

❺ 법인의 대표자·기업주 또는 그의 가족이 신고소득에 비해서 소비금액이 과다하거나 소비 조장업소 출입 또는 빈번한 해외관광 여행 등 호화·사치 생활을 하는 관련 법인

부가가치세 특별조사 대상자

❶ 유통과정 문란업종 또는 사업자

❷ 과세유흥장소, 호화·사치성 물품취급으로 과소비를 조장하는 업소

❸ 신종 호화업소 및 사회적 물의 야기 업소

❹ 진정서 및 탈세 제보자료 발생업소

❺ 기타 국세청장 또는 지방청장이 필요성이 있다고 인정되는 종목 또는 사업자

3. 추적조사

재화 또는 세금계산서의 흐름을 거래의 앞뒤 단계별로 추적해서 확인하는 유통과정 추적조사로서 아래의 대상자 중에서 선정한다.

❶ 무자료 또는 변칙거래가 성행하는 업종 또는 이중가격 형성, 매점 · 매석 등 경제 질서를 교란케 하는 경우

❷ 위장 · 가공거래 혐의자

❸ 자료상 혐의자 등 세금계산서 거래 질서 문란혐의자

❹ 신용카드 거래 질서 문란혐의자

❺ 기타 탈세 정보자료 등에 의한 위장 가공 거래혐의자

4. 확인조사

납세자 관리(기본 사항조사, 등록 일제 조사 등) 또는 과세관리상(기장 확인, 과세자료 확인, 거래처 확인 조사, 국세환급 조사 등) 필요로 해서 특정 사항이나 사실을 확인하기 위한 조사를 말한다.

5. 긴급조사

수시부과 사유 발생, 회사 정리개시 신청 등 조세채권의 조기 확보가 필요해서 당해 사유발생 즉시 실시하는 조사를 말한다.

6. 서면조사

납세자가 신고하거나 제출한 서류에 의해서 신고상황의 적정 여부를 검증하기 위해서 실시하는 조사를 말한다.

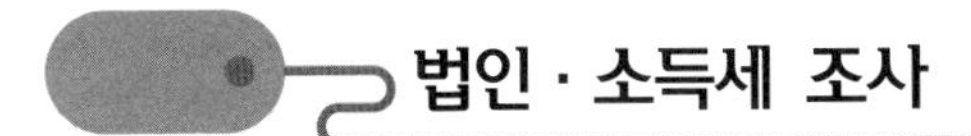

법인 · 소득세 조사

1. 법인세 조사

법인세 조사 목적은 법인의 자율적인 성실신고를 담보하고 기업경영의 건전화를 유도하는 데 있다. 이러한 법인세의 조사 대상은 공정하고 객관적인 기준에 따라 선정하고, 선정된 법인에 대해서는 엄정한 조사를 실시하게 된다. 법인세 조사는 법인세 이외에 부가가치세, 원천세 및 기타 법인이 납부하는 모든 세목을 통합해서 조사함을 원칙으로 한다.

2. 소득세 조사

소득세 조사는 법인세 조사와 그 방향이 비슷하다. 다만, 조사대상자를 선정함에 있어 매출액 대비 신고하는 소득율과 신고소득금액 대비 부동산 취득, 고급차량의 소유, 해외여행 빈도, 각종 회원권의 소유 여부 등의 생활 정도와 연계해서 대상자를 선정하는 것으로 보아진다. 신고소득율은 업종별로 상대평가가 되므로 업종별 표준소득율 대비 50%~80% 정도 선에서 신고하는 것이 일반적인 현실이다.

부가가치세 조사

부가가치세는 매출세액에서 매입세액을 공제해서 납부세액을 계산하는 방식이다. 따라서 조사의 방향은 매출누락금액을 조사해서 매출세액을 증가시키는 방향과 가공 매입금액 또는 매입세액이 공제되지 않는 매입세액 등을 조사해서 매입세액을 감소시키는 방향 및 각종 의무불이행에 대한 가산세의 확인 등의 방향으로 초점이 모아진다고 볼 수 있다.

1. 매출세액 증가항목

매출누락 및 세금계산서 미발행 거래, 상가주택 임대의 경우 과세·면세 대상 구분의 적정성, 상가 분양 시 토지·건물 가액구분의 적정성, 자가공급·개인적 공급·사업상 증여·사업폐업 시의 잔존재화 해당 여부, 수출대금 외화환산의 적정성, 영세율 적용 대상 해당 여부 및 첨부서류 적정 제출 여부, 특수관계자 간의 거래로서 부당하게 낮은 대가 여부, 세금계산서 적정한 발행과 공급 시기의 문제, 매출처별 세금계산서합계표 제출의 적정 여부, 대리납부 해당 여부, 각종 가산세 해당 여부를 조사한다.

2. 매입세액 감소항목

가공매입 세금계산서 유무, 매입세금계산서 공급시기의 적정 여부, 자기의 사업과 관련되는 매입세액 여부, 사업자등록 전의 매입세액,

면세와 관련되는 매입세액 및 안분계산의 적정 여부, 의제매입세액 공제의 적정 여부, 면세과세겸업자의 경우 고정자산에 대한 납부세액 재계산의 적정 여부, 신용카드 공제세액의 적정성, 유형 전환 시 납부세액 재계산 적정 여부, 대손세액공제의 적정 여부를 조사한다.

3. 조사범위

일반조사는 조사일이 속하는 과세기간의 직전 2개 과세기간으로 한다. 특별조사는 제척기간 범위 내에서 조사계획 수립 시 정하고 금액 기준으로 거래금액의 50% 이상에 대해서 세금계산서 추적조사를 병행해서 실시한다.

자료상 조사

1. 자료상의 범위

❶ 실물거래 없이 전액 가공세금계산서를 발급한 자.

❷ 일부 정상 거래 또는 무자료 거래가 있는 사업자의 경우에도 당해 과세기간의 매출세금계산서

❸ 총발급금액 대비 가공세금계산서 발급금액이 50% 이상인 자

❹ 가공세금계산서 발급금액 비율이 50% 미만이더라도 1과세기간 중 가공세금계산서 발급금액이 5억 원 이상인 자

❺ 자료상으로부터 허위세금계산서 수취 비율이 총매입액의 50% 이상인 자

2. 자료상의 고발

자료상으로 확정된 자는 즉시 조세범처벌법 등의 규정에 따라 관할 지방검찰청에 고발한다. 실제 행위자와 명의자가 다를 경우는 명의자도 함께 고발해야 한다.

3. 자료상과 거래자 조치

❶ 1 과세기간에 발급받은 거래금액이 개인 3천만 원 미만, 법인 5천만 원 미만인 자 : 누적관리

❷ 1 과세기간에 발급받은 거래금액이 5천만 원 이상 1억 원 미만인 자 : 경정조사 또는 추적조사

❸ 1 과세기간에 발급받은 거래금액이 1억 원 이상인 자 : 범칙조사

02 세무조사 기법

세무조사의 기법이란 세무조사에 있어 당해 기업이 신고한 소득금액의 적부 판단에 필요하고 또한 유효한 증빙서류 등을 수집하여 그 신고내용의 적법성을 검토하고 확인하는 기술 · 수단을 말한다. 세무조사의 기법에는 그 적용되는 범위에 따라 일반조사기술과 개별조사기술로 구분되며, 이 세무조사의 기법에 대한 가장 특징적인 것은 세법에서 세무공무원에 대하여 강력한 질문, 검사권을 부여하고 이를 근거로 하여 모든 세무조사 기술이 구사되고 있으며, 이와 같은 기법으로도 조세채권 확보 상 필요한 거증을 얻지 못하는 때에는 세법상의 합리적인 기준에 의거 과세표준과 세액을 추계결정 할 수 있는 추계조사 방법이 허용되고 있다. 이같이 세무조사기법으로서의 일반조사기술이란 기업이 비치 · 기장하고 있는 회계장부와 기타 이에 관련된 제 증빙서류에 기입된 모든 거래기록에 대해서 보편적이고 기본적으로 적용이 되는 조사기술이며, 이는 내부 거증에 의한 거래기록의 정확성과 타당성을 검토하고 확인하는 조사기술이다. 이에 대하여 개별 조사기술이란 일반조사기술을 보완하고 보충하기 위해서 개별적인 특정 항목에 대해서 개별적이고 구체적으로 적용이 되는 조사 기술로서 주로 외부거증에 의한 거래기록의 정확성과 타당성을 검토하고 확인하는 조사기술을 의미한다.

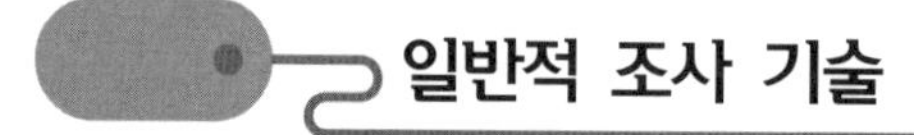

일반적 조사 기술

1. 장부 기록의 대사

장부 기록에 의한 조사기법은 일반적으로 시행되고 있는 조사 관계 장부의 대사로서 그 기록이나 전기내용의 적부를 검토하는 기술이며, 이 방법에는 기장 대사와 전기대사로 구분할 수 있다.

2. 증빙서류의 대사

증빙서류의 대사는 실무상으로 기장기록과 증빙서류를 서로 대사함으로써 당해 회계 기장의 적부를 검토 · 확인하는 기술이다. 즉, 당해 기업이 비치하고 있는 계약서, 청구서, 송장, 검수 보고서, 영수증 등과 기장기록을 대사함은 물론 관계 증빙서류 자체의 적부 검증도 포함이 되는 것이다.

3. 회계계산의 대사

회계 계산의 대사는 기록된 장부상의 합계액이나 차감액 등을 산술적으로 대사 · 검토함으로써 적부를 확인하는 기술이며, 이는 한편 계산조사라고도 말하고 있다. 이 기법은 세무조사 상 광범위하게 활용되고 또한 그 방법이 단순한 데 비해서 장점이 있는데, 반해 시간과 노력이 많이 소요되는 단점이 있다.

개별적인 조사 기술

1. 환가성 물건의 실지조사

당해 기업의 자산의 실재성과 수량을 조사하는 기술로서 현금, 어음, 유가증권 등의 실물 조사에 적용이 되며, 이때에는 환가성이 높은 것을 동시에 조사해야 한다. 이 기법은 세무조사 상 신뢰도가 높은 증거를 얻을 수 있는 장점이 있는 반면에 이 기법을 활용하는 범위가 제한적이라는데 한계점이 있다.

2. 입회조사

재고자산에 대한 실지 현장에 입회하여 그 적부를 대사·검토하는 기술로서 진부화된 자산의 폐기처분, 장부 기록상의 실제 수량과 현물과의 검토확인 등에 적용된다. 이 조사기법은 세무조사 상 실지조사 시간과 노력이 절약된다는 장점이 있는 반면에 환가성 물건의 실지조사의 경우와 같이 이 기법을 적용하는데 범위가 제한적이라는 데에 단점이 있다.

3. 확인조사

이 조사방법은 외부거래처에 조회하여 그 거래사실, 잔액, 합계 및 계산 등의 적부를 검토 확인하기 위하여 회답을 요구하는 기술로서 이는 질문, 검사권에 근거한 중요한 조사방법이다. 따라서 이 조사방법은 세무조사 상 신뢰도가 높은 증거를 파악하는 장점이 있는 반면에 당해 기업과 거래처 간의 공모가 이루어지면 거짓된 정보를 확인하는 단점이 있다.

4. 질문조사

당해 기업의 거래내용이나 거래사항 등을 상대방에게 문의하여 회답이나 설명을 요구하고 당해 거래사실의 처리 및 장부기록의 적부를 대사, 검토하는 기술이다. 이 조사방법은 세무조사 상 직접적으로 단기간 내에 세무조사 상 필요로 하는 회답을 얻을 수 있는 장점이 있는 반면에 신뢰성이 떨어진다는 단점이 있다.

5. 계정분석

특정 계정과목의 차변과 대변을 구성요소 별로 분석하여 분류하고 그 계정 내용구성을 명백하게 하는 기술을 말한다. 예를 들면 자본적 지출과 수익적 지출과의 구분에 대한 분석 등이다. 이 조사방법은 세무조사 상 이상한 계정과목을 발견할 수 있는 장점이 있는 반면에 시간과 노력이 많이 소요되는 단점이 있다.

6. 조정

서로 관련되는 두 개의 수치 간에 존재하는 일치성을 확인하기 위하여 각 수치를 정리하고 그 차액을 확정 · 증명하는 기술로서 예를 들면 보통예금의 잔액, 거래처에 대한 대차 잔액, 본지점 계정 잔액 등의 확정을 위해서 적용되는 방법이다. 이 조사방법은 서로 관련되는 이상 수치의 발견에 효과가 있다는 장점이 있는 반면에 그 활용과정이 매우 복잡하다는 단점이 있다.

03 세무조사 사전 대비와 대처

세무조사는 대부분 사업자에게 공포의 대상일 수밖에 없는 존재이다. 이것은 세금 문제에 있어서는 그 누구도 자유로울 수 없다는 인식 때문일 것이다. 즉, 세무조사는 법률상의 문제와 실질 경제 즉 시장의 차이는 명백하게 존재하지만 이를 무시하고 법률의 잣대로 사업자를 조사하는 것이기 때문일 것이다. 국가는 법률상의 입장뿐만 아니라 사업자에 비해 엄청난 정보를 보유하고 있고 또한 내부와 외부의 고발자들로부터도 사업자는 자유로울 수 없다.

일단 세무조사는 사업의 존폐여부를 가를 수도 있는 엄청난 파장을 불러일으킬 수도 있다.

그렇다고 너무 겁을 먹을 필요는 없지만, 세무조사를 너무 안이하게 대처하는 것도 위험하다. 그러므로 있는 그대로 객관적이고 냉정하게 바라보아야 한다.

통상적으로 세무조사에 선정될 가능성이 큰 납세자들을 살펴보면 다음과 같다(단, 상속/증여세의 경우는 대부분 조사한다.).

세무조사 대상선정은 크게 정기선정과 수시선정으로 구분된다.

정기선정은 신고성실도 평가 등의 기준으로 선정하며, 수시선정은 탈세 제보, 무자료 거래, 위장·가공거래 등으로 선정하게 된다. 정기 선정에 의한 세무조사 대상자 선정의 1차 기준은 사업자의 신고내용을 기초로 국세청의 신고성실도 측정프로그램을 분석한다.

신고성실도 측정 요소에는 국세청의 사전 안내 항목이 포함되며, 탈루 가능성이 있는 28개 항목을 미리 알려주는데 주요 내용은 가공인건비, 법인카드 사적 사용, 세무조사 이후 신고소득률 하락 법인, 동종 업종 비교, 최근 호황 업종 등이 성실도 측정에 가미된다.

그중에서도 가능성이 큰 경우는 다음과 같다.

❶ 세금계산서 및 지급명세서의 작성·제출 등 납세 협력의무 불이행자

❷ 신고내용 중 탈루나 오류 관련 명백한 자료가 있는 경우

❸ 국세청 성실도 분석 결과 불성실 혐의 등에 해당될 때

가장 쉽게 세무조사를 대비하는 길은 위와 같이 종합소득세나 법인세 신고안내문의 사전 안내 항목을 주의해서 만약 신고불성실 안내 항목이 있다면 곧바로 수정조치를 취하고 성실히 세무신고를 하는 길일 것이다.

? 변화하는 국세청 세무조사 신기법

❋ 사례 1

올 초 국세청 조사국 직원들은 서울의 대형 룸살롱에 세무조사를 나갔다. 조사요원들은 그러나 매출장부를 찾을 수 없었다. 룸살롱 사장이 증거를 없애기 위해 매일 매출을 정산한 뒤 관련 기록을 없애버린 것이다. 이곳에서 파는 술도 대부분 무자료 거래상품이어서 매출내역을 추적할 수도 없었다.

하지만 요원들은 업소의 신용카드 거래내용을 역추적했다. 연간 매출액이 수십억 원에 이르는 대형 룸살롱은 카드거래의 비중이 클 수밖에 없다. 대부분의 룸살롱은 탈세를 위해 카드 매출액의 대부분을 종업원 봉사료로 기록해 업소 매출이 적게 나타나도록 한다. 봉사료는 5%의 세금만 원천징수 하면 되지만 업소 매출로 잡히면 부가가치세, 개별소비세, 소득세 등으로 매출의 30~40%를 세금으로 내야 하기 때문이다.

국세청은 이곳에서 일하는 수백여 명의 여성 종업원들이 카드내역 대로 실제 근무했는지 일일이 확인했다. 이런 과정을 통해 이 업소가 매출의 상당 부분을 봉사료로 가공 처리한 사실을 찾아내 수억 원의 세금을 추징했다.

❄ 사례 2

지난해 말 국세청은 서울의 한 대형 예식장에 대해 세무조사를 했다. 이 예식장은 현금만 받고 고객이 신용카드로 결제할 경우 부가가치세 10%를 별도로 요구한다는 제보도 받았다. 문제는 이곳이 대부분 현금거래를 하므로 마땅한 증거를 찾을 수 없다는 점. 조사요원들은 예식장을 이용한 손님들을 일일이 찾아다녔다. 인터넷으로 찾고 우편물 등으로 찾았다. 그래서 수백여 명의 고객이 예식장에 얼마나 냈는지 파악했다. 이렇게 발로 뛰어 이 예식장이 2년 6개월 동안 20억 원의 매출을 신고하지 않은 사실을 적발 했다.

❄ 사례 3

시민의 제보는 국세청에 큰 힘이 된다. 지난해 한 안과 의사는 건강보험 적용 대상이 아닌 라식 수술이나 소프트 렌즈 판매 과정에서 발생한 수입을 빼돌린 채 세무서에 실제보다 낮은 소득을 신고했다. 그러나 이 안과에 근무하던 직원이 환자의 날짜, 이름, 연령, 전화번호, 렌즈 종류 및 금액 등이 꼼꼼하게 기재된 장부를 국세청에 제보하는 바람에 그의 탈세 행태는 들통났다. 4년간 4억여 원의 소득을 신고하지 않았던 그는 2억 4,600여만 원의 세금을 추징당했다.

국세청의 새로운 세무조사 기법이 화제를 낳고 있다. 고소득 자영업자들의 탈세 수법이 갈수록 정교해지고 있지만, 세무조사 요원들이 어디에선가 '돈의 흔적'을 찾아내 탈세를 적발하고 있기 때문이다. 대부분 자영업자가 현금거래를 한 뒤 장부를 남기지 않는 방식으로 세금을 안 내려 하지만, 조사요원들은 모든 거래 흔적을 샅샅이 뒤지는 우회 조사를 통해 탈세를 찾아내고 있다.

세무조사 시 일반적 요구자료

❶ 법인세 과세표준 및 세액신고서(결산서, 감사보고서 포함)
❷ 결산 준비서류, 세무조정 서류(결산 전 계정과목별 집계 내역 등)
❸ 부가가치세 신고서
❹ 원천세 신고서, 연말정산 서류, 급여대장 등 제 장부
❺ 전표 및 증빙서철 월별 진열
❻ 보조원장, 총계정원장 등 제 장부
❼ 예산서, 예산집행 실적보고서
❽ 각종 계약서철
❾ 보유부동산명세서, 토지 · 건물 등기부등본, 토지대장, 지적도
❿ 외부감사 지적사항 및 답변자료
⓫ 전산 조직 현황(기종, 용량, 인원, 업무별 전산화 내역 등)
⓬ 회사조직도 및 직원 배치도(전화번호 포함)
⓭ 정관 원본, 회사규정집
⓮ 이사회 회의록, 법인등기부 등본(설립~최근까지 모두 기재된 것)
⓯ 노동조합, 사내복지기금 현황(정관 원본, 법인등기부 등본)
⓰ 복사기, 프린터, 팩스, 세단기 각 1대, 캐비닛 2개
⓱ PC(한글, 엑셀, 인터넷, 회계정보시스템 가능) 6대 지원
⓲ 예금통장, 예금 관련 장부
⓳ 각종 소송관계 철(노무 관계, 외부 민원 소송 등)
⓴ 직무교육 책자

04 성공하는 세무조사 대처 방법

세무조사 시 준비사항

구 분	내 용
자료 준비	세무조사는 조사유형에 따라 다르나 세무사찰이나 탈세정보 등 긴급이나 비밀을 요하는 경우가 아닌 한 대부분 사전에 세무조사 예고를 통지하게 되므로 세무조사 통지를 받으면 이에 대비해야 하며, 세무공무원 역시 조사 전에 사업 전반 자료 및 거래처 세무신고 사항, 영업 형태, 실적, 세금 납부 사항, 개인 생활 정도, 재산사항, 해외여행 빈도 등을 상세히 사전에 조사하고 조사에 임하므로 예상되는 조사방향, 요구자료 등을 분석해서 답변자료를 준비해야 한다.
사업장 정리	사업장 내에는 조사와 관련 없는 것은 모두 정리해서 불필요한 오해의 소지를 없애야 하며, 가급적 정돈된 조사실을 마련하는 것이 좋으나 장소가 마땅치 않으면 세무 대리인과 협의해서 조사 장소를 변경할 수도 있다.
비품준비	세무공무원이 조사 중에 필요한 비품을 간략하게 준비하는 것도 부드러운 분위기를 연출하는 방법일 것이다. 통상 자, 볼펜, 연필, 지우개 등 필기구와 메모지, 연습장, 계산기 등을 준비한다.
약간의 간식	며칠간 우리 사무실에 있을 손님으로서 약간의 차와 다과 등을 준비한다. 조사시간도 줄일 수 있고 조사자와 사업자 간의 인식 차이도 줄일 수도 있다.

조사 대상에 선정되기 쉬운 경우

조사 대상 선정은 일률적으로 정해진 것은 아니며, 그때의 상황에 따라 변한다. 예전에는 소득이나 신장율이 업종별평균율에 미달하는 업체를 주로 대상에 선정하였으나 최근에는 소득에 비해 자산취득이나 소비가 많은 음성 불로소득 자와 탈세를 조장하는 자료상 혐의자, 상대적으로 세무 관리가 취약한 업종, 자산소득이나 현금수입업종 등 타 업종에 비해 상대적으로 실소득대비 신고소득율이 저조한 업종에 중점을 두는 경향이 있다.

또한, 통설에 3년 이내에는 조사가 안 나온다거나 5년에 한 번은 반드시 세무조사를 받아야 한다는 것은 현재의 조사기준으로 보면 낭설에 불과하다.

아래 유형은 지금까지의 조사유형을 경험으로 분류한 것이며, 중복유형이 많을수록 조사가능성이 높을 것으로 예상된다.

❶ 소득에 비해 지출이 과다한 업체(결손 및 소득율 저조자)

❷ 호황 업종(특히 고가 소비재)

❸ 호화사치 생활자(세금 신고소득에 비해 사업무관 해외여행이 빈번하거나 고급승용차, 고급주택, 별장, 콘도, 골프회원권 등 취득자)

❹ 세금계산서 거래 질서 문란 품목 해당 업체

❺ 자료상 거래자

❻ 무신고자

❼ 사회 지탄 대상자로서 탈세 혐의자

❽ 장기 미조사 업체

조사 대상에 제외되기 쉬운 경우

세무조사 대상선정 및 제외는 그때마다 지침이 바뀌고 사회 · 경제 여건에 따라 매번 변화되므로 고정된 것은 아니지만 다음과 같은 경우는 제외 또는 조사 유예되는 빈도가 높았다. 하지만 "반드시"라는 보장이 없으므로 유념해야 한다.

❶ 중소제조업체

❷ 수출업체

❸ 벤처기업

❹ 신용카드 발행 비율 및 매출증가비율, 소득 증가율이 좋은 업체

❺ 동종 업종 업체와 비교해서 평균 신장률, 평균 부가율, 평균 소득률이 좋은 업체

세무조사 시 대응 방안과 유의 사항

1. 평소의 장부 및 증빙관리

공제받는 비용으로서의 입증책임은 납세자에게 있다. 따라서 거래 시 세금계산서. 계산서. 기타 지출영수증을 빠짐없이 챙겨서 정확하게 기장해서 비치해야 한다. 또한 모든 거래가 투명하게 노출되지 않는 우리 현실에서는 누락거래와 관련되는 증빙 또는 세무조사 시에 오해받을 가능성이 있는 자료 등은 최소화해서 평소관리에 철저해야 한다.

2. 세무조사 통지를 받은 때

세무조사 통지를 받은 때에는 조사 착수 전에 장부 · 증빙 · 각종 세금신고서를 대조 · 검토해서 보완하고 불필요한 서류 등이 섞여 있는지 여부를 확인해야 한다. 조사연기 신청을 할 필요가 있는지? 여부를 검토한다. 또한, 기업규모에 따라서 사전에 조사세무서를 방문해서 조사공무원뿐만 아니라 관리자에게 최대한 조사에 협조하겠으니 선처를 해달라는 취지의 성의 있는 인사를 해두는 것도 손해날 일은 아니다.

3. 조사공무원에 대한 태도

조사공무원은 국가로부터 부여받은 세금부과권을 집행하는 사람이다. 또한, 조사실적에 대한 부담감에서 벗어날 수 없는 것이 현실이다. 따라서 정중하게 응대하고 회사의 어려운 실정을 설명해서 이해를 확보하는 것이 좋다. 조사를 기피하는 태도 높은 사람을 들먹여서 무시하는 태도를 보이는 것은 금물이다. 웃는 얼굴에 침 뱉을 수 없는 것이 우리의 인정이다. 물론 아주 상황이 악화된 경우에는 부득이하게 그런 도움을 받아야 하는 경우가 없지 않은 것이 또한 현실이다.

4. 질문에 답변하는 방법

조사공무원이 질문하는 경우는 침착하고 정확하게 답변해야 한다. 조사기간 동안 조사공무원은 납세자의 말, 행동 모두를 조사와 관련시켜서 생각한다. 따라서 말이 많으면 이로울 게 없다. 부정확한 답변은 오해를 낳을 수 있다. 따라서 정확한 답변을 해야 하고 애매한 때에는 확인한다든가 아니면 세무사와 의논한 후에 답변해도 늦지 않다. 또한, 사리에 맞지 않은 부당한 주장을 지루하게 해서는 안 된다.

5. 조사 도중에 발생하는 견해 차이

조사과정에서 조사공무원과 회사 간에 세법의 해석 또는 적용에 있어서 견해 차이가 발생하는 경우가 있다. 견해 차이가 생길 때마다 따질 것이 아니라 일단 뒤로 미루어서 조사공무원도 충분하게 검토하게 해서 조사종결 시에 회사의 주장을 명확하게 설명해 다른 부분과 일괄 종결해야 한다. 그렇게 해도 해결되지 않는 경우는 조세불복 절차를 밟을 수밖에 없다.

6. 확인서 서명날인

조사가 종결되면 대부분 조사공무원이 확인서를 작성하고 서명할 것을 요구한다. 이때에는 확인내용을 면밀하게 검토해서 그대로 과세되었을 때 얼마의 세금이 부과되는지를 확인하고 날인해야 한다.

구 분	내 용
친절하고 공손하게	"말로 천 냥 빚을 갚는다." 고 한다. 최소한 손해 볼 일은 없을 것이며 진실한 말투로 대한다.

구 분	내 용
사교적인 행동	밝은 표정으로 스포츠나 시사성 있는 대화로 친근하게 대한다. 기분을 맞추라는 것이 아니라 호감 있는 행동은 사업에 큰 도움이 되는 것이다.
불필요한 말 삼가	묻지도 않은 말에 먼저 사업에 관해서 이야기하는 것은 오해를 불러일으킬 소지도 있으며, 쓸데없는 말은 짜증을 내게 할 수도 있다. 질문에는 간단 · 명료하게 요점만 말하며, 필요 이상으로 덧붙이면 불리할 수도 있으니 유의해야 한다.
휴식시간에 간단한 다과	오후 3, 4시경에는 조사자나 사업자가 지칠 시간이다. 간단한 과일이나 빵, 음료를 준비해서 서로 휴식을 취하고 조사와 관련 없는 부담 없는 대화를 나눈다.
답변 자료는 신속하기보다는 신중하게	답변자료는 신속히 제출하기보다는 신중하고 정확하게 해야 하며, 질문 및 요구 자료가 무엇 때문에 요구하는지의 의미를 잘 파악해야 하며 조사와 직접 관련이 없는 것일수록 더 주의해야 한다.
조사와 관련 없는 질문에도 신중을	농담이나 지나치는 말도 잘 숙고해서 대답한다. "전기요금이 많이 나오지요? 우리나라는 너무 비싸" 이런 말속에는 공장 가동시간을 간접적으로 응용해서 생산량을 측정할 수 있다. "집세, 인건비, 이자 등이 너무 나가서 사업이 어렵다."고 하면 "그 정도 경비를 유지하려면 이 정도 매출은 되어야 할 것"이라고 역산해서 생각 할 수 있다.
조사 시 쟁점에 대해서는 이의제기보다는 유보하라	조사가 끝나지도 않았는데 의견이 틀려 종종 싸우는 경우가 있다. 이럴 때는 의견을 끝까지 고집하기보다는 유보하는 것이 현명하다. 조사가 종결될 때까지 유보하고 종결 후에 대처한다. 종결 전에 조사실적을 따지는 경우가 있으므로 추징할 것이 불분명하게 되면 더 상세히 조사할 수 있다.

구 분	내 용
조사 장내에서 불필요한 서류제거	조사와 직접적으로 관련이 없는 서류는 치워 놓는 것이 낫다. 공연한 오해의 소지가 있다. (예: 전화번호부, 업무일지, 사업계획서, 출장내역서 등)
사실확인 시에는 신중하게	조사결과가 사실로 나타나 상당한 어려움이 예견될 때에는 사실을 솔직히 시인하고 금품제공이나 향응 제공보다는 사회적인 상관례, 구조적인 모순, 어려웠던 사업환경, 부득이한 정황 등을 이해시키고 또한 본인의 납세의지를 보여주는 것이 좋다.
확인서 서명날인은 신중하게	확인서에 서명날인이 끝나면 조사가 종결되고 고지서가 현실로 나오게 된다. 따라서 신중히 세금의 액수와 확인서 내용의 진실성 등을 검토하되 자신이 없으면 세무 대리인의 도움을 받아도 된다. 단, 무턱대고 서명날인을 거부하면 세무공무원은 날인거부로 해서 경정할 수 있고 오히려 더 불리해질 수도 있으므로 확인된 사실에 대해서 무조건 거부하는 것은 바람직하지 않다.

조사종결 후 대처방안

❶ 조사종결 : 고지서 발부

세무조사가 종결되면 고지서가 발부되기 전에 적출 내용 및 소득, 예상 세액 등을 세무서로부터 통지받게 되는데 이때 과세적부심사청구를 할 수 있다(통지받은 날로부터 20일 이내에 신청해야 한다.).

❷ 고지서 발부 : 90일 이내

고지서를 받고 사실과 다르거나 여타 이의 사항이 있으면 고지서를 받은 날로부터 90일 이내에 이의신청이나 심사·심판청구를 할 수 있으며 받아들여지지 않을 경우 심판청구, 행정소송 등 조세불복절차를 밟을 수 있는데 유의할 사항은 신청이나 청구의 기일을 어기면 심리 없이 각하 되므로 특히 주의를 요한다.

❸ 고지서 받은 날로부터 90일이 지난 때

이때는 법적으로 보호받을 수는 없으나 시정 요구, 진정 등의 형태로 과세 관청의 부당성을 호소할 수 있다.

단지 명백한 과세 관청의 잘못이 드러난 경우를 제외하고 법 해석상의 문제라면 구제받는 데 상당한 어려움이 있다. 이 경우 관할 세무서의 납세자보호담당관을 만나 도움을 청하거나(무료) 조세 전문가로부터 도움을 받아 처리한다.

탈세 자료의 처리

일단 세무서에서 상대방 거래처의 자료로 인한 해명자료의 제출안내문을 받은 경우는 받은 날로부터 10일 이내에 해명자료를 제출하지 않으면 고지 결정되므로 기한을 지켜야 하며, 부득이 시간을 요하는 경우는 그 사유와 기간을 정해서 세무서에 고지한 후 연기를 받아야 한다.

과세자료는 통상 수입금액 누락과 허위경비 등인데 예전에는 거래상대방으로부터 과세자료 내용과 다르다는 확인서를 첨부하거나 완전한 누락이 아니고 실제로는 다른 사람과 거래하였다는 거래사실확인서 등을 첨부해서 소명하였으나 세무서에서는 이를 부인하고 금융거래사항이 확인되는 사인만 인정하고 있다.

예를 들어 갑에게 사 왔는데 세금계산서는 을이 발행한 것을 받았다는 식이다. 그러나 이때 쌍방의 확인서만을 제출한 경우는 세무서에서 이를 인정하지 않고 부가가치세 매입세액불공제와 경비를 인정받지 못하게 되고, 법인의 경우는 대표이사 상여 처분까지 하게 된다.
이때는 실제로 돈을 갑에게 지불했다는 근거와 수불부 등의 기본 자료를 제출해야 하고 금융자료의 근거는 온라인 송금전표나 수표의 이서 등을 관련 금융기관에서 확인해야 한다.
이때 금액을 일부 현금을 줄 수도 있으므로 전액이 확인되지 않더라도 어느 정도만 밝힐 수 있다면 인정받을 수 있을 것이다.

경영자가 세무조사 시 유의할 사항

1. 증빙서류의 철저

세금의 모든 근거는 증빙서류에 있으므로 각종 계약서, 세금계산서, 거래명세표, 영수증 등 거래와 관련된 모든 증빙서류를 철저히 수집해서 경리나 관련 부서에 인계하고 관리 · 감독한다.

2. 기업업무추진비는 카드로

3만 원 초과의 기업업무추진비는 반드시 세금계산서나 계산서, 신용카드로 결재해야 하므로 기업업무추진비는 법인카드를 사용하거나 세금계산서를 받도록 해야 한다.

3. 통장의 분리 사용

가사용 또는 개인적 사용통장과 사업용 통장을 혼용해서 사용하지 않도록 유의한다.

거래와 무관한 어음이나 수표 등이 사업용 통장에 입출금되면 오해의 소지가 있다.

4. 가공거래는 하지 않는다.

실거래 없이 세금계산서만 주고받으면 상당한 세금추징 이외에도 조세범 처벌법에 의거 형사처벌을 받을 수도 있으므로 해서는 안 된다.

5. 세무상 제도 활용

받은 어음 · 수표가 부도가 발생하면 대손세액공제 및 대손처리하고, 회사의 경영이 어려울 때는 징수유예, 납기연장, 체납처분유예 등의 제도를 활용한다.

6. 통상적인 형태를 벗어난 거래 관리

통상적인 행태를 벗어나는 거래(원가 이하 매출, 상품 폐기, 사업양수도, 부동산 양수도, 상속 · 증여 등)는 반드시 사전에 세무 대리인과 상의해서 처리하는 것이 바람직하다.

재무팀이 세무조사 시 유의할 사항

1. 지출증빙의 보관

영수증 등의 증빙서류를 빠짐없이 체크 해서 보관하고 임직원들에게 증빙서류를 제출할 것을 독려한다.

2. 전표 작성

전표는 그때그때 하지 않으면 조금만 지나도 매우 어렵게 된다. 가급적 당일로 마감하는 것이 바람직하다.

3. 최소한의 장부기장

현금출납장, 매입매출장, 수불부, 어음장은 법에서 정한 최소한의 장부이므로 이 정도만 해도 사장으로부터 신임을 받을 수 있을 것이다.

4. 4대 보험과 근로소득세 신고자료의 일치

건강보험, 산재보험, 국민연금, 고용보험 등은 모두 연관 관계가 있으므로 근로소득세 신고와 함께 숫자가 일치되도록 유의한다.

5. 국세 관련 업무

세금계산서의 오류 누락 등이 있어서는 안 되므로 항상 점검하고 각종 신고 전에는 가 집계를 해서 세무대리업체의 직원과 상호 대사하며, 납부기한을 메모하였다가 사장에게 수시로 알려 주어야 한다.

6. 기타사항

세무서나 공공기관에서 공문이나 전화가 오면 사전에 항상 세무 대리인과 상의해서 처리하도록 한다.

법인이 세무조사 시 유의할 사항

1. 법인이 사용, 소비하는 것은 모두 법인명의로

임대차계약, 전신전화가입권, 부동산, 회원권, 예 · 적금, 보험카드, 각종 요금 및 등기등록을 해야 하는 것 등 법인이 사용, 소비하는 것은 모두 대표나 임직원 명의가 아닌 법인명의로 한다.

2. 법인과 임직원의 구분을 명확히

법인은 엄연한 인격체이므로 모든 것을 명확히 해야 한다.

법인에 입금될 금전을 대표 등 개인통장에 입금시키면 안 되며, 반대로 개인이 거래한 금전을 법인통장에 입금시키는 것도 좋지 않다.

또한, 임직원이 임의로 법인의 돈을 인출하는 것은 가지급금으로 기표하지 않으면 상여나, 배당 등으로 처분되는 불이익을 받을 수 있고, 가지급 처리되어도 인정이자를 계산하게 된다든가 지급이자를 부인하게 되는 경우가 있으므로 특히 주의해야 한다.

3. 매출누락이나 가공원가가 없도록

법인의 경우 매출누락이나 가공원가가 밝혀지고 그 자금이 임직원 등에게 처분되었다면 법인세, 부가가치세, 근로소득세, 종합소득세, 배당소득세 등으로 당초 누락 금액보다도 더 많은 세금을 내는 경우도 있다. 따라서 이러한 일이 발생하지 않도록 주의해야 한다. 또한, 실거래 없이 세금계산서만 주고받는 경우는 세금뿐만 아니라 조세범처벌법에 의거 형사처벌도 받을 수 있으니 이러한 일이 없도록 해야 한다. 근간에는 수취한 사업자까지도 처벌하는 등 법 집행을 강화하는 추세다.

4. 부동산 및 주식의 취득, 양도

법인세, 감면, 증권거래세 등 주의를 요하는 사항이 많다.

주식을 양도하면 양도세와 증권거래세보다는 과점주주로 인한 지방세 중과 등 예기치 않은 곳에서 골치 아픈 문제가 발생하며, 부동산을 취득하게 되면 비업무용 관계로 낭패를 볼 수도 있다. 따라서 통상의 거래를 벗어나는 경우는 전문가의 조력을 항상 사전에 받는 것이 좋다.

5. 기간이나 기한에 유의

기간이나 기한을 어기는 사소한 일로 많은 세금을 내는 경우가 있다. 각종 신고나 감면 등의 신청은 꼭 적기에 해야 하며, 감사나 임원 등의 변경도 기한을 넘겨 불이익을 받는 경우가 없도록 해야 한다.

6. 각종 규정 비치

기밀비 지급, 임원상여금 및 퇴직금 지급, 가지급금지급 등 각종 세법에서 요구하는 지급규정 및 약정서를 정관 규정인지, 이사회 결의 사항인지, 주주총회결의 사항인지를 확인 후 작성 · 보관해야 한다.

국세청의 최근 탈세 전산 분석시스템

국세청이 날로 지능화하는 탈세와의 전쟁에서 승리하기 위해 과학적 인프라 구축을 통해 전투력을 항상 시키고 있다.
각종 교묘한 수법으로 탈세범들이 꼭꼭 숨겨둔 숨은 세원을 과학적, 분석적 시스템을 통해 찾아내 세금을 부과하고 법에 따라 엄중 조치 함으로써 재정 건전성에 기여하고 성실납세 문화를 정착시켜 나가겠다는 것이다.
국세청은 하물며 아무런 증빙 없이 원가를 허위 계상하는 수법으로 수입을 축소함으로써 세금을 탈루한 업체를 찾아내 세금을 추징한 것은 대표적인 과세 인프라 구축의 결실 중 하나로 꼽힌다.
국세청에 따르면 기업이 탈세하는 가장 전통적인 방법 중 하나가 지출을 실제보다 부풀리거나, 허위로 지출항목을 꾸밈으로써 소득의 규모를 줄이는 방법이다.
과거엔 기업들이 이를 위해 주로 가짜 세금계산서를 이용했다. 자료상 등을 통해 일정액의 대가를 지불하고 가짜 세금계산서를 얻어 허위로 증빙자료를 갖춤으로써 완전 탈세를 도모해온 것이다.
하지만 국세청이 자료상 행위자 등 가짜 세금계산서 거래에 대한 조사를 강화하자 이런 방식의 탈세가 쉽지 않게 됐다.
자신이 직접 세무조사를 받지 않더라도 가짜 세금계산서 발행회사의 세무조사 과정에 가짜 세금계산서 수수 사실이 드러나는 경우가 자주 발생했기 때문이다.
그러자 일부 기업들은 이런 예상치 못한 탈세 적발을 모면하기 위해 아예 세금계산서 등 매입자료도 없이 원가를 허위 계상하는 수법을 쓰기 시작했다.

자신이 직접 세무조사만 받지 않으면 탈세가 적발될 가능성이 없는 데다가 세무조사 과정에서도 이를 적발하기가 쉽지 않을 것이라는 계산을 했음 직하다는 게 국세청의 분석이다.

국세청은 세무조사에서 증빙 없이 원가를 허위로 계상하는 사례가 다수 발생하자 이런 탈세 혐의 기업을 전산으로 선별해낼 수 있는 무증빙 전산 분석 프로그램을 개발했다.

아무런 증빙 없이 원가를 허위로 계상한 기업에 대해 장부를 일일이 들여다보며 체크하지 않더라도 손쉽게 이를 찾아낼 수 있는 묘책이 마련된 것이다.

앞서 국세청은 소득-지출 분석시스템을 구축, 과거 5년간 소비지출액과 재산증가액을 소득금액과 비교함으로써 소득이나 납세 규모에 비해 씀씀이가 큰 탈루혐의자를 추출할 수 있는 인프라를 갖췄다.

또한, 국세청은 국내 법인과 국외기업 재무 자료 등 거래내역을 볼 수 있는 국제거래 세원 통합분석 시스템을 구축해 역외탈세도 감시 · 조사할 수 있는 기반을 마련했다.

참고로 탈세의 수법으로 주로 이용되는 방법을 살펴보면 다음과 같다.

❶ 접대성 경비를 복리후생비 등으로 분산처리

❷ 근로를 제공하지 않은 기업주 가족에게 인건비를 지급하고 비용처리

❸ 신용카드 사적 사용 후 비용처리

❹ 재고자산 계상 누락 등을 통해서 원가를 조절하는 경우

❺ 세무조사 후 신고소득률 하락 회사

국세청은 기업소득 유출, 수입금액 누락, 소득 조절, 조세 부당감면 등으로 세금을 탈루할 우려가 있는 자영업자, 취약 · 호황 업종에 관해서는 신고내용을 개별 정밀 분석한 자료로 성실신고를 별도 안내하고 있다.

❻ 소비지출 수준을 통해 소득 추정분석

소득신고에 비해 해외여행 등 소비지출이 상대적으로 많은 경우 세무조사 대상이 될 수 있다.

❼ 원가를 과대 계상한 경우

상호 증빙이 없이 세무조사만 안 받으면 걸리지 않을 거라는 생각에 임의로 원가를 과대 계상해 세금을 탈루하는 행위는 세무조사를 받을 확률이 높다.

05 자산, 부채, 자본 항목의 세무조사

자산 항목의 세무조사

계정과목		체크리스트	참조서류
현금	현금 입금 조사	현금 수납 시 일자와 금액의 정확성 유무	입금표, 입금전표 확인
		다액의 가수금 입금 시 매출 누락 유무 파악	
		다액의 현금 입금 시 가지급금의 회수 유무 파악 세무조정 : 인정이자를 계산하고 귀속자에게 상여 처분	
	현금 출금 조사	현금지급일자와 영수증 일자의 정확성 파악	지출결의서, 품의서, 출금전표 확인
		동일 영수증의 이중 처리 확인 세무조정 : 손금불산입하고 귀속자에게 상여 등으로 처분	
		특수관계자에게 현금 가지급한 것이 있는지 여부 세무조정 : 인정이자 계산 및 지급이자 손금불산입	
	현금 잔액 조사	전기 이월액 파악	자금일보, 현금출납장, 경리일보
		현금시재액의 조작 여부 확인	
		현금시재가 과다 : 매출누락 의심	
		현금시재가 부족 : 가지급금이 발생할 여지 존재	
보통 예금	예금 잔액 조사	❶ 예금의 입출금이 정당한지? 여부 조사 ❷ 예금의 잔액의 적정성 여부 조사 ❸ 예금 성격의 보험료를 계상하였는지 여부	통장, 정기적금통장

계정과목		체크리스트	참조서류
		세무조정 : 임직원 명의의 보험료를 비용으로 처리하는 경우는 손금불산입하고 귀속자의 상여처분 하며, 보험료의 성격이 예금 및 적금의 성격의 경우 손금불산입하고 유보처분한다.	
	비밀계좌조사	❶ 업체 관계자의 비밀계좌 유무 파악 ❷ 임원, 주주의 개인 예금 유무 조사 세무조정 : 업체의 매출 누락분이 임원 및 주주 개인 예금구좌에 입금된 정황이 있는 경우에는 매출누락으로 부가가치세를 경정한다. 회수금액을 회계처리 한 경우에는 유보처분 되며, 회수할 수 없는 경우에는 인정상여 등으로 처분한다. ❸ 근저당 설정 은행을 통한 비밀계좌 조사 ❹ 경리 담당과에 비치된 은행 계좌번호를 조사	
	예금이자조사	❶ 예금이자의 수입계상 시기의 적정 여부 ❷ 부외예금 및 비밀계좌의 예금이자 반영 여부	
받을어음	받을어음잔액조사	❶ 어음관리대장과 받을어음 잔액의 확인 ❷ 어음할인료에 대응하는 받을어음의 존재 여부 ❸ 어음할인요율의 정확성 여부 ❹ 받을어음의 배서자 확인, 거래 누락 확인 ❺ 할인어음이 대손설정대상채권에 들어있는지 여부 ❻ 받을어음과 외상매출금 상계 여부 확인 ❼ 받을어음과 상계되는 대물변제의 확인 대물변제의 부가가치세 문제 확인, 처분상황 확인	어음관리대장, 어음할인내역, 대물변제내역
	대손어음파악	❶ 대손처리 한 받을어음이 대손요건 충족 여부 파악 ❷ 부도어음 처리 후 채권 사후관리 여부 파악 세무조정 : 대손 시인 된 채권을 상각채권추심이익으로 계상한 경우는 세무조정이 없으나, 대손 부인된 채권을 상각채권추심이익으로 계상한 경우는 익금불산입하고 △유보처리한다.	

계정과목		체크리스트	참조서류
		만약 대손 처리된 채권을 회수금액을 임직원이 횡령한 경우에는 상여 등으로 처분해야 한다.	
	배서어음조사	❶ 배서어음이 대손설정대상채권에 들어있는지 여부 ❷ 배서자와 매출장에 있는 인명과 일치 여부 확인	
외상매출금 · 미수금	외상매출금잔액조사	❶ 장부상 외상매출금의 잔액과 실제 외상매출금 파악 ❷ 규모가 큰 외상매출금은 거래처 상대방 확인 ❸ 같은 거래처에 외상매출금과 외상매입금이 있는 경우 상계처리에 관한 사항조사 외부감사 대상자에서 제외하도록 유도하는 경우가 있을 수 있다. ❹ 특수관계자에게 저가 매출한 경우가 있는지 여부 세무조정 : 저가 양도한 경우에는 시가만큼 익금산입하고 기타사외유출로 처리한다.	외상매출장, 미수금 대장
	미수금액원인조사	❶ 외상매출금의 대금 회수를 임직원이 유용한 것은 없는지 파악 ❷ 장기 외상매출금의 파악 ❸ 대손요건을 갖추지 못한 외상매출금의 조사 ❹ 상대편의 미지급금과 대사해서 조사 세무조정 : 미수금이 상대편 미지급금보다 적게 계상된 경우에는 익금산입하고 유보 처분한다.	
재고자산	재고자산잔액조사	❶ 실지재고와 장부상 재고의 차이점 조사 ❷ 재고수불 사항조사 ❸ 재고자산의 평가방법신고 유무 세무조정 : 세법상 평가 금액이 장부상 평가 금액보다 크면 손금불산입 재고자산평가감(유보)으로 처분한다.	재고수불부, 견적서, 거래명세표

계정과목		체크리스트	참조서류
		❹ 재고자산의 수불 전표 또는 수불 메모 기록 대사 ❺ 감모손실 및 평가손실의 반영 여부 ❻ 원가계산 시 가공 원가의 유무 확인 ❼ 감액 사유가 있는지 여부 확인	
	재고자산가액 조사	❶ 단위당 단가 확인 ❷ 판관비에 포함된 제조원가에 포함되어야 할 항목이 있는지 여부 조사 ❸ 매출원가의 적정성 여부	
대여금	대여금 잔액 조사	❶ 결산서상 대여금 잔액의 조사 세무조정 : 대여금 중에서 가지급금에 해당하는 것은 인정이자를 계산해서 상여처분 한다. ❷ 대여금의 회수 절차를 파악 세무조정 : 이자비용에 대한 지급이자 손금불산입 규정 적용 ❸ 대여금에 대한 계약서 유무 확인 ❹ 장기대여금 중에서 불법 전용된 것이 있는지 조사 장기대여금과 선급금의 대체	장단기대여금 대장
선급금	선급금 잔액 조사	❶ 장부상의 선급금 잔액과 거래처의 선수금 잔액을 대비 조사 ❷ 선급금에 대한 입금증 유무 확인 세무조정 : 가공매입을 선급금처리 한 경우에는 매입누락은 익금산입 유보처리하고, 선급금은 (△유보) 처리한다. ❸ 상여나 배당을 선급금으로 처리한 경우 조사 세무조정 : 선급금을 손금산입(△유보) 처리하고 귀속자에게 익금산입 상여 등으로 처분한다. ❹ 가지급금이나 대여금을 선급금 처리한 경우 조사 세무조정 : 가지급금에 대한 인정이자를 계산해서 상여 등으로 처분한다.	선급금 대장

계정과목		체크리스트	참조서류
선급비용	기간안분계산여부조사	❶ 선급비용을 현금주의에 따라 전액 당기 비용처리 한 부분 조사 세무조정 : 기간 미경과 선급비용을 손금불산입하고 유보 처분한다. ❷ 선급이자 비용이 있는 경우 부외 차입금 여부 확인 세무조정 : 부외 차입금에 대한 지급이자는 채권자가 불분명한 이자에 해당이 되어 원천징수 세액 부분은 기타사외유출처리하고, 잔액은 상여 등으로 처리한다.	선급비용대장, 보험계약서, 기타 관련 계약서
가지급금	업무관련성조사	업무관련성 여부 조사 세무조정 : 업무무관가지급금에 대해서는 인정이자 및 지급이자 손금불산입 기타사외유출 처분한다.	가지급금대장, 대여금대장, 자산 및 부채 관련 대장
	위장여부조사	❶ 가지급금을 대여금으로 위장한 것이 없는지 조사 ❷ 가공자산과 가공부채가 가지급금으로 처리된 것 조사 세무조정 : 가공자산을 가지급금과 상계처리한 경우는 가지급금을 손금산입 유보처분하고, 귀속자에 따라서 익금산입 상여 등으로 처분한다. 가공 부채를 가지급금으로 처리한 경우는 익금산입 상여 등으로 처분한다.	
토지	취득가액의적정성여부조사	❶ 토지의 장부상 금액이 정상가액 (시가)인지 여부 조사 ❷ 장부상 취득가액이 실제 지불액과 차이 발생 조사 세무조정 : 특수관계자와 고가 매수한 경우에는 손금산입 토지 (△유보) 처분하고, 익금산입 상여 등으로 처분한다. 특수관계자와 저가 매도 한 경우에는 익금산입, 기타사외유출로 처분한다.	토지취득계약서, 취득세 등록세 납입영수증, 대물변제약정서, 부동산

계정과목		체크리스트	참조서류
		❸ 대물변제 시 토지 취득가액의 시가 여부 조사 ❹ 업무 무관 자산분류 시점의 조사 ❺ 토지 취득부대비용을 비용으로 산정한 것이 없는지 조사 : 취득세, 등록세, 건설자금이자 등 ❻ 가지급금을 토지로 처리한 것은 없는지 조사 ❼ 토지와 건물의 일괄 취득 시 원가의 배분이 적정한지 조사 ❽ 사용 용도가 업무와 관련성이 있는지 조사 세무조정 : 업무와 관련이 없는 경우에는 업무무관자산에 속하게 되어 지급이자 손금불산입 규정이 적용된다. 또한, 유지관리비는 비용으로 인정받지 못한다. 다만, 처분 시 손실이 발생한 경우는 이를 인정해준다. ❾ 토지 등 양도차익에 대한 세금의 적정성 여부 조사	중개사사무실 수수료 내역서, 토지대장 및 등기부등본, 토지양도계약서
기타 유·무형고정자산	취득가액조사	❶ 취득가액의 정상가액(시가) 취득인지 여부 조사 ❷ 장부상 취득가액과 실제 취득가액의 차이 조사 ❸ 외부구입자산에 대한 매입부대비용은 적정한지 여부조사 취득세, 등록세의 원가 처리 조사 ❹ 자가 제작 시 재료비, 노무비, 경비가 적절히 반영되었는지 조사	유·무형 자산의 취득 계약서
	자본적 지출 조사	유형자산의 자본적 지출액을 비용으로 처리한 것은 없는지 조사 세무조정 : 즉시상각의제로 감가상각시부인 한다.	
	감가상각방법 조사	❶ 감가상각방법 및 내용연수의 적정한 신고가 이루어졌는지 조사	취득부대비용 영수증, 과세표준

계정과목		체크리스트	참조서류
		❷ 중고자산의 경우 내용연수의 수정이 이루어졌는지 조사 ❸ 감면 규정을 적용받았는데 상각을 하지 않은 것에 대한 조사 : 감가상각의제 ❹ 감가상각방법의 변경에 대한 조사 세무조정 : 감가상각방법의 변경으로 기업회계기준에 따라서 전기이월이익잉여금의 조정으로 회계처리 한 경우에는 2가지 조정 사안이 나타나게 된다. 가. 전기이월이익잉여금의 감소 : 손금산입(기타) 회사계상 상각비로 보아 시부인 계산 나. 전기이월이익잉여금의 증가 : 익금산입(기타), 손금산입(△유보) 처리 상각 범위에 계산 시 동 금액은 이미 감가상각비로 손금에 산입한 금액으로 본다.	신고서상 상각방법 신고서, 유형자산명세표, 무형자산명세표, 감가상각비명세서
	가공자산 조사	가공자산이 포함되어있는 경우 조사 세무조정 : 가공자산 상당액을 손금산입(△유보) 처분하고, 귀속자에 따라서 상여 등으로 처분한다.	
유가증권	취득가액 조사	주식취득 가액의 적정성 여부 유가증권을 특수관계자인 개인으로부터 유가증권을 시가에 미달하게 매입하는 경우에는 매입가액과 시가와의 차액을 익금(유보) 처분한다.	유가증권취득대장, 대물변제약정서, 출자채권명세서, 양도성예금증서
	평가방법 조사	❶ 평가방법에 신고 유무 확인 무신고 시는 총평균법으로 세무조정 한다. ❷ 유가증권의 평가차손익 발생 조사 세무조정 : 영업외수익으로 계상한 경우 : 익금불산입(△유보) 잉여금 또는 자본조정을 증가 계상한 경우 : 익금산입(기타), 익금불산입(△유보)	

계정과목		체크리스트	참조서류
유가증권	기타 조사 사항	❶ 주식배당, 무상주 발급, 대물변제 등으로 취득한 주식의 조사 세무조정 : 무상주 발급 시에는 의제배당 문제가 대두될 수 있다. ❷ 가공 유가증권이 있는지 여부 파악. 특히, 건설업의 경우 출자채권이나 양도성예금증서를 일시적으로 구입하는 경우	

부채 항목의 세무조사

계정과목		체크리스트	참조서류
지급어음	어음잔액조사	❶ 거래처의 받을어음 잔액과 차이 조사 세무조정 : 가공 부채의 경우 익금산입 유보 처리했다가 결제되어 나갈 때 귀속자에게 상여 등 처분한다. ❷ 가공매입에 대한 지급어음의 발행 여부 조사 세무조정 : 자산을 익금불산입 (△유보) 처리하고, 지급어음은 손금불산입 (유보) 처리해 놓았다가 어음 결제 시에 익금산입하고, 귀속자에게 상여 등 처분한다.	어음대장, 융통어음 대장
	미결제 어음 조사	장기 미결제된 지급어음에 대해서 조사 세무조정 : 장기 미결제되어 지급의무가 없어진 경우에는 채무면제이익으로 처리한다.	
	기부금 조정	어음 지급한 것을 기부금으로 처리한 경우 조사 세무조정 : 기부금은 현금주의이므로 손금불산입 (유보) 처리되었다가, 실제 결제 시에 손금추인하고 시부인 계산한다.	
	융통어음조사	융통어음과 세금계산서의 가공 발행이 맞물려 있으므로 이에 대한 조사	

계정과목		체크리스트	참조서류
외상매입금	잔액조사	❶ 거래처의 외상매출금과 업체의 외상매입금을 차이 조사 ❷ 가공 외상매입금 여부 및 계정별 (-)금액 확인 ❸ 관계회사 및 지점에 위장가공거래 여부 및 거래단가, 대금지급방법, 거래 조건이 일반 거래와 차이가 있는 경우에는 부당행위계산부인의 해당 여부 조사	외상매입금대장
미지급금	잔액조사	❶ 거래처의 미수금과 업체의 미지급금의 차이 조사 ❷ 가공미지급금 조사 세무조정 : 가공자산을 미지급금 처리한 경우에는 가공자산을 익금불산입 (△유보) 처리하고, 미지급금은 익금산입(유보)로 처리했다가, 미지급금의 실제 지급 시 손금부인하고 상여 등으로 처분한다.	미지급금대장
차입금	특수관계인조사	❶ 특수관계인으로 부터 자금 차용 여부 확인 ❷ 특수관계자에게 차용한 경우 적정이자율로 설정했는지 여부	차입금대장, 특수관계인명부, 이자지급내역
	잔액조사	상대방의 대여금과 업체의 차입금의 차이 여부 조사	
	가공차입금조사	❶ 개인 차입금을 법인 차입금으로 회계처리 한 것이 있는지 여부 ❷ 캐피탈 등의 가액을 법인 차입금으로 전용하였는지 여부 ❸ 각종 이자비용을 통해서 부외 차입금이 있는지 조사	

계정과목		체크리스트	참조서류
가수금	다액의 가수금 조사	❶ 차입금이 가수금 처리하고 있는지 여부 ❷ 자금의 원천 없이 장부에 다액의 가수금이 입금되어 있는지 여부 조사 세무조정 : 다액의 가수금이 들어 오는 경우는 매출누락을 의심해 볼 수 있으므로 이에 대비해야 한다. ❸ 장기간 반제하지 않는 가수금 여부 파악 ❹ 가수금 반제 형식으로 대표이사 등에게 기업자금을 지급한 흔적 조사	

자본 항목의 세무조사

계정과목		체크리스트	참조서류
자본금	위장주주조사	출자금에 대한 주주의 자금출처조사 : 위장 주주의 경우 증여세의 과세	주주명부, 주식증여, 양수도 계약서, 증자계약서, 감자, 증자확인서, 합병평가서, 출자확인서, 법인등기부 등본, 정관
	현물출자조사	현물출자 시 평가 금액의 적정성 여부 조사	
	과점주주여부	과점주주가 있는 경우 추가 취득세 부분 조사 통보	
	주식변동조사	❶ 주식변동 시 적정한 가액으로 변동했는지 조사 특히 특수관계자에 대한 주식의 저가 양도 시 양도소득세와 증여세가 함께 과세가 될 수 있음에 유의해야 한다. ❷ 불균등 감자, 증자, 불공정 합병 등 주식 변동사항 조사 및 불공정 자본거래 조사	

계정과목		체크리스트	참조서류
	기타 사항	신주인수권부사채, 전환사채의 적정한 발행과 주식전환 시 가액 조사 : 증여세가 과세될 수 있다.	
잉여금	자본 잉여금 조사	❶ 주식발행초과금, 감자차익, 합병차익 및 분할차익의 처리 조사 세무조정 : 위에 항목은 자본잉여금 항목이므로 익금으로 처리하면 안 된다. 특히, 주식소각이익을 익금으로 회계처리 한 경우에는 익금불산입 (잉여금 기타) 처리한다. 단, 합병(분할)평가차익은 익금에 산입한다. ❷ 자기주식처분손익의 조사 세무조정 : 자기주식처분손익은 각각 익금 및 손금 항목으로 처리해야 한다.	이익잉여금 처분계산서
	잉여금의 처분 조사	잉여금에서 임원에 대한 퇴직금 등의 지출 여부 조사 세무조정 : 잉여금을 임원의 퇴직금 등을 지급한 경우에는 이를 손금산입 할 수 없다. 단, 성과배분상여금 등은 손금산입 할 수 있다.	
	자본 전입 조사	이익잉여금을 재원으로 자본전입 한 경우 조사 세무조정 : 주주가 배당을 받은 것으로 보아 배당소득세를 원천징수하고, 소득세를 과세한다.	
	기타 사항	수입배당금의 익금불산입 사항조사	

06 수익과 비용항목의 세무조사

매출 항목 세무조사

계정과목		체크리스트	참조서류
매출	매출 조사	❶ 매출실적의 주기적인 파악으로 매출실적 비교분석 조사 ❷ 매출누락분을 조사 : 특히 다액의 가수금 유입에 유의해야 한다. ❸ 온라인 송금에 의한 매출 누락 여부 조사 ❹ 신용카드 및 현금영수증 매출 누락 여부 조사 : 신용카드 수수료 역산해서 규모 파악 가능	매출장, 신용카드 및 현금영수증 월별 집계표, 세금계산서 및 계산서
	수익 실현시기	❶ 매출을 의도적으로 다음 연도로 이월 여부 조사 ❷ 수익 실현 시기의 적정한 적용 여부 ❸ 세금계산서 발행 시기와 수익실현 시기 차이 조사	
매 출 에누리	부당계상 조사	매출에누리를 부당하게 혹은 과대하게 처리한 것이 없는지 조사	전표
매출 할인 판매 장려금	비용처리 조사	❶ 매출할인을 비용 처리했는지 여부 조사 세무조정 : 실제 중소기업에서는 매출할인을 영업외비용으로 계상하기도 한다. ❷ 사전약정 없이 행한 매출할인 및 판매장려금의 지급처리 조사 세무조정 : 이는 기업업무추진비 시부인 대상이 된다. ❸ 가공 매출할인, 판매장려금의 여부 조사	전표

제조원가 및 매출원가항목

계정과목		체크리스트	참조서류
제조원가	원가산정 조사	제조원가 비용을 일반 판관비로 처리한 경우 조사	제조원가 명세서
	원재료비 조사	❶ 원재료의 과대계상 조사 ❷ 원재료 용기와 원재료 사용량의 비교 · 분석 조사 ❸ 기계작동 시간 대비 제품 생산량 비교 · 조사 ❹ 부산물 등 잔량의 조사	
급여	급여 퇴직금 조사	❶ 과대계상 및 가공인물에 대한 급여 및 퇴직금 지급 조사 ❷ 일용직 급여자의 가공지급은 없는지 조사 ❸ 임원, 주주에게 다른 직원과 달리 지급한 급여, 상여금, 퇴직금은 없는지 조사 ❹ 계속 근무자에게 퇴직금을 지급했는지 조사 ❺ 퇴직금 지급규정대로 이행했는지 조사(특히 임원 등)	급여대장
복리후생비	복리후생비	❶ 복리후생비 속에 기업업무추진비가 있는지? 여부 조사 ❷ 주택보조금의 유무 조사 ❸ 조합이나 단체에 지출한 복리후생비는 없는지 조사 세무조정 : 사용인이 조직한 조합이나 단체가 법인인 경우는 기업업무추진비로 보아 시부인 계산한다. ❹ 임원의 보험료(국민연금, 건강보험, 고용보험)를 대신 납부한 것은 없는지 조사 세무조정 : 대신 지급 시 귀속자의 근로소득으로 본다.	전표, 4대 보험 관리대장
매출원가	과대계상 여부조사	❶ 매출원가 과대계상 여부 조사 ❷ 가공매입으로 원가의 과대계상 여부 조사	재고수불부, 전표

계정과목		체크리스트	참조서류
		❸ 단가와 수량의 조정으로 원가 과대계상은 없는지 조사	
	원가 대체조사	❶ 원가 대체가 적절히 이루어졌는지 조사 ❷ 재고자산 감소분 및 타계정대체액의 조사	

일반관리비항목

계정과목		체크리스트	참조서류
광 고 선전비	비용 조사	❶ 과대계상 광고선전비 유무 조사 ❷ 공동광고비의 분담 비율의 합리적인 계산조사 ❸ 견본품의 처리 조사	전표
기업 업무 추진비	기업 업무 추진비 누 락 조 사	❶ 임원에게 기밀비가 지급되는지 여부 조사 ❷ 기업업무추진비 성격을 다른 비용으로 분류했는지 조사 ❸ 사업상 증여가액을 기업업무추진비로 분류했는지 조사 ❹ 접대비 중 재고자산, 건설 중인 자산, 고정자산 등 자산 계상한 것이 있는지 조사	전표, 신용카드 명세서, 한국표준 산업분류 표
	기간 귀속 조사	기업업무추진비의 가지급금, 선급금으로 처리 유무 조사 세무조정 : 기업업무추진비의 시부인은 기업업무추진비가 이루어진 때 행하는 것인바, 가지급금과 선급금을 각각 손금산입 (△유보) 처리하고 동시에 기업업무추진비 시부인을 행한다.	
	비용 조사	❶ 3만 원 초과분 법인카드 결제 유무 확인 ❷ 중소기업에 해당유무 조사	
여 비 교통비	규정 유무조사	❶ 여비교통비 규정 유무 조사 ❷ 가공 계산한 여비교통비 유무 조사	여비교통비명세서

계정과목		체크리스트	참조서류
		❸ 전도금 계정상 여비교통비 정산이 일어나는지 조사 ❹ 해외출장여비 중에서 업무와 관련이 없는 여비 조사 ❺ 동반자를 수행하는 여비교통비 조사	복명서, 지출결의서, 전표
대 손 상각비	대손 요건 조사	❶ 대손요건 충족 여부 조사 : 대손 요건을 충족하는 서류의 조사 ❷ 대물변제로 취득한 자산은 부외자산으로 처리하고, 차액을 대손 처리했는지 여부 조사 ❸ 대손세액공제의 공제유무 조사 ❹ 소멸시효 완성 후 손금으로 산입한 채권 유무 조사	부도어음대장, 전표, 대물변제 약정서

영업외수익과 비용항목

계정과목		체크리스트	참조서류
이자 수익	누락 여부 조사	❶ 대여금, 예금 등에 대해서 이자수익 계상 여부 조사 세무조정 : 원천징수세액납부명세서와 이자수익을 대조해서 이자수익이 누락된 경우에는 익금산입하고, 아직 미수인 상태의 경우에는 유보 처분하며, 수령한 경우에는 상여 등으로 처분한다. ❷ 무이자 대여금의 유무 조사	법인통장, 전표
	부당 대여 조사	무이자, 낮은 이율로 대여 여부 조사 세무조정 : 특수관계자에게 무이자, 낮은 이율로 대여한 경우에 이자수익 계산액과 인정이자를 계산해서 그 차액을 익금산입하고 상여 또는 기타사외유출로 처분한다.	
배당금	누락여부조사	❶ 배당금에 해당하는 유가증권의 유무 조사 ❷ 무상주 배당금에 대한 주식의 자산 유무 조사	배당금 지급내역

계정과목		체크리스트	참조서류
이자비용	비용 적정성 조사	❶ 지급이자 손금불산입 규정의 적용 시 순서 조사 ❷ 적수 계산 시 날짜 및 적수의 적정성 조사	전표, 이자지급내역
	기간 귀속 조사	❶ 선급이자의 계상 여부 조사 세무조정 : 선급이자는 기간이 경과 하면, 손금산입한다. ❷ 미지급이자 계상의 과대계상 조사 지급하지 않아도 되는 미지급이자를 계상한 경우는 손금부인하게 된다.	
기부금	종류분류조사	❶ 기부금 종류 분류 조사 ❷ 사업과 관련 없이 정상가액보다 고가 매수, 저가 매도한 것이 없는지 조사 : 기부금 시부인 대상이다.	기부금 명세서, 전표
	기간 귀속 조사	❶ 가지급금이나 선급금으로 처리된 기부금의 조사 ❷ 설립중에 있는 공익법인에 대한 기부금 처리 조사 세무조정 : 설립중에 있는 공익법인에 기부금을 지급하는 경우는 그 법인이 설립허가 및 인가가 된 때에 출연한 것으로 본다.	

부가가치세 신고·경정 사항 연계 검토

1. 법인세 수입금액과 부가가치세 과세표준과 차액 검토

조정 후 수입금액명세서의 부가가치세 과세표준과 수입금액 차액내역을 검토해서 매출누락 여부 등을 확인해야 한다.

2. 대손세액공제액의 대손처리 여부

매출세액에서 차감해서 신고 · 납부한 대손세액을 법인세법에 의한 대손금으로 손비 계상 여부 확인(부가가치세 신고 시의 공제받은 대손세액은 외상매출금에서 차감해서 대손처리 해야 한다.)

3. 매입세액 불공제분의 검토

매입세액불공제 분 중 기업업무추진비 해당액에 대한 부가가치세를 기업업무추진비 한도액 계산 시 포함하였는지 확인해야 한다.

4. 의제매입세액 회계처리 내용 검토

부가가치세 매출세액에서 공제받은 의제매입세액의 익금산입 여부

5. 부가가치세 신고서와 법인세 신고서 상의 부속명세서에 의거 임대보증금의 일부를 간주익금 계상누락 여부 대조

전대업 법인이 전대 보증금 수령액에서 임차보증금 지급액을 차감하고 계산한 경우

→ 전대 보증금 총액에 대해 간주익금 계산

임차인 입주 전에 미리 받은 임대보증금은 받은 날로부터 간주익금 계산한다.

6. 부가가치세 경정 사항 검토

가공매입세액계산서를 발급받아 매입세액을 부당공제 받아 부가가치세를 경정한 경우 동 가공매입금액은 가공원가에 해당하므로 법인소득 계산상 손금부인한다.

07 업종별 세무조사 대처법

제조업

1. 일반적인 조사 사항

매출액 적정성 여부

❶ 매출 과대계상 사항에 대한 유무 확인(분식회계)

❷ 세원 관리가 취약한 자와의 거래 유무 확인

❸ 부산물의 매출 반영 확인

❹ 매출누락 사항의 유무 확인

제조원가 적정성 여부

❶ 과년도 대비 매출액 대비 제조원가의 실적 비교

❷ 사업연도 말 대량 매입해서 당해 연도에 제조원가로 반영한 것이 없는지 확인

❸ 부가가치세 신고서상 매입금액 대비 제조원가가 과다하게 계상되었는지 여부 확인

비용의 적정성 여부

❶ 급여 부분의 적정성 여부(일용직 급여 포함)

❷ 관계회사 부담분 비용을 전액 부담한 사항 확인

❸ 가공 외주 용역비의 발생 유무 확인

❹ 기타비용의 과다 확인

❺ 각 영수증의 금액 확인

2. 대처방안

❶ 업종별 평균 생산수율을 점검 확인

업종별 평균 사항은 한국은행에서 매년 발행하는 '기업경영분석자료' 를 참고하면 된다. 각종 분석 자료는 평균치가 되므로 이에 대한 각 업체의 분석 자료를 가지고 관리해 나가야 할 것이다.

❷ 특이사항 체크

유행에 민감한 경우, 매출액이 급감하거나 급증하는 경우 등 특이사항을 체크 한다.

도소매업

1. 일반적인 조사 사항

❶ 매월 말, 매년 말에 과다한 매입으로 원가를 잡지는 않았는지 여부

❷ 유형자산을 재고자산으로 잡았는지 여부

❸ 소매 분 중에서 도매분이 포함되어 있는지 여부

❹ 소매 분 중에서 무자료 거래한 것은 있는지 여부

❺ 소매 분 중에서 현금매출 누락 한 것이 있는지 여부

❻ 원거리 매입처와 단일 거래로 규모가 큰 것은 없는지 여부

❼ 가공세금계산서 수취 여부 확인

2. 대처방안

고급 제품(외제품, 사치성 품목)을 도소매하는 경우는 중점 관리 대상으로 편입될 가능성이 매우 크므로 기장단계에서 철저한 관리가 중요하다.

수입해서 도소매하는 업체는 수입 부분에서 매입원가의 통제가 중요하며, 매출단계에서 현금매출 누락이 없는지 미리 확인해야 한다.

계절적인 영향이 있다면 이에 대해 대비도 해야 할 것이다.

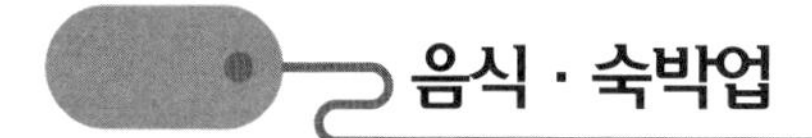

음식 · 숙박업

1. 일반적인 조사 사항

❶ 원 · 부재료, 주류 매입 시 매입장부와 매입 세금계산서의 차이 조사

❷ 실제 종업원 수와 근로소득세 신고한 내역 조사

❸ 의제매입세액의 적정성 여부

❹ 업체에서 쓰는 원시 매출장부와 신고 매출액의 차이 조사

2. 대처방안

❶ 입회조사의 대처방안이다.

입회 조사 시 매상이 가장 오르지 않는 요일을 선택해서 입회조사 요청을 하는 경우가 될 것이다.

❷ 주류업은 주류수불부를 중점 관리해야 하며, 서비스업은 봉사료 관리가 매우 중요하다. 숙박업은 소모품의 관리가 매출누락과 직결되므로 이에 대한 적절한 활용이 요구된다.

❸ 원시 매출장에 대한 관리 철저

원시 매출장에는 업체에서만 알 수 있는 용어로 매출을 작성한 것이 있는데, 이에 대한 관리가 철저히 이루어져야 한다.

❹ 개별소비세의 관리 철저

개별소비세는 일정 규모의 유흥주점 등에 붙는 세금이나 이에 대한 면밀한 검토는 절세를 할 수 있는 방법이 생길 수 있다.

건설업

1. 일반적인 조사 사항

비용의 적정성 여부

❶ 원재료비 및 장비 사용료에 적절한 사용 확인

❷ 잡급의 가공지급 여부 확인

수익의 적정성 여부

❶ 진행률에 의한 공사수익 계산 여부 확인

❷ 설계변경에 따른 추가 공사수입금액의 누락 여부 확인

❸ 비 사업자와의 거래 후 매출누락 확인

❹ 모델 하우스, 폐자재 매각에 따른 수입금액 누락 확인

❺ 현장 소장을 통한 불법 거래는 없는지 조사

부가세 신고 적정성 여부

❶ 공통매입분의 적정성 여부

❷ 공통매입 안분계산 적정성 여부

❸ 면세 관련 부분의 계산서 수취 여부 확인

❹ 대물변제 관련 세금계산서의 적정성 확인

2. 대처방안

❶ 공사수익 적정화이다.

공사수입은 진행기준이 원칙이므로 진행기준에 따라서 공사수익을 인식할 수 있도록 시스템을 갖춰야 한다. 기성고에 의해서 달리 발행되는 세금계산서가 없는지도 파악해 두어야 할 것이다.

❷ 각 현장별 관리 철저

공사현장이 많이 산재하여 있으므로 각 공사별 책임자를 선정해서 정확한 결제 시스템에 의해서 관리되어야 한다.

현장 소장의 의해서 저질러질 수 있는 실수를 본사에서 파악하고 있

어서 세무조사 시 적절한 대처를 해야 한다.

❸ 가공세금계산서 수취 관리 철저

건설업의 경우에는 상거래 관행으로 가공세금계산서를 주고받는 경우가 있으나, 이는 자살행위와 마찬가지이다. 현재 세금을 줄일 수 있을지 모르나 결국 그 금액만큼 세금을 내게 된다. 최악의 경우는 사업을 영위하지 못할 수도 있다.

❹ 일용직 급여의 관리 철저

세법상 일용직 급여 관리체계가 강화되므로 이에 대한 철저한 대비가 필요하다. 또한 지난 연도에 대한 일용직 지급을 반드시 한번 점검해 보아야 한다. 현장별로 썼던 일용직 인원을 여러 번 사용하는 경우는 적출사항의 표적이 된다.

08 부가가치세, 법인세, 소득세 세무조사 대처 포인트

부가가치세 세무조사

1. 중점관리업종의 매출누락

• 고소득 전문직

변호사 · 변리사 · 법무사 등이 현금결제 유도 · 차명계좌 이용 등으로 세금을 탈루

• 성형외과 · 피부과 등 의료업

쌍꺼풀 · 코 성형 · 유방 확대 수술 등 부가가치세 과세대상 매출을 면세로 신고 및 현금결제 할인

• 유흥주점

차명계좌로 입금받은 외상매출 신고누락, 주대를 봉사료로 변칙처리 · 과다계상, 주류 종류별 매입내역으로 환산한 매출금액 대비 수입금액 과소신고

• 귀금속 · 집단상가

무자료 거래가 많은 귀금속 및 집단상가에 대한 관리 강화

• 부동산임대

임대인이 상대적으로 우월적 위치를 이용해서 임차인에게 재산세 등을 전가하거나 이중계약서 작성 등으로 매출신고누락

• 프랜차이즈 가맹점

가맹점 본사로부터 POS 매출자료를 수집해서 과소신고 여부 분석

2. 매입세액 등 부당공제

• 신용카드 · 현금영수증 매입세액

공제대상이 아닌 간이과세자 · 면세사업자 거래분, 사업과 관련 없는 가사 관련 경비, 실제 거래금액보다 과다 기재분에 대해 매입세액 부당공제, 신용카드 등 발행세액 공제 한도 초과

• 비영업용 승용차 관련 매입세액

개별소비세 과세대상 자동차 구입 · 임차(리스료) · 유지(주유비 등)에 따른 매입세액을 부당공제

• 접대관련 매입세액

사업과 무관하거나 접대목적으로 구입한 골프회원권 등의 매입세액을 부당하게 공제

• 폐자원 등 의제매입세액

직원 · 친지 등의 주민등록번호를 이용하거나 사업자 구입 분을 비사업자(개인)로부터 구입한 것으로 신고해서 부당하게 공제

• 면세 전용

주거용으로 사용 · 임대하는 오피스텔 구입 관련 매입세액을 부당하게 공제

• 위장 · 가공자료 수취

재화 또는 용역을 공급받지 않고 세금계산서를 발급받거나, 재화 또는 용역을 공급받았으나 공급자가 아닌 타인의 명의로 발급받은 세금계산서로 매입세액공제

• 공급시기 적용오류

세금계산서는 거래시기에 발급해야 하나 거래시기가 아닌 때 발급받은 세금계산서로 매입세액 부당 공제

• 토지 관련 매입세액

토지의 조성 등을 위한 자본적 지출과 관련된 매입세액은 공제대상이 아니나 부당하게 공제

• 면세사업 관련 매입세액

국민주택규모 이하 주택신축판매업 등 면세사업과 관련된 매입세액은 공제 대상이 아니나 부당하게 공제

• 사업과 관련 없는 매입세액

국가 · 지방자치단체의 경우 부동산임대 등 과세사업 이외의 고유목적사업 관련 매입세액(청사신축 비용 등)은 공제 대상이 아니나 부당하게 공제

• 공통매입세액 안분계산 오류

과세사업과 면세사업에 공통으로 사용되는 재화 또는 용역에 대한 매입세액 중 실지 귀속을 구분할 수 없는 경우에는 면세사업이 차지하는 비율에 따라 안분계산해서 불공제해야 하나 재계산 누락

• 폐업 시 잔존재화

시설투자, 기계장치 매입 등으로 조기환급 받은 후 폐업 시 잔존재화

로 신고 누락

• 사업의 양도 관련 부당 공제

사업양도의 경우 과세 대상이 아니므로 세금계산서를 발급할 수 없음에도 세금계산서를 발급받아 부당공제

사업의 양도인 경우에도 세금계산서를 발급하고 양도자가 신고 · 납부한 경우에는 매입세액공제 가능

• 매출누락 등

중간 지급 조건부의 경우 "대가를 받기로 한때" 에 매출로 신고해야 하나 실제로 받은 금액만을 신고

• 재고과다 신고

매출 · 매입 세금계산서 합계표 분석 결과 실제 상품재고가 없음에도 현금매출 등을 신고누락하고 상품재고 누적으로 일반 환급 신고

3. 유통 질서 문란 행위

구리 스크랩, 고철, 석유류 등 무자료 거래 및 거짓 세금계산서 수수가 많은 고금, 고철 · 비철금속, 석유류 판매업

법인세, 소득세 세무조사

• 법인세의 경우 매출누락 또는 가공원가 계상 등으로 기업자금을 변칙적으로 유출한 법인

• 수출입가격 조작 또는 해외 발생 소득의 국내 미반입 등 국제거래

를 이용한 탈세 행위와 국내 탈루소득의 해외 변칙 유출행위 법인

• 비업무용부동산 또는 주식 등을 과다하게 보유해서 투기 혐의가 있고 비생산적인 기업 운영 등으로 세금을 탈루한 법인

• 과다한 자금을 차입해서 기업 운영자금에 투자하지 않고 변태 유출해서 대표자의 사적 유용 등 다른 목적으로 사용한 혐의가 있는 법인

법인의 대표자 · 기업주 또는 그의 가족이 신고소득에 비해 소비금액이 과다하거나 소비 조장업소 출입 또는 빈번한 해외관광 여행 등 호화 · 사치 생활을 하는 관련 법인

09 금융거래 세무조사 대처 포인트

예금에 대한 세무조사는 주로 예금잔액과 예금잔액증명서상의 대조를 통해서 예금의 적정성, 이자수익의 적정성 및 당좌계정 및 보통예금 계정의 수불내역을 검토하는 방식으로 이루어지므로 이에 대해서 기업이 주의해야 할 체크 사항을 살펴보면 다음과 같다.

예금잔액과 예금잔액증명서 상의 일치 여부

❶ 실제 통장상의 잔액과 예금잔액증명서 상의 잔액이 일치하는 지 여부를 확인하고 불일치 시에는 그 원인을 파악해 두어야 한다.
조사담당관은 실무자가 장부상의 잔액과 은행예금잔액증명서를 대조해서 작성한 잔액조정표에 의해서 검토를 하며, 이것이 이상이 있는 경우 조사담당자가 직접작성을 해서 검토를 하게 되므로 이상 원인에 대해서 회사 관리자가 충분한 답변을 할 수 있도록 준비를 해두어야 한다.

❷ 회사계좌와 대표자 개인계좌를 분명히 구분해 두어야 한다. 즉, 불분명한 계좌관리에 주의를 필요로 한다.

소규모 법인과 개인회사의 경우에는 회사통장과 대표자 또는 사장의 개인통장을 혼용해서 사용하는 경우가 많은 데 이 경우 회사자금을 개인이 유용한 것으로 오해를 살 수 있으므로 양 통장을 구분해 두어야 한다.

❸ 특수관계자 및 그 가족의 예금계좌에 주의를 요한다.

회사자금의 이상이 발생 시 대표자 개인뿐만 아니라 특수관계자에 대한 금융거래를 파악할 수 있으므로 사전에 특수관계자와 회사의 거래를 명확히 해두어야 한다.

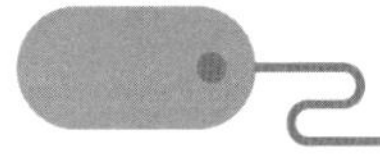

예금이자 관리

예금의 장부상 잔액과 실제 잔액과의 차이를 검토하는 것이 1차적 조사라면 2차로 회사의 금융거래를 통해서 발생하는 이자수익을 조사하는 것이므로 담당자는 회사의 금융거래뿐만 아니라 특수관계자와의 거래에 있어서 적정이자를 수취하고 이를 적절히 기록하는 데 유의해야 한다.

예를 들어 특수관계자와의 거래 시 편법적으로 적은 이율을 적용해서 실질적으로 혜택을 주는 경우 동 내역이 적발되면 부당행위계산으로 세금을 추징당하게 되므로 특히 유의해야 한다.

우선 세무조사 시 이자수익에 대해서는

❶ 부외자산의 유무 확인

❷ 이자계산서 및 통지서 내용 검토를 통한 이익률로 볼 때 별도예

금의 존재 여부

❸ 이자수익과 제 예금의 감소액을 대조해서 적부 여부 검토

❹ 이자수익 기록상의 오류 여부 등을 주요 점검 사항으로 하고 있다는 점을 참고하기를 바란다.

예금거래 기록

예금거래의 기록과 관련해서는 기업이 가공매입을 통한 외상대금을 지급하는 형식으로 비자금 조성을 많이 하므로 불분명한 입출금 기록이나 송금오류로 인한 정정, 중복거래의 기록에 주의를 요한다.

예금거래기록에 대한 세무조사는 주로 불분명한 입·출금 여부, 대체거래, 중복·정정 거래, 거래 상대 거래처와의 거래 여부에 초점이 맞춰지므로 이 점에 유의해야 한다.

10 기업업무추진비의 세무조사 대처 포인트

법인세법상 접대비는 업무와 관련되어 지출한 접대비, 교제비, 사례금 등으로 과세처리상 특징은 한도액 내에서만 손금으로 인정하고 있다. 특히 세무회계에서는 업무 관련 지출이더라도 세법이 정한 한도까지만 손금산입하고 초과액은 손금불산입하고 있어 세무조사 시 주요 적출 대상이 되고 있다.

이에 국세청이 기업 세무조사 시 기업업무추진비와 관련해 어떠한 사안에 대해 집중적으로 조사를 하는지 살펴본다.

모든 기업업무추진비를 합산해 시부인 계산했는지?

국세청은 기업을 대상으로 세무조사에 착수하면 우선 기업업무추진비 시부인 계산에 있어서 계정과목에도 불구하고 모든 기업업무추진비를 합산했는지부터 조사한다.

기업이 비용으로 계상한 기업업무추진비와 재고자산, 건설 중인 자산, 고정자산 등의 자산으로 계상한 기업업무추진비를 비롯해 사용인이 조직한 법인인 단체에 지출한 복리시설비를 기업업무추진비 시부인 대상에 포함했는지 여부도 면밀히 조사하고 있다.

국세청은 세무조사를 통해 기업업무추진비, 교제비, 사례금 기타 여하에 불과하고 이와 유사한 성질의 비용으로 사용된 거래처의 접대, 향응을 위한 것 가운데 법인의 업무와 관련해 지출한 경우 전부 합산해서 기업업무추진비 시부인 계산 대상에 포함됐는지? 여부를 꼼꼼히 조사하고 있다.

기업업무추진비를 가지급금, 선급금 등으로 이연처리 한 경우 지출한 사업연도의 기업업무추진비로 보아 손금산입하고, 동시에 기업업무추진비 한도액을 계산해서 손금으로 대체 처리한 사업연도에서 손금불산입하고 유보처분 했는지도 조사 시 살펴보는 대목이다.

판매장려금(품), 판매촉진비, 광고선전비, 회의비, 매출할인, 대손금, 여비교통비, 복리후생비, 수수료, 잡비 등 비용계정 내역을 검토해 지출목적 및 지출상대방 등을 기준으로 법인의 업무와 관련한 접대성 비용이 포함되어 있는지 중점 조사를 벌이게 된다.

대손금 중 약정에 의한 매출채권 등의 포기금액, 기업업무추진비 관련 부가가치세액 등을 기업업무추진비에 합산했는지 검토하게 된다.

특히 국세청은 골프 접대, 여행, 음식, 콘도미니엄, 제품제공 등 현물 접대의 경우에 시가에 적정한지? 여부를 꼼꼼히 조사하는 것이 내부 조사의 매뉴얼이다.

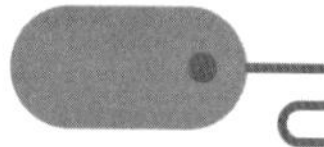

건설 중인 자산 등에 포함된 기업업무추진비가 있는지?

국세청은 자산으로 처리한 기업업무추진비를 포함해서 기업업무추진비 한도액을 시부인 계산했는지 면밀히 조사하게 된다.
기업업무추진비 한도초과액이 당기에 손금계상 한 기업업무추진비보다 적은 경우는 기업업무추진비 한도초과액만 손금부인해서 기타사외유출로 처분했는지 꼼꼼히 따져 보게 된다.
국세청은 기업의 기업업무추진비 한도초과액이 당기에 손금계상 한 기업업무추진비보다 많은 경우에는 기업업무추진비 한도초과액을 손금불산입한 후 한도초과액 중 당기비용으로 계상한 기업업무추진비를 초과하는 금액은 자산계상한 기업업무추진비에서 건설 중인 자산 → 고정자산의 순서로 감액 처리했는지, 즉 손금산입하고 유보 처분했는지를 조사한다.

가공기업업무추진비가 있는지 조사

기업업무추진비 지출자의 담당업무, 경비지출 관련 사규 등 제반 상관관계를 종합적으로 고려해서 업무관련성 유무와 가공계상 여부를 조사하게 된다.
국세청은 건별로는 소액이나 일별 또는 월별 합계액이 많은 거래, 업무수행 장소와 원거리에 위치한 거래처, 고액 거래처 등에 대한 기업업무추진비의 경우 가공계상이나 위장거래 여부를 확인한다.
현물접대의 경우에는 세금계산서, 신용카드, 기타 관련 증빙이 동일한 거래에 대해 중복으로 계상되었는지 여부도 조사 대상 항목이다.
실제로 지출한 것이 없이 가공으로 계상한 기업업무추진비는 기업업무추진비 시부인 대상 금액에서 제외해서 손금불산입(기업업무추진비 시부인)해야 한다.

이 밖에 귀속이 분명한 경우에는 귀속자에 따라 상여 등으로 처분하고 귀속이 불분명한 경우에는 대표자에 대한 상여로 처분했는지도 살펴보고 있다.

1. 사적 경비를 기업업무추진비 등으로 계상하였는지 조사

공휴일에 지출한 기업업무추진비가 있는 경우에는 그 원인을 규명하고 임원 등의 사적비용을 손비로 처리했는지 국세청은 면밀히 조사를 벌이고 있다.

현물접대의 경우에는 반출증, 영수자의 성명 등 지출증빙을 철저히 조사해서 업무관련성 유무를 비롯해 임원 등의 사적 사용 여부를 상세히 조사하고 있다.

임원 등의 사적 경비를 기업업무추진비로 계상한 경우는 기업업무추진비 시부인 대상금액에서 제외하고 손금불산입(상여 : 근로소득으로 보아 근로소득세를 추징) 등으로 처분하도록 하고 있다.

2. 해외기업업무추진비의 적정 여부 조사

해외기업업무추진비는 지출증빙이 없는 경우가 많고 업무와 관련성도 확실하지 않는 경우가 다반사이다.

국세청은 이런 경우에는 지출자별 해외기업업무추진비 명세, 지출증빙, 해외출장계획서와 결과보고서 등을 확인, 업무관련성 유무를 대조하는 조사를 벌이고 있다.

해외기업업무추진비 가운데 허위 또는 업무와 관련이 없이 지출한 경우는 손금불산입하고, 귀속자에 따라 상여 등으로 처분하고 있다. 만약 귀속이 불분명한 경우에는 대표자에게 상여처분 했는지 확인하는 것도 세무조사 항목 리스트에 포함돼 있다.

3. 기업업무추진비 증빙 요건의 적정 여부 조사

국세청은 기업업무추진비의 경우 그 명목 여하에 불과하고 지출의 상대방, 지출목적, 지출금액, 지출내용 등을 고려해 법인의 업무와 관련이 있다고 인정될 수 있다고 보는 시각이 우세하다.

이에 따라 증빙서류와 내부통제 근거 등 객관적인 자료에 의해서 통상의 기업업무추진비는 물론 기업업무추진비 유사 비용에 대해서도 업무와의 관련성 여부를 자세히 검토하고 있다.

기업업무추진비 유사 비용은 당해 법인의 기장 내용, 거래 명칭, 거래 형식 등에 불구하고 그 거래의 실질 내용을 기준으로 기업업무추진비 해당 여부를 판단하는 경우가 대부분이다.

지출증빙이 없거나 허위 또는 업무와 관련 없는 지출로 확인되는 경우는 손금불산입하고(기업업무추진비 시부인 대상 금액에서 제외) 그 귀속자에 따라 상여 등으로 처분하며, 그 귀속자가 불분명할 때는 대표자에게 상여 처분하도록 하고 있다.

외부에서 구입한 상품 등을 거래처에 현물 접대한 경우 건당 3만원 초과분에 대해 증빙을 미수취한 경우는 손금불산입하고 기타 사외유출로 처분하고 있다.

4. 한도액 계산이 적정한지 조사

국세청은 기업업무추진비 한도액의 경우 1천 200만 원(중소기업 3,600백만 원) × 사업연도 월수/12 + 수입금액 × 적용률의 산식으로 적정성을 구분해 조사하고 있다.

수입금액은 기업회계기준에 의해 계산한 매출액(영업수익)과 일치하는지 조사 대상이다.

이때 국세청은 특수관계인 자와의 거래나 소비성 서비스업에서 발생한 수입금액은 적정한지? 여부를 꼼꼼히 따져 보고 있다.

국세청은 수입금액에 포함되지 않는 금액으로 매출에누리, 매출환입, 매출할인, 부가가치세법상 간주공급(현물접대 포함), 간주임대료, 기업회계기준과 세법의 차이로 인해서 손익귀속시기를 세무조정으로 익금산입한 금액, 부당행위 계산 부인에 따른 익금산입액 등을 꼽고 있다.

기업업무추진비 한도액 계산 시 중소기업 해당 여부, 사업연도 월수(신규법인 등) 적용률이 적정한지도 조사 시 검토하는 리스트 중 하나이다.

11 세무조사 파생자료의 처리

과세자료의 내용

거래상대방의 세무조사 등의 사유로 인해서 과세자료가 발생한 경우에는 조사처 관할 세무서의 조사내용을 상대방 관할 세무서에 통지해서 과세자료로 활용하도록 하는 자료이다. 이 자료는 주로 조사처의 매출 누락자료, 자료상 혐의자료(부당 매입세액공제 등) 등으로 상대방이 확인한 내용으로 상당한 신빙성이 있으므로 적극적인 대처가 필요하다.

조사파생자료를 통보받은 관할 세무서는 자료내용에 대한 진위여부를 납세자에게 확인해서 사실관계가 맞는 경우는 과세하게 된다.

자료내용이 사실인 경우 파생자료 소명

과세자료 내용(거래처 매입자료)이 사실인 경우는 수정신고를 하는 방안이 최선의 방안이다. 수정신고를 하는 방법은 상품매입액(누락)에 대한 매출여부를 확인해야 한다. 만일 매입만 누락되고 매출은 정상적으로 신고가 이루어진 경우는 매입원가 누락부분만 조정하면 된다.

그런데 일반적으로 매입이 누락되면 매출이 누락되는 경우가 대부분이다. 따라서 다음과 같이 세무조정을 통해서 수정신고를 하면 된다.

1. 부가가치세 수정신고

당초 신고한 부가가치세 확정신고서를 수정신고하면 된다. 당초 분은 적색으로 정정 분은 흑색으로 표시해서 신고와 동시에 자진납부 해야 한다. 이 경우 신고불성실가산세, 납부불성실가산세, 세금계산서 미발급가산세를 추가 부담한다.

2. 법인세 수정신고

법인세 신고기한이 지났으므로 결산조정을 불가능하고 신고조정을 통해서 수정신고 하면 된다.

매출누락액이 확인되지 않는 경우는 세무서에서 당해 업종 평균부가가치율, 매매총이익율, 당해 사업자의 평균부가율 등으로 매출을 환산해서 추계결정하게 될 것이다. 또한, 소득처분 시 매출 누락금액이 아직 회수되지 않은 매출채권으로 존재하는 경우는 소득처분은 유보로 하게 된다. 매출누락에 대한 상여처분은 부가가치세를 포함한 매출누락액 전액에 대해서 해야 한다는 견해와 매출총이익에 대해서만 해야 한다는 견해가 있으나 판례는 법인이 매출누락 사실이 있음에도 불구하고 그 매출액을 장부에 기재하지 않은 매출누락이 있는 경우에는 다른 사정이 없는 한 원가 상당액을 포함한 매출누락액 전액을 사외유출된 것으로 보아야 한다고 판시하고 있다. 이는 매출을 누락한 경우에도 비용은 누락 없이 전부 신고한 것이 통상적이라는 경험칙에 바탕을 두고 있는 것이다. 따라서 납세자가 매출누락금액 중에서 매출에 직접대응 되는 상품매입액을 지급한 경우에는 지급한 금액을 제외한 잔액만을 상여처분 해야 할 것이다.

3. 인정상여에 대한 수정신고

수정신고 시 인정상여 처분 금액에 대해서는 대표자의 근로소득으로 해서 재 연말정산을 하고 다음 달 10일까지 원천징수해서 납부해야 한다. 이 경우 인정상여에 대한 근로소득공제가 가능하므로 근로소득공제를 재계산한다.

자료내용이 사실과 다른 경우 파생자료 소명

자료내용이 사실과 다른 경우에는 해명자료를 제출기한 내에 적극적으로 소명해야 한다. 제출기한 내에 소명하지 않으면 고지가 되어서 불복청구 등을 통해서 구제받아야 하므로 어려움이 따른다.

? 위장·가공 자료상 혐의자료 과세자료의 소명

1. 자료상임을 알고 수취한 경우

상대방이 자료상임을 알면서도 세금을 포탈할 목적으로 소정의 수수료를 지급하고 자료를 수취한 행위는 자료상과 비교해서 나을 것이 없으므로 모든 불이익을 감수

해야 한다. 이 경우 자료를 수취한 자 또한 세무조사를 받을 가능성이 크다. 이 경우에는 수정신고 등을 통해서 적극적으로 대처하는 것이 필요하다. 이러한 사건이 결산확정 전 또는 과세표준 신고 전에 발견된 경우에는 결산에 반영하거나 세무조정을 통해서 가공비용을 비용계상하지 말아야 한다.

그리고 비용누락 된 부분이 있는 경우에는 그 비용으로 대체하는 방법도 고려해야 한다.

개인사업자의 경우 결산 확정 전에 가공자료가 발견된 경우 재무제표에 필요경비로 처리된 부분을 소득금액조정합계표상에 필요경비불산입 하는 세무조정을 해서 그 내용을 표시해주는 것이 좋다.

2. 자료상 자료임을 모르고 수취한 경우

거래상대방이 자료상임을 모르고 수취한 경우는 거래상대방으로부터 선량한 주의의무를 다했는가가 관건이다. 거래상대방이 정상 사업자인지를 사업자등록증, 사업장 현황, 명함 등을 확인하고 거래하는 등 최소한의 주의의무를 다한 경우는 위장거래임이 판명되더라도 매입세액공제를 받을 수 있다.

3. 사실상의 거래인 경우

자료상은 처음부터 모든 거래에 대해서 자료상 행위를 하는 것이 아니다. 처음에는 일부에 대해서 실거래를 하다가 어느 순간에 자료상으로 돌변하는 경우가 많다. 이 경우 자료상으로 판명되어 고발된 경우 처음 실거래를 하였다고 해도 자료상으로부터 세금계산서를 수취하였다는 혐의에서 벗어나기 어렵다. 따라서 이 경우에는 입증서류를 준비해서 적극적으로 소명해야 한다. 입증서류로는 세금계산서, 거래사실확인서, 거래명세서, 입금표 등은 거래신빙성 입증에 도움이 되지 않는다. 따라서 대금결제 증빙(은행입금내역, 어음, 수표 등), 운송일지, 설치장소확인증, 계약서, 배달증명, 입고확인서, 검수기록부, 실물 사진촬영 등 가능한 객관적인 증빙을 확보해서 소명하면 세무상 불이익을 면할 수 있다.

4. 위장거래인 경우

실물거래는 있었으나 공급자가 제3자의 세금계산서를 가져다 준 경우이거나 제3자로부터 수취한 경우이다. 이 경우에 실지거래한 당사자에 대한 입증만 가능하다면 채무 상 불이익을 최소화할 수 있다. 즉, 매입세액은 사실과 다른 세금계산서로 불공제되지만, 소득세나 법인세법상 필요경비 또는 손금으로 인정이 되어 추가적인 세금문제는 발생하지 않는다. 다만, 실사업자에 대해서 부가가치세나 소득세 등 관련세금을 추징하는 것은 당연하다. 위장사업자와의 거래분은 손금으로는 인정되지만 증빙불비가산세 2%는 부담해야 한다.

? 세금계산서 등 불부합 자료의 소명방법

1. 매출 과소혐의 자료

거래 및 신고내용이 정당한 경우 거래상대방의 매입 신고금액이 과다한 경우 세금계산서 사본, 거래명세서 사본, 거래상대방의 거래사실확인서를 첨부해서 정정신고분으로 소명하면 정상 거래임을 증명하는 데 무리가 없을 것이나 거래상대방의 폐업 등으로 확인서를 받을 수 없는 경우에는 대금수령 증빙, 매출자, 상품수불부 등의 사본 등 객관적인 증빙으로 소명한다.

2. 매입 과다혐의 자료

거래 및 신고내용이 정당해서 거래상대방의 매출 신고금액이 과소한 경우 세금계산서 사본, 거래명세서 사본, 거래상대방의 거래사실확인서, 무통장입금증 사본 등 대금지급 관련 증빙을 첨부해서 정정신고분임을 소명한다.

3. 전산 입력 오류 등

사업자등록번호 오류기재, 다른 거래처 합산 입력 등 전산입력 오류일 경우 수정신고서를 제출하고 사본을 첨부해서 단순 기재 오류로 정상거래임을 소명한다.

4. 세무서 입력 오류

부가가치세 신고서 및 매출 · 매입처별 세금계산서 합계표를 검토해서 정정신고분으로 과세자료 오류발생분임이 확인되는 경우는 부가가치세 신고서 및 매출 · 매입처별 세금계산서 합계표 사본을 첨부해서 정상 신고분임을 소명한다.

탈세 자료의 처리

일단 세무서에서 상대방 거래처의 자료로 인한 해명자료의 제출안내문을 받은 경우는 받은 날로부터 10일 이내에 해명자료를 제출하지 않으면 고지 결정되므로 기한을 지켜야 하며, 부득이 시간이 필요한 경우는 그 사유와 기간을 정해서 세무서에 고지한 후 연기를 받아야 한다.

과세자료는 통상 수입금액 누락과 허위경비 등인데 예전에는 거래상대방으로부터 과세자료 내용과 다르다는 확인서를 첨부하거나 완전한 누락이 아니고 실제로는 다른 사람과 거래하였다는 거래사실확인서 등을 첨부해서 소명하였으나 세무서에서는 이를 부인하고 금융거래사항이 확인되는 사안만 인정하고 있다.

예를 들어 갑에게 사 왔는데 세금계산서는 을이 발행한 것을 받았다는 식이다. 그러나 이때 쌍방의 확인서만을 제출한 경우는 세무서에서 이를 인정하지 않고 부가가치세 매입세액불공제와 경비를 인정받지 못하게 되고, 법인의 경우는 대표이사 상여처분까지 하게 된다.

이때는 실제로 돈을 갑에게 지불했다는 근거와 수불부 등의 기본 자료를 제출해야 하고 금융자료의 근거는 온라인 송금전표나 수표의 이서 등을 관련 금융기관에서 확인해야 한다.

이때 금액을 일부 현금을 줄 수도 있으므로 전액이 확인되지 않더라도 어느 정도만 밝힐 수 있다면 인정받을 수 있을 것이다.

12 세무조사 적발 사례

자료상 세무조사 사례

자료상이란 부가가치세 등을 내지 않을 목적으로 허위로 세금계산서를 끊어주거나 받는 대가로 일정한 수수료를 챙기는 업체를 말한다.

1. 가공자료에 대한 입증책임

사실과 다른 세금계산서에 대한 입증책임은 원칙적으로 과세관청에 있다. 단, 가공거래임이 과세관청에 의해 상당한 정도로 증명되는 경우는 해당 거래가 실제로 있었다는 것의 입증책임은 납세의무자에게 전가될 수 있다. 즉, 납세의무자가 가공거래가 아님을 입증해야 한다(대법원 2005두16406).

2. 자료상 행위자의 부가가치세 환급여부

자료상 행위자가 가공세금계산서를 발급하고 부가가치세를 납부를 한 경우, 가공세금계산서가 부인되어도 납부한 세금은 돌려받을 수 없다. 단, 부분 자료상의 경우 가공매출에 대해 수정세금계산서를 발행하여 경정청구 한 경우에는 매출감액으로 발생하는 환급세액은 환급이 가능하다(부가가치세과-783, 2013.08.30.).

3. 여러 계정과목에 증빙 없는 경비를 소액 분산

제조원가 명세서의 여러 계정과목에 증빙 없는 경비를 소액 분산하는 방식으로 가공경비를 계상하여 법인세를 신고했다.
이 경우는 손익계산서에 직접 드러나는 비용계정을 직접 건든 것이 아니라, 제조원가명세서를 건드려서 제품의 가액을 뻥튀기한 케이스이다. 물론, 해당 제품이 그대로 자산으로 남아 있지는 않았고, 매출원가로 손금으로 반영이 되어 있다.
조사국은 손익계산서와 제조원가명세서의 세금계산서 등 법정지출증빙을 수취해야 할 항목과 실제 수취금액을 비교 분석해서 금방 혐의금액을 도출해 냈다.
혐의금액 = 법정지출증빙수취 대상금액 - 법정지출증빙 수취금액

4. 자료수취자의 가공매입 관련 소득처분

가공매입과 관련해서 해당 금액이 사외유출 되었다면, 대표자 상여로 처분된다. 수정신고 기한까지 유출된 금액을 법인 내에 돌려놓고 수정신고를 한 경우 사내유보로 처분할 수 있다.
하지만, 과세 관청의 경정이 있을 것을 미리 알고 한 경우에는 상여처분된다. 여기서 상여처분 된다는 것은 급여로 보아 세금을 납부해야 한다는 의미이다.

제조업 세무조사 사례

1. 계정과목 처리에 유의한다.

A사는 목재보드를 생산하여 매출하는 업체로서 매출 부분은 계열회사의 물류업체에서 관리하고 있어서 수입금액을 누락할 가능성은 희박하였다. 다만, 고정자산 또는 원재료 가공계상을 통하여 회사자금을 부당하게 유출하고 있었다.
조사국에서 세무조사에 착수하여 각 계정과목별로 회계처리 내역을 조사하는 과정에서 임시계정과목인 가지급금으로 계상된 금액이 많이 계상되어 있는 것을 보고 이 부분에 대해서 중점적으로 조사하였다.
그 결과, 업무추진비, 용역비 등의 명목으로 가지급금을 지출하고 정산하는 과정에서 증빙 없이 구축물 또는 원재료 등의 가공자산을 계상하는 방법으로 기업자금을 부당하게 유출해 왔다는 것을 적출하였고 이에 대한 세액을 추징하였다.
위 사례는 가지급금 계정과목에서 의문점이 발생하여 이를 중점적으로 조사한 것으로 가지급금 및 가수금 계정과목은 조사국에서 1차적으로 검토하는 계정과목이므로 반드시 사전에 검토한 후 대비를 해야 한다.

2. 가공의 인건비를 계상하였다.

신용불량자, 노숙자 등의 명의를 이용하여 가공의 인건비를 계상하고, 실제 지급하지 않은 증빙 없는 경비를 손익계산서 등의 기타 항목에 기재한 후 법인세를 신고했다.

조사국에서 세무조사에 착수해서 급여 지급내역과 소득자의 인적 사항, 외주비 지급내역과 사업자가 제출한 해명자료 등을 조사, 비교 분석하여 가공 인건비를 계상하고 있다는 것을 적출하였다.

그 결과 가공계상 급여와 외주비 등을 손금 부인하고 대표자 상여 처분되어 법인세뿐만 아니라 대표자의 근로소득세까지 추징당하는 결과가 발생했다.

3. 불공제 세금계산서로 공제받은 경우

세금계산서 발행 능력이 없는 면세사업자, 간이과세자로부터 재화를 공급받고 세금계산서를 수취하여 부가가치세 신고 시 매입세액으로 공제하여 신고했다.

조사국에서는 면세사업자 및 간이과세자가 발급한 전자세금계산서 내역과 거래처의 부가가치세 신고내역을 비교 · 검증해서 매입세액을 부당공제한 사업자에 대하여 수정신고를 권장하는 등의 방법으로 부가가치세를 추징하였다.

인건비 부분이나 부가가치세 매입세액 부분은 상대방과의 비교 · 검증이 가능하므로, 직접 세무조사가 나오지 않더라도 서면조사만으로도 충분히 추징당할 수 있으니 신중하고 정확한 세무처리가 필요하다.

프랜차이즈 세무조사 사례

프랜차이즈 세무조사 시 가맹에 매출의 공급 시기는 맞는지, 원가 등의 경비에 문제점은 없는지, 가공인건비를 계상했는지, 가맹본부로부터 매입하는 식자재 매입단가와 가맹점 매출단가가 얼마인지, 포스시스템의 구조와 시스템 설치 업체는 어딘지, 면세매입을 과세매입으로 부당공제 받았는지, 가맹점이 일부 부담하는 광고비 등을 본사의 경비로 계상한 내역은 없는지 등 세무상 수많은 항목을 미리 점검한다.

❶ 본점이 가맹점으로부터 신규 개설 시 인테리어 공사 및 집기비품의 설치와 관련하여 공사업체로부터 수취한 수수료를 대표자의 개인통장으로 입금받고 법인장부에 기장하지 않는 경우 추징

❷ 예치조사 시 전산실에서 대리점 등의 포스시스템상 매출관련 전산 파일을 확보하여 삭제된 부분을 복구하여 대리점 신고내용 대사를 통해 각 대리점의 현금매출 누락 적출

❸ 프랜차이즈 가맹점에서 본사에 가맹점 매출액의 일정비율로 로열티 수수료를 문서에서 확인하여 지급한 로열티 수수료로 매출 환산금액과 가맹점 매출 신고금액을 연계 분석하여 매출누락 적출

병원의 세무조사 사례

병원 개인 통합조사를 실시한 경우 세무조사 과정에서 간호사가 정리한 전산자료와 원장이 개인적으로 사용하던 노트북에서 병원 수입

금액으로 추정되는 자료를 발견하고, 세무공무원이 이를 확보하여 병원에서 신고한 수입금액과 전산상 대금들과 비교한바 상당금액의 차이를 발견, 이를 매출누락으로 간주하여 종합소득세를 추징했다.

병의원의 탈세 내용을 대략 살펴보면

❶ 비보험 진료를 현금으로 20% 정도 할인결재를 요구하는 경우

❷ 현금매출 수입금액을 탈루하는 경우

❸ 차명계좌를 통해 진료비를 받는 경우

❹ 명의 고용의사를 통해 수입금액을 분산 및 탈루

❺ 비보험 진료를 요구하거나 비보험 진료를 보험 진료로 위장하여 신고

❻ 미용목적 의료용역을 제공하고 면세사업자로 위장하여 부가가치세를 탈루하는 경우

❼ 고가 의료기기 이중 계산 및 과다 계상 후 감가상각비 과다계상 등이 있고, 관련 부서에서 점검하는 사항은 다음과 같다.

❶ 규모 대비 수입금액 신고가 적정한가?

❷ 유명도가 있는 병의원은 주변 사전탐문 검사

❸ 동일 업종의 평균 수입금액과 경비 증감 비율

❹ 리베이트, 장려금 수수 여부

❺ 의료장비 및 기타 사업장 증빙 적정하게 되었는지 등이다.

참고로 병원의 필요경비 불인정 사항을 예로 들어보면 다음과 같다.

구 분	필요경비 불인정
복리후생비	영수증 및 신용카드를 검토한 바, 실제 직원을 위한 비용으로 사용하지 않은 금액 불인정
기업업무추진비	장부 계상한 기업업무추진비 신용카드 내역을 검토한 바 지역기관과 지역주민을 위한 경비로 업무와 관련된 것으로 볼 수 없는 접대비 불인정
차량유지비	앰뷸런스가 아닌 4,000cc 고급승용차로 재무상태표 상 자산으로 계산된 사실이 없고, 업무와 관련하여 사용된 증빙이 없는 차량 유지비 불인정
기타적출경비	병원 휴무일에 병원장 및 직원이 사용한 식대(주대) 또는 병원과 관련 없는 의류구입, 가족회원카드로 사용된 금액, 심야시간에 유흥주점에서 지출한 금액은 병원운영을 위해 사용하였다고 볼 수 없는 필요경비 등

유명 병원 의사로서 수술비 15% 할인을 조건으로 현금결제, 현금영수증 미발행을 유도하고, 전산자료를 삭제·변조하는 방법으로 현금수입 신고누락

병원 인근 건물에 비밀사무실을 마련한 후 매출 자료를 은닉, 별도 전산실에 전산서버를 보관하면서 전산자료를 변조 · 삭제

➜ 탈루소득에 대해서 소득세 등을 추징하고 조세범처벌법에 따라 고발조치

➜ 현금영수증 미발행 금액에 대해서 과태료 부과

성형전문 의원을 공동 운영하는 의사로 소득세를 탈루하기 위해 본인들의 소득을 고용의사의 소득으로 분산 신고하여 소득금액 37억 원을 탈루

네트워크병원에 대한 시설공사, 소모품 공급 등의 역할을 하는 병원시설관리 법인을 별도로 설립하여 수입금액을 신고누락

네트워크병원 : 다른 지역에서 같은 상호를 쓰고, 주요 진료기술·마케팅 등을 공유하는 병원

→ 탈루소득에 대해서 소득세 등을 추징

여성전문 의사로서 고액 비보험 진료기록부는 별도의 오피스텔에 숨기고 관련 전산자료는 삭제한 후, 신용카드 결제 또는 현금영수증 발행 수입만 신고하는 방법으로 수입금액을 탈루

탈루한 수입금액 중 일부의 현금을 자택에 보관

→ 탈루소득에 대해서 소득세 등을 추징하고 조세범처벌법에 따라 고발조치

내국인뿐만 아니라 외국인 고객도 많이 찾는 유명 성형외과 의사로서 현금을 주로 사용하는 외국인과 신분노출을 우려해서 카드결제를 꺼려하는 내국인의 수술비를 현금으로 받아 신고누락 하는 등 수입금액을 탈루

세무 당국의 금융추적을 피하려고 현금으로 받은 수술비를 계좌에 입금하지 않고 별도로 임대한 비밀창고에 은닉

→ 탈루소득에 대해서 소득세 등을 추징하고 조세범처벌법에 따라 고발 조치

㈜○○는 임플란트 제조 법인으로 치과병원에 치과기자재를 무자료로 공급하고 수입금액을 신고누락 하였으며, 치과의사에게 연구 목적으로 임플란트용 기구 등 7억 원을 무상으로 제공하고 부가가치세 신고누락

또한 당해법인 사무실의 일부를 치과의사인 대표자에게 시가보다 낮은 가액으로 임대하여 2억 원을 신고누락

→ 탈루소득에 대해서 법인세 등을 추징

제약회사의 세무조사

○○○약품㈜은 의약품 제조업체로서 자사제품의 처방을 증대시킬 목적으로 병·의원 등에 개업 시 의약품 무상지원, 체육행사, 해외연수·세미나 참석, 의료봉사 활동 등 각종 행사 지원 명목으로 접대성 경비(속칭 리베이트) 175억 원을 제공하고, 판매촉진비, 복리후생비 등 일반 판매관리비 계정으로 분산처리해서 손금을 계상함으로써 기업업무추진비 시부인을 회피하고 관련세액 탈루

➜ 탈루소득에 대해서 법인세 등 추징

㈜○○약품은 주로 약국에 의약품을 매출하는 도매법인으로 세금계산서 수취를 기피하는 일부 약국에 의약품을 무자료로 판매하였고, 도매상 등에 허위매출세금계산서를 발행

의약품을 거래처로부터 무자료로 매입하고, 거래사실이 없는 업체로부터 허위매입세금계산서를 수취 또한 거래처와 의약품을 교환하면서 무자료로 거래하고 부가가치세 신고누락

➜ 탈루소득에 대해서 부가가치세 등 추징

㈜○○제약은 의약품 제조회사로서 당해 법인의 대주주인 법인이 경영권을 양도하는 과정에서 매출액을 부풀려 회사가치를 높일 목적으로 가짜매출세금계산서 발행을 지시 당해 법인은 거래처에 가짜 매출 세금계산서 21억 원을 발급

➜ 탈루소득에 대해서 부가가치세 등 추징

□□□□는 의약품 도매법인으로 병원·약국 등에 제공하는 리베이트를 손금처리하기 위해서 제약회사로부터 허위의 매입 세금계산서를 수취하고 어음을 발행어음 만기일 결제 후 제약회사로부터 현금을 되돌려 받는 수법으로 비자금을 조성하여 리베이트로 사용

허위세금계산서를 수취하여 매입세액을 부당하게 공제받고, 판매관리비·복리후생비 등으로 원가를 허위 계상해서 탈세

→ 탈루소득에 대해서 부가가치세 등 추징

수출업의 세무조사

의류 도매업자, 해외 자료상, 환전상 등과 공모하고 무자료 의류를 저가로 신고하여 수출통관을 하거나 보따리상을 통해 밀수출 수출대금은 해외 차명계좌로 입금받아 가족 · 직원들을 통해 국내로 반입한 후 원화로 환전, 운송수수료 차감 후 도매업자에게 물품 대금을 지급하는 수법으로 관련 세금을 탈루했다.

나이트클럽, 모텔의 세무조사

나이트클럽, 모텔 등을 운영하는 자로 나이트클럽의 현금수입은 친척명의 차명계좌에 입금해서 관리하는 방법으로 현금수입 신고누락

모텔 객실 하나를 비밀창고로 활용하여 숙박 장부, 일일매출표 등 모텔 매출관련 서류를 은닉하는 방법으로 현금수입 신고누락

조사착수 시 모텔 객실을 일일이 확인하는 과정에서 매출 관련 서류가 보관된 객실 발견

→ 탈루소득에 대해서 소득세 등을 추징하고 조세범처벌법에 따라 고발조치

변호사 등 전문가의 세무조사 사례

법률사무소를 운영하는 변호사로서 성공보수 등 수임료를 친인척명의 차명계좌로 입금을 받아 관리하는 방법으로 수입금액 신고누락. 또한, 현금영수증 의무발행업종임에도 이를 위반하여 현금 결제금액에 대해 현금영수증을 미발행

→ 탈루소득에 대해서 소득세 등을 추징

→ 현금영수증 미발행 금액에 대해서 과태료 부과

학원의 세무조사 사례

유명 미국 수학능력시험(SAT) 전문 어학원을 운영하는 학원사업자로서 국내에서는, 미국대학 입학준비 학생들을 상대로 소수정예 멘토-멘티 형식의 족집게 강의를 진행하면서 고액의 수강료(1과목당 월 150만 원 이상)를 받고, 미국 현지 학원에서는 추수감사절 방학(10일)기간 동안에 한국 유학생을 상대로 숙식을 제공하며 특강을 실시하고 최소 4백만 원 이상의 고액수강료를 받아 직원·배우자 명의의 차명계좌로 관리하면서 수입금액을 탈루하고 골프회원권 취득 및 고급주택에서 호화·사치 생활

→ 탈루소득에 대해서 소득세 등을 추징하고 조세범처벌법에 따라 고발조치

룸살롱 등 유흥주점의 세무조사 사례

수십여 명의 여성 접객원을 고용해서 호화 룸살롱을 운영하는 자로서 전표 등 원시자료를 파기하고 실제 매출기록은 개인 USB에 보관하는 방법으로 수입금액

을 축소신고하고 조작된 장부를 사업장에 비치. 또한, 현금 주대(酒代)는 직원명의 차명계좌에 입금하여 관리하고 봉사료를 허위계상 하는 방법으로 수입금액 탈루

→ 탈루소득에 대해서 소득세 등을 추징하고 조세범처벌법에 따라 고발 조치

수 백 명의 여성 접객원을 고용하여 유흥주점을 운영하는 자로서, 신용카드 매출전표를 위장가맹점(타지역 호프집, 동일 건물 소재 호텔 등) 명의로 변칙 발행

현금 주대(酒代)는 직원명의 차명계좌로 입금을 받아 신고누락을 하는 방법으로 수입금액 34억 원을 탈루

→ 탈루소득에 대해서 소득세 등을 추징하고 조세범처벌법에 따라 고발 조치

고급시계를 수입해서 판매하는 업체로 수입시계를 임직원 등에게 시가대비 40~50%로 할인판매하고 거래처에 선물로 무상 제공하는 등 소득금액을 과소신고 또한, 인건비를 가공계상 하는 등 비용을 과다계상 하는 방법으로 소득금액을 탈루

→ 탈루소득에 대해서 법인세 등을 추징

인터넷 쇼핑몰 등의 세무조사 사례

다수의 홈페이지를 운영하면서 의류 및 액세서리를 판매하는 유명 온라인쇼핑몰 운영자로서, 온라인쇼핑몰의 수입금액을 종업원 명의의 100여개 차명계좌에 입금하는 수법으로 수입금액을 신고 누락하고, 종업원 명의로 간이과세자 등록 후 매출이 증가하면 즉시 폐업하고, 다른 종업원 명의로 다시 간이과세자로 등록하는 수법으로 수입금액을 분산 신고해서 부가가치세 등을 탈루함

→ 탈루소득에 대해 부가가치세 등을 추징하고 고발

온라인 포커, 고스톱 게임 등의 사이트를 개설해서 사이버 게임머니를 환전해 주는 불법 도박업체로서, PC방 가맹점을 통해 선불카드 및 이벤트 쿠폰 형태로 게임머니를 판매하고, 판매대가는 현금거래를 유도하거나 대포통장을 이용해서 입금을 받는 수법을 사용해서 소득을 은폐

→ 탈루소득에 대해서 부가가치세 등을 추징하고 고발

용역수수료의 가공계상의 세무조사 사례

거액의 자금을 전주(錢主)들로부터 모집하여 고리로 재대여하는 사채중개업자로서, 유동성 위기에 몰린 부실기업에게 사채자금을 고리로 대여한 후, 이자를 유령회사를 설립한 후 유령회사를 통해 지급 받음

전주들에게는 이자를 지급하고, 본인은 중개수수료를 신고 누락이 과정에서 부실기업 사주는 유동성 위기를 해소하고자 조달한 사채자금을 본인이 횡령하고, 부실기업은 결국 부도 처리

→ 사채중개업자와 부실기업 사주에게 소득세를 추징하고 조세범처벌법에 따라 고발조치

→ 전주 100여명이 지급받은 이자에 대해서는 추가 세무조사 실시

상가 임대사업자로, 근무사실이 없는 친인척을 임대관리인으로 꾸며 급여를 지급한 것으로 처리하는 등 인건비를 허위계상하는 방법으로 소득금액을 탈루

자녀가 운영하는 특수관계 법인 등에 상가를 무상으로 임대해서 소득금액을 탈루

→ 탈루소득에 대해서 법인세 등 추징

아무런 매입증빙 없이 외주가공비 등을 지불한 것처럼 장부를 조작한 후, 동 자금을 유출해서 사주 본인의 차입금 상환 등에 사용 이외에도 사주에게 96억 원을 대여한 후 이를 회수하지 아니하고 부당하게 대손 처리함

→ 허위로 원가를 계상하고 기업자금을 유출한 데 대해서 법인세 추징, 사주에게 소득세 추징

자녀 등에 대한 편법증여 세무조사 사례

사주 ○○○은 배당금 등으로 늘어난 재산을 자녀에게 이전하기 위해 사주 ○○○가 자녀들 명의로 일시납입 보험료 210억 원을 대신 납입하고, 자녀들의 부동산 취득자금 180억 원을 현금으로 증여하는 등 총 400여억 원을 자녀에게 증여하였으나, 증여세 신고누락

또한, 모기업이 취득한 고액의 기계장치를 자녀 소유의 법인에게 장기간 무상대여하는 방법으로 부당하게 이익을 분여하고, 동 기계장치에 대해 투자세액공제까지 받는 등 법인세를 신고누락

→ 부당한 이익분여 등에 대하여 법인세, 증여세 추징

제조업체인 □□□는 해외 현지법인에게 직접 수출하다가 자녀들에게 이익을 분여하기 위해서 자녀들이 대주주인 법인 3개를 설립한 후 이를 통해 부품을 우회수출하면서, 수출대행 용역수수료를 실제보다 높게 지급(평균수수료 대비 7배)하는 방법으로 사실상 대주주인 자녀에게 이익을 증여. 또한, 신주인수권부사채를 자녀들이 대주주인 특수관계 법인으로 하여금 저가에 인수하도록 한 후, 고가에 주식으로 전환함으로써 전환이익을 주주인 자녀에게 증여

→ 부당한 이익분여 등에 대하여 법인세, 증여세 추징

해운업을 영위하는 A社의 사주 ○○○는 국내발생 해운소득을 자녀가 소유한 해외 위장계열사에 이전시키기 위해 조세피난처에 사주의 자녀와 직원 명의로 해외 위장계열사(B, C) 설립함

A社가 실제 용역을 제공함에도 불구하고 해외 위장계열사가 해외거래처와 선박

용·대선 및 화물운송 계약을 체결하고, A社가 제공한 용역대가를 해외 위장계열사가 수취하여 해외에 은닉

동 건은 사주가 A社의 거래처·영업망, 회사자원 그리고 신용을 통해 단기간에 B社를 급신장시키는 방법으로 2세에게 세 부담 없이 부를 변칙 이전한 사례임

→ 부당한 소득이전 행위에 대하여 법인세 등 추징

제조업을 영위하는 중견기업 □□□의 사주 ○○○은 해외로 기업자금을 유출하기 위해서 미국과 홍콩 거래처에서 부품을 수입해서 제조하는 과정에서, 수입대금 및 수수료를 과다지급하고, 유출된 자금은 홍콩 등에 개설된 사주의 계좌로 되돌려 받아 국내에 다시 반입해서 타 법인에 투자하는 등 법인자금을 부당하게 유출하여 사적으로 사용

→ 탈루소득에 대해서 법인세 등 추징

한의사 B씨는 출퇴근용 리스 차량의 경우 출퇴근 일지를 작성하지 않았다는 이유로 경비처리에서 제외되기도 했다.

→ 탈루소득에 대해서 소득세 등 추징

원천징수 부가가치세 종합소득세 법인세 세법개론 실무설명서

지은이 : 손원준

펴낸이 : 김희경

이론과 실무가 만나 새로운 지식을 창조하는 곳

펴낸곳 : 지식만들기

인쇄 : 해외정판 (02)2267~0363

신고번호 : 제251002003000015호

제1판 1쇄 인쇄 2025년 01월 10일

제1판 1쇄 발행 2025년 01월 18일

Korea Good Books

값 : 33,000원

ISBN 979-11-90819-43-5 13320

본도서 구입 독자분들께는 비즈니스 포털

경리쉼터(https://cafe.naver.com/aclove)

이지경리(https://cafe.naver.com/kyunglistudy)

에 가입 후 구입인증을 받으시기 바랍니다.

K.G.B

지식만들기

이론과 실무가 만나 새로운 지식을 창조하는 곳

서울 성동구 금호동 3가 839 Tel : 02)2234~0760 (대표) Fax : 02)2234~0805